호텔관광 경영전략

김 경 환

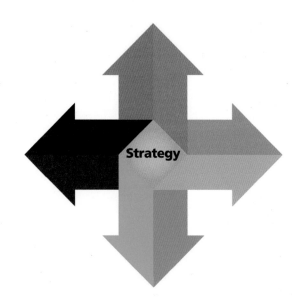

Strategic Management
in the Hospitality and Tourism Industry

(주)백산출판사

머리말

21세기에 들어서면서 경영환경은 급변하고 있으며 동시에 기업들의 무한경쟁은 더욱 치열해지고 있다. 정보혁명으로 인한 네트워크 효과로 각 산업의 경계가 파괴되고 있으며 종전에는 없던 많은 새로운 가치가 창출되고 있다. 과거 경쟁기반 전략 패러다임의 효력에 의문이 제기되고 있으며, 예전에 기업들이 누리던 지속적인 경쟁우위는 이제는 예외적으로만 허용되고 있다. 현재도 경쟁은 지속되고 있지만, 과거와 달리 경쟁우위는 일시적인 현상에 그치고 있는데, 이는 급변하는 경영환경 때문이다. 작금의 파괴적인 경영환경은 기업에게 전략의 중요성을 새삼 확인시켜 주고 있다.

하지만 현재 상황을 뒤집어서 바라보면 역동적이고 불확실한 환경변화는 동시에 수많은 새로운 기회를 기업에 제공하고 있다. 경영환경의 변화에 따라 새로 창출되는 기회를 기업의 강점과 일치(Alignment)시키는 것이 전략의 궁극적인 목적이다. 외부환경의 변화에 유연하고 민첩하게 대응하기 위해서 기업은 변화와 전략을 창의적으로 일치시켜야 하며, 효과적인 전략을 개발하기 위해서는 기회에 대한 전략적 사고가 필요하다. 전략적 사고의 도전과제는 새로운 가치를 제공해서 고객을 창출하고 또 보다 나은 경쟁방식을 찾는 것이다. 가장 효과적인 경쟁방식은 경쟁을 하지 않는 것이다. 일찍이 중국의 손무는 손자병법에서 '백번 싸워 백번 이기는 것보다, 싸우지 않고 상대를 굴복시키는 것이 최선이다'(不戰而屈人之兵)라는 위대한 전략의 본질을 간파했다. 일시적인 경쟁우위만이 허용되는 현재 상황에서 보다 지속되는 경쟁우위를 개발하려면 경쟁사와의 경쟁에만 몰입하지 말고 눈을 다른 데로 돌려 경쟁사의 허를 찌르는 창조적인 가치를 창출해야 한다.

　　급변하는 경영환경에서 변화에 신속하게 대응하지 못하는 기업은 결국 실패해서 경쟁무대에서 사라지고 있다. 많은 기업이 한때는 크게 성공했지만 변화하는 환경에 잘 적응하지 못하고 경쟁에서 뒤처지는 것은 결국 기업의 내부적인 문제점에 기인된 것이다. 변화가 극심한 경영환경에서 종전과 같거나 전통적인 사고방식으로 경쟁에 임했던 기업들도 실패를 면치 못했다. 이들과 달리 일부 탁월한 기업은 환경변화에 잘 적응하고 또는 혁신적인 가치를 개발하면서 지속적으로 경쟁우위를 창출해 나가고 있다. 결국, 성공하는 기업과 실패하는 기업의 차이점은 서로 다른 자원이나 역량을 보유하고 있다는 사실을 확인할 수 있다.

　　전략적 리더십은 철저한 외부 및 내부 환경 분석을 실시한 결과로서 전략적 의도를 개발하여 구성원에게 제시해서 활발하게 소통하고 공유하면서 변화를 주도하고 있다. 전략적 의도는 대폭적인 도약을 위한 탁월한 기업의 포부이다. 큰 도약을 위해 탁월한 기업은 전체 구성원의 노력과 몰입을 의도된 방향으로 결집시키고 있다. 경쟁우위의 창출이라는 수수께끼를 함께 풀어나가기 위해서 모든 구성원의 에너지를 전략적 의도라는 일관된 방향으로 끌어모으고 있다. 전략적 리더십은 공유되는 전략적 의도를 기반으로 전략적 선택 즉 기업전략 또는 사업전략이 효과적으로 수립되고 실행되도록 하고 있다.

　　경영전략은 '당면하고 있는 경영환경 하에서 기업이 목표를 달성하기 위해서 선택하는 일련의 행동이다'라고 정의된다. 즉 경영전략은 기업이 외부 및 내부 환경을 분석하고 창의적으로 기회를 확인해서 창조적인 방법으로 경쟁우위를 창출하기 위해 내리는 의사결정이다. 이를 위해 기업은 전략적 사고로 경영전략 프로세스를 관리해야 할 필요가 있다. 본서는 환경을 분석해서 경영전략을 수립하고 실행하는 전반적인 경영전략 프로세스에 대한 독자들의 이해를 돕기 위해 쓰여졌다. 그리고 호스피탈리티산업 또는 관광산업에 종사하고 있는 경영자와 미래의 경영자인 학생들에게 기업의 효과적인 경영전략 프로세스에 대한 지식을 체계적으로 전달하기 위해 집필되었다. 본서를 통해 학생들이 불확실하고 급변하는 경영환경과 무한경쟁 시대의 실상을 간접적이나마 느낄 수 있었으면 한다.

본서의 출판을 위해 많은 편의를 제공해 주신 백산출판사 진욱상 사장님과 편집부 직원 여러분께 진심 어린 감사의 마음을 전합니다.

마지막으로 경영전략이란 학문의 세계로 인도해주신 지금은 이 세상에 안 계시지만 은사님이신 Michael D. Olsen 교수님께 이 책을 바칩니다. Olsen 교수님! 그립습니다.

2018년 5월
저자

목차

PART 1 전략의 이해

Chapter 1

전략의 정의와 발전과정 ··· 15

Ⅰ. 전략의 기원과 진화과정 _16
- 군사전략 • 17
- 사업전략 • 23
- 군사전략과 사업전략의 차이 • 42

Ⅱ. 경영전략의 정의 _44
- 경영전략 프로세스 • 47
- 본서의 구성 • 49

Chapter 2

전략이란 무엇인가? ··· 53

Ⅰ. 경영전략이란 무엇인가? _54

Ⅱ. 경영전략의 유형 _57
- 수준별 경영전략 • 57
  기업전략 _59   사업전략 _60
  기능전략 _61
- 의도된 전략 vs 등장하는 전략 • 62

Ⅲ. 전략적 사고 _67
- 전략적 사고의 특성 • 70
- 전략적 사고와 경쟁 • 78

PART 2 환경분석

Chapter 3

외부환경 분석 ·· 87

Ⅰ. 경영환경 _89
- 경영환경의 분류 • 90
- 환경변화와 환경 불확실성 • 92

Ⅱ. 외부환경 분석 _98
- 거시환경 분석 • 99
  - 사회·문화 환경 _100   기술환경 _102
  - 경제환경 _104   생태환경 _106
  - 정치·법률 환경 _108
- 경쟁환경 분석 • 113
- Porter의 5세력모형: 산업구조분석 • 115
  - 산업 내 기존 기업 간의 경쟁강도 _117   공급자의 교섭력 _122
  - 구매자의 교섭력 _124   신규 진입자의 위협 _126
  - 대체상품의 위협 _130
- 5세력모형의 시사점 • 132
- 5세력모형의 문제점 및 한계 • 134

Chapter 4

내부역량 분석 ·· 139

Ⅰ. 자원 및 역량 _141
- 자원 • 143
  - 유형자원 _143   무형자원 _144
  - 인적자원 _148
- 역량 • 149
  - 기능 분석 _149   가치사슬 분석 _151
  - 프로세스 분석 _157

Ⅱ. 자원기반관점 _158
- VRIO 모형 • 160
  - 가치에 대한 질문 _160   희소성에 대한 질문 _161
  - 모방가능성에 대한 질문 _162   조직에 대한 질문 _164

Ⅲ. 핵심역량 _167
● 핵심역량의 조건 ● 169
● 핵심역량의 확인 ● 173
　핵심역량과 가치사슬 _176　　　　　　　핵심역량과 벤치마킹 _178
● 핵심역량과 경쟁우위 ● 178

Chapter 5

전략적 의도 185
Ⅰ. 전략적 의도 _187
● 사명 ● 193
　사업정의 _193
● 비전 ● 198
● 가치 ● 201
● 목표 ● 204

Ⅱ. 이해당사자와 전략적 의도 _206

Chapter 6

전략적 리더십, 조직구조, 기업문화 211
Ⅰ. 전략적 리더십 _212
● 전략적 리더십 ● 220
● 전략적 리더십의 유형 ● 222
　최고경영진 _224　　　　　　　　　　전략적 리더십의 핵심 행동 _227

Ⅱ. 유연한 조직구조의 확립 _229
● 상호일치의 원칙 ● 229
● 조직구조의 유형 ● 230
　기능별 조직구조 _231　　　　　　　　사업부제 조직구조 _232
　매트릭스 조직구조 _236　　　　　　　네트워크 조직구조 _238

Ⅲ. 혁신적인 기업문화의 구축 _240

Ⅳ. 균형적인 성과 평가 _246

Ⅴ. 기업의 사회적 책임 _250

PART 03 전략적 선택

Chapter 7

사업전략 I : 경쟁우위와 비용우위전략 ⋯⋯⋯⋯⋯⋯ 263

I. 경쟁우위와 사업전략 _264

- 경쟁우위 • 265
  핵심성공요인 _269
- 경쟁우위의 창출 • 272
- 경쟁우위의 지속 • 275
  추격을 따돌리는 방법 _277
- 사업전략의 유형 • 279

II. 비용우위전략 _282

- 비용우위의 주요 근원 • 283
  규모의 경제 _284   경험곡선 _287
  높은 가동률 _290   투입요소 비용 _292
  프로세스 기술 _293   제품/서비스 설계 _295
- 비용우위전략의 한계 및 문제점 • 296
- 저가항공사의 비용우위전략 • 297

Chapter 8

사업전략 II : 차별화전략과 블루오션전략 ⋯⋯⋯⋯⋯⋯ 303

I. 차별화전략 _304

- 차별화우위의 주요 근원 • 306
  제품이나 서비스의 속성에 집중하는 차별화전략 _307
  기업과 고객과의 관계에 집중하는 차별화전략 _308
  기업의 내부 활동이나 다른 기업 간의 우호적인 관계 구축에 집중하는 차별화전략 _309
- 차별화와 세분화 • 312
- 경쟁적 동화 • 312
- 차별화전략의 한계 및 문제점 • 314
- 이도저도 아닌 전략의 재조명 • 315

II. 블루오션전략 _320

- 블루오션전략의 성공 사례 • 328

Southwest Airlines _328   CitizenM Hotel _331

기업전략 I : 수평적 통합과 수직적 통합 341

Ⅰ. 단일사업 집중 _343

Ⅱ. 수평적 통합 _345
- 수평적 통합의 장점 및 단점 • 346

Ⅲ. 수직적 통합 _350
- 거래비용이론 • 352
- 국내 대기업의 수직계열화 • 355
- 호스피탈리티 · 관광산업의 수직적 통합 • 358
- 수직적 통합의 장점 및 단점 • 363
- 아웃소싱 • 364

기업전략 II : 다각화전략 369

Ⅰ. 다각화전략 _370
- 다각화의 동기 • 372
  시장지배력 관점 _372   자원기반관점 _373
  대리인 관점 _375
- 다각화의 장점 • 377
- 다각화의 유형 • 379
  관련다각화 _379   비관련다각화 _383
- 다각화의 문제점 • 386
- 성공적인 다각화를 위한 기업전략 • 392
  포트폴리오 관리 _397   본부우위 _401
- 구조조정 • 402

기업전략 Ⅲ : 인수합병과 전략적 제휴 ·································· 409

Ⅰ. **인수합병전략** _410

- 인수합병의 유형 • 412
- 인수합병의 역사 • 413
  - 1차 인수합병 광풍 _413 　　　　　2차 인수합병 광풍 _413
  - 3차 인수합병 광풍 _414 　　　　　4차 인수합병 광풍 _416
  - 5차 인수합병 광풍 _418 　　　　　6차 인수합병 광풍 _420
  - 7차 인수합병 광풍 _422
- 인수합병의 동기 • 424
- 인수합병의 목적 • 426
- 인수합병의 성과 • 428
- 인수합병의 성공 및 실패 요인 • 436

Ⅱ. **전략적 제휴** _444

- 전략적 제휴의 배경 및 목적 • 445
- 전략적 제휴의 유형 • 447
- 전략적 제휴의 성공 및 실패 요인 • 448
- 전략적 제휴의 성공 사례 • 450
  - 글로벌 항공사들의 전략적 제휴 _452

기업전략 Ⅳ : 글로벌전략 ····································· 459

- 세계화와 다국적기업 • 460

Ⅰ. **글로벌전략** _461

- 글로벌 산업환경 • 462
  - 다국적기업의 표준화전략 _464 　　　다국적기업의 현지화전략 _466
- 다국적기업의 글로벌전략 • 468
  - 국제전략 _470 　　　　　　　　　다국적전략 _471
  - 글로벌전략 _471 　　　　　　　　초국적전략 _472
- 다국적기업의 해외시장 진출전략 • 474
  - 수출에 의한 진출방식 _475 　　　　계약에 의한 진출방식 _476
  - 직접투자에 의한 진출방식 _478
- 다국적기업의 중국 진출 사례 • 482
  - KFC(肯德基) _482

Strategic Management
in the Hospitality & Tourism Industry

PART · 1

전략의 이해

Chapter 01_ 전략의 정의와 발전과정

Chapter 02_ 전략이란 무엇인가?

전략의 정의와 발전과정

Ⅰ. 전략의 기원과 진화과정

Ⅱ. 경영전략의 정의

Chapter • 1

전략의 정의와 발전과정

학습 포인트

❶ 군사전략이 시대에 따라 진화했던 과정을 이해한다.

❷ 사업전략이 등장하게 되는 동기에 대해 이해한다.

❸ 사업전략이 진화해 나가는 과정에 대해 잘 파악하도록 한다.

❹ 군사전략과 사업전략의 차이점을 이해한다.

❺ 경영전략에 대한 다양한 정의를 파악한다.

❻ 본서의 경영전략 프로세스를 잘 숙지한다.

I ▶▶ 전략의 기원과 진화과정

Strategy 즉 전략이라는 용어는 동서양을 막론하고 오래전부터 사용되고 있다. 전략은 원래 군사용어에서 유래되었다. 서양에서 Strategy란 용어의 어원은 고대 그리스어 Strategos에서 유래된 것으로 군대를 의미하는 Stratos와 통솔한다(Lead) 라는 의미를 가진 용어가 합성되어 만들어진 용어이다. 그리스어 동사인 Strategos 는 '보유하고 있는 자원을 효과적으로 이용해서 적을 물리치기 위한 계획'을 의미 하고 있다.[1] 따라서 전략은 장군의 예술(Art of The General)이란 뜻으로 이용되었 으며, 군대라는 조직을 지휘하는 장군이 당면하고 있는 전쟁에서 적을 물리치기 위한 계획으로서 전략을 이용했다고 볼 수 있다.

고대 중국에서도 전략은 유사한 의미로 이용되고 있다. 전략을 한자의 의미로 풀어보면 싸울 전(戰)과 다스릴 략(略)이 결합한 용어로써 전쟁을 다스리는 것으로 이해되고 있다. 즉 장군이 전쟁을 승리로 이끌어가기 위한 전반적인 기술이나 계략으로 이해되고 있다. 동서양의 사상을 종합하면 전략은 '전쟁의 기술'이라고 요약할 수 있다.

전략이라는 개념은 고대부터 이용되어 왔다. 전략이 인류사에서 가장 처음 언급된 기록은 약 3,500년 전의 구약성서이다. 여기에서 모세는 지도자로서 이집트의 학정에 시달리던 이스라엘 민족을 이끌어 홍해를 건너서 성공적으로 가나안 땅으로 탈출하는 전략에 대해 잘 서술하고 있다.[2] 또한 구약성서에는 다윗과 골리앗의 이야기를 통해 효과적인 전략의 좋은 예를 보여주고 있다. 동서양을 막론하고 고대부터 전략이라는 개념은 군사 및 정치 분야에서 자주 이용되면서 현재까지 발전해오고 있는데, 오늘날 전략처럼 현실세계에서 분야를 막론하고 많이 이용되고 있는 용어도 별로 많지 않은 것이 사실이다.

○ 군사전략(Military Strategy)

고대 그리스 신화에서 전략의 극치를 보여주는 것이 '트로이 목마' 사례이다. 전세가 기울고 있던 전쟁을 단번에 승리로 이끈 그리스 연합군의 트로이 목마는 전략의 창의성 및 기만성에 대해 잘 보여주고 있다.

동서양을 통틀어 현존하는 가장 오래된 군사전략에 대한 기록을 남긴 사람이 바로 손무(孫武)이다. 중국 춘추시대 말기 제나라 사람인 손무는 기원전 512년에 손자병법(孫子兵法: The Art of War)이란 불후의 명작을 집필했다. 오나라의 군사전략가로 활약했던 손무는 시계(始計)편에서 용간(用間)편까지 총 13편에 5천9백여자로 구성된 손자병법을 통해 춘추시대 이전에 존재했던 역대 군사사상과 전쟁경험을 집대성하고 체계화했다. 손자병법은 전쟁에서 군주 또는 장군이 취해야 할 일반적인 법칙을 제시했으며 군사작전의 원리 및 원칙을 정밀하게 분석했다.

손자병법의 제1편 시계를 보면 전쟁을 시작하기 전에 아군과 적군의 상황에 대한 분석과 비교를 수행했다. 즉 "따라서 다섯 가지 일로 경영하고, 일곱 가지 꾀로 헤아려 그 정황을 찾아낸다."라고 오사칠계(五事七計)를 설파했다. 그리고 손무는 손자병법에서 승리를 위한 전략의 창의적 및 기만적 측면을 강조하고 있다.

| 표 1-1 | 오사칠계

오사	칠계
도(道): 군주와 백성의 일치단결 상태	아군과 적군 중 어느 편의 군주가 민심을 얻고 있는가?
천(天): 추위와 더위 등 자연 기후의 상태	장군은 어느 편이 더 우수한가?
지(地): 험하고 평탄 등 지형의 상태	천리와 지리가 어느 편에 더 유리한가?
장(將): 지·신·인·용·엄 등 군주 및 장군의 기량	군율은 어느 편이 더 엄격하게 유지되는가?
법(法): 군율의 지엄함	군대는 어느 편이 더 강한가?
	군사들의 훈련 상태는 어느 편이 나은가?
	신상필벌은 어느 편이 더 합리적인가?

출처: 손자병법

손자병법에는 '상대방을 알고 나를 알면 백번 싸워도 위태롭지 않다'(知彼知己百戰不殆)와 '백번 싸워 백번 이기는 것보다, 싸우지 않고 상대를 굴복시키는 것이 최선이다'(不戰而屈人之兵)라는 동서고금을 통해 가장 위대한 전략의 핵심을 이미 간파하고 있다.[3] 또한 손자병법에서는 지혜로운 전략가는 군대를 가장 효과적으로 이용하는 속임수에 능통해야 하며 되도록 강한 적은 피하고 약한 적은 공격하라고 했다. 손무는 전략가로서 최고의 기량은 적의 전략을 간파해서 여지없이 깨버리는 것이며, 둘째로는 적이 다른 편과 연합하지 못하도록 막는 것이며, 셋째로는 야전에서 적군과 맞붙어 싸우는 것이며, 마지막으로 최악의 전략은 성문을 굳게 닫고 필사적으로 방어하고 있는 적을 공격하는 공성전이라고 간파했다. 한편 손자병법에서는 전략에서 기만술과 이간질 등의 속임수를 매우 중요시했는데, 속임수의 핵심은 적이 예상하는 것과 반대로 행동하도록 하는 것이었다. 그리고 손무는 전략에서 성공과 실패를 판가름하는 것은 '선견지명'에서 유래된다고 보았다. 즉 적군의 작전계획, 적군의 특성, 그리고 적장의 성격 등과 같이 적군이 처해있는 상황을 아군의 장군이 손바닥 보듯이 훤히 꿰뚫어 볼 수 있을 때 비로소 '선견지명'은 나올 수 있다고 했다. 결론적으로 손자병법은 힘이나 무력보다는 지혜와 계략이나 술책과 같은 속임수를 잘 이용해서 적과의 대결에서 승리할 수 있는 전략을 제시했다.[4]

손자병법에서 소개된 여러 이론들은 후일 동서양을 막론하고 군사나 정치를 연구하는 사람들뿐만 아니라 기업에서 이를 사업전략에 응용해서 사용하려는 사람들에게 중요한 지침서가 되는 등 큰 영향을 미치고 있다. 심지어는 나폴레옹도 번역된 손자병법을 애독했던 것으로 알려지고 있다.

그러나 중국과 달리 서양사회에서 나폴레옹이 등장한 1800년 이전에는 군대에서 공식적으로 전략이라는 용어는 사용되고 있지 않았다고 한다. 서양에서 군사전략에 관한 기록을 보면 19세기 초 나폴레옹전쟁에서 적국인 프로이센의 장교로 출전했었던 카를 폰 클라우제비츠(Karl von Clausewitz, 1780~1831)는 전쟁론(Vom Kriege)을 저술했는데, 이 책은 동양의 손자병법에 비견할만한 명저로 꼽히고 있다. 총 8편에 125개의 장으로 구성된 전쟁론은 전쟁과 사회의 관계에 대한 본질적인 문제를 규명하려 했으며 전쟁을 일종의 과학적인 학문 분야로 발전시킨 공로를 인정받고 있다.

전쟁론의 업적은 전쟁의 본질을 파악하는데 큰 기반을 마련한 것이다. "전쟁에서 고정된 전략이란 있을 수 없다"라며 변화무쌍한 전략을 즐겨 사용했던 나폴레옹을 천재적인 군사전략가로 존경했던 클라우제비츠는 이길 수 있는 곳만 골라서 싸웠던 나폴레옹의 유연한 전투방법에 대해 서술했다. 그는 천재적인 전략가는 전쟁이 요구하는 것과 적군의 특성을 파악하는 한편 항상 냉정함을 유지해야 하는 사람으로 보았다. 또한 장군에게는 본질을 정확하게 꿰뚫어 볼 수 있는 통찰력이 교활한 계략보다 유용하고 본질적인 자산이라고 하며 속임수보다는 무력의 사용을 중시했다. 그리고 그는 전쟁에서 장군들이 수시로 실망할 수밖에 없는 운명을 간파했다. 왜냐하면 전시 상황에서 모든 것은 예상했던 것보다 더 많은 시간이 소요되며 또한 시시각각으로 발생되는 사건들을 따라잡기 위한 충분한 유연성을 확보하기는 항상 힘든 과업이기 때문이다. 그리고 최대한의 유연성을 확보하고 있다가 기회가 나타나면 신속하게 이를 잘 포착할 수 있도록 준비태세를 갖추는 것이 전쟁에서 승리하는 지름길로 보았다. 하지만 반대로 그는 서로 연계되어 있는 순차적인 일련의 단계들을 기반으로 하는 확실한 행동계획의 수립을 주문했다. 그는 사려가 깊으며 확고한 계획을 강조하는 한편 계획은 최대한 단순하게 할 것을 조언했다. 또한 그는 구체적인 세부 행동계획이 확고히 준비되어 있지 않는 한 전쟁을 시작해서는 안 되며, 만약에 어떤 계획이 일단 결정되고 난 후에는 불가피한 상황이 아니라면 결정된 계획을 수정해서는 안 된다고 강조했다. 한편 클라우제비츠는 적군을 완전하게 섬멸하는 것은 불가능하고 설사 그렇다고 하더라도 효과는 일시적인 것으로 보았다. 왜냐하면 한 전투에서 패배한 적군은 타오르는 복수심에 다시 전열을 정비해서 반격을 시도하게 된다. 따라서 승리의 효력이 지속되지 않고 단지 일시적인 현상에 그칠 수 있으므로 아군 입장에서 최적의 상태로 유리한 환경이 조성되었을 때를 기다렸다가 이때 가장 유리한 조건으로 적군과 협상에 나서는 것이 손익을 따져보면 합리적인 선택이 될 수 있다는 것을 강조했다.[5]

한편 클라우제비츠와 같은 시대의 사람으로 프랑스군에서 나폴레옹 휘하의 참모로 활약을 했던 앙리 조미니(Henry Jomini)는 전쟁술(The Art of War)을 저술했다. 조미니는 최고 지휘자가 내리는 의사결정의 질에 따라 전쟁의 승패가 갈리게 되는 것이므로 전략의 중요성은 아무리 강조해도 지나침이 없다고 했으며, 전략을 지도 위에서 전쟁을 수행하는 기술이라고 정의하기도 했다. 그리고 그는 전략은 어느 곳에서 행동을 취할 것인가를 결정하는 것이며, 또 병참은 군부대를 특정 지점으로 이동시키는 것이며, 그리고 전술은 실행방식과 부대의 배치를 결정하는 것이라며 처음으로 체계적인 관점에서 전략과 전술 및 병참을 구분했다. 또한 그는 전쟁에서 어느 한 곳에 집중하면서 다른 것을 포기하려면, 즉 아군의 강점에 전력을 집중하는 한편 방치되는 약점을 극복하기 위해서는, 대담함은 물론이거니와 잠재적인 위협의 강도를 잘 평가할 수 있어야 한다고 주장했다. 조미니가 간파한 전략의 핵심은 효과적으로 공격을 감행하기 위해서는 군대를 결집하고 전력을 집중할 주요지점을 파악하는 방법을 알아내는 것이다. 즉 적시에 결정적인 지점에 병력을 집중하라는 전쟁원칙을 제시했는데 이는 나폴레옹이 즐겨 쓰던 전략이었다.[6]

클라우제비츠와 조미니는 동시대의 인물로 함께 최초로 현대전의 기초이론을 정립하는 데 공헌했으며 당대뿐만 아니라 현재까지 오랜 시간 동안 군인이나 군사전략가의 사고에 지대한 영향을 미치고 있다.

20세기에 들어서 자신 스스로가 제1차 세계대전에 참전해서 전투에서 부상을 입었던 영국의 군사이론가인 리델 하트(Basil Liddle Hart)는 전면적인 공격으로 적군을 철저히 파괴하는 살육전과 결정적인 전투에 전력을 집중해야 한다는 클라우제비츠의 전략이론을 부정하고 대신에 전략의 간접적인 접근법을 소개했다. 그는 많은 인명을 살상하는 무자비한 폭력보다는 영리함으로 승리를 취하는 것을 선호했으며, 그에게 전쟁이란 인명과 경제력의 손실을 최소화하면서 적군의 항전 의지를 꺾는 것이었다. 그는 젊은 시절 중국에 머무르면서 손자병법을 탐독한 후 큰 감명을 받았다고 하는데, 특히 손자병법에서 강조하는 적이 예상할 수 없도록 행동하는 것과 간접적인 접근법을 추구하는 것에 감동을 받았다. 리델 하트는 전략의 기술은 고정된 목적을 달성하기 위한 수단을 찾는 것뿐만 아니라 현실에서의 바람직한 목적을 설정하는 것도 중요하다고 강조했다. 또한 그는 적군으로부터 승리를 쟁취하기 위해서는 기동이 필연적이지만 적군의 심리를 교란하는 데는 적군의 허점을 찌르는 것이 핵심적인 요인이라고 했다. 그리고 그는 최고 수준의 완벽한 전략은 큰 전투를 벌이지 않고도 승리를 이끌어 내는 것이라는 결론을 내렸는데 이는 "싸우지 말고 이겨라"라는 손자병법의 사상과 일치되고 있다.[7]

한편 군사전략에 대한 이론 말고 실제 전쟁이란 상황에서 이용된 전략의 사례를 보면 서양세계에서 가장 큰 영토를 건설한 알렉산더대왕, 7군단을 이끌고 갈리아 등 유럽을 정복한 후 로마로 돌아와 스스로 황제가 되는 시저, 불가능으로 여겨졌던 알프스산맥을 건너와 전성기를 구가하던 로마인들의 간담을 서늘하게 했던 카르타고의 명장 한니발, 기마병으로 역사상 최대의 제국을 건설한 몽골제국의 칭기즈칸, 허를 찌르는 전략으로 왜군을 상대로 연전연승을 거둔 조선의 명장 이순신 장군 등은 전통적 사고와는 거리가 먼 기발한 전략으로 성공적으로 휘하의 군대를 승리로 이끌었던 사례이다.

군사전략의 현대 사례들을 보면 프랑스가 구축한 굳건한 마지노선을 우회해서 기갑사단을 운용하여 벨기에의 아르덴 고원으로 전격적인 기동전략을 펼쳐 순식간에 서부 유럽을 점령한 제2차 세계대전의 독일군과 이와 반대로 독일군 수뇌부를 여러 개의 상륙장소로 교란하며 유럽대륙 상륙을 위한 성공적인 교두보를 마련하면서 제2차 세계대전을 승리로 이끈 연합군의 노르망디 상륙작전, 한국전쟁에서 위기로부터 남한을 구한 명장 맥아더 장군의 기상천외한 인천상륙작전, 막강한 자원과 군사력을 보유한 세계 최강의 미군을 상대로 전면전을 피하면서도 승리했던 북베트남의 게릴라 작전 등이 있다.

위와 같은 대표적인 군사전략의 사례들을 종합해보면 이들이 승리를 거두게 된 주된 이유는 적이 예상하지 못하는 기발한 전략을 구사했다는 결론을 내릴 수 있다. 즉 이들의 공통점은 익히 알려진 전통적인 전략을 과감하게 버리고 당시 각자의 입장에서 상황에 맞는 창의적인 전략을 채택한 것이다. 그리고 속임수와 같은 계략을 꾸미는 기만책과 창의적인 기지를 발휘해서 적의 허를 찌르는 기발하고도 기민한 전략으로 이들은 역사적인 전쟁 또는 전투에서 큰 승리를 거두었다.

한편 정치 분야에서 전략을 다룬 저서로 유명한 마키아벨리의 군주론(The Prince)이 있다. 정치가인 군주가 갖추어야 할 덕목에 대해 저술한 이 책에서 마키아벨리는 국정운영의 중요한 행동원리로서 속임수와 책략의 중요성을 강조했다. 군주론에서는 군주가 권력을 창출하고 유지하기 위한 방법과 관련해서 명예롭지 않은 말도 스스럼없이 표현했다. 마키아벨리는 군주는 겉으로는 모범적인 행동만을 하는 것처럼 꾸미면서도, 속으로는 어떠한 비도덕적인 행동도 망설이지 말고 항상 준비해두라고 했다. 즉 언행일치처럼 성인군자와 같은 덕목만을 고집하다 보면 손해를 보는 경우가 많이 생기고, 살아남지 못하면 아무것도 할 수 없기 때문에 생존을 최우선적인 목표로 삼으라고 제안했다. 따라서 이런 목적을 달성하기 위해서 군주는 시시각각으로 변하는 정세에 발을 맞추어서 수시로 행동을 바꿔야 할 필요가 있다고 역설했다. 그리고 필요할 경우에는 언제라도 도덕적이지 않은 행동도 불사할 것을 주문했다.

또한 마키아벨리는 사자의 힘과 여우의 교활함 같은 덕목을 동시에 구비해야 한다고 강조했다. 서양에서 마키아벨리 같은 사람을 뜻하는 Machiavellian은 조작할 수 있는 재능을 갖추고 있으며 개인적인 이익을 위해서는 명예롭지 않은 속임수를 거리낄 것 없이 사용하고 또한 권력이 보장하는 우아한 도덕성보다는 권력이란 늪에 빠져 스스로 매료된 사람을 가리킨다고 한다. 이처럼 마키아벨리는 정치에서 조작과 속임수를 기반으로 하는 효과적인 전략의 중요성을 강조했다.

○ 사업전략(Business Strategy)

군사 분야와 달리 전략이라는 개념이 기업 세계에 등장하기 시작한 것은 제2차 세계대전이 종료된 이후이다. 이전에는 기업에서 수행하는 전략적 측면의 활동은 주로 예산편성(Budgeting)에만 국한되어 있었으며 관리자들은 자금배분에서 계획의 필요성을 인식하기 시작했다.

경제학에서 전략적인 개념에 대한 연구를 최초로 시도한 인물로는 1944년 'The Theory of Games and Economic Behavior'를 저술한 폰노이만(John von Neumann)과 모르겐슈테른(Oskar Morgenstern)은 최초로 '게임이론'을 도입했다. 이 저서를 통해 이들은 전쟁 등의 모든 게임에서 참가자들은 상대방의 반응이나 반격을 감안해서 최적의 결과를 얻을 수 있는 의사결정을 해야 한다고 주장했다. 즉 경쟁에서의 상호작용적 관계를 충분히 고려해야 한다고 강조했다.

1950년대 전반기에 기업 경영자들은 예산편성 과정을 보다 장기적인 미래로 확대하기 시작했다. 구체적으로 예산편성과 새로운 시장 진출과 같은 전략적 변화가 재무기획(Financial Planning) 과정에 통합되면서 재무기획 활동이 기업의 전략적 목표를 지원하도록 했다. 혼란기였던 경제대공황 시기를 제외하고 당시 기업의 경영환경은 대부분 안정적이어서 예측이 가능한 편이었다. 1950년대를 살펴보면 제2차 세계대전 중 군사 분야에서 개발된 전략의 실질적인 개념에 대해 학계나 산업계에서 모두 그다지 관심이 없었다. 이 시기에는 전쟁 이후에 증가하는 수요와 안정된 시장 환경의 영향으로 당시 미국이나 유럽 기업들의 관심사는 주로 효율적인 생산시스템의 구축에 집중되고 있었다.

1960년대에 들어서면서 대규모 기업들의 주요 관심사가 생산, 예산 및 통제 활동에서 기획(Planning) 측면으로 이동하기 시작했는데, 왜냐하면 당시 경영환경의 변화가 증가하기 시작하면서 기업의 최고경영자는 이런 상황에 대한 해결책이 필요해짐에 따라 미래에 대한 계획과 글로벌한 관점이 요구되었기 때문이다. 이 당시 기업들이 사용한 것이 장기기획(Long-range Planning)이다. 장기기획의 핵심은 종전의 연간 재무기획을 5년간의 장기 재무기획으로 연장하고 또 구체적인 생산계획을 추가한 것이었다. 장기기획은 시장은 비교적 안정적이라는 가정을 기반으로 했기 때문에 정치 및 사회 환경의 변화는 거의 고려하지 않았다. 당시 미국기업들은 안정적인 환경하에서 성장을 위해 사업다각화를 추구했는데 당시에는 전략을 장기간에 걸친 계획으로 이해하였다.

그러나 1960년대 중반 이후 종전에 비해 외부환경적인 측면을 더 중시하는 전략기획(Strategic Planning)이 장기기획을 대체하게 되었다. 전략기획은 예산을 책정하기 전에 전략적 선택을 논의 및 결정하는 과정에 종전과 달리 본부임원뿐만 아니라 각 사업부의 장들도 참여하도록 했다. 전략기획이 장기기획을 대체하게 된 원인은 외부 경영환경의 변화가 종전에 비해 더욱 복잡해지고 역동적으로 변하면서 기업들이 미래를 예측하는 것이 어려워지게 되면서이다. 즉 기업의 경영성과를 결정함에 있어 외부환경에서 발생되는 불연속적인 사건들이 큰 영향을 미침에 따라 결과적으로 경영자들은 정치 및 경제적 요인 등과 같은 중요한 외부 동인들을 고려하면서 불연속성을 계획에 담으려고 했다. 전략기획은 이후 기업들로부터 큰 인기를 끌게 되면서 1970년대 말까지도 계속해서 이용되었는데, 당시 기업들은 미래예측을 바탕으로 목표를 설정하고 이를 달성하기 위해 계획을 세워서 이를 통해 모든 상황을 통제하는 것을 전략의 본질로 보았다. 당시 기업들이 이용했던 전략기획은 〈그림 1-1〉에서 보듯이 먼저 미래에 대한 예측을 기반으로 해서 기업의 사명 및 목표를 설정하고, 다음으로 외부 및 내부 환경에 대한 대대적인 분석을 실시한 후 전략을 수립해서 마지막으로 실행에 옮기는 방식으로 진행되었다.

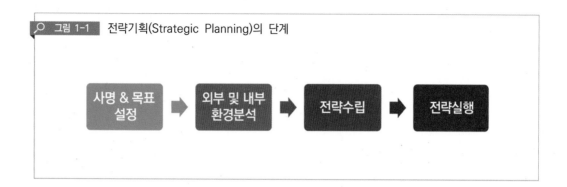

그림 1-1 전략기획(Strategic Planning)의 단계

사명 & 목표 설정 → 외부 및 내부 환경분석 → 전략수립 → 전략실행

한편 학계에서도 전략에 대한 관심이 태동하기 시작했다. 하버드 경영대학에서는 1912년에 처음으로 경영정책(Business Policy)이란 과목을 개설했는데 이 교과목은 학생들이 배운 생산, 회계, 재무, 마케팅 등 여러 기능 분야의 지식을 통합해서 기업의 경영자들이 당면하고 있는 전략적 문제점에 대해 보다 폭넓은 관점에서 해결할 수 있도록 도움을 제공하기 위한 목적으로 설계되었다. 이후 1950년대 및 1960년대를 거치면서 하버드 경영대학 여러 교수들의 노력으로 전략에 대한 학계의 관심도 고조되기에 이르렀다. 특히 하버드 경영대학에서는 경영정책을 연구함에 있어 이론에만 치우친 교육을 지양하는 한편 실제적인 지식을 함양하기 위해서 강의실에서 사례연구(Case Study)를 도입해서 학생들에게 실질적인 지식을 제공하고자 했다. 따라서 1950년대 이후 하버드를 비롯한 당시 대다수 경영대학에서는 모든 경영학 교과과정의 최종과정에서 경영정책을 핵심적인 과목으로 수강하도록 했다. 당시 경영대학에서 경영정책을 담당하는 교수들은 학생들에게 기업전략에서 체계적인 사고의 중요성을 강조했다.[8]

학문적인 차원에서 경영전략은 1960년대 초에 태동한 것으로 이해되고 있다. 1960년대에 인기를 끌었던 전략기획에 이론적 기반을 제공하며 당시에 경영전략이란 학문의 발전에 큰 공헌을 한 세 명의 학자가 있다. 먼저 기업과 관련해서 처음으로 전략의 본질에 대한 연구를 시도한 사람이 바로 챈들러(Alfred Chandler, Jr.)이다. 그는 비즈니스 세계에 전략이라는 개념을 처음 소개하고 이후 학문적 성장을 할 수 있도록 굳건한 뿌리를 내리는 데 큰 역할을 했다. 하버드 경영대학의

교수였던 챈들러는 1962년 GM, Du Pont, Sears, Standard Oil 등 당시 미국의 최대 기업들을 대상으로 전략과 구조의 역할을 연구한 경영전략 분야의 기념비적인 저서 'Strategy and Structure'를 발행했다. 여기서 그는 주로 20세기 초반에 이 4대 거대기업들이 종전의 기능적 조직에서 새로운 사업부제 조직으로 변하게 되는 동기와 원인에 대해 심층적인 분석을 수행했다.

그에 의하면 이 기업들이 성장하게 되면서 제품별 또는 지역별로 사업이 다각화되고 규모가 크게 확대되면서 더 이상 주인 겸 경영자가 조직의 모든 것을 통제하는 것이 힘들어지게 되었다. 기업 전반적인 차원에서 효율성이 낮아지고 경쟁력이 떨어짐에 따라 〈그림 1-2〉에서 보는 것처럼 종전의 기능별 구조(Functional Structure)에서 새로운 조직구조 형태인 수직적 통합(Vertical Integration)을 이룬 사업부제(Multi-divisional Structure: M-form) 조직으로 변경된 것을 관찰하였다.

새로운 사업부제 구조의 특징은 전략의 수립과 실행을 구분하는 분권화된 조직구조였다. 즉 GM 등 미국의 4대 기업을 살펴보면 기업본부(HQ)에서 근무하는 최고경영진은 주로 신규 사업의 진출 등과 같은 장기적인 전략을 수립하고 또 보유하고 있는 자원을 각 사업부에 배분하는 권한을 보유했으며 또 각 사업부의 장에게는 사업부를 관할하는 권한을 부여하고 사업부마다의 경영성과를 평가했다. 한편 권한을 위임받은 각 사업부의 장들은 본부에서 수립한 전략을 실행하기 위해 생산 및 판매 등 사업부를 통제하는 기능적 및 일상적인 업무에 집중하도록 했으며 동시에 사업부의 경영성과에 대한 책임을 지도록 했다.

이 저서를 통해 챈들러가 내린 결론은 기업이 먼저 전략을 변경하면 뒤이어 조직구조도 따라서 바뀌게 된다는 것이었다. 또한 챈들러는 "전략은 기업의 기본적인 장기 목표를 결정하고, 그리고 이러한 목표를 달성하는데 필요한 행동방침 및 자원배분을 결정하는 것이다"라는 거의 최초로 전략에 대한 정의를 내리기도 했다.[9]

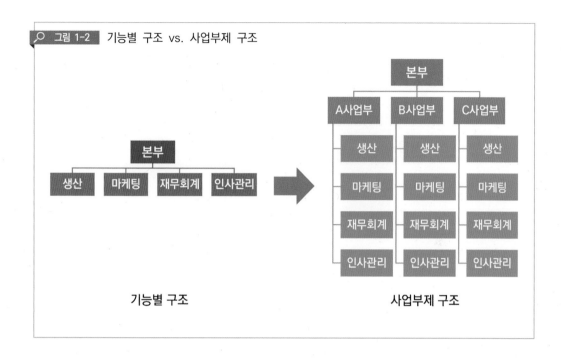

그림 1-2 기능별 구조 vs. 사업부제 구조

기능별 구조

사업부제 구조

그리고 미국 Lockheed Electronics에서 고위관리자를 지냈던 앤소프(Igor Ansoff)는 1965년에 저술한 'Corporate Strategy'를 통해 전략 분야에 큰 공헌을 했다. 앤소프는 전략을 새로운 차원에서 연구했으며 현재 우리가 사용하고 있는 경영전략(Strategic Management)이란 용어를 최초로 도입했다. 그는 전략적 결정의 최종적인 결과는 아주 간단하다고 주장했는데, 그것은 기업을 위한 시장과 제품의 조합이라고 보았다. 〈그림 1-3〉에서 보는 바와 같이 앤소프는 기업 성장을 위한 네 가지 유형의 전략을 개발했다. 제품-시장 매트릭스로 불리는 이 성장전략 모형은 제품(X축)과 시장(Y축)을 기반으로 시장침투, 시장개발, 제품개발, 다각화 등으로 기업이 성장하기 위한 방향을 결정하는 도구를 도입했다. 즉 제품과 시장을 기반으로 해서 기업 성장의 방향을 결정하도록 제안했다.[10]

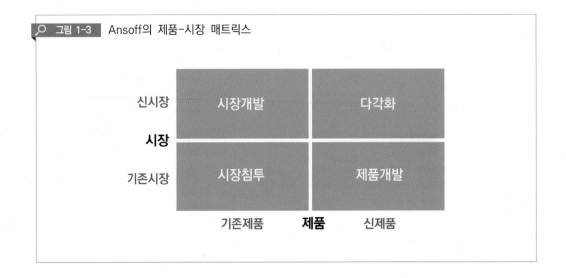

그림 1-3   Ansoff의 제품-시장 매트릭스

신시장	시장개발	다각화
기존시장	시장침투	제품개발
	기존제품 **제품** 신제품	

한편 당시 Harvard 경영대학의 교수였던 Kenneth Andrews는 Albert Humphrey 에 의해 처음 제안된 SWOT 분석(SWOT Analysis)의 완성도를 높여서 전략적 분석 도구로 승화시켰다. SWOT 분석은 기업전략에 많은 영향을 미치는 동인들을 네 가지 유형으로 구분했다. 즉 불확실한 외부의 시장 환경에서 등장하는 기회 및 위 협(Opportunities and Threats)과 기업이 보유하고 있는 특유한 역량인 강점 및 약 점(Strengths and Weaknesses)이 서로 일치되는 전략을 수립할 것을 강조했다(〈그 림 1-4〉). 기회는 기업의 경쟁력 강화에 도움이 되는 외부환경의 상태나 조건을 말하며, 위협은 기업의 경쟁력을 떨어뜨리는 외부환경의 상태나 조건을 의미한다. 그리고 강점은 경쟁우위를 창출하는 데 도움이 되는 기업의 내부적인 속성을 말하 며, 약점은 경쟁력을 약화시키는 기업의 내부적인 속성을 뜻하고 있다. SWOT 분 석의 목적은 기업이 목표를 달성하기 위해 중요한 영향을 미치는 핵심요인들을 확인하는 것이었다. 하버드 경영대학에서 유래된 SWOT 분석은 단순하고 사용하 기 쉬워서 당시 학계는 물론이고 산업계에서도 널리 이용되면서 선풍적인 인기를 끌게 되었다.

당시 SWOT 분석은 전략적 사고를 위한 개념적인 틀을 제공했다. 그렇지만 기 업에게 기회-위협-강점-약점 등과 핵심요인들을 파악할 수 있는 구체적이고 실제

적인 분석방법은 제시하지 못했다. 또한 SWOT 분석에서 핵심개념인 기업의 강점
및 약점은 고정되어 있는 것이 아니라 상황에 따라 서로 뒤바뀔 수도 있는 임의적
인 개념이어서 뚜렷하게 구분하는 것이 불분명하게 되는 경우가 많았다. 외부환경
의 기회 및 위협에도 같은 논리가 적용될 수 있다. 따라서 일부 학자들은 네 가지
유형으로 구분하기보다는 외부환경과 내부속성이란 두 가지 유형으로 구분하여
분석할 것을 제안하고 있다.[11] 그럼에도 불구하고 SWOT 분석이 오늘날 경영전략
에서 핵심개념 중의 하나인 전략적 적합성(Strategic Fit) 즉 전략이 성공하려면 기
업의 외부환경과 내부속성을 서로 일치(Fit)시켜야 한다는 개념이 정립되는 데 큰
공헌을 했다는 사실을 부정할 수는 없다. 한편으로 SWOT 분석은 손자병법에서
말하는 '오사칠계'와 맥을 같이하고 있다고 볼 수 있다.

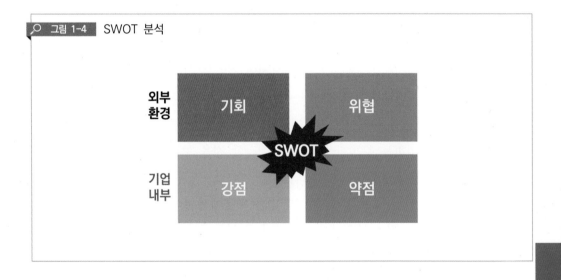

🔍 그림 1-4 SWOT 분석

한편 1960년대와 1970년대 걸쳐 경영전략 분야에서 눈부신 활동을 한 경영컨설
팅(Management Consulting) 기업들은 많은 고객사에게 전략에 대한 조언을 제공
하면서 사세를 확장하는 한편 경영전략의 발전에 지대한 공헌을 했다. 먼저 1963
년에 창립된 Boston Consulting Group(BCG)은 1965년에 '경험곡선'(Experience
Curve)이라는 전략적 도구를 기업계에 소개했다. 당시 BCG의 경영 컨설턴트들은

기업들이 유사한 자원과 경영기술을 보유하고 있다면 왜 일부 기업의 성과는 다른 기업들을 능가하는가? 또한 이런 성공을 위한 기본적인 규칙이 존재하는가? 등과 같은 본질적인 질문에 답하기 위해 전력을 다했다. BCG가 발표한 경험곡선은 기업에서 누적생산량이 2배에 달하게 되는 경우 총원가가 약 20~30% 정도 감소한다는 사실이다. 경험곡선의 전략적 시사점은 특정한 세분시장에서 가장 많은 제품을 생산한 기업은 가장 낮은 비용과 가장 높은 이익을 거둘 수 있다는 것이었다. 그리고 경험곡선을 잘 이해하면 안정적으로 경쟁력을 예측할 수 있을 뿐만 아니라 시장점유율 변화의 가치와 성장률의 영향을 측정할 수 있다고 강조했다.

　　BCG는 1970년대 초가 되자 경험곡선에 이어서 '성장률-점유율 매트릭스'(Growth-Share Matrix)를 발표하게 되는데 이는 포트폴리오 분석(Portfolio Analysis)에 대한 최초의 시도였다. 성장률-점유율 매트릭스는 다각화된 기업의 각 사업부에 대한 경험곡선을 그린 후에 투자대상으로서의 상대적인 잠재력을 격자(Grid) 위에 그려서 비교·평가하는 개념이다. 〈그림 1-5〉에서 보듯이 성장률-점유율 매트릭스를 이용하는 기업에 권고하는 BCG의 기본적인 전략은 성숙된 시장에 존재하는 캐시카우(현금젖소)와 최적의 상황에 놓여있는 스타(별)의 균형을 유지하는 동시에 잠재적인 스타인 물음표(?)를 육성하기 위해 일부 자원을 배분하는 것이었다. 그러나 개(Dog)가 의미하는 부진한 사업부는 매각할 것을 주문했다. BCG는 가장 높고 안정적인 시장점유율을 보유한 기업은 궁극적으로 가장 낮은 비용과 최대의 이익을 확보할 수 있기 때문에 가능한 한 많은 제품에서 지배적인 시장점유율을 갖는 것이 중요하다는 것을 기업에게 강조했다. 성장률-점유율 매트릭스는 기업 외부요인인 시장의 성장률과 내부요인인 시장점유율을 결합해서 개발된 전략도구였다. 그러나 성장률-점유율 매트릭스는 지나치게 단순해서 종합적인 차원에서 정확하게 사업부를 평가하는 것이 어렵다는 한계를 가지고 있다.[12]

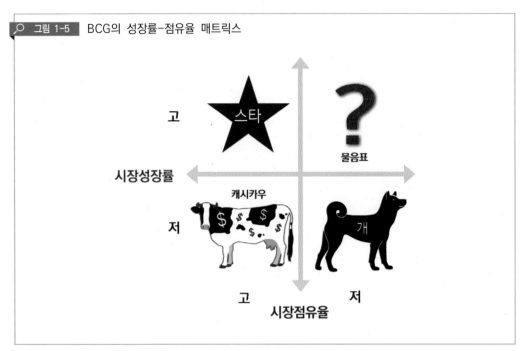

그림 1-5 BCG의 성장률-점유율 매트릭스

출처: BCG

　　당시 BCG의 경쟁사였던 McKinsey & Company는 1960년 후반 당시 미국 최대 기업의 하나인 GE(General Electric)를 고객사로 해서 경영컨설팅을 수행하고 있었다. 당시 GE의 최고경영자는 너무 비대해져서 매우 복잡해진 기업구조의 개선에 대한 조언을 구하고자 했다. 이에 McKinsey는 먼저 공식적인 전략기획(Strategic Planning) 시스템의 도입을 주문하는 한편 여러 개의 사업부로 구성되는 조직구조를 제안했는 데, 이 사업부는 후일 전략적 사업부(Strategic Business Units: SBUs)로 확장되었다. GE 경영진은 각 사업부들이 제출한 전략기획을 평가하기 위한 합리적인 측정도구를 개발해 줄 것을 McKinsey에 요구했다. GE 경영진은 당시 잘 알려져 있지만 단지 두 차원의 성과만을 측정하는 BCG의 성장률-점유율 매트릭스의 효용성이 제한적이 어서 GE에게는 부적합하다는 것을 인지하게 되면서 McKinsey에게 전략적 선택에서 예측성과 정확성을 향상하기 위한 대안을 개발해 줄 것을 요청한 것이었다. 그래서 탄생한 것이 GE/McKinsey 매트릭스이다(〈그림 1-6〉).

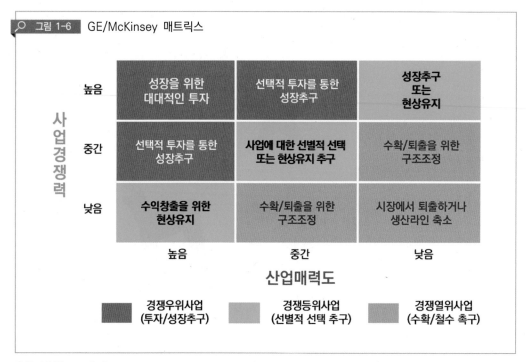

출처: McKinsey & Company

이 매트릭스는 기업이 보유하고 있는 다수의 전략적 사업부(SBUs)에 대한 사업 포트폴리오를 분석하는데 이용되는 도구이다. GE/McKinsey 매트릭스도 외부요인인 산업매력도와 내부요인인 사업부 경쟁력을 결합해서 개발되었는데, 각 사업부를 평가 및 분석함에 있어 BCG 매트릭스에 비해 보다 정교한 분석을 수행하기 위해서 다양한 평가요인들을 포함시켜서 정확도와 완성도를 높였다. 즉 산업매력도를 결정하기 위해서 시장성장률, 산업의 경기 상황, 시장 규모, 산업수익률, 경쟁 강도, 계절성 등을 종합해서 측정했으며, 또한 사업부 경쟁력의 결정에서도 시장점유율, 매출성장률, 기술력, 제품 품질, 원가 및 가격에 대한 우위, 자금력, 고객 및 시장에 대한 지식 등을 종합해서 측정했다. GE/McKinsey 매트릭스의 궁극적인 전략적 시사점은 각 사업부에 대한 평가를 통해 귀중한 경영자원을 투자하는 우선순위를 결정하는 것이다. 그러나 산업매력도와 사업부 경쟁력 매트릭스에서 저중

-고를 결정하는 기준이 모호해서 구분이 정확하지 않을 수 있었으며 또한 다양한 평가요인들에 대한 가중치를 결정함에 있어 편향성이 존재할 수 있다는 한계가 드러나게 되었다. BCG와 McKinsey에 의해 포트폴리오 분석이 소개되면서 1970년 대에는 거의 모든 경영컨설팅 기업들이 이 분석방법을 이용해서 기업에 경영지원 서비스를 제공하게 되었다. 따라서 당시 많은 기업들이 포트폴리오 분석방법을 이용해서 미래를 예측하는 전략기획을 수립하였다. 당시 사업의 규모 및 범위가 증가하면서 비대해진 조직을 책임지고 있던 미국의 최고경영자들은 포트폴리오 기반의 전략기획이 여러 사업부들을 조직화하고 자원을 배분하는 데 큰 도움을 제공하고 있다고 보았다. 당시 전략기획은 기업 세계에서 하나의 큰 유행과도 같은 것이었다. 이런 트렌드에 따라 호텔산업에서도 1977년 Marriott Corporation이 본사에 처음으로 전략부서를 만들었다. 이전에 Marriott는 모험적으로 사업다각화전략을 추진했다가 큰 실패를 경험하게 되었다. 이에 보다 체계적으로 신규 사업을 분석하고 성숙된 조직으로서 도약하기 위해서 전격적으로 전략기획 부서(Strategic Planning Department)를 설립했다. 이후 전략기획부서는 Marriott가 지속적으로 경쟁우위를 창출하고 유지해 나가는 데 큰 공헌을 하게 되었다.[13]

그러나 외부환경이 급속하게 변하면서 경험곡선의 인기도 차츰 시들기 시작했다. 1970년대 중반이 되자 높은 물가인상률과 1973년과 1979년에 연이어 발생했던 석유파동으로 유래된 수요 위축으로 만들어진 공급초과로 인하여 많은 산업에서 경험곡선의 효험에 대한 의문이 증폭되기 시작했다. 경험곡선에 대한 가장 큰 비판은 경험곡선이 집중적으로 추구하는 원가절감 전략의 결과는 경쟁기업이 도입하는 혁신적인 변화에 대한 대응능력이 떨어진다는 점이었다. 그리고 경험곡선의 효과는 자동적으로 개발되는 것이 아니라 세심한 관리의 결과라는 점이 지적되기도 했다.[14]

또한 1970년대 말이 되자 포트폴리오 분석에 대해서도 비판이 거세지게 되었다. 이를 비판하는 사람들은 세련되고 널리 보급된 포트폴리오 분석은 첫째, 현장 경험에 바탕을 둔 통찰력과는 거리가 먼 분석법이며 둘째, 기술경쟁력의 장기적인 발전보다는 단기적인 비용절감을 더욱 선호하고 있다고 비판했다. 또한 포트폴리오 분석은 장기적인 자원 투입이 요구되는 새로운 기회에 투자하는 것이 아니라 단지 재무위험을 최소화하는 데 집중하게 해주는 도구에 불과하다고 지적했으며, 이런 면이 미국 기업들이 일본 및 유럽 기업과의 경쟁에서 밀리게 되는 이유가 되고 있다고 강력하게 비판했다.[15] 이런저런 비판으로 포트폴리오 분석의 인기는 시들기 시작했다. 그렇지만 이 도구의 대두는 포트폴리오 분석 격자의 두 가지 기본적인 차원인 산업매력도(Industry Attractiveness)와 경쟁우위(Competitive Advantage)에 대한 보다 신중한 분석의 필요성을 강조했기 때문에 경쟁 및 사업전략에 대한 후속연구에 지속적이고 지대한 영향을 미치게 되었다. 외부환경과 내부조직을 상징하는 포트폴리오 분석의 이 두 차원은 경쟁이 사업성과에 미치는 영향을 분석하는 적절한 방법을 강조했다.[16] 이후부터 현재까지 경영전략은 이 두 가지 차원을 중심으로 해서 연구 및 발전해오고 있다고 해도 과언은 아닐 것이다.

그런데 1970년대 말이 되자 그동안 기업들이 많이 이용했던 포트폴리오 분석을 기반으로 했던 전략기획(Strategic Planning)은 큰 비판에 직면하게 되면서 그 유용성에 의문이 제기되었다. 가장 큰 원인은 두 차례의 석유파동, 반독점 규제, 기술혁신, 탈규제정책, 미국기업을 위협하는 일본 및 유럽의 경쟁기업 성장으로 비롯된 글로벌 경쟁 등과 같은 경영환경의 거센 변화였는데, 당시 상황은 비교적 안정적이었던 1970년대 중반 이전의 경영환경과 판이하게 달랐다. 이렇게 예측이 힘든 역동적인 경영환경에서 뚜렷한 목표를 예측해서 수립되는 전략기획은 이치에 맞지 않는 부적절한 분석방법이었다.

또한 경험곡선 및 포트폴리오 분석에 너무 의존하는 당시의 전략기획에서는 여러 문제점이 발견되었다. 당시 관리자 사이에는 '분석될 수 없는 것은 관리될 수 없다'라고 할 정도로 분석에 대한 믿음이 강했다. 하지만 분석이 가지고 있는 근본적인 문제점은 더 많은 분석이 이루어질수록 더욱더 안전한 결정이 내려질 것이라는 믿음이었다. 당시 전략의 기본적인 관점은 분석을 기반으로 해서 예측을 하는 것이었는데, 이는 결국 제일 안전한 길 즉 생존으로 연결되었다. 이에 따라 전략의 목표가 성장 또는 이윤 증대가 아니라 생존이 되었는데, 이는 생존하면 성장과 이윤은 자연적으로 뒤따른다는 잘못된 믿음에서 비롯된 것이었다. 그러나 이처럼 단순히 재무위험을 회피하려는 전략은 예측이 쉽고 변화가 적은 안정된 환경에서는 잘 작동했지만 1970년대 말과 같은 복잡하고 역동적인 환경에서는 작동될 수 없었다. 설상가상으로 1981년 당시 새로 GE의 최고경영자로 임명된 Jack Welch는 성과 향상에 별로 도움이 되지 않는다고 하면서 전략기획부서에 대한 대대적인 축소 및 감원 조치를 시행해서 전략기획에 대해 거의 사망선고와 같은 일격을 가하는데 이는 당시 산업계에 큰 반향을 일으켰다.

후일 Henry Mintzberg는 1994년 그의 명저 'The Rise and Fall of Strategic Planning'을 통해 '수단과 목적에 대한 혼란'이 전략기획이 몰락하는 주된 원인이라는 것을 간파했다. 그는 시시각각으로 변하는 경영환경에서 예측된 목표는 매우 유동적으로 변하므로 쉽게 달성할 수 없기 때문에 기업은 거센 변화에 맞서 민첩하게 대응할 수 있는 적응력을 강화해야 한다고 강조하는 한편 기업 구성원들에게는 전략적 사고(Strategic Thinking)의 배양을 주문했다. 또한 Mintzberg는 전략기획이 실패하게 된 원인으로 첫째, 새로운 환경에서 전략기획은 예측력을 상실했다. 과거와 같은 안정적인 환경에서는 쉽게 예측이 가능했지만 불확실하고 역동적인 환경에서 정확한 예측을 한다는 것은 불가능에 가깝기 때문이다. 둘째, 전형적인 전략기획에서는 본부의 기획조정실에서 목표를 설정하고 전략을 수립하면 각 사업부는 이 전략을 실행해서 목표를 달성해야 하는데 이와 같은 철저한 이원적 조직구조에서는 전략이 효과적으로 수행될 수 없다. 왜냐하면 전략은 지속적으로 진화하고 발전하는 것이기 때문에 어떤 순간에 전략을 수립하고 다른 시간에는 전략을 실행하는 것과 같이 이원적으로 운영하는 것은 기업에 도움이 되지 않는다. 따라서 경직성이 강하고 이원화된 구조에서 정형화된 전략기획은 시시각각으로 변하는 경영환경에서 기업이 쉽게 발맞춰 적응하기가 어렵게 된다. 개방되고 유연한 조직구조에서 전략적 사고가 더 잘 발휘될 수 있기 때문이다.[17]

전략기획은 처음 도입되면서 기업계로부터 열렬한 환영을 받았다. 그러나 전략기획에 대한 연이은 경험은 혼란스러운 결과를 낳았다. 일부 기업에서는 전략기획이 수익성을 향상하는 데 공헌했으며 또 경영프로세스의 일부로 자리매김도 했다. 그러나 상당수의 기업에서는 '분석에 의한 마비'라는 현상이 대두되었다. 전략기획이 수립되었으나 실행은 되지 않았으며 이익과 성장은 정체되었다. 따라서 당시 많은 실무자들과 일부 학자들로부터 전략기획이 기업의 수익성 향상에 기여하지 못하고 있다는 비판이 거세게 일어났다.

결국 1980년대에 들어서면서 1960년 및 1970년대를 풍미하던 전략기획은 몰락해서 역사의 뒤안길로 사라지게 되었다. 그리고 1977년 피츠버그 대학에서 최초로 개최된 전략 학술세미나에서 참가자들은 전략관련 연구분야의 명칭을 종전의 전략기획(Strategic Planning)에서 경영전략(Strategic Management)으로 변경하는 것을 결정했다. 경영전략은 현재까지 공식적인 명칭으로 유지되고 있다. 당시 전략의 학문적 발전을 위한 많은 학자들의 노력으로 경영전략의 개념화가 진행되었다. 새롭게 등장한 경영전략에서는 과거 전략기획의 주된 관심사였던 기업 및 환경에 대한 분석 및 전략수립보다는 기업 성공의 핵심요인으로 전략의 실행 및 평가로 바라보기 시작했다. 당시의 경영전략 연구자들의 관심은 크게 두 가지 주제로 나뉘었다. 하나는 전략의 내용(Strategy Content)으로서 주로 올바른 전략이 무엇인가에 대해 관심을 집중했으며, 다른 하나는 전략의 과정(Strategy Process)으로서 전략이 수립되는 과정을 이해하고 또 전략을 수립하는 방법에 주된 관심을 두고 있었다.[18]

이와 함께 1980년에 창간된 저널인 *Strategic Management Journal(SMJ)*은 경영전략이란 학문 분야의 발전을 위한 견인차 역할을 수행하게 되었다. 〈그림 1-7〉처럼 전략적 노력은 진화해 나가면서 기업계에 실질적인 지원을 제공하고 있다.

1980년대와 1990년대에는 각각 두 가지 지배적인 이론이 기업의 성공요인을 연구하는 경영전략 분야의 발전에 견인차 역할을 담당했다. 1980년대에는 기업의 성공요인을 결정하는 것은 바로 외부환경(Environment)이라는 5세력모형(또는 산업구조분석)이 한 시대를 풍미했는데, 당시 많은 기업에 유용한 전략도구를 제시했다. 이와 달리 1990년대 초반부터는 기업의 성공요인을 결정하는 것은 외부환경이 아니라 기업이 보유하고 있는 특유한 자원 및 역량이라는 자원기반관점(Resource-based View of the Firm: RBV)이 학계 및 업계의 관심을 독차지했다. 지금부터 이 두 가지 관점에 대해 간단히 살펴보기로 한다.

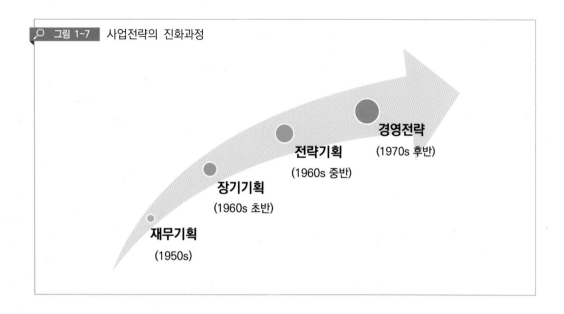

그림 1-7 사업전략의 진화과정

경영전략
(1970s 후반)

전략기획
(1960s 중반)

장기기획
(1960s 초반)

재무기획
(1950s)

　먼저 Michael Porter는 1980년대의 경영전략 사고에 막대한 영향을 미친 명저 'Competitive Strategy'를 발간했다. 여기서 그는 산업구조분석으로도 불리는 5세력모형(5 Forces Framework)을 소개하면서 전략수립에서 산업구조의 중요성을 강조했다. 그런데 5세력모형은 Porter가 하버드 경영대학 재학 시에 학습했던 산업조직경제학을 계승·발전한 것이었다. 산업조직경제학에서 유래된 구조-행위-성과 패러다임(Structure-Conduct-Performance Paradigm)에서는 산업구조는 기업과 소비자의 행위를 결정하는 데 직접적인 영향을 미치고, 이는 기업의 경영성과에 궁극적인 영향을 미치게 된다고 했다. 또한 어떤 산업이 다른 산업에 비해 수익성이 높은 이유는 산업매력도가 높기 때문이라고 했다. Porter는 SCP 패러다임을 더욱 발전시켜서 5세력모형을 개발했다.

　Porter는 5세력모형에서 먼저 특정 산업의 매력도 및 수익성을 결정하는 다섯 가지 경쟁세력을 파악했는데, 그것은 ① 기존 기업 간의 경쟁강도, ② 공급자의 교섭력, ③ 구매자의 교섭력, ④ 새로운 경쟁사의 진입 위협, ⑤ 대체상품의 위협 등이다. 그에 의하면 장기적으로 특정 산업의 매력도 및 수익성은 산업의 구조적인 특성에 의해 영향을 받는데, 그것은 위에서 밝힌 다섯 가지 경쟁세력의 상대적인 힘에 의해 결정된다. 즉 5가지 경쟁세력의 영향력이 높고 낮음에 따라 산업구조가 결정되며 이에 따라 산업의 경쟁강도와 수익성이 결정된다.

5세력모형을 통해 Porter는 많은 산업들이 표면상으로는 서로 달라 보이지만 각 산업에서 수익이 창출되는 근본적인 원인은 모두 같다고 했다. 또 그는 각 산업의 경쟁구조와 수익성을 이해하기 위해서는 5가지 경쟁세력 측면에서 산업의 잠재적 구조를 분석해야 한다고 강조했다. 즉 5가지 경쟁세력과 그들의 잠재된 영향력을 이해할 수 있다면, 장기적으로 경쟁의 양상과 수익성을 예측할 수 있을 뿐만 아니라, 산업구조에 영향을 미치는 원인을 이해하게 됨으로써 수익창출의 근원을 알 수 있다고 했다. 그리고 5가지 경쟁세력으로 구성된 산업구조를 잘 이해하면 이를 바탕으로 효과적인 위치(Position)를 선정할 수 있다.[19] 그러나 5세력모형은 동일한 산업에서 경쟁하는 기업 간의 차이점에 대해서는 별로 언급하지 않고 있다. 5세력모형에 대한 보다 자세한 논의는 기업의 외부환경을 살펴보는 제3장에서 자세히 살펴보기로 하겠다.

5세력모형에서는 경쟁우위의 원천은 외부환경인 산업구조에 기인한다고 했다. 그러나 이를 부정하면서 경쟁우위는 오히려 기업이 보유하고 있는 내부 자원 및 역량에 의해 결정된다고 주장하는 연구결과들이 나오게 되었다. Richard Rumelt는 제조업에 속하는 기업들을 대상으로 수행한 연구에서 수익성을 결정하는 것은 산업구조가 아니라 기업 자체의 특정 요인이라는 사실을 밝혔다. 〈그림 1-8〉을 보면 알 수 있듯이 Rumelt는 기업의 수익성을 결정하는 것은 47%가 기업 자체의 특정 요인이며 산업요인은 불과 7%에 지나지 않는다는 것을 발견했다. 또한 그는 평균적으로 보면 같은 산업에 속한 기업들의 수익성 차이가 서로 다른 산업 간의 수익성 차이보다 몇 배 정도 더 크게 나타난다는 사실을 밝혔다.[20] 그러나 이후 제조기업과 서비스업을 포함해서 수행한 Porter & McGahan의 후속연구를 보면 산업요인은 19%로 증가했으며 기업요인은 31%로 감소했다.[21] 두 연구를 종합해보면 기업의 수익성을 결정함에 있어 기업 특유의 요인이 산업구조 요인보다 더 큰 영향을 미친다는 사실을 짐작할 수 있다.

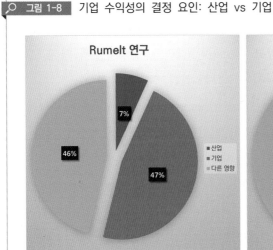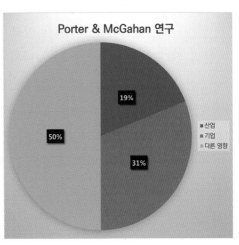

🔍 **그림 1-8** | 기업 수익성의 결정 요인: 산업 vs 기업

출처: Rumelt and Porter & McGahan

1980년대를 풍미하면서 경쟁우위의 원천을 외부환경으로 보았던 산업구조분석 즉 5세력모형과 달리 1990년대 초부터는 기업 내부의 자원과 역량이 경쟁우위를 결정짓는 요인임을 강조하는 자원기반관점이 득세하게 되었다. 자원기반관점의 기원은 1959년에 Penrose가 처음으로 '기업은 여러 자원의 결합체'라고 밝히면서부터이다. 그녀는 경쟁우위를 결정하는 것은 기업이 보유하고 있는 특유한 자원이라고 강조했다. 이어서 1984년 Wernerfelt는 SMJ에 기고한 논문 'A Resource-based View of the Firm'을 통해 경쟁우위를 결정함에 있어 기업 자원의 중요성을 설파했다.[22] 이들은 같은 산업에서 경쟁하고 있는 기업일지라도 환경변화에 따라 대응하는 방식과 경쟁력이 다르게 나타나는 것은 서로가 다른 자원을 보유하고 있기 때문이라는 사실을 간파했다.

자원기반관점의 근본적인 전제는 특정 기업이 경쟁기업들에 비해 월등한 성과를 거둘 수 있었던 이유는 경쟁사들과는 다른 이질적인 자원을 보유 및 통제하고 있기 때문이다. 그런데 이처럼 경쟁우위를 이끌어낸 특유한 자원을 경쟁기업들이 모방하는 것이 어렵게 된다면 이 기업의 경쟁우위는 상당 기간 지속될(Sustainable Competitive Advantage) 수 있다는 것을 강조하고 있다. Barney는 기업이 보유하고 있는 자원 및 역량이 가치가 있고 희소하며 그리고 경쟁사들에 의해 모방이 어렵게 된다면 이는 경쟁우위의 원천이 될 수 있다고 밝혔다.[23]

한편 Prahalad와 Hamel은 핵심역량(Core Competencies)을 고객에게 특별한 가치의 제공을 가능하게 하는 기업의 기술이나 기량이라고 정의하고 모든 경쟁우위의 원천은 핵심역량에서 비롯된다고 했다. 핵심역량은 경쟁우위의 뿌리이며 기업이 생산하고 판매하는 최종 제품이나 서비스는 경쟁우위의 열매를 의미한다고 했다. 따라서 핵심역량은 지속가능한 경쟁우위의 원천이라는 점을 강조했다.[24] 자원기반관점과 핵심역량에 대한 논의는 기업의 내부환경을 논의하는 제4장에서 보다 구체적으로 살펴보겠다.

한편 1990년대 중반에 일부 학자들은 자원기반관점을 더욱 확장한 전략이론을 발표하는데 바로 동태적 역량(Dynamic Capabilities)이란 관점이다. 동태적 역량은 급변하는 경영환경 하에서 경쟁사보다 더 나은 활동을 수행하기 위한 기업 특유의 역량이 장기간에 걸쳐 어떻게 구축되고 재배치 될 수 있는지를 설명함으로써 자원기반관점이론을 더욱 고도화했다. 동태적 역량 관점에서는 자원을 주어진 것으로 다루고 있는 자원기반관점과는 다르게 역량은 개발되어야 하는 것으로 보고 있다. 동태적 역량은 자원의 창출, 진화 및 재구성을 이룩하는 원동력이며 새로운 경쟁우위의 원천이 된다는 것에 초점을 맞췄다. 그리고 경영자들이 자원을 확보하고, 수정하고, 통합하고, 재구성해서 새로운 가치를 창출하는 조직적 및 전략적 루틴(Routines)을 동태적 역량으로 묘사했다.[25]

그리고 일부에서는 기업 간의 경쟁을 게임이론에 빗대어 연구하고 있다. 즉 전략을 개발할 때 경쟁사의 반격과 재반격 그리고 보복 등을 염두에 두고 전략을 수립해야 한다는 것이다. 예를 들면 특정 시장에 진입을 목전에 두고 있는 신규기업은 기존 기업들의 반격 또는 보복을 염두에 두고 전략을 수립해야 한다. 경쟁에서 참가자의 상호작용성에 중점을 두고 있는 게임이론은 기업들의 경쟁행태에 대해 집중적으로 연구하고 있다.

1994년 D'Aveni는 저서 'Hypercompetition'(무한경쟁)을 통해 과거처럼 지속가능한 경쟁우위의 창출이 가능하다고 믿던 선형적 사고(Linear Thinking)의 시대는 종말을 고했으며 오늘날처럼 경영환경이 역동적으로 빠르게 변하고 경쟁이 치열한 시대에는 경쟁우위는 일시적으로만 존재하므로 기업은 비선형적 사고로 무장해야 한다고 주장하며 학계 및 업계에 큰 반향을 일으켰다. 그는 무한경쟁시대에는 경쟁기업 간의 상호작용 빈도, 대담성 및 공격성이 가속화되면서 불균형과 변화는 상시적인 것이 되었으며, 또한 산업구조는 영구적으로 불안정해졌으며 어떤 산업에서도 높은 수익성을 장시간에 걸쳐 유지할 수 없게 되었음을 인지해야 한다고 강조했다. 또한 그는 경쟁에서 우위를 차지하려면 기업은 반드시 스스로의 경쟁우위를 파괴해야 하며, 종전의 전략기획은 현재의 단기적 경쟁상황에 맞지 않으며, 그리고 적의 약점을 공격하는 것은 잘못된 사고이며 SWOT 분석과 같은 전통적인 접근법은 무한경쟁 시대에는 작동하지 않는다고 했다. D'Aveni는 과거에 기업들은 지속가능한 경쟁우위를 창출하기 위해 기업의 내부 및 외부의 적합성(Fit)을 기반으로 전략을 수립했지만 이와 달리 무한경쟁 시대에는 일시적인 경쟁우위를 창출하는 전략을 통해 지속적으로 기존 시장을 파괴하는 것만이 기업 경쟁우위를 유지해 나갈 수 있는 유일한 길임을 강조했다. D'Aveni의 이와 같은 주장은 오늘날처럼 정보화 및 세계화가 깊어짐에 따라 나타나고 있는 역동적인 외부환경과 날이 갈수록 격화되고 있는 경쟁상황을 잘 대변하고 있다.[26]

전략을 연구하는 사람들 대다수가 동의하는 것은 전략을 바라보는 관점에는 크게 두 줄기가 존재한다는 사실이다. 그것은 바로 기업의 외부환경 즉 산업매력도를 분석하는 산업구조분석과 기업 내부환경을 분석하는 자원기반관점이며, 두 접근법은 기업의 성공요인을 이해하는 두 가지의 큰 방향을 대변하고 있다. 하나는 어떤 경쟁우위를 창출해야 하는지에 대해 그리고 다른 하나는 경쟁우위를 창출하는 방법에 초점을 맞추고 있다. 두 관점은 외부환경의 변화에 따라 새롭게 등장하고 있는 기회를 확인하고 이를 조직의 강점과 일치(Alignment)시키는 전략의 궁극적인 역할을 잘 설명하고 있다. 또한 두 관점은 1960년대에 Andrews가 개발했지만 완성하지 못했던 SWOT 분석을 위한 구체적이고 실제적인 분석방법을 상당 부분 완성한 것으로 이해할 수 있다. 〈그림 1-9〉에서 보는 것처럼 두 관점을 서로 경쟁하는 관계가 아니라 오히려 상호보완적인 관계로 이해하는 것이 기업의 성공요인을 이해하는데 더 큰 도움이 될 수 있다. 비록 두 접근법은 분석단위(Unit of Analysis)가 각각 산업과 기업으로 서로 다르지만, 우리가 산업과 기업을 서로 떼어 놓고 볼 수 없듯이 이는 상호보완적인 관계로 보는 것이 타당하다. 따라서 두 관점은 통합적인 차원에서 바라보는 것이 바람직하며 이 점은 본서를 통해 자주 강조되고 있다.

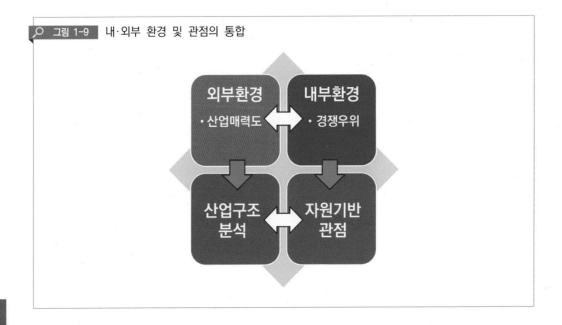

그림 1-9 내·외부 환경 및 관점의 통합

군사전략과 사업전략의 차이

지금까지 우리는 군사전략과 경영전략의 발전과정을 살펴보았다. 여기서 우리는 군사전략과 경영전략이 서로 유사해 보이는 특성을 공유하고 있다는 사실을 알 수 있었다. 그렇지만 군사전략과 경영전략은 본질적으로 엄연히 다른 특성을 보유하고 있다는 것도 사실이다. 군사전략과 경영전략의 차이를 살펴보면 다음과 같다.

첫째, 군사전략의 무대인 전쟁을 보면 보통 여러 번의 전투를 거치면서 최후의 결전에서 승부가 갈리면서 결국 승리가 결정되고 전쟁은 종료된다. 그리고 예외적인 경우를 제외하면 전쟁기간은, 특히 현대전은, 보통 몇 년 안에 종료가 되는 편이다. 그러나 경영전략의 무대인 기업 간의 경쟁에서는 몇 번의 전투를 통해 승리가 결정되는 것이 아니라 끊임없이 바뀌는 다수의 경쟁사들을 동시에 상대해야 하기 때문에 끝이 없는 경쟁을 해야 한다. 즉 강력한 경쟁사를 물리치면 경쟁이 끝나는 것처럼 보이지만 실제로는 새로운 경쟁자가 반복적으로 다시 등장하기 때문에 끝없는 경쟁상황에 놓여 있다고 할 수 있다.

둘째, 일반적으로 군사전략은 전쟁에서 적군 간에 영토를 빼앗기 위해서 직접적으로 무력을 사용해서 맞붙는 싸움이다. 그러나 경영전략은 경쟁기업들이 시장에서 벌이는 직접적인 싸움이 아니라 시장에 존재하는 제품이나 서비스에 관심을 보이는 소비자의 선택을 받아야 비로소 승리할 수 있다. 즉 승리라는 목적은 서로 같지만, 승리를 달성하기 위한 수단인 군사전략의 영토와 경영전략의 소비자는 싸움 또는 경쟁의 직접적인 특성과 간접적인 특성을 잘 대비하고 있다.

셋째, 싸움 또는 경쟁의 주체가 군사전략은 국가인 반면에 경영전략은 기업이다. 전쟁의 결과 독립적으로 존재했던 국가는 전승국에 병합되어 지도에서 사라지거나 한반도와 같이 분리되는 경우도 있다. 그러나 전쟁은 일상적으로 벌어지는 사건이 아니라 상대하고 있는 국가 간에 협상이 잘 이루어지지 않는 경우에 최후의 수단으로 발발하는 것이다. 그러나 이와 달리 경영전략에서 기업의 탄생과 소멸은 훨씬 일상적이어서 다반사로 일어나고 있다. 경쟁에서 뒤처진 기업은 파산해서 쉽게 사라지거나 인수합병에 의해 다른 기업에 인수를 당하게 되면서 소멸된다. 또한 색다른 사고로 무장한 수많은 창업가에 의해 새로운 기업들이 계속 탄생되고 있는데, 이들 중에서 많은 기업들이 실패하기도 하지만 생존해서 큰 성장을 이룩하고 해당 산업의 강력한 경쟁사로 등장하는 경우도 많다.

Ⅱ ▸▸ 경영전략의 정의

그동안 수많은 학자들이 전략에 대해서 나름대로 많은 정의를 내렸지만 현재까지 모두가 인정하는 통일된 정의는 나타나지 않고 있는데, 그렇지만 경영전략의 학문적 정체성을 강화하기 위해서는 일관성 있는 정의의 개발이 필요하다고 볼 수 있다. 1962년 Alfred Chandler는 거의 최초로 '전략은 기업의 기본적인 장기 목표를 설정하고, 이 목표를 달성하는데 필요한 행동방침 및 자원배분을 결정하는 것이다'라고 정의했다. 이후 수많은 학자들에 의해 전략에 대한 수많은 정의가 내려졌다. 〈표 1-2〉에서 보듯이 전략은 다양한 연구자만큼이나 다양한 의미로 정의되고 있다.[27]

지금까지 발표된 전략에 대한 정의가 수없이 많다는 사실은 그만큼 복잡하다는 전략의 본질을 잘 대변하고 있다. 1987년 Mintzberg는 통합적인 차원에서 전략의 정의를 다섯 가지의 P(5Ps: Plan, Ploy, Pattern, Position, Perspective)로 요약해서 발표했다. 그는 전략에 관한 5Ps는 모두 전략을 이해하는 데 필요하지만 어느 것도 단독으로는 전략을 완전히 이해하는 데 충분하지 않다고 보았다.

첫째 전략은 Plan(계획)이다. 일반적으로 전략은 당면하고 있는 환경을 다루기 위해 의식적 및 의도적으로 개발된 일종의 행동계획이다. 즉 전략은 의식적으로 목적을 갖고 개발된다. 군대에서는 전략을 장군이 전쟁에서 적을 물리치기 위한 계획으로 보듯이 많은 분야에서 일반적으로 전략은 계획으로 인지되고 있다.

둘째, 전략은 Ploy(책략)이다. 계획으로서 전략은 일반적 또는 구체적이다. 구체적인 의미로 볼 때 계획은 일종의 책략으로서 상대방이나 경쟁기업의 허를 찌르기 위한 구체적인 술책이다. 예를 들면, 때때로 삼성전자가 반도체 생산시설의 대대적인 증설계획을 발표하는 경우가 있는데, 이는 삼성전자의 진짜 의도일 수도 있지만 때에 따라 증설계획 자체가 아니라 경쟁사를 위협해서 경쟁 의지를 꺾기 위한 것일 수도 있다. 기업은 경쟁이나 협상을 해야 하는 상황에서 효과적인 책략을 구사함으로써 자원의 불필요한 낭비를 방지할 수 있다.

셋째, 전략은 Pattern(패턴)이다. 의도적인 계획이 실현되려면 결과적인 행동이 포함되어야 한다. 따라서 전략은 연속적으로 이어지는 행동의 결과로 나타난 패턴으로 이해될 수 있다. 그런데 경우에 따라 계획은 실현되지 않을 수 있으며 또한 패턴은 예기치 않게 나타날 수 있다. 따라서 계획을 의도된 전략(Intended Strategy)으로 또 패턴은 실현된 전략(Realized Strategy)으로 이해할 수 있으며, 그리고 또다시 사전에 의도했던 대로 진행돼서 추진된 실행된 전략(Deliberate Strategy)과 사전에 의도는 없었지만 패턴이 개발되는, 즉 실현된, 등장하는 전략(Emergent Strategy)으로 구분된다. 이에 대해서는 다음 장에서 다시 논의하겠다.

넷째, 전략은 Position(위치 또는 포지션)이다. 전략은 환경에서 기업의 위치를 선정하는 것이다. 군사전략에서는 적과 전투를 벌일 장소를 선정하는 것이다. 기업에서 위치를 선정한다는 것은 경쟁을 벌일 제품·시장 영역을 결정하는 것이다. 보다 자세하게 말하면 위치는 비용우위전략이나 차별화전략 중에서 하나를 선택하는 것이다.

다섯째, 전략은 Perspective(관점)이다. 위치 선정은 외부환경을 지향하지만 관점은 기업 내부적인 차원에서 전략가인 경영자가 세상을 인식하고 바라보는 몸에 밴 사상이나 사고방식에 대한 것이다. 사례로서 급변하는 환경에서 어떤 기업은 혁신을 추구하는 선구자를 자처하지만, 다른 기업은 방어적 또는 추격자인 경우가 많다. 이런 측면에서 전략은 기업의 임직원 특히 최고경영진의 개성에 관한 것이며 중요한 것은 이 관점은 모두에게 공유되어 있어야 한다.

| 표 1-2 | 전략의 시대별 정의

연구자명	년도	정의
Chandler	1962	전략은 기업의 기본적인 장기 목표를 설정하고, 이를 달성하는데 필요한 행동방침 및 자원배분을 결정하는 것이다.
Ansoff	1965	전략은 제품·시장 범위, 성장 진로, 경쟁우위 및 시너지에 대한 의사결정 규칙이다.
Schendel & Hatten	1972	전략은 조직의 기본 목적과 목표, 이러한 목적과 목표를 달성하기 위해 선택한 주요 활동 프로그램, 조직을 환경과 관련시키는 데 사용되는 주요 자원배분 패턴으로 정의된다.

연구자명	년도	정의
Glueck	1976	전략은 기업의 기본적인 목표가 달성되도록 보장하기 위해 설계된 통일되고 포괄적이며 통합된 계획이다.
McNichols	1977	전략은 정책 수립에 포함된다. 전략은 기본적인 사업 목표의 결정과 이러한 목표를 달성하기 위한 기술 및 자원의 활용을 반영하는 일련의 결정으로 구성된다.
Mintzberg	1979	전략은 기업과 환경 사이에서 매개역할을 하며 환경을 다루는 조직 의사결정의 일관된 패턴이다.
Schendel & Hofer	1979	전략은 조직이 환경의 기회와 위협에 대응하면서 조직의 목표를 달성할 수 있는 방향을 제시한다.
Hambrick	1980	전략은 조직과 환경과의 관계를 인도하고 프로세스와 내부 구조에 영향을 미치며 조직성과에 영향을 미치는 의사결정 패턴이다.
Porter	1985	전략은 산업에서 방어 가능한 위치(Position)를 개발하고 경쟁세력들에 성공적으로 대처해서 투자수익률을 높이기 위한 일련의 공격적 또는 방어적인 행동이다.
Henderson	1989	전략은 환경에 대처하는 상상력과 논리의 집중적인 사용이며 결과로서 기업은 경쟁우위를 창출할 수 있다.
Mintzberg & Quinn	1991	전략은 기업의 경쟁우위를 창출하고 조정하기 위한 행동계획을 계획적으로 탐색하는 것이다.
Rumelt, Schendel & Teece	1994	전략은 조직의 방향을 정의하는 것이다.
Miller & Dess	1996	전략은 조직이 목표를 달성할 수 있도록 지원하기 위해 만들어진 일련의 계획 및 의사결정이다.
Porter	1996	전략이란 경쟁사가 수행하는 활동과는 다른 활동을 수행하거나 또는 동일한 활동을 다른 방식으로 수행하는 것을 뜻한다.
Barney	2001	전략은 성공적으로 경쟁하는 방법에 관한 기업이론이다. 전략에서 성공적으로 경쟁한다는 것은 만족스러운 성과를 달성하는 것을 뜻하므로 전략은 성과에 영향을 미치는 요인이다.
Nag, Hambrick & Chen	2007	경영전략은 외부환경에서 기업의 성과를 향상시키기 위해 자원 활용과 관련하여 경영자가 취하는 주요한 의도적 또는 긴급한 계획을 다루고 있다

출처: Bracker; Mainardes, Ferreira, & Raposo; Nag, Hambrick & Chen

　　이런 차원에서 관점은 비전(Vision)과 유사하다. 그렇다면 전략수립에서 중요하게 고려되어야 하는 것은 집단적 사고를 이해하는 방법, 즉 조직시스템 차원에서 의도를 공유하는 방법과 행동이 집단적이고 일치된 방식으로 수행되는 방법을 잘 이해하는 것이다.

Mintzberg는 위에 소개한 전략에 대한 다섯 가지의 정의 또는 사고 간의 관계를 잘 이해할 것을 주문했다. 어떤 정의도 다른 것보다 더욱 중요하거나 우선되지 않으며, 각 정의는 서로 경쟁하지만 더욱 중요한 것은 전략을 잘 이해하기 위한 상호 보완적인 관계이다. 5Ps는 전략을 이해하는데 중요한 요인들을 소개했으며 조직 전체의 차원에서 근본적인 문제를 해결할 것을 촉구하고 있다.[28]

지금까지 살펴보았듯이 어떤 정의도 전략에 대한 모든 것을 다 포함할 수는 없다. 한 가지 정의가 모든 기업에 맞는 또 모든 상황에 들어맞는 경우는 없는 것이다. 그럼에도 불구하고 본서에서는 전략의 정의에 대한 많은 관점을 통합해서 전략을 '당면하고 있는 경영환경 하에서 기업이 목표를 달성하기 위해서 선택하는 일련의 행동이다'라고 정의하도록 하겠다.

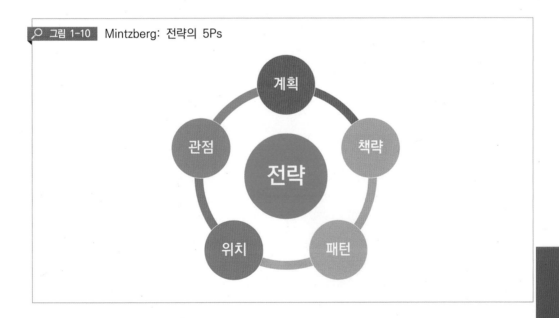

🔍 그림 1-10 Mintzberg: 전략의 5Ps

○ 경영전략 프로세스

〈그림 1-11〉에서와 보는 것과 같이 본서는 기업을 성공으로 이끄는 전략이 되

기 위해서 네 가지 필수요인이 존재한다는 관점을 가지고 집필되었다. 통합적인 관점에서 고안된 이 그림은 심층적인 외부환경 분석, 객관적인 내부역량 분석, 현명한 전략적 선택, 그리고 명료하고 시의적절한 전략적 의도와 같이 기업의 성공을 이끄는 좋은 전략이 되기 위한 요인들을 표현하고 있다. 그런데 중요한 점은 네 가지 성공요인이란 조건은 모두 동시에 충족했을 때에만 탁월한 성과를 내면서 기업을 성공으로 이끌 수 있다는 사실을 인지하는 것이다.

〈그림 1-11〉은 외부환경의 변화가 기업에 영향을 미치고 있듯이 기업도 전략적 의도를 달성하기 위해 외부로 지향해야 하는 상호작용을 중점으로 하여 통합적인 차원에서 개발되었다. 즉 전략적으로 기업의 외부 및 내부 환경을 동시에 고려하고 있다. 이는 〈표 1-2〉에서 Mintzberg가 정의했듯이 전략은 환경과 기업 사이에서 매개역할을 한다는 사실을 기반으로 하고 있다. 즉 기업의 외부 및 내부 환경을 통합해서 바라보는 관점은 본서를 통해 지속적으로 강조될 것이다.

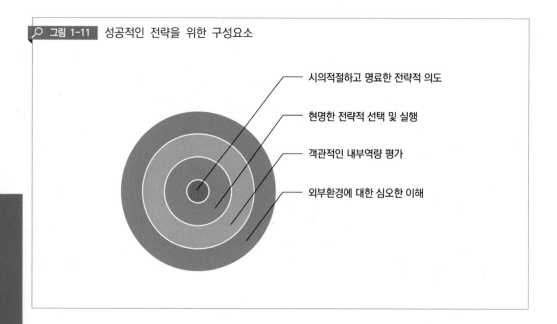

그림 1-11 성공적인 전략을 위한 구성요소

시의적절하고 명료한 전략적 의도

현명한 전략적 선택 및 실행

객관적인 내부역량 평가

외부환경에 대한 심오한 이해

〈그림 1-12〉에 나타난 것처럼 경영전략의 전반적인 프로세스는 외부환경 분석, 내부환경 분석, 전략적 의도, 전략적 선택, 그리고 성과 평가로 구성되어 있다. 그리고 경영전략 프로세스는 주기적으로 되풀이되고 있다. 일반적으로 기업에서 경영전략 프로세스는 해마다 되풀이되고 있으나, 경영환경이 급변하는 현 상황에서 기업들의 경영전략 프로세스는 2~3개월 수준으로 주기가 점점 단축되고 있는 형편이다.

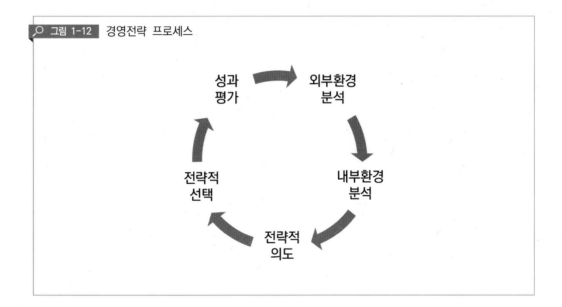

그림 1-12 경영전략 프로세스

○ 본서의 구성

〈그림 1-12〉에 나타난 경영전략 프로세스를 기반으로 본서는 〈그림 1-13〉과 같이 구성되었다. 즉 〈그림 1-13〉은 앞으로 여러분이 탐색하며 학습해 나가게 될 내용을 요약하고 있다. 본서에서는 〈그림 1-11〉에 나타난 네 가지 성공요인에 대해 독자들의 효과적인 이해를 돕기 위해 구체적인 개념과 분석방법을 제공하게 될 것이다. 이를 통해 궁극적으로 기업이 좋은 전략의 채택을 통해 성공하는 과정과

이에 영향을 미치는 요인들에 대해 살펴보게 될 것이다.

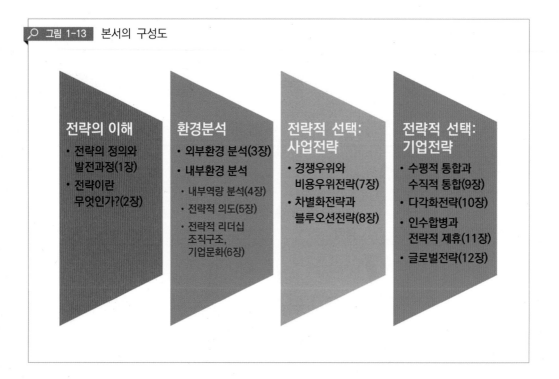

그림 1-13 본서의 구성도

참 / 고 / 문 / 헌

1. Bracker, J. (1980). The Historical Development of the Strategic Management. *Academy of Management Review, 5(2)*, 219-224.

2. *Ibid.*

3. 손무. 손자병법. 김원중 역(2011), 손자병법, 글항아리: 파주.

4. Freeman, L. (2013). *Strategy: A History*. Oxford University Press: UK. 이경식 역(2014), 전략의 역사1, 비즈니스북스: 서울.

5. *Ibid.*

6. *Ibid.*

7. *Ibid.*

8. Mele, D. & Guillen, M. (2006). *The Intellectual Evolution of Strategic Management and*

Its Relationship with Ethics and Social Responsibility. Working Paper. IESE Business School, University of Navarra.

9. Chandler, A. D. (1962). *Strategy and Structure: Chapters in the History of the American Industrial Enterprise.* MIT Press: Cambridge, Massachusetts.

10. Mele, D. & Guillen, M. (2006). *The Intellectual Evolution of Strategic Management and Its Relationship with Ethics and Social Responsibility.* Working Paper. IESE Business School, University of Navarra.

11. Grant, R. M. (2010). *Contemporary Strategy Analysis. (7th ed.).* John Wiley & Sons.: West Sussex, UK.

12. Ghemawat, P. (2002). Competition and Business Strategy in Historical Perspective. *Business History Review, 76,* 37-74.

13. Marriott Jr. J. W. & Brown, K. A. The Spirit to Serve. HarperCollins: Ny. 구본성 역 (1999), 메리어트의 서비스정신. 세종서적.

14. Abernathy, W, J. & Wayne, K. (1974). Limits of the Learning Curve. *Harvard Business Review, September/October,* 111.

15. Hayes, R. H. & Abernathy, W, J. (1974). Managing Our Way to Economic Decline. *Harvard Business Review, July/August,* 68.

16. Ghemawat, P. (2002). Competition and Business Strategy in Historical Perspective. *Business History Review, 76,* 37-74.

17. Mintzberg, H. (1994). *The Rise and Fall of Strategic Planning.* Free Press. NY.

18. Mele, D. & Guillen, M. (2006). *The Intellectual Evolution of Strategic Management and Its Relationship with Ethics and Social Responsibility.* Working Paper. IESE Business School, University of Navarra.

19. Porter, M. E. (1980). *Competitive Strategy: Techniques for Analyzing Industries and Companies.* Free Press: New York.

20. Rumelt, R. P. (1991). How Much Does Industry Matter? *Strategic Management Journal. 12(2),* 167-185.

21. Porter, M. E. & McGahan, A. M. (1997). How Much Does Industry Matter Really? *Strategic Managemen Journal. 18: Special Issue,* 15-30.

22. Wernerfelt, B. (1984). A Resource-based View of the Firm. *Strategic Management Journal. 5(2),* 171-180.

23. Barney, J. B. (1991). Firm Resource ans Sustained Competitive Advantage. *Journal of*

Management, 7, 49-64.

24. Prahalad, C. K. & Hamel, G. (1990). The Core Competencies fo the Corporation. *Harvard Business Review, 68*, 79-91.

25. Teece, D. J., Pisano, G. & Shuen, A. (1997). Dynamic Capabilities and Strategic Management. *Strategic Management Journal. 18(7)*, 509-533.

26. D'Aveni, R. A. (1994). *Hypercompetition.* Free Press: NY.

27. Bracker, J. (1980). The Historical Development of the Strategic Management. *Academy of Management Review, 5(2)*, 219-224.; Nag, R., Hambrick, D. D. & Chen, M. (2007). What is Startegic Management, Really? *Strategic Management Journal, 28*, 935-955.; Mainardes, E. W., Ferreira, J. J. & Raposo, M. L. (2014). Strategy and Strategic Management Concepts: Are They Recognised by Management Students? *Business Administration and Management. 17(1)*, 43-61.

28. Mintzberg, H. (1987). Five Ps for Strategy. *California Management Review.* 30(1), 11-21.

전략이란 무엇인가?

Ⅰ. 경영전략이란 무엇인가?

Ⅱ. 경영전략의 유형

Ⅲ. 전략적 사고

Chapter • 2

전략이란 무엇인가?

학습 포인트

❶ Mintzberg와 Porter가 말한 전략의 개념을 잘 이해한다.

❷ 수준별 경영전략에 대해 잘 이해한다.

❸ 의도된 전략과 등장하는 전략의 차이점을 잘 파악한다.

❹ 전략적 사고란 왜 필요한가?

❺ 전략적 사고의 5가지 특성에 대해 잘 숙지한다.

❻ 전략적 사고와 경쟁 간의 관계에 대해 이해한다.

Ⅰ ▸▸ 경영전략이란 무엇인가?

스타마케팅 등으로 국내 커피전문점 시장에서 돌풍을 일으키며 창업한 지 5년 만에 커피매장을 1,000개 이상으로 늘리면서 성공신화의 상징이 됐던 카페베네는 커피매장의 경쟁력 약화, 무리한 신규 사업 확장, 해외진출 사업의 실패 등이 겹치면서 재무구조가 급속하게 악화되었다. 이로 인해 카페베네 창업자는 회사의 경영권을 사모펀드운용사에 매각하면서 재기가 점쳐졌으나 결국 2018년 1월 기업회생절차에 들어가게 되었다. 이와 반대로 1999년 신촌에 국내 최초의 커피전문점을 개점하면서 선구적 역할을 담당했던 스타벅스는 꾸준히 성장하면서 2017년 연말 기준으로 1,140개의 직영매장을 운영하는 간판스타로서의 위치를 굳건히 유지하고 있다. 특히 2016년에는 최초로 매출액 1조원을 돌파하며 타의 추종을 불허하는 경쟁우위를 과시하고 있다.

스타벅스와 카페베네 사례가 잘 보여주는 것처럼 어떤 기업은 성공하고 있으며 반면에 다른 기업은 실패하고 있다. 경영전략은 기업의 성공 또는 실패를 설명하는 근본적인 원인을 규명하고자 하는 학문이다. 경영전략은 기본적으로 왜 어떤 기업은 성공하고 다른 기업은 실패하는 것인지를 파악하려고 하며, 이를 통해 기업의 성공요인을 확인하려는 노력이다. 경영전략을 하나의 학문으로 연구하는 궁극적인 목적은 기업에 성공을 위한 실질적인 도움을 제공하는 것과 기업의 성공 및 실패 요인에 대한 이론을 정립해 나가는 것이다. 이와 같은 목적은 많은 학자들에 의해 공유되고 있지만 이런 목적을 추구하는 방향이나 방법은 다양하게 나타나고 있는 편이다.

경영전략의 학문적 성격을 확인해보면 절충적 및 다학문적이라는 필연적인 본질을 확인할 수 있다. 이는 경영전략이란 학문은 여러 경영학 분야 중에서 가장 늦게 개발되기 시작한 분야여서 학문적 성장을 위해 다양한 분야에서 유래된 여러 지식을 차용하고 또 결합해야만 했다. 경영전략을 연구하는 학자들은 서로 다른 다양한 배경과 관심을 가지고 있다. 즉 이들은 자신의 전공 분야였던 경제학, 사회학, 심리학, 조직이론, 마케팅, 재무관리 등의 지식을 기반으로 해서 기업의 성공요인을 분석하고자 했다.[1]

전략의 의미는 기업이나 사람들에 의해 서로 다르게 인식될 수 있다. 이를 증명이나 하듯이 현재까지 많은 전략에 대한 정의가 개발되었다. 전쟁을 어느 순간 종식시킬 수 있는 군사전략과 달리 사업전략은 지속적인 경쟁을 피할 수 없으며 이를 극복하기 위해서는 기업 경쟁력이 있어야만 장기간 생존할 수 있다. 따라서 기업에게 경쟁은 매일 들이마셔야 하는 산소와 같다. 따라서 기업은 경쟁상황 하에서 목표를 달성하기 위해 전략을 개발하고 있다. 그러나 그렇다고 해서 기업들이 서로 경쟁만 하는 것은 아니다. 기업 간에는 종종 서로 협력하는 전략을 통해 경쟁을 극복하고 있다. 즉 기업들은 서로 간에 경쟁하고 있을 뿐만 아니라 협력도 하고 있다. 또한, 때로는 기발하고 창의적인 전략이 경쟁을 무력하게 만드는 경우도 있다.

전략이란 무엇인가에 대해서도 수많은 견해가 존재하고 있다. 이를 위해 본서에서는 좋은 전략이 되기 위한 조건에 대해 살펴보도록 하겠다. 먼저 Mintzberg는 '전략은 기업과 환경 사이에서 매개역할을 하며 환경을 다루는 조직 의사결정의 일관된 패턴이다'라고 정의했다. 이는 전략적 의사결정의 중요성을 강조한 것으로 기업이 생존하려면 전략을 통해 환경변화와 기업을 잘 조화시켜야 한다는 것을 함의하고 있다. 따라서 전략의 기본적인 사고로서 외부환경의 변화에 유연하고 민첩하게 대응하기 위해서 기업은 변화와 전략을 잘 일치(Alignment)시킬 수 있어야 한다(〈그림 2-1〉). 보다 구체적으로 기업의 역량을 고객의 요구사항 변화에 잘 일치시켜야 한다. 본서에서는 이를 좋은 전략이 되기 위한 가장 기본적인 관점으로 삼고자 한다.

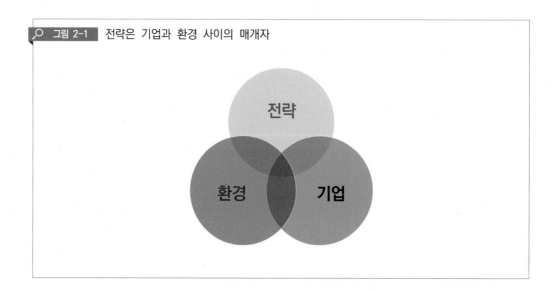

🔍 그림 2-1   전략은 기업과 환경 사이의 매개자

한편 경영전략 연구계의 풍운아인 Michael Porter는 성공으로 이끄는 좋은 전략의 조건에 대해 다음과 같이 명료하게 말해주고 있다. 첫째, 고객에게 독특한 가치를 제공해야 한다. 이를 위해서는 어떤 고객을 상대로 이 고객의 어떤 욕구를 충족하고 가격은 얼마로 정할 것인가? 라는 질문에 대해 전략적 사고가 요구된다.

둘째, 경쟁기업들과는 다른 차별화된 가치사슬 활동을 해야 한다. 전략은 경쟁기업과는 전혀 다른 활동(Activities)을 수행하거나 경쟁기업과 동일한 활동을 하더라도 다른 방식으로 수행함으로써 경쟁우위를 창출하고 유지할 수 있다.

셋째, 전략의 선택에는 항상 상충효과(Trade-off)가 따르게 마련이다. 전략의 핵심은 할 수 있는 것과 할 수 없는 것을 엄격하게 구별해서 선택하는 양자택일을 하는 것이다. 이는 일부 고객은 포기하는 것을 의미하고 있다. 전략이 모든 것을 할 수 있다는 사고를 버려야 한다. Southwest Airlines와 McDonald's는 안락한 고급 좌석과 고급요리를 선호하는 고객들을 기꺼이 포기하고 있다.

넷째, 가치사슬 활동시스템의 전략적 적합성(Fit)을 고도화해야 한다. 조직이 소비자에게 제안한 가치를 창출하기 위해서 수행하는 많은 가치사슬 활동은 상호 간에 적합하게 연계(Linkage)되어 있어서 시너지 효과를 거둘 수 있어야 한다. 이것은 부분적인 활동보다는 전체 활동이 더욱 중요하다는 의미이다. 이와 같은 활동 간의 적합성은 비용을 낮추거나 고객가치를 향상해서 기업의 경쟁우위를 강화할 수 있다.

다섯째, 기업의 방향은 연속성을 유지해야 한다. 연속성은 기업의 정체성을 강화하고, 공급업체 및 유통업계 등과 관계를 돈독하게 하며, 그리고 각자 업무를 능통하게 한다. 수시로 변화에 집중하기보다는 연속성을 잘 유지하면 진정한 의미에서의 경쟁우위가 창출될 수 있다.[2]

Ⅱ ▸▸ 경영전략의 유형

경영전략에는 여러 유형이 존재하고 있다. 먼저 기업의 위계질서에 의한 수준별 전략이 있다. 그리고 사전에 의도를 가지고 계획된 것인가의 여부에 따라 전략의 유형이 결정되고 있다.

○ 수준별 경영전략(Level of Strategy)

기업의 전략에서 조직상의 수준(Level)에 따라 전략을 구분해야 하는 경우가 있는데, 각 수준별로 쟁점이 다르게 나타난다. 기업에서 전략은 기업전략(Corporate Strategy), 사업전략(Business Strategy), 기능전략(Functional Strategy)과 같이 크게 세 가지 유형으로 구분할 수 있다. 이 세 가지 전략은 집중분야, 경영상 권한 및 책임의 소재 등에서 서로 다른 특성을 보이고 있다.

기업전략은 기업이 사업 포트폴리오를 결정하는 것을 주요 관심사로 하고 있다. 그리고 사업전략은 특정 사업에서 기업이 목표를 달성하기 위해서 경쟁하는 방식을 중점 사항으로 삼고 있다. 다음으로 기능전략은 사업전략을 지원하기 위한 기업의 각 기능별(또는 부서별) 전술을 말하는 것이다. 생산, 마케팅, 인사관리, 재무 등 기능부서는 성공적인 사업전략을 위해 공헌이 되는 활동을 수행한다. 성공적인 기업이 되기 위해서 세 유형의 전략은 반드시 일치된 방향성을 기반으로 해서 최적으로 조화(Fit)되어야 한다.

여기서 우리나라 기업계의 실상을 살펴보면 국내를 대표하는 대기업들은 대다수가 여러 사업 분야에 진출해서 매우 다각화된(Diversified) 조직구조를 보이고 있다. 삼성, 현대, LG, SK 그룹 등 기업 규모가 크면 클수록 보유하고 있는 사업 포트폴리오가 복잡하다. 그룹 차원뿐만 아니라 단일기업 구조 내에서도 여러 사업을 운영하고 있다. 국내를 대표하는 기업인 삼성전자도 〈그림 2-2〉에서 보는 것과 유사하게 다수의 사업부(IM사업부, DS사업부, CE사업부)를 가지고 운영되고 있다. 이와 같은 다각화된 기업들은 최고경영진 또는 기획조정실이 주관하는 기업전략과 그 예하의 각 사업부에 의해서 수행되고 있는 사업전략으로 구분되고 있다. 한편 각 사업부에 속하고 있는 각 부서는 기능전략을 수행하고 있다.

창업자가 기업을 창업해서 단일 사업을 운영하고 있다면 이 기업은 굳이 기업전략과 사업전략을 구분할 필요가 없게 된다. 그러나 이렇게 단일 사업만을 운영하던 기업이 성장해서 중견기업이 되면 많은 경우 사업을 다각화하기 시작하면서 기업전략과 사업전략으로 구분되게 된다. 국내에서 규모가 큰 기업들은 대부분 다각화되어 있다. 단일 사업만 운영하고 있는 대표적인 기업으로 맥도날드가 있다.

● 기업전략(Corporate Strategy)

기업전략은 다각화된 기업 전체를 관리하기 위한 거대한 설계이다. 기업전략은
산업, 세분시장, 제품/서비스로 분류되는 총체적인 사업관점에서 구체적으로 어떤
사업 분야에 진출해서 경쟁할 것인가를 결정하는 전략유형이다. 기업전략은 어떤
전략적 목표를 달성해야 하는가와 이러한 목표를 성취하기 위해 각 사업은 어떻게
관리되어야 하는가를 결정하는 것이다. 보통 성장하고 있는 기업의 최고경영자
(CEO)가 직면하게 되는 과제는 Wendy's나 McDonald's처럼 단일 사업에만 집중해
야 하는가 아니면 국내 대기업처럼 다각화된 기업으로 변모해야 하는가와 같은
근본적인 문제에 대한 결정을 내려야 한다.[3]

그림 2-2　경영전략의 수준

기업은 성장하면서 신규 사업 진출, 기존 사업 매각, 수직적 통합, 인수합병
(M&A) 등의 성장전략 통해 결과적으로 사업 포트폴리오를 구축하게 된다. 이렇게
다각화된 기업의 최고경영진은 다수의 사업 분야로 구성되는 사업 포트폴리오를
관리하는 책임을 맡고 있다. 따라서 다각화된 기업에서는 어떻게 자원을 경쟁하고
있는 각 사업부별로 효과적·효율적으로 배분할 것인가를 결정하는 것이 매우 중
요한 과업이다. 즉 여러 사업부가 존재하는 복합적인 조직에서 기업이 보유하고
있는 한정된 자원을 어떻게 합리적으로 배분하여 최대의 가치를 창출할 것인가와

또한 서로 다른 특성을 지닌 사업들을 통합해서 시너지를 성취할 수 있는 방법이 기업전략가가 직면하게 되는 쟁점이다. 우리가 제1장에서 살펴보았던 BCG 매트릭스와 GE/McKinsey 매트릭스는 다각화된 기업들이 보유하고 있는 사업 포트폴리오를 관리하기 위한 좋은 분석도구가 되고 있다.

궁극적으로 기업전략의 결정은 이사회가 책임과 권한을 갖고 있는데 주주들에게 경영성과에 대해 적절하게 설명해야 한다. 그러나 최근 이런 의사결정에 대하여 다양한 이해당사자(Stakeholder)의 영향력이 점점 강화되고 있다. 특히 어떤 기업의 주식지분을 상당 부분 소유하고 있는 기관투자자(Institutional Investor)들이 이사회의 의사결정 과정에서 목소리를 높이고 있으며, 노동조합, NGO, 관련 정부기관 등도 기업전략의 의사결정 과정에 점점 더 영향력을 행사하고 있다.

● 사업전략(Business Strategy)

다각화된 기업의 각 사업부에서 수행하는 것이 사업전략인데, 이를 경쟁전략 (Competitive Strategy)이라고도 한다. 사업전략은 특정 사업부가 활동하고 있는 산업에서 경쟁을 벌이는 구체적인 방법에 대한 것이다. 그리고 사업전략은 반드시 기업전략에 기초하여 개발되어야 하며 또한 기업전략을 지원해야 한다. 즉 서로 간에 호환성이 있어야 한다. 기업의 각 사업부는 경쟁사를 물리치고 경쟁우위를 창출할 수 있는 효과적인 전략이 요구되고 있다. 예를 들면 삼성전자의 IM사업부는 Apple의 iPhone을 이길 수 있는 구체적인 사업전략이 필요하며, DS사업부는 SK하이닉스와 외국의 여러 반도체 경쟁사들을 상대로 경쟁우위를 창출할 수 있는 효과적인 사업전략이 필요하다.

Porter는 가장 일반적인 차원에서 사업전략은 크게 두 가지 전략으로 구분할 수 있다고 했다. 하나는 다른 기업을 상대로 하는 경쟁에서 우위를 차지하려면 가장 낮은 수준의 원가로 제품을 만들 수 있는 비용우위전략(Cost-leadership Strategy)이며, 다른 하나는 품질이나 성능처럼 고객에게 차별화된 가치의 제품·서비스를 제공하는 차별화전략(Differentiation Strategy)이다. 이 두 전략은 전체 시장을 대상으로 하고 있으며, 만일 이 두 전략이 전체 시장이 아니라 특정한 세분시장만을 상대로 이용되고 있다면 이를 집중전략(Focus Strategy)이라고 하고 있다. 그리고 비용우위도 아니고 차별화도 아닌 이도저도 아닌 전략(Stuck in the Middle)은 가치를 창출할 수 없다고 강조했다.[4] 그러나 이도저도 아닌 전략은 후일 새로운 블루오션 전략에 의해 철저히 부정되고 있다. 이에 대해서는 제8장에서 자세히 살펴보도록 하겠다.

• 기능전략(Functional Strategy)

기업에서 세 번째 유형의 전략은 기능전략이다. 기능전략은 사업전략을 지원하는 역할을 맡는 전략이기 때문에 대상 범위가 비교적 좁은 편이다. 기능전략은 주로 사업부를 운영하는데 필요한 일상적인 기능별 활동에 주안점을 두는데 이런 활동들은 〈표 2-1〉에 소개되어 있다. 기능전략은 일반적으로 재무관리, 마케팅, 생산관리, 인사관리, 연구개발 등으로 구성되어 있다. 보통 기능전략의 목표는 한정된 경영자원으로 최대의 효과와 효율을 달성하는 것이다.

사업전략은 경쟁을 위한 방법을 파악하는 것인데 반해 기능전략은 가치를 창출하기 위해 효과적으로 전략을 실행하는데 요구되는 각 기능별 세부적인 활동이다. 특정 기능전략은 반드시 다른 기능전략과 맥을 같이 해야 할 뿐만 아니라 반드시 상호 연계되어 사업전략을 지원해야 한다. 기능전략은 가장 세부적이고 자세하며 보통 수명주기가 단기적이기 때문에 다른 유형의 전략과 비교했을 때보다 자주 변하며 경쟁사의 경쟁행위에 직접적인 영향을 받는다. 그런데 종종 각 기능별 관리자들은 상호배타적인 성향을 보이며 때때로 경쟁자로서의 행위를 보일 때도 많이 있다.

| 표 2-1 | 유형별 기능전략

기능분야	활동 개요
재무관리	자산관리, 예산편성, 자본구조, 자금수급, 위험관리, 재무계획, 배당률 결정, 인수합병, 통제시스템
인사관리	인사관리, 조직행동, 노사관계, 리더십
마케팅	판매유통경로, 홍보 및 판촉, 가격결정, 제품 및 서비스 관리, 고객세분화
경영관리	보험관계, 회계시스템, 경영정보시스템, 전략기획, 법률
생산관리	공정관리, 품질관리, 자원 확보 및 저장, 안전 및 보안
연구개발	제품개발, 고객개발, 신규 사업계획

○ 의도된 전략 vs 등장하는 전략(Emergent Strategy)

과거 1960년대와 1970년대에 기업계를 풍미했던 전략기획(Strategic Planning)은 목표 설정-환경분석-전략수립-전략 실행과 같은 공식적이고 정형화된 프로세스를 따라 진행되었다. 이 프로세스는 정교하게 계획된 전략은 진행과정에서 발생할 수 있는 어떠한 시행착오나 변경이 있을 수 없다는 전제 하에서 개발된 것이었다. 그러나 현실 세계에서 계획이 수정되는 것은 때때로 필연적이다. Mintzberg는 많은 경우에 전략이 정형적인 전략기획 프로세스를 거치지 않고도 등장하고 있다는 사실을 간파했는데, 계획했던 전략은 단지 소수의 기업에서만 실제로 실현되고 있었으며 많은 기업에서 정교하게 계획했던 전략이 실패하는 것을 목격한 그는 정형화된 전략기획 프로세스를 부정하면서 보다 현실적 및 실제적 차원에서 경영전략 프로세스에 대한 새로운 개념을 소개했다.

경영전략계의 거인 Mintzberg는 〈그림 2-3〉에서 보는 바와 같은 새로운 전략유형을 개발했다. 그는 전략의 유형을 의도된 전략, 실행된 전략, 실현된 전략, 실현안된 전략, 그리고 등장하는 전략과 같은 다섯 가지 유형으로 구분했다.

첫째, 의도된 전략(Intended Strategy)은 사전에 의도적으로 계획했던 전략을 말한다. 즉 경영진이 기업의 미래 방향과 거기에 도달하기 위한 행동방침을 결정하기 위한 공식적인 전략기획을 개발하는 것을 말한다. 둘째, 실행된 전략(Deliberate

Strategy)은 의도된 전략이 실제로 실행돼서 추진되는 전략이다. 이 전략은 예상한 대로 정확하게 실행되는 의도된 전략이며 결과를 만들어내면서 결국 실현된다.

셋째, 실현된 전략(Realized Strategy)이다. 기업에서 실제로 진행이 돼서 결과를 만들어내는 전략을 말하는데, 이는 실행된 전략의 결과이거나 또는 나중에 소개되는 등장하는 전략의 산출물이다. 넷째, 실현 안된 전략(Unrealized Strategy)이다. 이는 실행되지 못하거나 실현되지 않은 의도된 전략을 의미한다. 즉 의도된 전략이 아예 실행되지 못하거나 실행 과정 중에 더 이상 진행되지 못하고 중단된 전략을 말한다. 이는 부적절한 계획 프로세스, 전략 실행에서의 실패 또는 외부환경 변화로 인해 쓸모없는 전략이 돼버리는 등 여러 가지 이유로 발생할 수 있다.

종전의 전략 패러다임에서는 〈그림 2-3〉의 제일 윗부분처럼 의도된 전략이 실행된 전략으로 발전해서 결국 실현된 전략으로 전환되는 것을 보편적인 전략프로세스로 보았다. 그러나 실제 현실에서는 기업이 구체적인 전략을 결정하는 시점에서 전략기획의 모든 프로세스를 완벽하게 완성하기 위해 필요한 모든 정보를 알 수 없으며 또 예상치 못한 변화가 빈번하게 발생하기 때문에 실패하는 경우가 종종 발생한다. 따라서 많은 의도된 전략들이 계획대로 진행되지 못하면서 결국 실현 안된 전략으로 변하여 수명을 다해서 소멸된다.

이런 연유로 다섯 번째 전략인 등장하는 전략(Emergent Strategy)이 개발되었다. 등장하는 전략은 사전에 의도하거나 계획하지는 않았지만 여러 요인들에 의해 새롭게 부각되면서 결국 실현되는 전략이다. 등장하는 전략은 크게 두 가지 경우에 만들어지고 있다. 하나는 시간이 경과하면서 자연스럽게 기업 내에서 서서히 부각되면서 채택되는 전략이다. 구체적으로 살펴보면 기업의 하부조직에서 현장 관리자의 자율적인 제안이나 행동, 우연히 발생하는 사건이나 발견, 그리고 변화된 상황에 대응하기 위해 계획하지 않았지만 경영진이 결정하는 전략적 변화 등에 의해 새로운 전략이 등장하게 되면서 결국 채택된다. 다른 하나는 의도된 전략이 실행 과정에서 대대적으로 수정되면서 성격이 판이하게 다른 전략으로 변경되는 경우이다. 실행단계에서 변경할 필요가 없는 전략이 되기 위해서는 완벽한 예측 및 계획이 요구되기 때문에 계획대로 정확하게 실현될 수 있는 전략은 그리 많지 않다. 불확실한 미래를 정확하게 알 수 있다는 것은 비현실적이기 때문이다. 위의 두 경우처럼 등장하는 전략은 모두 정형적이고 하향식적인 전략기획(Strategic Planning) 프로세스의 산물이 아니다.[5]

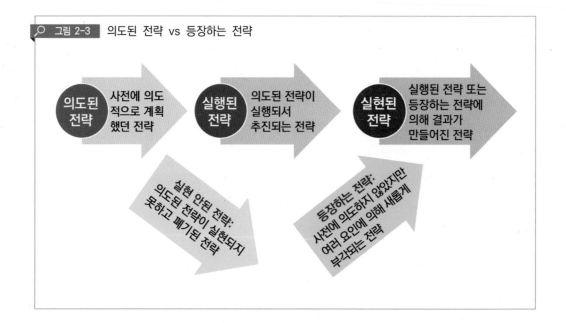

그림 2-3 의도된 전략 vs 등장하는 전략

의도된 전략 사전에 의도적으로 계획했던 전략

실행된 전략 의도된 전략이 실행되서 추진되는 전략

실현된 전략 실행된 전략 또는 등장하는 전략에 의해 결과가 만들어진 전략

실현 안된 전략: 의도된 전략이 실현되지 못하고 폐기된 전략

등장하는 전략: 사전에 의도하지 않았지만 여러 요인에 의해 새롭게 부각되는 전략

세계 호스피탈리티산업의 강자 Marriott International의 사례를 보면 의도된 전략과 등장하는 전략 모두를 살펴볼 수 있다. 먼저 Marriott의 등장하는 전략에 대한 사례를 살펴보자. 1927년에 창업한 Marriott는 미국의 수도 Washington DC를 중심으로 'Hot Shoppe'라는 멕시칸 음식을 판매하는 레스토랑을 운영하고 있었다. 그런데 1930년대 중반에 창업자 Marriott 1세는 당시 8개의 레스토랑 중에서 유독 후버공항 근처에 위치하고 있는 레스토랑에서만 일어나는 색다른 판매현상에 주목하게 되었다. 즉 눈에 띌 정도로 많은 고객들이 공항에 가서 비행기에 탑승하기 전에 'Hot Shoppe'에 들러 비행 중에 기내에서 취식할 음식을 포장 주문한다는 사실을 목격하게 되었다. 그는 향후 항공여행이 지속적으로 증가할 것이라는 판단 아래 이 사업을 확장할 것을 결심하게 된다. 결국 1937년 Marriott는 당시 미국의

유명 항공사인 Eastern Airlines의 승객에게 포장된 도시락을 제공하며 최초의 기내식(In-flight Airline Catering) 사업을 영위하는 기업이 되었으며 이후 American Airlines에도 기내식을 제공하게 되었다. 이후 Marriott의 기내식 사업부는 1980년대 후반까지 미국 최대의 기내식 기업으로 성장을 거듭하면서 Marriott의 발전에 큰 공헌을 했다.[6]

Marriott의 또 하나의 등장하는 전략에 대한 경험은 우연에 의한 것이었다. Marriott 1세는 전에 공항 근처에 차들이 많이 다니는 곳에 후일 본사와 식음 창고를 짓기 위해서 넓은 땅을 구매해 놓고 있었다. 그런데 1950년대가 되자 항공기로 여행하는 사람들이 대폭 증가하게 되면서 후버공항 근처를 중심으로 숙박시설 공급이 크게 부족하게 되었다. 이런 트렌드에 따라 해당 부지의 사업 가능성을 감지한 당시 수석부사장은 이 땅에 호텔을 건설할 것을 최고경영자에게 제안했다고 한다. 당시 매일 12만 5천 대의 자동차가 부지 주변을 왕래하고 다닐 정도로 요지로 변한 것이다. 이 제안에 동의한 Marriott 1세는 호텔사업에 진출하는 것을 결심하게 되며, 드디어 1957년 Washington DC 공항 근처이자 펜타곤 인근인 버지니아주 알링턴에 6층에 365실을 갖춘 미국 최초의 Motor Hotel인 'Twin Bridges Motor Hotel'을 당시의 큰 호텔체인이었던 Quality Courts 계열의 멤버십 호텔로 개업했다. 아시다시피 이는 오늘날 세계 최대의 호텔제국 Marriott International을 건설하는 시금석이 되었다.

이번에는 Marriott에서 의도된 전략의 사례를 보기로 하자. 1977년에 전략기획부서가 만들어진 후 제일 먼저 1981년부터 추진한 것이 바로 중저가호텔인 Courtyard by Marriott이었다. 당시 고급호텔만으로 영업을 했던 Marriott으로서는 큰 모험이었지만 새로운 변화를 추구하기 위해서 최초의 중저가호텔 프로젝트가 시작되었다. 그러나 고급호텔의 이미지를 해칠 수 있다는 사고를 가진 관리자들이 강력하게 변화에 반대하기도 했다. 질서유지 세력과 변화 세력 사이에서 결국 Marriott 1세는 변화를 선택하고 이후 3년 동안 이 프로젝트는 철저하게 비밀리에 계획되어서 차근차근 진척이 되었으며 그동안 사업성에 대한 철저한 분석이 이루어졌다. 드디어 1983년 Courtyard by Marriott가 처음 출시되면서 시장에서 큰 호평을 받으며 공전의 히트를 기록하게 된다.[7] 현재 Marriott International의 30개 브랜드 중에서 Courtyard by Marriott는 1,000개가 넘는 호텔로 운영되고 있으며 단위호텔로서는 가장 숫자가 많은 브랜드로 성장했다.

다른 산업에서 등장하는 전략으로 유명한 사례는 세계 반도체 시장의 강자 Intel이다. 1980년대 초반까지만 해도 Intel은 메모리반도체 전문제조업체였으며 대다수 매출은 여기에서 산출되고 있었다. 그런데 1984년부터 Intel의 매출액에서 95% 이상은 비메모리 반도체인 마이크로프로세서(PC의 CPU)사업으로 완전히 전환되었다. 이와 같은 등장하는 전략의 배경에는 일본 전자계산기업체의 주문으로 연산장치를 개발하기 위한 실험적인 벤처사업에 참여했던 한 현장관리자가 장래 시장수요의 변화를 감안해서 마이크로프로세서로 주력제품의 전격적인 전환을 제안했는데 이를 최고경영진이 받아들이면서 만들어진 것이라고 Intel의 최고경영자였던 Andy Grove는 자서전 'Only The Paranoid Survive'에서 술회했다.[8] Intel의 사례는 4장에서 살펴보게 될 Xerox의 사례와는 극명한 대조를 이룬다. 만약에 Xerox의 최고경영진이 하부조직인 PARC 연구소의 혁신적인 기술을 잘 받아들였다면 Xerox의 위상은 크게 달라졌을 것이다. 2018년 2월 일본의 카메라업체 후지필름이 112년 전통의 미국 대기업이자 복사기의 대명사였던 Xerox의 인수를 발표하면서 역사의 뒤안길로 사라지게 되었다.

등장하는 전략의 국내 사례를 보면 2017년 사드 배치로 한동안 한국 관광산업을 달구던 중국의 개별 및 단체 관광객의 국내 입국이 급감하게 되었다. 이렇게 급변하는 환경에 대처하기 위해서 호텔신라와 호텔롯데의 면세점 사업부는 주요 고객을 종전의 개별 및 단체 관광객에서 보따리상인 따이공(代工)으로 전격 전환해서 이들에게 면세품의 판매를 집중하는 즉흥적 전략(등장하는 전략)을 채택하기에 이른다.

Mintzberg는 기업에서 언제든지 누구라도 어디에서도 전략의 개발이 가능하다는 것을 강조했다. 이렇게 등장하는 전략은 반드시 중앙에서 통제되거나 공식적으로 계획될 필요가 없으며 변화하는 상황, 새로운 아이디어, 소비자 욕구 변화, 개선된 업무 등에 대한 반응으로 나타날 수 있다. 결론적으로 전략은 만들어질 뿐만 아니라 형성될 수도 있다. 즉 전략은 공식적으로 개발되지만 때때로 예기치 않게 만들어지는 경우도 있다.[9]

그러나 등장하는 전략에 비판적인 사람들은 이 전략은 경영전략 프로세스를 효과적으로 실행하지 못하는 기업의 경우에만 해당되는 것이라고 지적하고 있다. 이들은 경영전략 프로세스가 제대로 실행된다면 기업은 의도된 전략을 포기해야 할 하등의 이유가 없다는 의문을 품고 있다. 그렇지만 오늘날처럼 불확실한 환경에서 경제상황 및 경쟁환경이 어떻게 변화될 것인가를 정확히 안다는 것은 거의 불가능하기 때문에 불완전한 계획에 의존하기보다는 급변하는 환경에 효과적으로 대응하기 위해서 민첩하게 전략을 변경할 수 있는 기업의 역량은 경쟁우위를 창출하는 중요한 원천이 되고 있다.[10]

III ▸▸ 전략적 사고(Strategic Thinking)

전략과 함께 기업에서 많이 사용되고 있는 용어가 바로 전략적 사고(Strategic Thinking)이다. 현재 기업에서는 지위고하를 막론하고 대다수 경영자들은 업무에서 효과적인 문제해결을 위해 전략적 사고라는 용어를 자주 사용하고 있다. 전략적 사고는 경영자의 능력을 판단할 때 중요하게 고려되고 있을 뿐만 아니라 기업의 경쟁력을 판단하는 경우에도 매우 중요하게 여겨지고 있다. 전략적 사고는 개인 차원의 능력일 뿐만 아니라 기업 전체차원에서 창의적이고 새로운 아이디어를 개발할 수 있는 역량으로 간주되고 있다. 따라서 전략적으로 사고하는 능력은 점점 더 격렬하고 치열해지는 글로벌 경영환경에서 기업의 경쟁력을 유지하는데 필수적인 도구가 되었다. 전략적 사고는 합리적이고 집중적인 접근방식과 창의적이고 다양한 사고과정을 결합해서 전략적인 문제를 해결하는 방법으로 정의된다.[11]

대다수 산업에서 경쟁의 본질이 근본적으로 변하고 있으며 변화의 속도는 거침없이 지속적으로 증가되고 있다. 과거와 달리 산업 간의 경계를 결정하기조차 쉽지 않다. 또 규모의 경제나 대규모 광고예산과 같은 전통적인 경쟁우위의 원천은 효력을 잃고 있다. 또한 경영자의 전통적인 사고방식은 더 이상 기업의 경쟁우위 유지 및 창출에 도움이 되지 못하고 있다. 이제 경영자는 혁신, 유연성, 민첩성, 통합과 같은 새로운 사고방식에 적응해서 급변하는 경영환경에 맞서 도전해야 한다. 〈그림 2-4〉에서 나타난 여러 가지 변화의 동력들은 21세기 경영환경에서 경쟁의 본질을 바꾸는 한편 경쟁우위의 원천도 새롭고도 예측할 수 없는 방식으로 변화시켜 놓았으며, 이런 환경에서 기업들이 전략적 사고로 무장해야 할 필요성이 그 어떤 시기보다도 높다고 할 수 있다.[12]

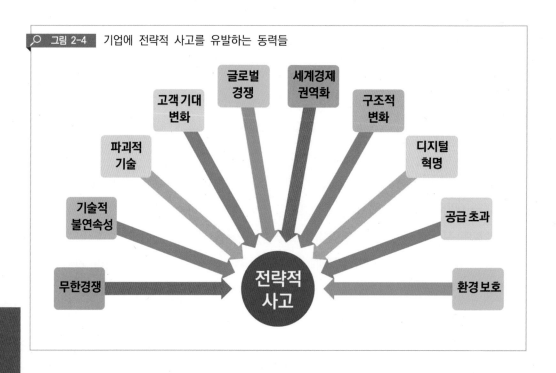

🔍 그림 2-4 기업에 전략적 사고를 유발하는 동력들

기업에서 전략은 해마다 되풀이되는 절차가 아니라 하나의 사고방식(The Way of Thinking)으로 봐야 하며, 이 사고방식은 반드시 기업의 모든 전략적 의사결정과 업무활동에 깊이 관여되어 있어야 한다. Mintzberg는 전략적 사고와 전략기획(Strategic Planning)의 차이점을 분명하게 밝혔다. 전통적인 전략기획은 이미 파악

된 전략을 프로그래밍하기 위한 분석과정이며 그 결과는 계획이다. 반면에 전략적 사고는 기업의 통합된 관점으로 직관력과 창의성을 활용하는 통합과정이다. 그리고 전통적인 전략기획 과정은 기업 내에서 전략적 사고를 몰아내려는 경향이 있으며 결과적으로 기업의 성공적인 환경 적응을 지원하기보다는 오히려 방해하고 있다. 또한 그는 반드시 전략적 사고가 먼저 이루어진 다음에 전략기획이 수행되어야 한다는 당위성을 강조했다.[13] 또한 전략적 사고는 전략수립 및 실행의 전체과정을 아우르며 기업성공을 이끄는 중추적 역할을 수행해야 한다.

Hamel은 어떤 산업에도 보편적으로 세 가지 유형의 기업이 존재하고 있다고 간파했다. 첫째, 규칙제정자(Rule Makers)는 기존 기업으로서 해당 산업을 개척하고 건설했던 강력한 선두기업들을 말하고 있다. 항공운송산업에서 규칙제정자의 예로는 United Airlines와 American Airlines가 있다. 둘째, 규칙추종자(Rule Takers)는 산업의 강자에게 경의를 표하며 그들이 구축해 놓은 규칙에 따르는 수동적인 경쟁행태를 보이는 기업이다. 항공운송산업의 예로는 TWA, Continental Airlines, US Airways 등이 있다. 셋째, 규칙파괴자(Rule Breakers)로서 현재 산업의 관행이나 가치를 철저히 부정하는 이 기업은 기존의 산업질서를 뒤집으려고 하는 의도를 지니고 있는 급진주의자이자 혁명가이다. 항공운송산업의 규칙파괴자는 세계 항공운송산업에 혁신을 불러일으키며 산업을 재창조(Reinvent)한 미국의 대표적인 저가항공사인 Southwest Airlines가 있다. 혁명적인 기업은 효율을 향상하기 위해 기존 시스템의 점진적인 발전을 추구하지 않고 개별적인 제품 및 서비스에만 집중하지도 않는다. 또한 이들은 마진에 집중하지 않으며 대신에 낡은 비즈니스모델을 혁파하고 새로운 것을 창조하려고 한다. 현 경영환경처럼 산업의 혁명가들에게 더 호의적이고 반면에 산업의 기존 강자들에게는 더 적대적이었던 적은 없었다. 산업의 과점기업들을 보호했던 높은 장막은 규제 완화, 기술혁명, 세계화 그리고 사회 변화 등과 같은 변화의 동력(Changing Forces)이 출현함으로써 결국 무게를 견디지 못하고 무너지고 있다. 그러나 오래된 산업구조를 뒤집는 주도 요인은 변화의 동력 그 자체가 아니다. 산업에서 일어나는 혁명의 주요 원인은 변화의 동력을 오히려 기회로 이용하는 혁명적인 기업의 행동이며, 이들은 철저하게 전략적 사고로 무장된 기업이다. 이런 상황에서 산업의 기존 강자들이 택할 수 있는 선택지는 크게 두 가지로서 혁명적인 도전자에게 산업의 미래를 양보하거나 그렇지 않으면 기업의 전략수립 과정을 혁명적인 방식으로 변경하는 것이다. 그러나 결국 가장 시급하게 요구되는 것은 전통적인 전략수립 과정을 얼마간 조정하는 것이 아니라 전체 조직에 활기를 불어넣을 수 있는 새로운 철학적 기초를 도입하고 구축하는 것이다.[14] 즉 이들도 혁신적인 기업으로 재탄생(Reinvent)하기 위해서 전 구성원들이 미래 성공을 위한 새로운 전략적 사고로 철저하게 무장되어 있어야 한다.

○ 전략적 사고의 특성

전략적 사고를 잘 이해하기 위해서는 아래와 같은 다섯 가지 특성을 잘 확인해야 한다. 첫째, 전략적 사고는 시스템 사고(Systems Thinking)를 기초로 구축되어야 한다. 전략가는 기업은 전체 가치창출시스템의 일부분이라는 사고모형을 가지고 있어야 하며, 시스템 내부에서도 부분 간의 상호의존성을 잘 이해해야 한다. 그리고 세상이 어떻게 작동하는지에 대한 사고모형은 기업의 외부 및 내부 환경에 대해 통합된 관점을 유지해야 한다. 과거에는 주로 산업을 중심으로 하는 외부환경만이 전략에서 중요하게 고려되어 왔다. 그러나 이후 새롭게 드러난 사실은 산업관점을 넘어 전략에서 실제로 중요한 것은 기업 내부에서 유래되는 혁신역량이며 이것이 경쟁우위의 원천이 되고 있다.[15]

오늘날 많은 기업은 단일 산업의 구성원이 아니라 다양한 산업들을 아우르고 있는 비즈니스 생태계(Business Ecosystem)의 일부로 간주되고 있다. 스마트폰 생태계를 보면 잘 알 수 있듯이 비즈니스 생태계에서 기업은 새로운 혁신에 대한 역량을 공동으로 개발하고 있다. 이 생태계에서 기업들은 한편으로는 경쟁하고 다른 한편으로는 서로 협력하면서 신제품을 개발하고 고객의 욕구를 충족시키고 다음 차례의 혁신을 꾀하고 있다. 따라서 융합된 경기장에서 기업을 효과적으로 관리해 나가기 위해서 참여하고 있는 생태계 내에서 어떤 네트워크에 가입할지 또는

어떻게 포지션해야 하는지를 결정하기 위해 전략적으로 사고할 것을 요구하고 있다.[16]

　기업이 참여하고 있는 비즈니스 생태계를 잘 이해하는 것 외에도 전략가는 기업 전체와 이를 구성하는 부분들 간의 상호관계를 잘 인식해야 한다. 이와 같은 관점은 각 구성원에게 전체 시스템 내에서 자신의 역할을 찾아내는 한편 자신의 행동이 시스템의 다른 부분에 미치는 영향뿐만 아니라 최종 결과에 대해서도 잘 이해하도록 한다.

　　🔍 **그림 2-5**　전략적 사고의 5가지 특성

| 시스템 사고 | 의도중심적 사고 | 기회주의적 사고 | 미래지향적 사고 | 창의적 사고 |

전략적 사고(Strategic Thinking)

　본 장의 수준별 경영전략에서 본서는 기업, 사업 및 기능 수준의 전략 간의 조화의 중요성에 대해 강조했다. 그러나 네 번째 단계인 개인 즉 각 구성원과의 조화(Fit)를 기하는 것이 가장 중요하다고 할 수 있다. 즉 전략적 사고가 조직의 하단까지 영향을 미치도록 해야 한다. 이런 관계에 대한 이해없이 최종적으로 고객을 위해 시스템의 산출물을 최적화하는 것은 거의 불가능하다고 볼 수 있다. 그러나 때때로 선의로서 부분(부서)을 최적화하려는 관리자의 편협한 행동으로 인해 전체

시스템이 치러야 하는 손해는 실로 막대하다. 따라서 전략가는 여러 관점으로 시스템 내의 수직적 관계를 주시해야 한다. 전략가는 기업, 사업 및 기능전략의 상호 관계, 외부환경과의 관계, 그리고 일상 업무에서 개인의 선택과의 관계 등을 잘 확인해야 한다. 또한 수평적 관계로서 부서와 기능 간과 공급업체와 구매자 간의 관계도 잘 살펴야 한다.[17]

둘째, 전략적 사고는 의도중심적인(Intent-focused) 사고이다. 전략적 사고는 기업이 어느 곳으로 향해야 하는지 또한 무엇이 되고자 하는가에 대한 분명한 의도를 포함해야 한다. 전략적 의도(Strategic Intent)는 기업의 꿈을 말하며 또 대폭적인 도약을 의미하는 것이다. 많은 경우에 기업은 현재 보유하고 있는 자원과 역량만으로는 큰 성장을 이룩할 수 없다. 전통적인 전략에서는 기업이 현재 보유하고 있는 자원과 새롭게 떠오르는 기회 간의 조화(Fit)에 초점을 맞추고 있는 데 비해 전략적 의도는 자원과 포부 사이에 상당한 부조화(Misfit)를 기본적으로 상정하고 있다.

전략적 의도는 기업이 향후 10년 또는 그 이상의 장기간에 걸쳐 구축하기를 염원하는 미래 시장 또는 경쟁 포지션에 대한 특정한 관점을 의미하고 있다. 따라서 전략적 의도는 기업에 방향성(Sense of Direction)을 제공하고 있다. 그리고 전략적 의도는 차별화될 수 있다. 전략적 의도는 경쟁사에 비해 차별화된 기업의 미래에 대한 관점인데, 이는 새로운 사업영역을 탐색하게 된다는 것을 직원들에게 제안하고 있다. 따라서 전략적 의도는 발견(Sense of Discovery)의 의미를 전달하고 있다. 또한 전략적 의도에는 정서적인 장점이 있는데, 전략적 의도는 전체 구성원에 의해 본질적으로 가치가 있는 목표로 인정되고 있기 때문이다. 따라서 전략적 의도는 운명(Sense of Destiny)을 의미하고 있다. 이처럼 방향성, 발견 및 운명은 전략적 의도를 구성하는 속성이다. 영국의 British Airways는 1987년 초에 민영항공사로 새로 출범한 직후에 '세계가 가장 좋아하는 항공사'(The World's Favorite Airline)라는 전략적 의도를 가지고 경쟁전략을 추진한 결과 대서양을 왕복하는 최고의 항공사로 선정되었다. 또한 일본의 Canon은 '제록스를 꺾자'(Beat Xerox)라는 전략적 의도를 기반으로 하는 장기전략을 수행한 한 결과 드디어 전통의 강자인

Xerox를 꺾고 세계정상에 오르게 되었는데, 과거에는 비현실적이고 불가능하게 여겨졌던 꿈이 비로소 현실화되었다.[18]

셋째, 전략적 사고는 기회주의적인(Opportunistic) 사고이다. 전략적 사고는 위에 언급한 의도중심적인 사고 기반의 의도된 전략을 강조해야 할 뿐만 아니라 새로운 전략이 출현할 수 있는 가능성도 열어두는 기회주의의 여지도 남겨둬야 한다. 본 장에서 살펴보았던 등장하는 전략(Emergent Strategy)에서 언급했듯이 빠르게 변화하는 환경에서는 최고경영진이 심사숙고해서 개발한 의도된 전략보다는 환경변화에 의하거나 또는 조직의 하부구조에서 제안되면서 새롭게 부각되는 전략이 보다 적합한 대안전략이 되는 경우가 많다.[19]

기업의 전략가는 새롭게 등장하는 기회 또는 모두가 예상하지 못했던 기회를 선점할 수 있어야 한다. 미국 Holiday Inn의 창립자인 Kemmons Wilson은 테네시주에서 워싱턴 DC까지의 끔찍했던 자동차 가족여행 경험을 통해서 당시 모텔들의 부당한 관행과 형편없는 서비스에 크게 실망하게 되었다. 그는 여행경험에서 느낀 바를 바탕으로 해서 결국 1952년에 새로운 형식의 모텔인 Holiday Inn을 개관하며 큰 성공을 거두었다. 이에 더해 그는 1954년에 호텔업계에서 최초로 대대적인 프랜차이즈 시스템을 도입하면서 역사상 가장 빠르게 성장하고 가장 거대한 호텔체인을 건설하기에 이른다.

또한 전설적인 호텔왕 Conrad Hilton은 1919년에 미국 텍사스주의 시스코에 당시 매물로 나온 은행을 매입하러 방문하게 되었다. 그러나 도중에 거래가 틀어지면서 하룻밤을 보내기 위해 들렀던 호텔에서 호텔주인이 내뱉듯이 '손님이 너무 많아 레스토랑에 침대를 갔다 둬도 손님들이 더 오겠다'라고 한 말에 호텔사업에 대한 영감이 뇌리를 스치게 되었으며 바로 그 호텔을 매입하면서 그의 위대한 호텔사업에 대한 여정을 시작하게 되었다. 그리고 McDonald's의 실질적인 창립자인 Ray Kroc은 원래 밀크셰이크 기계를 판매하는 사람이었다. 그런데 어느 날 한 가게로부터 대량의 기계를 주문받게 되었는데 이에 흥미를 느낀 그는 McDonald 형제들이 운영하는 햄버거 레스토랑을 방문하면서 자동차산업의 컨베이어 생산라인을 모방한 혁신적인 레스토랑의 매력에 흠뻑 빠지게 되었다. 그런데 가게주인인 형제들은 가게의 규모를 확장하는 것에는 별로 관심이 없었다. 그러나 당시 프랜차이즈 시스템의 성장 가능성을 간파한 Kroc은 형제로부터 레스토랑을 인수하고 바로 프랜차이즈 시스템을 도입하면서 성장을 구가하기 시작했다 그의 프랜차이즈 사업에 대한 열정으로 McDonald's는 결국 오늘날 세계 최대의 외식기업으로 성장하게 되었다.

넷째, 전략적 사고는 미래지향적인(Future-oriented) 사고이다. 현재와 같은 격변하는 경영환경 하에서도 아직도 많은 기업들은 과거의 영광에 대한 미련을 간직한 채 미래를 예측하고 있다. 당면하고 있는 미래보다는 과거의 좋았던 시절에 더욱 집착하는 기업은 운명적으로 환경변화에 느리고 점진적으로 반응하는 경향을 띠게 된다. 하지만 혁신적인 사고로 과거를 돌아보지 않는 이상 기업의 미래는 보장될 수 없다.[20] Hamel & Prahalad는 기업은 과거중심적인 사고를 멈추고 반드시 미래를 위한 경쟁을 해야 한다고 강조했다. 미래의 경쟁을 위해 기업은 고정관념이 되어 버린 종전의 산업과 전략에 대한 통념에서 과감히 탈피하고 새로운 기업으로 재창조(Reinvent)되는 것을 중시했다.[21] 기존의 고정관념을 버리고 새로운 조직으로 재창조되려면 미래에 대한 예측이 가능해야 한다. 미래를 예측한다는 것은 환경이 어떤 새로운 기회 또는 위협을 제공하고 있는가를 이해하는 능력이다. 종종 경영자들은 장기적인 관점을 배제한 채 당장 직면하고 있는 단기적인 문제에만 관심을 집중하는 사례가 많다. 특히 기업들은 잠시 어려워지면 인력을 줄이는 것을 최우선적으로 고려하고 있다. 그러다가 상황이 나아지면 다시 채용하는 경우가 많다. 장기 성장을 위해 현재 당면하고 있는 단기적인 문제점의 해결도 중요하지만 이는 분명히 전략적 의도에 의한 장기 전략의 시나리오 내에서 이루어져야만 한다.

그리고 미래지향적인 전략적 사고는 과거, 현재, 그리고 미래를 연결해야 한다. 과거, 현재, 미래는 서로 단절된 것이 아니라 긴밀하게 연결되어 있는 관계이며 순서는 지속적으로 반복되고 있다. 따라서 기업의 미래는 과거와 현재를 기반으로 구축되어야 한다. 미래는 다름이 아닌 과거로부터 유래되고 있다. 과거는 전략적 의도가 만들어졌던 역사적 배경이다. 또한 기업은 과거의 실수로부터 학습할 수 있다. 고객, 경쟁사, 공급자 등과 같은 주요 이해당사자의 과거 행태분석은 새로운 전략에 대한 이들의 반응을 예측하는 데 도움이 된다. 따라서 과거는 미래를 예측할 수 있는 가치를 가지고 있다.[22]

그리고 현재 시점에서 미래에 중요한 것은 과거로부터 시작이 되어 변경된 것이다.[23] 현재는 미래에 기업이 달성하고자 하는 것을 제약한다. 전략적 사고는 창조적이며 매우 논리적인 과정이다. 기업은 기발한 사고를 고안해낼 수 있지만 이는 기업이 현재 보유하고 있는 자원, 지식, 기술, 역량 등을 고려하는 합리적 분석을 바탕으로 추진되어야 한다. 현실성이 없는 꿈은 단지 꿈일 뿐이다. 그러나 현재 시점의 제약이나 제한점은 기업에게 분발의 기회를 제공하는 계기가 될 수 있다. 전략적 의도를 성취하기 위해서 현재 부족한 자원이나 역량은 내부에서 자체적으로 개발할 수 있을 뿐만 아니라 전략적 제휴, 합작투자, 아웃소싱처럼 기업 외부와 협력하는 전략으로 개발될 수도 있다.

다섯째, 전략적 사고는 창의적인(Creative) 사고이다. 전략적 사고의 궁극적인 목적은 기업이 경쟁우위를 확보할 수 있는 새로운 해결책 또는 아이디어를 창출하는 것이다. 전략가는 새로운 접근법을 찾고 또 더 나은 행동방식을 탐색함에 있어 창의적이어야 한다. 기업에서 대다수 다른 자원은 유한하지만 창의력은 무한하다. 무한한 창의력은 기업 혁신의 원동력이자 경쟁우위의 원천이다.

창의성은 경쟁적인 사회시스템 속에서 함께 일하는 개인이 가치가 있고 유용한 새로운 제품, 서비스, 아이디어, 절차 또는 프로세스를 만드는 것으로 정의될 수 있다. 창의성에 대한 많은 정의 중에서 가장 큰 공감대가 형성되고 있는 핵심요소는 조직을 위한 참신성(Novelty)과 관련성(Relevance)이다. 또한 창의성은 서로 연결이 되지 않거나 관계가 없는 것처럼 보일 수 있는 것들을 서로 연결하거나 재조합함으로써 만들어지는 경우가 있다. 결국 창의적 사고란 사람들이 문제와 해결책에 접근하는 방식을 말하고 있으며, 이는 기존의 아이디어들을 새로운 조합으로 통합할 수 있는 능력을 의미하고 있다. 또한 창의적인 사고는 문제점에 대해 다양한 대안을 개발하는 한편 색다르거나 비정상적인 연관성이나 패턴을 개발 또는 식별할 수 있는 기술이다. 기업에서 독창적인 전략과 행동계획을 개발하기 위해서는 창의력을 최대한 고도화해야 한다. 창의력이 결핍되면 이미 조직 내에 축적된 경험과 정보를 충분히 활용할 수 없게 될 뿐만 아니라 스스로 낡고 오래된 구조, 패턴, 개념 및 인식에 갇히게 된다.[24]

차별화는 창의적인 사고의 한 단면이다. Porter가 말했듯이 차별화전략이란 경쟁에서 승리하기 위해 경쟁사들과는 다른 차원의 게임을 하거나 동일한 게임을 다르게 행하는 것을 말한다. 20세기 말부터 21세기 초까지 전 세계 경영환경에 가장 큰 영향력을 미친 경영자로 Apple의 Steve Jobs를 빼놓을 수 없을 것이다. 그는 생전에 '다르게 사고하라'(Think Different)란 메시지를 Apple의 모든 구성원에게 전파하면서 항상 이 말을 염두에 두고 생각하고 행동하기를 원했다. 그 결과 Apple이 내놓은 혁신적인 제품들은 그가 원했던 대로 세상을 바꾸어 놓았다. Steve Jobs의 탁월한 창의적인 사고능력은 최소한 6개 이상의 산업을 재창조(Reinvent)한 것으로 평가되고 있다.

또 창의적 사고는 창업가(Entrepreneur)의 사고로부터 배울 수 있다. 창업가를 다른 사람들과 비교할 때 확연하게 드러나는 차이점은 그들은 집중하는 곳에서 새로운 기회를 창출할 수 있는 능력을 갖추고 있다는 점이다. 그들은 의도적으로 전통적인 사고방식을 부정하며 넓은 세상을 탐색하면서 새로운 기회를 발견할 수 있는 타고난 능력을 갖추고 있다. 창업가들이 어디에서나 기회를 찾을 수 있다는 것은 그들은 뭔가는 더 좋게, 더 저렴하고, 색다르게, 더 편리하고, 더 빠르고, 더 믿을 수 있게 수행할 수 있다는 것을 인지할 수 있는 위치를 점하고 있다는 의미이다. 창업가는 새로운 가치창출에 몰입하는데 새로이 가치를 창출하고 전달하는 방법을 찾기 위해 끊임없이 노력한다. 창업가는 고객들이 만족하지 못하는 중요한 이유를 확인하고 이런 욕구를 메우기 위해 새로운 시도를 한다. 전략가들은 이제 창업가의 눈으로 세상을 바라보는 법을 배워야 한다. 전략적 사고는 차별화뿐만 아니라 기업이 고객에게 제공할 수 있는 가치를 창출함에 있어 여러 가능한 대안들을 파악하는 것과도 관련이 있다.[25] 따라서 기업의 모든 구성원은 지위고하를 막론하고 창업가처럼 사고하고 행동해야 할 필요가 있다. 이를 위해 최고경영진은 사내에 창의적인 분위기가 조성될 수 있도록 충분한 지원을 해야 한다.

전략적 사고의 도전과제는 고객과 함께 가치를 창출하는 혁신적인 방법을 찾는 것이며 궁극적으로 독특한 경쟁우위를 찾는 것이다. 전략적 사고의 과제인 고객에게 가치를 제공하고 보다 나은 경쟁방식을 찾는 노력에는 결코 끝이 있을 수 없다. 전략적 사고는 기업성공을 위한 끝없는 노력에서 가장 기본적인 사고의 토대가 되어야 한다. 위에 언급한 전략적 사고의 5가지 특성을 모두 결합해서 전략이 수립된다면 가장 효과적이다. 따라서 전략적 사고는 통합적인 관점에서 개발되었다. 그러나 개별적인 특성은 상황에 따라 그 중요도가 각기 달라질 수 있다.

여기서 반드시 강조되어야 하는 것은 위에 언급한 5가지 특성의 전략적 사고는 기업의 전 구성원에게 무장되어 있어야 할 뿐만 아니라 전체 부서와 임원들에게도 요구되는 역량이다. 전략적 사고를 함양하기 위해 기업은 위계질서를 관통해서 모든 구성원들이 전략적 이슈에 대해 격의 없이 서로 간에 충분히 대화할 수 있도록 조직되어야 할 필요가 있다. 조직은 개인적인 전략적 사고가 발현되는 환경적 토대이다. 경영진 간에 지속적으로 전략적 이슈에 대한 대화가 촉진되어야 할 뿐만 아니라 이를 위해 모든 직원 개개인의 재능과 창의력을 활용할 수 있는 조직구조, 프로세스 및 시스템이 개발되어야 한다.[26] 지속적인 기업성공이라는 수수께끼를 풀기 위해서 모든 구성원의 에너지를 함께 모아서 이용하는 것은 필수적이다. 이러한 전략적 사고를 전체적인 차원으로 촉진하기 위해서 기업은 그에 따른 위험부담도 감수해야 한다. 그렇지만 그에 대한 보상으로 전략적 사고로 동기부여되어 있는 기업과 그렇지 않은 기업과의 차이는 시간이 흐를수록 더 크게 나타나게 될 것이다.

〈그림 2-6〉에 나타난 것처럼 외부환경 분석, 내부환경 분석, 전략적 의도, 전략적 선택, 그리고 성과 평가로 구성되는 전반적인 경영전략 프로세스에서 반드시 전략적 사고가 발휘되어야 한다. 경영환경이 급변하고 무한경쟁이 더욱 가열되는 현 상황에서 전략적 사고의 중요성은 아무리 강조해도 지나치지 않다.

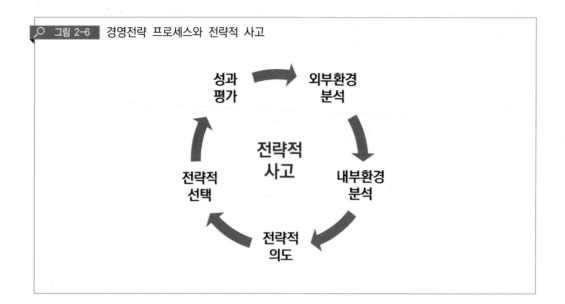

🔍 그림 2-6 경영전략 프로세스와 전략적 사고

○ 전략적 사고와 경쟁

1999년 9월 Starwood Hotels & Resorts Worldwide의 브랜드 포트폴리오의 일원인 Westin은 'Heavenly Bed'(천상의 침대)라는 새로운 객실서비스를 전격 출시했다. Heavenly Bed는 최고급 매트리스, 이불, 베개 등으로 구성된 최고의 숙면환경을 제공하는 새로운 개념의 혁신적인 침구세트였다.

Heavenly Bed를 개발하기 위해 Westin은 시장조사와 제품실험부터 실시했다. Westin은 먼저 비즈니스 여행을 자주 하는 기업들의 중역 600명을 대상으로 설문조사를 실시했다. 시장조사 결과를 보면 첫째, 설문 대상자 즉 기업 중역들의 84%가 화려한 침대가 호텔 객실을 더욱 매력적으로 만든다고 대답했으며 둘째, 중역들의 63%는 숙면(a good night sleep)이 호텔이 제공할 수 있는 가장 중요한 서비스라고 지적했으며 셋째, 그런데 이들의 50%는 지금까지 호텔에서 집보다 나은 잠을 청할 수 없었다고 불만을 토로했다. 설문조사 내용을 심각하게 여긴 경영진은 경쟁업체인 35개 호텔체인들이 이용하는 50개의 침대를 수집해서 소유하고 있는 한 호텔의 대형연회장에 전부 진열했다. 그리고 각 침대들의 장단점에 대해 자세하게 파악했다. 결국 Westin은 침대회사인 Simmons와 제휴관계를 맺은 결과 〈그림 2-7〉처럼 맞춤 제작된 매트리스, 거위털 이불, 5개의 베개, 250수의 빳빳한 시트 3장 등으로 구성된 전부 하얀색으로 된 Heavenly Bed의 원형을 개발하는 데 성공했다. 이는 세계 호텔산업 역사상 최초로 침구를 브랜드화한 것이었다. Westin 경영진은 이를 통해 고객에게 차별화된 객실서비스를 선보이고자 했다.

 그림 2-7 Westin Heavenly Bed

출처: westinestore.com

Westin 경영진은 새로운 제품의 설계와 실험이 끝나자 심사숙고해서 계획된 차별화된 마케팅 캠페인과 함께 Heavenly Bed를 세상에 소개했다. 경영진은 Heavenly Bed를 유명 일간지인 USA Today의 1999년 9월 13일자 비즈니스섹션의 첫 면에 대대적인 광고를 게재했다. 같은 날 뉴욕의 월스트리트에 있는 NYSE 증권거래소 앞에 새하얀 Heavenly Bed 20개를 나란히 진열했으며, 증권거래소 안에서는 Starwood 체인의 설립자 겸 CEO인 Barry Sternlicht가 당일 주식시장의 개장을 알리는 종을 울린 후 모자를 벗어 던지면서 '악마처럼 일하고, 천사처럼 잠자라'라고 외쳤다. 이에 그치지 않고 동시에 뉴욕의 중앙역인 Grand Central Station 내부의 원형홀에도 20개의 침대를 진열해서 열차에서 내리는 사람들에게 한번 누워 볼 것을 제안하기도 했다. 또한 같은 날 미국 전역의 38개 도시에서도 지역의 특색에 맞게 각종 이벤트들이 실시됐다. 그리고 광고 메시지를 강화하기 위해 '어느 것이 최고의 침대인가?'라고 하는 광고캠페인도 대대적으로 시행했다. Westin이 Heavenly Bed를 위해 쏟아부은 투자금액은 $3천만에 달했다.[27]

Heavenly Bed의 출시는 대성공을 거두면서 Westin의 시장점유율은 많이 향상되었다. 고객들은 화려하고 세련된 침대에 환호했다. 호텔산업에 새로운 혁신이 탄생한 순간이었다. 그런데 새로운 침대가 출시된 첫 주에 32명의 고객이 호텔 측에 전화를 걸어서 똑같은 침대를 어디에서 구입할 수 있느냐는 질문을 했다. 이에 영감을 얻은 Westin 경영진은 무료전화번호가 있는 주문서를 모든 객실에 비치하도록 했다. 이후에는 침대 옆과 책상에 카탈로그를 매달아 놓았으며 결국 판매 웹사이트도 개설했다.[28] 그리고 침대 판매를 확대하기 위해 2005년에는 유명백화점인 Nordstorm에서도 침대 또는 시트와 베개 등을 판매하도록 했다. 그 결과 2012년까지 Westin은 총 10만 개의 침대와 25만 개의 베개를 판매했다.

그러나 Heavenly Bed가 출시돼서 시장에서 돌풍을 일으키자 바로 경쟁업체들의 대대적인 반격이 시작되었다. 2000년이 되면서 Hilton은 $10억을 투자해서 Serenity Bed를, Marriott는 $1억 9천만을 투입해서 Revive Collection을, Hyatt는 Grand Bed를, Radisson은 $2천만을 투자해서 Sleep Number Bed를, Crowne Plaza는 Sleep Advantage를, 그리고 Holiday Inn도 $5천 3백만을 투자하는 등 서로 경쟁적으로 유사한 침대들을 출시하면서 호텔산업에는 때아닌 침대전쟁(Bed War)이 발발하게 되었다.[29] 유명 호텔체인 간에 벌어진 침대전쟁은 2005년까지 지속되었다. 그런데 이런 양상은 호텔산업의 전형적인 경쟁방식이었다. 따라서 Westin이 Heavenly Bed를 통해 추구한 차별화전략은 일시적인 경쟁우위의 창출에는 성공했지만 지속적인 경쟁우위의 창출에는 실패하게 되었다. 즉 Heavenly Bed는 진정한 혁신은 아니었다는 의견이 대세를 이루고 있다.

한편 Westin은 새로운 침대가 출시된 후 이에 대한 자체적인 고객만족도 설문조사를 실시했다. 자체 조사에 의하면 '침대의 편안함'이란 항목에 대해 고객들은 Heavenly Bed 출시 이전에는 10점 만점에 8.96점으로 평가했으나, 출시 이후에는 9.19점으로 다소 개선되었다. 그러나 결론적으로 Westin 경영진은 $3천만이란 거액을 투자해서 고객만족도를 겨우 2% 끌어올린 셈이었다. 이런 결과에 대해 Harvard 경영대학의 유명 마케팅학자이자 재미교포인 문영미 석좌교수는 그의 베스트셀러인 'Different'에서 고객들의 침대에 대한 만족도 향상이라는 단일 요인이 시장점유율 증진에 어느 정도 공헌을 했는지 정확하게 알 수 없기 때문에 Heavenly Bed가 Westin의 경쟁우위를 크게 향상했다는 결론을 내릴 수는 없다고 비판했다.[30] 결국 Heavenly Bed는 호텔의 객실서비스를 향상하는데 큰 기여를 했지만, 무한경쟁으로 인해 결국 일시적인 경쟁우위를 창출하는 데 만족해야 했다. 즉 무한경쟁을 통해 호텔들은 서로가 서로를 닮아가고 있다.

참 / 고 / 문 / 헌

1. Hoskisson, R. E., Hitt, M. A., Wan, W. P. & Yiu, D. (1999). Theory and Research in Strategic Management: Swings of a Pendulum. *Journal of Management. 25(3)*, 417-456.

2. Porter, M. E. (1996). What is Strategy? *Harvard Business Review, 74(6)*, 61-78.

3. Olsen, M. D., West, J., & Tse, E. C. (1998). *Strategic Management in the Hospitality Industry (2nd ed.)*. John Wiley & Sons.: New York. 김경환 역(1999), 호텔·레스토랑 산업의 경영전략, 백산출판사: 서울.

4. Porter, M. E. (1980). *Competitive Strategy: Techniques for Analyzing Industries and Companies*. Fress Press: New York.

5. Mintzberg, H. (1994). *The Rise and Fall of Strategic Planning*. Free Press. NY.; Mintzberg, H. & Waters, J. A. (1985). Of Strategies, Deliberate and Emergent. *Strategic Management Journal. 6*, 257-272.

6. Burros, M. (1985). Airline Meals: Are They All The Same. June, 12. *The New York Times*.

7. 김경환(2017), 호텔산업과 호텔경영, 백산출판사: 파주.; Marriott Jr. J. W. & Brown,

K. A. *The Spirit to Serve*. HarperCollins: Ny. 구본성 역(1999), 메리어트의 서비스정신. 세종서적.

8. Satell, G. (2013). The Evolution of Strategy. Sep.. 14. Forbes.

9. Mintzberg, H. & Waters, J. A. (1985). Of Strategies, Deliberate and Emergent. *Strategic Management Journal. 6*, 257-272.

10. Barney, J. B. & Hesterly, W. S. (2006). *Strategic Management and Competitive Advantage: Concepts and Cases*. Pearson Education: Prentice Hall. 신형덕 역(2007), 전략경영과 경쟁우위, 시그마프레스: 서울.

11. Bonn, I. (2005). Improving Strategic Thinking: A Multiple Approach. *Leadership & Organization Development Journal. 26(5)*, 336-354.

12. Prahalad, C. K. & Hamel. G. (1994). Strategy as a Field of Study: Why Search for a New Paradigm? *Strategic Management Journal. 15*, 5-16.

13. Mintzberg, H. (1994). *The Rise and Fall of Strategic Planning*. Free Press. NY.

14. Hamel, G. (1996). Strategy as Revolution. *Harvard Business Review, 74(4)*, 69-82.

15. Liedtka, J. M. (1998). Strategic Thinking: Can It be Taught? *Long Lange Planning. 3*, 120-129.

16. Moore, J. (1993). Predators and Prey: A New Ecology of Competition. *Harvard Business Review. 76*, May-June.

17. Liedtka, J. M. (1998). Strategic Thinking: Can It be Taught? *Long Lange Planning. 3*, 120-129.

18. Hamel, G. & Prahalad, C. K. (1989). Strategic Intent. *Harvard Business Review, May-June*, 63-78.

19. Liedtka, J. M. (1998). Strategic Thinking: Can It be Taught? *Long Lange Planning. 3*, 120-129.

20. Olsen, M. D., West, J., & Tse, E. C. (1998). *Strategic Management in the Hospitality Industry (2nd ed.)*. John Wiley & Sons.: New York. 김경환 역(1999), 호텔·레스토랑 산업의 경영전략, 백산출판사: 서울.

21. Hamel, G. & Prahalad, C. K. (1994). *Competing for the Future*. Harvard Business School Press: Cambridge, MA.

22. Neustadt, R. & May, E. (1986). *Thinking in Time: The Uses of History for Decision-Makers*. Free Press: NY.

23. *Ibid.*

24. Bonn, I. (2001). Developing Strategic Thinking as a Core Competency. *Management Decision. 39(1)*, 63-70; Bonn, I. (2005). Improving Strategic Thinking: A Multiple Approach. *Leadership & Organization Development Journal. 26(5)*, 336-354.; Robinson, A, G. & Stern, S. (1997). *Corporate Creativity.* Business & Professional Publishing: Warriwood.

25. *Ibid.*

26. Abraham, S. (2005). Stretching Strategic Thinking. *Strategy & Leadership. 33(5)*, 5-12.

27. Sheehan, P. (2001). Back To Bed. *Lodging Hospitality. 57(4)*, 12. March.; Sleep Study a Design Wakeup Call for Westin. *Hospitality Design. 21(8)*, 3. November/December.

28. Guadalupe-Fajardo, E. (2001). Westin and W Brands Introduce Retail Catalogue to Sell Heavenly Bed and In-Room, Trendsetting Items. *Caribbean Business. 29(4)*, 5, February.

29. Alexander, M. (2006). Luxury Hospitality Linen: The Bed Wars. *Textile Management. August*, 34-40.

30. Moon, Y. (2010). Different. Harverd Business School Press: Cambridge. 박세연 역 (2011). 디퍼런트. 살림Biz.

Strategic Management
in the Hospitality & Tourism Industry

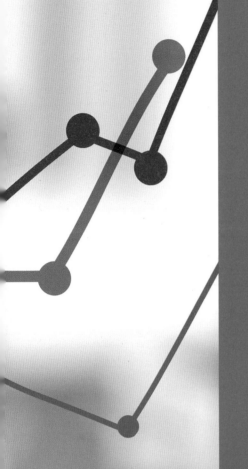

PART · 2
환경분석

Chapter 03_ 외부환경 분석

Chapter 04_ 내부역량 분석

Chapter 05_ 전략적 의도

Chapter 06_ 전략적 리더십, 조직구조, 기업문화

Chapter · **3**

외부환경 분석

Ⅰ. 경영환경

Ⅱ. 외부환경 분석

Chapter · 3

외부환경 분석

학습 포인트

❶ 경영환경을 분류하는 방식을 잘 이해한다.

❷ 환경변화와 불확실성에 대해 숙지한다.

❸ 거시환경 분석 방식에 대해 숙지한다.

❹ Porter의 5세력모형의 유용성에 대해 깊은 이해가 필요하다.

❺ Porter의 5세력모형의 시사점과 한계에 대해 숙지한다.

비즈니스세계에서 많은 사례들을 보면 경영환경(Environment)은 기업의 생존 및 성장에 큰 영향을 미치고 있다. 1970년대의 석유파동, 1997년 IMF 위기, 2001년 9·11테러, 2008년 세계금융위기, 인터넷과 모바일 기술혁명, 세계화 현상의 가속화, 사드 배치 등과 같이 외부환경(External Environment)에서 비롯되고 있는 트렌드나 사건(Trends and Events)들은 기업 활동에 큰 위협을 가하거나 경쟁력 향상을 위한 좋은 기회를 제공하고 있다. 이처럼 외부환경 변화에서 유래되는 기회와 위협은 기업에게 이를 활용하거나 극복하기 위한 전략적 선택을 강요하고 있다.

호스피탈리티·관광산업의 기업들도 급변하는 외부환경의 변화에 대응하기 위해서 신속하게 새로운 전략을 채택하고 있다. 세계 호텔산업의 객실예약 유통경로에서 Expedia.com과 Priceline.com의 영향력이 크게 확대되면서 호텔체인과 독립호텔들은 과도한 비용을 치르게 되었으며, 이에 더해 Airbnb와 같은 위협적인 대체상품의 등장으로 호텔체인의 영향력은 크게 위축되기에 이르렀다. 따라서 이와 같은 위협에 대응하기 위해서 Marriott International은 라이벌인 Starwood 호텔체인이 2015년 기업 인수합병(M&A) 시장에 비교적 낮은 가격으로 매물로 나오게 되자 이를 앞에 언급한 위협들을 극복할 수 있는 좋은 기회로 삼기 위해 전격적으로 Starwood 체인의 인수를 결정했다. 두 거대 호텔체인의 합병으로 이제 Marriott International은 110만 실이 넘는 5,500여개 소의 호텔을 운영하게 되었으며 또한 세계적으로 유명한 호텔브랜드 30개를 소유하게 되었다. 경쟁기업의 인수합병으로 인해서 Marriott International은 객실예약 중개업체와 플랫폼(Platform)기업의 위협에서 상당 부분 벗어나게 되었을 뿐만 아니라 두 기업의 결합으로 엄청난 영업비용을 절감할 수 있게 되면서 세계 호텔산업 역사상 가장 강한 경쟁력을 보유한 최강의 호텔체인으로 변모하게 되었다. 이처럼 외부환경은 기업에 기회와 위협을 공히 제공하고 있다.

본 장에서는 기업의 외부환경을 분석하고 이해하는 데 집중하고 있다. 세계화 트렌드나 기술혁명 등과 같이 수시로 변하는 경영환경의 변화는 기업에 전략적 의사결정을 요구하고 있다. 외부환경에 대한 이해와 더불어 기업의 내부환경 (Internal Environment)에 대한 객관적인 분석을 기반으로 해서 기업은 전략적 의도를 개발하고 전략을 수립하고 있다. 따라서 외부환경 분석은 경영전략의 시발점이 되고 있다.

I ▸▸ 경영환경(Business Environment)

〈그림 3-1〉에서 볼 수 있는 것처럼 기업은 환경(Environment) 내에 존재하고 있으며 기업과 환경은 상호작용을 하고 있다. 세계화와 기술혁명 등과 같은 외부환경의 변화는 다방면에서 기업에 큰 영향을 미치고 있으며, 투자나 고용 등에 대한 기업의 의사결정이 외부환경에 대해 일부 영향을 미치고 있는 것도 사실이다. 그리고 기업은 외부환경에서 제조 및 생산 등 경영활동에 소요되는 자원을 획득하며 다른 한편으로 기업에 의해 생산된 제품과 서비스는 외부환경에서 소비되고 있다. 이처럼 환경은 기업의 생존과 활동에 큰 의미를 부여하고 있으며 기업과 환

경은 불가분의 관계에 놓여있다고 볼 수 있다.

오늘날과 같이 급변하는 경영환경을 명확하게 이해하기란 그리 쉬운 일이 아니다. 그러나 기업에 대한 경영환경의 영향을 분석하고 이해하기 위해서 경영자는 적절한 개념틀(Framework)을 개발하여 활용할 수 있다. 좋은 개념틀은 경영자가 효과적인 의사결정을 위해 극복해야 하는 환경 불확실성(Environmental Uncertainty)을 잘 이해하는 데 도움을 제공하고 있다.

🔍 그림 3-1　기업과 경영환경

○ 경영환경의 분류

환경분석에 필요한 개념틀을 개발하여 환경을 잘 분류할 수 있다면 복잡하고 역동적인 외부환경을 객관적으로 이해하는 데 많은 도움이 된다. 지금부터 효과적인 환경분석을 위한 개념들을 소개하기로 한다.

〈그림 3-2〉처럼 기업의 내·외부 환경도 계층적으로 바라볼 수 있는데, 경영환경은 크게 외부환경과 내부환경으로 구분할 수 있다. 외부환경은 거시환경, 과업환경, 산업환경이라는 계층적인 구조로 구분할 수 있다. 거시환경은 사회·문화,

기술(Technology), 경제, 생태, 정치·법률 환경으로 구성되어 있다.[1]

많은 기업들이 주도권을 놓고 경쟁하고 있는 환경이 경쟁환경이다. 경쟁환경은 과업환경과 산업환경으로 구성되어 있다. 과업환경은 고객, 공급자, 경쟁사, 법규로 구성되어 있으며 거시환경의 다음 수준에 존재하는 환경이다. 과업환경의 다음 수준은 산업환경이다.

한편 기업의 내부환경은 전략을 수립하고 실행하는 역할을 담당하는 전략적 의도, 자원·역량, 리더십, 구조, 문화로 구성되어 있으며, 기업의 전략적 의도(Strategic Intent)를 달성하기 위해서 보다 구체적인 역할을 담당하는 하부구조격인 기능환경이 존재하고 있다.

〈그림 3-2〉에 보이는 화살표는 경영환경에 영향을 미치는 변화를 의미하며 보다 구체적으로는 환경변화를 일으키는 변화의 주도 요인이 주로 거시환경에서부터 유래되고 있다는 것을 의미하고 있다. 그림에서 보는 여러 수준의 환경분석을 통해서 기업은 생존 및 성장을 위한 새로운 기회와 위협을 파악할 수 있다.

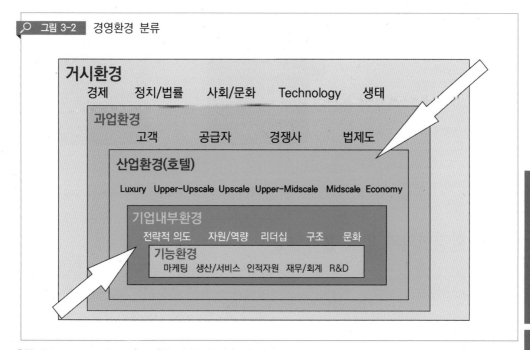

🔍 **그림 3-2** 경영환경 분류

거시환경
경제   정치/법률   사회/문화   Technology   생태

과업환경
고객   공급자   경쟁사   법제도

산업환경(호텔)
Luxury Upper-Upscale Upscale Upper-Midscale Midscale Economy

기업내부환경
전략적 의도   자원/역량   리더십   구조   문화

기능환경
마케팅 생산/서비스 인적자원 재무/회계 R&D

출처: Olsen, West & Tse(1998)를 기반으로 저자 재구성

〈그림 3-3〉에서 보는 것처럼 거시환경과 경쟁환경을 포함하는 외부환경 분석을 통해 기업은 환경변화에 따라 새롭게 등장하는 기회와 위협을 파악할 수 있다. 기회(Opportunity)는 기업이 경쟁우위(Competitive Advantage)의 창출을 가능하게 지원하는 요인을 말하며 반대로 위협(Threat)은 경쟁우위의 달성을 방해하는 요인을 의미한다. 기회는 기업에게 가능성을 제공하지만 반면에 위협은 기업에게 제약을 가하고 있다.[2]

거시환경의 변화는 경쟁환경에 커다란 영향을 미치며, 이로 인해 경쟁환경에서는 새로운 기회와 위협이 만들어지고 있다. 이런 환경 하에서 기업은 변화의 주도요인(Key Forces Driving Change)을 파악해야 한다. 다가오는 기회와 위협을 먼저 볼 수 있는 기업이 미래 경쟁에서 우위를 차지할 가능성이 높다.

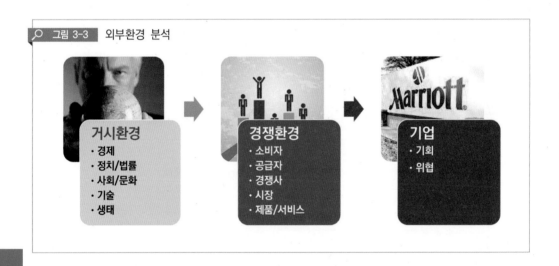

그림 3-3 외부환경 분석

● 환경변화와 환경 불확실성

환경분석의 목표는 기업의 사업영역에서 변화를 주도하는 핵심요인들을 효과적으로 파악하는 것이다. 변화를 주도하는 요인들을 파악할 때 기업은 수많은 출처에서 수집되는 정보를 분석·통합해야 한다.

〈그림 3-4〉는 경영환경에서 변화가 시작되고 진행되어 발전해 나가는 과정을 잘 보여주고 있다. 기업들이 경쟁하는 경영환경에서는 많은 사건들이 발생하고 있다. 〈그림 3-4〉에서 사건은 일시적 유행(Fad)에서 시작되어 운이 좋거나 창의적인 사고가 환경조건에 잘 들어맞게 되는 경우 일시적인 유행은 추진력이 가속되면서 혁신(Innovation)으로 발전하게 된다. 이 시점에서 혁신은 새롭고 중요한 사고로 자리를 잡게 되면서 특정 산업에서 일개 또는 소수 기업에 의해 새로운 경쟁우위의 창출을 위한 수단으로 채택된다. 시간이 흐르면서 혁신이 성공적인 것으로 판명되면 기존 기업들도 이를 채택하면서 중요한 트렌드(Trend)가 되고 계속해서 발전하게 된다. 좀 더 시간이 흐르면 이와 같은 트렌드는 일상적인 것(Fact of Life)으로 변모하면서 모두가 인지하는 일반적인 사실이 된다. 그림에서 원의 크기가 변하는 것은 이런 관계를 잘 표현하고 있다. 기업은 각 단계로 변하는 변곡점(Infection Point)을 재빨리 정확하게 파악해서 각 단계마다 적절한 대응전략을 신속하게 내놓을 수 있어야 한다. 그리고 각 단계로 넘어가는 변곡점은 고객들에 의해 결정되고 있다. 많은 기업들이 변곡점에 대해 잘못 판단하거나 뒤늦은 시점이 돼서야 변화를 인지하게 되면서 결국 기업실패를 자초하고 있다.

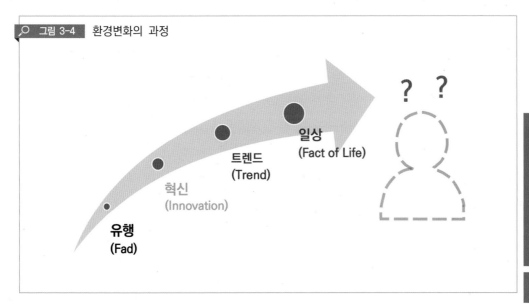

🔍 그림 3-4 환경변화의 과정

일상
(Fact of Life)

트렌드
(Trend)

혁신
(Innovation)

유행
(Fad)

대다수 사건들은 유행단계에서 수명을 다하고 있는데, 우리는 한때 유행했던 수많은 제품들이 사라지는 것을 목격하고 있다. 그러나 1980년대 초에 처음 소개된 부티크호텔은 일시적인 유행단계를 거치면서 고객들의 새로운 욕구를 충족하는 혁신으로 등장하게 되었으며, 시간이 더 흐르면서 결국 전 세계 호텔산업의 중요한 트렌드로 떠오르게 되었다. 이제 부티크호텔은 호텔산업에서 일상화된 상품이 되었으며 전 세계 곳곳에서 많은 부티크호텔들이 건립되고 있다.

환경변화를 정확하게 인지할 수 있는 능력이 없는 경영자는 터무니없거나 이치에 맞지 않는 미래예측을 함으로써 기업을 위험에 빠트리거나 최악의 경우에는 생존을 어렵게 한다. 1976년에 애플 I, 이어서 1977년 애플 II 개인용 컴퓨터(PC)가 처음 소개되며 세간의 이목을 끌기 시작했다. 그러나 환경변화가 갓 시작되는 시기였던 1977년에 당시 IBM과 함께 세계 컴퓨터산업을 주도하던 Digital Equipment Corporation(DEC)의 설립자 겸 CEO였던 Ken Olson은 "아무도 자기 집에 컴퓨터를 두기를 원하게 될 이유가 없다"라고 호언장담하며 PC의 성장 가능성을 애써 무시했다. 그러나 모두가 아는 바와 같이 이후 PC의 발전 및 성장 속도가 가속되면서 중·대형컴퓨터는 점점 뒷전으로 밀리게 되었는데, 결국 1998년 한때 세계를 호령하던 DEC는 PC업체인 Compaq에 인수되면서 역사의 뒤안길로 사라지는 신세로 전락했다.

반면에 당시 젊고 야심 찬 기업가였던 Steve Jobs는 애플컴퓨터를 소개하면서 "세상의 모든 사람이 애플컴퓨터를 갖게 되는 것이 나의 꿈이다"라는 포부를 밝히면서 그가 원했던 세상을 바꾸는 일에 첫걸음을 내딛게 되었다. 이후 애플과 Jobs에 대한 역사는 더 말할 것도 없다.

환경변화를 잘 이해하는 것은 경영진의 중요한 임무이다. 하지만 점점 더 복잡해지고 더 빠르게 변하고 있는 현재와 같은 경영환경에서 효과적으로 변화를 파악하는 것은 매우 힘든 과업이다. 그러나 인터넷이나 디지털 경제처럼 급변하는 경영환경을 잘 인지하지 못하면 Nokia나 Motorola처럼 한때는 세계 최고의 기업이었지만 지금은 결국 역사의 뒤안길로 사라지게 되었는데, 이는 결국 이들이 환경변화를 감지하지 못했거나 환경변화에 효과적으로 대응하지 못하고 뒤늦게 변화의 중요성을 깨닫게 된 결과이다.

환경변화의 본질은 복잡성(Complexity)과 역동성(Dynamism)에 의해 파악될 수 있다. 복잡하고 역동적인 환경은 불확실하기 때문에 기업은 미래를 쉽게 예측하기 어렵다. 환경 복잡성(Environmental Complexity)은 기업에 영향을 미치는 환경세력(Environmental Forces)의 수와 이들 간의 상호 연관성을 말하고 있다. 〈그림 3-2〉에서 기업에 영향을 미치는 환경세력의 수가 많으면 많을수록 복잡해지고 따라서 환경변화는 더욱 심해진다. 또한 여러 환경세력들이 동시에 기업에 영향력을 행사하는 경우 환경 복잡성은 더욱 커지게 된다.

한편 환경 역동성(Environmental Dynamism)은 시간이 지남에 따라 기업에 영향을 미치는 환경세력들이 얼마나 많이 그리고 얼마나 빨리 변하고 있는지를 나타내고 있다. 안정적인 환경에서는 변화가 심하지 않아서 쉽게 미래를 예측할 수 있다. 그러나 역동적인 환경에서는 예기치 않았던 사건 또는 변화가 자주 발생하면서 예측이 불가능할 정도가 된다. 환경 역동성은 테러, 전쟁, 전염병, 기후 변화, 기술혁신 등으로 인해 소비자 수요에 변화가 발생하는 것처럼 다양한 환경세력의 변동성 정도를 의미하고 있다.

〈그림 3-5〉에서 보는 바와 같이 환경 복잡성과 환경 역동성이 결합되면서 기업은 높은 수준의 환경 불확실성(Environmental Uncertainty)을 경험하게 된다.[3] 즉 환경이 복잡해지고 또한 환경이 역동적일수록 기업의 환경 불확실성은 더 높아지고 따라서 경영자는 미래예측이 쉽지 않으므로 올바른 전략적 의사결정을 내리기가 더욱 어려워진다. 전 세계를 무대로 비즈니스를 수행하고 있는 다국적기업은 내수 위주의 기업에 비해 훨씬 높은 수준의 환경 불확실성을 경험하고 있다.

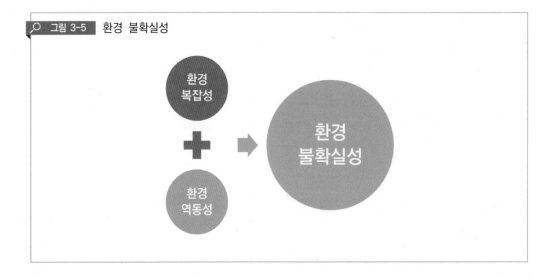

그림 3-5   환경 불확실성

오늘날 대다수 기업은 쉽게 이해하기 어려운 불확실한 환경에 접하고 있다. 복잡하고 역동적인 환경을 잘 이해하기 위해서 기업은 외부환경 분석을 행하고 있는데, 지속적으로 수행되고 있는 외부환경 분석은 진단(Scanning), 관찰(Monitoring), 예측(Forecasting), 평가(Evaluating), 적응(Adapting)과 같은 다섯 가지 활동으로 구성되어 있다(〈그림 3-6〉). 기업의 운명을 좌우할 수도 있는 중요한 과업인 외부환경 분석을 통해 기업은 비로소 기회와 위협을 확인할 수 있다.

기업은 경영환경을 진단하고 변화의 주도 요인을 확인해서 어떤 환경세력이 선제적으로 기회와 위협을 포착하는 데 유용한가를 판별할 수 있어야 한다. 이를 위해 모든 조직구성원의 전략적이고 창의적인 사고능력의 중요성은 아무리 강조해도 지나침이 없다. 현재와 같은 무한경쟁 환경에서 생존하려면 기업은 점점 복잡해지고 역동적으로 변하는 경영환경에서 발생하는 신호를 식별 및 평가해서 이를 기회로 전환할 수 있는 역량을 개발해야 한다. 즉 기업은 경영환경을 진단하고 궁극적으로 변화를 주도하고 자신에게 영향을 미치는 떠오르는 변화의 패턴을 판별할 수 있어야 한다.

현재와 같은 불확실한 경영환경에서 한 가지 확실한 것은 단순하고 안정적인 경영환경은 이미 오래전에 소멸됐다는 사실이다. 환경변화는 기업들의 실수를 용납하지 않는데, 경영환경에서 등장하는 새로운 변화의 주도 요인을 파악하지 못하는 경우 한때 경쟁에서 선두주자를 자처했으나 지금은 사라진 Starwood Hotels & Resorts, Nokia, Motorola, 대우그룹 등과 같이 한때 최고였던 기업에 치명타를 가할 수 있다. 환경변화를 읽는 것은 결코 불가능한 것이 아니며 이들은 변화에 적응할 수 있었음에도 불구하고 제대로 대응하지 못했다.

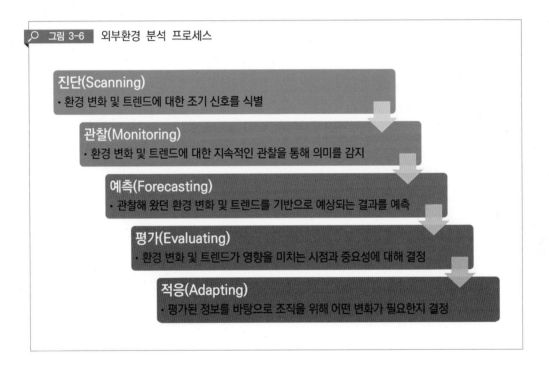

🔍 그림 3-6   외부환경 분석 프로세스

진단(Scanning)
• 환경 변화 및 트렌드에 대한 조기 신호를 식별

관찰(Monitoring)
• 환경 변화 및 트렌드에 대한 지속적인 관찰을 통해 의미를 감지

예측(Forecasting)
• 관찰해 왔던 환경 변화 및 트렌드를 기반으로 예상되는 결과를 예측

평가(Evaluating)
• 환경 변화 및 트렌드가 영향을 미치는 시점과 중요성에 대해 결정

적응(Adapting)
• 평가된 정보를 바탕으로 조직을 위해 어떤 변화가 필요한지 결정

환경분석을 통한 미래예측은 환경이 어떤 기회와 위협을 제공하고 있는가를 이해할 수 있는 능력이다. 효과적으로 미래를 예측하기 위해서는 변화를 일으키는 환경세력에 대한 지식을 필요로 하고 있다. 경쟁이 점점 격화되는 경영환경에서 성공하려면 기업은 반드시 미래에 대해 과거와는 다르게 사고해야 할 뿐만 아니라 고루한 과거의 사고방식에서 탈피해야 한다.

기업에서 환경변화를 감지하는 경영자와 직원의 지각 수준은 한정되어 있다. 기업이 환경변화에 대한 충분한 정보를 확보하지 못하는 경우 좁고 제한된 시각으로 경영환경을 볼 수밖에 없으므로 다가오는 많은 기회 및 위협을 인지할 수 없다. 경영자에게 제한된 지각의 문제점은 보통 지각을 기반으로 해서 의사결정과정이 이루어지고 있기 때문이다. 그러므로 기회 또는 위협이 등장해서 기업에 영향을 미치기 시작했음에도 불구하고 이를 지각해서 확인하지 못하면 기회와 위협은 간과되고 결국 실패를 경험하게 된다.

환경변화의 본질적 특성인 환경 복잡성, 역동성, 불확실성을 효과적으로 이해하기 위해서 기업의 구성원들은 높은 수준의 지각 및 인지능력이 요구되고 있다. 기업은 환경변화에 존재하는 인과관계를 잘 이해하고 이를 기반으로 해서 새롭게 등장하는 기회 및 위협을 확인해서 이를 경쟁우위의 창출을 위한 지렛대로 활용할 수 있어야 한다.

Ⅱ ▸▸ 외부환경(External Environment) 분석

환경변화(Environmental Change)는 기업 활동의 모든 면에 영향을 미치고 있다. 그러므로 기업이 처해 있는 환경을 잘 이해하는 것은 안정적인 경영활동을 영위하기 위해서 필수적인 일이다. 따라서 경영환경을 구성하는 여러 요소들을 이해하는 것은 매우 중요한 활동이다.

기업이 성공하기 위해서는 불확실한 경영환경의 변화에 효과적으로 대응하는 것이 중요하다. 만약에 호스피탈리티·관광산업에 대한 정부정책이 변경되면 기업은 새롭게 변경된 정책에 잘 적응할 수 있어야 한다. 또한 타자기가 PC로, PC가 스마트폰이나 태블릿PC로 신속하게 대체되고 있듯이 파괴적인 기술혁명으로 인하여 많은 기존의 제품과 서비스가 사라지고 새로운 것으로 대체되고 있으며, 유행과 소비자 취향의 변화로 인해 많은 전통적인 제품이나 서비스가 역사의 뒤안길로 사라지고 있다. 이처럼 급변하는 환경에서 기업은 생존을 위해서 환경변화에 신속하게 적응해야 하는 과제를 짊어지고 있다. 이를 위해서 기업은 경영환경에 대한 개념을 잘 이해해야 할 뿐만 아니라 경영환경 구성요소의 본질에 대한 깊은 이해가 절실히 요구되고 있다.

조직이 외부환경을 분석하는 궁극적인 목적은 환경변화로 인해 만들어지는 핵심적인 기회와 위협(Opportunities and Threats)을 파악하는 것이다. 새로운 기회를 이용하여 성장을 가속화하거나 또는 생존에 부정적인 요인들을 사전에 파악하여 위협을 예방하거나 완화해야 한다. 따라서 기업은 파악된 핵심적인 기회를 잘 이용하기 위해서 또는 잠재적인 위협을 최소화하기 위해서 전략을 수립하고 있다.

○ 거시환경(Remote Environment) 분석

지금부터 기업의 거시환경에 대해 분석해보겠다. 거시환경은 사회·문화(Socio-Cultural), 기술(Technological), 경제(Economic), 생태(Ecological), 정치·법률(Political·Legal) 환경을 구성요소로 포함하고 있다. 따라서 이를 STEEP 환경분석(STEEP Environmental Analysis)이라고도 한다. 기업은 거시환경의 변화로 인한 충격을 완화하거나 환경변화를 오히려 도약의 기회로 삼고 있다. 그리고 거시환경에서 만들어지는 환경변화는 기업과 경쟁기업이 함께 활동하고 있는 경쟁환경에 큰 영향을 미치고 있다.

기업의 외부환경에서 가장 광범위한 범주의 환경을 거시환경이라고 한다. 위에서 언급한 바와 같이 거시환경은 경제, 정치·법률, 사회·문화, Technology(기술), 생태(자연) 등의 하부환경으로 구성되어 있다. 〈그림 3-7〉부터 〈그림 3-11〉에서 보는 것과 같이 각각의 하부환경에는 수많은 변수들이 복잡하게 얽히고 설켜져 있다. 그런데 이와 같은 각 변수들에 변화가 나타나기 시작하면서 해당 하부환경에서는 중요한 트렌드나 사건들(Trends and Events)이 새롭게 만들어진다. 이와 같은 새로운 트렌드와 사건들의 등장으로 인해 만들어지는 환경변화는 결국 기업활동에 크고 작은 긍정적 또는 부정적인 영향을 미치고 있으며 이는 기업에 좋은 기회가 되거나 잠재적인 큰 위협이 되고 있다. 거시환경 분석은 작게는 특정 국가의 수준에서 수행하거나 전 세계를 대상으로 하는 글로벌 환경하에서도 시행할 수 있다.

● 사회·문화 환경(Socio-Cultural Environment)

사회·문화 환경에서 수시로 변화를 일으키면서 때때로 기업에 영향을 미치는 변수의 일부가 〈그림 3-7〉에 소개되어 있다. 전략수립을 위한 외부환경 분석에서 효과적인 사회·문화 환경의 분석은 매우 중요하다. 첫째, 사회·문화 거시환경에서 사회구성원이 보유하고 있는 가치 및 신념체계는 기업에 기회 또는 위협이 되고 있다. 예를 들면, 건강 및 체력 단련에 대한 사회구성원들의 관심도가 커지면서 건강식품을 제조하거나 헬스클럽 등 건강시설을 운영하는 기업에는 좋은 기회가 되고 있다, 하지만 동일한 트렌드가 햄버거와 같은 패스트푸드 기업과 담배제조 기업에는 오히려 큰 위협이 되고 있다.

둘째, 사회·문화적 가치에 대한 분석의 중요성은 사회의 인구통계학적 및 경제적 변화가 기업의 매출액 성장 및 수익 전망에 대한 기회를 창출하거나 위협을 가할 수 있다는 점에 있다. 예를 들어, 미국에서 종전 세대에 비해 훨씬 더 늦은 나이에 자식을 낳는 베이비부머(Baby Boomer)세대에 의한 새로운 인구통계학적 트렌드가 만들어졌다. 이로 인해 베이비부머 부부들에 의해 자녀들을 위한 고급 장난감과 의복 등에 대해서 뿐만 아니라 자녀 돌보기와 과외 교육에 대한 소비가 크게 증가했다. 최근에는 1980년부터 2000년 사이에 출생한 밀레니얼(Millennial) 세대가 전 세계 국가에서 소비활동을 주도하고 있다. 최초의 디지털 세대라고 칭해지는 밀레니엄 세대는 주도적으로 모바일 혁명을 이끌고 있으며 인터넷을 통한 구매에서 가치와 비용의 균형에 큰 관심을 보이고 있다. 이들은 사람들과 어울리는 것을 즐기며 구매활동에서도 제품 자체를 구매하기보다는 경험(Experience)이 포함되는 것을 매우 중요하게 여기고 있다.

셋째, 기업은 사회·문화적인 트렌드를 잘 예측하고 조정함으로써 지역사회로부터 윤리적인 측면에서 좋지 않은 평판을 받게 되는 위험을 사전에 방지할 수 있다. 과거 미국에서 Denny's Restaurant은 오랫동안 인종차별을 하는 대표적인 기업으로 손꼽혀왔다. 그러나 최근 미국사회에서 인종차별에 대한 반대 여론이 크게 강화되기 시작했다. 이와 같은 사회적 트렌드에 큰 위기의식을 느낀 최고경영자(CEO) Ron Petty는 새로운 프로그램의 도입을 통해 오히려 Denny's를 다문화 공생 모델의 모범적인 기업으로 전격적으로 전환시켰으며, 이를 통해 회사는 오랜 악명으로부터 벗어나게 되었으며 미국의 경제잡지인 Fortune지가 해마다 선정하는 '소수자를 위한 최고의 직장'에 선정되는 영광도 거머쥐게 되었다.[4]

기업은 사회 · 문화적 변화가 경영환경에 미치는 잠재적인 영향을 적절하게 평가해야 할 뿐만 아니라 지역사회와 좋은 관계를 유지하고 좋은 평판을 얻도록 해야 한다. 이를 위해 효과적인 미디어매체 관리는 좋은 기업 이미지를 창출하는데 필수적이다. 또한 사회 · 문화 분야의 트렌드를 적절하게 파악할 수 있다면 기업활동을 제한하는 규제를 피하는 데 도움이 될 수 있다.

🔍 **그림 3-7** 지속적인 관찰이 요구되는 사회·문화 환경의 변수

출산율	고령화	이민정책	복지정책	국민소득
생활양식 (Lifestyle)	기업에 대한 대중의 인식	교통체증	중앙정부에 대한 신뢰도	기업 규제정책
교육수준	교육경쟁력	일과 여가의 균형	사회윤리	저축/투자에 대한 태도
양성 평등	여가활동에 대한 인식	외국인에 대한 태도	인구통계	지역감정
종교	소득 불균형	세대간 갈등	양극화	민족주의

• 기술환경(Technological Environment)

18세기 산업혁명 이후 지속되고 있는 기술혁신은 경영환경에 커다란 영향을 미치고 있다. 파괴적이고 혁신적인 기술 변화로 인해 수시로 종전과 다른 새로운 제품과 서비스가 속속 등장하고 있을 뿐만 아니라 때로는 아예 전혀 새로운 산업이 탄생하고 있기도 하다. 또한 이런 기술 변화는 사회구성원들의 행동과 생활양식에 큰 변화를 불러일으키고 있다.

최근 휴대용컴퓨터, 인터넷, 플랫폼(Platform) 혁명, 스마트폰, 사물인터넷, 인공지능 등과 같은 혁신기술의 등장과 발전으로 인해 과거에 안정적인 성장을 구가했던 기존 산업들은 엄청난 충격에 휩싸이며 쇠퇴하거나 사라지고 있으며 결국 종전과는 완전하게 다른 신산업에 의해 대체되고 있다. 이로 인해 우리 인류는 새로운 방식으로 업무를 수행하고 여가를 즐길 수 있게 되었다. 가까운 예로, 정보통신기술(ICT)의 혁신적인 발전은 전 세계가 점차 하나의 통합된 단일시장으로 변모해 가고 있는 세계화(Globalization) 현상에서 중추적인 역할을 담당하고 있다.

새로운 기술의 등장으로 인한 위협을 예방하거나 완화하려면 기업은 자신이 속한 산업뿐만 아니라 다른 산업에서 발생하고 있는 새로운 기술혁신들을 면밀하게 주시해야 하며, 그리고 새로운 기술변화가 기업의 제품과 더 나아가 시장에 미칠 수 있는 가능한 인과관계의 결과에 대하여 항상 창의적이고 개방적인 자세로 임해야 한다.

새롭게 등장하는 디지털기술의 파괴력과 파급력을 잘못 또는 과소평가하게 되면서 결국 음원시장의 주도권을 빼앗긴 음반기업들(Record Companies)의 예는 기업들에게 큰 경종을 울리고 있다. 마찬가지로 새로운 기술에 의해 새로운 비즈니스모델(Business Model)로 무장한 새로운 사업방식의 호스피탈리티기업인 Airbnb의 급속한 성장은 세계 호텔·숙박산업에 현재는 물론 중장기적으로도 큰 영향을 미치게 될 전망이다.

기술환경에서 지속적으로 등장하고 있는 파괴적인 특성의 혁신기술은 현재 전체적인 환경에서 나타나고 있는 변화에 가장 큰 영향을 미치고 있는 것으로 분석

되고 있다. 최근 인터넷의 연결성이 만들어내는 네트워크 효과를 기반으로 하여 가속되고 있는 플랫폼(Platform) 혁명은 경영환경에 커다란 변화를 일으키며 많은 새로운 기회가 창출되고 있다. 파괴적인 혁신기술을 앞세우고 등장한 Google이나 Airbnb와 같은 플랫폼기업의 성공과 줄기찬 성장은 전통적인 기업의 경쟁방식에 본질적인 변화를 가져오게 되었다. 이제 플랫폼 혁명은 호스피탈리티기업에 새로운 기회와 위협을 동시에 제공하게 되었다.

기술환경에서 미래에 수시로 변화를 일으키면서 때때로 기업에 큰 영향을 미칠 수 있는 변수들이 〈그림 3-8〉에 소개되어 있다. 예를 들면 최근 인공지능(AI)에 대한 관심이 매우 높아지고 있다. 한 가지 확실하게 예측할 수 있는 사실은 가까운 장래에 인공지능을 잘 활용하는 기업과 그렇지 않은 기업 간에는 큰 차별이 만들어질 것이라는 관점에 반대할 사람은 거의 없다고 볼 수 있다. 이와 같은 트렌드나 사건들이 영향을 미치는 파급효과와 영향을 미치게 되는 정확한 시점에 대해 파악하고 예측하기 위해서 기업은 기술변화를 관찰함에 있어 효과적이고 효율적인 계획을 수립하고 시행해야 한다. 이를 통해 기업은 기술환경에서 새로운 트렌드나

그림 3-8 지속적인 관찰이 요구되는 Technology 환경의 변수

정보사회	기술혁명	네트워크 외부성	디지털경제	전자상거래
인터넷	모바일혁명	4차 산업혁명	클라우드 컴퓨팅	빅데이터
사물인터넷	인공지능	3D 프린팅	로봇공학	자율주행 자동차
스마트 홈	스마트 도시	비트코인/ 블록체인	공유경제	웨어러블 인터넷
체내삽입형 기기	신경기술	유비쿼터스 컴퓨팅	신소재	유전공학

사건이 발생할 때마다 조기에 위험신호를 파악하고 이에 잘 대비해서 새로운 기회를 창출하거나 닥쳐올 위기를 예방할 수 있도록 해야 한다.

● 경제환경(Economic Environment)

경제환경은 기업의 행동과 성과에 대해 커다란 영향을 미치고 있다. 경제성장률, 물가인상률, 이자율, 유동성, 환율, 실업률 등은 경제환경에서 기업 활동에 가장 중요하고도 심각한 영향을 미치고 있는 변수들이다.

국내총생산(GDP)으로 표현되고 있는 경제성장률은 제품과 서비스에 대한 소비자 수요의 증감에 가장 큰 영향을 미치고 있다. 따라서 기업들은 자본적 지출과 같은 중요한 자원배분에 대한 의사결정 과정에서 경제성장에 대한 전망치를 가장 중요하게 고려하고 있다.

물가인상률(Inflation Rates)과 유동성(Availability of Credit)은 기업이 지급해야 하는 이자비용에 대한 이자율(Interest Rates)을 결정하는 데 큰 영향을 미치고 있다. 만일 이자율이 낮다면 기업은 쉽게 자금을 빌려 필요한 투자를 할 수 있어서 새롭게 등장하는 기회에 비교적 잘 대응할 수 있다. 그렇지만 시중에 지나치게 많은 양의 자금이 풀리게 된다면 물가인상에 대한 위협이 현저히 증가하게 되면서 중앙은행은 금리인상을 신중히 고려하게 되고 이후부터 시장의 변동성이 크게 커지게 된다. 반면에 높은 이자율이 존재하는 경제환경에서 기업은 많은 이자비용의 발생으로 인하여 새로운 투자기회나 생산능력 확대 등에 대해 유연하게 대처할 수 있는 능력이 저하된다.

환율(Foreign Exchange Rates)은 경제환경의 불확실성이 크게 확대되는 것에 대해 매우 큰 역할을 담당하고 있다. 특히 다국적기업(MNCs)의 경우에는 다른 국가에서 벌어들인 많은 이윤이 비우호적인 환율변동으로 인해서 오히려 자국에서는 손실로 전환되는 경우가 종종 발생하고 있다.

다른 국가들과의 무역거래의 결과로 창출되는 대외 무역수지(Foreign Trade Balances)는 장래에 입법이 예상되는 무역 관련 법규의 본질과 특성을 잘 표현하게 되기 때문에 국내기업뿐만 아니라 외국기업에도 관련성이 매우 높다. 예를 들어 현재 중국은 미국에 대해 무역수지 흑자가 매우 많이 나타나고 있다. 따라서 미국은 자국의 이익을 보호하기 위해 슈퍼 301조 등과 같은 강력한 통상법을 제정하여 무역수지의 불균형을 해소하려고 하고 있다. 이는 중국기업에는 큰 위협요소가 되고 있다.

한편 빈발하고 있는 국제적인 대형사건의 발생은 경제환경에 큰 영향을 미치고 있다. 일례로 2016년 영국은 EU 탈퇴를 결정하는 브렉시트(Brexit)를 단행했다. 브렉시트 결정 직후 세계 경제에 대한 불확실성이 높아지면서 세계 금융시장에는 큰 충격이 발생했다. 각국 주식시장이 일제히 하락했으며, 외환시장에서 달러화와 엔화는 강세를 보였으나 반면에 유로화와 신흥국 통화는 달러화에 내해 약세를 나타냈다. 그리고 위험자산은 회피하고 안전자산을 선호하는 현상이 나타나면서 국채의 수요가 증가하고 각국의 채권금리는 하락한 반면에 금값은 급등했다. 그리고 국제유가는 세계 경제에 대한 침체 우려와 달러화 강세로 인하여 급락세를 보였다. 그러나 이후 급박하게 요동치던 세계 금융시장은 빠르게 안정을 되찾았다.

현재 시점에서 브렉시트로 인한 경제전망을 보면 영국의 경제환경은 EU시장에 대한 접근 제한, 외국인직접투자(FDI)의 유입 둔화 등의 영향으로 경제성장이 위축될 것으로 예측되고 있으며, EU는 영국에 비해서는 부정적인 효과가 보다 적게 나타날 것으로 보인다. 브렉시트와 같은 해 후반에 결정된 Donald Trump의 미국 대통령 당선은 과거 오랫동안 세계경제를 작동했던 원리인 개방과 자유화의 흐름을 크게 후퇴시킬 가능성이 높게 점쳐지고 있다. 이는 세계화에 큰 충격을 주면서 세계 경제는 물론이고 한국경제에도 큰 먹구름이 될 전망이다. 기업은 이와 같은 경제환경의 충격이 해당 산업에 미치는 영향을 세밀히 분석해서 기업성장에 대한 위협을 사전에 대비해야 한다. 〈그림 3-9〉에는 기업이 꾸준히 그리고 수시로 관찰해야 하는 경제환경의 여러 중요한 변수들을 소개하고 있다.

🔍 **그림 3-9** 지속적인 관찰이 요구되는 경제환경의 변수

국내총생산 (GDP)	가처분소득	소비자 소비성향	이자율	물가인상률
중앙정부 재정적자	실업률	노동생산성	환율	주식시장
수출입 경기	제품/서비스 수요	통화정책	재정정책	원자재 가격 변동 추이
세제	소득 양극화	공유경제	주요 교역국의 경제 상황	외국인 직접투자(FDI)
금융시장	국제경쟁력	기업집중도	무역수지	세계화

● 생태환경(Ecological Environment)

다국적기업들이 전 세계를 무대로 생산활동을 전개하고 이에 따라 엄청난 양의 물자가 운송되고 많은 국가에서 대량으로 소비되는 세계화 현상이 깊어지면서 육지와 바다 등 지구의 생태(자연) 환경은 점점 더 악화되어 균형이 깨지고 있다. 환경의 질은 우리 인류의 삶의 질과 직결되어 있어서 매우 중요한 사항이다. 쾌적한 지구환경의 유지는 현세대뿐만이 아니라 후손들을 위한 인류의 큰 도전과제가 되고 있다.

환경문제에 있어서 기업이 차지하는 비중은 상당히 크다고 할 수 있다. 따라서 각국 정부는 자연의 생태적 균형을 유지하고 천연자원의 보존 상태를 향상하기 위해 비즈니스 세계에 사회적 책임을 다할 것을 요구하고 있다. 정부는 환경보호 및 보존, 천연자원의 고갈, 날씨 및 기후 변화, 환경오염, 자원 낭비, 산업폐기물 처리, 재활용, 탄소 배출, 식품안전 등에 대한 법과 규제를 제정하여 이를 준수할

것을 기업사회에 요구하고 있다.

기업의 입장에서는 환경보호 등에 대한 법과 규제를 잘 지키기 위해서는 적지 않은 비용이 소요되고 있는 것도 사실이다. 그러나 기업이 환경보호에 대한 사회적 책임을 다하는 것은 옵션으로 선택할 수 있는 사항이 아니라 하나뿐인 지구를 유지하기 위해서 반드시 지켜야 할 기업시민으로서의 본연의 역할이다.

기업이 환경보호에 대해 앞장서는 역할을 담당한다면 좋은 기업 이미지가 만들어지면서 새로운 기회가 만들어질 수 있다. 그러나 기업이 환경 관련 법과 규제를 어기는 경우에는 오히려 큰 위기가 되거나 최악의 경우에는 기업실패로 이어지는 경우를 우리는 종종 볼 수 있다. 기업이기주의와 같은 환경보호에 대한 태만은 비용 증가를 넘어 그 이상의 폐해가 있다는 사실을 명심해야 한다. 만일 기업의 생산활동 증가로 환경파괴 및 오염이 급속하게 진행된다면 종국에는 경제활동의 축소라는 극약처방이 내려질 수도 있다. 〈그림 3-10〉에는 비즈니스 세계가 반드시 준수하고 명심해야 하는 환경보호에 대한 중요한 이슈들이 소개되어 있다. 이제 기업은 환경문제를 비용의 문제로 접근하기보다는 오히려 경쟁우위의 향상이라는 전향적인 자세로의 전환이 절실히 요구되고 있다.

○ 그림 3-10 지속적인 관찰이 요구되는 생태환경의 변수

환경보호	환경오염	에너지 보존	공기오염
수질 오염	오존층 파괴	재활용	폐기물 관리
멸종 동물	환경보호 정책 및 규제	대체에너지	원자력발전

• 정치·법률 환경(Political·Legal Environment)

격변하는 국내외 정치환경은 기업의 생존과 성과에 크나큰 영향을 미치고 있다. 최근의 예로 미군에게 사드 배치를 허용함에 따라 이에 따른 중국 정부의 보복으로 말미암아 관광, 면세점, 유통, 자동차, 화장품 등 국내외에 존재하고 있는 여러 기업들은 판매액이 급감하게 되면서 심각한 위기를 겪고 있다. 만일 이런 대치 상황이 장기화된다면 한때 최고로 각광받던 산업들이 이제는 오히려 생존을 걱정해야 하는 신세로 전락하게 되는 급격한(Turbulent) 환경변화를 경험하게 될 것으로 예측되고 있다. 또한 독도와 위안부 등에 대한 한일 간의 대립으로 국내 관광산업에서 일본관광객의 입국 수요가 요동치는 경우가 비일비재하게 나타나고 있다. 이처럼 호스피탈리티·관광기업은 정치 환경의 변수에 의해 지배를 받고 있다.

한편 정부는 기업들이 활동함에 있어 반드시 지켜야 하는 여러 가지 규제(Regulation)를 만들어서 집행하고 있다. 세계 대다수 국가에서는 자유시장 경제체제가 시행되고 있지만 독점금지법 등 여러 법령 및 규제에 의해서 어떤 기업도 정부의 규제로부터 자유로울 수 없는 것이 현실이다. 예를 들면, 정부와 입법기관은 경쟁력을 상실한 한계산업에 대해서는 구조조정의 시행을 압박하고 있다. 반면에 정부는 자국 산업의 국제경쟁력을 강화하기 위해 세제혜택이나 보조금의 지급을 실시하는 우호적인 정책도 도입하고 있기도 하다. 특히 국내에서 정부와 입법기관은 카지노와 면세점 사업에서 허가제를 시행하면서 시장진입에 대해 강한 규제를 유지하고 있다.

한편 세계화 시대에서 점점 사업영역이 확대되고 있는 다국적기업의 활동을 견제하기 위해서 각국 정부는 상호 간에 정책적 제휴(Alliances)를 통해 다국적기업의 폐해를 줄이기 위한 규제를 강화하고 있다. 그러나 한편으로 세계화 트렌드는 전 세계적으로 탈규제(Deregulation)와 민영화(Privatization) 정책을 촉진하고 있기도 하다. 특히 과거 사회주의 경제체제를 채택했던 동유럽의 국가에서는 산업경쟁력을 향상하기 위해 시장경제를 답습하고 있다.

과거에 각국 정부들은 많은 산업 분야에서 규제를 강화했었다. 그러나 작금의 세계화 시대에는 이러한 전통에 변화가 만들어지고 있다. 예를 들어 과거 미국 정부는 여러 산업에서 규제를 강화했었다. 그러나 1978년 미국 정부는 그동안 강력한 규제산업으로 지정됐던 항공운송산업에 대해 탈규제정책을 전격 시행함으로써 그동안 금지되었던 신규 항공사들의 시장진입을 전면적으로 허용했다. 이런 환경변화로 인해 신규 항공사에는 새로운 기회가 만들어지게 되었지만 반면에 그동안 경쟁으로부터 보호를 받고 있었던 기존 항공사들의 입장에서는 심각한 위협이 만들어지면서 격동적인 환경이 조성되었다. 국내에서도 21세기 초반 이후 두 개의 국적항공사가 지배하던 항공운송산업에 다수의 저가항공사(LCC)들이 진입하기 시작하면서 국내 항공운송산업의 환경은 격변하게 되었다. 새로운 기회로 경쟁이 치열해지면서 기존 항공사들은 과거에는 전혀 경험하지 못했던 극심한 불확실성을 체감하게 되었다.

다양한 규제에 효과적으로 대처하기 위해서 기업은 법률 및 규제환경을 이해하고 대응하기 위해 많은 노력과 시간을 투자해야 하며, 한편으로는 규제 당국과 좋은 관계를 유지하도록 해야 한다. 〈그림 3-11〉에서는 기업이 수시로 점검해야 하는 정치·법률 환경의 중요한 변수들을 소개하고 있다.

🔍 그림 3-11 지속적인 관찰이 요구되는 정치·법률 환경의 변수

입법제도	정치제도	국민의 정치 신뢰도	국방체제	정당법
로비 관련법	세제 관련법	공정거래법	독점금지법	관세법
특허법	법정최저임금	환경보호 관련법	근로기준법	정부예산
선거제도	테러	주요국과의 우호 관계	특별법	지방자치제도
국제정세	주요국의 정치 상황	특허원 신청	정부산하 공기업	세계화

　　지금까지 설명한 다섯 부류의 하부환경과 그에 속하는 각 변수들은 상호배타적인 관계가 아니라 상호 간에 영향을 미치고 있다. 첫째, 각 하부환경에 속하는 변수들은 독립적으로 존재하는 것이 아니라 상호작용을 통해 영향력이 확대되고 있다. 이를테면 최근 우리 사회에서 가속되고 있는 인구고령화 현상은 의학기술의 발전 때문이기도 하지만 이와 더불어 낮은 출산율로 인해 전체 인구에서 고령인구의 비율이 높아진 결과이다. 또한 생태환경에서 이산화탄소 등 온실가스의 증가는 대기온도를 높여서 결국 지구온난화라는 기후변화를 일으키게 되었는데, 이는 이산화탄소 배출과 기온 상승에는 강한 상관관계가 성립된다는 것이 사실로 밝혀졌기 때문이다. 그리고 기온 상승은 해수면 상승으로 이어졌으며 두 현상의 결합으로 인해 태풍, 허리케인, 홍수, 가뭄, 집중호우 등과 같은 극단적인 기상이변의 유형, 빈도, 강도가 점점 강해지고 있다.

　　둘째, 위에 언급된 다섯 분야의 환경 또한 독립적으로 존재하지 않고 상호작용을 통해 서로에게 영향을 미치고 있다. 이를테면 의학기술의 혁신(기술환경)은 인구고령화(사회환경)가 가속화되는 데 큰 영향을 미치고 있으며, 인구고령화로 인해 가계에는 의료비의 지출 증가를 야기하는 한편 지속적인 노령연금의 지출 증가로 정부를 만성적 재정위기에 빠뜨려서 경제환경에 막대한 악영향을 줄 수 있다. 또한 2014년 발생했던 세월호 사건(사회환경)은 민간소비를 크게 위축시키면서 경제환경에 부정적인 영향을 미치게 되었다.

　　한편 지구온난화로 인한 기상이변(생태환경)으로 자연재해가 발생하면서 지역주민들에게 막대한 재산 피해를 입히고 있을 뿐만 아니라 보험회사 같은 기업에도 적지 않은 피해(경제환경)를 주고 있다. 그리고 자연재해에 대한 정부 및 지방정부의 잘못된 대처나 근무태만은 결국 정치 환경에도 영향을 미치고 있는 경우를 볼 수 있다.

　　또한 파괴적이고 지속적인 기술혁신(기술환경)의 등장은 경제성장(경제환경)의 주요 동력이 되고 있으며, 기술혁신은 새로운 부의 원천이 되고 있기도 하다. 그리고 스마트폰의 등장(기술환경)으로 인류의 행동이 변화하고 생활양식(사회환경)도 따라서 변하고 있다. 〈그림 3-12〉에서 볼 수 있는 각 하부환경에 존재하는 기회와 위협을 구성하는 각 변수(트렌드나 사건)들은 상호작용을 통해 환경변화를 가속하고 있다. 이처럼 환경변화가 여러 하부환경의 변수들이 중첩되어 발생하는 경우에는 변화의 주도 요인을 파악하기가 쉽지 않다. 따라서 여러 환경과 여러 변수의 상호작용에 존재하는 인과관계를 잘 파악하는 것은 기업에서 환경진단을 수행하는 부서의 커다란 도전과제이다.

🔍 **그림 3-12** 하부환경별로 존재하는 기회와 위협

경제환경	정치환경	사회환경	기술환경
• 위협 •원자재 가격 인상 •보호무역 회귀 • 기회 •지역경제공동체 등장 (EU, NAFTA) •세계화의 가속	• 위협 •새로운 세금 부과 또는 재산몰수 •법과 질서의 붕괴 • 기회 •외국인투자 친화정책 •다자간 국제기구	• 위협 •저출산/고령화 •종교적 근본주의 등장 •부패행위 • 기회 •인구구조의 변화로 인한 수요구조의 변화 •이민 증가 •가족구조의 변화	• 위협 •창조적 파괴 •비숙련 노동자의 실직 • 기회 •새로운 제품/서비스/ 프로세스의 등장 •바이오공학 및 무선 통신의 발전

그리고 정보기술(IT) 혁명은 정치·경제·사회·생태 등 대다수 환경에 큰 변화와 영향을 미치고 있는 세계화 트렌드의 확산을 가속하고 있다. 이처럼 정보혁명이나 세계화 같은 메가트렌드는 거의 모든 하부환경에 영향을 미치고 있으며 이는 결국 기업이 반드시 극복해야 하는 커다란 환경변화로 인식되고 있다. 그러나 정보혁명이나 세계화 같은 메가트렌드는 매우 광범위한 환경변화를 일으키게 되므로 기업이 그에 대한 인과관계를 파악하는 것은 매우 어려운 과업이다. 〈그림 3-13〉은 국내 관광산업에서 수요를 결정하는 중요한 기회 및 위협요인들을 보여주고 있으며, 또한 〈그림 3-14〉는 항공운송산업에 큰 영향을 미치고 있는 거시환경의 다양한 기회 및 위협요인들의 예를 보여주고 있다.

그림 3-13 한국 관광산업의 수요를 결정하는 기회 및 위협요인

정치·법률 환경
- 한일외교관계(독도영유권, 위안부, 역사교과서 등), 한중 외교관계(사드 배치 등), 국제관계(수교 관계, 자유무역협정), 남북관계(핵실험, 핵미사일 등), 국제분쟁(중일간 영토분쟁 등), 전쟁(걸 프전 등), 국제적 테러(9/11 등)
- 여행자유화정책(비자 및 여권 발급), 외환 및 조세제도, 국제간 항공자유화협정, 법률 개정(중국 여유법 등), 휴가제도, 관광홍보정책(한국방문의 해)

경제환경
- 세계경제 및 국내경제의 경기변동, 가처분소득 수준의 변화, 국제유가의 변동, 환율 변동, 여행 비용의 변화
- 정부의 재정정책 및 통화정책, 세계화 기류(자유무역 vs. 보호무역), 지역경제동맹(EU, NAFTA), 대형사건(2008년 세계금융위기, IMF 외환위기 등)

사회·문화 환경
- 대형 스포츠 이벤트(올림픽, 월드컵 등), 국제문화의 교류 증가(한류 확산 등), 대형 국제행사 및 국제회의(G20, APEC, 전시회, 축제 등)
- 관광자원의 국제경쟁력, 인구구조의 변화, 직업관 및 직업구조의 변화, 휴가 및 여행에 대한 가치 변화, 대형사고(세월호 등), 전염병(SARS, 메르스 등)

기술환경
- 인터넷과 스마트폰 등 혁명적인 정보통신기술의 등장과 발전(관광지 정보 수집, 비교, 분석, 구매 (예약) 결정 등)
- 제트항공기, 고속철도 등 혁신적인 교통수단의 등장과 발전

생태환경
- 지구온난화(기온 상승, 해수면 상승 등)
- 자연재해(태풍, 지진, 홍수 등)

그림 3-14 거시환경 세력들이 항공운송산업에 미치는 영향

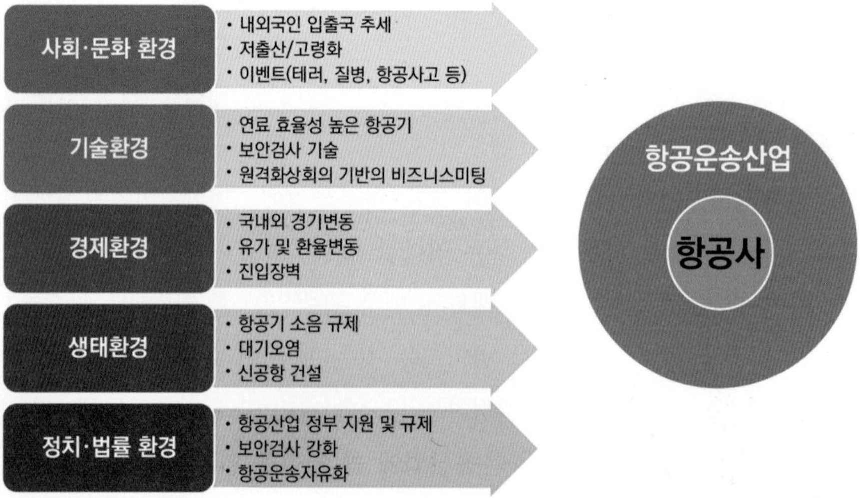

사회·문화 환경
- 내외국인 입출국 추세
- 저출산/고령화
- 이벤트(테러, 질병, 항공사고 등)

기술환경
- 연료 효율성 높은 항공기
- 보안검사 기술
- 원격화상회의 기반의 비즈니스미팅

경제환경
- 국내외 경기변동
- 유가 및 환율변동
- 진입장벽

생태환경
- 항공기 소음 규제
- 대기오염
- 신공항 건설

정치·법률 환경
- 항공산업 정부 지원 및 규제
- 보안검사 강화
- 항공운송자유화

항공운송산업

항공사

보통 대다수 사건이나 트렌드는 거시환경에서부터 시작되고 있다. 각 거시환경에서 발생하는 사건들은 잠재적 변화를 반영한다는 사실을 아는 것은 매우 중요하다. 또한 변화의 주도 요인은 먼저 거시환경에서 나타나기 시작해서 궁극적으로 기업 및 기업의 각 기능에 영향을 미칠 때까지 각 환경계층을 거치면서 여과된다.

◯ 경쟁환경(Competitive Environment) 분석

많은 기업들이 우위를 차지하기 위해 경쟁하고 있는 환경이 경쟁환경이다. 경쟁환경은 과업환경과 산업환경으로 구성되어 있다. 보다 광범위한 거시환경은 기업에 비교적 간접적인 영향을 미치고 있다. 그러나 경쟁환경은 거시환경에 비해 보다 더 직접적이고 구체적인 영향을 기업에 미치고 있다.

고객, 공급자, 경쟁사, 법규로 구성되어 있는 과업환경(Task Environment)은 거시환경의 다음 수준에 존재하는 환경이다. 과업환경은 경영자의 일상적인 활동과 관계가 깊은 밀접한 환경이어서 거시환경에 비해 비교적 쉽게 관찰하고 이해할 수 있다. 그리고 중요한 사실은 과업환경에서 발생하는 사건에 의해 파생되는 변화는 원래 거시환경에서 먼저 유래된 사건들에 의해 만들어진 결과이다. 예를 들면 거시환경의 생태환경에서 시작된 환경보호라는 메가트렌드는 많은 소비자가 호텔이나 리조트 선택함에 있어 중요한 결정요인이 되었다. 이런 트렌드에 발맞추어 호텔경영자들은 환경경영에 노력을 집중해서 이를 오히려 경쟁우위의 원천으로 활용하기에 이르렀다. 즉 거시환경을 올바르게 평가해서 과업환경과의 적절한 인과관계를 파악함으로써 경쟁에서 앞서 나가는 계기가 마련되었다.

과업환경 분석이 효과적으로 이루어졌다면 기업은 과업환경 내에서 고객에 의해 만들어지고 있는 환경변화의 패턴을 보다 잘 파악할 수 있다. 만약에 특정 외식기업이 과업환경을 효과적으로 분석했다면 소비자들의 구매의사결정에 대한 보다 높은 수준의 정보를 확보할 수 있다. 즉 외식을 할 때 소비자들은 전통적으로 맛, 가격, 편리성을 기준으로 구매의사결정을 했다. 그러나 최근 소비자의 트렌드를 파악해 보면 소비자들은 건강식 및 웰빙(칼로리 정보와 유기농 식재료 등), 식품안전, 기업의 사회적 책임 준수 여부(지역 농수축산 제품, 지속가능성, 직원 대우 등), 경험(가게의 구조 및 분위기, 서비스, 브랜드와의 상호작용, 사전, 방문, 사후에 대한 고객의 개인적인 관여도 등) 등과 같은 새로운 요인들을 전통적인 요인보다 더욱 중요하게 고려하기 시작했다는 사실을 접할 수 있다.

과업환경의 다음 수준은 산업환경(Industry Environment)이다. 산업은 보통 여러 개의 세분시장으로 구성되어 있다. 산업을 정확하게 정의하는 것은 결코 쉬운 일이 아니다. 그러나 일반적으로 산업은 고객을 확보하거나 제품을 판매하기 위해 서로 직접적인 경쟁을 하고 있는 기업들의 집단이나 또는 특정 산업은 서로를 대체할 수 있는 제품 및 서비스 즉 동일한 고객의 기본적인 욕구를 충족시키는 제품 및 서비스를 제공하는 기업들의 집단으로 정의할 수 있다. 기업이 경쟁사와 경쟁하고 있는 산업환경을 정확하게 구분하지 못하는 경우 종종 새롭게 등장하는 경쟁사를 미처 알지 못하게 되는 상황을 맞이하게 되는 경우도 있다. 그러나 최근 시공간을 초월하는 기술혁신의 영향으로 산업 간의 경계를 명확하게 구분하는 것이 점점 더 어려워지고 있는 것도 사실이다.

보통 거시환경이나 과업환경에서 발생하는 사건이나 또는 두 환경의 상호작용으로 만들어지는 사건들은 결국 특정 산업에 영향을 미치게 된다. 정치·경제·사회·기술 등과 같은 거시환경은 기업이 직면하고 있는 중요한 환경이다. 하지만 거시환경의 변화도 결국 기업들이 직접 활동하고 경쟁하고 있는 산업으로 수렴되면서 산업구조에 큰 변화가 만들어지게 된다.[5]

이에 대한 예로 기술환경에서 혁신적인 정보기술의 등장으로 소비자들은 이제 여행할 때 인터넷을 통해 여행목적지에 있는 호텔들의 가격을 비교해 볼 수 있게 되었으며 또한 여행후기를 보면서 보다 효과적으로 호텔을 선정할 수 있게 되었다. 이는 호텔산업 유통경로의 구조에 큰 변화를 불러일으키고 있다. 또한 사드 배치와 같은 정치·외교 환경의 돌발적인 사건으로 인해 그동안 성장가도를 달리던 국내 호텔산업과 면세점산업의 구조에 큰 영향을 미치고 있다. 그리고 인구구조의 변화도 산업구조의 변화에 큰 영향을 미치고 있다. Airbnb의 대대적인 성공은 종전에 호텔산업에서 소비를 주도하던 베이비부머와는 다른 소비특성을 보유하고 있는 밀레니얼 세대의 전폭적인 지지로 이루어진 것인데, 이로 인해 전 세계 호텔숙박산업의 구조에 광범위한 변화가 나타나고 있다.

기업에게 산업은 사업영역(Business Domain)을 의미하고 있다. 보통 경영자의 관심은 주로 경쟁하고 있는 사업영역에 집중되고 있으며, 산업에서 발생하는 사건이나 사고를 파악하고 평가하는 것이 경영자의 일상적인 활동이다. 다음에 소개되는 5세력모형은 산업구조를 분석하는데 널리 이용되고 있는 분석기법이다.

한편 기업에 있어 실제적인 경쟁환경은 그 기업이 속하고 있는 경쟁적인 상황인데, 호스피탈리티산업에서는 지역환경(Local Environment)을 의미한다. 호텔이나 레스토랑의 수요는 상당 부분 지역적이기 때문에 경영자는 반드시 지방 및 지역에서 변화를 주도하는 요인을 파악할 수 있어야 한다. 지역적인 기업환경이 과업환경과 다른 점은 즉각적이고 직접적인 영향을 미친다는 사실이다.

● Porter의 5세력모형: 산업구조분석

현대 경제학의 한 부류인 산업조직경제학(Industrial Organizations(IO) Economics)은 경영전략 학문의 초기 발전에 큰 영향을 미친 학문이다. 1930년대부터 하버드 경영대학에서 산업조직이론을 정립한 Mason과 Bain 두 교수는 많은 경우에 산업구조가 기업들이 장기간에 걸쳐 경제적 이윤을 창출할 수 있도록 해주는 원인으로 보았다. 이들이 개발한 산업조직경제학의 대표적인 이론인 구조-행위-성과 패러다임(Structure-Conduct-Performance Paradigm 또는 SCP Paradigm)에 의하면 산업구조(기업규모, 산업집중도, 기술, 진입 및 퇴출 등)는 인과론적으로 기업의 경쟁행위(가격, 광고, 투자 등)와 소비자의 구매행위를 결정하는 데 직접적인 영향을 미치고, 이는 결국 산업 전체와 기업의 성과(이윤)에 영향을 미치게 된다. 이는 산업구조의 특성들이 기업이 내릴 수 있는 의사결정의 범위 즉 행위를 결정하기 때문에 결국 행위보다는 산업구조가 기업의 성과에 궁극적인 영향을 미친다는 것이다.[6] 또한 어떤 산업이 다른 산업(들)에 비해 수익성은 높은 이유는 산업매력도가 높기 때문이라는 결론을 내렸다.

구조-행위-성과 패러다임이 말하고자 하는 것은 산업에서 기업이 경쟁우위를 창출하려면 내부환경보다는 외부환경을 더욱 중요시해야 한다는 것이다. 또한 경쟁우위는 주로 산업 내에서의 적절한 경쟁 위치(Competitive Positioning)의 선정에 의해 결정된다고 했다. 따라서 전략적인 차원에서 기업은 되도록 수익성이 높은 매력적인 산업에서 경쟁하기 위해 노력해야 하며, 덜 매력적이거나 쇠퇴하는 산업은 피하고, 매력적인 산업에서도 주요 외부요인들의 관계에 대한 이해도를 높이는 것이 중요하다고 말하고 있다.

만일 특정 산업의 경계가 명확하게 파악되었다면 기업은 산업환경 내에 존재하는 기회와 위협을 파악하기 위해서 산업 내의 경쟁세력들(Competitive Forces)을 분석해야 한다. 미국 Harvard Business School의 교수이자 경영전략 분야의 세계적인 석학인 Michael E. Porter는 산업조직경제학의 구조-행위-성과 패러다임을 계승하고 더욱 발전시키면서 보다 정교한 분석기법을 개발했다. 그는 기업이 근접하고 있는 산업환경을 분석하는 데 보다 유용한 분석틀(Framework)을 개발했는데, 이를 5세력모형(5 Forces Framework) 또는 산업구조분석이라고 한다(〈그림 3-15〉). 5세력모형에서 채택되고 있는 다섯 가지 경쟁세력은 ① 기존 기업 간의 경쟁강도, ② 공급자의 교섭력, ③ 구매자의 교섭력, ④ 새로운 경쟁사의 진입 위협, ⑤ 대체상품의 위협으로 구성되어 있다.[7]

산업구조분석 또는 5세력모형을 이용하는 궁극적인 목적은 특정 산업의 경쟁수준 및 구조분석을 통해 해당 산업의 잠재적 이윤의 수준 즉 매력도(Attractiveness)를 측정하는 것이다. Porter는 이와 같은 5가지 경쟁세력의 강도가 강하면 강할수록 현재 경쟁을 벌이고 있는 기존 기업들의 입장에서는 가격을 인상해서 더 많은 이윤을 창출할 수 있는 기회가 제한적으로 된다고 보고 있다.[8]

Porter의 5세력모형에서 강한 경쟁세력의 존재는 이윤창출 기회의 상실로 이어져서 결국 위협으로 간주되고 있으며, 반면에 약한 경쟁세력은 기업에 수익성 향상을 가능하게 하므로 이를 기회로 여기고 있다. 그러나 5가지 경쟁세력의 강도는 시간이 흐름에 따라 산업구조의 여러 조건이 변하게 되면 함께 변화하고 있는 것이 사실이다. 따라서 경영자의 도전과제는 당면하고 있는 산업구조하에서 5가지 경쟁세력이 각각 기회요인이 되고 있는지 또는 위협요인이 되고 있는지 이에 대해 완전하고 정확하게 파악하는 것이다. 그러므로 경영자의 임무는 효과적인 전략의 개발을 통해 5가지 경쟁세력을 통제해서 기업에 유리하거나 우호적인 영향을 미치도록 하는 것이다. 지금부터 5가지 경쟁세력에 대해 하나씩 살펴보도록 하겠다.

○ 그림 3-15 산업구조분석모형(5 Forces Framework)

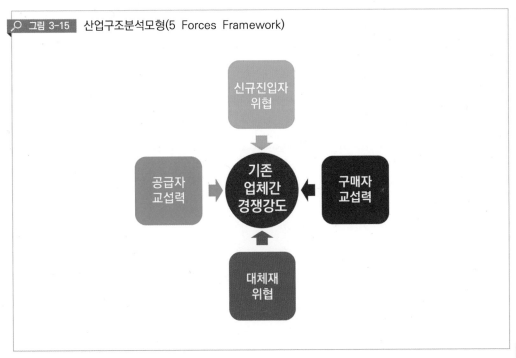

출처: Porter(1980), Competitive Strategy.

● 산업 내 기존 기업 간의 경쟁강도(Rivalry Among Incumbent Firms)

첫 번째 분석대상이 되는 경쟁세력은 현재 산업 내에 존재하고 있는 기존 기업 간의 경쟁강도(Rivalry Intensity)이다. 경쟁(Rivalry)은 특정 산업에서 서로 상대방의 시장점유율을 빼앗으려고 벌어지는 기업 간의 싸움이다. 한 산업에서 경쟁사에 영향을 주는 특정 기업의 행동은 상대방의 즉각적인 반격을 야기하게 되며 기업은 이에 대해 재반격을 시도하게 된다. 기업들이 주로 이용하는 경쟁적 행동(Competitive Moves)에는 가격 조절, 광고비 지출의 확대, 제품 성능 및 디자인 향상, 공격적인 판촉활동, 직접 판매의 확대, 판매 후 서비스 및 지원 강화, 판매직원 증원, 새로운 제품 및 서비스의 도입, 생산능력 확장, 고객과 장기계약 체결, 고객충성도 프로그램 강화 등이 있다.

일반적으로 산업에서 경쟁강도가 강할수록 기업들이 충분한 이윤을 창출할 수 있는 기회는 더욱 적어지게 된다. 즉 기업 간에 경쟁강도가 강하게 되면 보통 가격을 인하하거나 비용이 소요되는 다른 경쟁적 행동을 취하게 되므로 기업들의 입장에서는 가격은 낮아지고 비용은 높아지는 결과가 만들어지게 되므로 결국 이윤이 감소하게 되는데, 이윤은 총수입에서 총비용을 뺀 나머지를 말한다. 따라서 경쟁강도가 강한 산업의 상황은 기존 기업에는 큰 위협이 되고 있다. 하지만 반대로 경쟁강도가 약하다면 기존 기업들은 가격을 인상하거나 또 경쟁적 행동에 소요되는 적지 않은 비용을 절감할 수 있으므로 많은 이윤을 창출할 수 있는 좋은 기회를 가질 수 있다.

산업의 특성은 기존 기업 간의 경쟁강도를 결정하는 중요한 요인이다. 경쟁강도를 좌우하는 산업적 특성에는 다음과 같은 요인들이 존재하고 있다. 첫째, 산업의 경쟁구조에 따라 경쟁강도가 결정된다. 뚜렷하게 큰 시장지배력을 가진 기업이 존재하지 않고 수많은 중소기업들이 존재하는 파편화된 산업(Fragmented Industry)에서는 누구도 가격을 좌지우지할 수 없는데, 이를 완전경쟁시장이라고 한다. 일반적으로 완전경쟁 상황 하에서는 경쟁이 촉진되면서 혁신이 일어나서 소비자들은 좋은 물건을 값싸게 구매할 수 있다. 반면에 산업집중도가 높은 산업(Consolidated Industry)에서는 주로 높은 시장지배력을 보유한 소수의 기업이 가격을 결정할 수 있는 위치를 점유하고 있는데, 이를 과점시장(Oligopoly Market)이라고 한다. 산업집중도가 아주 높은 극단적인 경우에는 독점(Monopoly)기업이 존재하게 된다.[9]

파편화된 산업은 진입장벽(Entry Barrier)이 비교적 낮은 편이어서 산업환경이 우호적일 경우에는 수많은 기업들이 자유롭게 진입하고 또 퇴출되고 있다. 또한 완전경쟁이 이루어지는 시장에서는 대다수 기업들이 차별화가 어려운 일용품 (Commodity)을 주로 생산하는 편이다. 호텔과 외식기업이 주종인 호스피탈리티산업(Hospitality Industry)은 전통적이고 대표적인 파편화된 산업이다. 한편 파편화된 산업에 호경기로 인해 붐이 일어나게 되면 수많은 신규기업들이 새로 진입을 하게 되면 결국 과잉생산으로 이어지게 된다. 차별화도 여의치 않고 또한 공급과잉이 겹치게 되면서 결국 제살깎기식 가격전쟁(Price War)이 벌어지게 되며 이윤창출은 점점 어려워지게 된다. 이후 산업에서 퇴출되는 기업이 증가하면서 신규로 진입하는 기업은 거의 사라지게 된다. 이와 같은 상황은 시간이 흐르면서 산업의 공급이 점차 수요와 균형을 이루게 되면서 가격은 다시 안정을 되찾게 된다. 파편화된 산업에서는 이와 같은 주기가 자주 반복이 되는 편이다.

파편화된 산업에서는 차별화전략이 여의치 않기 때문에 많은 기업들은 비용절감에 전력을 집중하게 되는 경우가 많은 편이다. 그러나 장기적인 차원에서 보면 보다 높은 수준의 이윤극대화 또는 성장에 동기부여된 야심찬 기업이 등장하게 되면서 인수합병(M&A) 등을 통해 산업집중도가 점점 높아져서 결국 시장은 소수에 의해 지배되는 경우가 종종 나타나고 있다.

한편 집중도가 높은 산업에서 기업들은 상호 간에 매우 밀접한 연관관계에 놓여있게 된다. 즉 특정 기업의 경쟁적 행동이나 움직임은 경쟁기업의 시장점유율과 수익성에 바로 직접적인 영향을 미치게 된다. 따라서 서로 간에 경쟁적인 행동으로 인해 경쟁강도가 높아지게 되면 가격은 내려가고 비용이 많이 소요되므로 결국 이윤이 박해지게 된다. 이와 같은 사례는 미국의 항공운송산업이 오랫동안 본보기로 여겨져 왔다.

소수가 경쟁하는 산업에서는 높은 경쟁강도는 큰 위협으로 간주되고 있다. 따라서 이와 같은 산업에서 경쟁기업들은 최대한 서로를 자극하지 않으려고 노력하는 경향이 있다. 그리고 집중화된 산업에 속하고 있는 기업들은 시장지배력이 월등하게 큰 기업이 설정한 가격기준을 그대로 따르면서 서로 간에 경쟁을 회피한다. 예로 국내 자동차산업을 보면 시장지배력이 월등한 현대·기아차가 여러 자동차의 가격을 결정하면 다른 자동차회사들은 가격경쟁을 벌이기보다는 선두기업이

정한 수준에 맞춰서 가격을 책정하고 있다. 그렇지만 기업 간에 명시적인 가격담합은 엄연한 불법이다.

둘째, 산업 수요의 정도에 따라 경쟁강도가 결정된다. 결론적으로 수요가 충분해서 지속적인 성장이 가능한 산업은 경쟁강도가 비교적 낮게 나타나지만 반대로 느리게 성장하는 산업은 경쟁강도가 높은 편이다. 이는 수요가 많은 산업에서는 대다수 기업들이 경쟁사의 시장점유율을 빼앗아오는 것보다는 판매 확대에 전력을 집중하게 되면서 경쟁강도가 완화되는 경향이 높아지기 때문이다. 따라서 산업 전체적으로 높은 수준의 이윤을 달성하게 된다.

반면에 수요가 감소하는 경우에는 대다수 기업들은 시장점유율 및 매출액 유지에 사활을 걸게 된다. 수요의 감소는 주로 소비자가 시장을 떠나거나 구매량이 적어지면서 발생하게 된다. 이와 같은 절박한 상황에서 기업들은 경쟁사의 시장점유율을 빼앗아 왔을 때만 성장세를 유지할 수 있을 뿐이다. 따라서 수요의 감소는 기존 기업 간에 경쟁강도를 강화시키게 되므로 심각한 위협요인이 되고 있다.

셋째, 산업의 비용구조가 경쟁강도를 결정하고 있다. 높은 고정비용(Fixed Costs)이 존재하는 산업에서는 수익성이 판매량에 따라 결정되고 있는데, 따라서 판매 신장에 대한 기업들의 강한 욕구는 경쟁강도를 증가시키게 된다. 높은 고정비용이 소요되는 산업에서 종종 충분한 제품 판매가 이루어지지 않아서 기업들은 사전에 투자된 고정비용조차도 충당할 수 없게 되면서 결국 손실을 입게 될 수 있는데, 그래서 이런 경우가 예상되면 기업은 판매가격을 인하하거나 판촉비용을 늘려 고정비용을 충당하면서 피해를 최소화하려 한다. 특정 산업에서 고객 수요가 충분하고도 신속하게 증가하지 못하게 되면 많은 기업들은 고정비용을 대기 위해 가격을 인하하거나 판촉비용을 늘리는 등 거의 동일한 행동에 몰입하게 되는데, 결국 경쟁이 더욱 치열해지면서 이윤은 더욱 낮아지게 된다. 보통 경쟁력이 약한 기업이 이와 같은 행동을 먼저 취하는 경우가 많은 편이다.

고정비용이 높게 소요되는 장치산업에는 석유화학, 철강, 자동차, 조선 산업 등이 있다. 또한 호스피탈리티산업에서 높은 고정비용이 소요되는 분야는 대형호텔, 항공운송, 크루즈, 테마파크 산업이 있다.

넷째, 일용품과 같이 차별화(Differentiation)가 쉽지 않은 제품을 생산하는 산업에서는 경쟁강도가 높게 나타나고 있다. 제품차별화가 용이하지 않아서 가격에 대한 부담이 크게 작용하게 되는데, 따라서 기업들은 소비자를 유인하기 위해 가격인하 정책의 실시로 이어지게 되는데 이는 결국 수익성에 악영향을 주게 된다. 많은 고급호텔들이 차별화전략을 시도하고 있다. 그러나 시간이 흐르면서 대다수 고급호텔들은 서로가 유사한 상품과 서비스를 고객에게 제공하고 있다는 사실을 알아차리게 되는데, 이로 인해 어쩔 수 없이 가격인하를 하게 됨으로써 경쟁이 치열해지게 된다.

다섯째, 퇴출장벽(Exit Barrier)이 높으면 높을수록 산업의 경쟁강도는 높아진다. 퇴출장벽이란 기업이 현재 경쟁하고 있는 산업에서 이탈하는 것을 가로막는 장애물을 의미한다. 퇴출장벽이 높아지게 되면 시장매력도가 떨어지게 되는데, 이는 높은 퇴출장벽으로 인해 산업 내 공급과잉이 발생하게 되면서 가격경쟁이 격화되고 수익성이 낮아지게 된다. 퇴출장벽이 높은 산업에서 활동하는 기업들은 전반적으로 수요가 정체되거나 쇠퇴하고 있는 끔찍한 산업에 갇히게 된다. 그 결과 공교롭게도 초과된 생산능력을 보유하게 된 기업은 유휴 생산능력을 가동해서 고정비용을 충당하고 고객을 끌어모으기 위해 어쩔 수 없이 가격인하를 실시하게 됨으로써 산업에서의 경쟁은 더욱 치열해지고 결국 가격전쟁이 벌어지게 된다.

퇴출장벽이 존재하게 되는 경우는 다음과 같다. 첫째, 전략적 요인으로 인한 퇴출장벽이다. 기업이 수행하고 있는 다른 사업과 연관성이 높아서 독단적으로 철수 여부를 결정하기 힘들게 되는 경우이다. 또한 현재 산업에서 효과적으로 경쟁하기 위해서는 고가의 자산들이 요구되거나 최소 수준 이상의 자산을 필요로 하게 되는 경우가 있다.

둘째, 경제적 요인으로 인한 퇴출장벽이다. 기업이 영업을 중단할 때 직원에게 지급해야 하는 퇴직금, 의료혜택, 연금 등과 같이 사업 철수에 따르는 높은 고정비용이 존재하는 경우이다. 또한 대체 용도로서의 가치가 많이 없거나 매각할 수 없는 특정 기계, 장비, 생산시설과 같은 자산에 대한 투자가 많이 있는 경우이다. 그리고 보유하고 있는 자산에서 고정자산의 비중이 높거나 현금화가 어렵게 되는 경우 철수를 쉽게 결정할 수 없게 된다.

셋째, 감정적 요인으로 만들어지는 퇴출장벽이 있다. 경영자나 또는 직원들이 보유하고 있는 자긍심이나 감정적인 이유로 사업 철수가 어렵게 된다. 또한 자존심이 강한 경영자는 사업 철수에 대한 심리적 저항감이 강해서 사업이 적자임에도 불구하고 이를 지속함으로써 기업에 악영향을 주게 된다.

● 공급자의 교섭력(The Bargaining Power of Suppliers)

5세력모형의 두 번째 경쟁세력은 공급자의 교섭력(또는 협상력)이다. 공급자의 교섭력은 원재료나 공급 제품의 가격을 인상할 수 있는 공급자의 능력을 말한다. 강력한 교섭력을 보유한 공급자가 가격을 인상하게 되면 구매기업의 이윤은 적어질 수밖에 없는데, 따라서 강력한 공급자는 구매자에게 큰 위협이 되고 있다. 또한 공급자는 품질이 낮은 제품이나 서비스를 제공하거나 또는 제때에 필요한 제품이나 원재료를 제공하지 않음으로써 구매자 입장에서는 비용이 인상될 수 있다.

반면에 공급자의 교섭력이 약한 경우 구매자는 가격 인하를 요구하거나 높은 품질의 제품을 요구할 수 있게 되므로 수익성을 향상할 수 있는 좋은 기회를 가질 수 있다. 공급업체가 제품을 좋은 조건으로 판매하여 수익성을 향상할 수 있는 능력은 구매기업과 비교했을 때 상대적인 힘의 우위 관계에 달려 있다고 볼 수 있다.

다음과 같은 경우에 공급업체는 강한 교섭력을 보유하고 있다고 말할 수 있다.[10] 첫째, 공급업체가 다른 제품이나 서비스로 대체할 수 없는 제품이나 서비스를 구매자에게 판매하는 경우 교섭력이 강해진다. 따라서 대체품이 존재하지 않는다면 구매자는 보다 높은 가격 또는 불리한 조건으로 제품을 구입할 수밖에 없다. 이국적이고 귀하지만 인기가 높은 음식은 대체품이 없기 때문에 매우 높은 가격으로 종종 판매되고 있다.

둘째, 공급업체가 소수이거나 또는 독점하고 있는 경우에 강한 협상력을 갖게 된다. 따라서 구매자는 가격, 구매조건, 품질 등에 대해 협상할 때 유리한 지위를 차지할 수 없는 경우가 많다. 대중적인 인기가 높은 관광지를 대상으로 영업하고 있는 항공운송업체, 크루즈업체, 호텔이 속하고 있는 호스피탈리티·관광산업에서도 이런 관계가 존재하고 있다.

셋째, 구매업체가 대량 구매자가 아니기 때문에 공급업체의 수익성에 큰 영향을 미치지 않는 경우이다. 따라서 구매자가 중요한 고객이 아니어서 공급자는 제품의 공급이 부족하게 되는 경우 구매기업에 대해 공급량을 줄이거나, 부분적 또는 지연 선적, 극단적인 경우에는 제품 공급을 아예 거부하는 경우도 있다. 이런 경우 구매기업들이 속하는 산업은 혼란에 빠지게 되며 결국 경쟁이 격화되면서 수익성은 악화된다.

넷째, 공급자가 차별화된 제품을 보유하고 있거나 구매자가 공급자를 바꾸는 경우 많은 전환비용이 소요된다면 공급자의 교섭력은 강해진다. 호텔산업에서 독립호텔들은 객실예약 서비스를 예약 전문 중개업체에 의존하는 경우가 많다. 만약에 이 호텔들이 동일한 서비스를 타 중개업체로 변경하려고 하면 종전의 시스템을 제거하고 새 시스템을 구매 또는 계약해야 하며 담당 직원들을 재교육해야 한다. 이런 높은 전환비용은 공급업체의 변경을 쉽지 않게 만들고 있다.

다섯째, 공급자가 전방통합(Forward Integration)을 통해서 과거의 구매자와 경쟁할 수 있는 능력을 보유하고 있다면 교섭력은 크게 강화될 수 있다. 호스피탈리티·관광산업의 경우 호텔체인이 여행사를 인수하거나 새로 차리게 되는 경우 과거 구매자들과 직접 경쟁을 벌일 수 있다. 또한 음료공급업체인 Pepsi Cola가 구매자였던 KFC, Pizza Hut, Taco Bell 등을 인수하면서 외식업체들과 직접 경쟁을 벌였던 경우도 있다.

여섯째, 공급업체가 구매자에 비해 상대적인 정보우위를 갖고 있는 경우이다. 예를 들면 공급자가 구매자의 비용 및 수익구조에 대해 많은 정보를 보유하고 있다면 이 정보를 이용해서 유리한 거래를 도출할 수 있는데, 만일 공급하는 제품으로 인해 구매자가 많은 이윤을 만들어내고 있다는 정보를 가지고 있다면 공급자는 좋은 가격에 제품을 판매할 가능성이 높아진다.

이 밖에도 구매자가 필요로 하는 제품의 공급을 특정 제조업체에게 의존하는 경우 공급자의 교섭력은 강해지며, 또한 공급자들이 단합해서 잘 조직화되어 있다면 구매자에 비해 유리한 위치를 점할 수 있다.

위에 소개한 요인들이 결합해서 공급자의 교섭력을 결정하고 나아가서 특정 산업에 속하는 기업들의 수익성에 미치는 영향력 정도를 측정할 수 있다.

● 구매자의 교섭력(The Bargaining Power of Buyers)

5세력모형의 세 번째 경쟁세력은 구매자의 교섭력(또는 협상력)이다. 여기서 구매자란 제품을 최종적으로 구매하는 소비자를 의미하거나 산업의 제품을 유통하는 유통업체 또는 재판매하는 중개업체를 의미하고 있다. 호스피탈리티·관광산업에서 여행사는 여러 공급자의 제품이나 서비스를 먼저 구매한 후 이를 최종소비자에게 재판매하고 있다.

구매자의 교섭력이란 구매자가 특정 산업에서 공급자에게 제품가격의 인하를 유도하거나 보다 나은 품질의 제품이나 서비스의 제공을 요구함으로써 공급업체의 비용을 증가시킬 수 있는 영향력을 의미한다. 이렇듯 교섭력이 강한 구매자는 가격인하를 요구하거나 비용 증가를 야기함으로써 특정 산업에서 수익성 향상에 악영향을 미치게 되므로 공급업체에 강력한 구매자는 큰 위협이 되고 있다. 반면에 구매자의 교섭력이 약한 산업에서 공급자는 가격 인상이나 제품이나 서비스의 품질을 낮게 유지하면 비용을 절약할 수 있으므로 이윤을 최대화할 수 있다.

다음과 같은 조건일 때 구매자의 교섭력은 증가하게 된다.[11] 첫째, 공급자로부터 대량으로 제품을 구매하는 경우 구매자의 교섭력은 크게 강화된다. 호스피탈리티·관광산업에서 해마다 많은 호텔 객실을 이용하고 있는 기업고객(Corporate Customers)과 같은 대량구매자는 거래조건을 협상할 때 유리한 계약조건을 만들기 위해 가격할인을 강요하거나 특별 서비스를 요구하고 있다.

둘째, 구입하려는 제품이나 서비스가 차별화되어 있지 않고 공급량은 많은 경우에 구매자는 강한 협상력을 가질 수 있다. 따라서 구매자는 언제든지 공급자를 바꿀 수 있다. 호텔산업에서 고급호텔들은 고객을 유치하기 위해 차별화에 집중하는 경향이 강하게 나타나지만 반면에 중저가호텔들은 운영효율의 극대화에 집중하고 있다. 그리고 모든 호텔들은 경쟁사와 비교했을 때 차별화된 상태가 유지되는 것을 원하고 있다. 그러나 대다수 여행객들은 차별화를 인지하지 못할 뿐만 아니라 투숙호텔 선정 시 가격을 가장 중요하게 고려하고 있다.

셋째, 구매자가 쉽게 후방통합(Backward Integration)을 통해 스스로 공급자가 될 수 있는 경우 강한 교섭력을 보유할 수 있다. 호스피탈리티·관광산업에서 여행사가 호텔을 인수하거나 새로운 호텔체인을 설립하는 경우 이와 같은 사례가 발생하고 있다. 최근 국내에서도 하나투어와 모두투어가 호텔업에 진출하고 있다.

넷째, 구매자가 공급업체에 비해 상대적인 정보우위를 가지고 있다면 강한 협상력을 갖게 된다. 구매자가 공급업체의 제품에 대한 비용 및 수익구조에 대해 많은 정보를 보유하고 있다면 이런 정보를 이용해서 유리한 조건으로 협상에 임할 수 있다. 최근 호텔산업에서 영향력을 증가해 나가고 있는 온라인여행사(OTAs)들은 호텔체인들이 공급하는 객실에 대한 많은 정보를 갖게 되었는데 이들은 이런 정보를 이용해서 거래협상에서 유리한 입지를 확보하고 있다.

다섯째, 산업에서 제품이나 서비스를 제공하는 공급자는 수많은 중소기업이지만 구매자는 소수의 대규모 기업인 경우 구매자는 거래조건의 협상에서 절대적인 우위를 점할 수 있다. 이런 환경에서 경쟁 중인 공급업체들은 구매자를 절대 놓쳐서는 안 된다.

여섯째, 구매자들이 잘 조직되어 있는 경우 거래에서 유리한 고지를 점할 수 있다. 구매자들은 때때로 서로 단합을 통해 결속력을 강화해서 협상력을 높이고 있다. 프랜차이즈산업에서 많은 가맹점들은 서로 간에 친목을 도모하는 한편 공급자에 대한 협상력을 높이기 위해 협회(Association)를 조직해서 단합된 힘을 과시하고 있다.

일곱째, 구매자가 제품의 품질을 그다지 중요하게 고려하지 않는 경우 교섭력이 높아진다. 구매하고자 하는 제품이나 서비스가 구매업체가 판매하는 제품이나 서비스에 있어 큰 영향을 미치지 못하는 경우 이 업체의 관심은 주로 가격에 집중된다. 예를 들면 문구류는 고급호텔이나 레스토랑에서 제공하는 서비스의 품질에 큰 영향을 미치지 않는다.

여덟째, 구매자가 좋은 조건으로 거래하려는 동기부여가 높을 때 협상력이 높아진다. 구매자의 제품이 이윤이 낮을수록 또는 구매자가 대량으로 구매하는 경우 이윤 향상을 위해서 좋은 거래조건에 대한 욕구가 강하게 나타나게 된다.

위에 소개한 요인들이 결합되면서 구매자의 협상력, 즉 구매자가 가격설정과 신제품개발에 대한 영향력을 행사할 수 있다. 높은 교섭력을 보유한 구매자는 반드시 전략적 우선순위를 부여해서 관리해야 한다.

• 신규 진입자의 위협(Threats of Entry by Potential Competitors)

신규 진입자는 현재 산업에서 경쟁하고 있는 기존 기업들과 달리 새로이 산업에 진입할 수 있는 잠재능력을 보유한 기업들을 말한다. 어느 산업에서든지 기존 기업과 유사한 형식으로든 아니면 완전히 판이한 형식으로 새롭게 진입하는 기업들이 항상 존재하고 있다. 보통 더욱 많은 새로운 경쟁사가 산업에 진입하게 될수록, 산업에서는 공급이 증가하고 새로운 제품과 서비스가 도입되고 또한 비즈니스에 대한 새로운 아이디어가 나타나게 된다.[12]

따라서 기존 기업들의 입장에서는 경쟁강도가 높아지게 되면서 현 수준의 가격과 이윤을 유지하는 것이 힘들어지게 되므로 이들은 잠재적인 경쟁사가 새로 진입하는 것을 막고 좌절시키려는 노력을 하게 된다. 이처럼 새로운 경쟁사의 진입은 기존 기업에는 큰 위협이 되고 있다. 하지만 진입위험이 크지 않다면 기존 기업들은 보다 쉽게 가격을 올려서 수익성을 향상할 수 있는 좋은 기회를 가질 수 있다.

잠재적인 경쟁사로 의한 진입위험은 잠재적인 경쟁사가 새로 산업에 진입하는 데 소요되는 비용과의 함수관계를 나타내는 진입장벽(Entry Barrier)의 높이에 의해 결정된다. 잠재 경쟁자가 새로 산업에 진입하기 위해 부담해야 하는 비용이 많아질수록 진입장벽은 높아져서 진입위험은 낮아지고 결국 경쟁은 완화된다.

기존 기업의 입장에서 보면 높은 진입장벽은 기회가 되지만 반면에 낮은 진입장벽은 큰 위협이 되고 있다. 일반적으로 잘 알려진 진입장벽에는 다음과 같은 유형이 존재하고 있다.[13] 첫째, 규모의 경제(Economies of Scale)이다. 일반적으로 규모의 경제는 기업에서 생산량이 증가함에 따라 일정 시점까지 단위당 생산비용이 떨어지는 현상을 말한다. 규모의 경제가 만들어지는 경우는 ① 표준화된 제품을 대량으로 생산하면서 얻게 되는 비용절감 효과, ② 대량으로 제품을 생산함으로써 고정비용을 보다 많은 제품으로 분산해서 얻게 되는 이점, ③ 마케팅 및 광고 비용이 대량생산으로 인해 더욱 많은 제품으로 분산되므로 얻을 수 있는 비용절감 효과, ④ 생산을 위해 필요한 원재료 및 부품을 대량으로 구매함으로써 얻는 비용절감 효과 등이 있다. 이와 같은 규모의 경제로 인한 비용우위 효과가 기존 기업에 존재하게 되면 신규 진입자의 입장에서는 비용열위에 놓이게 되어 시장진입이 어렵게 된다. 그리고 만일 기존 기업이 규모의 경제 효과를 톡톡히 보고 있다면 신규 진입자가 시장에 진입하면 강력한 보복을 하는 경우도 많다. 이런 이유로 기존 기업에 규모의 경제 효과가 높게 나타나는 경우 진입위험은 낮아진다. 일반적으로 대형호텔은 소형호텔에 비해 규모의 경제 효과가 발휘되고 있다. 한편 호스피탈리티·관광산업에서 규모의 경제는 자본소요량과 깊은 관계에 있다.

둘째, 막대한 자본(Enormous Capital)이다. 신규 진입자가 산업에서 경쟁력을 높이기 위해 기존 기업처럼 규모의 경제 효과를 보려 한다면 막대한 양의 자금을 투입해야 하는데, 이는 투자위험을 높이게 된다. 이뿐만 아니라 신규 진입자는 막대한 연구개발(R&D)비와 판매 촉진을 위한 신용판매 등으로 인해 많은 자본이 요구되고 있다. 그러나 산업에 공급이 증가하면서 전반적으로 가격인하에 대한 압박이 강해진다. 국내에서 서울 시내에 고급호텔을 지으려면 특히 높은 토지가격으로 인해 엄청난 자본이 요구되기 때문에 진입장벽이 매우 높은 편이다.

셋째, 제품차별화(Product Differentiation)이다. 기존 기업이 성공적으로 차별화된 제품을 보유하고 있다면 이는 높은 진입장벽이 될 수 있다. 호스피탈리티·관광산업에서 기존 기업들은 최고 수준의 고객서비스, 매력적인 충성도프로그램(Loyalty Program) 등의 마케팅 활동, 접근이 쉬운 판매경로, 뛰어난 가성비 등으로 제품이나 서비스의 차별화에 성공하고 있다. 성공적으로 차별화된 제품이나 서비스는 고객들에 의해 구전(Word of Mouth)되면서 더욱 경쟁력을 높이게 된다. 또한 기존 기업이 뛰어난 입지, 특허권, 토지, 정부보조금, 독점적인 원재료 접근권 등과 같이 차별화되고 모방할 수 없는 경영자원(Inimitable Management Resources)을 소유하고 있다면 신규 진입자는 동일한 자원의 확보가 단시간에 불가능하므로 시장진입을 주저하게 된다.

넷째, 높은 브랜드 충성도(Brand Loyalty)이다. 만일 특정 시장에서 소비자들이 기존 기업이 생산하는 차별화된 제품에 대한 선호도가 높게 나타나고 있다면 이에는 브랜드 충성도가 존재하고 있다고 볼 수 있다. 기업은 제품 브랜드 및 기업명, 특허권, 연구개발로 인한 제품 혁신, 제품에 대한 높은 품질, 그리고 훌륭한 애프터서비스 등에 대한 지속적인 광고활동을 통해 고객으로부터 높은 브랜드 충성도를 확보하고 있다. 만일 기존 기업에 대한 고객의 브랜드 충성도가 매우 높다면 잠재적인 경쟁사의 입장에서는 많은 진입비용이 소요될 수 있으므로 시장진입이 크게 제한을 받는다.

다섯째, 비용우위(Cost Advantage)이다. 때때로 기존 기업은 신규 진입자에 비해 절대적인 비용우위를 보유하고 있어서 신규 진입자는 경쟁사의 낮은 비용구조에 쉽게 대응할 수 없다는 현실을 인지하게 되면서 시장진입을 고심하게 된다. 기존 기업이 보유하는 비용우위에는 ① 오랜 시간에 걸쳐 축적된 경험, 특허, 비공개된 프로세스 등에 의해 구축된 탁월한 생산관리 및 프로세스, ② 인력, 원재료, 장비, 경영기술 등과 같이 생산에 요구되는 특정 투입물에 대한 월등한 통제 능력, ③ 기존 기업은 신규 경쟁사에 비해 위험도가 낮으므로 비교적 적은 비용으로 자금을 융통할 수 있다. 따라서 기존 기업에게 높은 비용우위가 있다면 진입장벽이 높아진다.

여섯째, 고객의 전환비용(Switching Costs)이다. 전환비용은 고객이 기존 기업으로부터 구입하던 제품을 신규 진입자로 변경하는데 소요되는 시간, 노력, 금전 등에 대한 비용을 말한다. 그러나 전환비용이 높은 경우에는 신규 진입자가 더 나은 제품을 제공하더라도 고객은 기존 기업이 제공하는 제품의 이용에서 헤어나지 못하고 갇히게(Locked-in) 된다. 이에 대한 좋은 예로 우리는 전환비용이 많이 소요되므로 컴퓨터의 운영체제(Operating System)를 쉽게 변경하지 못하고 있다. 호스피탈리티·관광산업에서는 전환비용이 비교적 적은 편이다. 그렇지만 호텔 및 항공사가 제공하고 있는 충성도프로그램(Loyalty Programs)은 고객의 전환비용을 점차 높이고 있다.

일곱째, 정부규제(Government Regulations)이다. 일부 산업에서는 정부가 규제를 통해 신규로 경쟁기업이 시장에 진입하는 것을 제한하고 있다. 이에 대한 좋은 예로 과거 미국 정부는 규제를 통해 신규 항공사의 시장진입을 철저히 봉쇄했다. 그랬던 미국 정부가 1978년 전격적으로 탈규제(Deregulation) 정책의 도입을 발표하면서 수익이 높고 평온하던 항공운송산업은 요동치게 되었다. 이후 수많은 신설 항공사가 별다른 제약 없이 새로 시장에 진입하게 되고 항공운송산업은 극심한 경쟁에 빠지게 되면서 이윤창출 기회는 요원하게 되었으며 결국 많은 항공사들이 부도 등 크게 부침을 겪게 되었다. 국내에서도 정부규제가 커다란 진입장벽이 되는 산업이 있는데, 특히 카지노산업과 면세점사업은 규제에 의해 시장진입이 제한되고 있는 대표적인 산업이다.

여덟째, 제품 유통경로(Distribution Channels)이다. 호스피탈리티산업에는 여러 중개업체(Intermediaries)가 존재하고 있다. 기본적으로 유통경로는 모든 신규 경쟁사에도 개방되어 있다. 그러나 일부의 경우 강력한 지배력 또는 통제력을 보유한 기존 기업이 중개업체들에게 압력을 행사해서 신규 진입자에게 동일한 조건으로 서비스가 제공되는 것을 막는다면 이들의 시장진입에는 많은 어려움이 따르게 된다. 과거 미국 석유산업의 대부호 Rockfeller는 이런 수법을 많이 이용한 대표적인 기업가이다.

위에 소개한 진입장벽들이 많을수록 기존 기업들은 비교적 쉽게 가격을 인상할 수 있어서 수익성을 강화할 수 있다. 진입장벽이 낮은 편인 호스피탈리티 · 관광산업은 타 산업에 비해 수익성이 낮은 편인데, 이처럼 진입장벽의 높이가 특정 산업의 수익성을 결정하는 중요한 요인이 되고 있다. 따라서 기존 기업들은 수익성을 유지하려고 꾸준히 진입장벽을 높이기 위한 전략을 추구하고 있으며, 반면에 신규 진입자는 높은 진입장벽을 피해 우회할 수 있는 전략에 집중하고 있다.

• 대체상품의 위협(Threats of Substitute Products)

Porter의 5세력모형 마지막 세력은 유사한 고객의 욕구를 충족시킬 수 있는 다른 업종이나 산업에서 생산하는 대체상품의 존재 여부이다. 대체상품의 좋은 예로 쇠고기와 돼지고기 또는 버터와 마가린을 들 수 있는데, 각 제품은 유사한 고객의 욕구를 충족시키기 위해 서로 간접적인 경쟁상황에 놓여있다고 볼 수 있다. 이처럼 비슷한 대체재가 존재하는 경우 강력한 위협이 되고 이로 말미암아 기업들은 가격인상을 고려할 때 제한을 받게 되므로 수익성이 악화된다. 만일 위의 예에서 쇠고기나 버터의 생산업체가 너무 많이 가격을 인상해 버리면 소비자들은 대체상품인 돼지고기나 마가린의 구입을 적극 고려하게 될 것이다. 또한 특정 산업이 생산하는 제품에 대한 대체상품이 많으면 많을수록 제품가격의 인상에는 상한선이 존재하게 된다. 그러나 브랜드 충성도, 높은 품질, 높은 전환비용 등이 존재한다면 대체상품이 있음에도 불구하고 고객들은 쉽게 이동하지 못하게 된다.

호스피탈리티·관광산업에도 어김없이 대체재가 존재하고 있다. 최근 선풍을 일으키며 세계적인 인기를 끌고 있는 Airbnb는 호텔산업의 대체상품으로 큰 영향을 미치고 있다. 또한 국내에서 성장가도를 달리고 있는 가정식 대체식품(HMR: Home Meal Replacement)은 외식산업에 대한 대체재로서의 비중이 점점 커지고 있다. 그리고 카지노산업의 대체재에는 경마와 경정 등이 있다. 또한 항공운송산업과 고속철도산업도 대체관계에 있다고 볼 수 있다.

한편 같은 산업에서도 다수의 세분시장(Segment)이 존재하는 경우 각 세분시장은 다른 세분시장의 대체재로 작용하는 경우도 있다. 〈그림 3-16〉에서 보는 바와 같이 호텔산업에는 크게 6가지 유형 그리고 외식산업에는 4가지 유형의 세분시장이 존재하고 있다. 각 세분시장은 서로 대체관계에 놓여 있다고 볼 수 있다.[14] 예를 들면 만약에 하위 세분시장인 Midscale에 속하는 브랜드의 호텔이 혁신을 통해 종전과 같은 가격으로 Upper Midscale 또는 Upscale 세분시장들에 버금가는 경쟁력 있는 서비스를 제공하게 된다면 고객들은 가성비가 좋은 곳으로의 이동을 고려하게 될 것이다.

🔍 그림 3-16 세분시장

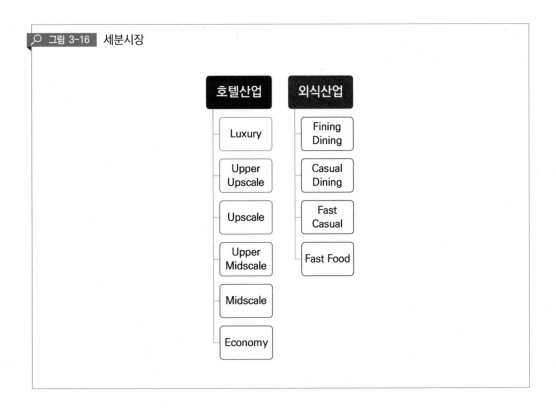

위에 소개한 5가지 세력의 영향력이 높고 낮음에 따라 산업구조가 결정되며 이에 따라 산업의 경쟁강도와 수익성이 결정된다. Porter는 5세력모형을 소개하면서 단기적으로 산업의 수익성에 영향을 미치는 요인은 많다고 했다. 그러나 그는 중장기적 관점에서 산업의 수익성을 결정하는 것은 5세력모형에서 제시되고 있는 5가지 경쟁세력만으로 구성되는 산업구조라고 주장했다. 각 산업마다 겉으로는 다르게 보이지만 실제적으로는 5세력이 동일하게 적용되고 있다. 그러나 5가지 경쟁세력의 상대적인 강점은 각 산업마다 서로 다르게 나타나고 있다.[15]

또한 Porter는 산업에서 기업이 고객들을 위해서 가치를 창출하지 못한다면 제품의 가격은 단지 비용만을 충당할 수 있을 뿐이라고 했다. 하지만 만약 산업에서 많은 가치가 창출되고 있다면 누가 그 가치를 차지하고 있는가를 이해하기 위해서 산업구조는 매우 중요하다고 했다. 그리고 산업에서 5가지 세력의 상대적인 강점과 그들의 구체적인 구성은 산업의 잠재 이윤을 결정하는데, 이는 5가지 세력이 산업의 가격과 비용에 직접적인 영향을 미치고 있기 때문이다.[16] 〈표 3-1〉은 5세력 모형에 의해 산업구조를 분석한 예를 보여주고 있는데, 5가지 경쟁세력의 위협 강도가 모두 높은 경우 산업의 수익성은 기대하기 어려울 수 있다.

| 표 3-1 | 5세력모형 분석의 예

세력	영향	이유
경쟁강도 High	이윤 Low	가격 Low, 비용 High
공급자 교섭력 High	이윤 Low	비용 High
구매자 교섭력 High	이윤 Low	가격 Low, 비용 High
신규 경쟁사의 진입 위협 High	이윤 Low	가격 Low, 비용 High
대체상품의 위협 High	이윤 Low	가격 Low, 비용 High

● 5세력모형의 시사점

5세력모형을 통해 Porter는 많은 산업들이 표면상으로는 각각 달라 보이지만 각 산업에서 수익이 창출되는 근본적인 원인은 모두 같다고 했다. 그는 각 산업의 경쟁구조와 수익성을 이해하기 위해서는 5가지 경쟁세력 측면에서 산업의 잠재적 구조를 분석해야 한다고 주장했다. 즉 5가지 경쟁세력과 그들의 잠재된 영향력을 이해할 수 있다면, 장기적으로 경쟁의 양상과 수익성을 예측할 수 있을 뿐만 아니라, 산업구조에 영향을 미치는 원인을 이해하게 됨으로써 수익창출의 근원을 알 수 있다고 했다. 또한 5세력으로 구성된 산업구조를 잘 이해하면 이를 바탕으로 기업은 효과적으로 상대적인 위치(Position)를 선정할 수 있다. 예를 들면 5가지 경쟁세력이 모두 약한 시장에 위치하는 것이 가장 효과적인 위치 선정이 될 수 있다. 또한 5세력모형에 의한 산업구조를 잘 이해하면 보다 큰 차원에서 비용우위 전략을 추구할 것인지 아니면 차별화전략을 추구할 것인지에 대한 위치를 선정할 수 있다. 즉 산업구조분석을 통해 습득한 통찰력을 바탕으로 "어디에서 어떻게 경

쟁할 것인가"에 대한 합리적인 의사결정을 내릴 수 있다.[17]

따라서 특정 산업에서 경쟁세력들의 위협을 완화하거나 경쟁세력들을 기업에 유리한 방향으로 이끌고 나가는 것이 전략수립에서 매우 중요하다. 바꾸어 말하면 5가지 경쟁세력 가운데 가장 강력한 힘을 가진 요인이 산업의 수익성을 결정하고 있으며, 이런 점이 전략수립에서 가장 중요한 핵심이 되고 있다.[18] 만일 현재 세계 호텔산업의 구조에서 수익성에 영향을 미치는 가장 강력한 경쟁세력이 구매자인 온라인여행사(OTAs)라면 이에 효과적으로 대응하는 전략이 요구된다. 그리고 현재 Airbnb의 성장으로 인해 호텔산업의 강력한 대체재로 떠오르고 있는 가정집이란 숙박 대안에 대응하는 것이 전략에서 최우선으로 고려되어야 한다. 또한 국내 항공운송산업에서 가장 강한 경쟁세력이 기존 항공사 간의 치열한 경쟁과 신규 항공사의 진입위협이라면 이를 극복하기 위한 전략을 내놓을 수 있어야 한다. 그렇지만 강력한 경쟁세력이 항상 명확하게 드러나지 않는 경우도 많다.[19]

요약하면 5세력모형의 적절한 이용을 통해 기업은 다음과 같은 이점을 얻을 수 있다. 첫째, 5가지 경쟁세력이 산업에서 경쟁 및 수익성에 어떻게 영향을 미치는지 이해함으로써 기업은 경쟁세력들에 대처하기 위해 어떻게 포지셔닝해야 하는지에 대해서 이해도를 증진할 수 있다. 이를 통해 기업은 현재와 미래의 경쟁우위의 원천에 대해 파악할 수 있는 한편 기대되는 이윤수준을 추정할 수 있다. 둘째, 경영자는 적절한 전략을 통해 5가지 경쟁세력 간의 현재 상태에 대해 변화를 가할 수 있다. 셋째, 특정 기업이 이미 산업에서 활동하고 있다면 5세력모형은 현재 사업의 퇴출 여부를 결정함에 있어 좋은 기초정보가 될 수 있다. 넷째, 새로 창업을 계획하고 있는 기업가가 있다면 5세력모형을 통해 특정 산업에 존재하고 있지만 기존 기업들이 아직 관심을 갖고 있지 않는 새로운 세분시장에 대한 진입 기회를 파악할 수 있다.[20]

○ 5세력모형의 문제점 및 한계

Porter의 5세력모형은 기업에게 산업구조를 잘 이해해서 산업에서 수익률을 향상힐 수 있는 결정적인 요인에 대해 효과적으로 잘 설명해주고 있다. 그러나 5세력모형에도 여러 결함이 존재하고 있는 것이 사실이다.

첫째, 5세력모형의 주요 분석단위(Unit of Analysis)는 산업이다. 그러나 산업에서 경쟁하고 있는 기업 간의 차이점에 대해서는 분석하지 못하고 있다. 세상에 똑같은 사람이 없듯이 똑같은 자원을 보유하면서 똑같이 행동하는 기업도 없다. 만일 같다면 왜 대다수 산업에는 소수의 성공하는 기업과 다수의 실패하는 기업이 존재하고 있을까라는 의문이 생긴다. 그리고 성공한 기업을 똑같이 모방한다고 다른 기업들도 같은 수준만큼의 성공을 이룰 수도 없는 노릇이다. 이는 기업이 서로 다르기 때문이며 결국 기업의 성공요인을 내부적인 차원에서도 들여다볼 필요가 있다는 당위성을 제기하게 된다. 5세력모형의 이런 한계는 구조-행위-성과 패러다임을 개발한 산업조직경제학에서 유래된 것이다.

둘째, 경영환경이 현재와 같다면 산업의 경계를 명확하게 구분하는 것은 결코 쉬운 일이 아니다. 최근 여러 사례들을 보면 산업의 경계는 고정되어 있는 것이 아니라 매우 유동적이다. 종전에는 서로 독립적이었던 산업들이 시간이 흐르면서 서로 간에 활동, 기술, 제품, 소비자들이 겹치거나 결합되면서 새롭게 단일산업으로 수렴(Convergence)되는 사례가 많이 나타나고 있는데, 기술변화가 심한 하이테크산업에서 특히 그렇다. 스마트폰을 보면 전화, 통신, 카메라, 음악, 컴퓨터, 오락산업 등이 결합되면서 종전과는 전혀 다른 경쟁양상이 나타나고 있다.

산업 간의 경계가 명확하지 않고 또한 새로운 경쟁사가 언제 어디에서 출현하는지에 대해 알 수 없다면 5세력모형의 가치는 제한적일 수밖에 없다. 계속해서 발전하고 있는 비디오화상회의(Videoconferencing)는 항공사나 호텔산업에 상당한 위협이 되고 있다. 그렇다면 호텔체인이나 항공사는 비디오화상회의를 대체재로 인식해야 하는지 아니면 경쟁사로 인정해야 할 것인가에 대한 정확한 근거를 파악하기가 어렵게 될 수 있다.

또한 5세력모형은 특정 산업 전체를 분석대상으로 할 수 있을 뿐만 아니라 산업을 구성하고 있는 각 세분시장(예: 호텔산업의 6가지 세분시장)별로 분석을 실시할 수 있다. 그러나 각 세분시장에서 경쟁세력들의 영향력은 다르게 나타날 수 있다. 따라서 먼저 각 세분시장 별로 분석을 실시한 다음에 다시 산업 전체를 대상으로 분석을 실시하는 것이 보다 효과적이다.

셋째, 5세력모형은 당면하고 있는 산업의 현재 상황에 대한 분석만을 보여주고 있을 뿐 기업의 성공적인 미래에 대한 분석은 별로 언급하지 못하고 있다. 이와 같은 정태적인 Porter의 5세력모형은 안정적인 환경을 분석하는 것에는 아주 유용한 도구이다. Porter는 산업구조가 산업 내에 있는 기업들의 경쟁행태를 결정하고 이런 행동이 산업의 수익성을 결정하는 중요한 요인이 된다고 했다. 그러나 5세력모형은 변화가 극심하게 나타나는 역동적인 산업의 구조를 분석함에 있어서는 명확한 한계를 보이고 있는데,[21] 현재의 경영환경처럼 극적인 변화가 일상적으로 일어났던 시기는 일찍이 없었다.

일찍이 유명한 경제학자인 Joseph Schumpeter는 경쟁과 산업구조의 상호작용에 대해 심오한 통찰력을 보여주었다. 그는 기존 기업들은 후발 기업들이 소개하는 새로운 제품, 새로운 생산수단, 새로운 생산요소의 결합 등과 같은 창조적 파괴(Creative Destruction) 활동으로 인해 결국 산업에서 도태된다고 보았다. 즉 새로운 것이 낡은 것을 파괴하고 도태시키게 되는데, 이런 기업의 혁신활동이 산업을 발전시켜 나가는 원동력이 된다고 했다. 비교적 최근에도 하버드 경영대학의 Christensen 교수는 파괴적 혁신(Disruptive Innovation)이란 이론을 소개하면서 산업에서 새로운 성장을 위한 동력은 기존의 파괴에서 비롯되고 있다고 주장했다. 이처럼 역동적인 산업구조는 혁신이나 인수합병(M&A) 등과 같은 기업의 다양한 전략적 의사결정에 따라 수시로 바뀔 수 있다. 산업구조는 호수처럼 고여 있는 물이 아니라 요동치는 바다처럼 항상 유동적이기 때문이다. 즉 산업구조는 여러 기업의 전략과 상호작용을 하면서 지속적으로 변해가고 있는데, 5세력모형은 이런 상호관계에 대해 적절한 분석을 제시하지 못하고 있다. 이처럼 산업구조가 빠르고 지속적으로 변하고 있는 현 경영환경에서 특정 시점에 고정되어 있는 산업구조를 분석하는 것이 때로는 기업에게 실제적인 도움이 되지 못하고 있는데, 역동적인 산업의 현실을 정태적인 기법으로 분석하고 있기 때문이다.

넷째, 5세력모형은 산업에서 활동하고 있는 기업 간의 구체적인 경쟁행위에 대한 분석틀을 제공하지 못하고 있다.[22] 즉 기업 간에 시장점유율이나 혁신을 두고 경쟁하는 것에 대해 자세히 이해하기 위한 분석방법이 제시되지 않고 있다. '죄수의 딜레마'로 상징되는 게임이론(Game Theory)에서는 기업 간의 경쟁에서 공격-반격-재반격 등 상호 간에 발생할 수 있는 구체적인 경쟁행위를 분석하는 여러 기법들을 소개하고 있는데, 이 이론에서는 기업들은 서로 간의 경쟁에만 몰두할 것이 아니라 반드시 협력(Cooperation)에도 같은 노력을 집중해야 한다고 권고하고 있다. 즉 '적과의 동침'이 때로는 경쟁보다 더욱 중요하다는 것을 강조하고 있다.

그러나 5세력모형에서는 경쟁에 대해서만 얘기하고 협업(Collaboration)에 대해서는 언급이 없기 때문에 일부에서는 특정 기업이 생산하는 제품에 대해 보완적인 역할을 하는 보완재(Complementer)를 6번째 경쟁세력으로 추가해서 5세력모형을 6세력모형으로 확장해야 한다고 주장하고 있다. 보완재가 있는 경우 소비자는 두 제품을 개별적으로 구매하는 것보다는 두 제품을 함께 구매할 때 더욱 많은 가치를 창출할 수 있다.[23] 가까운 예로 컴퓨터산업에서 하드웨어 업체와 소프트웨어 업체는 경쟁하기보다는 전체 파이를 늘리기 위해 서로 긴밀하게 협력하는 것이 좋은 전략이다.

요즘처럼 빠르게 변하는 경영환경에서는 단일기업이 모든 전략적 대안에 대해서 알 수 없으므로 때로는 경쟁기업들과도 전략적 제휴 등과 같은 협력전략(Cooperative Strategy)에 집중해야 한다. 5세력모형은 주로 경쟁에 대해 말하고 있지만 구체적인 경쟁방식에 대해서는 해결책을 제시하지 못하고 있다, 이뿐만 아니라 경쟁전략에만 치중하지 않고 협력전략에도 힘을 쏟고 있는 기업 세계의 현실에 대한 고려가 없다.

참 / 고 / 문 / 헌

1. Olsen, M. D., West, J., & Tse, E. C. (1998). *Strategic Management in the Hospitality Industry (2nd ed.)*. John Wiley & Sons.: New York. 김경환 역(1999), 호텔·레스토랑 산업의 경영전략, 백산출판사: 서울.

2. Hitt, M. A., Ireland, R. D., & Hoskisson, R. E. (2003). *Strategic Management: Competitiveness and Globalization. (5th ed.)*. South-Western: Mason, OH.

3. Johnson, G., Scholes, K., & Whittington, R. (2008). *Exploring Corporate Strategy (8th ed.)*. Pearson Education: New York.

4. Harrison, J. S. & St, John, C. H. (2014). *Foundations in Strategic Management. (6th ed.)*. South-Western: Mason, OH.

5. 장세진(2016). 경영전략(제9판). 박영사: 서울.

6. Pepall, L., Richards, D. J., & Norman, G. (2002). *Industrial Organization: Comtemporary Theory & Practice. (2nd ed.)*. South-Western: Mason, OH.

7. Porter, M. E. (1980). *Competitive Strategy: Techniques for Analyzing Industries and Companies*. Free Press: New York.

8. Enz, C. A, (2010). *Hospitality Strategic Management: Concepts and Cases. (2nd ed.)*. John Wiley & Sons.: New Jersey.

9. Hill, C. W. L. & Jones, G. R. (2010). *Strategic Management Theory: An Integrated Approach. (9th ed.)*. South-Western Cengage Learning: Mason, OH.

10. Enz, C. A, (2010). *Hospitality Strategic Management: Concepts and Cases. (2nd ed.)*. John Wiley & Sons.: New Jersey.

11. Hill, C. W. L. & Jones, G. R. (2010). *Strategic Management Theory: An Integrated Approach. (9th ed.)*. South-Western Cengage Learning: Mason, OH.

12. Enz, C. A, (2010). *Hospitality Strategic Management: Concepts and Cases. (2nd ed.)*. John Wiley & Sons.: New Jersey.

13. Hill, C. W. L. & Jones, G. R. (2010). *Strategic Management Theory: An Integrated Approach. (9th ed.)*. South-Western Cengage Learning: Mason, OH.

14. Enz, C. A, (2010). *Hospitality Strategic Management: Concepts and Cases. (2nd ed.)*. John Wiley & Sons.: New Jersey.

15. Porter, M. E. (2008). The Five Competitive Forces That Shape Strategy. *Harvard Business Review, January*, 78~93.

16. Magretta, J. (2012). *Understanding Michael Porter: The Essential Guide to Competition and Strategy.* Harvard Business Review Press: Boston, MA.

17. Porter, M. E. (2008). The Five Competitive Forces That Shape Strategy. *Harvard Business Review, January,* 78~93.

18. Magretta, J. (2012). *Understanding Michael Porter: The Essential Guide to Competition and Strategy.* Harvard Business Review Press: Boston, MA.

19. Porter, M. E. (2008). The Five Competitive Forces That Shape Strategy. *Harvard Business Review, January,* 78~93.

20. Enz, C. A, (2010). *Hospitality Strategic Management: Concepts and Cases. (2nd ed.).* John Wiley & Sons.: New Jersey.

21. 장세진(2016). 경영전략(제9판). 박영사: 서울.

22. Ibid.

23. Brandenburger, A. M. & Nalebuff, B. J. (1997). *Co-Opetition.* Currency Doubleday: NJ.

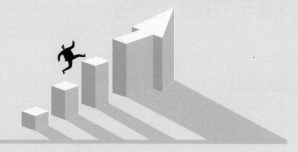

내부역량 분석

Ⅰ. 자원 및 역량

Ⅱ. 자원기반관점

Ⅲ. 핵심역량

Chapter ● 4

내부역량 분석

학습 포인트

❶ 기업이 보유하는 자원 및 역량과 그들의 관계를 잘 이해한다.

❷ 자원의 유형에 대해 잘 이해한다.

❸ 가치사슬 분석의 목적과 시사점에 대해 이해한다.

❹ 자원기반관점과 VRIO 모형의 유용성에 대해 숙지한다.

❺ 기업의 핵심역량에 대한 개념과 역할에 대해 깊이 파악한다.

앞장에서는 기업의 외부환경 분석에 집중했다. 그러나 효과적으로 전략을 수립하고 실행하기 위해서는 외부환경뿐만 아니라 기업의 강점 및 약점(Strength & Weakness)을 확인할 수 있는 내부환경(Internal Environment) 분석도 반드시 이루어져야 한다. 〈그림 4-1〉에서와 같이 기업의 내부환경은 보유하고 있는 자원과 역량, 비전/목표, 리더십, 구조, 문화 등으로 구성되고 있으며, 목표를 효과적 및 효율적으로 달성하기 위해서 세부적으로 조직된 기능환경으로 구성되어 있다.

기업은 외부환경의 변화에 발맞춰 효과적 및 객관적 내부환경 분석을 통해 경쟁우위를 창출할 수 있는 전략을 개발해야 한다. 외부환경의 변화에 따라 새롭게 등장하고 있는 기회를 확인하고 이를 조직의 강점과 일치(Alignment)시키는 것이 전략의 궁극적인 역할이다.

손자병법에서 상대방을 알고 나를 알면 백번 싸워도 위태롭지 않다(知彼知己 百戰不殆)라고 강조했듯이 조직은 자신의 강점 및 약점에 대해 손바닥 보듯이 훤히 알고 있어야 한다. 기업의 강점과 약점을 확인하는 과정인 내부역량 분석은 조직이 보유하고 있는 자원 및 역량(Resources and Capabilities)에 대한 객관적인 분석을 수행하는 활동이다.

제3장에서 학습한 바와 같이 오늘날 경영환경은 급변하고 있다. 이러한 환경에서 변화에 신속하게 대응하지 못하는 기업들은 결국 실패해서 경쟁의 무대에서 사라지고 있다. 그리고 많은 기업들이 한때는 크게 성공했었지만 변화하는 환경에 잘 적응하지 못하고 경쟁에서 뒤처지는 것은 결국 기업의 내부적인 문제점에 기인하는 것이다. 또한 변화가 극심한 경영환경에서 종전과 같은 사고방식으로 경영에 임했던 기업들도 실패를 면치 못했다. 하지만 이들과 달리 일부 기업은 환경변화에 잘 적응하고 또는 혁신을 통해서 꾸준하고 지속적으로 경쟁우위를 창출해 나가고 있다. 결국 성공하는 기업과 실패하는 기업의 차이점은 서로 다른 자원 및 역량을 보유하고 있다는 관점이 있다. 이에 대해 자세히 살펴보도록 하겠다.

🔍 그림 4-1 내부환경 분석

내부환경
- 전략적 의도
- 자원/역량
- 리더십
- 구조
- 문화

기능환경
- 마케팅
- 생산/서비스
- 인적자원
- 재무/회계
- 연구개발

기업
- 강점
- 약점

I ▸▸ 자원 및 역량(Resources & Competencies)

〈그림 4-1〉에서 보듯이 내부환경 분석은 기업의 강점 및 약점을 객관적으로 확인하는 것이다. 기업의 강점과 약점은 보유하고 있는 자원 및 역량에 의해 결정된다. 같은 제품이나 서비스를 두고 경쟁하는 기업들은 서로 다른 자원과 역량을 보

유하고 있기 때문에 강점과 약점이 서로 다르게 나타나고 있다.

최근 전략의 기반으로서 기업이 소유하고 있는 자원 및 역량의 역할이 강조되고 있는 것은 다음과 같은 두 가지 이유에 기인하고 있다. 첫째, 시간이 흐를수록 산업환경이 점점 더 불확실해짐에 따라 기업은 효과적으로 전략을 수립하기 위해서 종전과 같이 외부환경에 집중하기보다는 오히려 내부 자원 및 역량의 중요성을 더욱 강조하고 있다. 둘째, 산업매력도보다는 오히려 경쟁우위가 탁월한 수익성을 거두기 위한 주요 원천이 되고 있다는 사실이 시간이 흐를수록 점점 더 분명해지고 있다.[1]

가치는 제품이나 서비스의 성능이나 속성에 대해 소비자가 기꺼이 비용을 지불해서 구매하는 경우에 창출될 수 있다. 어떤 기업이 고객을 위한 가치창출에 있어서 항상 경쟁사들을 능가하는 성과를 거두고 있다면 이 기업은 경쟁우위(Competitive Advantage)를 보유하고 있다고 말할 수 있는데, 이는 다른 기업들에서는 찾아볼 수 없는 특유한 자원이나 역량을 이 기업은 보유하고 있다는 사실을 증명하는 것이다. 따라서 기업의 자원 및 역량은 경쟁우위의 창출에 있어 매우 중요한 역할을 담당하고 있다고 할 수 있다.

경쟁우위가 있는 기업은 남들은 구현할 수 없는 가치를 창출하거나 남들과는 다른 방법으로 가치를 창출하고 있으며 아니면 똑같은 가치창출과정에서도 보다 효율적인 방식을 사용하고 있다. 경영자는 기업을 독점적인 시장지위를 창출하는 데 이용되는 이질적인 자원, 역량 및 핵심역량의 결합체란 관점으로 보는데, 이는 개별기업들은 서로 상이한 자원 및 역량을 보유하거나 또는 유사한 자원 및 역량이 색다르게 조합되어 있다는 것을 암시하고 있다.[2]

1927년에 설립되었으며 현재 전 세계 호텔산업의 최강자로 등극하고 있는 Marriott International은 탁월한 혁신역량과 효율성을 발휘하면서 장시간에 걸쳐 지속적인 경쟁우위를 누리고 있다.[3] 이는 Marriott International이 경쟁사들에서는 찾아볼 수 없는 독특한 자원과 역량을 보유하고 있다는 사실을 잘 증명하고 있다. 같은 논리는 미국 항공운송산업의 혁신 리더이자 저가항공사(LCC)의 선두주자인 Southwest Airlines에 대해서도 동일하게 적용될 수 있다.

○ 자원(Resources)

기업의 강점과 약점을 평가하기 위해서 먼저 선행되어야 하는 것이 보유하고 있는 자원과 역량에 대해 객관적으로 분석하는 것이다. 자원은 기업이 제품이나 서비스를 생산 및 판매하기 위해 이용되는 투입물 즉 생산적인 자산(Asset)을 말한다. 기업이 보유하고 있는 자원은 좋은 전략을 수립함에 있어 확인해야 하는 가장 기본적인 요소가 되고 있다.

보통 대다수 기업에서는 보유하고 있는 자원에 대해 일목요연하게 정리한 목록 등이 존재하지 않기 때문에 자원의 재고목록을 확인하는 것은 결코 쉽지 않은 작업이며, 다만 재무상태표를 통해 일부 자원만을 파악할 수 있다. 그리고 통일된 분류양식이 존재하는 것은 아니지만 〈그림 4-2〉에서 보듯이 보통 기업의 자원은 크게 유형자원(Tangible Resources), 무형자원(Intangible Resources), 인적자원(Human Resources)의 세 유형으로 구분할 수 있다. 일반적으로 기업은 자원만으로는 경쟁우위를 창출할 수 없다.[4]

● 유형자원

〈그림 4-2〉에서 보는 바와 같이 유형자원은 크게 물적자원과 재무자원으로 구분된다. 기업이 보유하고 있는 물적자원에는 공장, 설비, 장비, 토지, 건물, 입지, 원재료에 대한 접근성 등이 있다. 그리고 재무자원에는 주식과 채권 등을 포함하는 유가증권(Securities), 현금흐름 창출능력(특히 영업활동을 통한), 부족한 자금을 외부에서 조달할 수 있는 자금차입능력 등이 있다.

기업에서 유형자원은 눈에 잘 띄기 때문에 보다 쉽게 파악해서 계량화할 수 있는데, 재무상태표를 보면 비교적 쉽게 기업이 보유하고 있는 유형자원의 가치를 확인할 수 있다. 그렇지만 재무제표 상의 회계자료만으로는 유형자원의 객관적인 가치를 정확하게 평가할 수는 없다. 같은 기업에서도 동일한 유형자원이 어떤 전략에 이용되는가에 따라 또는 같은 유형자원도 다른 기업에 의해 어떻게 이용되는

가에 따라 가치는 다르게 나타날 수 있다.[5]

호텔·관광산업에서 항공사에는 연료가 적게 소요되는 항공기와 다양한 노선(Routes)이, 그리고 호텔과 레스토랑에는 입지(Location)가 경쟁우위의 창출을 위해 중요한 자원이 되고 있다.

🔍 **그림 4-2** 기업 자원의 분류

유형자원
- 물적자원(공장, 설비, 장비, 토지, 건물, 입지 등)
- 재무자원(현금, 유가증권, 현금창출능력, 자금차입능력 등)

무형자원
- 기술자원(특허권, 저작권, 디자인, 계약권 등)
- 명성(브랜드, 고객과의 관계, 품질 등)
- 조직문화

인적자원
- 지식/기술/노하우
- 소통/신뢰/협력/동기부여
- 리더십

● **무형자원**

인적자원을 포함한 무형자원은 일반적으로 기업의 역사에 깊이 뿌리를 두고 있으며 시간이 흐름에 따라 축적된 자산이다. 그리고 무형자원은 기업의 고유한 일상 업무(Routine)의 행태 속에 내재되어 있기 때문에 경쟁업체가 분석하고 모방하기가 상대적으로 어려운 편이다.[6]

따라서 무형자원은 유형자원에 비해 경쟁우위를 창출하는 핵심역량의 원천이 되기 쉽다. 무형자원은 쉽게 보이지 않을 뿐만 아니라 경쟁사들이 쉽게 파악하거나 모방할 수 없으며 대체할 수 없는 특성을 보유하고 있다. 따라서 유형자원에 비해 경쟁우위를 창출하는 원천이 될 수 있는 확률이 높게 나타나고 있다.

Marriott International, Southwest Airlines, McDonald's, Starbucks와 같은 유명 기업들이 보유하고 있는 브랜드 가치와 명성과 같은 무형자원은 이들이 지속적인 경쟁우위를 유지해 나가는 데 있어 중요한 전략적 자산이 되고 있다. 그러나 유형자원과 달리 현재의 재무상태표에는 무형자원의 가치가 정확하게 파악되지 못하고 있다.

또한 수평적이고 개방적이며 또한 변화를 선도하는 혁신적인 조직문화가 경쟁우위를 창출하기 위한 성공요소로서 그 중요성이 점점 높아지고 있다.

| 표 4-1 | 세계에서 가장 가치 있는 30대 호텔 브랜드

2018년 순위	2017년 순위	브랜드명	국가	브랜드 가치 2018 US$ Mil.	전년 대비 % 변화	브랜드 가치 2017 US$ Mil.
1	1	Hilton	미국	6,330	-24	8,370
2	2	Marriott	미국	5,464	8	5,037
3	3	Hyatt	미국	3,512	-13	4,037
4	5	Holiday Inn	영국	3,292	8	3,044
5	6	Courtyard	미국	3,018	25	2,421
6	9	Shangri-La	홍콩	2,221	35	1,650
7	11	Wyndham	미국	1,976	32	1,492
8	4	Sheraton	미국	1,902	-50	3,819
9	8	Ramada	미국	1,890	13	1,676
10	7	Hampton Inn	미국	1,784	-23	2,306
11	10	Westin	미국	-	-	-
12	13	InterContinental	영국	-	-	-
13	14	Crowne Plaza	영국	-	-	-
14	17	Days Inn	미국	-	-	-
15	15	ibis	프랑스	-	-	-
16	19	Premier Inn	영국	-	-	-
17	16	Mercure	프랑스	-	-	-
18	12	Double Tree	미국	-	-	-
19	26	Comfort Inn	미국	-	-	-

2018년 순위	2017년 순위	브랜드명	국가	브랜드 가치 2018 US$ Mil.	전년 대비 % 변화	브랜드 가치 2017 US$ Mil.
20	24	Super 8	미국	–	–	–
21	20	Crown	호주	–	–	–
22	32	Melia	스페인	–	–	–
23	27	Residence Inn	미국	–	–	–
24	new	Renaissance	미국	–	–	–
25	30	SpringHill Suites	미국	–	–	–
26	34	Quality Inn	미국	–	–	–
27	21	Four Points	미국	–	–	–
28	23	Embassy Suites	미국	–	–	–
29	22	Novotel	프랑스	–	–	–
30	new	TownPlace Suites	미국	–	–	–

출처: Brand Finance, Hotels 50 2018

| 표 4-2 | 세계에서 가장 가치 있는 25대 외식기업 브랜드

2018년 순위	2017년 순위	브랜드명	국가	브랜드 가치 2018 US$ Mil.	전년 대비 % 변화	브랜드 가치 2017 US$ Mil.
1	1	Starbucks	미국	32,421	27	25,615
2	2	McDonald's	미국	24,872	23	20,291
3	3	Subway	미국	8,083	–4	8,400
4	4	KFC	미국	8,049	31	6,155
5	5	Tim Hortons	캐나다	5,033	23	4,108
6	6	Domino's Pizza	미국	4,846	22	3,983
7	9	Burger King	미국	3,150	23	2,568
8	7	Pizza Hut	미국	3,101	–6	3,295
9	10	Dunkin' Donuts	미국	2,677	11	2,401
10	8	Chipotle	미국	2,541	–13	2,935
11	13	Costa Coffee	–	–	–	–
12	15	Wendy's	–	–	–	–
13	12	Panera Bread	–	–	–	–
14	11	Taco Bell	–	–	–	–
15	14	Jollibee	–	–	–	–
16	18	Olive Garden	–	–	–	–
17	20	Papa John's	–	–	–	–
18	17	Chili's	–	–	–	–
19	22	SONIC	–	–	–	–

2018년 순위	2017년 순위	브랜드명	국가	브랜드 가치 2018 US$ Mil.	전년 대비 % 변화	브랜드 가치 2017 US$ Mil.
20	19	Jack in The Box	–	–	–	–
21	16	Buffalo Wild Wings	–	–	–	–
22	new	Texas Roadhouse	–	–	–	–
23	23	Cracker Barrel	–	–	–	–
24	25	Denny's	–	–	–	–
25	24	Cheesecake Fsctory	–	–	–	–

출처: Brand Finance, Restaurants 25 2018

| 표 4-3 | 세계에서 가장 가치 있는 30대 항공사 브랜드

2018년 순위	2017년 순위	브랜드명	국가	브랜드 가치 2018 US$ Mil.	전년 대비 % 변화	브랜드 가치 2017 US$ Mil.
1	1	American Airlines	미국	9,094	−7	9,811
2	2	Delta Air Lines	미국	8,712	−6	9,232
3	3	United Airlines	미국	7,027	−2	7,161
4	4	Emirates	UAE	5,336	−12	6,082
5	5	Southwest Airlines	미국	5,298	−12	6,001
6	7	China Southern Airlines	중국	4,063	10	3,705
7	8	China Eastern Airlines	중국	3,810	21	3,145
8	6	British Airways	영국	3,484	−6	3,708
9	9	Air China	중국	3,433	19	2,893
10	11	Lufthansa	독일	2,914	29	2,258
11	10	ANA	일본	–	–	–
12	14	JAL	일본	–	–	–
13	15	Air Canada	캐나다	–	–	–
14	13	Qantas	호주	–	–	–
15	16	Turkish Airways	터키	–	–	–
16	12	Qatar Airways	카타르	–	–	–
17	20	Ryanair	아일랜드	–	–	–
18	23	Air France	프랑스	–	–	–
19	19	easyJet	영국	–	–	–
20	17	Alaska Airlines	미국	–	–	–
21	30	Halnan Airlines	중국	–	–	–
22	24	Korean Air	한국	–	–	–
23	18	JetBlue	미국	–	–	–

2018년 순위	2017년 순위	브랜드명	국가	브랜드 가치 2018 US$ Mil.	전년 대비 % 변화	브랜드 가치 2017 US$ Mil.
24	25	Aeroflot	러시아	–	–	–
25	22	Etihard Airways	UAE	–	–	–
26	28	LATAM Airlines	칠레	–	–	–
27	21	Singapore Airlines	싱가포르	–	–	–
28	27	Thai Airways	태국	–	–	–
29	29	Shenchen Airlines	중국	–	–	–
30	46	AirAsia	말레이시아	–	–	–

출처: Brand Finance, Airlines 50 2018

● 인적자원

인적자원은 기업의 경쟁력을 위해 매우 중요한 자원으로 널리 인정되고 있다. 인적자원에는 경영자와 직원들이 보유하고 있는 지식, 기술, 노하우, 경험, 교육 등이 포함되어 있다. 그리고 기업의 성공을 이끌어 나가는 최고경영층이 지니고 있는 리더십의 중요성은 아무리 강조해도 지나침이 없다. 인적자원 또한 경쟁업체 들이 쉽게 모방할 수 없는 자원이다. Marriott International의 최고경영자(CEO)인 Bill Marriott 부자, Southwest Airlines의 Herb Kelleher, 그리고 McDonald's의 Ray Kroc, Starbucks의 Howard Schultz 등과 같은 훌륭한 리더십이 없었다면 이 기업들 의 현재는 달라졌을 수도 있을 것이다.

최고경영층뿐만 아니라 고객들을 위해 최선을 다하고 맡은 바 임무에 최고도로 몰입하는 Southwest Airlines 직원들의 회사를 위한 헌신적인 노력은 경쟁우위의 창출 및 유지에 매우 중요한 전략적 자산이 되고 있다. 또한 조직구성원 간의 원활 한 소통, 높은 신뢰관계, 공동의 목표를 달성하기 위한 협력체제, 높은 수준의 동기 부여 등도 기업이 지속적인 경쟁우위를 창출함에 있어 중요한 요소로 고려되고 있다.

○ 역량(Competencies)

기업에서 자원은 역량의 원천이다. 그러나 자원은 그 자체로는 생산적이지 않은 경우가 많다. 즉 개별적 자원만을 이용해서는 경쟁우위를 창출할 수 없기 때문에 기업에서는 여러 자원들을 함께 결합해서 이용하고 있는데, 이것이 역량이다. 역량(Competence 또는 Capability)은 기업이 제품이나 서비스를 생산하기 위해 투입되는 여러 자원들을 효율적·효과적으로 결합해서 이용하는 기술이나 능력을 말한다. 바꾸어 말하면 역량은 기업이 어떤 구체적인 과업(Task)이나 기능(Function)을 수행할 수 있는 능력을 말하고 있다. 경쟁사에 비해 보다 나은 성과를 거두는 기업의 본질적 특성이 역량이다. 지금부터 기업의 역량을 분석하는 방식에 대해 살펴보겠다.

● 기능 분석

기업의 역량을 확인하는 방법에는 크게 세 가지 분석방식이 존재하고 있다. 첫째, 기능분석(Functional Analysis)이다. 기능분석은 〈표 4-4〉에서 보는 바와 같이 기업의 각 주요 기능영역과 관련된 역량을 확인하는 방식이다. 그리고 〈표 4-5〉는 기업의 주요 기능을 분류하고 각 기능영역 내에 존재하는 역량을 식별하는 기업들의 실제 사례들을 보여주고 있다.[7]

기능 분야는 재무관리, 마케팅, 인사관리, 생산관리, 경영관리, 연구개발 등과 같이 대다수 기업들이 일반적으로 수행하는 핵심적인 업무 분야를 말하고 있다. 이 기능들은 보통 기업의 각 부서에 의해 수행되고 있으며 평가해야 하는 중요한 경쟁 분야를 상징하고 있다. 특정 기능 분야의 우수성은 기업에 경쟁우위를 제공하는데, 예를 들면, 기업이 마케팅 기능에서 새롭고 주도적인 역량을 개발했다면 그렇지 못한 경쟁사를 뛰어넘는 경쟁우위를 창출할 수 있다.

| 표 4-4 | 기업의 기능영역과 관련 역량

기능영역	활동
경영관리	전략계획, 인수합병, 회계시스템, 경영정보시스템, 법률, 보험
생산관리	제조관리, 품질관리, 원재료 입고 및 저장, 공정관리, 안전 및 보안
마케팅	가격결정, 상품 및 서비스 관리, 홍보 및 판촉 관리, 공급사슬(유통경로) 관리, 고객세분화
인적자원관리	리더십, 종사원 관리, 노사관계 관리, 조직행동
재무관리	자산관리, 예산관리, 자본구조, 자금관리, 리스크 관리, 재무계획, 배당률 결정, 통제시스템
연구개발	제품 개발, 고객 개발, 새로운 사업계획

| 표 4-5 | 기업 역량의 기능적 분석

기능영역	역량	실제 사례
경영관리	재무통제 전략적 혁신 다수의 사업부 조정 인수합병 관리 국제사업 관리	ExxonMobil, PepsiCo Google, Haier Unilever, Shell Cisco, Luxottica Shell, Banco Santander
정보시스템	경영의사결정과 연계된 포괄적인 통합 경영 정보시스템(MIS) 네트워크	Wal-Mart, Capital One, Dell
연구개발(R&D)	연구 혁신적인 신제품 개발 신속한 신제품 개발주기	IBM, Merck Apple, 3M Zara, Canon
생산(서비스)관리	대량생산의 효율성 생산관리의 지속적인 개선 유연성과 대응속도	YKK, Briggs & Stratton Toyota, Harley-Davidson Four Seasons Hotel
제품 디자인	디자인 역량	Apple, Samsung
마케팅	브랜드 관리 품질에 관한 명성 시장 트렌드에 관한 신속한 대응	P&G, Altria Johnson & Johnson L'Oreal, Mtv
판매 및 유통	효과적인 판매 촉진 및 실행 주문처리의 속도 및 효율성 신속한 유통시스템 고객 서비스	Pfizer, PepsiCo Dell, L. L. Bean Amazon.com Singapore Airlines, Caterpillar

출처: Grant, 2010

• 가치사슬 분석(Value Chain Analysis)

둘째, 가치사슬 분석이다. 가치사슬 분석은 기업의 경쟁우위를 창출하는 잠재적인 원천을 파악해서 기업의 강점과 약점을 확인하는 분석틀이다. 가치사슬은 원래 미국의 유명 경영컨설팅 기업인 McKinsey에 의해 먼저 개발되었던 Business System(〈그림 4-3〉)을 Porter가 보다 정교한 분석틀(Framework)로 계승·발전시킨 것이다. Porter는 기업을 전체적인 관점으로만 바라보면 경쟁우위를 이해할 수 없다고 주장하면서, 기업을 제품의 설계, 생산, 마케팅, 유통 및 지원하기 위해 수행되는 개별적인 활동들(Activities)의 집합체인 가치사슬로 보는 것이 경쟁우위의 창출에 도움이 된다고 했다. 이와 같은 개별적인 활동들이 상대적인 비용우위 또는 차별화에 공헌할 수 있다고 강조했으며, 이런 개별적인 활동들은 〈그림 4-4〉와 같은 가치사슬로 표현될 수 있다. Porter에 의하면 특정 기업의 가치사슬과 그 기업이 개별적인 활동을 수행하는 방식은 그 기업의 역사, 전략, 전략의 실행방식, 그리고 활동 자체의 근본적인 경제성을 반영하고 있다.[8]

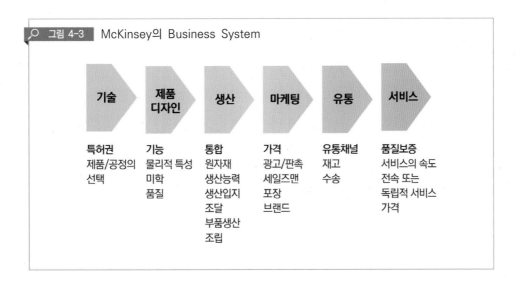

그림 4-3   McKinsey의 Business System

가치는 소비자가 기업이 제공하는 제품을 구매하기 위해 기꺼이 지불하고자 하는 금액이다. 기업이 창출하는 가치가 제품을 생산하는데 소요되는 비용을 초과하게 되면 기업은 이윤을 창출하게 된다. 가치사슬은 총가치를 나타내며 다양한 가치활동들과 마진(Margin)으로 구성된다. 가치활동들은 기업에 의해 수행되는 물리적 및 기술적으로 분명히 구별되는 활동들이다. 가치활동들은 기업이 구매자를 위해 가치있는 제품을 만드는 기본적인 요소이다. 마진은 총가치와 가치활동들을 수행하는데 소요되는 총비용의 차이를 의미한다. 모든 가치활동은 구매한 투입물, 인적자원 그리고 그 기능을 수행하기 위한 일정한 형태의 기술을 이용한다. 따라서 기업이 제품이나 서비스를 생산하기 위해서 원재료, 인력, 기술, 자본 등 여러 유형의 자원들을 결합시켜 부가가치를 창출하는 직접적 및 간접적인 활동 과정이 가치사슬이다.[9] 따라서 고객가치는 기업이 수행하는 일련의 가치창조 활동을 통해서 만들어지고 있다.

Porter는 기업 전체만을 들여다보면 경쟁우위를 이해할 수 없다고 주장하며, 경쟁우위는 기업이 제품을 설계, 생산, 마케팅, 배달 및 지원할 때 수행하는 많은 개별적인 활동에서 비롯된다고 보았다. 이와 같은 특정 기업의 개별적인 활동들이 경쟁사에 비해 상대적 비용우위에 공헌하고 또한 차별화의 기반이 될 수 있다고 했다. 가치사슬은 원가행태와 기존 및 잠재적 차별화의 요인을 이해하기 위해서 기업을 전략적으로 관련된 개별적인 활동들로 분해하였다.

제조업을 기본적인 모형으로 하여 개발된 Porter의 가치사슬은 직접적으로 부가가치를 창출하는 주활동(Primary Activities)과 주활동이 잘 진행될 수 있도록 도움을 제공하는 지원활동(Support Activities)의 두 가지 활동으로 구분된다. 먼저 주활동은 원재료의 입고 및 관리, 생산활동, 물류활동, 마케팅 및 판매, 사후 서비스의 단계를 거치면서 제품이나 서비스의 가치를 창출하는 것으로 소비자에게 직접적으로 전달되는 가치를 창출하고 있다. 다음으로 지원활동은 기업인프라, 인적자원관리, 기술개발, 조달활동 등으로 구성되는데, 원활한 주활동이 이루어질 수 있도록 지원해서 효율적인 부가가치의 창출을 지원하고 있다.[10] 각 활동의 수행을 통해 제품에 가치가 부가되며 최종적으로 소비자에게 보다 높은 가치를 가진 완제품을 공급할 수 있다. 또한 각 가치활동은 경쟁우위를 창출하기 위한 개별적인 구성요소이다.

　가치사슬 분석은 소비자에게 제공되는 최종적인 제품이나 서비스에 부가되는 가치의 관점에서 원재료의 조달에서부터 제품의 생산활동과 유통과정을 거쳐 소비자의 구매에 이르기까지 전체 과정에서 비용과 가치가 포함되는 각각의 활동을 분석하는 것이다. 즉 각각의 활동에서 소요되는 비용을 파악하는 한편 어떠한 가치가 얼마만큼 창출되는가를 확인하는 분석방법이다.[11]

　특정 기업에서 가치사슬의 개별 활동을 통해 비용우위가 만들어진 좋은 사례가 있다. 미국의 Southwest Airlines는 경쟁업체에 비해 월등한 수준의 판매가능 좌석당 1마일 운항비용(CASM: Cost Per Available Seat Mile)을 유지할 수 있게 되면서 지속적으로 비용우위를 지킬 수 있었다. Southwest Airlines이 CASM에서 비용우위를 누릴 수 있게 된 근본적인 원인 중의 하나가 항공기가 공항에 도착한 후 탑승구(Gate)에서 승객과 화물을 모두 내린 후 다시 탑승객과 화물을 싣고 탑승구를 떠나는 시간을 의미하는 회송시간(Turnaround Time)에서 타의 추종을 불허하고 있다. 항공운송산업에서 탑승구 즉 계류장 체류시간이 짧다는 것의 의미는 Southwest Airlines이 경쟁항공사와 같은 수의 항공기들을 운행하더라도 이들에 비해 항공기들이 보다 적은 시간을 계류장에 머물게 되면서 보다 많은 운항시간을 확보할 수 있어서 자산활용률(Asset Utilization)이 높아지게 되어 항공기 1대당 운영비용이 절감될 뿐만 아니라 직원 1명당 노동비용도 낮아지게 되었다.[12]

　그러나 각각의 독립적인 가치활동은 서로 분리되어서 존재하고 있는 것은 아니다. 가치사슬은 각 활동이 상호 독립적인 것이 아니라 실제는 대다수 활동들이 다른 활동과 밀접하게 연계되어 있는 상호의존적인 활동시스템(Activities System)이다.[13] 예를 들면 호텔산업에서 판촉캠페인의 시기는 객실점유율에 의미 있는 영향을 미칠 수 있다. 가치사슬에서 경쟁우위는 독립적인 가치활동 그 자체에 의해서 창출될 수도 있지만, 보다 강력한 경쟁우위의 원천은 가치사슬 내에서 여러 가치활동 간의 높은 수준의 연계성(Linkage)을 통해 창출된다. 이처럼 연계성이 고도화된다면, 즉 효과적 및 효율적으로 통합이 된다면, 경쟁사가 이를 확인하는 것이 어려워지면서 경쟁우위를 모방하기가 결코 쉽지 않게 된다.

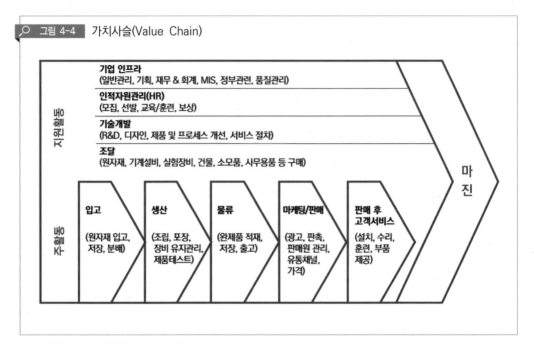

🔍 그림 4-4　가치사슬(Value Chain)

출처: Porter(1985), Competitive Advantage.

　　동일한 산업에서 경쟁하고 있는 경쟁업체 사이에서 모든 비용과 가격의 차이는 결국 기업들이 수행하고 있는 수많은 활동들에서 비롯되고 있다. 활동이란 제품디자인, 공급사슬관리, 제품개발, 소비자 배송 등과 같은 개별적인 경제적 기능을 의미한다. 보통 특정 활동은 많은 정보와 노동력, 자본, 고정자산, 기술들의 결합체이다. 위에서 소개한 기능분석은 조직의 부서를 규정하고 있거나 전문성을 나타내고 있기 때문에 전략적 분석이라는 관점에서는 너무 광범위하다고 할 수 있다. 전략의 핵심 분석단위인 경쟁우위를 이해하기 위해서는 전통적인 관점인 기능분석보다는 기업을 위한 보다 구체적인 활동분석이 필요하다. 즉 기업의 강점이나 역량이라는 관점에서 막연히 '기업이 잘할 수 있는 것'으로 살펴보는 것보다는 기업의 경쟁력을 결정하는 즉 비용과 가격에 영향을 미치는 구체적인 활동들을 확인할 수 있는 보다 효과적인 분석방법이 필요한데 그것이 가치사슬 분석이다. 가치사슬 분석은 기업을 전략적으로 연관된 활동들로 분해할 수 있도록 해주는 강력한 분석

도구로서 기업에서 경쟁우위의 원천에 초점을 맞출 수 있도록 지원하고 있다.[14]

　같은 산업에서 함께 활동하는 기업들은 서로 유사한 사슬을 가지고 있더라도 경쟁사 간의 가치사슬은 종종 다르게 나타나고 있다. 예를 들면 저가항공사(LCC)인 제주항공과 FSC(Full-service Carrier)인 대한항공은 모두 국내 항공운송산업에서 경쟁하고 있는 사이지만 노선선택, 탑승구 운영, 항공기 유형, 수하물 관리, 승무원 관리 등에서 중요한 차이점을 포함하고 있는 매우 다른 가치사슬을 보유하고 있다. 따라서 경쟁기업 간에 다르게 나타나는 가치사슬의 차이는 경쟁우위의 중요한 원천이 되고 있다(〈그림 4-5〉).

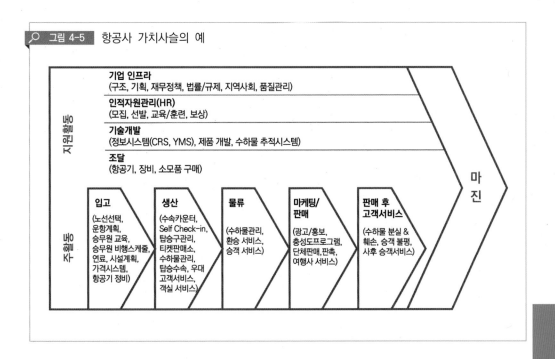

그림 4-5　항공사 가치사슬의 예

　그리고 가치사슬에서 구매자 가치는 모든 단계에서 만들어질 수 있다. 계속해서 성공신화를 써나가고 있는 In-N-Out Burger는 원재료 확보와 생산에서 종전 경쟁사와는 다른 활동들을 선보였다. 즉 In-N-Out Burger는 수백 개 이상의 햄버거 가게에서 항상 가장 신선한 재료만을 이용하고 있으며 또한 제한된 메뉴를 현장에서 즉석으로 생산해서 고객에게 제공함으로써 큰 성공을 거두었다. 유사한 예로 Fast Casual이란 새로운 세분시장을 개척한 미국의 멕시칸 그릴 레스토랑인 Chipotle 는 유기농, 친환경 로컬 식재료를 기반으로 하는 한편 정확히 고객들이 원하는 메뉴를 제공하기 위해 대화식 메뉴 선택이란 혁신적인 고객맞춤식 즉석 주문방식을 채택하면서 역시 큰 성공을 거두었다.[15]

한편 〈그림 4-6〉에서 보듯이 개별기업의 단일 가치사슬은 외부 기업들과의 연결을 통해 확장된 가치사슬로 통합·관리될 수 있다. 즉 기업의 가치사슬은 원재료 공급자에서 최종 소비자에 이르기까지 산업의 모든 참가자들의 가치활동이 포함되는 보다 광범위한 가치시스템(Value System)의 일부로 간주될 수 있다.

가치시스템은 누구에 의해 활동이 수행되었는지에 상관없이 최종소비자를 위한 가치창출에 관계된 더 큰 활동의 집합체이다. 따라서 가치시스템의 모든 구성원은 전체 가치창출 과정 중에서 자신의 역할을 충분히 수행할 수 있어야 한다. 예를 들면 햄버거체인점에서 제공하는 감자튀김은 언제나 일관적으로 맛있게 제공되어야 한다, 그런데 McDonald's나 Burger King에서 어느 날부터인가 갑자기 예전과는 다른 맛없는 감자튀김이 제공되었는데 그 원인이 감자를 재배하는 농장이 적절한 저장설비를 갖추지 않았기 때문일지라도 고객은 가치시스템 중에서 누구의 실수인지에는 관심을 두지 않는다. 따라서 햄버거 체인들은 항상 모든 감자 공급업자들이 품질표준에 맞는 감자를 재배해서 납품할 수 있도록 확실하고 구체적인 관리활동을 수행해야 한다.[16]

🔍 그림 4-6   산업 가치시스템

요약하면 가치사슬 분석은 기업을 상호연관성 있는 9가지의 전략적인 가치창출 활동단위로 구분해서 각 활동 단계별로 경쟁기업과 비교·분석하고 경쟁우위가 있는 부분과 경쟁열위가 있는 부분을 파악해서 이 결과를 종합적으로 분석함으로써 경쟁우위의 원천을 확인할 수 있다. 이를 통해 가치사슬 분석은 기업의 상대적인 강점과 약점을 도출할 수 있다.

그러나 가치사슬 분석에도 한계와 문제점은 존재하고 있다. 가치사슬 분석에는 기업의 내부자료와 경쟁사들에 대한 외부자료 등 광범위한 자료가 요구되고 있는 것에 비해서 실제적으로는 이런 자료를 확보하기가 매우 어렵다. 특히 전통적인 회계시스템을 통해서는 각 가치활동 별로 관련된 비용과 가치에 대한 자료를 구하기가 어렵다. 가치사슬 분석이 표면상 쉬워 보이지만 실질적인 전략분석으로 이용하기 위해서는 매우 어렵고 많은 시간이 소요될 수 있다.

● 프로세스 분석

셋째, 프로세스 분석(Process Analysis)이다. 기업들이 인력, 장비 기술, 디자인, 현금, 정보, 브랜드, 에너지 등 여러 유형의 자원들을 결합하여 고객을 위한 가치를 가진 제품이나 서비스로 전환할 수 있을 때 이를 가치가 창출되었다고 할 수 있다. 이때 실행되는 의사소통, 상호작용, 협력, 의사결정 유형을 프로세스라고 한다. 프로세스 분석은 보다 구체적인 조직의 역량을 확인하는 것이다. 프로세스 분석에는 가장 보편적인 제조 프로세스뿐만 아니라 기획, 자원배분, 신제품개발, 시장조사, 물류, 판매, 예산, 직원 선발 및 보상, 고객지원, 주문처리 등이 이루어지는 처음부터 끝까지를 아우르는 전체 과정을 말한다.[17]

기업에서 프로세스는 여러 자원을 결합하여 더 나은 가치를 가진 제품이나 서비스로 전환하는 방식을 규정하고 있다. 즉 프로세스는 가치를 창출하는 일련의 활동들의 결합된 것이다. 고객을 위한 가치의 창출은 여러 활동들이 포함되는 프로세스를 통했을 때 비로소 이루어진다. 고객에게 제공되는 가치가 다르다면 해당 가치를 실현하는 프로세스의 방식도 달라져야 한다.

그리고 기업에서 특정 업무를 처리하기 위해서는 이에 맞는 별도의 프로세스를 설계해야 효율적으로 실행될 수 있다. 한편 한번 구축된 프로세스는 변경하기가 매우 어렵다. 그러나 기업의 프로세스가 경쟁력을 갖추려면 환경변화에 따라 유연하게 변화할 수 있어야 한다. 따라서 효과적이고 효율적인 프로세스는 고객의 욕구가 변함에 따라 신속하게 대응할 수 있다.

외식산업의 거인 McDonald's는 새로 개업하는 가맹점을 위해 적합한 입지를 분석하는 입지선정 프로세스에서 특출한 경쟁력을 보유하고 있다. 예전부터 항공기와 헬리콥터를 이용해서 도시나 지역들의 개발과정에서 나타나는 패턴을 분석 및 평가했으며 특히 1980년대에는 위성사진과 인구통계 정보 그리고 전체 점포의 매출 정보를 통합해서 자동으로 입점 장소를 선정하는 'Quintillion'이란 소프트웨어를 개발해서 사용했다. 최신 기술을 이용하는 이 소프트웨어를 이용한 결과 McDonald's는 경쟁업체에 비해 보다 많은 판매실적을 달성하는 점포들을 확보할 수 있어서 지속적인 경쟁우위를 누릴 수 있었다.

Ⅱ ▸▸ 자원기반관점(RBV)

경쟁우위의 원천을 외부환경에 초점을 두었던 산업조직경제학의 문제점이 서서히 드러나기 시작하면서 학계 및 업계에서는 경쟁우위의 근원이 외부환경뿐만 아니라 기업의 내부에도 역시 존재하고 있다는 사실에 큰 관심을 두기 시작했다. 이때부터 학계의 가장 많은 이목을 끌었던 전략이론 중의 하나가 자원기반관점(RBV: Resource-based View of the Firm)이다. 자원기반관점은 기업이 보유·통제하고 있는 자원과 역량을 경쟁우위의 근원으로 이해하고 이에 초점을 두는 기업성과에 대한 이론이다.[18]

자원기반관점에서 자원은 전략을 수립하고 실행하는 데 이용되고 있는 기업 통제하의 유·무형 자산으로 정의하고 있으며 또한 자원은 역량의 근원이 되고 있다. 또한 자원기반관점에서 역량은 자원의 일부이며 목표를 달성하기 위해 보유하고 있는 여러 자원들을 최대한으로 활용할 수 있게 하는 유·무형 자산으로 정의하고 있다. 기업은 역량만으로는 전략을 수립 및 실행할 수 없다. 하지만 기업의 역량은 다양한 자원들을 잘 활용해서 효과적인 전략을 수립 및 실행하게 할 수 있다. 자원기반관점에서 기업의 자원 및 역량은 네 가지 유형으로 구분하고 있다 (〈표 4-6〉).[19] 그러나 기업에서 진정한 경쟁우위의 원천은 어떤 특정 유형의 자원에 귀속되기보다는 오히려 4가지 자원 간의 효과적인 소합(Combination)이나 통합 (Integration)에 의해 창출될 수 있다.

| 표 4-6 | 자원기반관점의 4가지 자원 유형

재무자원	기업이 전략을 수립하고 실행하는데 소요되는 모든 형태의 자금	기업가, 주주, 채권자, 대출기관으로부터 유래되는 현금. 이익잉여금
재무자원	기업이 전략을 수립하고 실행하는데 소요되는 모든 형태의 자금	기업가, 주주, 채권자, 대출기관으로부터 유래되는 현금. 이익잉여금
실물자원	기업의 모든 실물적 기술을 의미. 공장, 설비, 입지, 원재료에 대한 접근성	컴퓨터 하드웨어 및 소프트웨어 기술, 생산공정의 로봇, 자동화 창고, Walmart의 입지
인적자원	경영자 및 종사원들의 경험, 교육, 의사결정, 지능, 관계, 직관	Steve Jobs, Bill Gates, Herb Kelleher Southwest Airlines의 헌신적인 종사원
조직자원	조직 집단의 특성 공식적인 보고구조, 공식 및 비공식 계획-통제-조정 시스템, 기업문화 및 명성, 기업 내외의 비공식 관계	Southwest Airlines에서 종사원 간의 관계(협력 및 봉사) Southwest Airlines에서 기업과 종사원 간의 유대 관계(80%의 노조원)

출처: Porter, 1985

한편 자원기반관점의 근본적인 전제는 어떤 특정 기업이 경쟁기업들에 비해 월등한 성과를 거둘 수 있었던 이유는 경쟁사들과는 다른 이질적인 자원(Resource Heterogeneity)을 보유 및 통제하고 있기 때문이다. 그런데 이와 같은 경쟁우위를 이끌어낸 독특한 자원을 경쟁사들이 쉽게 모방할 수 없다면(Resource Immobility) 특정 기업의 경쟁우위는 상당 기간 지속될 수 있다고 보고 있다. 이런 연유로 다른 기업들과는 다른 독특한 자원 및 역량을 보유하고 있는 Apple이나 Toyota는 활동하고 있는 산업에서 장기간에 걸쳐 지속적으로 경쟁우위를 창출 및 유지하고 있다.[20]

○ VRIO 모형

Barney는 자원기반관점을 기반으로 기업이 보유하고 있는 모든 자원과 역량을 분석하는 한편 경쟁우위의 원천이 될 수 있는 자원과 역량에 대한 잠재력을 확인할 수 있는 내부 분석기법인 VRIO 모형(VRIO Framework)을 개발했다. VRIO 모형을 이용하면 기업의 강점과 약점을 보다 구체적으로 파악할 수 있게 되었다. VRIO는 기업이 보유하고 있는 자원이나 역량이 지속가능한 경쟁우위를 창출할 수 있는 잠재력을 측정하는 네 가지 질문의 단어에 대한 약자를 의미하고 있는데, 그 질문들은 가치(Value), 희소성(Rarity), 모방가능성(Imitability), 그리고 조직(Organization)에 대한 것이다.[21]

VRIO 모형은 기업이 보유하고 있는 개별적인 자원이나 역량이 경쟁우위의 원천이 될 수 있는 가능성을 분석할 수 있는 간단한 네 가지 질문으로 구성되어 있는 분석모형이다. 먼저 분석 대상이 되는 개별적인 자원이나 역량을 선택한 후 아래와 같은 네 가지의 핵심 질문을 가치(V)부터 조직(O)까지 차례대로 질문한다. 만약에 해당 질문에 대한 답변이 Yes이면 다음 질문으로 넘어가게 되고, 만일 답변이 No일 경우에는 분석은 중단되고 해당 단계에서의 자원에 대한 평가가 실시된다.

● 가치(Value)에 대한 질문

VRIO 모형에서 첫 번째 질문은 가치에 대한 것인데, '특정 자원 또는 역량이 기업으로 하여금 외부환경에서 유래되는 기회를 이용하는 것이 가능하게 하거나 아니면 위협을 중화할 수 있는가?'에 대한 질문이다. 이와 같은 질문에 대한 답변이 '예'라면 해당 자원이나 역량은 가치가 있다고 평가하며, 만약에 답변이 '아니오'라면 그것은 쓸모없거나 오히려 약점으로 평가될 수 있다. 즉 기회 활용이나 위협 감소에 도움이 되는 자원 또는 역량이라면 기업에 가치를 제공할 수 있다.[22]

그러나 자원이나 역량이 기회와 위협에 미치는 영향으로 가치를 파악하는 것은 매우 추상적인 것이어서 보다 적절하게 가치를 평가할 수 있는 구체적인 방법은 해당 자원이나 역량이 기업의 비용과 수익에 미치는 영향을 분석하는 것이다. 즉 가치가 있는 자원이나 역량은 기업에게 비용 감소, 매출 향상, 또는 두 가지 모두를 달성할 수 있게 하는 가치를 제공한다.

● 희소성(Rarity)에 대한 질문

VRIO 모형에서 두 번째 질문은 희소성에 대한 것인데, '얼마나 많은 경쟁사들이 특정 자원이나 역량을 이미 보유하고 있는가?'에 대한 질문이다. 첫째 질문을 통과한, 즉 가치가 있는 자원이나 역량을 같은 산업에서 경쟁하고 있는 다른 경쟁기업들도 똑같이 보유하고 있다면 해당 자원이나 역량은 희소성이 없다고 할 수 있다. 즉 해당 자원이나 역량은 경쟁우위의 원천은 될 수 없다는 한계를 보이게 된다. 따라서 특정한 자원이나 역량이 가치는 있지만 희귀하지 않다면 단지 경쟁등위(Competitive Parity)의 원천만이 될 수 있을 뿐이다.[23]

그렇지만 희소성에 대한 구체적이고 객관적인 판단기준을 개발하는 것은 여간 쉽지 않은 일이다. 많은 경쟁기업들이 동일한 가치가 있는 자원이나 역량을 보유할수록 희소성은 감소하게 된다. 따라서 한 가지 확실한 사실은 가치가 있는 자원이나 역량을 보유한 기업이 드물다고 한다면 이로 인해 경쟁우위를 창출할 수 있는 확률이 높아질 수 있다. 일반적으로 가치가 있는 자원이나 역량을 보유한 기업의 수가 적어서 독점이나 과점상태에 놓여있다면 희소성으로 인해 경쟁우위의 원천이 될 수 있다고 판단할 수 있다.

• 모방가능성(Imitability)에 대한 질문

가치가 있고 희소성을 가진 자원이나 역량을 보유한 기업은 이로써 경쟁자와는 다른 전략을 수립 및 실행하게 되면서 일시적으로 경쟁력이 강화될 수 있다. 그러나 이런 자원이나 역량으로 인해 개발된 특정 기업의 경쟁우위가 이후 시간이 흐르면서 경쟁사들이 같은 자원이나 역량을 모방할 수 있게 된다면 지속적인 경쟁우위는 창출할 수 없게 된다. 따라서 VRIO 모형의 세 번째 질문은 '특정 자원이나 역량을 보유하지 못하고 있는 기업들이 같은 것을 확보하거나 개발하는 경우에도 기존 보유기업에 비해 경쟁열위를 가지게 되는가?'에 대한 질문이다.

만약에 같은 산업에서 경쟁하는 기업 중에서 특정 기업이 종전에는 없었던 가치가 있고 희소한 자원이나 역량을 새로 개발해서 이를 전략적으로 활용했다면 이 기업은 한동안 경쟁우위를 누릴 수 있다. 그러나 이를 파악한 경쟁기업들은 현재와 같은 경쟁열위의 상황을 타개하기 위해서 동일한 자원이나 역량을 모방하려고 할 것이다. 그러나 경쟁기업들이 같은 자원이나 역량을 확보하거나 개발하는 데에는 많은 비용이 소요되기 때문에 경쟁열위를 경험하게 된다. 따라서 경쟁기업들이 자원이나 역량을 모방하는 것에 많은 비용이 소요되면 될수록 이 기업의 경쟁우위는 장기간에 걸쳐 유지될 수 있다. 즉 가치가 있고 희소하면서 또 모방이 어려운 자원이나 역량을 보유하고 있으며 이를 전략의 수립 및 실행에 이용하고 있는 기업은 지속가능한 경쟁우위를 창출할 수 있다.[24]

지속가능한 경쟁우위의 원천이 되는 자원이나 역량을 경쟁사들이 모방하는데 비용이 많이 소요되어 어렵게 되는 원인은 크게 세 가지로 압축할 수 있다.[25] 첫째, 선도기업은 고유한 역사적 조건(Unique Historical Conditions)으로 인해 경쟁우위의 원천이 되는 자원이나 역량을 낮은 비용으로 확보했거나 개발할 수 있었다. 어떤 기업은 그 기업이 처한 역사적 조건 즉 시간 및 공간적 조건에 의해서 먼저 어떤 산업에서 좋은 기회를 발견해서 이를 이용한 최초의 기업으로서의 권리 즉 선도기업의 경쟁우위를 누릴 수 있다. 따라서 후에 이를 따라서 모방하려는 기업들은 선도기업에 비해 더 많은 비용의 지출을 감수해야 하는 경쟁열위에 놓이게 된다.

또한 어떤 진화과정에서 초기의 사건들이 이후 사건들에게 심각한 영향을 미치는 것을 경로의존성(Path Dependence)이라고 하는데 이것이 모방을 힘들게 할 수 있다. 어떤 기업이 활동하고 있는 산업의 진화과정 초기에 불확실성 하에서 내렸던 전략적 선택에 의해 확보했거나 개발했던 자원이나 역량이 결국 오늘날과 같은 경쟁우위를 누리게 되었다. 당시 이 기업이 투자한 비용에 비해 후일 경쟁기업들이 같은 사원이나 역량을 모방하기 위해서는 훨씬 많은 비용을 치르게 된다.

둘째, 인과적 모호성(Causal Ambiguity)으로 인해 모방하려는 기업들은 자원 및 역량과 경쟁우위 간의 인과관계를 쉽게 이해할 수 없으며, 그리고 설사 이해된다고 하더라도 일부에 그칠 수 있다. 이런 경우에 경쟁기업들은 한 기업이 어떻게 자원이나 역량을 경쟁우위의 바탕으로 활용할 수 있었는지에 대해 명확하게 이해할 수 없게 될 수 있다. 따라서 잘못된 이해를 바탕으로 개발된 경쟁기업의 자원이나 역량은 경쟁우위의 갭을 메울 수 없게 된다.

자원 및 역량과 경쟁우위에 대한 인과관계는 단지 경쟁기업들뿐만 아니라 경쟁우위를 창출한 기업의 경영자라도 명확하게 이해할 수 없는 경우도 존재할 수 있다. 그리고 정확하게 어떤 자원 또는 역량이 경쟁우위가 만들어지는 데 중요한 역할을 담당했는지에 대해 명확하게 알지 못할 수도 있다. 또한 어떤 경쟁우위가 일개 또는 소수의 자원이나 역량에 의한 것이 아니라 수많은 자원과 역량의 결합에 의해 개발되었다면 이런 관계를 경쟁기업들이 쉽게 이해해서 모방하기는 매우 어렵게 될 수 있다. 특히 경쟁우위의 원천이 기업에서 종사원들이 보유하고 있는 의식이나 정신과 같은 무형자원이라면 모방하기가 더욱 힘들게 되면서 지속가능한 경쟁우위가 만들어질 수 있다.

셋째, 사회적 복잡성(Social Complexity)으로 인해 경쟁기업들이 선도기업을 모방하는 것이 어렵게 된다. 경쟁우위의 원천이 되는 자원이나 역량은 기업이 체계적으로 통제하거나 영향을 미칠 수 없는 사회적으로 복잡한 현상에 기반을 두고 개발될 수 있다. 사회적으로 복잡한 자원이나 역량에는 기업문화, 관리자 간의 또는 종사원 간의 그리고 관리자와 종사원 간의 신뢰 및 팀워크와 같은 대인관계,

공급자와의 신뢰 구축, 소비자들의 기업에 대한 평판, 장기간에 걸쳐 개발된 노하우(Know-how) 등이 존재하고 있다.

사회적으로 복잡한 현상에 기반을 두고 개발된 경쟁우위는 경쟁사들이 쉽게 모방힐 수 없다. 기업 내부에서 장기간에 걸쳐서 자연스럽게 형성되었던 사회적으로 복잡한 현상들을 경쟁기업들이 짧은 시간 내에 인위적으로 개발하는 것은 매우 어려운 과업이며, 설사 복제가 가능하더라도 훨씬 더 많은 비용이 투자되어야 할 것이다.

• 조직(Organization)에 대한 질문

어떤 기업이 가치가 있고 희소하며 모방이 어려운 자원이나 역량을 보유하고 있더라도 종종 이런 기업들이 경쟁우위를 창출하지 못하는 경우가 발생하고 있는데, 그 원인은 이 기업은 해당 자원이나 역량이 지닌 잠재적인 가능성이 적절하게 활용될 수 있도록 조직되지 못했기 때문이다. 기업의 경쟁우위는 보유하고 있는 자원이나 역량이 지닌 가치, 희소성, 모방가능성에 의해 결정되고 있지만 만일 이 자원이나 역량이 기업에서 잘 활용될 수 있도록 조직되어 있지 않았다면 원하는 수준의 경쟁우위를 개발하려는 목표는 실패할 수 있다. 따라서 VRIO 모형의 마지막 질문은 '경쟁우위에 대한 잠재력을 보유한 특정 자원이나 역량이 적절히 활용될 수 있도록 기업은 잘 조직되어 있는가?'에 대한 질문이다.[26]

기업이 우수한 자원이나 역량을 가지고 경쟁우위를 창출하려면 보상과 같은 인적자원관리, 보고체계와 같은 공식적인 경영통제시스템, 기업문화와 같은 비공식적인 경영통제시스템 등과 잘 결합되어야만 한다. 경영통제시스템과 기업문화 같은 자원이나 역량은 자체적으로는 경쟁우위의 원천이 되기가 어렵다. 그렇지만 이런 자원이나 역량이 앞에서 설명한 가치가 있고 희소하며 모방이 힘든 자원이나 역량과 잘 결합된다면 기업이 원하는 지속가능한 경쟁우위가 창출될 수 있다.

경쟁사에 비해 특출한 자원이나 역량을 보유하고 있음에도 불구하고 경쟁우위를 누릴 수 없었던 대표적인 사례가 Xerox이다. Xerox는 일찍이 미국 캘리포니아주의 Palo Alto 시에 PARC(Palo Alto Research Center)란 연구소를 설립하는 투자를 감행했으며 여기에 많은 과학자와 기술자들을 투입했다. PARC에서는 1950년대와 1960년대에 걸쳐 창의적인 기술에 바탕을 둔 많은 혁신적인 발명품들이 개발되었다. PC, 윈도우의 원형 소프트웨어, 마우스, 기업 내부용 네트워크(Ethernet), 레이저 프린터 등이 그것이다. 후에 PARC를 손님으로서 우연히 방문했던 Steve Jobs는 이런 기술들을 엿볼 수 있는 기회가 있었는데 이를 재빨리 모방해서 매킨토시란 고성능 컴퓨터를 개발해서 큰 성공을 거두게 된 것은 너무나 유명한 일화이다.

그러나 이런 기술들을 최초로 개발한 Xerox는 상업화에 실패하면서 선도기업으로서의 경쟁우위를 전혀 누리지 못하게 되었다. 탁월한 자원이나 역량을 보유하고 있음에도 불구하고 당시의 Xerox는 이런 자원을 상업화 즉 활용할 수 있는 조직체계를 갖추지 못했다. 당시 Xerox의 최고경영자들은 이런 혁신적인 기술이 PARC 연구소에 존재하고 있다는 사실을 1970년대 중반까지도 전혀 인지하지 못하고 있었으며, 이에 더해 후일 이를 알게 되었음에도 불구하고 Xerox의 관료제적인 조직구조에 기인한 제품개발과정에서 보유하고 있는 혁신적인 기술들을 사장시키고 말았는데, 이 과정에서 Xerox의 경영진은 기존 제품이나 기술에 더욱 집중하는 한편 보다 위험한 신기술이나 제품의 개발은 등한시하는 인센티브정책을 시행함으로써 새로운 경쟁우위를 창출할 수 있는 기회를 날려버렸다. 신제품 또는 신시장 개척과 같은 기업의 장기적인 성장전략이 배제된 근시안적인 단기 전략의 결과였다. 그리고 당시 Xerox의 관료주의적인 경영통제시스템, 혁신을 중시하지 않는 기업문화, 그리고 단기성장 위주의 보상정책 등은 우수한 자원을 사장시켜 버리게 되면서 이후 Xerox의 경쟁력은 오히려 퇴보하게 되는 참담한 결과를 낳게 되었다.[27] 이처럼 최악의 경우 열등한 기업들은 월등한 자원을 보유하고 있음에도 불구하고 경쟁우위는커녕 경쟁등위나 경쟁열위의 상황에 놓이게 될 수 있다.

Xerox와 비교되는 반대의 사례도 있다. 당시 Paramount 영화사의 최고경영자를 지내고 있던 Michael Eisner는 1984년 위기로 내몰리고 있던 Walt Disney를 구하기 위해 전격적으로 최고경영자(CEO)로 임명되었다. 새로 부임한 Eisner는 과거 Walt Disney의 전성기를 구가했던 미키마우스, 인어공주, 백설공주 등과 만화영화

필름들이 아무런 역할도 없이 창고에서 잠자고 있다는 사실을 발견하게 되었다. Eisner는 과거 영화의 캐릭터 자원들이 가치가 있고 희소하며 모방이 어려워서 Walt Disney가 잘 활용만 한다면 경쟁우위를 창출할 수 있다는 잠재력을 간파하게 되었다. 이후 Eisner는 과거 영화 캐릭터들을 다시 제작해서 Showtime Networks와 같은 케이블TV를 통해 독점적으로 방송하게 하는 한편 홈비디오 테이프로 제작해서 시중에 판매하도록 하면서 큰 성공을 거두게 되었다. 이후 Walt Disney의 경쟁력은 크게 강화되었다.

〈표 4-7〉은 VRIO 모형을 간단한 그림으로 보여주고 있으며, 〈표 4-8〉은 VRIO 모형과 기업의 강점과 약점 간의 관계를 잘 표현하고 있다. 그런데 일부에서는 VRIO 모형 대신에 조직(Organization)을 제외하고 대신에 대체불가능성(Non-substitution)을 넣은 VRIN 모형을 이용하고 있다.

| 표 4-7 | VRIO 모형

기업이 보유하고 있는 자원 또는 역량이				
가치가 있는가?	희소한가?	모방하기 어려운가?	조직에서 활용되고 있는가?	경쟁의 시사점
아니오	–	–	아니오	경쟁열위
예	아니오	–	–	경쟁등위
예	예	아니오	–	일시적 경쟁우위
예	예	예	예	지속적 경쟁우위

출처: Barney & Hesterly(2006)

| 표 4-8 | VRIO 모형과 조직의 강점과 약점 간의 관계

기업이 보유하고 있는 자원 또는 역량이				
가치가 있는가?	희소한가?	모방하기 어려운가?	조직에서 활용되고 있는가?	강점 또는 약점
아니오	-	-	아니오	약점
예	아니오	-	-	강점
예	예	아니오	-	강점 및 기업의 고유한 역량
예	예	예	예	강점 및 지속가능한 기업의 고유한 역량

출처: Barney & Hesterly(2006)

III ▶▶ 핵심역량(Core Competencies)

1997년 IMF 외환위기 당시 국내 경영계에서는 재벌들의 문어발식 경영에 대한 비판이 거세게 일어났다. 이때 국내에 소개되면서 큰 관심을 끌었던 서구식 경영 개념 중의 하나가 핵심역량이었는데, 기업 경영자들에게 핵심역량을 중심으로 해서 선택과 집중을 중요시하는 계기가 만들어지게 되었다.

핵심역량은 C. K. Prahalad와 Gary Hamel이 1990년 HBR(Harvard Business Review)에 'The Core Competencies of the Corporation'을 기고하면서 처음 소개된 개념이다. 이 논문에서 그들은 핵심역량을 기업이 더 나은 가치를 창출하기 위해 조직 내에 존재하는 다양한 기술과 기량을 조정하는 방법에 대해 공동으로 학습하는 능력으로 정의했다.[28] 여기서 그들은 실패하는 기업은 조직을 사업의 포트폴리오(Portfolio of Businesses)로 보지만, 성공하는 기업은 조직을 핵심역량의 포트폴리오(Portfolio of Core Competencies)로 보고 있다는 관점의 차이를 지적했다. Prahalad & Hamel은 후일 핵심역량을 기업이 고객에게 특별한 가치의 제공을 가능하게 하

는 기술이나 기량이라고 재정의했다.[29]

핵심역량은 대차대조표에서 볼 수 있는 자산(Assets)이 아니다. 따라서 핵심역량은 기업의 대차대조표에 나타나지 않는다. 공장, 유통채널, 브랜드, 특허 등은 기술이나 기량이기보다는 사물이기 때문에 핵심역량이 될 수 없다. 그렇지만 Toyota의 Toyota 생산시스템(Toyota Production System: TPS)과 같은 제조공정 관리기술, Wal-Mart의 물류 관리기술, Coca-Cola의 브랜드 광고기술 등은 핵심역량으로 인정되고 있다.

오랜 시간이 지나거나 또는 많이 사용할수록 낡아서 쇠퇴하는 물리적 자산과 달리 핵심역량은 사용할수록 더욱 강화된다. 일반적으로 핵심역량은 더 많이 이용될수록 더욱 개량 및 개선이 되면서 가치는 더욱 향상된다. 그러나 결국 많은 시간이 흐르면서 핵심역량도 그 가치를 잃어버리게 된다.

또한 Prahalad & Hamel은 모든 기업 경쟁우위의 원천은 핵심역량에서 비롯된다고 보았다. 그리고 모든 핵심역량이 경쟁우위의 근원이 될 수 있지만 모든 경쟁우위가 핵심역량이 될 수는 없다고 봤다. 같은 논리로 모든 핵심역량이 핵심성공요인(CSF: Critical Success Factor)이 될 수 있지만 모든 핵심성공요인이 핵심역량이 될 수는 없다. 핵심역량은 경쟁우위의 뿌리(Root)이며 기업이 생산하고 판매하는 최종 제품은 열매(Fruit)를 의미하고 있다. 따라서 핵심역량은 지속가능한 경쟁우위의 창출을 이해하는데 중요한 개념이 되고 있다.

실제 기업들의 핵심역량에 대한 사례를 살펴보면 Apple의 핵심역량은 고객의 사용 경험에 최적화된 디자인 역량 및 혁신적인 소프트웨어 개발 역량이다. 또한 Toyota의 핵심역량은 최고 수준의 효율성과 다품종 소량생산이 가능한 Toyota 생산시스템(TPS: Toyota Production System)이다. 그리고 과거 전 세계 전자산업을 주도하던 Sony의 핵심역량은 사용자의 휴대편의성(Pocketability)을 극대화한 소형화기술(Miniaturization)이다. 우리가 잘 알고 있듯이 Sony는 소형화 핵심역량을 기반으로 Walkman, Portable CD player, Pocket TV 등의 휴대용 소형제품들을 잇달아 개발하면서 수십 년간 지속가능한 경쟁우위를 누렸다.

한편 호스피탈리티산업의 핵심역량에 대한 사례를 보면 Marriott International

은 연회·식당 및 시설관리(Catering and Facilities Management)에 있어 핵심역량을 보유하고 있으며 이를 회의시설(Conference) 또는 식당관리의 계약을 원하는 기업들에게 판매하고 또한 Marriott의 여러 브랜드 호텔을 통해 핵심역량을 고객들에게 직접 제공하고 있다.

● 핵심역량의 조건

이윤을 창출하고 있다고 모든 기업들이 차별적인 경쟁우위를 창출하게 해주는 핵심역량을 보유하고 있는 것은 아니다. 기업에는 수많은 역량이 존재하고 있으며 이들 모두는 기업의 성공에 잠재적으로 중요한 역할을 담당하고 있다. 그러나 경영진은 모든 역량에 대해 똑같은 관심을 둘 수는 없는 노릇이다. 따라서 경영진은 장기간에 걸쳐 기업의 성장 및 번영에 크게 공헌하는 기술에 대해 보다 많은 관심을 기울일 것이다. 즉 경영진은 기업의 장기 성공에 공헌도가 적은 비핵심적 또는 보조적인 기술보다는 기여도가 높은 중점적이고 핵심적인 기술에 관심을 집중해야 한다.

Prahalad & Hamel은 기업에서 특정 기량이나 기술이 핵심역량으로 간주되기 위해서는 세 가지의 테스트를 통과해야 한다고 주장했다. 즉 특정한 기술이 핵심역량이 되기 위해서는 특유한 차별성을 지니고 있어야 하며, 고객에게 가치를 제공해야 하며, 그리고 확장성이 있어야 한다.[30]

첫째, 핵심역량이 되려면 기업 자신만이 보유하고 있는 특유하고 탁월한 역량을 경쟁사가 쉽게 모방 또는 복제할 수 없어야 한다. 자신에게만 차별화되었다는 핵심역량이 경쟁기업에 의해 쉽게 모방되어 구현될 수 있다면 이는 경쟁력의 기반이 될 수 없다. 그리고 특정 산업에서 도처에 존재하는 역량은 핵심역량이 될 수 없으며 단지 일개 또는 소수의 기업만이 보유하고 있는 것만이 핵심역량이 될 수 있다. 예를 들면, 택배회사에서 고용하는 능숙하고 친절한 운전기사는 그 기업의 핵심역량이라기보다는 보편적으로 요구되는 필요역량(Necessary Competencies)이라고 할 수 있는데, 이는 이것이 필요한 역량일 뿐 경쟁사에 비해 차별화되는 역량이 아니기 때문이다. 그러나 특정 산업의 도처에 존재하고 있지만 현저하게 덜 개발되어 있는 분야에 대한 역량을 대폭적으로 향상하는 경우에 이는 핵심역량이 될 수 있는데, 영국의 British Airways는 항공기내 객실서비스의 수준을 산업평균 대비 대폭적으로 향상하면서 이 분야에 대한 핵심역량을 보유하게 되었다.

둘째, 핵심역량은 반드시 고객의 편익을 향상하는 것처럼 가치를 제공할 수 있어야 한다. 고객에게 유의미한 가치를 제공할 수 없는 것은 핵심역량이 될 수 없다. Apple의 핵심역량인 디자인과 혁신적인 소프트웨어를 통해 철저히 사용자 편의성의 증대를 극대화하였다. 핵심역량과 비핵심역량은 부분적으로 고객에 의해 인지되는 편익에 의해 구분될 수 있다. 예를 들면, Honda의 핵심역량은 엔진기술이다. 그러나 Honda의 판매대리점 관리기술은 보조적인 역량에 불과하다. 고객들이 Honda의 자동차들을 구매하게 됨으로써 얻는 핵심적인 편익은 연료효율성 등 높은 품질의 엔진을 보유한 자동차이기 때문이지 대리점이 잘 갖춰져 있기 때문은 아닐 것이다.

그러나 예외적으로 제조업체들의 제조공정 프로세스 역량은 비용우위란 이점을 기업에 제공하지만 이런 비용편익이 직접적으로 소비자에게 제공되는 경우는 적거나 거의 없을 수 있다. 효율성이 높은 제조프로세스를 보유한 기업은 비용우위를 고객에게 제공하기보다는 기업 내에 저장하게 된다. 따라서 특별한 고객 혜택을 제공함에 있어 상당한 비용우위를 창출하는 기술의 집합을 핵심역량이라고 할 수 있다.

셋째, 핵심역량은 여러 다양한 분야에서 활용될 수 있는 확장성(Extendability)을 보유해야 한다. 핵심역량은 기업의 단일사업에서만 경쟁우위를 제공하는 것이 아니라 여러 사업 분야 또는 여러 시장에 진출할 수 있도록 할 수 있다. 즉 특별한 분야나 제한적인 경우에만 활용되는 자원이나 역량은 핵심역량이 될 수 없다. Honda는 보유하고 있는 엔진기술에 대한 핵심역량을 이용하여 자동차, 오토바이, 제트 스키, 잔디 깎는 기계 등 여러 제품으로 확장할 수 있었으며, 같은 일본기업인 Sony도 소형화 핵심역량을 바탕으로 휴대용제품인 워크맨, CD Player, TV 등으로 제품 구색을 확대할 수 있었다. 그리고 위에 소개한 Apple은 핵심역량을 이용해서 맥컴퓨터, iTune, iPod, iPhone, iPad 등 여러 사업영역으로 확장할 수 있었다.

기업에서 투입요소가 되는 자원은 역량의 원천이다. 그리고 역량은 여러 자원들이 통합되면서 만들어진다(〈그림 4-7〉). 기업에서 어떤 활동 또는 분야에서 특정한 역량이 경쟁기업에 비해 우위를 갖게 되면 핵심역량이 개발되는데, 이를 위해서는 특정한 역량이 위에 기술한 세 가지 조건을 충족할 수 있다면 비로소 핵심역량이 될 수 있다(〈그림 4-8〉).

위에서 핵심역량은 경쟁우위의 원천이라고 강조되었다. 그러나 핵심역량이 바로 기업에게 경쟁우위를 제공하는 경우는 거의 없다고 할 수 있다. 〈그림 4-9〉에서 보듯이 기업은 보유하고 있는 핵심역량을 기반으로 하여 효과적인 전략을 수립하고 실행했을 경우에 비로소 경쟁우위를 창출할 수 있다. 따라서 핵심역량과 전략을 잘 일치(Alignment)시키는 것은 경영자의 매우 중요한 과업이다. 요약하면 기업은 보유하고 있는 자원을 잘 이용해서 특유한 핵심역량을 개발하고 이를 전략과 잘 일치시키게 되는 경우 사업에서 경쟁우위를 창출할 수 있다.

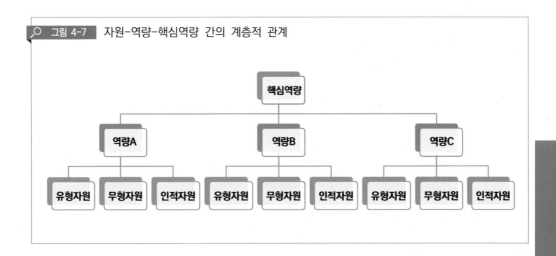

○ 그림 4-7 자원-역량-핵심역량 간의 계층적 관계

그림 4-8 핵심역량은 경쟁우위의 원천

출처: Hitt, Ireland & Hoskisson(2003)

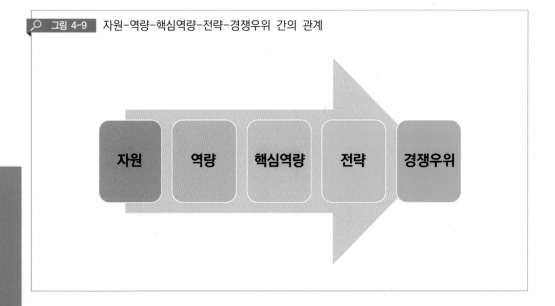

그림 4-9 자원-역량-핵심역량-전략-경쟁우위 간의 관계

○ 핵심역량의 확인

Hamel & Prahalad는 다각화된 기업(Diversified Company)을 나무로 비유하면서 핵심역량이란 개념을 설명했다. 나무의 줄기와 큰 가지는 핵심제품(Core Product)으로 보았으며, 다음으로 작은 가지들은 사업부(Business Units)로 간주했으며, 또한 잎, 꽃, 열매 등은 최종적인 제품이나 서비스(Products and Services)로 보았다. 그리고 마지막으로 영양분을 공급해서 안정적으로 생명을 유지하는 역할을 담당하는 뿌리(Root System)를 핵심역량으로 간주했다. 우리가 잎만을 보고 나무의 상태를 판단하는 잘못을 저지르고 있듯이 많은 이들은 최고 기업의 경쟁력을 단지 생산하는 최종적인 제품이나 서비스만 보고 판단하는 잘못을 범하고 있다.[31]

기업의 핵심역량을 나무에 비유한 것을 세계 전자산업에서 최고의 경쟁력을 지닌 기업으로 인정되고 있는 삼성전자를 자세히 살펴보면 잘 이해할 수 있다(〈그림 4-10〉). 먼저 삼성전자의 핵심역량은 첨단전자기술이며 이를 통해 삼성전자란 나무에 온갖 영양분을 제공하고 있다. 다음으로 삼성전자의 핵심제품은 반도체기술과 디스플레이기술인데 이는 나무의 줄기나 큰 가지에 해당한다. 그리고 삼성전자의 세 사업부인 IM사업부, DS사업부, CE사업부는 각각 나무의 작은 가지 역할을 담당하고 있다. 마지막으로 나무의 잎이나 열매를 상징하는 최종 제품 또는 부품에는 스마트폰, D램 및 Nand Flash 반도체, TV 및 가전제품 등이 있다. 이 제품들은 모두 세계 최고 수준의 경쟁력을 보유하고 있다.

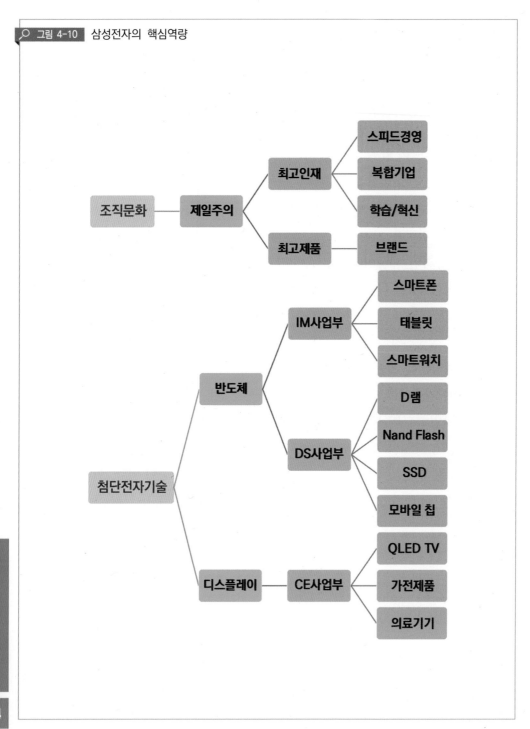

그림 4-10 삼성전자의 핵심역량

기업의 핵심역량을 제대로 파악해서 확인하는 것이 결코 쉬운 일은 아니다. 심지어 때로는 성공하는 기업도 경쟁우위를 가져다준 스스로의 핵심역량을 제대로 파악하지 못하는 경우도 있다. 이처럼 핵심역량이 눈에 잘 띄지 않는 경우도 존재하고 있다. 이는 핵심역량이 특정한 유형 및 무형자원이 아니라 여러 가지 유·무형 자원과 역량이 서로 결합돼서 개발된 통합적인 기술이나 기량인 경우가 많기 때문이다. 이런 경우 핵심역량은 정확하게 측정해서 파악할 수 없다. 성공한 기업에서 겉으로 드러나는 여러 자원과 일반적인 역량은 파악하기 쉽지만 기업 내부에 깊숙이 존재하는 핵심역량을 경쟁사가 파악하는 것은 더더욱 어렵다(〈그림 4-11〉).

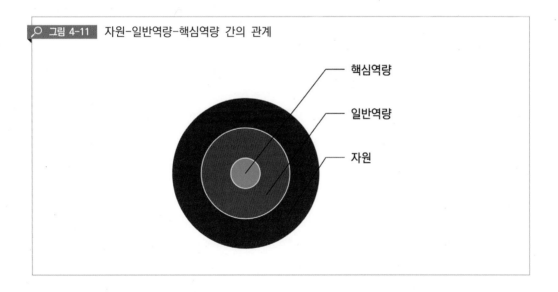

🔍 그림 4-11 자원-일반역량-핵심역량 간의 관계

위에 기술한 삼성전자의 핵심역량인 첨단전자기술은 비교적 잘 드러나는 편이다. 그러나 조직문화와 같은 삼성전자의 핵심역량처럼 기업경영의 기반이 되는 공통적인 역량은 첨단전자기술에 비해 파악하기 어려운 편이다. 삼성전자의 특유한 조직문화는 제일주의라는 조직의 핵심이념을 만들었으며, 이어서 제일주의는 삼성전자가 최고 인재의 양성을 통해 변화에 빠르게 잘 적응하게 하는 스피드경영을 가능하게 했으며 또한 세계 최고 수준의 여러 경쟁적인 제품을 동시에 생산하는 복합기업이라는 결과를 만들었을 뿐만 아니라 최고 제품의 개발을 통해 세계적으로 널리 알려진 유명 브랜드를 만들어내는 자양분이 되었다.

삼성전자의 핵심역량인 첨단전자기술과 조직문화는 위에서 언급한 세 가지 조건을 모두 충족하고 있으며, 이와 같은 삼성전자의 핵심역량은 지속적인 경쟁우위의 원천이 되고 있다. 삼성전자의 경우에서 보듯이 핵심역량은 기업 다각화의 원천이 될 수 있다.

● 핵심역량과 가치사슬

기업의 핵심역량을 파악하기 위해서는 경쟁기업과의 비교 및 분석을 통해 확인할 수 있다. 이런 경우에 잘 이용되는 개념이 가치사슬과 벤치마킹(Benchmarking)이다.

본 장의 서두에서 기술했듯이 가치사슬에서 모든 기업은 제품을 설계, 생산, 마케팅, 유통 및 지원하기 위해 수행되는 활동들(Activities)의 집합체로 보고 있는데, 가치사슬은 직접적으로 부가가치를 창출하는 주활동과 이 주활동이 순조롭게 진행될 수 있도록 도움을 제공하는 지원활동으로 구분하고 있다. 기업은 가치사슬의 주활동 및 지원활동에 속하는 각 단계별 활동들을 직접 경쟁하고 있는 경쟁기업들과 비교 및 분석함으로써 경쟁우위가 있는 활동과 경쟁등위나 경쟁열위가 있는 활동들을 각각 확인할 수 있다. 가치사슬 활동에 대한 결과를 종합적으로 분석하면 궁극적으로 차별화된 자사의 핵심역량이 어떤 활동에 존재하고 있는지를 확인할 수 있다. 또한 이를 통해 아웃소싱(Outsourcing)이 필요한 활동들을 확인할 수도 있다.

〈그림 4-12〉에서 보듯이 만일 특정 항공사의 가치사슬에서 객실서비스(Cabin Service) 활동이 핵심역량 테스트를 통과하게 되면 객실서비스는 이 항공사의 핵심역량으로 인정이 될 수 있다. 이어서 이 항공사의 객실서비스 핵심역량을 활용해서 지속가능한 경쟁우위가 창출되기 위해서는 소비자의 측면에서는 가치가 있고 대체재가 존재하지 않아야 하며 한편 경쟁기업의 측면에서는 독특해서 모방하기 어려워야 한다.[32]

🔍 그림 4-12 │ 핵심역량과 경쟁우위의 확인과정

가치사슬
활동

고객에게 가치 제공 / 다양한 분야로 확장 가능 / 모방이 어려워야 함 / 지속적으로 축적되고 강화됨

Yes → 핵심역량
No → 역량

가치가 있는가 / 희소한가 / 모방이 어려운가 / 대체재가 없는가

Yes → 지속 가능한 경쟁우위
No → 경쟁등위 경쟁열위

● 핵심역량과 벤치마킹

일찍이 손자병법에서는 지피지기이면 백전백승이라고 지적했다. 따라서 자사의 강점인 핵심역량을 객관적인 관점에서 정확하게 분석해내는 것이 경쟁에서 승리할 수 있는 원동력이 될 수 있다. 이와 같은 핵심역량의 객관직인 측정을 위해 벤치마킹을 이용할 수 있다.

벤치마킹은 기업의 가치사슬 활동들이 경쟁업체에 비해 경쟁력이 있는지 여부를 판단하는 데 사용되는 분석 도구로서 시장 경쟁에서 승리하는 데 도움을 제공한다. 벤치마킹은 업계 전반에 걸친 가치사슬 활동의 비용을 측정해서 경쟁업체 중에서 모범사례(Best Practices)를 결정하게 된다. 따라서 벤치마킹을 이용하는 목적은 확인된 모범사례를 모방하거나 활용해서 자사의 경쟁력을 향상하는 것이다. 그리고 벤치마킹은 경쟁업체가 비용, 서비스, 명성 또는 운영에서 우위를 가지고 있는 가치사슬 활동을 파악해서 그에 대한 경쟁력을 향상시키는 조치를 취하게 한다. 각 산업에서 선두기업의 가치사슬 활동은 뒤를 쫓고 있는 많은 경쟁기업들의 벤치마킹 대상이 되고 있다. 때로 기업들은 동종 산업보다는 다른 산업의 모범사례를 벤치마킹해서 이를 기반으로 새로운 핵심역량을 육성하는 경우도 있다.

◯ 핵심역량과 경쟁우위

핵심역량의 개발을 통해 경쟁우위를 창출한 성공기업들은 종종 핵심역량은 시간이 많이 흘러도 변하지 않을 것이라는 자만에 빠지는 경우가 있다. 특히 크게 성공한 기업일수록 성공을 이룩하는데 공헌한 제품이나 기술을 기반으로 해서 핵심역량을 중점적으로 개발하기 때문에 시간이 흐르면서 환경변화에 대한 유연성이 떨어지게 되며, 한편 기업 내부적으로는 새로운 환경에 맞는 새로운 핵심역량의 개발보다는 기존의 핵심역량을 고수하려는 기득권 세력이 조직을 장악해서 현상유지에 자원을 낭비하게 된다.

외부환경이 변화하는 경우 기업 세계에서 가장 두드러지게 나타나는 현상으로 사업의 본질이 바뀌면서 과거에는 잘 통했던 핵심역량이 더 이상 기업의 경쟁우위 창출에 기여할 수 없게 된다. 즉 과거의 성공이 자동적으로 현재 또는 미래의 성공으로 이어지게 되는 경우는 거의 없다. 이에 대한 사례로 Wal-Mart를 들 수 있다. 미국은 물론 세계 유통산업의 최강자인 Wal-Mart는 혁신적인 물류관리에 대한 핵심역량을 기반으로 미국 전역에 존재하는 약 4,700여 개소의 매장들을 잘 관리하면서 오랫동안 지속적인 경쟁우위를 누려왔다. 그러나 1990년대 중반 이후 인터넷이 등장하면서 전자상거래 시장이 쾌속성장을 거듭하고 있는데, 2009년 이후 미국의 전자상거래는 연평균 15%가 넘는 높은 성장세를 기록하고 있다. 그런데 전자상거래 시장이 성장하면서 Wal-Mart의 성장은 정체되기 시작했다. 전자상거래 시장은 1994년에 설립된 Amazon이 지배하게 되었는데, 새로운 전자상거래 시장에서 Amazon은 여러 경쟁사들을 물리치고 전자상거래에 적합한 물류관리에 대한 핵심역량을 보유하게 되었다. 따라서 Wal-Mart와 Amazon은 오프라인 유통업과 온라인 유통업을 양분하게 되었다.

2015년 시점에서 Wal-Mart의 매출액 규모는 Amazon에 비해 약 4배나 많다. 그러나 성장속도를 보면 얘기는 달라진다. 과거 6년간 Wal-Mart의 매출액은 약 20% 성장했지만 Amazon은 400% 이상 대폭 성장하였다. 이미 자본시장에서는 현재 Wal-Mart의 규모보다는 Amazon의 미래 혁신에 손을 들어주고 있는 양상이다. 이는 과거 오프라인 유통업의 물류관리 핵심역량이 지속적으로 신시장인 온라인 유통업의 핵심역량으로 전환되지 못한다는 것을 잘 보여주고 있다. 특히 2016년 Amazon은 강화된 핵심역량을 기반으로 해서 No Lines. No Checkout. 슬로건으로 상징되는 스마트폰 기반의 Amazon Go란 신개념 매장과 서비스를 소개하면서 유통산업에서 대변혁을 일으키기 시작하고 있다.

이처럼 환경변화에 적응하지 못하는 경직된 핵심역량으로는 기업은 지속가능한 경쟁우위를 유지할 수 없다. 이는 Nokia나 Sony 등의 실패 사례를 보면 쉽게 알 수 있다. 같은 사례로 과거 PC산업에서 성공하려면 최고의 연산능력을 가진 마이크로프로세서를 개발해야 했는데, Intel은 최고 성능의 CPU를 개발해서 선두 기업이 되었다. 하지만 새롭게 등장한 스마트폰의 세계에서는 고성능보다는 저전력을 사용하는 마이크로프로세서를 개발하는 것이 선두기업이 되기 위한 최우선 조건이 되고 있는데, 따라서 PC산업의 최강자 Intel은 스마트폰 산업에서는 전혀 힘을 쓰지 못하고 있다. 장기간에 걸쳐 최고의 기업을 유지하고 있는 Apple, Google, Amazon 등과 같은 기업들을 보면 시간이 흐르고 환경이 변함에 따라 새로운 편익을 고객에게 제공할 수 있는 새로운 핵심역량의 개발에 집중하고 있다는 사실을 확인할 수 있다. 즉 기업은 적절한 시기에 맞춰 조직을 재창조(Reinvent)해야만 한다.

핵심역량과 경쟁우위는 기업이 시장점유율, 고객 만족 및 충성도, 그리고 이윤을 향상시키는데 도움이 되므로 서로 밀접한 관계가 있다. 보통 핵심역량은 경쟁우위로 이어지지만 항상 그렇게 되는 것은 아니다. 핵심역량과 경쟁우위가 모두 기업이 경쟁상황을 극복함에 있어 도움을 제공하지만 그렇다고 같은 개념은 아니다. 핵심역량과 경쟁우위의 차이점은 다음과 같다.[33]

첫째, 핵심역량은 기업의 내부적 특성이며, 시간이 지남에 따라 기업 내부에 축적되는 기술이나 전문지식이다. 반면에 경쟁우위는 기업이 외부시장 경쟁에서 갖는 우월성을 나타내고 있다. 핵심역량은 특정 기술 또는 전문지식으로, 이를 기반으로 해서 기업은 시장에서 경쟁우위를 확보할 수 있는데, 즉 핵심역량은 경쟁우위의 원천이다. Volvo 자동차의 핵심역량은 승객을 잘 보호하는 높은 안전표준을 충족하는 자동차를 연구하고 개발하는 능력이다. 반면에 Volvo의 경쟁우위는 경쟁사를 능가하는 높은 안전표준이란 가치를 제공하는 차별화된 자동차를 생산 및 판매하는 것이다.

둘째, 경쟁우위는 기업의 장기적인 성공을 보장하지 못한다. 이와 달리 핵심역량은 보다 장기적인 차원에서 기업의 성공을 보장할 수 있다. 바꾸어 말하면, 경쟁우위는 시장에서 다른 기업에 비해 해당 기업에게 일시적인 경쟁우위를 제공한다. 반대로, 핵심역량은 경쟁사에 비해 기업에게 오랫동안 지속될 수 있는 우월성을 제공한다.

셋째, 경쟁우위는 기업이 특정한 사업분야나 제품에서 경쟁력을 확보하는 데 도움을 제공한다. 이와 반대로, 핵심역량은 기업이 여러 사업 분야 또는 제품군에서 경쟁력을 확보하는 데 도움을 주고 있다.

넷째, 경쟁우위는 기능적인(Functional) 강점을 의미하고 있으며, 핵심역량은 기업의 핵심적인 강점 즉 비즈니스 프로세스 또는 기술에 대한 고유한 역량처럼 사업 또는 제품의 근본적인 요소인 숙달된 기술에서 유래되고 있다.

다섯째, 경쟁우위는 사업에 제한적이고 구체적인 영향을 미치고 있다. 이와 달리 핵심역량은 다방면에 걸쳐 전반적인 도움을 제공하기 때문에 핵심역량은 기업에 광범위한 영향을 미치고 있다.

참 / 고 / 문 / 헌

1. Grant, R. M. (2010). *Contemporary Strategy Analysis. (7th ed.).* John Wiley & Sons.: West Sussex, UK.

2. Barney, J. B. (2001). Is the resource-based "view" a useful perspective for strategic management research? Yes. *Academy of Management Review, 26,* 41-56.

3. Olsen, M. D., West, J., & Tse, E. C. (1998). *Strategic Management in the Hospitality Industry (2nd ed.).* John Wiley & Sons.: New York. 김경환 역(1999), 호텔·레스토랑 산업의 경영전략, 백산출판사: 서울.

4. West III, G. P. & DeCastro, J. (2001). The Achilles heel of firm strategy: Resource weaknesses and distinctive inadequacies. *Journal of Management Studies, 38,* 417-442.

5. 장세진(2016). 경영전략(제9판). 박영사: 서울.

6. Hitt, M. A., Ireland, R. D., & Hoskisson, R. E. (2003). *Strategic Management: Competitiveness and Globalization. (5th ed.).* South-Western: Mason, OH.

7. Grant, R. M. (2010). *Contemporary Strategy Analysis. (7th ed.).* John Wiley & Sons.: West Sussex, UK.

8. Porter, M. E. (1985). *Competitive Advantage: Creating and Sustaining Superior Performance.* The Free Press: NY.

9. *Ibid.*

10. *Ibid.*

11. *Ibid.*

12. Magretta, J. (2012). *Understanding Michael Porter: The Essential Guide to Competition*

and Strategy. Harvard Business Review Press: Boston, MA.

13. Porter, M. E. (1985). *Competitive Advantage: Creating and Sustaining Superior Performance*. The Free Press: NY.

14. Magretta, J. (2012). *Understanding Michael Porter: The Essential Guide to Competition and Strategy*. Harvard Business Review Press: Boston, MA.

15. Frei, F. & Morris, A. (2012). *Uncommon Service: How to Win by Putting Customers at the Core of Your Business*. Harvard Business Review Press: Boston, MA.

16. Magretta, J. (2012). *Understanding Michael Porter: The Essential Guide to Competition and Strategy*. Harvard Business Review Press: Boston, MA.

17. Christensen, C. M. (1997). *The Innovator's Dilemma: When New Technologies Cause Great Firms to Fail*. Harvard Business School.

18. Barney, J. B. (1991). Firm Resource ans Sustained Competitive Advantage. *Journal of Management, 7*, 49-64.

19. Barney, J. B. & Hesterly, W. S. (2006). *Strategic Management and Competitive Advantage: Concepts and Cases*. Pearson Education: Prentice Hall. 신형덕 역(2007), 전략경영과 경쟁우위, 시그마프레스: 서울.

20. *Ibid*.

21. *Ibid*.

22. *Ibid*.

23. *Ibid*.

24. *Ibid*.

25. Barney, J. B. (1991). Firm Resource ans Sustained Competitive Advantage. *Journal of Management, 7*, 49-64.

26. Barney, J. B. & Hesterly, W. S. (2006). *Strategic Management and Competitive Advantage: Concepts and Cases*. Pearson Education: Prentice Hall. 신형덕 역(2007), 전략경영과 경쟁우위, 시그마프레스: 서울.

27. *Ibid*.

28. Prahalad, C. K. & Hamel, G. (1990). The Core Competencies fo the Corporation. *Harvard Business Review, 68*, 79-91.

29. Hamel, G. & Prahalad, C. K. (1994). *Competing for the Future*. Harvard Business School Press: Cambridge, MA.

30. *Ibid*.

31. Prahalad, C. K. & Hamel, G. (1990). The Core Competencies fo the Corporation. *Harvard Business Review, 68*, 79-91.

32. Barney, J. B. (1991). Firm Resource ans Sustained Competitive Advantage. *Journal of Management, 7*, 49-64.; John, C. H, St. & Harrison, J. H. (1999). Manufacturing-based Relatedness, Synergy, and Coordination. *Strategic Management Journal, 20*, 129-145.

33. Agha, S., Alrubaiee, L. & Jamhour, M. (2012). Effects of Core Competence on Competitive Advanatge and Organizational Performance. *International Journal of Business and Management, 7(1)*, 192-204.; Surbhi, S. (2017). Difference Between Competitive Advantage and Core Competence. *Keydifferences.com.*

전략적 의도

Ⅰ. 전략적 의도

Ⅱ. 이해당사자와 전략적 의도

Chapter · 5

전략적 의도

학습 포인트

❶ 전략적 의도란 무엇인가?
❷ 기업의 사명이란 무엇인가?
❸ 기업의 비전이란 무엇인가?
❹ 기업의 가치란 무엇인가?
❺ 기업의 목표란 무엇인가?
❻ 이해당사자와 전략적 의도 간의 관계에 대해 이해한다.

Hilton Worldwide의 전략적 의도

"힐튼은 1919년에 창립된 이후로 접객 서비스 업계 1위의 자리를 놓치지 않았습니다. 힐튼은 지금도 여전히 혁신, 품질, 성공의 상징입니다. 이렇게 1위 자리를 유지할 수 있는 것은 힐튼의 비전, 사명, 가치를 충실하게 지키고 있기 때문입니다."[1]

● 힐튼의 비전

"항상 모든 호텔에서 모든 고객에게 특별한 경험을 선사함으로써 세상을 밝고 따뜻한 환대의 기운으로 가득 채우는 것입니다."[1]

● 힐튼의 사명

"고객에게 진심 어린 서비스를 선사하고, 팀원에게 의미 있는 기회를 제공하며, 호텔 소유주를 위한 높은 가치를 창출하고, 지역사회에 긍정적인 영향을 미침으로써 세계에서 가장 따뜻한 기업이 되는 것입니다."[1]

• 힐튼의 가치

Hospitality(접객 서비스)

"힐튼은 고객에게 최고의 경험을 선사하고자 항상 최선을 다합니다."[1]

Integrity(진실성)

"힐튼은 항상 옳은 일을 합니다."[1]

Leadership(리더십)

"힐튼은 호텔 업계의 리더이자 지역사회의 리더입니다."[1]

Teamwork(팀워크)

"힐튼은 모든 일을 협력하여 진행합니다."[1]

Ownership(주인 의식)

"힐튼은 주체적으로 결정하고 행동합니다."[1]

Now(바로 지금)

"힐튼은 원칙을 가지고 민첩하게 움직입니다."[1]

I ▶▶ 전략적 의도(Strategic Intent)

위에 소개한 Hilton의 비전, 사명, 가치는 기업의 전략적 의도에 대한 좋은 예를 보여주고 있다. Hilton의 사명은 관련된 내부 및 외부의 이해당사자(Stakeholder) 를 만족시키기 위한 그들의 각오를 잘 보여주고 있다. 그리고 Hilton은 호스피탈리 티(Hospitality) 정신을 발휘해서 어디에서나 모든 고객을 만족시키는 것에 집중하고 있다는 비전을 가지고 있다. 이와 같은 사명과 비전을 실천하기 위해서 Hilton 은 여섯 가지 가치를 선정해서 관리자와 직원들의 의사결정과 행동을 위한 지침으로 삼도록 하고 있다. 사명, 비전, 가치를 충실하게 실천함으로써 Hilton은 전략적 의도인 '전 세계 호텔산업을 선도하는 최고의 호텔체인'이란 원대한 포부를 성취할 수 있었다.

전략적 의도는 대대적인 성장을 위한 기업의 열정이자 집착이다. 전략적 의도 는 기업이 경쟁을 극복하고 큰 성장을 이룩해서 해당 산업에서 선도적인 역할을 하고자 하는 장기적인 원대한 포부를 말한다. Hilton호텔을 설립한 Conrad Hilton 은 "큰일을 성취하기 위해서는 먼저 큰 꿈을 꾸어야 한다고 확신합니다."라고 강조 했다. 전략적 의도는 승리하기 위해서 경쟁의 본질을 꿰뚫어 볼 수 있는 통찰력이 필요하다. 원대한 목표를 달성하기 위해 기업 전체적인 차원에서 전략적 의도에 대한 전 구성원의 집중적인 관심을 최대한 장기적으로 유지해야 한다. 그뿐만 아 니라 장기적인 목표인 전략적 의도는 관리자와 직원들의 단기 행동에 대한 일관적 인 지침을 제공하는 동시에 새로운 기회가 나타나면 이에 맞춰서 재해석의 여지를 남겨두고 있다.[2]

전략적 의도는 대폭적인 도약을 위한 기업의 꿈이다. 이를 위해 기업은 전체 구성원의 개인적인 노력과 몰입을 의도된 방향으로 결집한다. 경쟁우위의 창출이 라는 수수께끼를 함께 풀어나가기 위해서 모든 직원들의 에너지를 전략적 의도라 는 한 방향으로 끌어모으기 위해 직원들과 효과적으로 원대한 포부에 대해 소통하 고 공유한다.

전략적 의도는 10년 이상의 장기간을 통해 기업의 원대한 목표를 달성하고자 하는 것이다. 따라서 많은 경우에 현재 기업이 보유하고 있는 자원과 역량만으로 는 목표를 달성할 수 없다. 따라서 경영진은 현재 선두기업과의 격차를 줄이기 위 해서 과거에는 없던 새로운 자원과 역량을 개발하여 경쟁우위를 창출해야 한다. 이를 위해 경영진은 전략적 의도를 달성하기 위한 단계별 목표를 선정하고 그에 따른 구체적인 도전과제를 제시한다. 예를 들면 전략적 의도가 개시된 첫해의 도 전과제는 품질 개선에 두고, 다음 해의 도전과제는 고객만족도 향상, 그 다음 해의 도전과제는 신규 시장 진출, 그리고 다음에는 경쟁적인 제품 포트폴리오의 구축 등의 단계를 거친다. 실제로 Canon은 먼저 Xerox가 보유하고 있는 특허권에 대해 철저히 분석하고 이해했다. 다음으로 해당 기술을 라이선스한 후 제품을 개발해서 시장에 선을 보였다. 이후에는 Canon의 내부에 연구개발에 대한 노력을 대폭 강화하였으며 이후 개발된 자체 기술을 다른 제조업체에 라이선스로 제공함으로써 최첨단 연구개발을 위한 추가적인 자금을 확보했다. 그리고 다음으로 Canon은 Xerox의 취약지역인 일본과 유럽 시장에 새로운 제품인 개인용 복사기를 출시하면서 선제적으로 경쟁시장을 공략하기 시작했다. 한술 더 떠서 Canon은 개인용 복사기의 가격을 $1,000으로 책정하고 자사의 기술자들에게 이 가격에 맞춰서 신제품을 개발할 수 있도록 독려했다. 이 가격을 Xerox가 단시간 내에 맞추기는 거의 불가능에 가까웠다. 마침내 Canon은 Xerox를 꺾고 세계 복사기 시장의 선두기업이라는 전략적 의도를 달성하게 되었다.[3]

중소기업이든 대기업이든 어떠한 조직도 구체적인 야망이나 목적을 가지고 있는데, 이를 다른 말로 전략적 의도라고 할 수 있다. 전략적 의도는 기업이 무엇을 위해 존재하고 있으며 또한 기업이 장기적으로 달성하고자 하는 바를 명확하게 밝히고 있다. 따라서 전략적 의도는 모든 기업에서 수행하는 전반적인 경영전략 프로세스의 시발점이자 철학적 기반이 되고 있으며, 전체 조직에 방향성, 초점, 그리고 동기부여를 제공하고 있다. 각 산업에서 지속적으로 경쟁우위를 창출하고 있는 선도기업을 보면 보통 체계적으로 개발된 전략적 의도를 가지고 있다.

그러나 전략적 의도를 결정하는 합의되거나 통일된 지침은 존재하지 않고 있다. 기업마다 전략적 의도는 다양하게 표현되고 있지만 가장 포괄적인 전략적 의도는 〈그림 5-1〉에서 보는 것처럼 네 가지 주요 구성요소를 포함하고 있다. 사명, 비전, 가치, 목표는 기업을 둘러싸고 있는 다양한 이해당사자에게 기업의 전략적 의도를 전달하는 도구로써 소통 및 공유라는 전략적 역할을 담당하고 있다. 그러나 네 가지 구성요소를 모두 포함하지 않고 일부만으로 전략적 의도를 표출하는 기업도 많다.

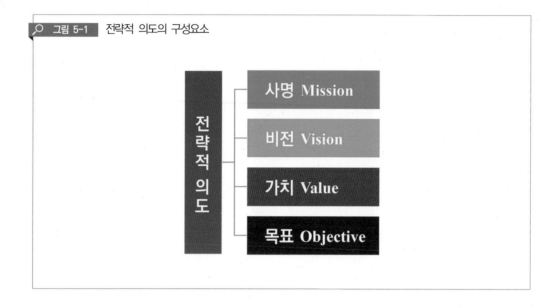

그림 5-1   전략적 의도의 구성요소

형식에 상관없이 탁월한 성과를 내는 기업들은 내부 및 외부 이해관계자들에 의해 잘 이해될 수 있는 전략적 의도를 개발하는 성향을 보인다. 〈그림 5-2〉는 1973년 이후 45년간 연속으로 흑자 지속이라는 전무후무한 기록을 세우면서 세계 항공운송산업을 주도하고 있는 미국의 대표적인 저가항공사이자 최대의 국내항공 사인 Southwest Airlines의 전략적 의도를 보여주고 있다. 그러나 과거부터 미국의 항공운송산업을 주도했으며 우리가 익히 알고 있는 고급서비스(FSC: Full Service Carrier) 대형항공사인 American Airlines, United Airlines, Delta Air Lines 등은 1978 년 미국 항공운송산업의 탈규제로 시장이 자유화되고 난 이후 나타난 극심한 경쟁 과 9·11과 같은 충격적인 사건들의 발생으로 모두 여러 차례에 걸쳐 부도에 빠지 면서 미국 정부의 지원으로 겨우 회생했던 경험을 가지고 있다. 이런 상황에서 45 년 동안 단 한 번도 적자에 빠지지 않았다는 사실은 여러 면에서 기념비적인 사건 이다. 〈그림 5-2〉에 나타난 전략적 의도는 저가항공사이지만 고객에게 최고의 안 전 및 서비스를 제공하려는 Southwest Airlines의 포부가 잘 표현되어 있다.

잘 구축된 전략적 의도는 내부적으로 모든 구성원에게 좋은 행동지침을 제공하 며, 외부에서도 기업의 사업 동기를 이해하는 데 도움이 되고 파트너십 구축에 도움이 된다. 최고경영진은 전략적 의도를 통해 기업과 중요한 이해당사자(Stakeholder) 간에 상호 관심사를 조율하고 기업의 장기적인 목적을 전달해야 할 필요가 있다.

🔍 **그림 5-2** Southwest Airlines의 전략적 의도

목적
• 친절하고, 믿을 수 있고, 저렴한 항공여행을 통해 사람들이 인생에서 중요한 것을 얻을 수 있도록 한다.

사명
• Southwest Airlines의 사명은 따뜻함, 친절함, 개인적 자부심, 기업정신을 갖춘 최고의 고객서비스에 헌신하는 것이다.

비전
• 세계에서 가장 사랑받고, 가장 많이 비행하고, 가장 수익성 있는 항공사가 되는 것이다.

가치
• Southwest 방식으로 살아라: 전사정신, 하인의 마음, 즐겁게 일하는 태도
• Southwest 방식으로 일하라: 안전 및 신뢰, 친절한 고객 서비스, 저비용

출처: www.southwestairlines.com

전략적 의도는 고정된 과녁이 아니라 움직이는 과녁이다. 여러 요인의 영향에 의해 사업의 본질이 변하게 되면 전략적 의도도 이에 따라서 적응해야 한다. 전략적 의도에 영향을 미치는 핵심요인에는 〈그림 5-3〉에서 보는 바와 같이 거시환경, 외부 및 내부 이해당사자, 그리고 창립된 이후 축적되어온 기업 역사가 있다. 첫째, 정치·경제·사회·기술환경을 포함하는 거시환경의 끊임없는 변화는 기업의 전략적 의도에 매우 큰 영향을 미치고 있다. 둘째, 기업을 둘러싸고 있는 내·외부 이해당사자들은 더욱 가까운 거리에서 기업에 영향을 미치고 있으며 또한 기업에 의해 영향을 받고 있다. 셋째, 이후 장기간에 걸쳐 축적된 기업의 역사는 문화적 토대가 되며 전략적 의도의 유지에 큰 영향을 미치고 있다.

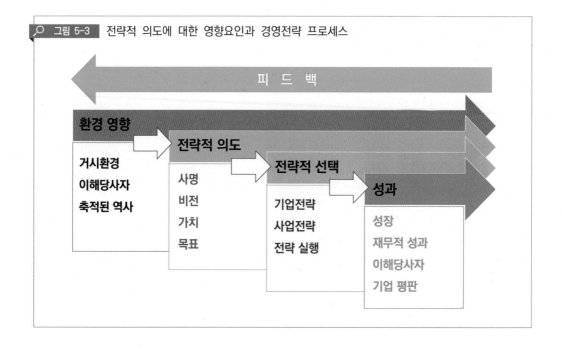

그림 5-3 전략적 의도에 대한 영향요인과 경영전략 프로세스

피드백

환경 영향

거시환경
이해당사자
축적된 역사

전략적 의도

사명
비전
가치
목표

전략적 선택

기업전략
사업전략
전략 실행

성과

성장
재무적 성과
이해당사자
기업 평판

전략적 의도에 설정된 목표를 달성하기 위해 기업전략과 사업전략이 수립되고 실행된다. 전략이 실행되고 그에 대한 성과가 나타나게 된다. 성과는 성장의 달성도, 재무적인 성과, 이해당사자들의 평가에 의해 기업 평판이 결정된다. 다음으로 성과에 대한 평가가 이루어지고 난 후 피드백(Feedback)이 개발된다. 피드백의 정도에 따라 기업은 전략적 의도나 전략적 선택에 대해 수정을 기하게 된다.

장기간에 걸쳐 잦은 피드백이 수행되면서 기업의 역사는 축적된다. 역사는 기업의 기저에서 경영전략 프로세스에 관여하게 되는데, 기업은 과거 성공 및 실패의 역사를 학습하고 있기 때문이다. 피드백의 긍정적인 역할은 환경변화에 잘 적응하게 하거나 혁신적인 기업문화를 만들면서 경쟁우위의 원천이 된다. 그러나 피드백의 부정적인 역할은 기업 내에서 현상유지(Status Quo)를 조장하는 강력한 토대를 만들게 되는데, 이것이 구조적인 타성(Inertia)이다. 특히 기업이 과거에 경험했던 성공은 타성이 기업 내에 꾸준히 구축되는 것을 조장하며, 이는 기업의 구조, 문화, 시스템, 프로세스, 내부정치 등에 스며들고 점점 강화된다. 과거의 성공이

자동적으로 미래에도 이어질 것이라고 믿고 싶은 관리자들은 시장에서 여러 위험한 신호가 나타나기 시작해도 애써 이를 무시한다. 그러나 현재처럼 급변하는 경영환경에서 변화보다 현상유지를 선호하는 것은 몰락을 자초하는 것이다. 기업의 강한 타성은 다른 어떤 강력한 외부환경의 변화보다도 기업에 더욱 큰 악영향을 미칠 수 있다. 과거에 큰 성공을 이룩했으며 타성이 강한 기업에서 관리자들은 특히 사명과 전략에 대해 대대적인 변화가 예고되면 가장 강력하게 변화에 저항한다.[4]

전략적 의도를 소통하고 전달하는 가장 일반적인 수단의 하나가 바로 사명(Mission)이다.

○ 사명(Mission)

사명은 기업이 사회에서 수행하는 역할을 정의하는데, 구체적으로 기업이 무엇을 하고 있는 것인가에 대해 설명하고 있다. 아시아의 최고급(Luxury) 호텔체인을 넘어 전 세계의 최고급 호텔체인으로 도약하고 있는 Mandarin Oriental Hotel의 사명은 "완전하게 손님들을 즐겁게 하고 만족하게 하는 것이다." 이 고객지향적인 사명문은 기업이 만족시키려고 노력하고 있는 고객의 욕구에 초점을 맞추고 있다.

• 사업정의(Business Definition)

기업의 사명을 개발함에 있어 첫 단계는 사업에 대한 정의를 내리는 것이다. 사업정의는 우리는 무슨 사업을 하고 있는가? 우리 사업은 무엇이 될 것인가? 우리 사업은 무엇이어야 하는가? 와 같은 세 가지 질문에 대해 답변을 해야 한다.[5] 이에 대한 답변은 사명을 결정하는데 좋은 지침이 될 수 있다. 이 중에서 우리 기업은 무슨 사업을 하고 있는가에 대한 답변은 〈그림 5-4〉와 같이 세 가지 차원에서 이루어질 수 있다. 그림에 나타난 바와 같이 사업정의는 고객을 중심으로 개발되어야 한다.[6]

193

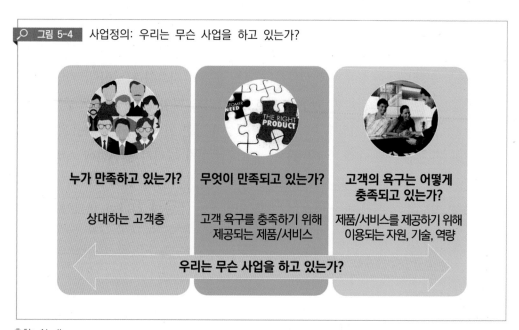

그림 5-4 사업정의: 우리는 무슨 사업을 하고 있는가?

누가 만족하고 있는가?

상대하는 고객층

무엇이 만족되고 있는가?

고객 욕구를 충족하기 위해
제공되는 제품/서비스

**고객의 욕구는 어떻게
충족되고 있는가?**

제품/서비스를 제공하기 위해
이용되는 자원, 기술, 역량

우리는 무슨 사업을 하고 있는가?

출처: Abell

　사명은 기업의 명칭, 규정, 법인 정관에 의해 정의되는 것이 아니다. Drucker는 고객이 누구인가를 확인하는 것은 기업의 목적과 사명을 개발할 때 가장 중요하다고 강조했다. 그는 사업이 무엇인지 알기 위해서는 사업목적에서부터 시작해야 한다고 강조했다. 그리고 사업목적은 외부환경을 바탕으로 해야 하는데, 왜냐하면 기업은 사회라는 공동체의 일원이므로 목적도 사회라는 기반 아래에서 구축해야 한다. 또한 그는 사업목적에 대한 단 하나의 유효한 정의가 있는데, 그것은 바로 고객을 창출하는 것이라고 강조했다. 따라서 기업의 목적이나 사명에서 반드시 고객이 시발점이 되어야 한다. 즉 고객이 사업을 정의해야 한다. 사업은 고객이 제품과 서비스를 구매하고 만족했을 때 비로소 정의될 수 있다. 그러므로 모든 사업의 목적과 사명은 고객을 만족하게 하는 것이어야 한다. 따라서 사업이 무엇인가를 정의할 때 기업은 고객 및 시장이란 관점에서 바라봐야 한다.[7] 그러나 사업정의가 기업의 전략적 선택을 제한하는 경우가 많아서는 안 될 것이다. 사업정의는 기업이 어디에 놓여있는지를 확인하는데 유용한 도구이지만 이것만이 기업의 미래를 결정하도록 해서는 안 된다.

다음 질문으로 우리 사업은 무엇이 될 것인가와 우리 사업은 무엇이어야 하는 가에 관한 것이다. 이는 예상되는 변화에 효과적으로 적응하는 것을 강조하고 있으며 이에 따라 기존 사업범위를 수정하거나 대대적인 변신을 시도해야 한다. 또한 급변하는 환경에서 사업의 목적과 사명을 유지해 나가기 위해서 새롭게 등장하거나 만들어지고 있는 기회를 잘 포착해서 차별화된 조직으로 거듭나야만 하는 것을 강조하고 있다.

위의 세 가지 질문을 주기적으로 확인하는 시스템을 갖추고 있지 않은 기업은 고객중심적인 사고에 대한 초점을 잃게 되거나 새롭게 등장하는 기회를 놓칠 수 있다. 실제로 이에 대한 기업들의 사례를 보면 1980년대에 Smith Corona와 같은 타자기 제조업체들은 PC의 등장으로 인한 고객의 욕구 변화를 잘못 판단했고, 그리고 1768년에 창립된 브리태니커 백과사전은 1990년대 중반 이후 인터넷의 등장으로 만들어진 참여와 소통정신을 기반으로 등장한 Wikipedia에 뒤늦게 대응했으며, 또한 아날로그 필름으로 세계시장을 석권했던 Kodak은 디지털카메라를 아이들의 장난감으로 판단하는 전략적 실수를 범하면서 역사의 뒤안길로 쓸쓸히 사라져 갔다.

위와 같은 질문을 통해 기업은 사업의 본질, 사명 및 목적에 강한 영향을 줄 수 있는 환경변화를 확인하고 동시에 이를 사업의 목적 및 사명에 어떻게 효과적으로 반영할 것인가에 대한 선견지명과 통찰력을 강화할 수 있다.

사명은 기업의 핵심 목적과 존재 이유를 밝히고 있다. 그리고 사업의 본질과 섬기고자 하는 고객에 대해서도 서술하고 있다. 보다 구체적으로 보면 사명은 주로 고객, 시장, 제품/서비스, 기술, 철학, 입지, 대중적 이미지 등에 대해 표현하는 한편 기업의 사업영역과 활동범위에 대해 차별적으로 기술함으로써 다른 기업과 구별되고자 한다. 한편 사명은 내부 및 외부 이해당사자와 기업의 전략적 의도에 대해 효과적으로 소통하기 위한 좋은 수단이 되고 있다. 기업은 사명을 통해 방향성을 제시하면서 관리자와 직원을 고무하고 있다. 사명은 적절히 사용되면 전략적인 기회와 위협을 평가하는 좋은 도구가 될 수 있다. 하지만 모든 기회들이 기업의 현재 사명과 조화되지 않는 경우도 종종 발생하고 있다.

기업에서 사명은 여러 역할을 수행하고 있다. 첫째, 의사결정과 자원배분에 있어 좋은 지침이 되고 있다. 둘째, 구성원의 자긍심을 향상한다. 셋째, 사회에서 기업의 평판을 높일 수 있다. 한편 좋은 사명(문)이 되기 위해서는 첫째, 모든 사람이 의미를 쉽게 이해할 수 있어야 한다. 따라서 명확하게 표현되어야 한다. 둘째, 문화 및 가치와 밀접하게 관련되어야 한다. 셋째, 현재 공동체 사회의 요구사항과 밀접하게 연관되어야 한다. 넷째, 긍정적이고 고무적이어야 한다. 다섯째, 독특하고 차별화되어야 한다.[8] 많은 기업들이 사명을 홈페이지에 내세우고 있지만 분명하게 나타나고 있지 않은 기업들도 상당히 존재하고 있다. 그리고 유럽기업들에 비해 미국기업들이 사명(Mission)이란 용어를 비교적 많이 사용하고 있는 편이다. 〈그림 5-5〉는 세계 커피판매점 시장을 석권하고 있는 Starbucks의 사명으로 한 잔의 커피를 통해 행복한 고객을 만들고자 하는 기업의 열정을 엿볼 수 있다. 그리고 〈표 5-1〉은 국내 및 국외 대표적인 호스피탈리티 기업들의 사명을 비교한 것이다.

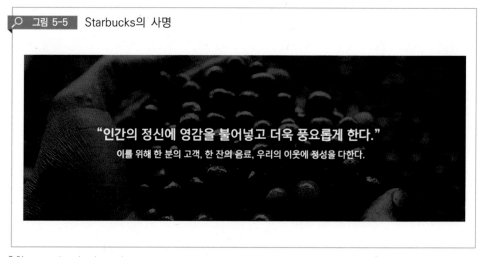

🔍 그림 5-5 Starbucks의 사명

출처: www.istarbucks.co.kr

| 표 5-1 | 국내외 호스피탈리티 기업의 사명

기업명	사명
Wyndham Worldwide	Wyndham은 가장 폭넓은 숙박시설을 갖추고 있으며, 원하는 방식대로 여행을 경험하고 싶은 사람들을 환영한다.
Mandarin Oriental Hotel	우리의 사명은 손님을 완전히 기쁘게 하고 만족하게 하는 것이다. 우리는 매일 차별화하고 최고가 되기 위해 지속적인 개선을 약속한다.
Southwest Airlines	Southwest Airlines의 사명은 따뜻하고 친절하며 개인적인 자부심과 기업 정신으로 최고 품질의 고객서비스 전달에 전념하고 있다.
Darden Restaurants	현재 우리가 하는 모든 일은 유능한 사람들을 통해 훌륭한 음식, 음료 및 서비스를 멋있는 분위기에서 일관적으로 제공함으로써 모든 고객을 충성스럽게 만들어 재무적인 성공을 이룩하려는 사명에 뿌리를 두고 있다.
Cheesecake Factory	완벽한 고객만족이 가장 우선시되는 환경을 조성한다.
호텔롯데	사랑, 자유, 풍요의 꿈을 실현하는 호텔 Touching your Heart 1. 고객에게 감동을 주는 최고의 호텔리어가 된다. 2. 고객으로부터 신뢰받는 프로로서의 자부심과 열정을 잊지 않는다. 3. 고객보다 앞선 행동과 밝은 미소로 세계 최고의 롯데호텔을 만든다.
앰배서더호텔	우리는 모든 고객에게 집 이상의 편안함과 즐거움을 제공하고, 그들의 존귀한 가치를 높이는 경험을 선사한다.
롯데리아	우리는 고객의 기분 좋은 경험을 만들어간다!
CJ푸드빌	Only One적인 맛과 서비스를 통해 외식시장을 선도한다. 일류인재 양성과 파트너와의 상생을 통해 외식산업 생태계를 조성한다. 한국 식문화의 세계화를 통해 K-Food 경험을 일상화한다.
모두투어	사람들에게 가치 있는 경험과 즐거움을 제공한다.
엔제리너스 커피	기분 좋은 경험!! 우리는 끊임없이 고객의 기분 좋은 경험을 만들어가는 브랜드가 되고자 한다.
대한항공	Excellence in Flight 최상의 운영체제, 변화지향적 기업문화, 고객 감동과 가치창출
이스타항공	행복주고 사랑받는 국민항공사 짜릿한 가격으로 추억을 선사하는 서비스 안전을 기반으로 하는 기업문화

출처: 각 기업 홈페이지

○ 비전(Vision)

비전은 장기적인 차원에서 기업이 원하는 미래의 모습을 담고 있으며 또 기업이 달성하고자 하는 바를 비교적 담대하게 표현하고 있다.[9] 미국의 유명 호텔그룹인 Marriott International의 비전은 "세계가 가장 좋아하는 여행기업이 된다"이다. 이 비전은 Marriott가 세계 100개가 넘는 국가에서 110만실이 넘는 객실을 운영하는 세계 최대의 호텔체인으로 성장하는데 큰 동력을 제공하였다. Marriott는 2016년에 강력한 라이벌 체인이었던 Starwood 호텔체인을 인수합병하면서 세계 도처에서 30여 개의 브랜드에 6,000개가 넘는 호텔을 운영하는 전무후무한 호텔체인으로 우뚝 서게 되면서 세계 호텔산업에 새로운 이정표를 기록했다. 좋은 비전선언문(Vision Statement)은 야심적이지만 성취 가능한 기업의 미래 모습을 명확하게 밝힘으로써 모든 구성원을 동기부여하고 전략을 추진하는 데 도움을 제공해서 기업이 크게 도약하는데 기여한다.[10]

비전에는 기업의 미래에 대한 이상적이며 다른 기업에 비해 차별화된 이미지가 담겨 있다. 그리고 비전에는 구성원에게 기업의 미래 가능성을 전달하는 미래지향적인 문구가 포함되는 것이 일반적이다. 만약에 기업의 미래가 불분명하다면 구성원들은 회의를 느끼게 될 확률이 높게 될 것이다. 따라서 최고경영진이 맡고 있는 막중한 책임 중의 하나가 시의적절한 비전을 개발하고 이를 구성원에게 전파하고 공유하는 것이다. 비전은 효과적으로 리더십을 발휘하기 위한 시발점이 되고 있다. 미래에 대한 확고한 의지가 담겨 있는 비전선언문을 통해 구성원은 기업에 대해 자부심을 가질 수 있다. 경영진은 되도록 비전이 조직의 말단까지 전파될 수 있도록 해야 한다. 잘 이해되고 공유되는 비전은 관리자와 직원들이 수행하고 있는 행동이 큰 의미가 있다는 것을 믿도록 하는 데 도움이 된다. 한번 명문화된 비전은 조직 전체의 노력을 한 방향으로 집중하는 데 이용된다. 그리고 기업 비전에 부합되지 않는 계획, 규칙, 정책, 프로그램 등은 변경되거나 대체될 필요가 있다. 훌륭한 비전은 전체 구성원에 의해 잘 이해되며 기업 전체를 한 방향으로 나아가게 하는데 필수적인 조직의 단결을 도모하는 데 도움이 된다.[11]

그러나 많은 기업에서 비전이 개발되고 있지만, 과연 얼마나 구성원을 고무하고 또 기업의 성과를 향상하는 데 도움을 주고 있는가에 대해 묻는다면 자신있게 답변할 수 있는 기업은 그리 많지 않다. 효과적인 비전이 되기 위해서는 다음과 같은 6가지 특성이 반드시 고려되어야 할 필요가 있다. 첫째, 간결성으로 비전은 쉽게 의사소통이 되고 기억될 수 있어야 한다. 둘째, 명료성으로 비전은 중요한 목적이 직접적으로 표현되어야 한다. 거창한 발표회나 토론이 없어도 쉽게 이해할 수 있어야 한다. 셋째, 미래지향적이어야 한다. 좋은 비전은 달성이 되고 나면 버려지고 마는 일회성이 아니고 구체적인 목적이나 생산성 목표(예: 매출액 또는 이윤)로 구성되지 않는다. 넷째, 안정감이 있어야 한다. 비전은 단기 트렌드, 기술 또는 시장 변화에 따라 쉽게 변하지 않아야 한다. 비전은 크고 작은 변화에 잘 견딜 수 있도록 충분히 유연해야 한다. 다섯째, 도전적인 비전이어야 한다. 효과적인 비전은 직원들이 원하는 목표를 달성하기 위해 최선을 다하도록 동기부여하기 때문에 도전적이다. 여섯째, 모두에게 바람직해야 한다. 좋은 비전은 매우 바람직하고 고무적이어야 한다. 이를 위해 비전은 전 직원에게 직접적인 영향을 줄 수 있는 목표를 제시해야 한다. 그리고 아무리 좋은 비전이 만들어졌다고 해도 반드시 실현된다는 보장이 없다. 따라서 좋은 비전이 실천되기 위해서는 우선적으로 조직 전체에 잘 소통되어야 하며, 비전에 맞게 기업의 시스템과 프로세스를 잘 조화시키고, 그리고 비전을 달성할 수 있는 행동에 나설 수 있도록 직원들에게 권한을 위임해서 동기부여를 해야 한다.[12]

| 표 5-2 | 국내외 호스피탈리티 기업의 비전

기업명	비전
Marriott International	세계가 가장 좋아하는 여행기업이 된다.
Mandarin Oriental	세계 최고의 럭셔리 호텔그룹으로 인정받는 것이다.
Cathy Pacific	세계 최고의 항공사가 된다.
Cheesecake Factory	공유되는 탁월함에 대한 헌신을 통해 우리는 음식, 서비스, 직원 및 이익의 품질에 관해 타협하지 않는 동시에 손님과 직원을 훌륭하게 보살피고 있다. 우리는 스스로의 업적을 초월하기 위해 끊임없이 노력하며 업계에서 선두주자로 인정받는다.
Domino's Pizza	전 세계 및 모든 지역에서 최고의 피자기업이 된다.
호텔롯데	아시아 TOP3 브랜드 호텔 고품격 경영업계 선도 고객 중심 효율 중심 경쟁력 강화
호텔신라	PREMIUM LIFESTYLE LEADING COMPANY 최고의 품격과 신뢰를 바탕으로 고객이 꿈꾸는 라이프스타일을 제공하는 글로벌 선도 기업
앰배서더호텔	Hospitality leader offering the best value
대한항공	세계 항공업계를 선도하는 글로벌 항공사
에어부산	업계 최고 1등의 기업 가치를 창출하는 아름다운 기업
이스타항공	항공여행의 대중화를 선도하고 사회공익에 기여하는 글로벌 국민항공사
모두투어	Vision 2020 글로벌 관광레저 그룹
CJ푸드빌	CREATE THE WORLD OF NEW FOOD CULTURE
제너시스 BBQ	2025년 전 세계 50,000개 점포 달성 세계 최대·최고의 프랜차이즈 그룹

출처: 각 기업 홈페이지

　　지금까지 우리는 사명과 비전에 대해 살펴보았다. 그러나 일부에서는 이 두 용어에 대해서 잘 이해하지 못하고 혼동되는 경우가 많다. 간혹 상호 간에 의미가 바뀌어서 이용되는 경우도 있다. 그러나 사명과 비전은 엄연히 서로 다른 개념이다. 비전의 본질은 조직이 원하는 미래지향적인 관점을 표현하고 있으며, 반면에 사명은 조직의 사업적 본질이 무엇이며 존재하는 이유에 대해 설명하고 있다. 때로는 사명이 비전이나 가치에 포함되는 경우도 왕왕 있다. 그러나 사명과 비전을 따지는 것이 중요한 것은 아니다. 조직이 무엇이고, 어떤 가치로 무장되어 있으며, 그리고 조직이 향해 가고 있는 방향성과 미래에 대한 포부에 대한 내용이 전략적 의도에 포함된다면 형식은 굳이 중요하지 않다고 할 수 있다.

기업이 처음 창립될 당시에는 사명이나 비전이 분명하게 드러나는 경우가 그리 많지 않다. 그러나 기업이 점차 성장하게 되면서 규모가 확대됨에 따라 구성원이 증가하면서 경영구조가 점차 복잡해진다. 이때가 되면 최고경영자는 기업을 재정비하고 보다 체계적으로 발전시켜 나가기 위해 여러 방면에서 변화를 추구하는데 그 중에 전략부서의 설치와 사명 및 비전의 개발이 포함되는 것이 일반적인 추세이다.

○ 가치(Value)

기업의 가치는 관리자와 직원이 어떻게 업무를 수행해야 하는지, 그들이 사업을 어떻게 운용해야 하는지, 그리고 기업의 사명을 달성하기 위해 추구하고자 하는 조직의 형태를 정의하고 있다. 가치는 기업문화의 기반이 되며 기업 내에서 바람직한 행동을 유노하고 형성하는 데 도움을 제공한다. 기업문화는 직원들이 기업의 목적과 사명을 달성하는 방식을 제어하는 가치, 규범 및 기준의 집합이다.[13] 기업문화는 종종 기업에서 경쟁우위의 원천으로 간주되고 있다.[14] 예를 들어 Southwest Airlines는 미국에서 가장 생산적이고 수익성이 높은 항공사 중의 하나이다. 이 기업의 경쟁우위는 상당 부분 직원들의 타의 추종을 불허할 정도의 기업에 대한 헌신을 바탕으로 하고 있는데, 이는 Southwest Airlines의 철저한 직원중심적인 문화적 가치에서 비롯된 것이다. 여기서 Southwest Airlines의 가치를 살펴보자. 〈그림 5-6〉에서 Southwest Way라는 자신만의 방식으로 저가항공사이지만 대형항공사를 능가하는 운항편 및 고객서비스를 제공하면서 높은 성과를 창출하고 있다. Southwest Airlines는 직원들을 가족처럼 진심으로 대하고 성과를 공유하는 가치로 인해 높은 수준의 생산성을 이룩했다. 결국 이런 가치로 인해 Southwest는 업계에서 가장 낮은 수준의 비용구조를 구축하는 데 성공했으며 이는 가격경쟁이 치열한 항공운송 사업에서 45년간 연속으로 수익성을 유지하는 유일무이한 항공사로 도약하는데 큰 원동력이 되있다.

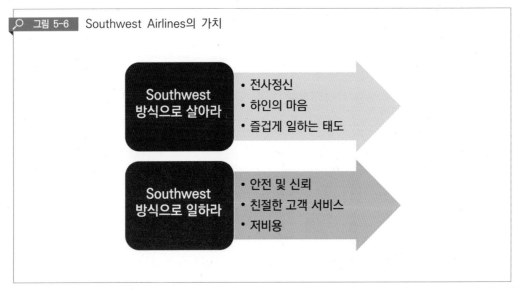

> 🔍 **그림 5-6** Southwest Airlines의 가치
>
> **Southwest 방식으로 살아라**
> - 전사정신
> - 하인의 마음
> - 즐겁게 일하는 태도
>
> **Southwest 방식으로 일하라**
> - 안전 및 신뢰
> - 친절한 고객 서비스
> - 저비용

출처: www.southwestairlines.com

가치는 기업 내에서 의사결정과 행동에 대한 지침이 되고 있다. 공유되는 훌륭한 가치에 고무된 직원들은 고객의 기대를 상회하는 서비스를 제공하게 된다. 호스피탈리티 기업들의 가치들을 살펴보면 많은 면에서 유사하지만 다른 면도 많이 존재하고 있다. 기업 간에 가치가 다르다는 것은 각 기업마다의 차별화된 문화를 반영하고 있다는 것을 상징하고 있기도 하다. 기업 가치를 개발하는데 가장 큰 영향력을 행사할 수 있는 인물이 바로 최고경영진이다. 기업의 전략적 의도와 조화가 잘 되고 직원들이 진심으로 받아들일 수 있는 가치체계의 구축은 중요한 과업이다. 각 산업을 주도하는 기업들은 좋은 가치를 개발하는데 많은 노력을 집중하고 있다. Marriott International은 다음과 같은 핵심가치를 보유하고 있으며 이 가

치체계가 기업 성공의 원동력이 되고 있다고 밝히고 있다. Marriott의 기업문화는 "직원을 잘 보살펴라. 그러면 그들이 당신의 고객을 잘 보살필 것이다"라는 직원 우선주의(Putting People First)를 최우선으로 해서 구축되어 있다.

> "우리의 핵심가치는 우리가 누구인지를 밝히고 있다. 우리가 변화하고 성장함에 따라 우리에게 가장 중요한 신념(가치)은 직원들을 가장 먼저 두고, 탁월성을 추구하고, 변화를 수용하고, 정직하게 행동하고, 그리고 세상을 섬기는 것입니다. Marriott International의 일원이라는 것은 자랑스러운 역사와 번창하는 문화의 일부라는 것을 의미하고 있다."[15]

한편 세계 커피시장의 성장을 주도하고 있는 Starbucks의 가치는 〈그림 5-7〉에 잘 나타나 있다. 그리고 〈그림 5-8〉은 국내 햄버거 시장의 선두주자인 롯데리아의 핵심가치이다.

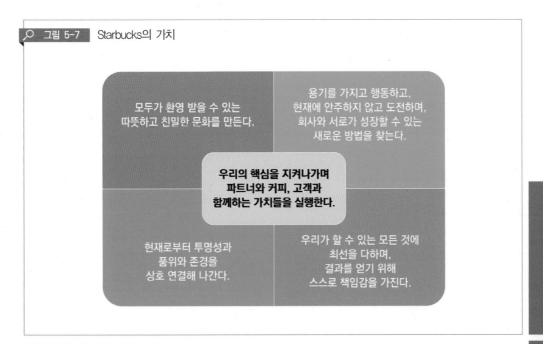

🔍 그림 5-7 Starbucks의 가치

모두가 환영 받을 수 있는 따뜻하고 친밀한 문화를 만든다.

용기를 가지고 행동하고, 현재에 안주하지 않고 도전하며, 회사와 서로가 성장할 수 있는 새로운 방법을 찾는다.

우리의 핵심을 지켜나가며 파트너와 커피, 고객과 함께하는 가치들을 실행한다.

현재로부터 투명성과 품위와 존경을 상호 연결해 나간다.

우리가 할 수 있는 모든 것에 최선을 다하며, 결과를 얻기 위해 스스로 책임감을 가진다.

출처: istarbucks.co.kr

그림 5-8 롯데리아의 핵심가치

Product & Service
- 건강하고 안전한 제품
- 지불 가격 이상의 가치
- 언제나 맛있는 제품
- 빠른 응대 (즉시성)
- 차별화 된 제품
- 고객만족을 위한 연구 (적시성)
- 최고의 제품을 위한 신념

People
- 정직
- 전문성
- 긍정적인 생각과 열정
- 상하 동료 간의 신뢰

Place
- 기분 좋은 공간
- 새로운 경험 공간
- 편안한 공간
- 위생적인 공간
- 안전한 공간
- 트렌디한 공간

출처: www.lotteria.com

○ 목표(Objective)

사명, 비전 및 가치가 개발되고 나면 다음 단계는 기업의 구체적인 목표를 설정하는 것이다. 목표는 기업이 실현하고자 하는 측정가능한 미래의 어떤 상태를 말한다. 목표는 기업이 전략적 의도를 달성하기 위해서 반드시 해야 할 일을 비교적 정확하게 규정하고 있으며, 전략적 의도가 달성하고자 하는 결과를 의미한다. 목표에는 장기 목표와 해마다 추진하는 단기 목표가 있다. 결국 전략적 의도는 여러 해 동안에 걸쳐 달성된 목표의 누적된 결과에 의해 달성 여부가 결정된다. 한편 대규모 기업에서는 최고경영진이 전체적인 차원에서 구체적인 목표를 결정하면 이어서 기업전략, 사업전략 및 기능전략의 수준별로 개별적인 목표가 설정된다. 목표는 전략의 수립 및 실행에서 중요한 역할을 담당하며, 기업의 귀중한 자원을 배분함에 있어 기반이 되고 있다. 효과적으로 설정된 목표는 전략에서 경영진이 무엇을 해야 하는지와 하지 말아야 하는지를 판단하는 것과 올바른 기업의 방향을 정하는 의사결정에 도움을 제공할 수 있다. 또한 잘 설정된 목표는 관리자의 성과를 평가할 수 있는 좋은 수단을 제공한다. 효과적으로 개발된 목표에는 네 가지 주요 특성이 있다.[16]

첫째, 좋은 목표는 정확하고 측정이 가능하다. 측정 기능한 목표는 관리자에게 성과를 판단할 수 있는 적절한 척도나 기준을 제공한다. 둘째, 좋은 목표는 중요한 문제를 해결할 수 있다. 집중력을 유지하기 위해 관리자는 기업의 성과를 평가하기 위한 주요 목표의 수를 제한해서 결정적이거나 중요한 목표만 선정해야 한다. 셋째, 좋은 목표는 도전적인 동시에 현실적이다. 적절한 목표는 모든 직원들에게 성과를 개선할 수 있는 방안을 모색할 수 있도록 유인하는 인센티브를 제공한다. 도전과제의 목표가 비현실적이라면 직원들은 쉽게 포기할 수 있으며 반면에 너무 쉬운 목표는 관리자 및 직원에게 동기부여를 제공하지 못할 수 있다. 넷째, 만약에 목표가 적절하다면 그 목표가 반드시 달성되어야 하는 시간도 구체적으로 명시되어야 한다.[17] 시간적인 제약을 통해 직원들에게 성공을 위해서 목표는 주어진 시간 내에서만 달성되어야 한다는 사실을 강조해야 한다. 마감시간의 설정은 조직에 목표 달성에 대한 절박감을 조성할 뿐만 아니라 동기부여의 역할도 할 수 있다. 그렇지만 반드시 모든 목표마다 시간 제약이 따르는 것은 아니다.

1977년에 부친으로부터 경영전권을 물려받은 Marriott 2세는 Marriott Corporation을 더 높은 단계로 도약시키기 위해 야심찬 전략적 의도를 마련해서 시행해 나가게 되었다. 이와 같은 도약을 성취하기 위해서 Marriott 2세는 해마다 "매출 20% 성장 및 자본수익률 20% 달성"이라는 연간 성장목표를 설정했으며 이를 간단하게 "20/20"이란 약자로서 표시했다. 20/20이라는 캐치프레이즈는 기업에 사명감을 부여해 주었으며 수천 마일이나 떨어져 있는 점포에서 일하고 있는 직원들까지도

해마다 이 성장목표를 쉽게 이해하게 되었다고 한다. Marriott 2세는 20/20이라는 전략적 의도가 현업에까지 쉽게 널리 퍼져나갔다는 사실에 깊은 감명을 받았으며 이에 따라 기업은 저절로 성장하게 되었다고 술회했다. 1977년에 시작된 20/20이라는 전략적 의도는 1990년 위기를 맞이하기 직전인 1989년까지 12년 동안 연속적으로 달성되면서 Marriott의 대대적인 성장에 절대적인 공헌을 하게 되었다.[18]

국내 여행사에서 하나투어에 이어 2위를 달리고 있는 모두투어는 Vision 2020 글로벌 관광레저 그룹으로의 도약이라는 비전을 구축했다. 그리고 이 비전을 달성하기 위한 구체적인 목표로서 모두투어는 2020년까지 글로벌 매출액 6천억 원을 달성해서 1천억 원의 이익을 올리겠다는 것을 발표했다. 또한 전체 글로벌 매출액 중에서 약 50%인 3천억 원 이상의 매출을 해외시장과 신규 사업에서 창출하겠다는 목표를 설정하고 있다.

올바른 목표를 설정하고 나면 그에 따른 성과를 측정할 수 있는 성과지표를 확립해야 한다. 해당 산업이나 사업 분야에 맞는 핵심성과지표(Key Performance Index)를 설정해서 모든 구성원들의 역량과 관심을 여기에 집중하도록 한다. 핵심성과지표의 달성 여부에 따라 전략의 성패가 판가름 나게 된다.

II ▸▸ 이해당사자와 전략적 의도

경영전략 프로세스에서 기업으로서 본연의 기능을 수행하고 또 생존하기 위해서 중요한 역할을 하는 핵심적인 지지자들의 지원 및 관심을 유지하는 것은 매우 중요하다. 따라서 기업의 사명, 비전, 가치, 목표로 구성되는 전략적 의도를 개발하는 과정에서 반드시 중요하게 고려되어야 하는 것이 이해당사자(Stakeholders)와의 관계 설정이다. 이해당사자는 기업 목표의 실현에 영향을 미칠 수 있거나 기업의 사업 활동에 의해 영향을 받을 수 있는 개인이나 그룹으로 정의된다. 보다 자세하게 살펴보면 기업의 이해당사자는 기업에 대한 관심, 요구사항 및 이해관계

가 존재하거나, 기업이 수행하는 것과 기업의 성과와 관련이 있는 개인 또는 그룹을 말한다.[19]

〈그림 5-9〉에서는 기업을 둘러싸고 있는 다양한 이해당사자들을 보여주고 있다. 그리고 기업의 이해당사자는 크게 내부 이해당사자와 외부 이해당사자로 구분할 수 있다. 대표적인 내부 이해당사자에는 경영진, 관리자, 직원, 주주, 이사회 구성원 등이 있으며, 외부 이해당사자는 고객, 공급자, 경쟁사, 대출기관, 중앙 및 지방정부, 소비자단체, 지역공동체, 노동조합, 일반 대중 등으로 구성되어 있다. 그리고 기업은 주주, 고객, 직원 및 공급업체 등과 같은 전통적인 개념의 이해당사자를 넘어서 정부, 공동체, 대중 등과도 돈독한 관계를 유지하기 위해 효과적으로 소통해야 한다. 기업의 이해당사자들은 다양한 범주에서 다양한 방식으로 기업에 크고 작은 긍정적 및 부정적 영향을 미칠 수 있기 때문에 기업은 이들과 의사소통하고 관심을 끌기 위한 효과적인 방법을 부단히 찾아야 한다.

그림 5-9 기업의 이해당사자

모든 이해당사자는 기업과 교류관계에 놓여있다. 각 이해당사자는 기업에 중요한 자원을 제공하거나 공헌하고 있다. 그리고 교류관계를 통해 각 이해당사자는 기업에 대한 그들의 관심이 충족되기를 바라고 있다.[20] 기업의 주요 이해당사자에 대한 예를 살펴보면 직원들은 노동과 기술을 제공하고 상응하는 소득, 직무만족, 직업안정 및 좋은 노동조건을 기대하며, 고객은 기업에 수익 창출이 가능하게 하는 대신에 지불한 돈의 가치에 맞는 고품질의 신뢰할 수 있는 제품을 구매하기를 원한다. 그리고 공급업체는 기업에 원재료를 제공하며 대가로서 수익을 창출하고 신뢰할 수 있는 구매자가 되기를 기대한다. 또한 기업의 주인인 주주들은 위험자본을 기업에 제공하는 대신에 투자수익이 극대화될 수 있도록 경영진의 최대한 헌신을 기대한다. 다른 이해당사자들도 기업과 교류관계에서 고유한 이해관계를 가지고 있다.

기업은 전략적 의도를 개발할 때 반드시 다양한 이해당사자의 다양한 요구사항들을 고려해야 한다. 이해당사자들의 요구 또는 기대가 충족되지 않는 경우 이들은 언제든지 기업에 대한 지원을 철회할 수 있으며, 또한 다양한 이해당사자의 부정적인 반응은 기업에 큰 해를 끼칠 수 있다. 그렇지만 기업이 모든 이해당사자의 요구를 항상 충족시킬 수 없는 경우가 많다. 특히 다른 이해당사자 간에 요구사항이 서로 충돌하는 경우가 있으며 또한 실제적으로 모든 이해당사자들의 요구를 충족시킬 수 있는 충분한 자원을 보유하고 있는 기업은 거의 없는 것이 현실이다.[21] 예를 들면 노동조합의 임금인상 요구는 합리적인 가격에 대한 소비자의 요구 및 가능한 높은 수익을 원하는 주주의 요구와 상충될 수 있다. 이런 경우에 기업은 전략적 선택을 해야 하며, 합리적인 결정을 내리기 위해서 가장 중요한 이해당사자를 찾아내서 그들의 요구를 우선적으로 전략적 의도에 반영하도록 해야 한다. 이런 경우에 이해당사자 영향분석은 상당히 유용한 도구가 될 수 있다.[22] 일반적인 이해당사자 영향분석은 〈그림 5-10〉에서 보는 것과 같은 단계를 거치고 있다. 이러한 분석을 통해 기업은 생존 및 성장을 위해 가장 중요한 이해당사자들을 확인하는 한편 이들의 욕구를 만족시키는 것이 전략적인 차원에서 무엇보다도 중요하다는 사실을 인지할 수 있다.

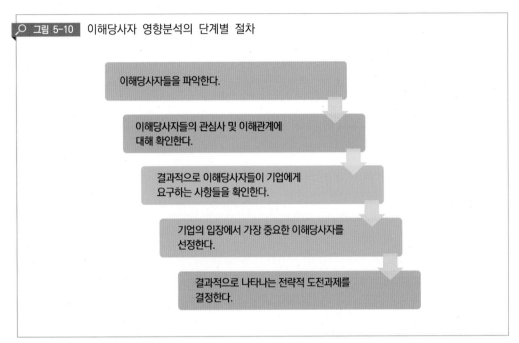

그림 5-10 이해당사자 영향분석의 단계별 절차

이해당사자들을 파악한다.

이해당사자들의 관심사 및 이해관계에 대해 확인한다.

결과적으로 이해당사자들이 기업에게 요구하는 사항들을 확인한다.

기업의 입장에서 가장 중요한 이해당사자를 선정한다.

결과적으로 나타나는 전략적 도전과제를 결정한다.

출처: Macmillan & Jones

참 / 고 / 문 / 헌

1. www.hilton.co.kr

2. Hamel, G. & Prahalad, C. K. (1989). Strategic Intent. *Harvard Business Review, May-June*, 63-78.

3. Hamel, G. & Prahalad, C. K. (1994). *Competing for the Future*. Harvard Business School Press: Cambridge, MA.

4. Enz, C. A. (2010). *Hospitality Strategic Management: Concepts and Cases(2nd Edition)*. John Wiley & Sons: NJ.

5. Drucker, P. F. (2001). The Purpose and Objective of a Business. In *The Essential Drucker*. HarperCollins: NY.

6. Abell, D. F. (1980). *Defining the Business: The Starting Point of Strategic Planning*. Prentice Hall: Englewood Cliffs.

7. Drucker, P. F. (2001). The Purpose and Objective of a Business. In *The Essential*

Drucker. HarperCollins: NY.

8. Angelica, E. (2001). *Crafting Effective Missions & Vision Statements*. Fieldstone Alliance.

9. Hill, C. W. L. & Jones, G. R. (2012). *Essentials of Strategic Management(3rd Edition)*. South-Western: OH.

10. Hamel, G. & Prahalad, C. K. (1989). Strategic Intent. *Harvard Business Review, May-June*, 63-78.

11. Enz, C. A. (2010). *Hospitality Strategic Management: Concepts and Cases(2nd Edition)*. John Wiley & Sons: NJ.

12. Kantabutra, S. & Avery, G. C. (2010). The Power of Vision: Statements That Resonate. *Journal of Business Strategy, 31(1)*, 37-45.

13. Hill, C. W. L. & Jones, G. R. (2012). *Essentials of Strategic Management(3rd Edition)*. South-Western: OH.

14. Collins, J. C. & Porras, J. I. (1996). Building Your Company's Vision. *Harvard Business Review, September-October*, 65-77.

15. www.marriott.com

16. Richards, M. D. (1986). *Setting Strategic Goals and Objectives*. St. Paul: Minn.

17. Locke, E. A., Latham, G. P. & Erez, M. (1988). The Determinants of Goal ommitment. *Academy of Management Review, 13*: 23-39.

18. Marriott Jr. J. W. & Brown, K. A. *The Spirit to Serve*. HarperCollins: NY. 구본성 역 (1999), 메리어트의 서비스정신. 세종서적.

19. Freeman, E. (1984). *Strategic Management: A Stakeholder Approach*. Pitman Press: Mass.

20. Hill, C. W. I. & Jones, T. M. (1992). Stakeholder-Agency Theory. *Journal of Management Studies, 29*, 131-154.

21. *Ibid.*

22. Macmillan, I. G. & Jones, P. E. (1986). *Strategy Formulation: Power and Politics*. St. Paul: Minn.

Chapter • **6**

전략적 리더십,
조직구조, 기업문화

Ⅰ. 전략적 리더십

Ⅱ. 유연한 조직구조의 확립

Ⅲ. 혁신적인 기업문화의 구축

Ⅳ. 균형적인 성과 평가

Ⅴ. 기업의 사회적 책임

전략적 리더십, 조직구조, 기업문화

학습 포인트

❶ 전략적 리더십에 대해 잘 이해한다.

❷ 전략적 리더십이 수행하는 핵심 행동들을 잘 파악한다.

❸ 경쟁적인 조직구조의 유형에 대해 잘 이해한다.

❹ 혁신적인 기업문화에 대해 깊은 이해가 요구된다.

❺ 균형성과표에 대해 충분히 이해한다.

❻ 기업의 사회적 책임이 왜 필요한지 잘 이해한다.

I ▶▶ 전략적 리더십(Strategic Leadership)

1996년 2월 Stephen Bollenbach는 Hilton 가족의 일원이 아닌 사람으로서는 처음으로 Hilton Hotels Corporation의 사장 겸 최고경영자(CEO)로 임명되었다. Bollenbach가 임명될 당시 과거 호텔산업의 선두주자였던 Hilton은 1980년대를 거치면서 Marriott International과 같은 경쟁사가 급성장하면서 호텔산업에서의 위치가 많이 흔들리고 있었다. 이런 상황에서 Hilton 총주식의 1/3을 소유하고 있는 회장인 Barron Hilton은 과거 Hilton을 매각하려고 여러 차례 시도했었다. 또한 Barron Hilton은 Hilton의 호텔사업부와 카지노사업부를 분사하려는 계획을 시도하면서 회사는 더욱 붕괴되고 있었다. Bollenbach는 검증된 화려하고 성공적인 경험을 보유하고 있기 때문에 자본시장의 많은 분석가들은 그가 과거와 같은 Hilton 호텔의 영광을 재건할 적임자로 기대했다. Bollenbach는 탁월한 재무지식을 보유하고 있으며 자금의 효율적인 활용은 그의 최대 강점이었다. '그는 호텔산업에서 최고이다' 또한 '그는 모두가 기대하는 것보다 더 큰 성공을 거두었으며, 그의 능력은 마이다스의 터치와 같다'라고 Coopers & Lybrand의 호스피탈리티산업 팀장인 Bjorn Hanson은 언급했다. 능력에 비해 과도하게 임금을 받는 최고경영자들이 즐비한 당시 상황에서 Bollenbach는 자신의 가치를 손수 입증했다. 즉 Hilton이 Bollenbach를 최고경영자로 임명한다는 소식의 발표에 Hilton의 주식가격은 하루 사이에 21%가 상승했는데 총가치는 $7억 5천만에 달했다. Bollenbach가 최고경영자로 임명된 후 분사계획은 슬그머니 자취를 감추었다. 실로 많은 호스피탈리티기업들에 Bollenbach가 맹활약했던 흔적이 남아있다. 과거 Bollenabch는 Holiday Inn, Trump, Marriott, Walt Disney 등과 같은 기업들을 위기에서 구출하거나 경쟁력을 강화했던 뛰어난 경력을 보유하고 있다.[1]

1989년 Holiday Corporation의 최고재무책임자(CFO)로서 Bollenbach는 Holiday Inn을 영국의 맥주회사인 Bass PLC에 아주 유리한 가격에 매각하는 데 성공했으며 매각과정에서 Promus Hotels Chain을 탄생시켰다. 1990년에 Bollenbach는 당시 $8억이란 개인적 부채를 포함한 총 $10억의 부채로 절체절명의 위기에 빠져있던 Atlantic City의 카지노기업 회장인 미국의 현 대통령 Donald Trump를 구출했다. Bollenbach는 Trump에게 Trump Casino를 살리려면 불필요한 자산인 맨해튼의 Plaza 호텔과 소유하고 있는 화려한 요트 등을 매각하도록 권고하면서 결국 Trump가 자신 소유 카지노기업의 통제권을 유지하는 데 성공했다.

이후 1992년에 Bollenbach는 당시 큰 위기를 겪고 있던 Marriott Corporation의 CFO로 임명되었다. 1980년대를 통해 외식사업을 포기하고 주력사업을 호텔사업으로 완전히 전환한 Marriott는 막대한 부채를 지렛대로 이용해서 큰 성장을 이루면서 1990년대가 되자 미국 최대의 호텔체인으로 성장하게 되었다. 그러나 1990년대 초가 되자 걸프전과 경기침체가 동시에 발생하면서 사업이 부진해지고 현금흐름이 원활하게 창출되지 못해 유동성 위기에 빠지게 되었다. 이런 상황에서 CFO로 부임한 Bollenbach는 창조적인 기지와 천재적인 재무지식을 동원해서 Marriott Corporation을 부동산회사인 Host Marriott와 호텔운영전문기업(Hotel Operartor)인 현재의 Marriott International 두 개의 독립된 기업으로 분사(Spin-off)시키면서 결국 위기에서 구하게 되었다. 이후 1995년에 그는 Walt Disney의 수석부사장 겸

CFO로 임명되었다. 당시 엄청난 투자여력을 보유하고 있었으나 마땅한 투자대상을 찾지 못하고 있었던 Disney에게 Bollenbach는 큰 도움을 제공했다. Disney는 테마파크에서 시작해서 영화산업의 거인으로 성장했으며 크루즈사업도 추가했다. 당시 Disney의 회장 겸 CEO였던 Michael Eisner는 수년 전부터 방송사를 인수하는 것을 고려하고 있었다. Disney는 풍부한 자금력을 충분히 활용하기 위해서 크루즈선 몇 척을 구입하는 것보다는 몇 배 더 큰 투자처가 필요했다. 1995년 여름 Bollenbach는 Disney에 입사하자마자 방송산업을 샅샅이 조사하기 시작했으며 결국 Disney의 CFO로 임명된 지 두 달여 만에 Eisner를 도와 미국 기업 인수합병 역사상 두 번째로 큰 거래인 Capital Cities/ABC를 $190억에 인수했다. ABC 인수는 Bollenbach가 주도한 작품은 아니었지만 거래를 단기간에 성사시킬 수 있었던 것은 순전히 그의 공헌이었다. Bollenbach는 Disney의 가장 큰 문제점이었던 넘치는 자금을 효과적으로 활용할 수 있는 투자를 만들어냈다.

1996년 2월 Bollenbach는 Hilton의 사장 겸 최고경영자로 취임하기 위해 Walt Disney를 떠났다. 그는 비록 Hilton의 시장가치는 Disney의 1/10 정도밖에 안됐지만, 과거 Disney와 유사한 문제점을 가지고 있는 것으로 파악했다. 당시 Hilton의 부채가 적어서 대다수 경쟁하고 있는 호텔체인보다 더욱 유리한 조건으로 자금을 차입할 수 있었으나 즉 엄청난 투자여력을 보유하고 있었으나 이를 활용하지 못하는 것을 그는 큰 문제점으로 보았다. 이와 달리 Marriott는 부채를 담보로 성장을 가속화해서 결국에는 Hilton을 추월하게 되었다. 당시 Hilton은 두 개의 사업부를 운영하고 있었는데 첫째, 현재 미국에서 객실공급이 부족한 호텔사업부와 둘째, 산업통합(Industry Consolidation)이 이루어지고 있으며 많은 기업들이 시장에 싼 매물로 나와 있는 카지노사업부였는데, 당시 Hilton 매출액의 60%가 카지노사업에서 발생했다. Bollenbach의 성장전략은 미국 내에서 많은 호텔들을 인수하고 동시에 세계시장으로의 진출을 확대하는 것이었으며 2000년이 되면 Hilton의 매출을 호텔사업부 50%와 카지노사업부 50%로 해서 균형을 맞추고자 했다. 특히 Bollenbach는 Hilton 브랜드의 명성이 Marriott에 비해 훨씬 높다는 사실을 강조했다.

Bollenbach는 Hilton에 임명된 첫 주에 임원들을 소집해서 성장을 위한 4가지의 가치창출요인(Value Drivers)을 강조하면서 그의 전략적 비전을 소개했다. 첫째, 산업통합이 이루어지고 있는 카지노산업에서 선두로 자리매김하는 것, 둘째, 싼 매물로 시장에 나와 있는 고급호텔들을 인수하는 것, 셋째, Hilton의 브랜드 가치를 극대화하는 것, 넷째, 당시 유동성이 풍부한 자본시장의 환경을 충분히 활용하는 것이었다.[2]

Hilton의 CEO로 임명된 지 6개월이 채 되기도 전에 Bollenbach는 시카고에 본사를 둔 카지노기업인 Bally Entertainment를 인수하는 경쟁에서 ITT를 물리치고 결국 $30억에 인수하는 데 성공했다. $20억은 Hilton의 주식으로 그리고 $10억은 기존 부채를 껴안는 조건이었다. Bally는 Atlantic City에서 가장 수익성이 높은 두 곳의 카지노를 소유하고 있었으며 세 번째 카지노가 건설 중이었다. 당시 Hilton은 Atlantic City에 소유한 카지노가 없었으며, 또한 Las Vegas에 위치한 Bally의 카지노도 함께 인수함으로써 Hilton은 시장다변화를 이룩했다. Bally를 인수함으로써 Hilton은 많은 곳에서 비용을 절감할 수 있었다. 먼저 $10억에 이르는 Bally의 부채를 차환(Refinance)하는 것이었는데, 당시 Hilton의 투자등급은 Bally보다 훨씬 높아서 차환을 통해서 연간 이자비용을 $3천만을 절감할 수 있었으며, 기업통합은 다른 분야에서도 비용을 절감할 수 있었다. Bally의 인수로 인해 Hilton의 주가는 $113로 상승했으며 Bollenbach의 경영하에서 Hilton의 시장가치는 $19억이나 상승했다. 또한 Bally를 인수함으로써 호텔객실 4,826실을 추가해서 Hilton이 보유한 총 객실은 99,105실이 되었다. Bally 인수와 같은 전략적 행동은 평소 신속한 가치평가와 결단력 있는 행동으로 명성이 자자한 Bollenbach의 전형적인 전략이었다. '그는 총명하며 굉장한 사람이다'라고 Atlantic City의 카지노기업 회장인 Donald Trump는 말했다. Bally를 인수하면서 Hilton은 세계 최대의 카지노기업이 되었다. Bollenbach는 자신은 카지노사업에 정통하지 않다고 시인했다. Bally의 회장인 Arthur Goldberg는 Hilton의 카지노사업부를 총괄했으며 당시 Bally와 Hilton의 카지노사업을 통합하는 팀을 진두지휘했다. Bollenbach와 Goldberg의 등장은 그동안 미래에 대한 불확실성으로 혼란했던 Hilton의 직원들에게 큰 활기를 불어넣게 되었다. 그러나 Bollenbach는 1998년에 카지노사업부를 Park Place Entertainment Company로 분사하는 결단을 내리고 호텔사업에만 집중하는 전략적 선택을 했다.[3]

한편 Bollenbach는 호텔사업부를 활성화하기 위한 전략적 행동에도 돌입했다. 그는 주요 도시에 있는 고급호텔들을 인수했다. 그는 당시 신규호텔 건설비용보다 비용이 적게 소요되는 $5천만에서 $1억에 매수할 수 있는 도심호텔과 리조트를 인수하는 것을 선호했다. 1980년대에 호텔투자자들은 많은 자금을 투입했는데 과거에 건설된 호텔들은 경기가 침체되면서 당시에는 총투자비용의 50% 정도의 비용으로 구입할 수 있었다. 예를 들면, 1993년에 개관한 맨해튼의 Four Seasons 호텔은 총투자비용이 $5억이었으나 $1억 5천만에 매각되었다. Bollenbach는 1996년에 1만실의 객실을 추가해서 Hilton의 옛 명성을 찾고자 했으며, 여기에만 $4억 3천만을 집중 투자했다.

Bollenbach의 등장 시점은 거의 완벽에 가까웠다. Hilton에서 Bollenbach의 전략은 그가 Marriott에 재임할 때와는 완전히 달랐다. 과거 Marriott의 전략은 많은 호텔을 건설한 후 투자자에게 매각했는데 이때 위탁경영계약을 맺어 호텔의 운영권은 계속 유지했다. '그 당시는 그 전략이 적절한 것이고 지금은 호텔을 소유하는 것이 중요하다'라고 그는 말했다. 1980년대 초반에는 호텔을 소유하는데 엄청난 자금이 투자되었는데, 1986년에 시행된 미국의 세제개혁(Tax Reform) 이전에는 호텔산업에 투자한 어떠한 사람도 $1를 투자하면 $3의 투자수익을 거둘 수 있었다. 이로 인해 1983년부터 1985년까지 호텔산업에는 해마다 14만실이 추가로 공급되었다. 그러나 객실공급에 비해 소비자의 수요는 턱없이 모자랐으며, 이로 인해 미국 호텔산업은 1987년부터 1993년까지의 7년 동안 많은 적자를 감수해야 했다. 특히 1990년과 1991년의 경제침체기간 동안 호텔산업은 전체적으로 $80억의 적자를 기록했다. 1991년이 되자 새로운 호텔건설 프로젝트는 대부분 중단되었다. 1995년이 되어서야 호텔산업은 비로소 그동안의 부진에서 벗어나면서 기록적인 성과를 보이게 되었는데 당시 객실이 부족할 지경이었다. 새로운 호텔건설 프로젝트는 소규모의 한정서비스(Limited Service)를 제공하는 세분시장에서만 진행되고 있었다. 1995년 호텔산업은 유사 이래 최대기록인 $100억의 수익을 기록하였으며 객실점유율과 객실요금은 상승하고 비용은 감소했다. HFS, Marriott, ITT 같은 호텔체인의 주가는 크게 상승했다. Sheraton 호텔사업부를 소유하고 있던 과거 주요 복합기업이었던 ITT는 호텔사업부를 미래를 위한 주력사업으로 선택했다.

당시 Travel Weekly와의 인터뷰에서 Bollenbach는 경영진의 책무로서 주주들을 위해 일하고 주주들의 부를 창출하는 것이 중요함을 강조했다. 그런 맥락에서 주주들이 신뢰할 수 있는 투자를 지속적으로 수행하는 것도 매우 중요하다는 것을 강조했다. 그는 전임자인 Barron Hilton이 과거 카지노사업을 인수함으로써 Hilton을 경쟁력 있는 기업으로 만든 공로를 치하했다. 그러나 그는 Barron이 놓친 전략적 기회는 Hilton 브랜드의 가치를 확장하는 데는 거의 성과를 거두지 못한 것을 지적했다. 이로 인해 당시 Marriott는 25만 실을 소유하고 있었으나 반면에 Hilton은 겨우 6만 실밖에 확보하지 못하고 있었다. 따라서 Bollenbach는 Hilton이란 브랜드의 엄청난 잠재 가치를 인지해서 브랜드를 대대적으로 확장하기 위한 전략을 수립했다. Hilton은 New York의 Waldorf-Astoria와 같은 유명한 호텔들을 소유하고 있으며 Hilton 브랜드는 Coca-Cola와 Disney와 같이 세계 10대 브랜드에 속한다고 그는 언급했다. 그는 Hilton 브랜드를 더욱 활용한 기회를 창출해야 한다고 주장했으며, 또한 중저가 세분시장에서 프랜차이즈호텔의 수를 증가할 계획을 가지고 있었는데 해당 브랜드의 명칭은 Hilton Garden Inn이었다. 당시 Hilton Garden Inn은 겨우 12개의 호텔을 보유하고 있었으나 반면에 Marriott는 267여 개의 Courtyard by Marriott를 보유하고 있었다.[4]

드디어 Bollenbach는 호텔사업부의 성장을 위한 신호탄을 쏘았다. 1997년 1월 27일 Hilton은 $55억에 거함 ITT를 인수하기 위한 적대적 인수(Hostile Takeover)를 발표했다. 복합기업인 ITT는 당시 Sheraton과 The Luxury Collection과 같은 많은 고급호텔과 Caesar Palace 같은 유명 카지노를 보유하고 있었다. 그러나 ITT의 CEO는 Hilton의 인수 제안을 완강하게 거부하면서 두 기업 간에는 전쟁이 벌어지게 되었다. 이후 약 10개월 동안 두 기업의 CEO들은 감정을 드러내며 서로를 비난했으며 이런 갈등 상황은 CNN과 CNBC와 같은 여러 미디어를 통해 대중에 공개되었다. 결국, 두 기업의 전쟁은 연말이 되자 Barry Sternlicht가 소유하는 REITs인

Starwood Lodging Trust가 백기사로 등장하면서 막을 내리게 되었다. 총 $144억에 ITT의 호텔 및 카지노사업을 인수한 Starwood는 이후 Starwood Hotels & Resorts 라는 명칭의 호텔체인으로 전환되면서 새로운 강자로 떠오르게 되었다.

ITT 인수 실패 이후 절치부심하던 Bollenbach는 1999년 9월 Promus Hotel Corporation을 $31억에 전격 인수했다. 당시 Promus는 Hampton Inns, Embassy Suites, Doubletree와 같은 성장 브랜드를 보유하고 있었는데, 이는 한정서비스 호텔이 경쟁사에 비해 훨씬 부족했던 Hilton에게는 완벽하게 보완적인 투자였다. 당시 Hilton의 호텔사업부는 275개의 호텔로 구성되어 있었는데 대부분 고급호텔이었다. 특히 문제점은 호텔사업부 매출액의 60%는 Waldorf-Astoria와 New York Hilton과 같이 직접 소유하고 있는 10개의 대형호텔에서 유래되고 있다는 사실이었다. 또한 Hilton의 프랜차이즈사업 수수료 수입은 매출액의 13%에 불과했는데, 이는 성장을 구가하고 있던 Marriott에 비해 훨씬 뒤지는 수준이었다. 매출에 연동해서 수입을 확보하는 프랜차이즈 사업은 훨씬 안정적으로 현금흐름을 확보할 수 있었다. Promus의 인수를 통해 Hilton은 총 1,700여 개의 호텔에서 29만 실을 운영하게 되면서 경쟁우위의 원천인 규모의 경제를 이룩하게 되었다. 이 당시 Marriott International은 총 1,600여 개의 호텔에 33만 실을 운영하고 있었으며, Starwood Hotels & Resorts는 670여 개의 호텔에 22만 실을 운영하고 있었다. 또한 Hilton은 Promus를 인수하면서 총매출의 약 30%를 프랜차이즈에서 창출하게 되면서 빠른 성장을 도모할 수 있게 되었다. 이로써 그동안 Marriott 등에 뒤져있던 호텔사업부의 경쟁우위를 동급수준으로 끌어올리게 되었다.[5]

또한 Bollenbach는 해외 호텔시장에 대한 확장에도 손을 뻗치기 시작했다. 1964년에 Hilton은 미국 밖의 해외 호텔사업을 수행하기 위해 Hilton International을 설립해서 분사했는데 1967년에는 항공사인 TWA에 매각하게 되었다. 이후 Hilton International은 손이 여러 번 바뀌면서 결국 1987년부터는 영국의 카지노기업인 Ladbroke PLC가 소유하고 있었다. 따라서 이후 Hilton은 브랜드를 미국 내에서만 이용할 수 있었다. 해외시장에 진출하기 위해서 이를 타개해야 했던 Bollenbach는 먼저 1997년에 Hilton International과 판매 및 마케팅에 대한 전략적 제휴관계를 맺었다. 제휴를 통해 두 호텔체인은 객실예약시스템을 공유하고 신생 최고급 브랜드인 Conrad를 위해 합자투자를 시행했다. 결국 2005년에 Bollenbach는 Ladbroke의 합의 하에 Hilton International을 $57억에 인수하게 되었다. 이 거래는 Hilton 호텔체인으로서는 역사적인 순간이었는데 왜냐하면 1964년에 분리된 지 40년 만에 드디어 다시 하나로 통합되었다.[6] 이렇게 Bollenbach는 쇠퇴하던 호텔제국을 다시 재창조(Reinvent)하는 리더십을 발휘했으며 동시에 뛰어난 재무역량으로 자본시장에서 호텔산업의 위상을 높이는데 크게 공헌했다.

위에서 살펴본 Stephen Bollenbach의 사례에서 볼 수 있듯이 최고경영자의 선택은 기업의 성패에 큰 영향을 미치고 있다. 새 최고경영자가 전략적 비전을 개발하고 구체적인 실행방안을 제시해 주는 경우 기업은 긍정적인 결과를 산출해 낼 수 있다. Bollenbach의 경우처럼 전략적 리더십에게 부여된 도전과제는 과중하지만 성과를 만들어 낼 경우 성과 또한 엄청나다. 그러나 성공적인 성과를 장기간에 걸쳐 유지하는 것은 훨씬 더 어려운 도전과제이다. 불확실하고 급변하는 외부환경과 무한경쟁 시대에 경영자의 전략적 리더십에 대한 중요성이 점점 더 부각되고 있다. Hilton의 Bollenbach나 Apple의 Steve Jobs, IBM의 Louis Gerstner, GE의 Jack Welch, Starbucks의 Howard Schultz, 그리고 Walt Disney의 Michael Eisner와 같은 전략적 리더의 사례를 보면 기업 성공에서 리더십의 중요성은 아무리 강조해도 지나침이 없다.

전략적 리더십이 효과적으로 발휘되면 〈그림 6-1〉에서 보는 것처럼 기업의 경영전략 프로세스도 성공적으로 수행될 수 있다. 전략적 리더로서 최고경영진은 철저한 외부 및 내부 환경에 대한 분석을 주도하고 결과로서 전략적 의도를 개발해서 구성원에게 제시하고 공유되도록 한다. 이어서 전략적 리더는 공유되는 전략적 의도를 기반으로 전략적 선택 즉 기업 및 사업 전략이 효과적으로 수립 및 실행될 수 있도록 촉진한다. 이처럼 경영전략 프로세스에서 효과적인 전략적 리더의 행동은 기업의 경쟁우위를 결정하는 바로미터가 된다.

그림 6-1　전략적 리더십과 경영전략 프로세스

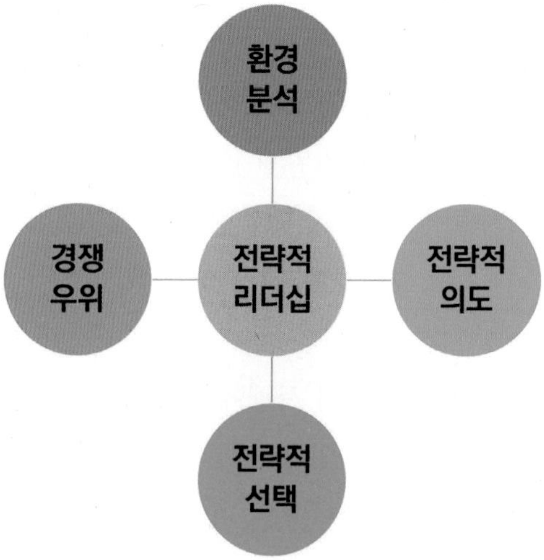

○ 전략적 리더십

　　과거에는 리더십을 상사가 부하에게 일방적으로 영향력을 행사하는 것으로 보았으나, 이와 달리 현재는 주어진 상황 속에서 기업목표를 효과적으로 달성하기 위해 비전을 제시해서 구성원으로 하여금 목표 달성에 자발적으로 공헌할 수 있도록 동기를 부여하는 리더의 행동이다.

　　기업의 리더십은 신비로우며 무엇인가 특별할 것이라는 사고방식은 잘못된 것이다. 리더와 흔히 말하는 카리스마와는 아무런 관련이 없으며 타고난 성격도 관계가 없으며 선천적으로 타고난 리더도 존재하지 않는다. 또한 리더십은 선택받은 소수만이 행할 수 있는 특권도 아니며, 더군다나 기업에서 위계상 지위가 높은 자만이 수행하는 것도 아니다. 리더십(Leadership)과 관리(Management)는 서로 다른 개념이다. 관리나 리더십 중에서 어느 것이 더 우월한 것은 더더욱 아니며, 서로 간에 대체가능한 것도 아니다. 엄밀히 말하면 기업에서 리더십과 관리는 상호보완적인 기능이다. 즉 관리기능과 리더십 역할은 서로 고유한 영역의 활동을 수행하는 것이며 급변하는 무한경쟁 환경에서 상호보완하며 쌍두마차로서 기업을 이끌어 나가고 있다. 그러나 현재 많은 기업에서 관리기능은 지나칠 정도로 강조되고 있지만 반면에 리더십 역할은 회피되거나 등한시되고 있다. 기업을 둘러싼 복잡한 외부 및 내부의 다양한 기능들을 효율적으로 처리하는 것이 관리라면, 리더십은 기업이 변화에 대처하기 위해 집중하는 것이다. 변화가 적은 안정적인 경영환경에서 기업은 품질 및 수익성 등과 같은 가치를 일관적으로 추구하는 과정에서는 효율적인 관리기능이 강조되지만, 21세기 급변하는 무한경쟁 환경에서는 리더십을 발휘해서 변화에 대응해 나가야 기업이 생존할 수 있다. 다시 말하면 관리기능은 복잡한 상황을 체계적으로 풀어나가는 것이며, 리더십은 변화에 대응해서 기업의 나아갈 방향을 결정하는 것이다. 환경변화가 심화될수록 기업에서 리더십의 역할은 중요성을 더해 가고 있다. 왜냐하면 많은 기업들이 관리기능의 약점으로 인해 실패하는 것이 아니라 변화된 환경을 뒤늦게야 깨닫기 때문이다. 관리기능은 기획 및 예산, 조직화, 부서 배치, 통제와 같은 활동이지만, 리더십은 기업의 미래 방향 설정, 조직단합, 동기부여 등의 역할과 관련이 있다. 관리와 리더십은 기업의 생존 및 성장을 위해 모두 필요한 활동이다. 요약하면 관리는 기업에서 여러 가지 복잡한 기능들을 효율적 및 체계적으로 처리하는 것에 중점을 두고 있으며, 이에 반해 리더십은 영속기업으로서 향후 나아갈 방향을 설정하고 그에 따른 비전을 제시해서 기업에 신속하고 건설적인 변화가 도입되도록 한다. 제시된 기업의 미래 비전을 실현하기 위해 리더십은 적절한 전략을 수립해야 한다.[7]

전략적 리더십은 환경변화에 대응하기 위해 기업에서 전략적 변화를 이끌어낼 수 있는 리더의 역량을 말한다. 본질적으로 다기능지향적인 전략적 리더십은 직원들을 관리하며, 기능부서가 아닌 기업 전체를 관리하고, 21세기 무한경쟁 환경에서 지속적으로 증가하는 다양한 형태의 변화에 대처하는 것이다. 또한 경쟁환경이 복잡하고 글로벌화되고 있기 때문에 전략적 리더는 불확실한 환경에서 효과적으로 직원들에게 영향을 미칠 수 있도록 노력해야 한다. 또한 전략적 리더는 미래를 먼저 볼 수 있는 통찰력과 함께 효과적으로 인적자원을 관리할 수 있는 역량을 겸비해야 한다.[8] 〈그림 6-2〉는 효과적인 리더십을 개발하기 위해 필요한 6가지 핵심기술을 제시하고 있다. 6가지 핵심기술을 잘 체화하면 리더는 전략적 사고 역량을 강화하고 불확실성을 잘 풀어나갈 수 있다. 전략적 리더는 6가지 핵심기술에 대한 약점을 파악해서 보완해 가는 사람이다. 6가지 핵심기술을 모두 함께 터득하고 이용했을 때 비로소 효과가 극대화될 수 있다.[9]

🔍 **그림 6-2** 전략적 리더십의 6가지 핵심기술

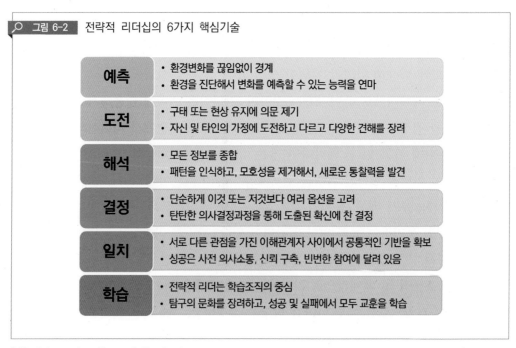

예측	• 환경변화를 끊임없이 경계 • 환경을 진단해서 변화를 예측할 수 있는 능력을 연마
도전	• 구태 또는 현상 유지에 의문 제기 • 자신 및 타인의 가정에 도전하고 다르고 다양한 견해를 장려
해석	• 모든 정보를 종합 • 패턴을 인식하고, 모호성을 제거해서, 새로운 통찰력을 발견
결정	• 단순하게 이것 또는 저것보다 여러 옵션을 고려 • 탄탄한 의사결정과정을 통해 도출된 확신에 찬 결정
일치	• 서로 다른 관점을 가진 이해관계자 사이에서 공통적인 기반을 확보 • 성공은 사전 의사소통, 신뢰 구축, 빈번한 참여에 달려 있음
학습	• 전략적 리더는 학습조직의 중심 • 탐구의 문화를 장려하고, 성공 및 실패에서 모두 교훈을 학습

출처: Schoemaker, Krupp & Howland

○ 전략적 리더십의 유형

리더십의 유형에 따라 그를 따르는 추종자의 동기부여에 영향을 미치며 결국 기업의 생산성을 결정하게 된다. 먼저 거래적 리더십(Transactional Leadership)은 성과와 보상의 교환관계나 예외에 의한 관리에 치중하는 것이다. 이런 유형의 리더는 일정 수준 이상의 성과를 달성하는 부하직원에게 원하는 보상을 제공하고

대가로서 부하로부터 원하는 업무성과를 제공받는다. 리더는 바람직한 결과를 도출하거나 부하의 행동을 교정·강화하기 위해 긍정적 또는 부정적 피드백을 한다. 거래적 리더는 관리기능의 효율성을 개선하기 위해 권력을 융통성 있게 발휘하고 보상과 처벌을 적절히 활용해서 부하를 동기부여하고 있다. 또한 거래적 리더십은 예외적 관리를 이용해서 부하들이 규정과 표준에 따라 업무를 처리하도록 하며 표준에 맞지 않거나 이를 위반할 경우에만 개입하여 행동을 수정하도록 한다. 따라서 거래적 리더십은 여러 가지 복잡한 기능들을 효율적 및 체계적으로 처리하는 것에 중점을 두고 있는 관리에 보다 적합하며 현재와 같이 급변하는 불확실한 경영환경에서는 덜 적합한 리더십 유형이다.

이에 반해 혁신적 리더십(Transformational Leadership)은 요즘과 같이 격변하는 환경에서 가장 효과적인 전략적 리더십 유형이다. 혁신적 리더십은 부하의 동기유발 수준을 향상해서 보다 원대한 목표를 달성하고자 하는 의욕을 심어주는 리더십을 말한다. 혁신적 리더십은 첫째, 부하에게 비전과 사명을 제시하고 공유 및 소통하여 비전을 달성하기 위해 전략을 수립한다. 둘째, 부하에게 문제해결을 새로운 방법으로 시도하도록 격려하고 부하의 창의성을 개발하도록 자극하며, 또한 부하에 대한 관심 표명, 부하에 대한 이해 및 관심사항 공유 등 부하에게 개별적인 관심을 보여주고 조언을 제공하는데 이를 통해 부하들은 가시적이고 가치가 있는 성과를 달성할 필요성을 인식하게 된다.[10] 이에 그치지 않고 혁신적 리더는 부하에게 더 높은 수준의 성취를 위해 지속적으로 노력할 것을 권장한다. 이처럼 혁신적 리더는 기업의 주요 변화과정을 주도하는 리더로서 구성원의 의식, 가치관, 태도 변화를 추구하며 구성원에게 장기 비전을 제시하고 비전 달성을 위해 함께 매진할 것을 호소하는 동시에 효과적인 전략을 수립하는 리더십이다. Starbucks의 설립자인 Howard Schultz는 파트너들에게 비전을 제시하고 공유하면서 새로운 커피전문점 시장개척에 성공한 대표적인 혁신적 리더이다.

● 최고경영진(TMT)

　기업에서 효과적으로 전략을 수립하고 실행하기 위해서 최고경영진(TMT: Top Management Team)은 기업의 매우 중요한 자원이다. 최고경영진이 내리는 전략적 의사결정은 기업의 성공과 목표 달성에 중요한 영향을 미치고 있다. 따라서 기업의 성공 여부를 결정짓는 중요한 요인이 바로 최고경영진의 탁월한 경영역량이다.[11] 효과적인 전략의 실행 등과 같은 전략적 의사결정을 내릴 때 경영자들은 자신에게 주어진 재량권을 이용하고 있다.[12] 경영자의 재량권을 결정하는 주요한 요인들은 〈그림 6-3〉에서 볼 수 있는 것처럼 첫째, 외부환경의 속성, 둘째, 기업의 특성, 셋째, 경영자의 특성 등이다.[13] 전략적 리더의 의사결정은 기업 경쟁우위의 창출을 지원하기 위한 것이므로 기업성공을 위해 중요한 전략적 행동에 대한 결정을 내릴 때 재량권을 어떻게 사용할 것인가는 매우 중요한 사항이다. 최고경영진은 행동지향적인 것이 바람직하며, 따라서 이들의 의사결정은 기업이 즉각적으로 행동할 것을 촉진한다. 이 외에도 최고경영진은 기업의 조직구조와 보상시스템을 개발해야 한다. 또한 최고경영진은 기업문화에 강한 영향력을 행사하고 있는데, 최고경영진의 가치 및 신념이 기업의 문화적 가치를 결정한다. 따라서 최고경영진은 기업의 활동 및 성과에 중요한 영향을 미치고 있다.[14]

　대다수 기업에서 동시다발적인 도전과제의 복잡성과 막대한 정보 및 지식의 필요성은 최고경영자들로 구성되는 팀으로서의 전략적 리더십의 필요성을 인식하게 되었다. 팀을 이용해서 전략적 의사결정을 내리는 것이 자만에 빠진 최고경영자(CEO)의 독단적인 의사결정에 따른 잠재적인 문제점을 피하는 데 도움이 된다. 많은 최고경영자들이 다른 사람은 몰라도 자신이 내리는 의사결정은 실수를 범할 가능성이 거의 없다고 믿고 싶어 한다. 그러나 기업 규모가 커질수록 최고경영자가 모든 것을 두루 알고 모든 중요한 의사결정을 효과적으로 내리는 것은 사실상 불가능하다. 최고경영자의 강한 자신감은 필요하지만 자만과 그릇된 판단으로 전이되는 것은 막아야 한다.[15] 최고경영자의 과신과 잘못된 전략적 의사결정을 막기 위한 조치로서 기업은 최고경영진(TMT)을 구성해서 기회 및 위협을 파악하고 효과적인 전략적 결정을 내리고 있다. 최고경영진은 기업의 전략을 수립하고 실행에 참여하는 핵심 인물들로 구성되고 있다. 최고경영진은 기업 본사(Headquarters: HQ)의 고위임원과 이사회(Board of Directors)의 구성원으로 구성되는 것이 일반적이다. 최고경영진이 내리는 전략적 의사결정의 품질수준에 따라 기업의 혁신과 전략적 변화를 이끌어내는 역량이 결정된다.[16]

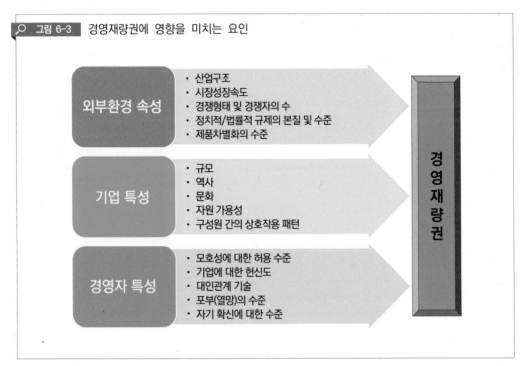

그림 6-3 경영재량권에 영향을 미치는 요인

외부환경 속성	· 산업구조 · 시장성장속도 · 경쟁형태 및 경쟁자의 수 · 정치적/법률적 규제의 본질 및 수준 · 제품차별화의 수준
기업 특성	· 규모 · 역사 · 문화 · 자원 가용성 · 구성원 간의 상호작용 패턴
경영자 특성	· 모호성에 대한 허용 수준 · 기업에 대한 헌신도 · 대인관계 기술 · 포부(열망)의 수준 · 자기 확신에 대한 수준

→ 경영재량권

출처: Finkelstein & Hambrick

최고경영진의 임무는 매우 복잡해서 거시, 과업, 산업환경에 대해서 뿐만이 아니라 기업의 운영에 대한 광범위한 지식이 요구되고 있다. 따라서 기업의 내부조직을 운영하는 데 필요한 지식과 전문성을 갖춘 최고경영진을 구성해서 이들로 하여금 기업의 모든 이해당사자(Stakeholder)와 경쟁업체에 대한 깊은 이해를 강화하도록 하고 있다. 이를 위해 각자가 이질적인 특성을 보유하는 최고경영진이 요구되고 있다. 이질적인 최고경영진은 기능적 주특기, 경험, 그리고 교육과 지식이 서로 다른 개인으로 구성된다. 이질적인 최고경영진의 구성원은 서로가 제시한 기업의 도전과제와 기회에 대해 다양한 관점에서 논의할 수 있어서 큰 도움이 된다.[17] 많은 경우에 이런 논의는 최고경영진의 의사결정의 질을 향상시키며, 팀에서 주제에 대해 다양한 관점에서 평가를 거친 후에 종합적인 결론이 나타나는 경우에 특히 그렇다고 할 수 있다. 연구결과에 따르면 최고경영진의 이질성이 높아질수록 논쟁이 촉진되면서 전략적 의사결정의 질이 향상되는 경우가 많다. 보다 나은 전략적 의사결정은 보다 높은 기업성과로 이어진다.[18] 최고경영진 팀원 간에 이질성이 높을수록 혁신 및 전략적 변화에 긍정적인 영향을 미치게 된다. 이질성으로 인해 팀 또는 일부 구성원이 고정관념의 틀을 깨는 사고 또는 개념이 소개되면서 보다 창의적인 의사결정이 가능해진다.[19]

또한 최고경영진이 결집력있게 기능하는 것은 매우 중요하다. 일반적으로 최고경영진 팀이 이질적이고 규모가 클수록 효과적으로 전략을 구현하는 것이 어려워진다.[20] 서로 다른 배경과 다른 인지기술을 가진 최고경영진 간에 의사소통의 어려움으로 인해 포괄적이고 장기적인 전략의 수립이 어려워질 수 있다. 그리고 다양한 배경을 가진 최고경영진이 효과적으로 운영되지 않으면 효과적인 의사결정이 이루어질 수 없으며, 이럴 경우 최고경영진은 기회와 위협을 종합적으로 다루지 못하게 되면서 결국 최상의 전략적 의사결정을 내릴 수가 없게 된다. 효과적인 최고경영진의 운영을 위해 기업의 핵심 기능 및 사업에 대해 실질적인 전문지식을 가진 경영진으로 팀을 구성하는 것은 매우 중요한 것이다. 그러나 전략적 의사결정의 질에 영향을 미치는 요인은 최고경영진 팀의 전문성 및 관리방식뿐만 아니라 지배구조 및 보상시스템과 같은 의사결정이 내려지는 내부환경과도 관련이 깊다.[21] 또한 최고경영진의 특성은 혁신 및 전략적 변화와도 관계가 깊다.[22]

한편 최고경영자의 경영권 승계는 영속적인 기업을 위해 매우 중요한 과제이다. 그리고 효과적인 승계과정은 경쟁우위의 유지에 매우 중요한 역할을 한다. 모범적인 경영자 승계는 Marriott International에서 찾아볼 수 있다. 창업자인 J. W. Marriott 1세는 불굴의 기업가정신으로 Marriott의 성장을 일구어냈다. 최고경영자로서 부친의 자리를 이어받은 Bill Marriott 2세는 종전의 주력사업이었던 외식사업을 과감히 포기하고 Marriott의 주력사업을 호텔사업으로 과감하게 대전환하면서 대대적인 성장을 이룩했다. 그러던 2012년 Bill Marriott 2세는 최고경영자의 지위를 자식이 아닌 변호사 출신 전문경영인인 Arne Sorenson에게 양도했다. Sorenson은 전략적 리더십을 십분 발휘해서 2015년에는 Starwood의 인수를 전격 발표하면서 세계 최대의 호텔체인으로 발돋움했다. 이들이 각 시대마다 보여준 전략적 리더십은 Marriott 호텔제국을 건설하는데 주춧돌이자 경쟁우위의 원천이었다.

● 전략적 리더십의 핵심 행동

특정 행동은 성공적인 전략적 리더십의 특성을 대변한다. 〈그림 6-4〉에 전략적 리더십이 수행해야 하는 중요한 6가지 핵심 행동을 제시했다.[23] 첫째, 전략적 의도의 결정이다. 전략적 의도는 기업의 존재 이유이며 기업이 장기적으로 달성하고자 하는 바를 명확하게 밝히고 있다. 전략적 의도는 기업이 수행하는 전반적인 경영전략 프로세스에서 시발점이자 철학적 기반이며, 전체 구성원에게 방향성을 제시하고 동기부여를 제공하고 있다. 둘째, 핵심역량의 개발 및 재창조이다. 핵심역량은 기업이 고객에게 특별한 가치를 제공할 수 있게 하는 기술이나 기량이다. 역동적인 환경변화는 기업에 핵심역량을 재창조(Reinvent)할 것을 요구하고 있다. 셋째, 유연한 조직구조의 확립이다. 현재처럼 역동적이고 불확실한 환경에서 유연한 조직구조의 확립은 환경변화의 위협에 효과적으로 대응하고 동시에 환경변화에 따라 등장하는 새로운 기회를 선점하는 데 매우 중요한 것이다. 넷째, 혁신적인 기업문화의 구축이다. 기업문화는 기업이 사업을 수행하는 방식과 직원들의 행동에 직접적인 영향을 미치고 있으므로 경쟁우위의 원천이며, 혁신 촉진에 중요한 요인이다. 다섯째, 성과를 여러 차원에서 균형적으로 평가한다. 균형성과표는 기업의 성과를 효과적으로 측정하기 위해 다양한 관점에서 성과측정지표를 구축했다. 여섯째, 기업의 사회적 책임을 강조한다. 기업의 경영전략 프로세스는 윤리적 관행을 기반으로 했을 때 효과성이 더욱 증가한다. 위에 소개한 6가지 핵심 행동은 서로 상호작용하고 있다. 가장 효과적인 전략적 리더는 각 핵심 행동을 수행할 때 실행가능한 여러 옵션(Option)을 개발하는 것인데, 이는 현명한 의사결정을 내리는 좋은 기반이 되고 있다.[24]

전략적 리더십의 6가지 핵심 행동 중에서 첫째 행동인 전략적 의도의 결정은 제5장에서 자세히 설명되었으며, 둘째 행동인 핵심역량의 개발은 제4장에서 이미 살펴보았다. 따라서 본 장에서는 셋째 행동부터 여섯째 행동까지에 대해 살펴보기로 하겠다.

○ 그림 6-4   전략적 리더십의 핵심 행동

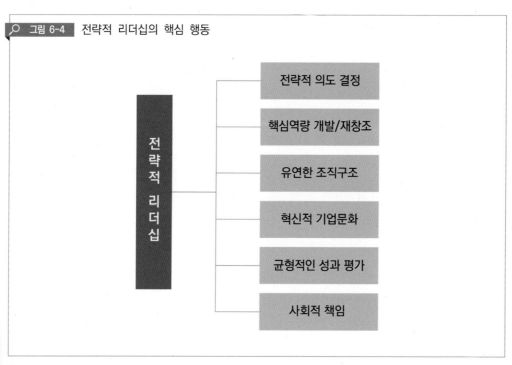

출처: Hitt, Ireland & Hoskisson

Ⅱ ▸▸ 유연한 조직구조의 확립

경영자의 관리기능의 하나인 조직(Organizing)은 목적을 달성하기 위해 구성원이 함께 업무를 수행할 수 있도록 과업(Task)과 권위(Authority)에 대한 관계를 결정하는 기능이다. 조직은 수행하는 구체적인 직무의 종류 및 성격에 의해 직원들을 관련 부서로 배치한다. 조직기능에서 경영자는 서로 다른 개인과 집단 간의 권한과 책임에 대한 질서관계를 조정하고 어떻게 경영자원을 합리적으로 배분할지를 결정한다. 조직기능의 산출물은 구성원들의 이해관계를 조정하고 동기부여를 통해 조직의 목적을 달성하기 위한 과업과 보고체계의 공식시스템인 조직구조(Organizational Structure)를 확립하는 것이다. 조직구조는 기업이 제품과 서비스를 생산하기 위해 자원을 잘 활용할 수 있는지 여부에 대한 역량을 결정한다.

○ 상호일치의 원칙

경영전략 프로세스에서 조직구조가 중요한 이유는 아무리 최고의 전략이 수립됐어도 조직구조가 이를 뒷받침해주지 못하면 기대했던 성과를 달성하는 것은 어려워진다. 왜냐하면 전략이 실행되는 장소가 바로 조직구조이기 때문이다. 즉 의도된 전략이 실행되고 실현되는 장소가 조직구조이다.

따라서 기업이 원하는 성과를 달성하려면 기업은 먼저 급변하는 경영환경에서 변화의 주도 요인을 효과적으로 파악한다. 이를 기반으로 가장 많은 가치를 창출할 수 있는 사업전략을 선택한다. 다음으로 선택된 전략에 어울리는 즉 효과적 및 일관적으로 자원을 투입할 수 있는 조직구조를 구축한다. 〈그림 6-5〉에서 보듯이 경영환경-사업전략-조직구조가 상호 간에 잘 일치하게 되는 경우 원하는 성과를 달성할 수 있다. 이를 상호일치의 원칙(The Co-alignment Principle)이라고 한다. 즉 기업이 경쟁우위를 창출하려면 환경변화에 맞는 적절한 사업전략과 조직구조를 일관성 있게 개발해야 한다. 따라서 전략이 중요한 만큼이나 조직구조도 중요하다.[25]

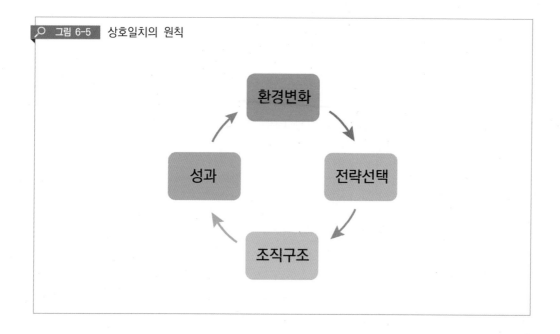

그림 6-5 상호일치의 원칙

◯ 조직구조의 유형

　창업 초기에 있는 기업은 아직 명확하고 공식적인 형태의 조직구조를 갖추지 못하는 단순조직이다. 이런 조직에서 창업가는 생산, 영업, 총무, 재무 등 대다수 기능에 관여하며 따라서 대다수 중요한 의사결정도 도맡아서 한다. 아직 공식적인 조직구조가 갖춰져 있지 않기 때문에 경영자의 관리기능인 계획-조직-지휘-통제 활동을 통해 기업을 운영하게 된다. 성공에 대한 열정과 작은 조직의 유연성은 큰 강점이지만 창업가의 단독적인 역량에 의존하기 때문에 실패 위험이 큰 편이다.

　다행히 신생 창업기업이 생존하게 되면 바야흐로 성장가도를 달리게 된다. 성장과 함께 기업 규모도 커지게 되면서 인력이 크게 늘어난다. 더욱 성장해서 과거처럼 창업가가 혼자서 많은 업무를 처리할 수 없는 상황에 이르게 되는 경우 비로소 기업은 기능별 구조로 전환하는 것을 심각하게 고려하게 된다.

• 기능별 조직구조(Functional Structure)

기능별 구조에서는 생산, 마케팅, 재무 등 각 기능별 전문가들이 창업가를 대리해서 각 부서를 책임지게 된다. 기능별 구조는 일종의 분업구조로서 〈그림 6-6〉에서와 같이 직원들을 각 기능별로 전문화하고 역할을 나눈다. 또한 일반 직원들의 능력에는 한계가 있고 여러 업무를 동시에 할 수 없기 때문에 적성과 능력에 맞게 각 기능별로 전문화함으로써 업무에 대한 효율성을 향상할 수 있다. 또한 최고경영자는 각 기능별 즉 부서별로 적임자를 관리자로 임명해서 부서관리에 대한 권한과 책임을 부여하는 한편 각 기능부서 간에 효율적으로 소통 및 정보 전달이 이루어지도록 한다. 최고경영자의 지휘 아래 공동 목표를 달성하기 위해 각 기능별 관리자는 다른 부서의 관리자와 정보를 교환하고 효과적으로 부서 간 업무 협조가 이루어지도록 협력해야 한다. 최고경영자는 부서 간에 갈등이 발생하거나 조직 전체 차원에서 과업을 추진해야 하는 경우 조정(Coordination) 활동을 통해 여러 기능 및 부서를 통합적으로 관리한다.

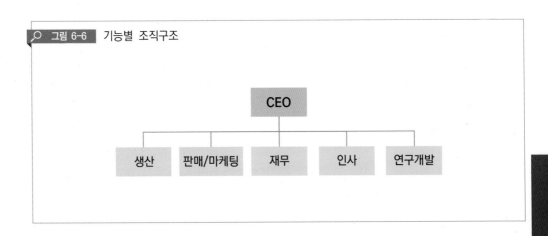

🔍 그림 6-6 기능별 조직구조

| 표 6-1 | 기능별 구조의 장점 및 단점

장점	단점
단일사업에 적합	기능별 부서 간의 소통과 조정이 힘들게 됨
업무 과정 및 성과에 대한 중앙통제 가능	부서 이기주의 발생 가능성
주요 업무를 기능별 부서에 위임해서 전문성 강화가 가능	과도한 전문화는 직원들의 시야를 좁게 함
각 기능의 전문화로 학습효과의 극대화 가능	교차기능 팀의 구성이 힘들어지고 다기능전문가의 육성이 어려워짐
계획, 조직, 지휘, 통제 활동이 용이	기능별 부서의 책임 소재가 불명확할 경우 성과에 대한 책임이 최고경영자에게 전가됨

● 사업부제 조직구조(Divisional Structure)

기업 규모가 계속해서 성장하게 되는 경우 기능별 조직구조에 대한 한계가 나타나기 시작한다. 제1장에서 우리는 Chandler가 GM, Du Pont, Sears, Standard Oil 등과 같은 대기업들이 종전의 기능별 조직구조에서 새로운 사업부제 조직구조로 변화하게 되는 동기와 원인에 대해 살펴보았다. 이 기업들은 성장하게 되면서 제품별 및 지역별로 사업을 다각화하는 새로운 전략을 도입한다. 그러나 기업 규모가 너무 커지면서 더 이상 최고경영자가 모든 것을 통제하는 것이 힘들어지게 되고 전반적으로 효율성이 낮아지고 제품경쟁력이 떨어지면서 다른 기업에 비해 수익성이 뒤처지게 되었다. 문제는 기능별 구조가 심화되고 각 기능이 특화되면서 부서 간 의사소통이 점점 어려워졌다. 생산부서는 효율성을 기반으로 하는 단기적인 목표에 치중한 반면에 연구개발 부서는 장기적인 차원에서 효과성을 강조했다. 여기에다 지역적인 요소가 가미되면서 문제는 더욱 복잡해졌다. 즉 생산하는 지역과 판매하는 지역이 각각 다른 경우 기능별 부서 간의 의사소통은 더욱 힘들게 되고 비효율성이 높아지면서 비용은 가파르게 상승했다. 따라서 기능별 조직구조로는 대규모 기업의 복잡성을 풀기에는 한계가 있었다.

이런 난관을 극복하기 위해 4개의 기업은 종전의 기능별 조직구조에서 새로운 사업부제 조직구조(Divisional Structure)로 전환한다. 새로운 사업부제 구조의 특성은 분권화된 조직구조였다. 예를 들면, GM은 제품별로 독립적인 사업부를 구성해서 운영했다. 즉 전체 조직을 소형차 사업부, 중형차 사업부, 고급대형차 사업부, 그리고 상용차 사업부로 구분하고 각 사업부마다 사업부의 장을 중심으로 생산, 판매 및 마케팅, 연구개발 등을 독자적으로 수행하도록 했다. 변화된 사업부제 구조에서 기업본부(HQ)의 최고경영자는 주로 신규 사업의 진출 등과 같은 장기적인 전략을 수립하고 각 사업부에 경영자원을 배분하는 권한을 보유하는 동시에 각 사업부의 성과를 평가했다. 한편 최고경영자로부터 권한을 위임받은 각 사업부의 장들은 본부에서 수립한 전략을 실행하기 위해 생산 및 판매 등 사업부를 통제하는 기능적 및 일상적인 업무에 집중하도록 했으며 동시에 사업부의 경영성과에 대한 책임을 지게 되었다.[26]

한편 Chandler와 달리 거래비용이론의 대가로 노벨경제학상을 수상한 Oliver Williamson은 대규모 기업의 사업부제 구조를 M-form가설이라는 거래비용의 관점에서 해석했다. 그는 대기업들이 사업부제 구조로 전환하는 것은 사업다각화의 수준이 높아짐에 따라 나타나는 조직 내부의 비효율성을 제거하기 위한 목적으로 수행된 것으로 보았다. 다각화된 기업에서 다수의 제품을 여러 지역과 함께 관리하는 경우에 생산부서는 서로 다른 여러 제품을 동시에 생산해야 하고 또 판매부서는 많은 제품들을 여러 지역에서 동시에 판매해야 하기 때문에 효율성이 떨어지게 되었다.[27] 이에 더해 다각화된 사업에서 최고경영자가 효과적으로 모든 기능, 제품, 지역을 감독하고 통제하는 것은 사실상 불가능한 것으로 파악했다. 결론적으로 다각화된 사업과 기능별 구조는 서로 적합한 짝이 아니었다.

〈그림 6-7〉은 제품별 사업부제로 구성된 조직구조이며 〈그림 6-8〉은 지역별 사업부제로 구성되는 조직구조를 보여주고 있다. 사업부제 조직구조는 제품이나 지역으로 구분되는 사업부에 권한을 분산해서 관리하는 방식이다. 〈그림 6-9〉는 워커힐 호텔사업부를 포함해서 5개 사업부로 구성된 SK네트웍스의 사업부제 조직구조를 보여주고 있다.

사업부제 조직구조의 최상부에는 최고경영자와 그를 보좌하는 스텝조직인 기획조정실이 함께 기업본부를 구성한다. 여기서 기획조정실(Office of Corporate

Planning)은 다음과 같은 중요한 역할을 수행하고 있다. 첫째 기획조정실은 조직 전체와 함께 각 사업부를 관리한다.

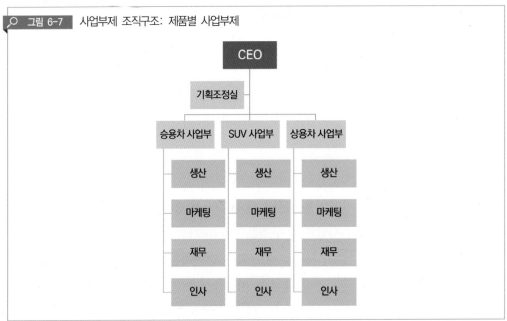

그림 6-7 │ 사업부제 조직구조: 제품별 사업부제

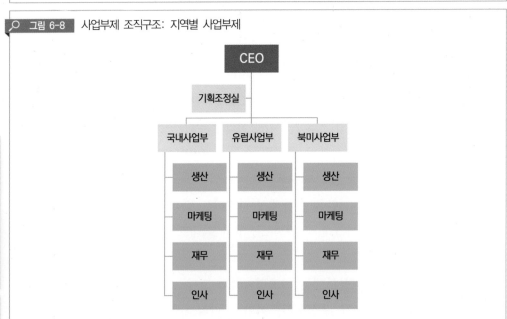

그림 6-8 │ 사업부제 조직구조: 지역별 사업부제

그림 6-9 SK네트웍스의 사업부제 조직구조

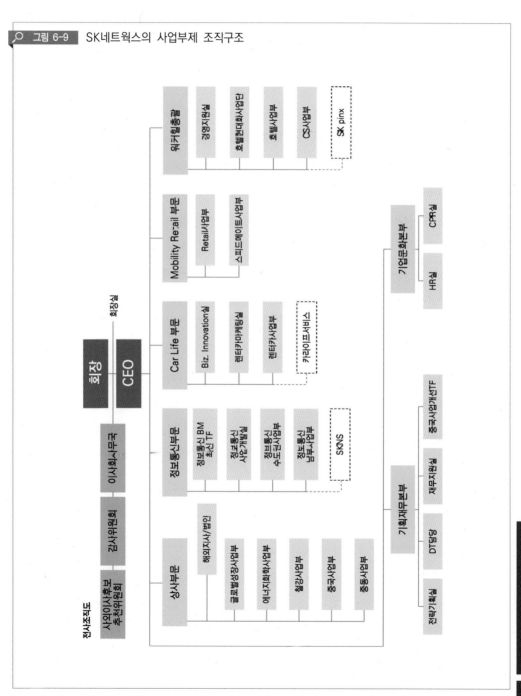

출처: SK네트웍스 2017년 사업보고서

새로운 산업이나 사업으로의 진출, 기존 사업의 퇴출이나 매각, 각 사업부에 대한 성과 평가 및 경영자원의 배분, 기업 인수합병의 결정 등과 같은 중요한 활동을 수행한다. 둘째, 경영전략을 수립한다. 기획조정실은 최고경영자와 함께 기업전략(Corporate Strategy)을 수립하는 한편 개별사업부들이 사업전략(Business Strategy)을 수립 및 실행할 때 의견을 조정한다. 개별사업부의 성과가 좋은 경우 기획조정실의 개입이 적은 편이나 반대일 경우에는 개입 수준이 높아진다. 또한 기획조정실은 관장하고 있는 여러 사업부 간에 협력이 필요한 경우 이를 조정한다. 기획조정실은 여러 사업부 간에 자원, 활동, 지식 등을 공유하거나 이전이 필요할 경우 깊숙이 개입해서 규모 및 범위의 경제를 극대화하려고 한다. 셋째, 관장하는 개별사업부에 대한 사업목표의 조정과 성과에 대한 평가를 수행한다. 기획조정실은 개별사업부가 예상되는 성과를 달성할 수 있도록 독려하고 지원한다. 그리고 성과 달성의 여부에 따라 각 사업부마다 임금과 상여금에 대한 차등적인 보상계획을 수립한다.[28]

사업부제 조직구조가 더욱 발전한 형태인 전략사업단위제(SBU: Strategic Business Unit)가 있는데 이는 복합기업인 GE가 개발한 조직구조이다. 기업 전체의 사명과 비전 아래 일정한 재량권을 부여받는 사업부제 조직구조와 달리 전략사업단위제 조직구조는 각 사업단위마다 독자적인 사명과 비전 아래 독립된 경영목표를 가지고 운영되기 때문에 권한이 더욱 분산된 형태의 조직구조이다.

● 매트릭스 조직구조(Matrix Structure)

1980년대 이후 세계화가 가속되면서 많은 다국적기업들이 세계로 진출하면서 기업 내에 새로운 사업부로 국제사업부를 조직구조에 더하게 되었다. 그러나 세계화가 심화되면서 사업부제 조직구조도 한계를 보이기 시작했다. 즉 종전의 제품별로 조직된 사업부는 국내시장의 생산 및 판매에만 집중하고, 해외시장의 생산 및 판매는 국제사업부가 관리했기 때문에 개별적인 제품사업부가 보유하고 있는 경영자원이나 생산기술을 해외에 위치하는 공장으로 전수하는 것이 쉽지 않았다. 그

적합한 환경은 현재처럼 급변하는 경영환경인데, 이런 환경에서는 혁신과 민첩한 대응이 경쟁우위의 원천이 되고 있다. 네트워크 조직구조의 이런 특성은 새로운 사업기회의 포착에 매우 유리하다. 네트워크 조직구조의 최대 강점은 유연성(Flexibility)이다. 급변하는 무한경쟁 환경에서 환경변화에 유연하게 대처할 수 있는 조직구조는 모든 기업에게 최대의 도전과제이다. 한편 네트워크 조직구조의 가장 큰 약점은 현장경영을 할 수 없다는 점이다. 네트워크 구조는 여러 기업 간의 계약관계로 구성되기 때문에 중심기업과 파트너기업 간의 굳건한 신뢰관계의 구축은 성공의 열쇠가 된다.

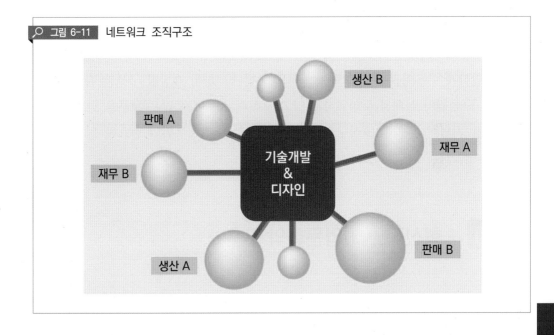

그림 6-11　네트워크 조직구조

한편 Chandler는 먼저 기업이 전략을 변경하게 되면 이에 따라서 조직구조도 변한다고 했다. 그러나 이에 대한 반대 의견도 만만치 많다. 즉 과거 GM처럼 거대한 기업에서 전략은 어쩔 수 없이 조직구조에 기반해서 수립될 수밖에 없다는 의견도 제시되고 있다.

현재처럼 역동적이고 불확실한 환경에서 유연한 조직구조의 확립은 환경변화의 위협에 효과적으로 대응하고 동시에 환경변화에 따라 등장하는 새로운 기회를 선점하기 위해 무엇보다도 중요하다. 호스피탈리티 기업들은 가맹점포가 많아지고 영업지역이 확대됨에 따라 변화에 대처하는 유연성이 떨어지게 되는데, 특히 수백 수천 개의 점포를 보유하고 있는 대형 호스피탈리티 기업은 매우 복잡하기 때문에 이는 중요한 도전과제이다. 일반적으로 거대한 기업은 구조적으로 아주 복잡하기 때문에 변화에 신속히 적응하기가 힘들다. 그럼에도 불구하고 기업은 변화가 필요할 때 반드시 변화할 수 있어야 한다. 즉 기업은 반드시 유연해야 한다. 유연한 조직구조를 확립하기 위해서는 첫째, 되도록 조직구조를 단순하게 유지한다. 둘째, 가능하면 기능 및 부서 간에 긴밀하게 상호연결되도록 한다. 상호관계가 강화될수록 즉 상호연계가 강하면 강할수록 결국 더욱 강한 전체 조직이 만들어진다. 셋째, 협업을 기반으로 하는 구조를 만들어서 서로 간에 정보의 교환과 공유가 원활하게 이루어지는 학습조직이 되도록 한다. 넷째, 개방형 구조를 지향해야 한다. 구성원이 실패를 두려워하지 않고 오히려 실패에서 많은 교훈을 얻도록 한다. 이제 기업이 유연한 조직구조를 확립하는 것은 경쟁우위의 중요한 원천이 되고 있다.

Ⅲ ▶▶ 혁신적인 기업문화의 구축

기업문화는 조직 전체를 통해 공유되는 가치 및 신념체계이며 전 구성원의 행동에 영향을 미치는 기준을 제시하고 있다. 기업문화는 성장과 발전이라는 역사적 과정을 거치면서 형성된 것이다. 기업문화는 공유되는 가치이기 때문에 구성원들의 사고방식과 행동양식을 결정짓는 중요한 요인이다. 그러므로 기업문화는 직원들이 업무에 집중하고 고객과 대면할 때나 또 상거래를 위해 다른 사람과 접촉할 때 중요한 행동기준이 된다. 그리고 기업문화에 의해 우리는 누구인가? 라는 조직의 정체성이 결정되고 있다. 따라서 유사한 문화적 양상을 보이는 기업들은 존재하지만 똑같은 문화를 가진 기업들은 하나도 없다. 이렇게 기업마다 문화가 다르듯이 성공하는 기업과 실패하는 기업의 문화에도 분명한 차이점이 존재하고 있다.

효과적으로 전략을 수립 및 실행하기 위해서 전략과 문화를 일치(Alignment)하는 것은 매우 중요하다. 기업문화는 성과에 큰 영향을 미친다. 기업문화는 조직을 묶는 접착제이며 경쟁기업들이 가장 모방하기 힘든 무형자원이며, 경쟁우위의 지속적인 원천이다.[31] 기업문화가 기업의 경쟁우위 창출에 크게 기여한 사례로서 Southwest Airlines가 있다.

세계 항공운송산업에서 저가항공사(LCC)의 성장이란 새로운 바람을 일으킨 Southwest Airlines가 세상의 주목을 받기 시작한 것은 1998년에 처음으로 발표된 Fortune지가 선정하는 미국에서 '가장 일하기 좋은 100대 기업'에서 1위에 선정되면서였다. 지방의 작은 저가항공사가 많은 유명 대기업 등을 물리치고 가장 일하기 좋은 기업에 선정된 것은 당시 기업계에 신선한 충격이었다. 이후 시간이 흐르면서 Southwest의 진가가 서서히 밝혀지기 시작했다. Southwest는 경쟁사에 비해 훨씬 적은 인원으로 많은 승객들을 운송했다. 보통 다른 항공사들은 지상요원과 기내요원을 합해서 항공기당 투입되는 평균 인원이 131명인데 비해 Southwest는 79명에 불과했다. 그리고 직원당 고객수는 2,318명으로 항공업계 평균인 848명을 훨씬 능가했다. 또한 다른 항공사의 여객기가 착륙 후 승객들을 하기하고 다시 탑승해서 재이륙하기까지 평균 45분이 소요되지만 Sourhwest는 단 15분 내에 다시 이륙했다. 그렇다고 Southwest가 다른 항공사에 비해 보다 높은 임금을 조종사에게 지급하는 것도 아니다. Southwest는 작은 저가항공사로서 후발주자였기 때문에 조종사에게 산업평균급여의 3/4 정도만 지급하고 있었다. 그러나 이들의 이직률은 경쟁사보다 훨씬 낮은 2% 이하로 유지되고 있었다. 그럼에도 불구하고 Southwest의 고객서비스 수준은 탁월했다. 미국 항공운송산업에서는 전부터 고객불만율, 수화물유실률, 정시이착륙 비율의 세 가지 지표를 측정해서 성과가 가장 우수한 항공사에게 Triple Crown이라는 상을 수여하고 있다. 그런데 이 상을 Southwest는 유일하게 7회 연속으로 수상하면서 독보적인 존재감을 과시했다.[32] 또한 미국의 경제지 Money가 1972년부터 2002년 사이에 가장 주가상승률이 높은 30개 기업을 선정해서 발표했는데 Southwest가 당당히 1위에 선정됐는데 연평균 주가상승률이 무려 25.99%에 달했다. 그리고 Southwest는 1973년 이래 단 한 번도 적자를 기록한 적이 없는 유일무이한 항공사로 전무후무한 기록 행진을 이어나가고 있다.

이런 Southwest Airlines의 성공에는 강한 기업문화가 깊숙이 내재되어 있다. Southwest 기업문화의 가장 두드러진 특성이 바로 가족적인 문화이다. 즉 기업이 직원들을 가족으로, 직원들은 기업을 가족으로 여기고 있다. 이 때문에 구성원 간에 신뢰가 구축되고 이를 바탕으로 서로 배려하고 활발한 의사소통이 이루어지면서 강한 결집력을 가진 기업문화가 만들어졌다. 즉 Southwest의 가족적인 기업문화는 구성원들을 끈끈하게 한데로 묶는 구심점이 되었다. 이는 구성원들이 기업을 위해 자발적으로 자신의 업무에 몰입하고 기업의 발전을 위해 헌신하는 결과를 낳게 되었다. 공유된 목표, 공유된 지식, 그리고 상호 존중의 관계를 기반으로 하는 Southwest의 직원중심적인 'Fun 문화'가 경쟁우위의 창출에 큰 영향을 미친 것은 아무런 통제가 없이도 모든 직원들이 자발적으로 기업의 이윤 및 발전을 위해 자신이 맡은 업무뿐만 아니라 다른 업무의 지원에도 몰입했기 때문이었다.

이제 강하고 특유한 Southwest 기업문화의 여러 면모를 살펴보기로 하겠다.[33] Southwest의 본사에서는 캐주얼 복장이 당연시되고 있으며 사내에서는 지위와 관계없이 서로를 이름으로 부르고 있다. 그리고 직원들 사이에는 항상 밝은 농담이 오가고 있다. 생일을 맞은 직원이 있으면 파티를 열어서 축하해주며, 직원끼리뿐만 아니라 가족도 포함시킨 관계를 권장하고 있으며 기업이 주최하는 파티에 가족을 초대하고 있다. 이밖에도 직원들이 아이를 정기적으로 직장으로 데리고 오도록 장려하고 있다. Southwest의 가족적인 문화는 기업 내에 불행한 일을 당한 직원을 위해 모금한 재난펀드가 $50만에 달했으며, 또 약물중독에 빠진 직원을 위해 의료보험을 들어주고 있다. Southwest는 개방적인 소통과 강력한 팀워크를 통해 적극적인 직장문화를 만들어내고 있다. 인재개발 전략은 능력보다는 팀 성과에 초점을 맞춰 팀의 발전을 지향하고 있다. '업무와 여가의 균형'을 유지하면서 직원들이 공동체와 가족적인 관계를 유지하도록 장려하고 있다. 가족적인 문화의 결과로 Southwest에서는 사내결혼을 하는 직원들이 가장 많은 기업이 되었다.

또한 비번이거나 출장 또는 휴가를 떠나는 직원들이 기내에서 자발적으로 승객에게 땅콩을 나누어주는 풍경이 종종 연출되고 있다. 그리고 Southwest에서는 휴일이나 시간 외에 타부서의 업무를 경험하는 프로그램이 있다. 물론 조종사나 객실승무원 등 전문적인 분야의 일은 할 수 없지만 객실승무원이 수화물 취급 업무나 발권카운터 업무를 경험해보도록 하고 있다. 강제적이 아닌 자발적인 이 프로그램에는 휴일이나 시간 외임에도 불구하고 직원의 80%가 참여하고 있다.

전체 직원의 80%가 노동조합에 가입하고 있지만, 항상 기업의 업무프로세스가 유연하고 생산적으로 흐를 수 있도록 취업조건에 대해 경영진에 우호적으로 대하고 있다. 정확한 정시출발을 하기 위해서 자신이 맡고 있는 본연의 업무 이외의 일에도 적극적으로 참여하고 있다. 정시출발을 위해 공항에서 수하물을 실을 때 조종사나 객실승무원이 돕는 광경은 이제 더 이상 진귀한 일이 아니다. 최고경영진도 현장을 찾아서 업무를 도우며 현장 감각을 익히고 있는데, 성수기에는 CEO를 비롯한 대다수 경영진이 공항에서 수하물 운반 업무를 거들고 있다.

Southwest는 기업정책으로 '고객만족 제2주의, 종업원만족 제1주의'를 시행하고 있다. 이 정책은 불특정 존재인 고객보다는 기업발전의 원동력이자 신뢰할 수 있는 인간관계를 쌓아 올릴 수 있는 직원들에게 고객보다 더 높은 우선순위를 부여하고 있는 것이다. 이는 '직원들을 만족하게 하면 직원들은 스스로 고객에게 최고의 만족을 제공할 것'이라는 경영철학에 기반하는 것이었다. Southwest는 직원에 대해 실패를 겁내지 말고 새로운 것에 도전하는 것을 적극 권장하고 있다. 만약에 직원의 실수로 기업에 $40만의 손실을 미치는 일이 발생해도 기업은 책임을 묻지 않고 모든 수단을 동원해서 해당 직원의 신뢰 회복을 지원하고 있다.

Southwest는 직원을 채용할 때 유머와 센스를 중요시하고 있다. 이것은 긴장되는 순간이 많은 직원이야말로 유머센스가 필요하다고 강조하는 CEO의 평소 지론에 따른 것이다. 이는 기장이나 객실승무원, 공항카운터 직원뿐만 아니라, 본사나 지상직원에게도 똑같이 요구되고 있다. 조종사가 아무리 기술이 좋아도 유머를 이해하지 못하는 사람은 Southwest 직원으로는 적합하지 않은 것으로 간주하고 있다. 그리고 객실승무원을 채용할 때는 고객들을 초빙해서 바람직한 객실승무원의 선정을 의뢰하고 있다.

고객이 항공여행을 즐길 수 있도록 하기 위해 Southwest의 직원들은 항공기 안에서도 자발적으로 높은 몰입을 보여주고 있다. 비행 중에도 승객들을 즐겁게 하기 위해 기내에서 공연을 하거나 게임을 실행하고 모든 승객들의 참여를 유도해서 'Fun Flight'가 되도록 하고 있다. 예를 들면, 3월에 성 패트릭의 날이면 객실승무원들이 요정 의상을 입고 나타나서 승객을 맞이한다. 출발 전 기내 안전장비에 대한 설명은 재미있게 진행한다. 그리고 탑승하는 중에 갑자기 기내 수하물 선반에서 객실승무원이 뛰쳐나와서 승객들에게 즐거운 놀라움을 선사하고 있다. 이 모든 것은 현장에서 근무하는 객실승무원의 자발적인 판단에 맡기고 있다.

Southwest의 이런 경영방식에 대해 모두가 호의적인 것은 아니다. Southwest의 직원들은 승객들을 깔보고 있다고 투서하는 사람도 있었다. 이에 대해 Southwest는 정책을 변경하지 않았으며, 직원을 모욕하는 고객에 대해서는 Southwest의 항공기 탑승을 거절하고 기꺼이 타 항공사의 이용을 권하고 있다. CEO였던 Herbert Kelleher는 기업이 '고객은 항상 옳다'라고 서슴없이 말하는 것은 기업이 직원에게 범하기 쉬운 가장 큰 배신행위라고까지 말하고 있다.

Southwest Airlines처럼 강하고 특유한 기업문화는 직원들을 동기부여하고 몰입도 향상과 성과 증진을 가져온다. 직원들의 효과적인 동기부여가 이루어지려면 각 기업마다 특유하고 혁신적인 기업문화를 구축해야 한다. 기업이 성과를 내기 위해서는 직원들의 업무에 대한 몰입 수준을 극대화해야 한다. 직원들이 강한 몰입을 통해 기업 성과에 공헌하기를 진정으로 원한다면 몰입이 자연스럽게 이루어지는 일하기 좋은 문화가 있는 직장이 되어야 한다. Southwest Airlines의 구성원들은 바로 그런 기업문화를 공유하고 있다.

'Southwest의 활기찬 정신―그것은 배려와 헌신, 성실, 즐거움, 보람 그리고 기쁨이다'라고 말하는 Herbert Kelleher는 최고경영자로서 재직 중에 직원들과 소통하면서 바람직한 기업문화를 위해 솔선수범하면서 직원들의 마음을 이끌어갔다. Herb Kelleher는 직원들의 역량을 강화하는 동시에 비용절감의 문화를 구축함으로써 Southwest를 가장 존경받고 경쟁력이 있는 항공사로 육성했다. 그는 항상 직원들을 잘 배려했으며, 그 결과 직원들로부터 큰 신뢰를 받았던 전략적 리더였다.[34] Southwest Airlines와 Kelleher처럼 기업문화와 리더십의 일치(Alignment)는 전략적으로 매우 중요하다. 이에 대한 다른 사례로 Steve Jobs는 '모든 것이 가능하다'라는 도전적인 문화를 구축해서 Apple을 지구상에서 가장 높은 가치 있는 기업으로 만드는 데 공헌했다. 또한 Starbucks의 창업자인 Howard Schultz는 Starbucks는 '커피를 판매하는 장소가 아니라 문화를 판매하는 공간'이라고 중시하는 기업문화를 외부에 판매하면서 새로운 시장을 개척했다. 이처럼 특유하고 강한 문화는 소비자에게도 선명하게 어필되고 있다.

한편 진정한 고객중심 문화는 기업이 세 가지 목표를 달성하는 데 도움을 제공한다. 첫째, 고객중심 문화는 직원이 고객에게 제공하는 무형의 서비스를 유형화하는데 좋은 지침을 제공한다. 둘째, 고객중심 문화는 직원들의 업무에 의미와 가치를 부여한다. 셋째, 고객중심 문화는 기업이 직원의 업무에 대해 교육할 수 있는 것과 다양한 상황에서 고객의 기대를 충족시키기 위해 직원이 실제로 수행해야 하는 업무 간의 차이를 메우는 데 도움을 제공한다. 이러한 세 가지 목표는 탁월한 서비스의 제공에 매우 중요하므로 기업문화는 모든 직원들과 활발히 소통하고 공유되어야 한다. 즉 소비자에게 제공하는 제품이 서비스처럼 무형적인 것일수록 문화적 가치, 신념, 그리고 규범이 강해야 한다.[35]

성공기업의 기업문화는 변화를 촉진하고 창조하고 있지만, 어떤 기업들에게 문화는 오히려 변화를 가로막는 커다란 장해물이 되고 있다. 기업 경쟁의 글로벌화, 정보혁명의 가속화로 인한 급격한 변화, 그리고 더욱 가열되는 무한경쟁에서는 시장을 선점하는 기업만이 지속적인 경쟁우위를 누릴 수 있다. 시장기회의 선점은 기업이 얼마나 빨리 변화에 대응하는가에 달려 있다. 경영환경이 변하면 기업의 문화도 변해야 생존할 수 있다. 기업실패의 가장 큰 원인은 변화에 너무 늦게 대응한 결과이다. 수평적이고 개방적이며 또 변화를 선도하는 혁신적인 조직문화는 경쟁우위의 창출을 위한 중요한 원천이다.

조직구조는 컴퓨터의 유형적 구성요소인 하드웨어와 같고, 기업문화는 무형적 구성요소이자 컴퓨터를 구동하는 운영소프트웨어(Operating Software)와 같다. 높은 성능의 하드웨어와 창의적인 운영소프트웨어의 조합은 ERP나 앱(App)과 같은 경쟁력이 높은 응용소프트웨어(Application Software)를 개발하는 원동력이 되고 있다. 이처럼 유연한 조직구조, 혁신적인 기업문화, 그리고 적절한 경쟁전략 간의 절묘한 결합과 고도화된 연계성(Linkage)은 가치가 있고, 희소하며, 모방이 힘든 강력한 경쟁우위의 원천이 되고 있다.

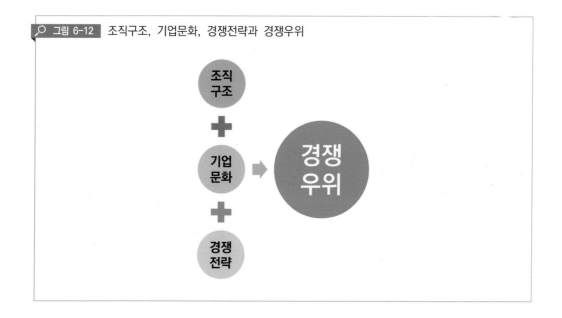

🔍 그림 6-12 조직구조, 기업문화, 경쟁전략과 경쟁우위

Ⅳ ▶▶ 균형적인 성과 평가

전략적 리더는 경영환경 변화에 따라 경영성과를 측정하는 방식도 변경해야 한다. 1990년대 초 이전까지 대다수 기업들은 재무제표에 따른 재무적 수치에 의해 기업 성과를 측정했다. 그러나 기존 재무지표에는 여러 문제점이 있었다. 첫째, 재무적 수치는 단순히 기업의 과거 활동 결과를 요약한 것이기 때문에 향후 어떻게 기업의 성과를 향상시켜 나갈 것인가에 대한 고려가 없었기 때문에 현재 및

미래에 대한 성과 측정이 불가능했다. 둘째, 기존 재무지표는 비재무적 성과에 대해서는 측정하지 못하고 있다. 셋째, 기존 재무지표는 환경변화를 충분히 반영하지 못하고 있다. 1990년대 이전에는 건물, 설비, 재고자산 등과 같은 유형자산에 대한 효율적 투자 및 운영에 의해 경쟁우위를 창출할 수 있었으며, 투자상태를 기록한 대차대조표와 유형자산의 이용을 통한 이윤창출을 기록한 손익계산서를 기반으로 하는 재무지표로도 성과 측정은 나름대로 효과적이었다. 그러나 디지털 혁명과 지식경제가 가속되면서 무형자산이 경쟁우위의 원천이 되고 있다. 이에 더해 기업의 가치창출 주요 원동력이 유형자산에서 창의적 사고와 같은 지식기반의 무형자산으로 무게중심이 이동하고 있다. 대표적인 무형자산에는 혁신적인 제품/서비스, 신속한 업무프로세스, 고객관계, 직원의 지식 및 숙련도, 정보기술의 혁신적 이용, 혁신 및 개선을 장려하는 기업문화 등이 있다. 넷째, 종전의 재무지표는 단기간의 성과만을 주로 측정하고 장기적 차원의 성과는 측정하지 못했다. 그리고 성과 창출에 대한 인과관계를 측정하지 못했다.

1996년에 Robert Kaplan과 David Norton은 한계가 많은 재무지표 위주의 과거 성과측정 방식을 보완한 혁신적인 기업성과측정시스템인 균형성과표(BSC: Balance Scorecard)를 발표했다. 균형성과표는 기업의 비전과 전략을 조직 내부 및 외부의 핵심성과지표(KPI: Key Performance Indicator)로 재구성해서 기업 전체가 목표를 달성하기 위한 핵심활동에 집중하도록 했다. 균형성과표는 단기 및 장기 목표, 유형과 무형 자산, 성과와 성과를 창출하는 요인, 재무적 및 비재무적, 그리고 내부 및 외부 요인 등과 같은 여러 차원에서 균형적인 관점에서 성과를 측정하고 관리하기 위한 목적으로 개발했다.

Kaplan & Norton은 기업의 성과를 종합적으로 측정하기 위해 네 가지 관점(Perspective)에서 균형성과표를 개발했다. 즉 〈그림 6-13〉에서와 같이 재무적 관점(Financial Perspective), 고객관점(Customer Perspective), 내부프로세스관점(Internal Business Process Perspective), 그리고 학습 및 성장 관점(Learning and Growth Perspective)으로 구성되어 있다. 각 관점 간에는 인과관계가 존재하고 있다. 일례로서 〈그림 6-14〉처럼 지속적인 직원의 학습과 숙련도 향상은 기업의 비

247

즈니스 프로세스를 개선 및 혁신하고 이를 통해서 고객의 요구사항에 신속하게 대응하여 고객충성도가 향상되면서 결국 재무성과가 향상되는 인과관계가 형성될 수 있다.[36]

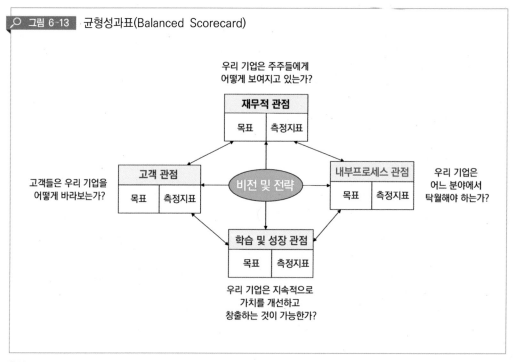

그림 6-13 균형성과표(Balanced Scorecard)

출처: Kaplan & Norton

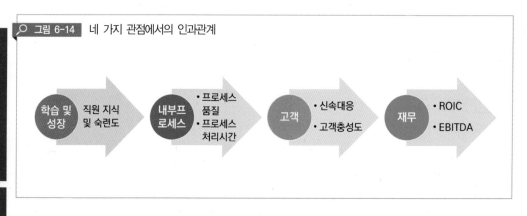

그림 6-14 네 가지 관점에서의 인과관계

균형성과표의 목적은 비전, 전략, 관점 그리고 핵심성과지표(KPI: Key Performance Indicator)에 의해 기업의 성과를 효율적으로 관리하는 것이다. 균형성과표에서 핵심성과지표는 재무적 및 비재무적 지표들을 모두 관리하며 동시에 전략 목표의 달성 여부와 운영프로세스를 관리하고 있다. 그리고 균형성과표에서는 기업의 전략 목표와 성과지표가 직접적인 연관성을 갖고 있기 때문에 기업을 추구하는 방향으로 이끌어 나갈 수 있다. 또 균형성과표는 기업 운영에 대한 핵심 정보를 파악하고 이를 바탕으로 효율적 및 신속하게 기업을 운영할 수 있다. 또한 기업이 당면하고 있는 문제를 해결하기 위한 핵심요인이 무엇인가를 확인한다. 이는 기업의 자원과 역량을 적절한 방향으로 집중하는 한편 나아가서 전략적 목표를 달성하기 위한 필수적 요인이다. 핵심성과지표는 전략적 목표를 성공적으로 달성하기 위해 필수적으로 관리해야 하는 요인들에 대한 성과지표이다.[37] 따라서 전략과 핵심성과지표 간의 효과적인 일치(Alignment)는 균형성과표의 성공적인 구축에서 가장 중요한 성공요인이 되고 있다.

1997년에 Hilton Hotels Corporation은 세계 각국의 많은 호텔에서 전반적으로 고객충성도와 만족도가 감소되는 것을 인지하고 이를 극복하기 위해 균형성과표의 도입을 결정했다. Hilton은 균형성과표를 개발하기 위해 각 단계마다 세심한 노력을 기울여서 각 호텔들과 체인본사의 비전 및 전략인 '고객, 직원, 주주들을 모두 즐겁게 한다'를 일치(Alignment)시켰다. Hilton은 네 가지 관점을 체인의 상황적 특성에 맞게 〈표 6-2〉에서처럼 운영효과성, 매출극대화, 고객충성도, 브랜드관리, 그리고 학습 및 성장이라는 다섯 가지 가치창출요인(Value Drivers)으로 변경해서 활용했으며 각 가치창출 동력마다 그에 따른 핵심성과지표(KPI)들을 개발했다. 따라서 예를 들면, 고객충성도 점수와 고객만족도 점수를 개선하면 가치창출 동력인 충성도가 향상되면서 결국 고객들을 즐겁게 한다는 전략적 목표를 달성할 수 있게 된다. Hilton은 성공적으로 균형성과표를 개발해서 시행한 결과 대다수 핵심성과지표들이 개선되면서 전략적 목표가 달성되는 성공을 거두었다. Hilton은 지속적으로 균형성과표를 개선해 나가고 있다. 현재 많은 기업들이 균형성과표를 이용하고 있다.[38]

| 표 6-2 | Hilton Hotel의 가치창출동력과 핵심성과지표

가치창출동력	핵심성과지표(KPI)
운영효과성 (Operational Effectiveness)	· EBITDA(법인세이자감가상각비 차감전 영업이익) · EBITDA 마진 · EBITDA 성장률
매출 극대화 (Revenue Maximization)	· RevPAR(Revenue per Available Room) · RevPAR Index
충성도 (Loyalty)	· 고객충성도 점수 · 고객만족도 점수
브랜드관리 (Brand Management)	· 현장 점검에서 브랜드표준 준수 점수
학습 및 성장 (Learning & Growth)	· 신입사원 적응훈련 · 기술 교육훈련 · 다양성 계획의 성과(연말)

출처: The Balanced Scorecard Hall of Fame Profile Series

영국의 British Airways의 고객서비스 부서는 '세계 최고의 고객서비스'라는 비전을 달성하기 위해 재무관점(승객 프로세스 비용, 수화물처리 비용, 총비용), 내부프로세스관점(수화물인도 실패 건수, 도착 수화물의 분배시간), 고객관점(이착륙시간 준수, 탑승수속 만족도), 직원관점(질병에 의한 결근율), 그리고 항공사 사정에 맞게 고객안전관점(항공기 손상 건수, 사건발생 건수, 승객사고 건수)을 추가해서 다섯 가지 관점과 그에 따른 핵심성과지표들을 선정했다.

V ▶▶ 기업의 사회적 책임

2001년 미국 역사상 최악의 9·11테러의 충격이 채 가시기도 전인 몇 달 후 이번에는 미국기업 역사상 최악의 회계부정 사건이 터졌다. 당시 미국 'Fortune 500대 기업'에서 7위를 기록하고 있던 Enron은 통신, 천연가스, 전기, 제지, 플라스

틱, 석유화학, 철강 등 에너지를 중심으로 하는 대규모 복합기업이었다. 1931년에 창업한 Enron은 Fortune으로부터 6년간 연속으로 '미국에서 가장 혁신적인 기업'으로 선정되었으며, 2000년에는 '일하기 좋은 100대 기업'에 뽑히기도 했다. 또한 많은 경영컨설턴트로부터 최고의 경쟁력을 지닌 탁월한 기업으로 수많은 찬사와 함께 모범사례로 소개되기도 했다. Enron의 연간 매출액은 1986년 $76억에서 2000년에는 $1,010억에 달했으며, 주식가치 총액은 당시 $800억 이상을 호가했다. 또 Enron은 Houston에 있는 호화로운 본사 건물을 소유하고 있었으며 총직원은 2만 명에 달했다. 그러나 2001년 8월에 유명한 금융 분석가가 Enron의 잘못된 회계보고를 신랄하게 비판하면서 투자자들에게 당장 주식을 처분할 것을 권고했다.

2001년 말이 되자 Enron의 부실한 재정상태가 일상적이며 체계적으로 치밀하게 계획된 방식의 회계부정으로 은폐되어 왔다는 사실이 밝혀지며, Enron이 보고한 재정상태가 제도적, 조직적, 체계적, 창의적으로 계획된 분식회계로 유지되고 있었던 사실이 만천하에 드러나게 되었다. 조사 결과 Enron 재무제표에서 자산과 이익 수치는 대부분 조작된 것임이 판명되었다. 어떤 경우에는 엄청나게 부풀려졌으며 아예 처음부터 끝까지 날조된 것도 있었다. 부채와 영업손실은 교묘하게 숨겨져 있었다. 가치가 있는 자산은 가스사업 단 하나뿐이었다.

Enron의 신용에 문제가 생기자 주식의 투매가 시작되면서 한때 주당 $90를 호가했던 주식가격은 36센트까지 폭락했다. Enron은 2001년 11월말 경쟁기업에게 인수를 제의했으나 거부당하게 되었으며, 결국 Enron은 2001년 12월 2일 뉴욕법원에 파산신청을 냈다. 당시 Enron의 부채총액은 $131억로 미국 연방파산법 시행 후 최대 규모였다. Enron 파산으로 미국에서만 4천5백 명이 일자리를 잃었고 노후를 위해 저축해왔던 연금마저 거의 잃게 되었다.

한편 Enron의 회계감사를 담당했던 세계 최고의 회계법인이었던 Arthur Anderson은 파산하기 훨씬 전부터 Enron의 회계에 문제가 있다는 사실을 알고도 묵인한 것으로 파악됐으며, 이에 더해 직원들에게 Enron 관련 문서들을 파기할 것을 지시하기도 했다. 또한 Enron이 파산하자 경영진은 물론 회계법인, 법무법인 등을 상대로 한 민형사 소송이 봇물을 이루었다. 결국 회장 케네스 레이와 CEO였던 제프

리 스킬링은 연방법원에서 사기와 내부자거래 등으로 각각 징역 24년 4개월과 24
년의 유죄판결을 받았다. 그러나 회장은 최종 판결 전에 심장마비로 사망했으며,
최고전략책임자(CSO)도 2002년에 자살하고 말았다. Arthur Anderson 역시 이로 인
해 영업정지를 당했으며 결국 파산하고 말았다.

또한 Washington Post는 부시 전 대통령 재임 시절에 레이 회장이 정치자금
모금에 기여한 공로로 백악관에 초대되어 하룻밤을 묵었으며 이후 지난 10년 동안
Enron과 레이 회장은 수백만 달러의 자금으로 의회, 백악관, 감독관청 등을 대상으
로 로비활동을 해왔다고 밝혀지면서 Enron 사태가 Enron Gate로 확대되기에 이르
렀다.

이후부터 Enron은 기업 사기와 부패의 대명사가 되었다. 사회적으로 큰 존경을
받던 기업이 사실은 교묘한 회계부정에 의존하고 있었다는 사실이 밝혀지면서 당
시 사회적으로 큰 파장을 낳았다. Enron은 기업의 탐욕과 부패, 그리고 자본주의
의 어두운 면을 상징하게 되었다.[39]

이처럼 Enron을 비롯한 WorldCom과 프랑스 Vivendi의 분식회계, Nike와 Wal-mart
의 아동노동, 일본의 설인(雪印)유업의 우유식중독 사건에서 가깝게는 국내 일부
재벌의 비윤리적 행위까지 문제가 불거지면서 기업의 사회적 책임에 관한 중요성
이 강조되고 있다.

ISO는 기업의 사회적 책임(CSR: Corporate Social Responsibility)을 기업이 경
제ㆍ사회ㆍ환경문제를 사람ㆍ지역공동체 및 사회에 혜택을 줄 수 있도록 접근하
는 방법으로 정의하고 있다. 그리고 EU집행위원회는 기업이 자발적으로 사회경제
적 문제를 기업의 활동 및 이해당사자와의 상호작용에 통합시키는 것을 기업의
사회적 책임이라고 정의하고 있다.

기업의 사회적 책임은 〈그림 6-15〉에서처럼 크게 네 가지로 구분할 수 있다.
첫째, 경제적 책임은 기업이 사회가 원하는 제품이나 서비스를 생산해서 적정한
가격으로 판매하고 이윤을 창출해야 하는 책임이다. 둘째, 법적 책임은 기업이 속
한 사회가 제정한 법과 규제를 잘 준수해야 하는 책임을 말하고 있다. 셋째, 윤리

적 책임은 법적으로는 강요되지 않지만 기업은 모든 이해당사자(Stakeholder)의 기대와 기준 및 가치에 부합하는 행동을 수행해야 하는 책임이다. 넷째, 자선적 책임은 기업이 자발적으로 사회공헌이나 기부활동 등을 통해 사회 개선을 선도해 나가는 책임을 말하고 있다.[40]

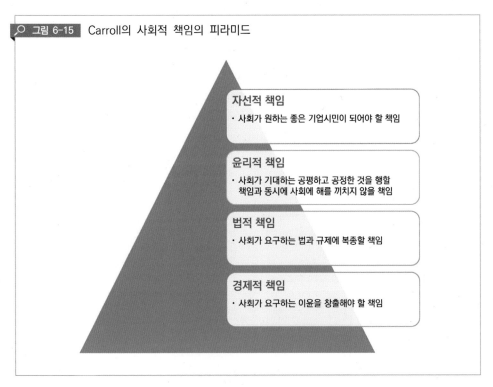

그림 6-15 Carroll의 사회적 책임의 피라미드

자선적 책임
· 사회가 원하는 좋은 기업시민이 되어야 할 책임

윤리적 책임
· 사회가 기대하는 공평하고 공정한 것을 행할 책임과 동시에 사회에 해를 끼치지 않을 책임

법적 책임
· 사회가 요구하는 법과 규제에 복종할 책임

경제적 책임
· 사회가 요구하는 이윤을 창출해야 할 책임

출처: Carroll

기업의 사회적 책임은 다양한 요소로 구성되어 있다. 〈그림 6-16〉에는 기업 사회적 책임에 포함되는 여러 분야가 소개되어 있다. 즉 기업의 사회적 책임에는 기업의 경영윤리, 기업의 지배구조(Corporate Governance), 환경 보호, 인권 보호, 지역사회에 대한 투자 및 활동, 그리고 소비자 보호 등이 포함되고 있다. 기업이 최선을 다해 사회적 책임을 수행하는 경우 당연히 그에 상응하는 보상이 따르게 된다. 〈그림 6-17〉에는 사회적 책임을 다하는 경우 기업에게 제공되는 여러 혜택

이 소개되어 있다.

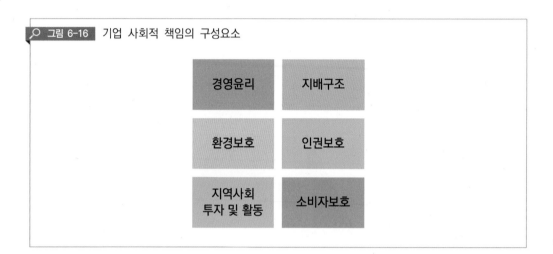

그림 6-16　기업 사회적 책임의 구성요소

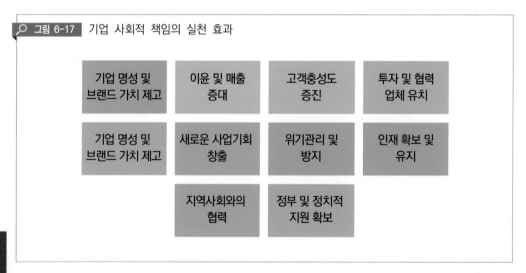

그림 6-17　기업 사회적 책임의 실천 효과

　　기업의 사회적 책임에서 기업 지배구조는 한국경제에서 심각한 문제가 되고 있다. 한국경제의 눈부신 성장은 재벌그룹들과 함께했다고 해도 과언이 아니다. 재벌그룹은 산업화와 급속한 경제성장이 낳은 산물이다. 그러나 1997년 IMF 위기를 맞으면서 대마불사였던 일부 재벌들도 개혁의 대상이 되면서 해체되었다. 21세기 글로벌 무한경쟁 시대에서 과연 재벌그룹들은 생존하고 성장할 수 있을까라는 걱정이 앞서고 있다. 왜냐하면 누가 뭐래도 이들이 한국경제를 책임지고 있는 경제주체들이기 때문이다. 그러나 재벌그룹들의 지배구조는 아직도 후진성을 면치 못하고 있다.

한국경제는 재벌그룹들에 의해 과도하게 집중되어 있어 이들은 대다수 시장을 지배하고 있다. 이들에 의한 경제력 집중은 경제양극화란 심각한 구조적 문제를 낳고 있다. 이로 인해 한국경제가 성장하면 할수록 그 혜택은 공평하지 않게도 가장 많이 재벌들에게 배분되고 있다. 재벌그룹들은 사업다각화를 통한 문어발식 확장전략으로 규모 및 범위의 경제를 극대화하고 있다. 재벌들은 상호출자관계에 있는 수십여 개의 계열사를 한데 묶어서 관리하고 있다. 상호출자된 여러 계열사 간에 내부 거래를 이용하는 거래비용의 내부화를 통해 수직계열체제를 구축해서 시장지배력을 강화하는 한편 비용을 절감하고 있다. 그리고 상호출자된 계열사 간에는 채무보증을 통해 투자에 필요한 자금을 조달할 수 있다. 재벌그룹이 새로운 사업에 진출하거나 부실기업을 지원하는 데 필요한 자금을 성과가 우수한 주력기업이 채무보증을 함으로써 사업기회를 독차지하고 있다. 이런 재벌그룹의 강점들을 통해 국내경제의 여러 핵심 산업들을 지배하고 있다. 내수시장뿐만 아니라 한국경제의 젖줄인 수출산업도 지배하고 있으며, 많은 중견기업들은 재벌그룹들의 하청기업으로 전락해 있다. 즉 재벌그룹들은 한국경제의 비즈니스 생태계를 장악하고 있으며, 이로 인해 기업 간에 경쟁이 완화되면서 혁신을 위한 기반이 약화되고 있다. 뒷물결이 앞물결을 치고 나가는 선순환이 이루어져야 하는데 한국경제는 그렇지 못하고 있다. 건강한 경쟁이 이루어지지 않는 곳에서 21세기 기업 경쟁우위의 원천인 혁신이 등장하기를 바라는 것은 연목구어와 같다.

재벌그룹 지배구조의 가장 큰 문제점은 소유와 경영의 분리 문제이다. 재벌그룹은 적은 지분으로 강력한 지배력을 행사하고 있다. 기업 지배구조는 기업에서 중요한 의사결정을 누가 행하는 것인가에 관한 것이다. 재벌에 속한 각 기업에는 경영진과 이들을 감시하고 견제하기 위해 주주들에 의해 선출된 이사회가 있다. 그리고 IMF 위기 이후 사외이사 제도를 강화하고 계열사 간 신규 상호출자를 금지했다. 그러나 사외이사들은 건설적인 대안 제시나 합리적인 견제활동보다는 오히려 거수기 역할에 지나지 않고 있다. 또한 재벌들은 막대한 권한을 가진 그룹경영권을 2세 또는 3세에게 승계하기 위해 전력을 기울이고 있다. 능력이 출중한 2세, 3세에게 그룹총수의 자리를 물려주는 것이라면 그 누구도 할 말이 없을 것이다. 그룹뿐만 아니라 국가경제를 책임지고 있는 자리에 능력도 검증하지 않은 채 2세, 3세에게 맹목적으로 승계하는 것은 기업의 사회석 책임과는 거리가 있다. 창업 1세에서 2세를 거치면서 이룩한 큰 성장이 3세, 4세에도 자동적으로 이루어질 것이라고 여긴다면 순진한 생각이다. 이는 재벌그룹들이 제조업에는 강하지만 서비스업에서는 약한 이유가 되고 있다. 21세기 기업경쟁력의 원천은 창의적인 사고이다. 그룹의 지속적 성장을 위해 새로운 기회를 발견하고 이를 실현하기 위해 높은 수준으로 구성원들을 동기 부여할 수 있는 창의적인 사고를 지닌 사람에게 경영권 승계가 이루어지는 전략적 사고에 대전환이 요구된다.

사회를 구성하는 한 일원으로서 이제 재벌그룹의 성장도 사회발전과 함께 이루어지도록 하는 혁신적인 발상 전환이 필요하다. 재벌그룹도 새로운 시대에서 사회적 책임을 다하면서도 성장을 모색하는 패러다임의 대전환이 절실히 필요한 시점이다. Starbucks의 Howard Schultz가 '기업이 장기적으로 지속하려면 주주는 물론 직원, 고객, 그리고 사회와 문화에 대해 관심을 두고 경영해야 한다'라고 한 말을 곱씹어 볼 필요가 있다.

참 / 고 / 문 / 헌

1. Koselka, R. (1996). Man in a hurry: Hilton Hotel's new chief executive on the move again. *Forbes*. 158(5): 72(2).

2. Grossman, M. (2016). Hilton's Bollenbach remembered fior vision, compassion. October 20. *Hotel News Now*.

3. Saporito, B. (1996). Boom at the inn: a gifted dealmaker, Hilton CEO Stephen Bollenbach brings his savvy to a hot industry. *Time*. 148(3): 42(2).

4. Golden, F. (1996). New Hilton Chief: chain will grow by investing in hotels and

gaming. *Travel Weekly.* 55(42): 1(2).

5. Petersen, M. (1999). Hilton to Buy Promuc Chin, Creating One of Biggest Hotel Groups. September 8. *New York Times.*

6. Higley, J. (2016). Steve Bollenbach's legacy lives in today's hotel deals. October, 14. *Hotel News Now.*

7. Kotter, J. P. (1990). What Leaders Really Do. *Harvard Business Review. May-June, 68(3),* 103-111.

8. Hitt, M. A., Ireland, R. D., & Hoskisson, R. E. (2003). *Strategic Management: Competitiveness and Globalization. (5th ed.).* South-Western: Mason, OH.

9. Schoemaker, P. J. H., Krupp, S. & Howland, S. (2013). *Harvard Business Review. January-February, 91(1-2),* 131-134.

10. Bass, B. M. (1990). From Transactional Leadership to Transformational Leadership: Learning to Share the Vision. *Organizational Dynamics. 18(3),* 19-31.

11. Beer, M. & Eisenstat, R. (2000). The silent killers of strategy implementation and learning. *Sloan Management Review. 41(4),* 29-40.

12. Wright, M., Hoskisson, R. E., Busenitz, L. W. & Dial, J. (2000). Entreprenurial growth through privatization: The upside of management buyouts. *Academy of Management Review. 25,* 591-601.

13. Finkelstein, S. & Hambrick, D. C. (1996). *Strategic Leadership: Top Executives and Their Effects on Organization.* West Publishing Company: MN.

14. Sosik, J. J. (2001). Self-other agreement on charismatic leadership: Relationship with work attitudes and management performance. *Group & Organization Management. 26,* 484-511.

15. Hiller, N. J. & Hambrick, D. C. (2005). Conceptualizing executive hubris: The role of (hyper-) core self-evaluations in strategic decision making. *Strategic Management Journal. 26,* 297-319.

16. Bunderson, J. (2003). Team member functional background and involvement in management teams: Direct effects and the moderating role of power and centralization. *Academy of Management Journal. 46,* 458-474.

17. Rico, R., Molleman, E., Sanchez-Manxanares, M. & Van der Vegt, G. S. (2007). The effects of diversity faultlines and team task autonomy on decision quality and social integration. *Journal of Management. 33,* 111-132.

18. Olson, B. J., Parayitam, S. & Bao, Y. (2007). Strategic decision making: The effects of cognitive diversity, conflict, and trust on decision outcomes. *Journal of Management.* 33, 196-222.

19. Hitt, M. A., Ireland, R. D., & Hoskisson, R. E. (2003). *Strategic Management: Competitiveness and Globalization. (5th ed.).* South-Western: Mason, OH.

20. Finkelstein, S., hambrick, D. C. & Cannella Jy., A. A. (2008). *Strategic Leadership: Top Executives and Their Effects on Organizations.* Oxford University press: NY.

21. Simsek, Z., Veiga, J. F., Lubatkin, M. L. & Dino, R, H, (2005). Modeling the multilevel determinants of top management team behavioral integration. *Academy of Management Journal. 48*, 69-84.

22. Werther, W. B. (2003). Strategic change and leader-follower alignment. *Organizational Dynamics. 32*, 32-45.

23. Hitt, M. A., Ireland, R. D., & Hoskisson, R. E. (2003). *Strategic Management: Competitiveness and Globalization. (5th ed.).* South-Western: Mason, OH.

24. O'Toole, J. & Lawler Jr, E. E. (2006). The choices managers make-or don't make. *The Conference Board. September-October*, 24-29.

25. Olsen, M. D., West, J., & Tse, E. C. (1998). *Strategic Management in the Hospitality Industry (2nd ed.).* John Wiley & Sons.: New York. 김경환 역(1999), 호텔ㆍ레스토랑 산업의 경영전략, 백산출판사: 서울.

26. Chandler, A. D. (1962). *Strategy and Structure: Chapters in the History of the American Industrial Enterprise.* MIT Press: Cambridge, Massachusetts.

27. Williamson, O. H. (1985). *The Economic Institutions of Capitalism.* Simon & Schuster: NY.; Williamson, O. E. (1979). Transaction-Cost Economics: The Governance of Contractual Relations. *Journal of Law and Economics*, 233-261.; Williamson, O. H. (1975). *Markets and Hierarchies.* NY. 26-30.

28. 장세진(2016). 경영전략(제9판). 박영사: 서울.

29. Bartlett, C. & Ghoshal, S. (1990). Matirx, Not a Structure but a Frame of Mind. *Harvard Business Review. July-August.*

30. 장성근(2014). 신제품개발에 매트릭스 조직의 강점 살리려면. LG Business Insight. 05. 21. LG경제연구원.

31. Mankins, M. (2013). The Defining Elements of a Winning Culture. December, 19. *Harvardf Business Review.*

32. 박재림(2010). 일하고 싶은 기업문화, 몰입을 낳다. Dong-A Business Review. No. 2. 1월.

33. Gittell, J. H. (2003). *The Southwest Airlines Way: Using the Power of Relationships to Achieve High Performance*. McGraw-Hill: NY.

34. Klein, G. D. (2012). Creating Culture that lead to success: Lincoln Electric, Southwest Airlines, and SAS Institute. *Organizational Dynamics. 41*, 32-43.

35. Ford, R. C., Heaton, C. P. & Brown, S. W. (2001). Delivering Excellent Service: Lessons from the Best Firms. *California Management Review. 44(1)*, 39-56.

36. Kaplan, R.S. & Norton, D. P. (1996). *The Balanced Scorecard: Translating Strategy into Action*. Harvard Business School Press: MA.

37. Kaplan, R.S. & Norton, D. P. (2001). *The Strategy-Focused Organization: How Balanced Scorcard Companies Thrive in the New Business Environment*. Harvard Business School Press: MA.

38. A Balanced Scorecard Hall of Fame Profile: *Hilton Hotels Corporation*. Balanced Scorcard Collaborative, A Palladium Company.

39. Tran, M. & Khaw, S. (2006). Corporate Governance: Enron. July, 6. *The Guardian*.

40. Carroll, A. B. (2016). Carroll's Pyramid of CSR: taking another look. *International Journal of Corporate Social Responsibility. 1(3)*, 1-8.

P A R T · 3
전략적 선택

Chapter 07_ 사업전략 I: 경쟁우위와 비용우위전략

Chapter 08_ 사업전략 II: 차별화전략과 블루오션전략

Chapter 09_ 기업전략 I: 수평적 통합과 수직적 통합

Chapter 10_ 기업전략 II: 다각화전략

Chapter 11_ 기업전략 III: 인수합병과 전략적 제휴

Chapter 12_ 기업전략 IV: 글로벌전략

사업전략 I :
경쟁우위와 비용우위전략

I. 경쟁우위와 사업전략

II. 비용우위전략

사업전략 I: 경쟁우위와 비용우위전략

학습 포인트

❶ 경쟁우위의 창출 및 지속에 대해 이해한다.

❷ 사업전략의 유형에 대해 숙지한다.

❸ 비용우위전략의 유용성을 파악한다.

❹ 비용우위의 주요 원천에 숙지한다.

❺ 비용우위전략의 한계를 이해한다.

I ▶▶ 경쟁우위와 사업전략(Business Strategies)

제3장에서는 기업의 외부환경 즉 산업매력도를 분석하는 산업구조분석을 통해 어떤 경쟁우위를 창출해야 하는지에 대해 살펴보았으며, 그리고 제4장에서는 기업의 내부역량을 이해하기 위한 자원기반관점을 통해 경쟁우위를 창출하는 방법에 대해 자세히 살펴보았다. 두 관점을 통합해보면 경쟁우위를 창출하기 위해서 기업은 외부환경의 변화에 발맞춰 객관적인 내부환경 분석을 통해 효과적인 전략을 개발해야 한다. 즉 외부환경의 변화에 따라 현재 및 미래에 존재하는 기회를 파악해서 이를 기업의 강점과 일치(Alignment)시키는 것이 전략의 궁극적인 목적이다.

○ 경쟁우위(Competitive Advantage)

그렇다면 경쟁우위란 무엇인가? 전략에서 경쟁우위가 가치창출(Value Creation)을 통해 만들어지는 것이라는 데에는 대다수가 동의하고 있다. 그러나 가치를 창출하는 방식에 대해서는 이견들이 존재하고 있다. 어떤 관점에서는 매출이 비용을 초과하는 경우에 가치가 창출된다고 보고 있는 데 반해 다른 관점을 가진 사람들은 평균 이상의 수익(Abnormal Return)을 달성하는 경우에 가치가 창출되고 있다고 믿고 있다. 그렇지만 또 다른 관점에서는 가치창출은 주식의 가치(Share Price)에 달려 있다고 보고 있다. 그리고 현재까지 무수하게 많은 경쟁우위에 대한 정의가 개발되었지만, 모두가 따르는 통일된 정의는 존재하지 않고 있는 형편이다. 따라서 전략의 정의와 함께 경쟁우위에 대한 정의를 정립하는 것도 경영전략 학계의 큰 과제가 되고 있다.[1]

기업이 창출한 경쟁우위의 결과는 비교적 명확하게 나타나고 있다. 즉 경쟁우위를 보유한 기업은 타 기업에 비해 월등한 성과를 거두고 있다. 비즈니스 세계에서 월등한 성과란 특정 기업이 동일하거나 유사한 산업이나 사업 분야에서 경쟁하는 다른 기업들에 비해 높은 수익성(Profitability)을 거둔다는 뜻이다. 기업의 수익성은 기업에 투자된 자본에 대한 수익으로 측정된다. 기업이 거둔 투하자본수익률(ROIC: Return On Invested Capital)은 기업에 투자된 자본에 대한 수익으로 정의되고 있다. 여기서 수익이란 세후이익을 말하며, 자본은 기업에 투자된 자기자본과 타인자본의 합을 가리키고 있다. 기업에 투자된 자본은 제품이나 서비스를 생산 및 판매하기 위해 소요되는 원재료 등과 같은 자원을 구매하기 위해 사용된다. 한정된 자원을 효율적으로 이용하는 기업은 긍정적인 투하자본수익률을 거둘 수 있다. 따라서 효율성이 높은 기업일수록 더 높은 수익성과 투하자본수익률을 올릴 수 있다. 그런데 기업의 수익성 즉 투하자본수익률은 기업이 채택하는 전략에 의해 결정되고 있다. 어떤 기업의 수익성이 경쟁하고 있는 다른 기업들의 평균수익성보다 높다면 이 기업은 경쟁우위가 있다고 말할 수 있다. 따라서 특정 기업의 수익성이 산업의 평균수익성보다 높으면 높을수록 경쟁우위의 강도도 더욱 커지게 된다. 그리고 다년간 또는 장기간에 걸쳐 산업평균 이상의 수익성을 유지하게 되는 경우 이 기업은 지속적인 경쟁우위(Sustainable Competitive Advantage)를 보유하고 있다고 말할 수 있다. Marriott International, McDonald's, Southwest Airlines, Starbucks 등은 각 산업에서 효과적인 전략의 채택을 통해 월등한 성과를 만들어내면서 장기간에 걸쳐 지속적인 경쟁우위를 유지하고 있는 대표적인 기업이다.[2]

전략에 더해 기업의 성과는 기업이 경쟁하고 있는 산업의 특성 또는 본질에 따라 결정되는 경우가 많다. 각기 다른 산업에는 서로 다른 경쟁상황이나 조건이 존재하고 있다. 일부 산업에서는 수요가 급격히 증가하고 있는 반면에 다른 산업에서는 수요가 급격하게 위축되는 경우도 있다. 그리고 일부 산업에서는 과잉공급과 끊임없는 가격전쟁에 시달리고 있는 반면에 다른 산업에서는 수요가 공급을 초과하고 가격은 계속해서 오르고 있다. 또한 일부 산업에서는 급진적인 기술변화가 산업에 혁명적인 변화를 일으키고 있는 반면에 다른 산업에서는 기술변화가 전혀 일어나지 않는 경우도 있다. 일부 업종에서는 기존 기업들의 높은 수익성으로 말미암아 새로운 경쟁사의 진입을 유인하게 됨으로써 가격과 이익이 악화될 수 있는데, 하지만 다른 산업은 진입장벽이 높아서 기존 기업들이 장기간에 걸쳐 높은 수익성을 누릴 수 있다. 따라서 일부 산업에서는 평균수익성이 높고 다른 산업에서는 낮게 나타나는 것은 경쟁상황이나 조건이 산업마다 각각 다르기 때문이다.[2]

Porter는 경쟁우위는 기업이 경쟁업체를 물리치는 것보다는 경쟁사에 비해 더 많은 가치를 창출할 때 만들어지는 것으로 보았다. 진정한 경쟁우위가 있다면 기업은 경쟁사에 비해 더 낮은 비용으로 생산하거나 또는 더 높은 가격으로 판매할 수 있다. 물론 두 가지 모두를 달성하는 것도 가능하다. 경쟁우위는 상대적인 개념이며 또한 월등한 성과에 대한 것이다. Porter는 경쟁우위를 측정하기 위해서는 수익을 측정하되 반드시 동일한 업종 내의 다른 기업들 즉 유사한 5세력에 의해 영향을 받는 경쟁사들과 비교해야 한다고 했는데, 이것은 성과는 사업별로 측정되어야 한다는 의미이다. 이런 의미에서 경쟁우위의 측정을 위한 성과는 모든 기업이 수긍할 수 있는 경제적 목표를 반영할 수 있다는 차원에서 정의되어야 한다고 했는데, 이를 잘 대변하는 것이 바로 투하자본수익률(ROIC)이다. 이 지표는 기업 영업비용과 자본을 합한 총투자금 대비 실현된 이익이다. 장기적인 투하자본수익률은 기업이 자원 이용의 효율성을 나타내고 있다. 또한 고객가치 창출, 경쟁사와의 경쟁, 그리고 효율적인 자원 활용도 이 세 가지 모두를 연계·통합할 수 있는 유일한 성과지표로 보았다. 기업은 귀중한 자원을 잘 이용했을 때 경쟁사와 효과적으로 경쟁할 수 있을 뿐만 아니라 고객만족을 극대화하게 됨으로써 높은 수익을 달성할 수 있다.[3]

또한 Porter는 기업이 경쟁자들에 비해 보다 높은 수익을 얻을 수 있는 방식에는 크게 두 가지가 존재한다고 보았다. 첫째는 저렴한 비용으로 동일한 제품이나 서비스의 공급을 통해 얻을 수 있는 비용우위이다. 둘째는 차별화에 소요되는 추가비용을 넘어서는 높은 가격인 가격프리미엄(Price Premium)을 고객이 기꺼이 지불하고자 하는 차별화된 제품이나 서비스의 공급을 통해 얻을 수 있는 차별화우위이다. 비용우위를 추구함에 있어 기업의 목표는 산업이나 세분시장에서 최고의 저비용기업이 되는 것이다. 이를 위해 기업은 모든 비용우위의 원천을 찾아서 활용하고 표준적이고 기본적인 기능만을 갖춘 제품을 판매한다. 그리고 경쟁사들과는 다른 차별화는 단순히 저렴한 가격의 제품이나 서비스를 제공하는 것을 넘어서서 고객에게 가치가 있는 독특한 제품이나 서비스를 제공하는 것이 가능할 때 달성될 수 있다. 〈그림 7-1〉은 경쟁우위의 두 가지 원천을 보여주고 있다.[4]

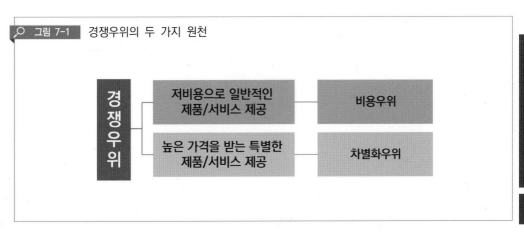

그림 7-1 경쟁우위의 두 가지 원천

　　비용우위와 차별화우위와 같은 경쟁우위는 효율성(Efficiency), 품질(Quality), 혁신(Innovation), 고객 대응력(Customer Responsiveness)의 네 가지 구성요소를 통해 창출될 수 있다(〈그림 7-2〉). 산업이나 제품·서비스에 상관없이 기업이 경쟁우위를 창출하려면 1개 이상의 구성요소에 대해 반드시 경쟁사보다 높은 수준으로 성과를 내야 한다. 네 가지 구성요소는 상호연관성이 있다. 즉 탁월한 품질은 탁월한 효율성으로 이어질 수 있으며, 혁신은 효율성, 품질 및 고객 대응력을 향상시킬 수 있다.[5] 예를 들면 Toyota는 생산과정에서 품질과 효율성을 동시에 추구한 결과 최고 품질의 자동차를 경쟁사들에 비해 저렴하게 판매하면서 세계 자동차시장을 석권할 수 있었다.

🔍 그림 7-2 　경쟁우위의 네 가지 구성요소

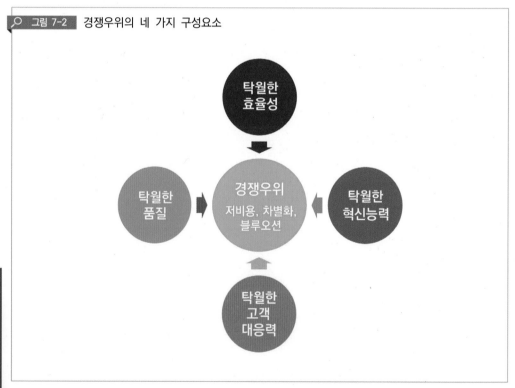

출처: Hill & Jones

• 핵심성공요인(Key Success Factors)

제3장에서 살펴본 5세력모형 분석은 특정 산업의 잠재 수익성에 대해 알려 준다. 그러나 이 분석은 산업 전체의 수익이 어떻게 해서 경쟁하고 있는 기업들 사이에 나눠지고 있는지에 관해서는 알려주지 못하고 있다. 이를 알기 위해서는 산업에서 경쟁우위의 근원을 파악할 수 있어야 한다. 핵심성공요인(Key Success Factors)은 경쟁우위의 근원을 이해하기 위한 한 가지 방법으로 기업이 활동하고 있는 산업에서 기업의 생존 및 번영을 결정하는 요인들이 무엇인가를 파악하는 것이다.

Ohmae는 산업에서 벌어지는 경쟁에서 생존하고 번영하기 위해서 기업은 반드시 두 가지 분야에 대해 분명하게 파악하고 있어야 한다고 강조했다. 첫째, 기업은 고객이 원하고 있는 것은 무엇인가 즉 우리 기업의 고객들은 어떤 제품이나 서비스를 원하고 있는가에 대해 정확하게 파악하는 것이다. 이를 위해 기업은 고객들의 관점에 대해 보다 자세하게 들여다볼 필요가 있다. 그리고 5세력모형에서 구매력을 가진 고객을 수익을 위한 경쟁자로 보는 관점에서 탈피해서 고객을 산업이 존재하는 이유이자 수익의 원천으로 인식해야 한다. 이를 위해서 다음과 같은 사항을 확인해야 한다. 누가 고객인가? 고객의 욕구는 무엇인가? 어떤 기준에 의해 고객들은 경쟁 중인 제품에서 선택하고 있는가? 이처럼 기업이 고객 선호도에 대해 정확하게 파악하게 된다면 기업을 성공으로 이끌 수 있는 여러 요인들을 확인할 수 있다. 예를 들면, 소비자들이 가격을 기준으로 해서 저가호텔을 선택하고 있다면 비용효율성이 경쟁우위의 기본이 되며 핵심성공요인은 기업 간의 비용 차이를 결정하는 요인들이라고 볼 수 있다.

둘째, 기업은 경쟁에서 살아남을 수 있어야 한다. 즉 경쟁에서 생존하려면 지금 기업에게 필요한 것이 무엇인가를 정확하게 파악하는 것이다. 이를 위해 산업에서 벌어지고 있는 경쟁의 본질에 대해 잘 이해해야 한다. 경쟁이 얼마나 치열하고 경쟁에서 중요한 측면은 무엇인가? 항공사의 경우 저렴한 운임, 편의성 및 안전을 제공하는 것만으로는 충분하지 않은 경우가 많은데, 경기순환산업인 항공운송산업에서 생존을 위해 경기침체 시에 수반되는 치열한 가격경쟁을 극복하기 위해서

는 충분한 자금력이 요구되고 있다.[6]

　여기서 항공운송산업의 핵심성공요인에 대해 알아보기로 한다. 항공운송산업의 수익성은 판매가능 유효좌석마일당 영업이익(Operating Income per Available Seat-Miles(ASMs))으로 측정되고 있다. 한편 이 성과지표를 보다 자세히 살펴보면 세 가지 요소로 구성되어 있다. 첫째 요소는 수익(Yield)이다. 수익은 총매출액을 유상고객마일(Revenue Passenger Miles: RPMs)로 나눈 값을 말한다. 둘째 요소는 탑승률(Load Factor)이다. 이는 유상고객마일(RPMs)을 판매가능 유효좌석마일(ASMs)로 나눈 값이며 RPMs와 ASMs 간의 비율을 의미하고 있다. 셋째 요소는 단위당 비용(Unit Cost)이다. 이는 총영업비용(Total Operating Expenses)을 판매가능 유효좌석마일(ASMs)로 나눈 값이다. 여기서 판매가능 유효좌석마일(Available Seat-Miles: ASMs)은 항공사의 공급규모 즉 운송능력을 측정하고 있으며, 유상고객마일(Revenue Passenger Miles: RPMs)은 항공사의 여객운송실적을 측정하고 있다. 결국 항공사의 수익성은 다음과 같이 표현될 수 있다. 그리고 세 가지 구성요소를 향상하기 위한 주요 결정요인들은 〈그림 7-3〉에 잘 나타나 있다.

$$\frac{\text{영업이익}}{\text{판매가능 유효좌석마일}} = \frac{\text{매출액}}{\text{유상고객마일}} \times \frac{\text{유상고객마일}}{\text{판매가능 유효좌석마일}} \times \frac{\text{영업비용}}{\text{판매가능 유효좌석마일}}$$

🔍 **그림 7-3** 항공사의 핵심성공요인과 결정요인

매출액/유상고객마일

- 운항노선별 경쟁 강도
- 시장상황의 변화에 따라 신속하게 요금 조정이 가능한 효과적인 수익관리
- 비즈니스 여행객의 유치 능력
- 탁월한 고객서비스

유상고객마일/판매가능 유효좌석마일

- 가격경쟁력
- 노선 효율성
- 서비스 품질과 항공마일리지 프로그램을 통한 고객충성도 향상
- 여객수요에 적합한 항공기 크기 조정

영업비용/판매가능 유효좌석마일

- 임금 및 복지혜택 수준
- 항공기의 연료 효율성
- 직원들의 노동생산성
- 탑승률
- 관리비용의 수준

생존을 위한 경쟁에서 항공사들은 수익성을 향상하기 위해 가능한 한 많은 요인들을 최적화하기 위해 노력한다. 매출액을 향상하기 위해서 일부 항공사들은 경쟁이 가장 치열한 항공노선에서는 철수를 결정했으며, 일부 항공사들은 정시운항 엄수, 편리함, 안락함 및 서비스 등에서 차별화된 노력을 가함으로써 저가항공사보다 높은 요금(Fare Premium)을 받으려고 했다. 또한 항공사들은 탑승률을 향상하기 위해 가격책정과 항공기 및 노선배정에서 보다 유연한 대응태세를 갖추고자 했다. 특히 직원들의 노동생산성을 높이고, 간접비용을 줄이며, 다른 항공사와 서비스를 공유하고, 또한 급여와 복지혜택을 줄임으로써 항공사들은 비용을 절감하는 것에 전력투구하고 있다.

그러나 산업의 핵심성공요인을 파악하는 것은 산업의 보편적인 특성을 파악하는 것에 그쳐야지 이것으로 산업에 존재하는 모든 기업들이 동일한 전략을 추구하는 것은 피해야 한다. 왜냐하면 Ghemawat는 특정 산업에서 모든 기업에게 동일하게 적용되는 핵심성공요인을 찾는 것은 사실상 불가능한 일이라는 것을 간파했다. 그에 의하면 기업은 서로 간에 다른 자원과 핵심역량을 보유하고 있기 때문에 각 기업들은 자신이 보유한 자원 및 핵심역량에 맞는 다른 전략을 수립해야 하기 때문이다.[7]

○ 경쟁우위의 창출

사업전략의 목표는 기업의 경쟁우위를 극대화하는 것이다. 기업이 경쟁기업에 비해 우위를 가지려면 먼저 두 가지 조건이 만족되어야 한다. 첫째, 기업이 보유하고 있는 자원 및 역량이 희귀해서 경쟁업체들이 쉽게 확보할 수 없어야 한다. 경쟁우위가 있는 기업의 자원 및 역량을 다른 기업들이 손쉽게 확보할 수 있다면 해당 기업의 경쟁우위는 신속하게 사라져 버릴 수 있다. 둘째, 기업이 보유하고 있는 자원 및 역량은 현재 활동하고 있는 산업의 환경에 맞는 적합한 것이어야 한다. 예를 들면, 미국의 Microsoft는 PC 시장에서 장기간에 걸쳐 독보적인 경쟁우위를 누리며 시장을 선도해 왔었다. 그러나 21세기 초반에 스마트폰이 등장하면서 Microsoft가 보유했던 PC 시장에서의 자원 및 역량은 힘을 발휘하지 못하게 되고 말았는데, 이는 Microsoft가 보유했던 PC 운영시스템에 대한 경쟁우위는 스마트폰의 운영시스템에 별로 도움이 되지 못했다. 결과적으로 봤을 때 PC 시장과 스마트폰 시장의 핵심성공요인(Key Success Factors)이 서로 달랐기 때문이었다.

장기적으로 경쟁은 경쟁기업 간의 수익성 차이를 제거한다. 따라서 경쟁우위는 변화의 결과로 나타나는 불균형적인 현상이다. 즉 경쟁우위는 〈그림 7-4〉에서 보는 것처럼 소비자 수요의 변화, 기술적 변화, 정부규제 등과 같은 외부환경의 변화와 혁신을 일으키는 기업 내부로부터 발생하고 있다.[8] 먼저 외부환경의 변화에 대해 살펴보면 쟁우위를 창출하는 외부환경 변화의 경우 기업마다 자원 및 역량과 전략적 포지션이 서로 다르기 때문에 환경변화는 기업에 따라 차별적인 영향을 미치게 된다. 그리고 경쟁우위는 단순히 외부환경의 변화뿐만 아니라 변화하는 환경에 대한 기업들의 대응방식에 의해서도 달라질 수 있다. 즉 외부환경의 변화를 재빨리 감지하고 이에 대해 신속하게 대응하는 능력은 기업마다 다르게 나타나고 있다. 현재처럼 불확실성이 높은 경영환경에서 기업이 외부환경의 변화에 보다 유연하고 민첩하게 대응할 수 있는 능력은 경쟁우위의 창출을 위한 중요한 핵심역량이 되고 있다. 예를 들면, 세계 최대의 유통기업인 Wal-mart는 업계 최초로 제품재고에 대한 정보를 공급업체와 공유할 수 있는 첨단정보시스템을 구축했다. 이 정보시스템을 통해 Wal-mart의 각 매장에서 발생하는 판매정보를 분석하여 소비자들의 수요 변화를 파악하는 한편 이와 같은 판매정보를 동시에 공급업체와 공유하도록 해서 수요 변화에 대해 신속하게 대응 수 있는 태세를 갖추게 되었으며 이는 후일 Wal-mart가 경쟁우위를 강화하는 데 큰 공헌을 했다. 기업이 환경변화에 신속하게 대응할 수 있는 것은 크게 두 가지 요인에 의한 것이다. 첫째, 정보를 확보할 수 있는 능력이다. 필요한 정보를 수집 및 분석할 수 있는 능력은 환경변화를 인지하고 이어서 트렌드를 예측할 수 있는 능력을 기업에 제공할 수 있다. 앞에 소개한 Wal-mart의 물류정보시스템은 이에 대한 좋은 예이다. 둘째, 기업 전체차원에서 유연성의 확보이다. 높은 유연성은 외부환경의 변화에 따라 기업이 보유하고 있는 자원을 신속하고도 적절하게 재구성 또는 재배치하는 데 큰 도움을 제공할 수 있다. 중앙집권적이고 관료주의적인 조직에 비해 분권화된 조직이 대개 유연성이 높은 편이다.

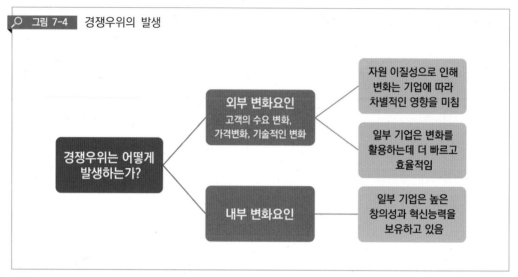

🔍 그림 7-4　경쟁우위의 발생

출처: Grant

　　환경변화에 따라 신속하게 대응할 수 있는 능력이 기업의 주요한 경쟁우위의 원천이 되고 있다. BCG의 Stalk는 Toyota와 Honda 등과 같은 일본기업들이 보유하고 있는 경쟁우위의 원천은 신속하게 외부환경의 변화에 대응할 수 있는 대처능력이라고 밝혔다. 시간기반의 경쟁우위(Time-based Competition) 또는 속도경쟁이라고 불리는 신속한 대처능력은 변화에 대응하는 시간을 단축할 수 있는 능력을 말하고 있다.[9] 예를 들면, 2007년 Apple이 iPhone을 출시하면서 세계 스마트폰 시장을 선도하게 되었다. iPhone의 출현은 당시 한국의 삼성전자와 LG전자에는 큰 충격이었다. 그러나 LG전자와 달리 삼성전자는 약 1년 후인 2008년에 Galaxy 스마트폰을 출시하면서 Apple을 재빨리 뒤쫓으며 유일한 경쟁업체로 부상하게 되었다. 제품의 혁신주기가 점점 짧아지는 환경에서도 삼성전자는 신속하게 신제품을 내놓으면서 세계 스마트폰 시장을 선도하는 쌍두마차로 군림하고 있다.

　　경쟁우위를 창출하는 변화는 기업 내부의 혁신을 통해서도 발생할 수 있다. 혁신은 경쟁우위를 창출할 뿐만 아니라 다른 기업의 경쟁우위를 뒤집는 근거도 제공할 수 있다. 일찍이 저명한 경제학자인 Joseph Schumpeter는 혁신을 '창조적 파괴'(Creative Destruction)의 과정으로 바라보았다. 이는 '장강의 뒷물결이 앞물결을 밀어낸다'라는 말처럼 새로운 제품, 새로운 아이디어, 새로운 기술, 새로운 유통경로, 새로운 생산수단 등과 같은 혁신을 통해서 기존 기업들이 보유하고 있는 과거의 제품, 아이디어, 기술, 생산수단들을 시장에서 내쫓게 된다.

기업 혁신의 대명사에는 미국의 Apple과 Southwest Airlines와 같은 기업이 있다. 혁신을 통해 새로운 산업이나 세분시장이 만들어지며 또는 고객가치의 창출을 위한 새로운 접근법이 개발되기도 한다. 또한 성장이 정체되어 있는 성숙된 시장에서도 혁신은 그것을 이룩한 기업에게 상당한 경쟁우위를 제공해 주며 때로는 산업구조를 변화시키기도 한다.

◯ 경쟁우위의 지속

기업이 보다 높은 수익률을 올리기 위해서는 경쟁우위를 창출하는 것에 그칠 것이 아니라 창출된 경쟁우위가 되도록 오랜 시간에 걸쳐 지속될 수 있도록 해야 한다. 어떤 기업이 혁신을 통해 새로운 경쟁우위를 개발했더라도 이를 경쟁업체들이 쉽게 복제하거나 모방할 수 있게 되는 경우에 경쟁우위는 단시간 내에 수명을 다해 버리게 된다. 경쟁우위의 지속 여부는 다음과 같은 세 가지 조건에 따라 달라질 수 있다.[10]

첫째, 자원의 지속성(Resources Durability)이다. 지속성은 경쟁우위를 창출하는 개별적인 자원의 특성에 따라 다르게 나타난다. 예를 들면, 기업이 보유하고 있는 특허권은 일정하게 설정된 기간이 지나면 자연히 소멸된다. 하지만 기업의 명성이나 좋은 브랜드 이미지는 소비자들에 의해 신뢰가 구축되면서 장기간에 걸쳐 경쟁우위를 유지할 수 있기 때문에 신규 진입자의 입장에서는 높은 진입장벽이 될 수 있다.

둘째, 자원의 이동성(Resources Mobility)이다. 어떤 기업이 경쟁우위를 창출하는데 큰 기여를 한 자원을 경쟁업체들이 손쉽게 알 수 있거나 시장에서 구입할 수 있다면 그런 경쟁우위는 빨리 사라지게 된다. 만약에 인기를 독차지하고 있는 호텔의 경쟁우위가 입지나 물리적 환경에 기반하고 있다면 경쟁호텔들도 이를 쉽게 모방할 수 있다. 그러나 호텔이 인기를 끌고 있는 진짜 이유가 종사원들이 진심을 다해 최고의 서비스로 손님을 모신다는 조직문화에 기반하고 있다면 이를 모방하는 것은 그리 쉬운 일이 아니다. 또한 선두기업이 누리고 있는 경쟁우위의 원천을 정확하게 파악하는 것이 결코 쉽지 않기 때문이다. 왜냐하면 이를 파악하기 위해서는 많은 양의 정보와 이를 분석하는 노력이 요구되며 또한 정보의 비대칭성으로 인한 불완전한 정보 때문에 선두기업의 경쟁우위는 상당 기간 지속될 수 있다. 다른 경쟁우위의 원천과 달리 조직문화에 기반하고 있는 경쟁우위는 이에 대한 정보를 확인하기가 좀처럼 쉽지 않기 때문에 보다 오래 지속될 가능성이 높다.

셋째, 자원의 복제가능성(Resources Replicability)이다. 탁월한 성과를 내고 있는 기업이 경쟁우위를 지속할 수 있는 것은 상당 부분 경쟁사의 모방 또는 복제능력에 기인하고 있다. 예를 들면, 호텔체인이 새로 개발한 객실상품을 출시해서 성공을 거두고 있다. 그런데 경쟁체인들이 재빨리 모방해서 비슷한 객실상품을 내놓는다면 경쟁우위는 순간적일 수밖에 없다. 그러나 McDonald's와 Coca-Cola처럼 오랫동안 인기를 누려온 독보적인 브랜드 파워와 같은 특유한 자원을 모방하는 것은 결코 단기간에 이룩할 수 있는 것이 아니다. 이에 더해 특정 기업의 독특한 조직문화에서 유래되는 경쟁우위는 경쟁사들이 쉽게 복제할 수 없는 특성을 가지고 있다. 예를 들면, 삼성그룹의 제일주의 또는 인재제일주의 조직문화는 결국 삼성전자라는 세계 최고 수준의 기업을 탄생시키는 데 일조를 했다. 경쟁기업들이 삼성처럼 특유한 조직문화를 기반으로 하는 경쟁우위를 모방하는 것은 큰 난제임에 틀림없다. 또한 미국의 Southwest Airlines의 가족적인 조직문화와 활동시스템 간의 밀접한 연계성은 이 기업이 창사 이래 45년간을 연속적으로 흑자를 누리는 경쟁우위를 창출하고 유지하는데 큰 기여를 하고 있는데, 이를 모방한다는 것은 여간해서 쉽지 않은 일이다.

● 추격을 따돌리는 방법(Isolating Mechanisms)

한번 구축된 경쟁우위는 경쟁에 의해 손상될 수 있다. 경쟁우위가 침식되는 속도는 경쟁사들의 모방이나 혁신 능력에 달려 있다. 모방은 경쟁의 가장 직접적인 형태이다. 따라서 시간이 지남에 따라 손상될 수 있는 경쟁우위를 계속해서 유지하려면 선두기업은 모방에 대한 장벽을 구축해서 경쟁사들의 추격을 막을 수 있어야 한다. 한편 이를 뒤쫓는 경쟁사들의 입장에서는 선두기업의 경쟁우위를 무력화할 수 있는 방법을 찾거나 아니면 경쟁우위를 모방하려고 시도할 것이다. Rumelt는 기업 간의 수익성 차이에 대한 균형을 막는 장벽을 설명하기 위해 추격을 따돌리는 방법(Isolating Mechanisms)이라는 용어를 도입했다.[11] 추격을 따돌리는 방법이 더욱 효과적일수록 경쟁사들의 공격을 잘 방어하게 되면서 경쟁우위는 더욱 오랫동안 유지될 수 있다. 대다수 산업에서 선두기업의 경쟁우위가 손상되는 과정은 느리게 진행되었으며 기업 간에 존재하는 수익성의 차이는 10년 이상 지속되는 경우가 많았다. 그러나 무한경쟁(Hypercompetition)의 출현은 기업 간 수익성 차이의 침식을 가속화하는 계기가 되었다. 추격을 막는 방법들을 확인하기 위해서는 경쟁적인 모방과정을 파악할 필요가 있다. 선두기업이 경쟁기업들의 모방을 효과적으로 방어해서 경쟁우위를 지속하기 위해서는 다음과 같은 네 가지 조건을 충족해야 한다.

첫째, 경쟁우위를 보유하고 있는 선두기업은 자신의 뛰어난 성과를 효과적으로 가림으로써 경쟁사들이 이를 잘 파악할 수 없도록 해야 한다. 어떤 기업이 효과적으로 자신의 강점을 잘 감출 수 있는 경우 경쟁사들은 너무 늦었다고 느끼는 순간까지도 이 기업의 성공을 깨닫지 못하게 된다.[12] 개인기업 또는 비상장기업은 재무성과를 공개해야 하는 의무가 없기 때문에 경쟁사들이 상장기업이라면 이들에 비해 높은 성과를 잘 감출 수 있다는 장점이 있다.

둘째, 선두기업은 경쟁기업들이 경쟁우위의 원천을 파악하고 모방하는데 되도록 지출되는 비용이 많이 들도록 해야 한다. 선두기업은 모방에 대한 보상가치를 훼손시킴으로써 경쟁을 피할 수 있다. 만약에 선두기업이 모방하면 수익성이 보장되지 못한다는 것을 경쟁사들을 잘 설득할 수 있다면 불필요한 경쟁을 피할 수 있다. 그리고 선두기업은 경쟁기업들이 모방을 시도한다면 가격전쟁을 불사하겠다는 공격적인 의도를 전달해서 그들의 모방 의지를 억제할 수 있다. 예를 들면, 전에 소개했던 삼성전자의 반도체공장에 대한 대대적인 확장 및 투자계획의 발표는 경쟁사들에게 치열한 가격경쟁을 암시하게 되므로 이들의 도전 의지를 꺾을 수 있다. 또한 선두기업은 기존 시장이나 잠재적인 틈새시장에 대해 선제적인 투자를 감행해서 경쟁기업들이 가질 수 있는 투자기회를 사전에 봉쇄할 수 있다. 예를 들면, 요즘 우리는 도처에 수많은 Starbucks 매장이 있다는 사실을 실감할 수 있다. 이는 미국 본사에서 먼저 시행했던 전략인데 미국 모든 도시의 중심가에 매장을 오픈하고 선점함으로써 시장을 장악하겠다는 의도였으며, 이를 통해 브랜드 인지도도 크게 향상이 되었다. 그러나 수많은 도시의 중심가에 있는 Starbucks 매장을 보면서 경쟁사들은 자신이 중심가에 매장을 오픈하는 경우 그 효과가 미미할 수 있다는 것을 알게 되면서 투자 의지가 위축되었다.

셋째, 선두기업의 경쟁우위를 모방하려는 경우 후발기업은 선두기업의 성공 기반에 대해 잘 이해할 수 있어야 한다. 대다수 산업을 살펴보면 뛰어난 성과를 만들어 낸 기업이 있다면 경쟁사들의 입장에서 이 기업의 성공요인을 파악하기는 쉽지 않은 과제이다. 즉 성공과 그것을 가능하게 한 전략적 의사결정과의 인과관계를 잘 이해하지 못하고 있다. 예를 들면, Wal-mart가 쾌속성장하면서 과거의 강호였던 Sears와 Kmart는 Wal-mart의 경쟁우위의 원천을 파악하는 것을 매우 어려워했다고 한다. Rumelt는 이를 인과관계의 모호성(Causal Ambiguity)이라고 명명했다. 선두기업의 경쟁우위가 더욱 복잡할수록 또 선두기업의 역량들이 더욱 복잡하게 엮여있을수록 경쟁기업들이 결정적인 성공요인을 판단하는 것은 더욱 어려워지게 된다. 인과관계 모호성의 결과는 불확실한 모방가능성이다. 즉 선두기업의 성공 원인과 관련해서 모호성이 높게 나타나는 경우에는 성공전략을 모방하려는 경쟁사들의 어떤 시도도 성공 여부가 불확실하다.

넷째, 선두기업의 경쟁우위를 후발기업들이 모방하기 위해서는 필수적인 자원 및 역량을 확보할 수 있어야 한다. 후발기업은 요구되는 자원 및 역량을 외부에서 구매하거나 아니면 자체적으로 개발해야 한다. 이는 위에서 살펴본 자원의 이동성과 복제가능성과 연관되고 있다. 즉 이동성이 없다는 것은 해당 자원 및 역량을 외부에서 쉽게 구입할 수 없다는 것을 의미하며, 복제가능성이 없다는 것은 후발기업 자력으로는 요구되는 자원 및 역량을 개발할 수 없다는 것을 의미하고 있다. 이것은 필요한 자원 및 역량을 확보할 수 없다는 최초진입자의 우위(First Mover's Advantage)가 만들어지는 계기가 되고 있다. 최초진입자의 우위는 전략적 위치 또는 틈새시장을 점령한 초기 점유자는 추격자들이 확보할 수 없는 자원 및 역량에 먼저 접근할 수 있다는 의미이다. 왜냐하면 최초진입자만이 최고의 자원을 선점할 수 있거나 맨 먼저 진입함으로써 우수한 자원 및 역량을 구축할 수 있기 때문이다.[13]

○ 사업전략(Business Strategies)의 유형

위에서 우리는 높은 성과 즉 경쟁우위를 창출하는 원천에는 두 가지 방식이 존재하고 있다는 사실을 파악했다. 첫째는 경쟁사에 비해 낮은 비용으로 동일한 제품이나 서비스의 생산 및 판매를 통해 얻을 수 있는 비용우위이다. 둘째는 경쟁사와는 다른 차별화된 제품이나 서비스를 제공함으로써 추가비용을 넘어서는 가격프리미엄(Price Premium)을 고객이 기꺼이 지불하도록 하는 차별화우위이다. 따라서 두 가지 경쟁우위를 창출하기 위한 사업전략도 서로 다를 수밖에 없다. 예를 들면, 비용우위를 추구하고 있는 제주항공 등 저가항공사들과 차별화를 추구하는 대한항공과 아시아나항공 간의 사업전략은 다르게 나타난다.

사업전략이란 동일한 사업에서 동일한 고객을 상대하고 있는 경쟁기업들이 서로 간에 경쟁우위를 차지하기 위해 즉 더 높은 수익성을 창출하기 위해 개발하는 구체적인 경쟁수단을 말한다. 사업전략은 동일한 산업에서 경쟁사에 비해 우월한 경쟁우위를 차지하기 위해 수립되고 있으므로 경쟁전략(Competitive Strategies)이라고도 한다. Porter는 경쟁우위를 창출하기 위한 사업전략 또는 경쟁전략에는 크게 비용우위전략과 차별화전략이라는 두 가지 방식의 본원적인 사업전략이 존재하고 있다고 했다. 경쟁우위의 원천이 다른 두 가지 전략은 근본적으로 다른 접근방식을 취하고 있다. 따라서 저비용우위를 위해 경쟁하는 기업은 시장위치, 핵심역량, 조직문화, 시스템 등 여러 면에서 차별화우위를 추구하는 기업과 차이를 나타나게 된다.

Porter는 〈그림 7-5〉에서 보는 것처럼 두 가지 경쟁우위의 원천과 두 가지의 경쟁범위(전체시장 vs 세분시장)에 따라 기업의 사업전략을 비용우위전략, 차별화전략, 그리고 집중전략 세 가지로 구분했다. 그러나 집중전략은 시장의 범위가 다른 것일 뿐이지 저비용과 차별화라는 경쟁우위의 본질은 동일하기 때문에 결국 사업전략은 크게 두 가지로 구분하는 것이 마땅하다.

〈그림 7-5〉에서 보듯이 저비용전략과 차별화전략은 전체시장을 대상으로 해서 추구되는 전략이다. 그러나 기업이 전체시장이 아니라 세분시장 또는 틈새시장에서 비용우위와 차별화우위를 노리고 있다면 이 전략은 각각 비용 집중전략과 차별화 집중전략으로 구분된다.

그림 7-5 Porter의 본원적 사업전략의 유형

경쟁우위 원천

	저비용	차별화
전체시장	**비용우위전략** (Cost Leadership Strategy)	차별화전략 (Differentiation Strategy)
세분(or 틈새)시장	비용 집중전략 (Cost Focus Strategy)	차별화 집중전략 (Differentiation Focus Strategy)

경쟁범위

출처: Porter(1980), Competitive Strategy.

그런데 Porter는 비용우위전략과 차별화전략을 상호배타적인 전략으로 보았다. 즉 두 전략은 서로 상반되는 특성을 가진 전략이다. 따라서 기업은 두 전략 중에서 하나의 전략만을 선택해야 한다고 강조했다. 왜냐하면 비용우위와 차별화우위 간에는 서로 상충(Trade-off)되는 관계에 놓여 있기 때문이다.

Porter는 기업들이 두 가지 전략을 모두 동시에 추구하는 '이도저도 아닌'(Stuck in the Middle) 잘못된 전략을 시도하지 말 것을 당부했는데 이런 선택은 결국 비용우위나 차별화우위 중 어느 하나도 얻을 수 없기 때문이다. 따라서 이도저도 아닌 전략을 추구하는 기업이 가장 낮은 수준의 수익성을 보이는 것은 당연하다고 보았다. 왜냐하면 이도저도 아닌 잘못된 전략을 시도하는 기업은 낮은 가격을 요구하는 많은 고객을 잃게 되거나 아니면 저비용우위를 추구하는 기업과 경쟁하기 위해 낮은 수익성을 감수해야만 한다. 또한 이도저도 아닌 전략을 시도하는 기업은 고수익의 달성에 목표를 두고 있거나 아니면 전반적으로 차별화된 목표를 달성한 기업들과 경쟁하기 위해서는 높은 수익성의 달성을 포기해야만 한다.[14]

제2장에서 전략의 기본적인 사고로서 외부환경의 변화에 유연하고 민첩하게 대응하기 위해서 기업은 변화와 전략을 잘 일치(Alignment)할 것을 강조했다. 즉 〈그림 7-6〉에서 볼 수 있듯이 산업구조를 잘 파악해서 기업에 유리한 방향으로 끌고 가며 이러한 산업구조와 기업이 보유하고 있는 핵심역량을 잘 일치시켜야 하며, 또 높은 수익성을 올리고 필수적인 경쟁우위를 창출하기 위해 기업은 현재 및 미래의 핵심역량이 비용우위에 적합한지 아니면 차별화우위에 적합한지를 선택해야 한다. 이 모든 것은 결국 기업이 보유하고 있는 자원과 핵심역량에 의해 결정되고 있다.

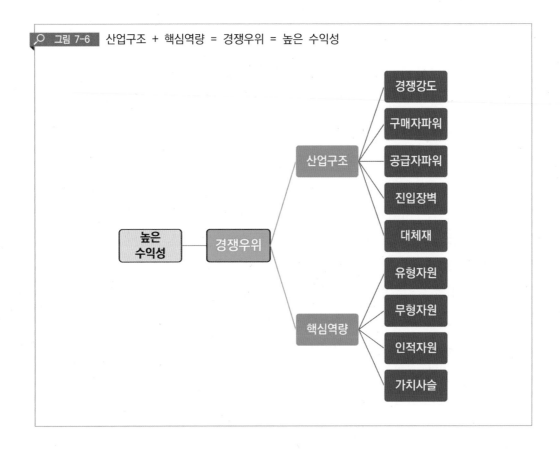

🔍 그림 7-6 │ 산업구조 + 핵심역량 = 경쟁우위 = 높은 수익성

Ⅱ ▶▶ 비용우위전략(Cost-leadership Strategy)

지금부터는 비용우위전략에 대해 보다 자세히 살펴보기로 하겠다. 비용우위전략은 경쟁사들에 비해 보다 낮은 비용으로 제품이나 서비스를 제공함으로써 경쟁우위를 창출하는 데 초점을 맞추고 있는 전략이다. 따라서 이 전략을 채택하는 기업들은 제품을 생산하고 판매하는 데 있어 원가를 절감하려는 것에 많은 노력을 기울이게 된다. 비용우위전략을 이용하는 기업들은 같은 제품이라도 특별한 기능을 갖추거나 고급제품보다는 주로 보다 많은 소비자들이 이용하는 일상용품(Commodities)에 집중하는 경향이 높은 편이다. 예를 들면, 한국의 현대자동차는 미국시장에 진

출하기 위한 전략의 일환으로 가격은 저렴하고 적절한 수준의 품질을 갖춘 신뢰할 수 있는 자동차로 많은 경쟁업체들을 물리치면서 큰 성공을 거두었다. 따라서 비용우위전략의 핵심 사항은 제조원가를 상대적으로 즉 경쟁사에 비해 낮게 유지하는 것이다.

○ 비용우위의 주요 근원

어떤 기업이 경쟁사에 비해 낮은 원가로 제품을 소비자에게 제공할 수 있다면 이 기업은 비용우위를 창출하고 있다고 말할 수 있다. 기업이 제품을 생산하고 판매하는데 소요되는 비용을 결정하는 요인은 기업마다 그리고 산업마다 다르게 나타날 수 있다. 기업이 비용우위를 누릴 수 있는 원인은 여러 면에서 찾아볼 수 있다. 〈그림 7-7〉은 비용우위의 주요 결정요인에 대해 잘 요약하고 있다. 지금부터는 비용우위의 근원에 대해 하나씩 살펴보기로 하겠다.

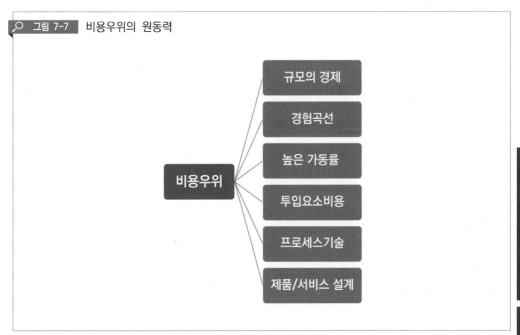

그림 7-7 비용우위의 원동력

● 규모의 경제(Economies of Scale)

비용우위전략의 근원으로 가장 많이 언급되는 것이 바로 규모의 경제이다. 이를 단순하게 말하면 규모가 큰 기업이 작은 기업들에 비해 낮은 비용을 유지할 수 있다는 것인데, 왜냐하면 이는 기업이 제품의 생산량을 늘림에 따라 제품 하나를 생산하는데 소요되는 단위당 비용(Unit Costs)이 하락하는데 이런 현상을 규모의 경제라고 한다. 예를 들어, 생산량이 두 배로 증가할 때 생산비용은 두 배보다 덜 증가하는 경우를 말하고 있다.

규모의 경제에 의해 기업이 생산량을 증가하거나 규모를 확장하는 경우 단위당 비용이 낮아지면서 비용우위가 발생하게 된다. 〈그림 7-8〉은 규모의 경제에 대한 예를 잘 보여주고 있다. 기업에서 생산량이 증가할 때 제품의 단위당 비용이 감소하게 되는 경우에 규모의 경제가 나타나게 된다. 그러나 규모의 경제 효과는 생산량이 최소효율규모(MES: Minimum Efficient Scale)까지만 유효하며, 생산량이 최소효율규모의 지점보다 더 많아지게 되는 경우에는 단위당 비용은 다시 증가하게 되는데 이를 규모의 비경제라고 한다. 최소효율규모는 평균비용곡선 상에서 평균비용이 가장 낮은 생산규모를 나타내는 최적생산량의 지점을 뜻하고 있다. 따라서 만약 특정 산업에 규모의 경제가 존재하고 있다면 어떤 기업이 최소효율규모 즉 최적생산량 지점 이하의 구간 내에서 경쟁기업들보다 많은 제품 생산량을 확보할 수 있을 때 이 기업은 비용우위를 창출할 수 있다. 규모의 경제는 생산설비의 규모에서 유래하고 있지만 기업의 구매, 연구개발, 광고, 유통 등과 같은 활동에서도 나타나고 있다. Marriott나 Hilton과 같은 거대 호텔체인은 중소체인이나 독립호텔에 비해 많은 규모의 경제 효과를 누리고 있다.

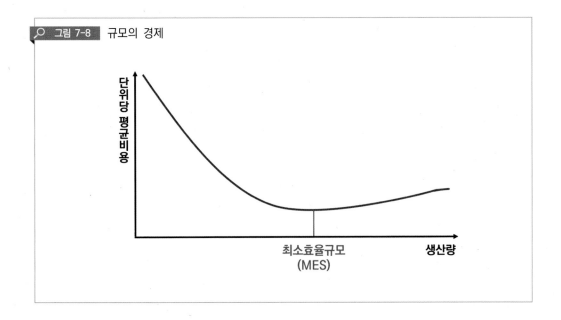

그림 7-8 규모의 경제

규모의 경제는 크게 세 가지의 주요 근원을 통해 만들어지고 있다.[15] 첫째, 규모의 경제는 기술의 입력 및 출력 관계에서 유래되고 있다. 이는 많은 활동에서 산출물의 증가에 비례해서 투입물의 증가를 요구하지는 않고 있다. 호텔산업의 예를 들면 200실 호텔을 건설할 때 소요되는 비용은 100실 호텔의 건설비용의 두 배가 되는 것은 아니다. 따라서 200실 호텔의 객실단위당 고정비용은 100실 호텔의 고정비용에 비해 낮게 유지될 수 있다. 그리고 품질관리, 구매, 예약시스템과 같은 활동에서도 두 배의 시간이나 노동력이 요구되는 것은 아니다. 둘째, 규모의 경제는 자원이나 활동의 비분할성(Indivisibility)에서 비롯된다. 비분할성은 생산에 소요되는 투입요소를 일정량 이하로는 구매할 수 없거나 특정 활동을 수행하는 경우 규모가 일정하게 정해져 있어서 작은 규모로 나눌 수 없는 경우를 말하고 있다. 이런 경우 대규모 기업은 비용을 더 많은 생산량에 분산할 수 있으므로 규모의 경제를 확보할 수 있다. 예를 들면, 생산규모가 훨씬 큰 현대자동차는 연구개발이나 광고 등에서 규모가 작은 쌍용자동차에 비해 비용우위를 누릴 수 있다. 마찬가지로 대규모 호텔체인은 소규모체인 또는 독립호텔들과의 경쟁에서 예약시스템,

마케팅, 고객충성도 프로그램 등에서 규모의 경제를 통해 비용우위를 누릴 수 있다. 셋째, 규모의 경제는 전문화(Specialization)의 이점을 이용할 수 있다. 역시 대형 호텔체인들은 본사에 기능별 또는 세분시장별로 전문화된 직원들을 보유할 수 있으므로 소형체인이나 독립호텔들에 비해 또 다른 규모의 경제로 인한 이점을 누릴 수 있다.

특정한 산업에서 규모의 경제 효과가 두드러지게 나타나는 경우에는 소수의 대규모 기업만이 살아남을 수 있는데, 규모의 경제는 산업집중도(Industry Concentration)의 수준을 정하는 핵심결정요인이 되고 있다. 최소효율규모는 산업마다 다르게 나타나고 있으며 이를 통해 산업집중도를 측정할 수 있다. 즉 규모의 경제는 각 산업마다 최소효율규모를 비교함으로써 파악할 수 있는데 최소효율규모가 높을수록 산업집중도도 점점 높아지고 있다. 대표적인 파편화된 산업(Fragmented Industry)으로 인정되었던 세계 호텔산업도 Marriott, Hilton, IHG, Accor, Wyndham 등과 같은 거대한 호텔체인들이 크게 성장하면서 점점 산업집중도가 높아지고 있는 형국이며, 이들은 영업규모를 기반으로 해서 강력한 경쟁우위를 누리고 있다. 호스피탈리티산업에서 규모의 경제 효과는 주로 규모에 의해서 발생하고 있다.

그러나 생산시설이나 판매시설의 규모가 너무 크면 규모의 비경제(Diseconomies of Scale)가 나타나게 된다. 즉 최소효율규모를 초과하는 규모에 이르게 되면 대규모 기업에서는 관리비용이 높아지는 한편 관료제가 강화되면서 많은 직원들을 동기부여하는데 효율성이 떨어지기 시작하면서 잠재적인 비용절감 혜택이 사라지게 된다.

그리고 규모의 경제는 구매자들이 비용을 더 치르더라도 표준화된 제품보다는 특별한 제품을 원하는 트렌드가 만들어지면 규모의 경제를 통한 대량생산이 어려워지게 된다. 이에 더해 최근처럼 소비자들의 제품이나 서비스에 대한 취향이나 선호가 자주 변하는 경우에는 소품종 대량생산이란 규모의 경제는 빛이 바래고 다품종 소량생산을 위한 유연성이 경쟁우위의 원천이 된다.

한편 규모의 경제를 말할 때 같이 거론되는 것이 범위의 경제(Economies of Scope)이다. 범위의 경제는 같은 산업에서 여러 제품이나 서비스를 함께 생산하는 기업의 총비용이 단일 제품이나 서비스를 생산하는 기업의 총비용보다 낮게 나타나는 경우를 말한다. 예를 들면, 어떤 자동차기업이 자동차, SUV, 그리고 트럭을 함께 생산한다면 한 종류의 차만을 생산하는 기업에 비해 낮은 비용으로 생산할 수 있어 비용우위를 누릴 수 있다. 호텔산업에서도 Marriott와 Hilton 같은 거대 호텔체인들은 다양한 브랜드로 여러 세분시장에 진출하면서 범위의 경제 효과를 극대화하고 있다. 이들은 여러 브랜드를 보유하고 있기 때문에 중앙예약시스템, 광고, 그리고 고객충성도 프로그램 등에서 상당한 비용우위를 누리고 있다.

또한 Marriott international은 30개의 브랜드에 120만 개의 객실을 보유하게 됨으로써 규모의 경제와 범위의 경제 효과를 동시에 누리게 되면서 업계 최고 수준의 비용우위를 누리고 있다.

● 경험곡선(Experience Curve)

경험곡선 또는 학습곡선(Learning Curve) 효과는 비용우위를 창출하는데 중요한 원동력이 되고 있다. 경험곡선은 원래 제2차 세계대전 중에 미국의 항공기산업에서 유래되었다. 즉 B-24 폭격기를 생산하는데 누적생산량이 2배가 되면 항공기당 노동원가가 약 25% 정도 떨어지는 것으로 밝혀졌다. 경험곡선을 사업전략에 최초로 도입한 Boston Consulting Group(BCG)은 1965년에 경험곡선이라는 분석도구를 소개했다. BCG에 의하면 반도체기업의 누적생산량이 2배에 달하게 되면 경험곡선 효과로 총원가는 약 20~30% 감소한다. 경험곡선은 생산과정에 있는 작업자들이 지속적으로 작업을 반복하게 되면서 효율성을 높이는 방법을 개발하게 되고 따라서 낭비와 비효율을 제거하면서 생산성이 향상되기 때문에 발생한다.[16] 그리고 풍부한 경험이 축적되면 공정개선이나 제품의 재설계를 통해 생산비용이 감소하게 된다. 제품생산 프로세스나 제품구조가 복잡할수록 또 부품의 수가 많을수록 경험곡선 효과의 잠재력은 높아지게 된다. 경험곡선은 주로 개인 및 조직 차원에서 발생하는 학습을 기반으로 한다. 생산과정에서 반복적인 작업과 활동은 개인차원의 개별적인 기술과 조직차원의 일상적인 업무를 향상시키게 된다.

경험곡선 효과로 특정 산업이나 시장에서 가장 많은 양의 제품을 생산하는 기업은 가장 낮은 비용구조를 갖게 되며 따라서 가장 높은 수익성을 달성할 수 있다. 경험곡선의 기울기는 반도체 제작공정에서 특히 가파르게 나타나고 있다. 예를 들면, 반도체 공정과 LCD 스크린에서 삼성전자의 지배적인 위치는 주로 대량생산을 기반으로 한 경험 및 학습의 결과로시 경쟁기업들에 비해 월등하게 높은 수준의 수율(Yield)을 달성하고 있다.

〈그림 7-8〉과 〈그림 7-9〉에서 볼 수 있듯이 경험곡선과 규모의 경제는 유사한 면이 많다. 그러나 두 가지 점에서 두 개념은 차이가 있다. 첫째, 규모의 경제는 어느 한 시점에서의 생산량과 단위당 평균비용 간의 관계를 설명하고 있는 반면에 경험곡선은 일정 기간 동안의 누적생산량과 단위당 평균비용 간의 관계를 설명하고 있다. 둘째, 규모의 경제에는 비용 상승 구간 즉 최소효율규모를 지나는 구간이 존재하고 있지만 반면에 경험곡선에는 구간이란 개념이 아예 없다. 이는 누적생산량이 증가할수록 단위당 비용은 기술적으로 가능한 한계치까지 계속해서 감소한다는 의미를 나타내고 있다.[17]

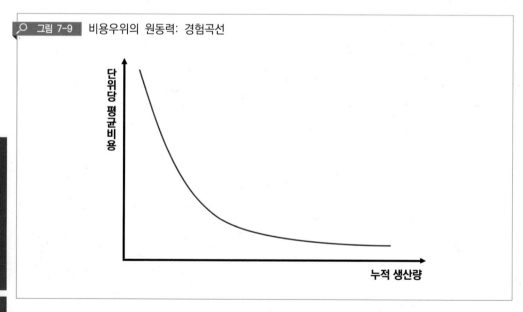

🔍 **그림 7-9** 비용우위의 원동력: 경험곡선

경험곡선은 〈그림 7-9〉에서 보듯이 비교적 단순하기 때문에 제품별로 단위당 비용과 생산량에 대한 장기간의 자료가 확보된다면 그릴 수 있다. 경험곡선이 사업전략에 제공하는 전략적 시사점은 중요하다. 경험곡선 효과로 생산량이 누적됨에 따라 단위당 비용이 감소한다면, 경쟁업체 중에서 비용우위의 창출 여부는 누가 먼저 생산량을 대폭적으로 증가시킬 수 있는가에 달려있다고 볼 수 있다. 즉 생산량을 빨리 늘린 후에 경험곡선 효과를 극대화한 기업은 낮아진 비용을 토대로 가격을 내리면 다른 경쟁업체들은 결국 비용열위에 빠지게 되면서 경쟁하기 힘든 상황에 접하게 된다. 과거 BCG는 경험곡선 효과를 기대할 수 있다면 현재의 비용 수준에 맞춰 제품가격을 책정하기 보다는 선제적으로 가격을 내릴 것을 기업들에게 주문했다.[18] 실제로 1970년대에 Toyota와 Nissan 같은 일본의 자동차기업들은 미국 자동차시장을 공략하기 위해서 경험곡선 효과에 맞춰 가격을 전략적으로 낮게 책정해서 미국 자동차기업들과 경쟁을 벌였다. 즉 이들은 생산량이 증가하게 되는 경우 경험곡선 효과에 따라 추가적으로 내릴 수 있는 비용수준에 맞춰 선제적으로 가격을 낮게 책정해서 시장에 진출하기 시작했다. 결국 이 전략은 일본 자동차기업이 비용우위를 창출하게 되는 원동력이 되었다.

그러나 이후 경험곡선에서 말하는 많은 생산량 즉 높은 시장점유율과 수익성 간의 긍정적인 관계는 구체적인 인과관계에 의한 것이 아니라 단지 우연적이었다는 연구결과가 발표되었는데, 시장점유율 자체가 기업의 수익성에 직접적인 영향을 미치기보다는 기업이 보유하고 있는 우월한 자원 및 역량이 시장점유율과 수익률을 동시에 향상시킨다는 사실이 밝혀지게 되었다.[19] 이로써 경험곡선의 효험에 대한 신뢰는 크게 떨어지게 되었다. 실제로 경험곡선을 활용해서 선제적으로 가격을 인하했던 기업들은 큰 효과를 거두지 못했다고 한다. 이로써 경험곡선 효과가 나타나는 근본적인 원인은 생산공정을 지속적으로 개선하려는 노력이 선행되어야 한다는 것으로 알려지게 되었다. 이처럼 경험곡선은 그냥 발생하는 것이 아니라 경영진이 변화하기 쉬운 환경을 조성하고 생산성 향상을 이룩한 직원들을 효과적으로 보상했을 때 비로소 가능하게 된다.

경험곡선 효과는 기업이 생산량을 늘리게 되면 자동적으로 만들어지는 것이 아니라, 공정관리와 재고관리 등 체계적으로 낭비와 비효율을 제거하면서 생산성이 향상되기 때문에 발생하는 것이다. 그리고 개인적인 차원과 조직적인 차원에서 동시에 생산성 향상이 이루어져야 한다. 또한 경험곡선 효과를 통한 비용절감은 자체적인 경험을 통해서만 개발될 수 있는 것이 아니라 컨설팅기업처럼 외부에서 노하우를 전수받거나 신기술을 기반으로 하는 생산기술을 도입함으로써 만들어질 수 있다.[20]

● 높은 가동률(Capacity Utilization)

화학산업, 제철산업, 항공운송산업, 그리고 호텔산업과 같이 고정비용이 높고 자본집약적인 장치산업에서는 경기침체기에도 계속해서 시설을 유지하기 위한 비용이 지출되어야 하기 때문에 높은 비용부담을 지고 있는데, 이때 유휴설비의 가동률을 제고할 수 있는 방법을 모색해야 한다. 수요가 감소하는 경우에 고정비는 적은 단위로 분산되고 결국 1단위당 평균 생산비용은 높아지게 된다.

또한 경기 상승기에도 장치산업은 주어진 기회를 최대화하기 위해 기존의 생산설비 이상으로 생산량을 늘리고 잔업수당 등에 따른 임금인상과 품질을 유지하기 위한 관리비용의 상승으로 전체적으로 비용이 상승하게 된다. 수요가 많아 공장이나 호텔의 가동률이 높아지게 되면 고정비는 더욱 많은 단위로 분산되면서 결국 단위당 평균생산비용은 낮아진다.

고정비가 높아 영업레버리지가 높게 나타나는 장치산업에서는 경기변동에 따라 신축적으로 높은 가동률을 유지할 수 있게 하는 유연성의 확보가 기업에 비용우위를 제공하는 중요한 요인이 되고 있다. 효과적인 수요 예측, 보수적인 생산능력 확장 정책, 매출관리시스템(RMS: Revenue Management System)의 도입을 통한 수율 위주의 유연한 가격정책 등의 시행을 통해 이룩한 상대적으로 높은 가동률은 유사한 규모의 경쟁사에 비해 낮은 비용구조를 유지할 수 있는 원동력이 된다.

호텔산업에서는 RevPAR(판매가능 객실당 매출액)를, 항공운송산업에서는 탑승률(Load Factor)과 수익(Yield)을 높게 유지하는 것을 매우 중요시하고 있다. 높은 가동률의 유지는 고정비가 총비용에서 높은 비율을 차지하는 호텔산업과 항공운송산업에서 특히 중요하다. 이런 산업에서는 조그마한 수요의 변동에도 기업들은 매우 민감하게 반응할 수밖에 없다. 왜냐하면 수요의 작은 변동으로 인해 수익성이 크게 악화될 수 있기 때문이다. 이와 같은 산업에서 가동률은 매우 중요하다. 따라서 수요가 감소하게 되면 기업들은 가격할인전략을 통해 판매를 촉진하는 것이 일반적인 타개책이다. 그러나 이런 노력에도 불구하고 가격을 인하한다고 수요가 바로 판매촉진으로 연결되지 않는 경우도 많이 있다.

호텔산업은 자본집약적 및 노동집약적인 산업이자, 장치산업이며, 그리고 경기순환산업(Cyclical Industry)이라는 복합적인 특성을 지닌 산업이다. 호텔산업에서 수익성을 제고하기 위해서는 RevPAR를 최대화해야 한다. 그리고 RevPAR를 향상하려면 객실점유율이나 평균객실요금(ADR)을 공히 제고해야 한다. 그러나 두 지표 사이에는 상충(Trade-off)관계가 존재하고 있으므로 두 지표를 동시에 높일 수는 없다. 일반적으로 호텔산업에서는 높은 객실점유율이 주도하는 RevPAR의 향상보다는 높은 평균객실요금의 주도에 인한 RevPAR의 향상이 호텔의 수익성 향상에 더욱 긍정적인 영향을 미치는 것으로 간주되고 있다.

왜냐하면 높은 객실점유율이 주도해서 향상된 RevPAR는 증가된 객실판매로 인하여 어메니티와 청소 등에 대한 변동비용이 상승하여 이익을 갉아먹게 된다. 물론 증가된 객실이용으로 F&B 등 부대시설에 대한 매출이 늘어날 수 있지만 증가하는 변동비용을 상쇄할 수 있는 수준은 되지 못하는 경우가 많다. 따라서 고정비용이 같다고 한다면 높은 평균객실요금이 주도하여 RevPAR가 증가하는 경우에는 비록 총매출액은 조금 적게 나타나지만 추가적인 변동비용이 초래되지 않기 때문에 영업이익률은 오히려 더 높게 나타나고 있다.

호텔산업에서 경기 상승기에는 객실점유율은 상당 기간 동안 지속적으로 상승하다가 일정 시점을 통과하게 되면 증가율이 점차 감소하면서 안정적으로 유지되며 결국 객실점유율의 증가는 정체가 된다. 이때부터는 평균객실요금의 상승이 RevPAR의 향상을 주도하게 된다. 이처럼 경기 상승기에는 수요가 많아 객실점유율에 중점을 두기보다는 수요가 많은 환경의 기회를 충분히 활용하는 즉 평균객실

요금을 적절하게 인상하여 객실매출을 극대화해야 된다는 인식에는 많은 공감대
가 형성되어 있다.

그러나 경기 침체기에서 핵심 객실성과지표인 RevPAR의 운용에 대해서는 두
가지 의견이 존재하고 있다. 한편에서는 경기 침체기에 과감하게 평균객실요금을
인하해서 객실을 판매한 호텔들은 객실점유율이 상승하면서 그 결과 매출이 증가
해서 할인전략을 시행하지 않은 호텔들에 비해 수익성이 크게 향상되었다고 한다.
그러나 다른 한편에서는 경기 침체기에는 높은 객실요금과 낮은 객실점유율의 조
합이 수익성 향상에 보다 이롭다고 밝히고 있다. 즉 높은 객실점유율이 주도하는
RevPAR의 향상보다는 평균객실요금의 증가로 인한 RevPAR의 향상이 호텔의 수익
성 향상에 더욱 긍정적인 영향을 미친다는 것이다. 미국에서 최고의 수익성을 기
록한 호텔들을 보면 평균객실요금이 RevPAR 향상에 50~75%를 기여하게 하고, 나
머지 25~50%는 객실점유율이 공헌하도록 하는 전략을 구사했는데, 그 결과 평균
영업이익은 22.5%를 기록하게 되었다.

그런데 경기 침체기에 가격인하정책을 통해 객실매출을 제고하여 수익성을 확
보하려면 호텔들은 가격탄력성(Price Elasticity)을 잘 이해할 수 있어야 한다. 경기
침체기에 효과적으로 객실을 판매하려면 반드시 객실상품의 가격에 대한 탄력성
여부를 가장 먼저 확인해야 한다. 만일 객실수요가 가격에 대해 비탄력적이라면
객실요금을 낮춰도 원하거나 계획한 만큼의 충분한 객실판매는 이루어질 수 없다.
이 경우에 가격인하정책은 오히려 독이 될 수 있다. 일반적으로 호텔산업에서 저
가 객실상품의 수요는 가격에 대해 탄력적(Elastic)이나 반면에 고가 객실상품의
수요는 가격에 비탄력적(Inelastic)이다.[21]

• 투입요소 비용(Input Costs)

같은 산업이나 시장에서 경쟁하는 기업들은 같은 투입요소에 대해 반드시 동일
한 가격을 지불할 필요는 없다. 투입요소의 비용을 낮춰 우위를 차지할 수 있는
원천은 다음과 같다. 첫째, 입지에 따른 투입비용의 차이이다. 다국적기업이 해외

로 진출하기 위해 가장 중요하게 고려하는 것 중의 하나가 세계 각국의 임금 차이이다. 특히 의류 및 봉재산업 같은 노동집약적인 산업에서 다국적기업은 해외공장을 건설하기 위해 되도록 임금조건이 가장 유리한 국가를 선택하고 있다. 호텔산업에서도 대다수 한정서비스 호텔들(Limited-service Hotels)은 지가가 비싼 도심지를 피하고 비교적 저렴한 교외지역이나 고속도로에 호텔 입지를 정함으로써 낮은 비용구조를 유지하고 있다. 또한 과거 미국의 Outback Steakhouse는 사업모델에 맞는 비용구조를 갖추고 목표한 수익성을 달성하기 위해 사업 초창기에는 주로 도심지보다는 사람들이 많이 몰리는 2급 지역에 입지를 정했으며 동시에 총투자비는 $60만 이내일 경우에만 투자를 감행했다.

둘째, 공급자에 대한 구매 교섭력이다. Wal-mart처럼 대량으로 제품을 구매하는 기업은 공급자를 압박해서 보다 낮은 비용으로 제품이나 원재료를 납품받을 수 있다. 이와 같은 엄청난 비용우위는 Wal-mart가 세계 최대의 유통기업으로 성장하는데 큰 밑거름이 되었다. 이에 대한 국내의 사례를 보면 세계적인 기업인 현대자동차는 강력한 구매파워를 이용해서 타이어 등 많은 부품기업에게 낮은 비용으로 부품을 공급받기를 원하고 있다.

셋째, 원재료나 부품을 공급하는 업체들과 원만한 관계를 유지해서 호황기뿐만 아니라 불황기에도 경쟁사에 비해 상대적으로 좋은 조건으로 공급받을 수 있어야 한다. 호스피탈리티기업들도 주요 식재료업체들과 상호호혜적인 관계를 잘 유지한다면 투입비용을 안정적으로 유지할 수 있다.

넷째, 노동조합과 좋은 관계를 유지하는 것이다. 실제 사례들을 보면 노동조합과 원만하고 건설적인 관계를 유지하는 기업은 상대적으로 낮은 인건비용을 유지하고 있다. 미국의 Southwest Airlines는 이에 대한 대표적인 기업이다.[22]

• 프로세스 기술(Process Technology)

대다수 제품이나 서비스에는 대체적인 기술이 존재하고 있다. 어떤 프로세스가 더 적은 투입으로 동일한 수량의 산출물을 생산할 수 있다면 이는 다른 프로세스에 비해 기술적으로 우월하다고 할 수 있다. 혁신적이며 새로운 프로세스 기술은 비용을 획기적으로 절감할 수 있다. Henry Ford가 개발한 혁신적인 컨베이어 자동차 조립라인은 생산혁명을 일으키며 획기적으로 생산비용을 낮추면서 T-Model을 저렴한 가격으로 일반 대중에게 판매하면서 최초로 대량생산 혁명을 일으켰다. 또한 McDonald's 형제는 Ford의 컨베이어 시스템을 모방해서 햄버거 레스토랑을 위한 획기적인 생산프로세스를 개발하면서 성공의 바탕이 되었다. 그리고 이후 McDonald's를 인수한 Ray Kroc은 QSC & V(Quality, Service, Cleanliness & Value)를 모토로 기업철학을 확립하면서 패스트푸드 레스토랑 업계를 선도하게 되었다.

Toyota는 TPS(Toyota Production System)라는 혁신적인 생산프로세스를 구축하고 효율성을 고도화하여 양질의 저렴한 자동차를 생산하면서 세계 자동차 시장을 석권하게 되었다. 세계 최고 수준의 생산시스템인 TPS의 궁극적인 목표는 낭비(Waste)의 제거이며, 이를 위해 네 가지 원리로 구성되어 있다. 첫째, 생산프로세스에서 재고관리 혁명을 일으킨 JIT(Just in Time)이다. JIT는 필요한 제품을 필요한 시기에 필요한 양만큼만 생산하는 것이다. 칸반시스템을 도입해서 자동차를 조립할 때 필요한 부품이나 자재가 필요한 양만 조립라인 옆에 도착하게 하는 것이다. 둘째, 자동화로 이는 공정 중에 이상이나 문제가 발생하면 즉시 문제를 파악하기 위해 라인을 정지시키는 시스템이다. 이는 조립라인에 있는 작업자가 이상을 발견하면 즉시 줄을 당겨서 라인을 정지시키는 안돈시스템과 작업자가 불량을 인식하지 못하면 기계가 스스로 경보음을 발생하면서 라인을 멈추게 하고 있다. 셋째, 소인화이다. 이는 수요 변동에 따라 효과적으로 대응할 수 있도록 작업장의 인력을 유연하게 조정하여 배치하는 것이다. 넷째, 소집단활동으로 이는 전 직원들이 어떤 형태로든지 품질관리(QC)활동에 대한 참여를 촉진하기 위해 소집단을 구성해서 수시로 품질을 검사하도록 했다. TPS를 통해 Toyota는 최고 수준의 비용우위를 누리게 되었다.[23]

또한 미국의 Dell Computer는 경쟁업체들과 다른 Build-to-Order라고 하는 PC 생산시스템을 구축해서 비용우위를 창출하게 되었다. 저비용으로 PC를 생산할 수 있는 이 시스템은 고객들이 온라인상에서 자기가 원하는 사양대로 PC를 완성해서 주문을 넣으면 그때부터 Dell은 생산라인에서 조립을 시작하고 완성되면 즉시 고객에게 배송했다. 특히 재고관리에서 우위를 가지고 있는 이 시스템으로 Dell은 한때 '바나나를 팔듯이 PC를 팔게 되었다'라고 한다.

● 제품/서비스 설계(Product/Service Design)

제품의 생산과정을 용이하게 할 수 있는 혁신적인 제품설계로 상당한 비용절감 효과를 거둘 수 있는데 특히 신제품을 도입할 때 더욱 그럴 수 있다. 독일의 자동차기업인 Volkswagen은 30개의 서로 다른 자동차 모델을 단지 네 개의 개별적인 플랫폼에서 생산할 수 있도록 재설계함으로써 제품개발 및 부품에 소요되는 비용을 대폭 절감할 수 있었다.

호텔산업에서도 영업의 용이성 및 효율성 향상을 위해 호텔이 설계될 수 있다. 미국의 저가모텔업계에서 비용우위의 선두주자인 Motel 6는 영업비용을 낮추기 위해 세심하게 호텔을 설계했다. 1962년에 Motel 6를 설립한 창업자들은 객실요금을 6달러로 책정했으며 이 가격으로 건축비용, 토지 임차료, 담보비용, 관리자 임금, 그리고 객실청소비용을 충당했다. 당시 한창 성장가도를 달리고 있던 Holiday Inn은 품질과 가격 면에서 점점 더 고급화(Upscale)되고 있다는 것을 인지한 이들은 이에 대한 대안을 고객에게 제공하기 위해 Motel 6의 사업모델을 개발하는데 전력을 다했다. 이들은 2년 동안에 걸쳐 비용을 최대한 절감할 수 있는 방법에 대해 심각하게 고민을 했다. 결국 이들이 개발한 Motel 6는 고객에게 꼭 필요한 서비스만을 제공하는 저가의 숙박시설로 탄생하게 되었다. 당시 Motel 6에서는 값비싼 객실에서나 볼 수 있는 컬러TV 대신 동전을 넣고 볼 수 있는 TV를 비치했으며, 욕실에서는 욕조 대신에 샤워만 가능하게 했고, 그리고 객실청소 시간을 줄이기 위해 기능적으로 실내를 장식했다. 또한 도시의 외곽지역에 위치했던 Motel 6의 1호점에는 레스토랑과 수영장이 없었는데 이는 기존의 동급 호텔들과 비교할 때 현저하게 다른 점이었다. 그러나 대다수 호텔체인들과 달리 고객에게 애완견의 객실 출입을 허용하도록 했다. Motel 6는 청결하고, 기능적이며, 조금 안락한 객실을 제공하는 동시에 비용을 절대적인 수준으로 최소화하면서 미국에서 가장 가격경쟁력이 높은 저가호텔로 자리매김하게 되었다.[24]

이 밖에도 비용우위는 경영상의 비효율을 제거함으로써 비용을 절감할 수 있다. 대규모 기업에서는 구조적으로 관료제가 심화되면서 비효율성(X-inefficiency)이 증가하게 되는데, 이는 바로 불필요한 비용 상승으로 직결된다.[25] 또한 같은 기능을 외부기업이 내부기능에 비해 효과적으로 수행하고 있다면 아웃소싱(Outsourcing)을 이용할 수 있다. 이미 개별호텔에서는 하우스키핑, 식음료, 잡부, 셔틀버스, 주차, 경비 등의 활동을 아웃소싱하고 있다. 또 Taco Bell은 메뉴를 준비하는 과정에서의 상당 부분들을 아웃소싱으로 대체함으로써 가격을 내리고 종사원을 감원할 수 있었을 뿐만 아니라 주방공간을 대폭 줄일 수 있었다.

○ 비용우위전략의 한계 및 문제점

비용우위전략에는 엄연히 한계나 문제점이 존재하고 있다.[26] 첫째, 선두기업이 개발해서 비용우위의 창출을 가능하게 했던 기술을 경쟁사가 빠르게 모방해 버리는 경우 비용우위는 쉽게 사라질 수 있다. Porter는 방어할 수 있는 우위를 구축했을 때 비로소 경쟁우위의 창출뿐만 아니라 유지도 가능해진다고 강조했다. 비용우위를 창출한 선두기업을 따라 많은 기업들이 같은 전략으로 경쟁을 벌이게 되는 경우 공급초과가 발생하게 될 확률이 높아지게 되며 결국 가격전쟁이 발생하게 되면서 산업의 수익성은 점점 떨어지게 된다. 이런 경우 소비자들이 많은 혜택을 보게 된다. 둘째, 경쟁우위를 창출했던 기업이 비용우위에만 관심을 집중하게 되면 이로써 오히려 시장의 역동적인 변화에 취약해지게 되는 경우가 많다. 예를 들면, 대량생산에 대한 많은 투자를 한 기업은 기존 생산시설과 호환성이 없는 변화에는 관심을 덜 두게 되는 경향이 높다. 셋째, 선두기업이 창출한 비용우위를 무색하게 하는 새로운 혁신적인 기술이 등장하게 되는 경우가 많이 발생하고 있다. 넷째, 비용우위에 대한 지나친 강박관념으로 인해 품질관리에 소홀하게 되는 경우

품질 유지에 큰 문제점이 발생할 수 있다. 미국의 저비용항공사였던 ValuJet은 비용을 철저히 통제하기 위한 방편으로 항공기의 유지보수 비용에 대한 지출을 줄이게 되었다. 그러나 그 결과는 참담했다. 1996년 5월 승객 110명을 채운 ValuJet 592편은 마이애미공항을 이륙한 지 11분 만에 Florida 주의 늪지대인 Everglades에 추락하는 비극을 당하게 된다. 이 항공사는 사고 이전에도 안전에 많은 문제점을 노출했었는데 사고원인은 화물을 적절하게 싣지 못해서 화물칸에서 발생한 화재 때문이었다. 사고 후 ValuJet은 몇 달 동안 운항이 금지되었으며 결국 다른 항공사에 합병되고 말았다.[27] 다섯째, 다국적기업들은 저비용으로 제품을 생산하기 위해서 임금이 싼 저임금 국가에 공장을 건설하고 있다. 그런데 비용을 더욱 절감하기 위해 저임금 국가의 노동자에게 노동시간과 같은 불합리한 대우와 부적절한 근로환경을 제공했으며, 심지어는 어린이들에 대한 노동 착취도 서슴치 않았다. 그러나 이를 일반 대중들이 알게 되면서 거센 항의와 불매운동에 직면하게 되는 경우가 발생하고 있다.

○ 저가항공사(LCC)의 비용우위전략

저가항공사(LCC: Low Cost Carrier)의 등장으로 세계 항공운송사업은 실로 무한경쟁 시대에 빠져들게 되었다. 미국의 저가항공사인 Southwest Airlines와 JetBlue, 그리고 유럽의 저가항공사인 Ryanair와 EasyJet의 성공은 항공운송산업에 큰 변화를 일으키게 되었다. 한편으로 저가항공사의 등장은 세계 여행·관광시장에서 외국을 여행하는 국제여행객의 규모를 크게 확대하는 긍정적인 효과를 낳았으며 세계를 여행하기 위해 항공기를 이용하는 승객들의 수는 장기적이고 지속적으로 증가하게 될 전망이다.

요금이 저렴하고 기본적인 서비스만을 제공하는 저가항공사의 등장과 성장은 항공운송산업에서, 특히 단거리노선에서, 경쟁의 본질이 근본적으로 변하는 원인이 되었다. 특히 성공적인 저가항공사들은 낮은 비용구조를 유지하고 고객들에게 저렴한 요금을 제공하기 위해 다른 영업방식(예: 도심에서 좀 떨어진 2급 공항에서

Point-to-Point 운항방식), 기내식의 비제공(예: 기내 부가서비스의 유료화), 효율적인 판매방식(예: 인터넷만을 이용한 탑승티켓 판매) 등과 같은 다양한 방법을 고안했다. IATA의 수장도 '이제 모든 항공사들이 저비용항공사가 되었다'라고 선언한 것처럼 비용효율성(Cost Efficiency)은 항공사들이 효과적으로 경쟁하고 생존하기 위해 가장 중요한 요인이 되었다.[28]

〈그림 7-10〉은 저가항공사의 여러 특성을 요약하고 있으며, 그리고 〈표 7-1〉은 일반적인 차원에서 저가항공사가 대형항공사에 비해 비용우위를 누릴 수 있는 여러 요인들에 대해 잘 보여주고 있다.

그림 7-10 저가항공사의 주요 특성

주로 지점 대 지점 (Point-to-Point)으로 구성된 항공노선	지역 공항 또는 2급 공항을 왕래하는 단거리 노선제공	주로 가격에 민감한 여가여행자에 집중	단일 좌석등급만을 제공하며 마일리지 프로그램은 없거나 한정적으로만 운영
승객에게 한정된 기내 서비스만을 제공하며 부가적인 서비스에 대해서는 요금 부과	가격경쟁에 집중하기 위해 저가의 항공요금을 채택	항공기 탑승률 및 운항시간과 관련한 차별화된 요금 부과	좌석의 판매 및 예약은 대부분 인터넷을 통해 이루어짐
짧은 회항시간으로 인한 높은 항공기 가동률	단일 또는 2개 종류의 항공기로 구성된 항공기 기단	주로 비상장기업	효율적으로 전략적 의사결정이 이루어지는 단순한 관리 및 비용 구조

출처: IATA

| 표 7-1 | 저가항공사의 단위당 비용을 낮추는 일반적인 요소

비용 범주	비용 항목	비용절감 역할을 하는 요소
항공기 소유비용	소유구조 항공기 기단 구조 항공기 가동률	비수기에 항공기 구매 항공기 직접소유/리스 믹스의 최적화 항공기 기단의 조화 신/구 항공기 믹스의 조화 항공기 회항시간(Turnaround Time)의 절약 항공기 유지보수 시간의 절약
항공유 비용	효율적인 항공노선 구매비용 중량 감소	단거리 노선 및 운항시간 출발 지연 감소와 중소 공항 이용 서비스 수수료 절감 항공유 구매 시 헤징전략 사용 No-show 승객의 계산 좌석 등 제품 혁신
유지보수 비용	항공기 기단 서비스 비용	항공기의 조화 항공기 기단의 평균 연령 감소 항공기 유지보수 활동의 최적화 일부 활동이나 업무의 공동 구매
승무원 비용	생산성 임금관련 비용 승무원 인건비	승무원 운영스케줄의 향상 승무원 근무시간 제한의 감소 상급 승무원의 수를 적게 유지 승무원 초과근무수당의 절감 승무원의 숙박근무 필요성 감소 승무원 야간근무수당의 절감
운영비용	서비스 수준 인소싱(Insourcing) 수수료 질감	SLA(Stage Length Adjustment: 운항거리조정)의 표준화 SLA 구성요소 개편 승무원에 의한 사전 기내청소 승무원의 승객 탑승 및 하기 시 지원 주요 공급자와의 글로벌 계약 체결 비수기 가격제도
기내식 비용	단위비용 절감 식사량 절감	메뉴 선택의 간소화 배달 물류비용의 절감 승객 대비 판매가능 메뉴 모니터링 낭비 축소
판매 유통구조	발권 판매 유통경로 판매 수수료	e-ticket 개발 셀프 체크인(Self-service check-in) 고객을 온라인 판매경로로 유인 효율적인 고객서비스 콜센터 판매대행사와의 목표지향적인 계약 체결 판매수수료 절감

출처: IATA

　　국내 항공운송산업에서 최초의 저가항공사는 2003년 5월에 설립된 한성항공(현재 티웨이항공)이며 이후 제주항공, 에어부산, 이스타항공, 진에어, 에어서울 등이 차례로 설립되면서 현재 6개의 저가항공사가 영업하고 있다. 여행객의 높은 성장세와 저가항공사들의 노력으로 매출이 증가하면서 제주항공, 진에어, 에어부산 등은 적자에서 벗어나 2010년부터는 지속적으로 흑자를 기록하면서 수익성이 크게 향상되고 되고 있다. 특히 완전 자본잠식이 되면서 2012년까지도 적자를 면치 못하던 티웨이항공도 2013부터는 흑자행진을 지속하고 있다. 항공자유화정책으로 인한 낮은 진입장벽으로 저가항공사가 등장하면서 과거 국내 항공운송산업을 양분하던 대형항공사(FSC: Full Service Carrier)인 대한항공과 아시아나항공은 전과는 완전히 달라진 역동적이고 무한경쟁의 경영환경에 접하게 되었다. 그리고 시간이 흐를수록 대형항공사에 비해 저가항공사의 성장속도와 수익성이 보다 나아지고 있다. 먼저 저가항공사의 국내여객 점유율은 2005년에는 0.1%에 불과했지만 이후 지속적인 쾌속 성장세를 유지하면서 드디어 2014년에는 처음으로 대형항공사들을 추월했으며 2017년에는 56.9%를 기록하게 되었다. 특히 2017년의 영업 실적을 비교해보면 저가항공사의 선두주자인 제주항공의 영업이익률은 10.2%이며 그리고 진에어와 티웨이항공은 공히 10.9%로 나타나고 있다. 그런데 전통의 강자였던 대한항공과 아시아나항공이 영업이익률은 각각 8.0%와 4.1%로 저기항공사에 비해 크게 뒤처지고 있다. 항공기단의 규모도 크게 성장해서 6개 저가항공사의 항공기를 모두 합하면 2017년 말 현재 총 122대로 대한항공의 여객용 항공기 131대에 육박하고 있으며 2018년에는 추월할 것으로 예측되고 있다. 이런 결과를 놓고 봤을 때 이제 국내 항공운송산업의 경쟁 패러다임에 큰 변화가 일어나고 있음을 짐작할 수 있다.

　　저가항공사는 항공기의 단일 기종 유지로 인한 비용절감의 확대, 좌석 선택, 옆 좌석 추가 구매, 수하물 상품 판매, 그리고 기내판매 등과 같은 부가매출을 증진함으로써 수익성을 높이고 있다. 그리고 저가항공사들은 2015년 기준으로 1,100만 명이 이용하며 세계 최고의 황금노선으로 떠오르고 있는 제주-김포 노선에서 시장점유율과 탑승률이 대형항공사들을 능가하고 있다. 또한 대형항공사에 비해 좌석밀도(예: 737-800의 경우 대형항공사: 138~147석 vs. 제주항공: 186~189석)가 높고 안전운항에도 결코 뒤지지 않게 되면서 높은 경쟁력을 유지하고 있다.[29]

참 / 고 / 문 / 헌

1. Rumelt, R. P. (2003). *What in the World is Competitive Advantage?* Policy Working Paper.

2. Hill, C. W. L. & Jones, G. R. (2010). *Strategic Management Theory: An Integrated Approach. (9th ed.).* South-Western Cengage Learning: Mason, OH.

3. Magretta, J. (2012). *Understanding Michael Porter: The Essential Guide to Competition and Strategy.* Harvard Business Review Press: Boston, MA.

4. Porter, M. E. (1980). *Competitive Strategy: Techniques for Analyzing Industries and Companies.* Free Press: New York.

5. Ohmae, K. (1982). *The Mind Of Strategist.* McGraw-Hill: NY.

6. Grant, R. M. (2010). *Contemporary Strategy Analysis. (7th ed.).* John Wiley & Sons.: West Sussex, UK.

7. Ghewamat, P. (1991). *Commitment: The Dynamics of Strategy.* Free Press: NY.

8. Grant, R. M. (2010). *Contemporary Strategy Analysis. (7th ed.).* John Wiley & Sons.: West Sussex, UK.

9. Stalk, G. (1988). Time-The Next Source of Competitive Advantage. *Harvard Business Review. July-August*, 41-51.

10. 장세진(2016). 경영전략(제9판). 박영사: 서울.

11. Rumelt, R. P. (1984). Toward a Strategic Theory of the Firm. In *Competitive Strategic Management, Lamb, R.(Ed.).* 556-570. Prentice Hall: NJ.

12. Stalk, G. (2006). Curveball: Strategy to Fool the Competition. *Harvard Business Review. September*, 114-122.

13. Grant, R. M. (2010). *Contemporary Strategy Analysis. (7th ed.).* John Wiley & Sons.: West Sussex, UK.

14. Porter, M. E. (1980). *Competitive Strategy: Techniques for Analyzing Industries and Companies.* Free Press: New York.

15. Grant, R. M. (2010). *Contemporary Strategy Analysis. (7th ed.).* John Wiley & Sons.:

West Sussex, UK.

16. 장세진(2016). 경영전략(제9판). 박영사: 서울.

17. Barney, J. B. & Hesterly, W. S. (2006). *Strategic Management and Competitive Advantage: Concepts and Cases*. Pearson Education: Prentice Hall. 신형덕 역(2007), 전략경영과 경쟁우위, 시그마프레스: 서울.

18. Ross, D. (1986). Learning to Dominate. *Journal of Industrial Economics, 34*, 337-353.

19. Rumelt, R. P. & Wensley, R. (1981). In Search of the Market Share Effect. *Academy of Management Proceedings, 1*, 2-6.

20. 장세진(2016). 경영전략(제9판). 박영사: 서울.

21. 김경환(2017). 호텔산업과 호텔경영. 백산출판사: 파주.

22. Grant, R. M. (2010). *Contemporary Strategy Analysis. (7th ed.)*. John Wiley & Sons.: West Sussex, UK.

23. Liker, J. K. (2004). The Toyota Way. McGraw-Hill: NY.

24. Evans, R. (2001). Le Motel 6, C'est Moi. Barren's. April 30, 20-22.

25. Leibenstein, H. (1966). Allocative Efficiency and versus XEfficiency. *American Economic Review*, June.

26. Enz, C. A, (2010). *Hospitality Strategic Management: Concepts and Cases. (2nd ed.)*. John Wiley & Sons.: New Jersey.

27. Paszton, A., Branningan, M. & McCartney, S. (1996). ValuJet's Penny-pinching Comes under Scrutiny. *The Wall Street Journal*. May 14. A2-A4.

28. Smyth, M. & Pearce, B. (2006). *Airline Cost Performance*. IATA Economics Briefing. No. 5.

29. 황현준(2018). 제주항공: 4Q17 Review. 기업분석. 이베스트투자증권.

Chapter ・ **8**

사업전략 Ⅱ:
차별화전략과 블루오션전략

Ⅰ. 차별화전략

Ⅱ. 블루오션전략

사업전략 Ⅱ : 차별화전략과 블루오션전략

학습 포인트

❶ 차별화전략의 본질에 대해 숙지한다.
❷ 차별화우위의 주요 원천에 대해 이해한다.
❸ 차별화전략의 한계에 대해 잘 이해한다.
❹ 이도저도 아닌 전략의 본질을 파악한다.
❺ 블루오션전략에서 말하는 가치혁신에 대해 깊이 이해한다.
❻ 블루오션전략의 ERRC분석과 전략 캔버스를 이해한다.

Ⅰ ▶▶ 차별화전략(Differentiation Strategy)

지금부터는 차별화전략에 대해 보다 자세히 살펴보기로 하겠다. 기업이 차별화전략을 통해 의도하는 것은 잠재 구매자에게 자사의 제품이 독창적인 가치가 있다는 것을 설득하는 것이다. 만약에 제품이나 서비스가 독특해서 가치가 있다는 것을 인정받게 되는 경우 고객은 독창적인 가치를 창출하는데 소요된 추가비용을 넘어서는 높은 가격(Price Premium)을 기꺼이 지불하게 된다. 다르게 말하면 차별화전략을 추구하는 기업의 목표는 자사의 제품이나 서비스가 같은 시장에서 경쟁하는 다른 제품이나 서비스와는 격차가 있다는 것을 알리는 것이다. 이와 같은 목표가 달성되려면 경쟁기업들이 차별화된 제품이나 서비스를 쉽게 모방할수 없도록 하거나 모방이 가능하더라도 많은 비용 또는 오랜 시간이 소요되도록해야 한다.

예를 들면, 현재 세계 최고의 가치를 지닌 기업으로 인정받고 있는 Apple은

iPod, iPhone, iPad 등과 같은 혁신적이고 차별화된 제품들을 연속적으로 출시했다. 그런데 이 제품들이 다른 기업의 제품들에 비해 훨씬 고가임에도 불구하고 고객들은 기꺼이 높은 가격을 치르면서까지 Apple의 제품들을 구매하고 있다. Apple은 소비자들이 인식하는 제품의 가치를 증가시킴으로써 높은 가격을 책정할 수 있었으며 이로 인해 수익성을 극대화하는 동시에 뚜렷한 경쟁우위를 창출할 수 있었다.

기업이 차별화전략을 통해 소비자에게 가치가 있는 독창적인 제품이나 서비스를 제공할 가능성에는 한계가 존재하지 않는다. 또한 기업마다 서로 다른 자원 및 역량을 보유하고 있기 때문에 서비스나 제품에서 차별화의 기회 또한 각각 다르게 나타날 수 있다.

차별화전략의 대상은 크게 두 가지로 구분된다. 먼저 유형적인 차별화(Tangible Differentiation)는 소비자가 직접 눈으로 관찰 또는 확인할 수 있는 제품이나 서비스의 속성으로 이에는 형태, 크기, 무게, 디자인, 색상, 촉감, 내재된 기술 등이 있으며 소비자의 선호도에 따라 다르게 인식된다. 또한 유형적인 차별화는 성능, 안전성, 속도, 호환성과 같은 측면으로도 측정할 수 있다.

이에 비해 무형적인 차별화(Intangible Differentiation)는 고객들이 기업이 제공하는 제품이나 서비스의 가치에 대해 인식하는 심리적·감정적·사회적 차이를 의미하고 있다. 많은 소비자들은 자기의 개성을 내세우기를 좋아하며, 사회소속에 대한 욕구를 채우고, 그리고 자신의 성공과 지위를 과시하려 하는데 이에 대한 개인별 차이가 존재하고 있다. 따라서 무형의 차별화는 차별화에서 나타나는 제품이나 서비스의 구체적인 속성보다는 해당 제품이나 서비스를 제공하는 기업의 이미지에 의해 만들어지는 경우가 많다. 화장품, 병원, 그리고 교육서비스 등과 같이 구매하려는 제품이나 서비스의 품질에 대한 판단을 소비자가 행하기 어려운 경우 제품 이미지에 의한 차별화는 더욱 중요하게 나타나고 있다.[30] 기업이 무형적인 차별화를 추구하고 있다면 다른 기업과의 차이점을 소비자들이 잘 인식할 수 있도록 하는 것은 성공적인 차별화를 위한 중요한 요인이 될 수 있다.

기술적 표준을 보다 더 중시하는 다른 제품과 달리 호스피탈리티 및 관광 상품이나 서비스는 차별화에 대한 기회가 더욱 무궁무진하다고 할 수 있다. 소비자의 생활양식(Lifestyle)에 부합하는 서비스 경험을 제공하는 호스피탈리티 기업은 대가로서 높은 가격을 부과해서 수익성을 향상할 수 있다. 세상이 더욱 복잡해지고 역동적으로 변함에 따라 소비자들의 욕구도 점점 더 다양해지고 있다. 따라서 호스피탈리티 기업들은 획일적인 서비스를 지양하는 한편 신화하고 있는 소비자의 생활양식에 부응하기 위해 보다 높은 품질의 서비스를 제공해야 한다. 소비자들은 여행이나 여가활동에서 집보다 나은 서비스가 제공되기를 원하고 있다. 예를 들면, 호텔을 이용하는 여행자들은 객실에서 보다 나은 침대나 욕실을 원하고 있다. 바꾸어 말하면 이는 소비자 욕구의 변화에 따른 차별화의 기회가 새로 등장하고 있다고 봄이 타당하다.

기업은 제각기 객관적인 차원에서 차별화를 시도하고 있다. 그러나 궁극적으로 차별화의 성공 여부는 소비자가 차별화된 가치를 어떻게 인식하고 있느냐에 달려 있다. 이에 대한 예로 경쟁하고 있는 두 기업이 유사한 제품이나 서비스를 판매하고 있는 경우에도 소비자들이 어느 한 기업의 제품이나 서비스가 더욱 가치가 있다고 판단하는 경우 그 기업은 차별화에 대한 경쟁우위를 가지게 된다. 반대로 기업들의 입장에서는 서로 다른 차별화된 제품이나 서비스를 제공하고 있음에도 불구하고 소비자들이 이를 인식하지 못하게 되는 경우 이 기업들의 차별화전략은 실패했다고 볼 수 있다.

○ 차별화우위의 주요 근원

차별화전략을 채택하는 기업들은 크게 세 가지 방식으로 이를 수행할 수 있다. 첫째, 제품이나 서비스의 속성에 집중하는 차별화전략이다. 이를 통해 기업은 보다 직접적인 방식으로 차별화된 면을 강조해서 소비자가 좋은 인식을 갖게 한다. 둘째, 기업과 고객과의 관계에 집중하는 차별화전략이다. 기업과 소비자 간에 좋은 관계를 유지함으로써 소비자들이 기업에 대해 좋은 인식을 갖도록 한다. 셋째,

기업의 내부 활동이나 기업 간에 우호적인 관계를 구축하는 것에 집중하는 차별화 전략이다. 이를 통해 소비자들에게 기업에 대한 좋은 인식이 유지되도록 한다. 이와 같은 방식은 상호배타적이 아니라서 동시에 추구할 수 있다.[31]

● 제품이나 서비스의 속성에 집중하는 차별화전략

첫째, 제품이나 서비스의 사양(Features)에 집중하는 차별화이다. 기업은 제품이나 서비스의 형태를 경쟁사들과 다르게 함으로써 차별화를 이룰 수 있다. 자동차를 생산하는 기업들은 여러 가지 디자인을 이용해서 다양한 스타일을 가진 자동차를 소비자에게 소개하고 있다. 예를 들면, BMW는 X6, X4, X2를 출시하면서 기존 SUV 형태에 식상했던 소비자들의 관심을 끌고 있다. 또한 1999년 Westin호텔은 'The Heavenly Bed'라는 종전과는 아주 다른 사양을 갖춘 침대를 출시하면서 고객들이 보다 편안하게 잠(Good Night Sleep)을 청할 수 있도록 하면서 공전의 히트를 기록하게 되었다.

둘째, 제품이나 서비스의 복잡성(Complexity)에 기반하고 있는 차별화는 제품 사양이 특별한 경우에 해당한다. 어떤 기업의 제품이나 서비스가 매우 복잡하게 제작될 수 있다. 고급 호텔이나 대형항공사의 서비스는 저가로 제공되는 호텔이나 항공사에 비해 훨씬 복잡한 편이지만 보다 다양하고 높은 품질의 차별화된 인적 및 물적 서비스를 고객에게 제공해서 높은 가격을 받고 있다. 제품이나 서비스의 복잡성에 대한 차이가 높은 가치를 제공하고 있다는 것을 고객들이 잘 이해할 수 있다면 차별화는 가능하게 된다.

셋째, 고객들이 원하는 제품이나 서비스를 적시에 출시하는 것도 차별화의 원천이 될 수 있다. 새로운 제품이나 서비스를 가장 먼저 출시해서 선도기업(First Mover)이 되는 것은 전략적인 차원에서 매우 중요한 과제이다. 시장을 선도하는 기업이 되면 소비자를 확보하는 것 이외에 기술 표준과 전략적 자원을 선점하는 우위를 누릴 수 있다. 또한 소비자들이 경쟁기업의 제품이나 서비스를 쉽게 선택할 수 없도록 하는 전환비용을 높이게 된다. 최초진입자의 우위(First Mover's Advantage)는 소비자들에게 더 많은 가치와 혜택을 선도기업이 제공할 것이라고 믿게 하는데 큰 유인이 될 수 있다.[32] 그러나 먼저 출시해서 누리는 우위는 선도기업에만 존재 하는 것은 아니다. 예를 들면, PC 등장 이후에 MS-DOS와 Windows가 성공했듯이 스마트폰이 등장하지 않았다면 Face Book이나 카카오톡의 성공은 가능하지 않았 다.[33]

넷째, 입지(Location)도 중요한 차별화우위의 원천이 될 수 있다. 다국적기업이 해외 진출을 고려할 때 적절한 입지의 선정은 성공적인 해외 진출의 첫 단계이다. 호텔과 레스토랑 사업에서 좋은 입지는 차별화된 경쟁우위를 창출하는 기반이 되 고 있다. 미국의 혁명적인 호텔리어 Statler가 강조한 것처럼 호텔사업에서 성공하 기 위해 가장 중요한 것은 '첫째도, 둘째도, 셋째도 입지다'라는 교훈이 현재까지도 유지되고 있듯이 좋은 입지의 선정은 매우 중요하다. 그러나 차별화된 훌륭한 입 지는 찾기도 확보하기도 쉽지 않다.[34]

● 기업과 고객과의 관계에 집중하는 차별화전략

첫째, 제품이나 서비스를 특정 집단 소비자들의 욕구에 맞춤형(Customization) 으로 제공함으로써 차별화우위를 창출할 수 있다. 제조업에서는 이제 자전거도 개 별적인 소비자가 원하는 사양에 맞추어 제작, 판매하고 있다. 그리고 세계 호텔산 업에서 Four Seasons 호텔은 개별 고객들이 원하는 개인화 및 맞춤화된 탁월한 서비스를 제공하는데 전력투구한 결과 최고급 세분시장(Luxury Segment)에서 차 별화된 경쟁우위를 누리고 있다. 또한 인터넷이 지향하는 연결성을 통해 개별적인 고객의 욕구에 부응하는 기업들이 점점 많아지고 있다. 예를 들면, Amazon은 한번 고객이 도서를 구매하면 이 기록을 저장하여 같은 주제의 도서가 발간되면 이를 자동적으로 해당 고객에게 알려주고 있다. 인터넷을 통한 고객 맞춤화의 기회는 장차 무궁무진할 것으로 보이는데, 여기서도 차별화가 존재해야 한다.

Starbucks는 '스타벅스 경험'(Starbucks Experience)을 통해 고객들이 가장 자유 롭고 행복한 시간을 보낼 수 있는 공간을 제공하려고 했다. 단순히 커피만을 파는 장소가 아니라 편안한 휴식공간으로서 고객들이 집보다 더 자유롭고 행복하게 사람들을 만나서 이야기할 수 있는 곳, 혼자서도 편안하게 휴식을 취할 수 있는 곳, 그리고 고객들이 얽매이지 않고 편안하게 Starbucks의 파트너들과 대화를 나눌 수 있는 공동체의 일원이 되고자 했다. 이를 위해 실내장식도 세심하게 설계했으며 파트너들은 친절한 미소와 부드럽고 편안한 대화를 이끌며 매장을 찾는 고객에게 즐거움과 행복을 제공하고 있다. 그리고 Starbucks는 McDonald's나 Dunkin Donuts 와 같은 경쟁자보다 앞서나가기 위해 프리미엄 이미지를 확보하고 유지하기 위해 다양한 종류의 커피 메뉴와 음료들을 제공하고 있다.

둘째, 기업은 소비자 마케팅을 통해 차별화된 제품이나 서비스 이미지를 창출할 수 있다. 기업들은 광고 및 기타 마케팅 도구를 통해 제품이나 서비스의 실제적인 속성이 변하게 되는 것과는 별개로 해당 제품이나 서비스에 대한 소비자의 긍정적인 인식이 형성되도록 할 수 있다. 이에 대한 대표적인 사례로서 McDonald's가 대대적인 광고를 통해 창출한 차별화된 이미지이다. 이를 통해 McDonald's는 패스트푸드 기업이지만 프리미엄급 기업 이미지를 보유하게 되었다.

셋째, 기업과 고객과의 관계 유지에 가장 큰 영향을 미치는 요인 중의 하나가 기업의 평판(Reputation)이다. 기업에 대한 명성이나 평판은 기업과 고객 간에 존재하는 사회적으로 복잡한 관계이다. 어떤 기업이 한번 명성을 쌓게 되면 설사 나중에 잃게 되더라도 상당 기간 명성을 유지할 수 있다.[35] 미국의 Fortune지가 해마다 선정하는 세계에서 가장 존경받는 기업(The World's Most Admired Companies) 2017년도 순위에서 총 7,000여 개 기업 중에서 Starbucks(3위), Disney(5위), 그리고 Southwest Airlines(8위)를 차지했다. 이 기업들은 해마다 항상 최상위권을 유지하면서 좋은 평판을 얻고 있다.

• 기업의 내부 활동이나 다른 기업 간의 우호적인 관계 구축에 집중하는 차별화전략

첫째, 기업 내 여러 기능 간의 좋은 연계(Linkage)는 제품이나 서비스의 차별화를 이룩하는데 좋은 기반이 된다. 기업 내부에 존재하고 있는 여러 기능과 지식들을 통합해서 활용할 수 있는 역량은 서로 상이하게 나타날 수 있다. 만약에 여러 개의 사업부를 보유하고 있는 삼성전자에서 보유하고 있는 다양한 지식을 효과적으로 결합할 수 있는 통합능력이 있다면 경쟁기업에 비해 보다 혁신적인 제품이나 신제품을 시장에 출시할 수 있다. 이처럼 기업 내부에 존재하는 지식이나 자원을 효과적 및 효율적으로 통합하고 조정할 수 있는 차별화된 능력은 경쟁우위의 좋은 원천이 될 수 있다.

둘째, 다른 기업들과 우호적인 관계를 유지함으로써 차별화된 제품이나 서비스를 창출할 수 있다. 예를 들면 어떤 기업이 보유하고 있는 자원 또는 제품이나 서비스가 다른 기업이 보유하고 있는 자원 또는 제품이나 서비스와 상호 보완적인 관계를 가질 때 이 또한 좋은 차별화의 원천이 될 수 있다. 기업은 종종 다른 기업의 제품들과 연관관계를 갖는 제품이나 서비스를 생산할 수 있다. 좋은 예로 McDonald's는 종종 Jurassic Park처럼 새로 개봉되는 인기영화에 나오는 캐릭터 인형들을 제작해서 고객에게 Happy Meal Menu와 함께 제공하는 공동브랜드 전략을 이용하고 있다. 그리고 007과 같은 영화에서는 BMW나 Audi의 신차종을 소개하고 있다.

셋째, 기업은 제품과 서비스의 절묘한 믹스를 통해 차별화를 이룩할 수 있다. 세계 최대의 외식기업인 McDonald's는 햄버거라는 제품특성에 더해 좋은 품질, 신속한 서비스, 그리고 청결한 실내공간을 통해 고객에게 가치(QSC & V)를 제공함으로써 차별화에 성공했다.

넷째, 기업은 유통경로의 선택을 통해 제품이나 서비스의 차별화를 이룩할 수 있다. Starbucks는 프랜차이즈를 이용하는 대다수 다른 업체들과 달리 직영매장을 운영하고 있는데 직영방식은 Starbucks가 차별화된 프리미엄 이미지를 구축하는 데 큰 공헌을 했다. 또한 대형항공사들은 GDS를 이용하는 등 저가항공사에 비해 보다 다양한 유통경로를 이용함으로써 고객들이 편리하게 좌석 예약을 할 수 있도록 지원하고 있다. 그리고 잘못 설계된 즉 차별화되지 않은 유통경로의 선택은 낭패를 불러올 수 있다. 호텔체인들은 9·11사태가 발발하자 위기를 극복하기 위해 OTA에 재고로 남은 수많은 객실의 판매를 의뢰하면서 높은 수수료(보통 15~30%)의 지급을 약속했다. 그러나 시간이 지나면서 지나친 판매수수료의 지급으로 호텔들의 수익성은 악화되고 있다. 호텔과 OTA의 관계는 처음에는 친구로 시작되었지만 현재는 친구이자 적의 관계로 전환되었다. 설상가상으로 여행산업의 강력한 플랫폼을 지향하고 있는 Airbnb의 등장으로 호텔체인들의 근심은 더해지고 있다. 더욱 복잡해지고 있는 여행산업의 유통경로에서 진정으로 창의적인 차별화가 요구되고 있다.

다섯째, 기업은 편리한 서비스와 고객지원을 강화해서 차별화를 구축할 수 있다. 간단한 사례로서 외부업체를 이용하는 아웃소싱을 이용하는 기업과 아닌 기업 간에는 다소 차별화가 존재할 수 있다. 단순하게 비용을 아끼려면 아웃소싱을 이용하면 되지만 차별화된 제품이나 서비스를 창출하기 위해 내부적인 노력에 집중할 수 있다. 한편 7-Eleven은 대형 슈퍼마켓 체인과의 직접적인 경쟁을 피하는 동시에 고객에게 편리한 구매경험을 제공하기 위해 차별화전략을 채택했다. 7-Eleven의 매장들은 동네 가까운 위치, 짧은 쇼핑 시간, 그리고 신속한 체크아웃 등으로 소비자에게 큰 편의를 제공하고 있다. 또한 소규모 매장, 매장 입지, 그리고 간소한 제품라인과 같은 몇 가지 측면에서 슈퍼마켓 체인과는 다른 가치사슬시스템을 설계함으로써 차별화우위를 창출하게 되었다. 이와 같은 영업방식은 슈퍼마켓 체인보다 비용이 많이 소요되기 때문에 7-Eleven은 수익성을 유지하기 위해 보다 높은 가격을 고객에게 부과했다. 그렇지만 고객들은 7-Eleven이 제공하는 편리함에 대한 호의적인 대응으로 기꺼이 높은 가격(Price Premium)을 지불하고 있다. 그리고 7-Eleven은 대량구매와 재고관리를 철저히 함으로써 비용절감에도 전력투구하고 있다.

지금까지 살펴본 차별화우위의 원천은 익히 알려진 방식이다. 진정한 차별화를 추구한다면 기업은 이와는 다른 완전히 새로운 접근방법을 선택해야만 한다. 따라서 창의적인 사고로 이를 활용했을 때 효과가 더욱 크게 나타날 수 있다. 결국 차별화는 창의성을 얼마나 극대화할 수 있느냐에 따라 성공 여부가 결정된다고 볼 수 있다.[36] 차별화전략이 성공하기 위한 핵심 요인은 독특한 제품이나 서비스를 개발하기 위해 투자한 비용보다 높은 가격을 과연 소비자들이 기꺼이 지불할 수 있는지 여부에 달려있다. 따라서 지나친 차별화로 너무 많은 비용이 소요되는 경우 너무 높은 가격이 책정되므로 실패할 확률이 높아진다. 그러므로 차별화되는 부분이 아닌 곳에는 비용을 낮게 유지해야 할 것이다.

○ 차별화와 세분화

최근 호텔산업에 나타나는 현상을 살펴보면 시장세분화(Market Segmentation)가 거세지면서 수많은 세분시장이 만들어지고 그에 따라 수많은 브랜드가 등장하고 있다. 주요 호텔체인은 이를 차별화전략으로 치부하고 있다. 그러나 시장세분화와 차별화전략은 엄연히 다르다. 시장세분화는 어떤 시장에서 경쟁할 것인가에 대한 것이며 반면에 차별화는 어떻게 경쟁사와 겨룰 것인가에 대한 것이다. 그리고 세분화는 시장을 여러 기준에 따라 분할하는 것이며 차별화는 전략적인 차원에서 경쟁사와는 다른 독특한 제품이나 서비스의 속성을 의미한다. 달리 말하면 세분화는 시장의 특성이며, 차별화는 기업마다 다르게 선택하는 전략적 특성이다. 그러므로 호텔체인이 특정한 세분시장에 위치하고 있다고 해서 같은 세분시장에 존재하는 경쟁호텔과 차별화되어 있다는 의미는 결코 아닌 것이다.

전 세계 호텔산업에서 일어나고 있는 초세분화(Hyper-segmentation) 현상이 심화되면 최악의 경우에 유사한 제품이나 서비스의 수가 무수히 많아지며, 진정한 차별화는 사라지게 된다. 따라서 결국 호텔산업의 무한경쟁 환경은 더욱 심화되고 악화될 뿐이다.[37]

○ 경쟁적 동화(Competitive Convergence)

Porter가 지적했듯이 경쟁하는 기업 간에 차별화가 존재하지 않고 오히려 서로 간에 점점 닮아가는 현상을 경쟁적 동화(Competitive Convergence) 또는 경쟁적 수렴이라고 한다.[38] 경쟁적 동화 현상은 기업이 서로를 모방하고 다른 기업의 전략적 선택을 모방하며 최고(The Best)가 되기 위한 경쟁을 벌일 때 발생하는 현상이다. 시간이 흐르면서 서로 경쟁하고 있는 기업 간의 차이점은 사라지게 되며 결국 모두 비슷해진다. 따라서 경쟁기업들이 표준화된 제품이나 서비스에 똑같이 집중하게 되는 경우 고객들의 선택요인은 결국 가격에만 집중하게 된다. 예를 들면, American Airlines이 뉴욕과 마이애미 노선에 무료 기내식을 제공해서 신규 고객을 창출하려고 했을 때 경쟁사인 Delta Air Lines도 이를 바로 모방했다. 결과적으로 두 기업의 경영실적은 모두 악화되었다. 왜냐하면 두 기업 모두 새로운 서비스 도입에 따른 추가비용이 발생했지만 요금을 올리지 못했을 뿐만 아니라 승객도 늘어나지 않았기 때문이다. 유사한 예로 호텔산업에서도 1999년에 Westin호텔이 혁신적인 'Heavenly Bed'를 출시했을 때 경쟁 호텔체인들도 바로 이를 모방하면서 침대전쟁이 2005년까지 지속되었다. 이로써 대다수 호텔에서 침대의 품질은 비슷해지게 되었다. 결국 호텔체인들은 품질 향상에 따른 요금을 올리지 못했으며 결국 모든 혜택은 고객에게 돌아가게 되었다. 경쟁기업들이 똑같은 방식으로 경쟁하게 되는 경우 그 누구도 경쟁우위를 창출할 수 없게 된다. 경쟁적 동화와 같은 제로섬 경쟁을 피하려면 기업 간에 경쟁은 서로 최고가 되려는 경쟁이 아니라 서로 간에 고유하며 독특해지려는 경쟁이어야 한다.[39]

대다수 기업들은 서로 간에 치열한 경쟁을 벌이다 보면 차별화는 자동적으로 이루어질 수 있다고 스스로 믿고 있다. 그렇지만 정반대로 상황은 흘러가고 있다. 많은 기업들이 차별화에 많은 노력을 집중하고 있지만 결과는 그들이 고객에게 제공하고 있는 제품이나 서비스는 시간이 흐를수록 서로 닮아가고 있다. 즉 기업들은 시간이 갈수록 자신의 강점을 더욱 강화하고 집중하는 차별화가 아니라 경쟁사의 강점을 모방해서 자신의 약점을 보완하는 평준화를 택하고 있다. 예를 들면, 시장조사의 결과를 살펴보면 Volvo의 고객들은 안전성에는 만족하고 있지만 디자인에는 불만족하고 있다는 사실을 알 수 있으며, 반면에 Audi의 고객들은 디자인에는 만족하고 있지만 더욱 견고한 차를 원하고 있다는 사실을 파악할 수 있다. 그런데 이들이 경쟁력을 강화하기 위해 선택한 전략은 강점의 강화가 아니라 자신의 약점을 보완하는 것에 집중하는 것이었다. 즉 Volvo는 Audi를 닮아가고 Audi는

Volvo를 닮아가고 있는 것이다. 또 다른 예로 Starbucks는 아침 식사를 개발하고 있으며 McDonald's는 매장에 커피바를 만들면서 서로가 서로를 닮아가고 있다. 이와 같은 현상은 세계 최고의 기업에게도 예외가 없다. 스마트폰 경쟁에서 Apple과 삼성은 일체형 배터리와 대형화면 등에서 서로 닮아가고 있다. 이처럼 현재 세계의 많은 산업에서 평준화된 많은 유사한 경쟁기업들로 가득 차 있다. 평준화와 차별화는 정반대의 길로 향하는 것이다. 차별화는 불균형한 상황을 더욱 불균형하게 만드는 과정에서 산출되는 것이며 이것이 진정한 차별화의 진면목이다. 또한 차별화는 포기의 다른 표현이다. 즉 한 가지에 대한 차별화를 이룩하기 위해서는 다른 것은 포기해야만 한다. 한 분야에서 최고가 되려면 기꺼이 다른 것은 포기해야 한다. 이런 면에서 차별화는 모든 전략의 핵심이다.[40] 즉 비용우위전략이나 차별화전략은 결국 모두 차별화를 통해서 이룩되고 있다.

● 차별화전략의 한계 및 문제점

차별화전략에도 엄연히 한계나 문제점이 존재하고 있다. 첫째, 경쟁기업들이 차별화의 원천을 재빠르게 모방해 버리게 되는 경우 경쟁우위는 빠르게 사라질 수 있다. 차별화우위의 원천이 쉽게 복제되는 경쟁사에 의한 모방은 제품과 서비스에 대해 존재했던 소비자의 차별된 인식을 사라지게 한다. 둘째, 차별화에 의해 창출된 가치의 속성을 소비자들이 더 이상 차별화되지 않았다고 믿게 되는 경우 이에 대한 우위는 종말을 맞이하게 된다. 예를 들면, 과거 고급호텔들은 고객에게 객실에서의 무료 Wi-Fi를 제공하면서 차별화를 이룩했지만 지금은 대다수 호텔들이 같은 서비스를 제공하면서 우위는 사라졌다. 셋째, 차별화를 통해 개발된 제품이나 서비스의 가격이 지나치게 높게 책정되는 경우 많은 소비자들은 일부 사양, 서비스, 이미지를 포기하고 결국 다른 경쟁사의 제품이나 서비스를 선택하게 된다. 즉 차별화를 만드는데 너무 많은 비용이 소요돼서 가격이 너무 높아지면 소비자들은 그 제품이나 서비스가 좋다고 해도 이를 거부하게 된다.

○ 이도저도 아닌 전략의 재조명

지금까지 우리는 비용우위전략과 차별화전략에 대해 자세히 살펴보았다. 그렇다면 두 전략은 상호배타적이어서 과연 결코 동시에 추구될 수는 없는 것인가에 대한 궁금증이 생길 수 있다. 두 전략의 장점을 결합하면 시너지가 발생하지 않을까? 하는 궁금증이 생길 수 있다. 전에 언급했듯이 일찍이 Porter는 두 전략은 서로 상충(Trade-off)되는 관계에 놓여 있기 때문에 두 가지 전략을 모두 동시에 추구하는 기업들은 낮은 성과를 보이게 된다고 했으며, 이것을 '이도저도 아닌'(Stuck in the Middle) 잘못된 전략으로 명명했다.

그러나 이후 '이도저도 아닌' 전략의 효험에 대한 재평가가 이루어지고 있다. 즉 연구조사 결과 통해 두 전략을 동시에 추구하는 기업들도 성공적으로 수행되는 경우 지속적인 경쟁우위를 누릴 수 있다고 밝혀지게 되었다. 첫째, 특정 구매자가 아닌 일반 구매자를 상대로 제품이나 서비스의 차별화에 성공한 기업은 판매량의 증가를 거두게 된다. 그리고 많은 생산량을 통해 확보한 높은 시장점유율을 바탕으로 규모의 경제, 경험곡선 효과, 그리고 다른 원가절감 효과를 이룩하게 되었다. 따라서 성공적인 제품 차별화전략은 동시에 저비용의 달성에도 도움을 줄 수 있다.[41] McDonald's는 이에 대한 좋은 사례이다. McDonald's는 오래전부터 햄버거라는 제품특성에 더해 좋은 품질, 신속한 서비스, 그리고 청결한 실내공간을 통해 고객에게 가치(QSC & V)를 제공하는 차별화전략을 추구해 왔다. 여기에 시간이 흐르면서 가장 높은 시장점유율을 기록하게 되었으며 결국 이를 기반으로 해서 비용절감도 이룩할 수 있게 되었다. 즉 McDonald's는 차별화와 비용우위 두 가지를 동시에 창출해서 모방이 어려운 경쟁우위를 창출하게 되었다.[42]

둘째, 기업이 차별화전략과 저비용전략의 상이함에서 유래되는 갈등을 효율적으로 조정할 수 있는 역량을 확보하게 된다면 두 전략을 동시에 추구하는 것이 결코 불가능한 것이 아니라는 사실이 밝혀졌다. 두 전략의 상이함에 따른 갈등은 직원 간의 상호관계에서, 직원과 그들이 업무에서 이용하는 기술 사이에서, 그리고 직원과 조직 간의 관계에서 나타날 수 있다. 이처럼 다양한 갈등 관계들을 조정하는 일은 조직에 도움이 되는 사회적으로 복잡한 관계들을 형성함으로써 가능할 수 있다. 조직에서 사회적으로 복잡한 관계가 효과적 및 효율적으로 형성될 수 있다면 가치가 있고 희소하며 모방이 어려운 '두 가지 동시 추구 전략'을 통해 지속적인 경쟁우위의 창출이 가능하게 된다.[43] 많은 이들이 이제는 차별화전략을 이용하는 기업은 일정 수준에서 저비용우위를 확보해야 하며 또한 비용우위전략을 채택하는 기업도 일정 수준의 차별화를 구축해야 경쟁우위를 창출할 수 있다고 밝히고 있다.[44] Porter도 결국 효과적인 전략은 독특한 방법으로 다양한 주제를 통합시킬 수 있다고 하며 두 전략의 동시 추구 가능성을 인정했다. 그는 기업이 어떤 고객과 욕구를 충족시킬 것인지 선택한 후 가치사슬을 그에 맞추게 되면 차별화와 비용우위전략을 동시에 추구하는 것이 가능하게 된다고 했으며 Southwest Airlines가 제공하는 더욱 편리하면서도 비용이 더 낮은 서비스의 예를 들었다.[45]

전략적 포지셔닝은 기업에서 가치사슬 활동시스템의 전략적 적합성(Strategic Fit)을 고도화해서 비용을 낮추거나 고객가치를 창조해서 경쟁우위를 창출하는 것이다. 이를 위해 먼저 기업이 수행할 활동들을 결정하고 이어서 개별적인 활동들이 서로 간에 잘 연계될 수 있도록 구성해야 한다. 기업이 수행하는 가치사슬 활동들이 상호작용을 통해 강화되도록 설계되었을 때 비로소 경쟁우위의 원천이 된다. 운영효율성(Operational Effectiveness)은 개별적인 활동의 우수성에 관한 것이지만 전략은 모든 활동들을 통합하는 것이다. 〈그림 8-1〉은 Southwest Airlines의 통합된 활동시스템의 예를 보여주고 있다. 먼저 탑승구에서 15분 이내의 신속한 회항시간은 항공기들의 빈번한 출발과 더 많은 운항시간을 가능하게 하고 고객의 편의성을 높이는 원동력이 되고 있어서 저비용 포지션에 필수적이다. 이것이 가능하게 되는 부분적인 이유는 Southwest 직원들의 높은 생산성과 노동조합과의 유연한 관계 때문이다. 그러나 더 큰 이유는 Southwest가 수행하는 다른 항공사와는 차별화된 활동방식에 있다. Southwest의 항공기에서는 기내식을 제공하지 않고, 일반 좌석만 제공하며 좌석배정은 따로 하지 않고 있다. 그리고 직항으로 운항하기 때문에 연결편이 없으며 따라서 고객들의 수하물을 환승할 필요가 없다. 이로 인해 다른 항공사들과 달리 Southwest는 출발시간이 지연되는 것을 방지할 수 있다. 또한 Southwest는 출발시간이 자주 지연되는 크고 혼잡한 공항들은 피하고 덜 혼잡한 중소도시나 교외 지역의 공항만을 주로 운항하고 있다. Southwest는 항공기단을 모두 Boeing 737 단일기종으로 표준화해서 운항노선의 유형과 거리에 대해 엄격한 제한을 두고 운영하고 있다. 〈그림 8-1〉에서 보는 것처럼 Southwest의 전략은 전체적인 시스템을 포함하는 것이지 단순히 부분의 합만이 아니다. 시스템 내 활동들의 연계가 강할수록 강한 사슬이 만들어지면서 적합성이 고도화되면 경쟁사들은 모방하기가 더욱 힘들어진다. Southwest의 활동들은 상호 보완적이어서 경제적 가치가 창출되고 있다. 예를 들면, 특정 활동이 수행되는 방식으로 인해서 관련된 다른 활동의 비용이 낮아지게 된다. 마찬가지로 고객에 대한 특정 활동의 가치는 기업 내의 다른 활동들에 의해 향상될 수 있다. 이렇게 함으로써 전략적 적합성은 경쟁우위와 탁월한 수익성을 창출하게 된다. 하지만 반대로 특정 활동의 성능 저하가 다른 활동의 성능 저하로 이어지는 것도 사실이다. 그리고 활동시스템의 적합성을 달성한다는 것은 기업 내에 존재하는 많은 독립적인 하부 조직까지의 의사결정과 행동을 통합하는 것이기 때문에 결코 쉬운 일이 아니다.[46]

⊙ 그림 8-1   Southwest Airlines의 활동시스템(Activity System)

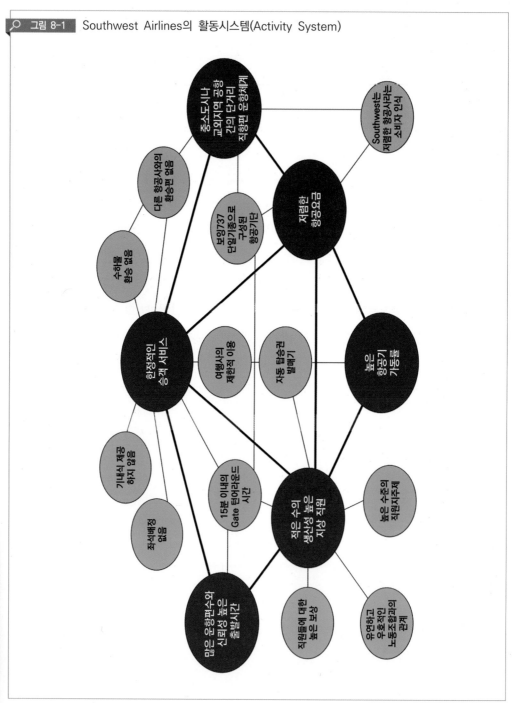

출처: Porter[46](1996)

Singapore Airlines(SIA)는 경쟁이 치열한 세계 항공운송산업에서 고객에게 높은 품질의 서비스를 제공하고 비즈니스 여행객 세분시장을 지배하면서 오랫동안 높은 명성을 누려왔다. SIA는 과거 22년 중에서 21년 동안 세계 최고의 항공사로 선정되는 영광을 누려왔다. 이런 성공의 비결은 단지 높은 수준의 서비스뿐만이 아니라 가장 효율적인 비용으로 영업활동을 운영했다는 사실이다. 2001년부터 2009년까지 SIA의 평균적인 판매가능 유효좌석킬로미터당(Costs per Available Seat Kilometer: ASK) 비용은 4.58센트였다. 그러나 2007년 IATA(International Air Transport Association)에 의하면 유럽의 대형항공사(FSC)들의 평균 ASK는 8~16센트였으며, 미국의 대형항공사들은 5~7센트였다. 그리고 SIA의 ASK는 2007년에 발표된 유럽의 저가항공사(LCC)들의 평균 ASK인 4~8센트와 미국의 저가항공사들의 5~6센트보다도 낮은 것이었다. SIA는 탁월한 서비스와 지속적인 개선을 통해 차별화를 이룩했으며 동시에 비용우위전략을 통해 최적화된 효율적인 비용구조를 구축했다. 아시아 최고의 항공사로서 SIA는 이중전략(Dual Strategy)을 성공적으로 실행했다. 즉 세계적 수준의 서비스를 제공하는 동시에 최고의 비용우위를 유지하게 되었다. 〈표 8-1〉에서는 SIA가 경쟁사들에 비해 더 많이 투자하는 분야 그리고 덜 투자하는 분야에 대한 대비를 잘 보여주고 있다. 〈표 8-1〉에서 보듯이 SIA는 항공사의 프리미엄 포지션을 강화하기 위해 고객과 직접 마주하는 접점에는 집중적으로 투자하고 있다. 하지만 고객서비스 현장과 관련이 없는 모든 영역들은 엄격한 비용통제의 대상으로서 철저하게 관리되고 있다.[47]

| 표 8-1 | SIA의 투자분야 대비표

SIA가 경쟁사에 비해 더 많이 투자하는 핵심분야	SIA가 덜 투자하는 분야
새 항공기 구매: SIA는 경쟁사에 비해 더 자주 항공기들을 교체하고 있다.	**항공기 구매가격**: SIA는 보통 항공기 제조사의 Showcase 고객이며 따라서 대량 주문을 하며 종종 구매대금은 현금으로 지급하고 있다.
항공기 감가상각: SIA는 항공기에 대한 감가상각을 15년 동안만 하고 있지만 산업평균은 25년이다.	**연료, 유지보수, 수리**: SIA의 항공기들은 비교적 신형이고 또한 에너지 효율이 높기 때문에 영업비용이 낮게 유지되고 있다.
교육훈련: SIA는 직원들의 교육 및 재교육에 막대한 투자를 하고 있다.	**인건비**: SIA는 수익률에 따라 직원에게 최대 50%의 보너스를 제공함으로써 급여를 낮게 유지하고 있다. 또한 SIA의 명성은 젊은 직원을 채용하는데 좋은 유인이 되고 있다.
항공편당 인건비: SIA는 각 항공편마다 다른 항공사보다 많은 객실승무원을 배치하고 있다.	**판매 및 관리**: SIA는 고객충성도, 적은 수의 본사 직원, 그리고 지속적인 비용절감으로 판매관리비(SGA)를 낮게 유지하고 있다.
혁신: SIA는 급진적 및 점진적 혁신에 공히 투자하고 있다.	**지원부서 기술**: SIA는 고객경험에 영향을 미치지 않는 영역에서는 경쟁사에 비해 뒤처지는 기술을 이용하고 있다.

출처: Heracleous & Wirtz

한편 일본의 대표적인 기업인 Toyota 자동차는 세계 최고 수준의 효율성을 보유한 TPS(Toyota Production System)를 기반으로 최고의 품질수준을 지닌 자동차를 생산함으로써 비용우위와 차별화를 동시에 달성하여 지속적인 경쟁우위를 창출한 거의 최초의 기업으로 인정받고 있다. 또한 삼성전자의 반도체사업부도 저비용과 차별화를 동시에 이룩한 것으로 인정되고 있다.

II ▶▶ 블루오션전략(Blue Ocean Strategy)

저비용우위과 차별화우위는 1980년에 Porter가 발표한 이후 오랫동안 기업세계에서 경쟁우위를 창출하는 원천으로 여겨져 왔다. 따라서 기업들은 둘 중에서 하나를 선택하는 것을 당연시해왔다. 그러나 위에서 '이도저도 아닌' 전략이 때로는 성공적인 전략이 되고 있듯이 저비용과 차별화 하나만을 이용해서 창출할 수 있는 기회의 창도 이제 한계에 이르게 되었다. 중국의 주역에서도 볼 수 있듯이 '세상에서 변하지 않는 사실 단 하나는 바로 세상은 변한다는 사실이다'처럼 이제 기업들도 더욱 현명해지면서 과거에는 감히 넘볼 수 없었던 한계를 넘어서서 새로운 경쟁우위의 창출을 위해 저비용과 차별화를 동시에 추구하고 있다. 따라서 과거 저비용과 차별화 중에서 양자택일이란 한계를 넘어서서 오히려 저비용과 차별화를 동시에 추구하는 것만이 지속적인 경쟁우위를 창출하는 유일한 원천이라는 체계적인 사고를 기반으로 하는 개념틀(Framework)이 소개되고 있다. 그것이 바로 블루오션전략이다.

한국출신의 프랑스 INSEAD 경영대학원 교수인 김위찬(Wi-Chan Kim)과 같은 대학 동료교수인 Renee Mauborgne은 2005년에 블루오션전략을 발간했다. 여기서 저자들은 캐나다의 문화산업 수출업체이자 서커스기업인 시르크 뒤 솔레이유(Cirque du Soleil) 즉 태양의 서커스단을 블루오션을 창출한 대표적인 기업으로 소개했다. 1984년에 길거리 공연가 몇 사람이 모여 창립한 태양의 서커스단이 공연하는 작품은 전 세계를 통해 큰 인기를 끌게 되었다. 여기서 괄목한 만한 사실은 이 기업은 수명주기가 거의 끝나가는 시기스라는 사양산업에서 이뤄낸 성공이라는 것이있다. 더욱 놀라운 사실은 태양의 서커스단은 경쟁기업의 고객들을 빼앗아서 성공한 것이 아니었다. 즉 이 기업은 링링 브라더스(Ringling Brothers)와 같은 다른 업체들과 경쟁하지 않았다. 대신에 태양의 서커스단은 새로운 고객들의 마음을 사로잡으면서 경쟁과는 무관한 새로운 시장공간을 개척했다. 즉 아트 서커스(Art Circus)란 새로운 장르를 개발하면서 서커스산업을 재창조(Reinvent)했다.[48] 이 외에도 저자들은 Starbucks, CNN, Southwest Airlines, Compaq 등을 대표적인 블루오션 기업으로 선정했다.

Kim & Mauborgne은 레드오션(Red Ocean)과 블루오션이라는 특성이 상반되는 시장을 도입했다. 레드오션이 상징하는 것은 현재 존재하는 모든 산업이며 이미 대중에게 익히 알려진 시장공간이다. 경쟁이 지배하는 레드오션에서는 산업 간의

PART 03 전략적 선택

경계가 비교적 명확한 편이며 게임의 법칙은 상당 부분 정해져 있거나 익히 알려져 있다. 레드오션에서 기업들은 시장점유율을 높이기 위한 경쟁에서 다른 기업들을 제압하려고 한다. 그런데 경쟁사의 수가 증가함에 따라 수익성은 떨어지고, 의욕적으로 출시했던 수많은 제품들은 흔한 일상용품으로 전환되면서 격화되는 경쟁으로 인해 시장은 유혈이 낭자한 레드오션으로 변하게 된다. 지금까지 본 장에서 소개한 사업전략의 모든 개념은 경쟁을 바탕으로 하는 레드오션전략이었다. 즉 본 장에서 우리는 경쟁전략, 경쟁우위, 비용우위전략, 차별화전략, 집중전략 등 모두 경쟁을 기반으로 해서 개발된 개념들을 학습했으며, 또한 차별화와 저비용은 동시에 추구할 수 없는 것으로 알고 있다. 이에 반해 블루오션은 현재는 존재하지 않으며 우리가 아직 그 실체를 모르는 미지의 시장공간이다. 블루오션은 새로운 수요가 창출되고 고수익과 고성장을 위한 새로운 기회의 공간이다. 블루오션은 산업의 경계 밖에서 개발되는 경우도 있지만 태양의 서커스단처럼 대부분 기존 산업을 더욱 확대하고 있다. 또한 새로운 시장공간인 블루오션에서는 게임규칙이 존재하지 않기 때문에 경쟁과 무관할 뿐만 아니라 경쟁이 아예 존재하지 않고 있다. 그러나 블루오션은 과거에도 존재했던 시장공간이다. 자동차, 항공, 컴퓨터, PC, 휴대폰, 특급택배 서비스, 할인점, 홈비디오, 원자력발전소 등 시대마다 많은 블루오션이 존재하고 있었으며 자동차산업만 해도 Ford, GM, Toyota, Tesla와 같이 새로운 블루오션을 창출한 많은 기업들이 있다.[49]

그렇다면 블루오션은 어떻게 해서 창출되었을까? 태양의 서커스단처럼 블루오션을 창출한 기업들은 경쟁을 기반으로 하는 다른 기업들과 달리 '가치혁신'(Value Innovation)이란 전략적 논리를 추구했다. 가치혁신은 블루오션전략의 주춧돌이다. 블루오션 기업들이 추구하는 가치혁신은 경쟁에서 승리를 거두는데 전력을 집중하는 대신에 소비자와 기업을 위한 가치 도약을 이룩해서 새로운 비경쟁 시장공간을 창출함으로써 경쟁을 무의미하게 만들고 있다. 이들에게는 시장, 구매자, 혁신, 그리고 가치가 있을 뿐 다른 기업이 늘 염두에 두고 있는 경쟁은 아예 없다. 블루오션전략에서는 가치와 혁신을 공히 중요하게 고려하고 있다. 즉 가치가 없는 혁신이나 혁신이 없는 가치를 모두 부정하고 있다. 가치혁신은 기업에게 새로운 전략적 사고와 전략 실행방식으로 블루오션을 창출하고 동시에 경쟁의 굴레에서 벗어나게 한다. 또한 가치혁신은 우리가 본 장에서 학습한 경쟁기반의 전략적 사고에서 널리 알려진 개념인 가치와 비용의 상충관계를 부정하고 있다. Porter를 위시한 경쟁전략에서는 기업들은 높은 비용으로 고객을 위해 높은 가치를 창출하는 차별화전략이나 또는 적은 비용으로 적당한 가치를 고객에게 제공하는 비용우위전략 중에서 하나만을 선택할 것을 충고하고 있다. 그러나 가치혁신을 통해 새로운 시장공간인 블루오션을 창출하고 있는 기업들은 차별화와 비용우위를 동시에 추구하고 있다. 가치혁신은 기업이 수행하는 활동이 기업의 비용구조와 소비자에게 제공하는 가치 두 가지 모두에 긍정적인 영향을 미치는 곳에서 창출되고 있다. 먼저 비용절감은 시장에서 경쟁하는 요소를 제거하거나 줄이면서 발생하며, 소비자 가치는 시장에서 아직 아무도 제공하지 못한 요소를 증가시키거나 창조한다. 이후 시간이 흐르면서 탁월한 가치에 의해 만들어지는 대량판매에 의해 규모의 경제가 나타나기 시작되면서 비용은 더욱 절감된다.[50]

이에 대한 예로 태양의 서커스단은 차별화와 저비용을 동시에 추구했다. 이 기업이 창립되었을 때 링링 브라더스 등 다른 기업들은 서로 모방하고 기존의 경쟁틀 내에서 시장점유율을 놓고 경쟁하고 있었다. 또한 이들은 근본적인 혁신이 없는 유명한 광대와 사자를 확보해서 더 재미있고 더 스릴이 있는 서커스에 집중하면서 비용만 높아지게 되었다. 서커스 수요가 점차 떨어지고 있는 상황에서 이런 방식의 경쟁은 결국 수익성이 떨어지는 악순환을 되풀이하게 되었다. 그러나 태양의 서커스단은 서커스의 재미와 스릴을 계속 살리면서 연극의 지적 세련미와 풍부한 예술성이 가미된 무대를 창출하려고 했다. 즉 문제를 재규명하고 사업의 본질 자체를 재창조하려고 했다. 태양의 서커스단은 서커스와 연극의 시장 경계선을 깨뜨리면서 기존의 서커스 고객뿐만 아니라 새로운 고객인 성인 연극관람객들의 마음을 사로잡게 되었다. 태양의 서커스단은 기존의 가치와 비용의 상충관계를 깨고 새로운 블루오션 시장공간을 창출하게 되었는데 이는 완전히 다른 독특한 새로운 서커스 개념이었다. 다른 서커스단들은 스타 곡예사, 동물 묘기, 쓰리 링 형태의 삼중 복합 무대 등과 구내매점을 통한 부가매출의 확대에 집중하고 있었다. 그러나 태양의 서커스단은 과감하게 이런 요소들을 제거해 버렸다. 동물 쇼에 대한 여론의 반감은 날이 갈수록 증가하고 있었으며, 동물 곡예 쇼는 구입비용뿐만 아니라 조련, 의료, 축사, 보험 및 운송 등에도 많은 비용이 들어 높은 비용구조를 갖는데 가장 큰 기여를 하고 있었다. 그리고 스타 곡예사는 고객에게 미치는 영향력에 비해 높은 비용이 소요되는 또 다른 요소였다. 또한 쓰리 링 무대도 관중에게 심적 불안감을 유발할 뿐만 아니라 무대 출연자의 수가 많아 높은 비용이 들고 있어서 이도 없애 버렸다. 그리고 구내매점은 부가매출을 올려서 좋지만 판매가격이 너무 비싸 고객의 입장에서는 구매 의욕이 없어지고 때로는 기분을 상하게 해서 역시 없애기로 했다. 한편 전통 서커스의 묘미는 텐트, 광대, 전통 곡예였다. 다른 서커스단은 임대 공연장을 선호하면서 전통 텐트를 포기하는 추세였는데, 태양의 서커스단은 오히려 텐트를 화려하게 치장하고 보다 안락하게 설계해서 서커스 전성시대를 방불케 했다. 그리고 광대는 계속해서 유지했지만 종전의 익살보다는 매력적이고 세련된 스타일로 바꾸었다. 또한 곡예와 묘기는 비중을 줄이는 대신 예술적 감각과 지적 호기심을 충족할 수 있는 세련된 개념으로 전환했다. 결국 태양의 서커스단은 전통 서커스에 연극적인 요소를 도입해서 스토리 라인과 지적 풍부함, 예술적인 음악 및 무용, 그리고 복합적인 공연 작품이 한데 결합된 새로운 개념의 작품을 개발하며 우리가 알고 있는 전통적인 서커스와는 완전히 다른 새로운 공연 무대를 창조했다. 라이브 무대인 연극에서 영감을 얻어 창조한 이 서커스는 서로 관련이 없는 여러 프로그램으로 구성된 전통 서커스와 달리 연극 공연처럼 주제와 스토리를 갖추게 되었다. 또한 태양의 서커스는 브로드웨이 쇼에서 차용한 아이디어도 십분 활용했다. 즉 브로드웨이 쇼처럼 다양한 쇼를 공연했으며 다양한 음악으로 공연 작품과 조화시키도록 했다. 또한 시각적 볼거리, 조명, 무대 타이밍에도 집중하면서 훌륭한 쇼가 연상되도록 했다. 결국 태양의 서커스단은 서커스, 연극, 그리고 쇼에서 가장 좋은 것들만 뽑아내는 한편 나머지 것들은 아예 제거하거나 과감하게 줄여 버렸다. 반면에 공연 요금은 연극 관람료에 맞춰서 높게 책정했는데 이는 기존 서커스에 비해 몇 배 높은 요금이었다. 의도적인 고가전략은 연극 관람료에 익숙한 성인 고객들을 끌기 위함이었다. 이처럼 태양의 서커스단은 고객에게 새로운 효용성을 제공하면서 새로운 시장공간인 블루오션을 창출하게 되었다. 블루오션에서는 〈그림 8-2〉에서 보듯이 차별화와 비용우위의 상충관계를 깨고 새로운 가치곡선을 창출하기 위해서 산업에 존재하는 기존의 전략적 논리와 사업 모델에 도전하는 네 가지 질문을 하고 있다. 이를 통해 소비자 가치와 기업의 비용 구조를 재구축하고 있다. 〈그림 8-2〉에서 감소와 제거는 기업에 비용을 절감하기 위한 높은 식견을 제공하고 있으며, 창조와 증가에 대한 질문은 소비자의 가치를 극적으로 향상하기 위한 높은 식견을 제공하고 있다. 그리고 〈그림 〈8-3〉은 위에 소개한 태양의 서커스단에 대한 ERRC 분석 즉 액션 프레임워크를 보여주고 있다.

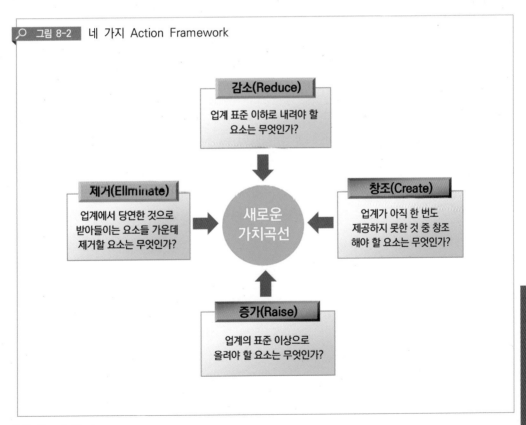

그림 8-2 네 가지 Action Framework

출처: Kim & Mauborgne

🔍 그림 8-3   태양의 서커스단의 ERRC 구성표

제거	증가
• 스타 곡예사 • 동물 묘기 쇼 • 구내 매점 • 복합 쇼 무대	• 독특한 공연장
감소	창조
• 재미와 유머 • 스릴과 위험	• 테마 • 세련된 관람 환경 • 다양한 공연작품 • 예술적 음악과 무용

출처: Kim & Mauborgne

　　차별화와 저비용을 동시에 달성하게 된 태양의 서커스단에게는 경쟁사가 없었다. 블루오션전략은 경쟁을 상수로 간주했던 기존 경쟁전략에 큰 변화를 일으키게 되었으며, 〈그림 8-4〉에서 볼 수 있는 것처럼 비경쟁전략(Non-competitive Strategy)의 존재를 알리게 되는 좋은 계기를 마련했다. 즉 손자병법에서 말한 가장 위대한 전략인 '싸우지 말고 승리하라'를 실천하고 있다. 그러나 과거 여러 블루오션에서 볼 수 있듯이 블루오션이 결코 영원한 것은 아니다. 즉 블루오션도 언젠가는 레드오션으로 변하게 되는 운명을 가지고 있다.

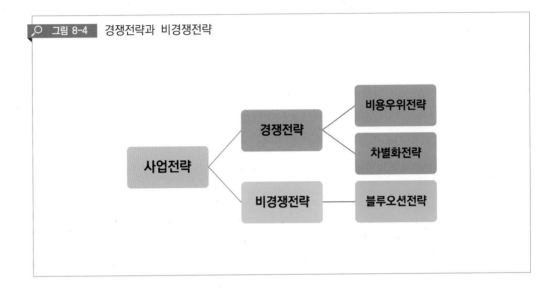

○ 그림 8-4 경쟁전략과 비경쟁전략

〈그림 8-5〉에서 볼 수 있듯이 블루오션을 창출하면 구매자가 가져가는 가치는 높아지고 동시에 기업의 비용은 낮아지게 된다. 따라서 구매자와 기업 모두 동시에 가치의 도약을 이룩할 수 있다. 즉 구매자의 가치는 기업이 구매자에게 제공하는 효용성과 가격에서 유래되고 있으며, 기업은 가격과 비용절감에서 가치를 창출할 수 있다. 그러므로 결국 블루오션 가치혁신은 효용성, 비용, 가격과 같은 세 가지 시스템이 적절하게 조화되었을 때 만들어지는 것이다. 블루오션전략은 기업의 탁월한 일개 기능이나 활동에 의해 만들어지는 것이 아니라 기업의 전체 시스템이 조화롭게 통합했을 때 비로소 창출되는 전략이다. 가치혁신을 통한 블루오션을 창출하기 위해서는 기업의 전체 시스템은 소비자와 기업을 위해 극적인 가치 도약에 집중되도록 설계해야 한다. Porter가 말했듯이 좋은 전략은 기업의 부분적인 노력이 아니라 전체적인 노력이었을 때 더욱 효과적이다. 〈그림 8-6〉은 블루오션과 레드오션의 차이점을 잘 보여주고 있다.[51]

🔍 그림 8-5 　가치혁신: 블루오션전략의 목표

가치 혁신

비용우위와 차별화의 동시 추구

출처: Kim & Mauborgne

🔍 그림 8-6 　레드오션전략과 블루오션전략의 차이점

레드오션전략	블루오션전략
기존 시장공간 안에서 경쟁	경쟁자 없는 새 시장공간 창출
경쟁에서 이겨야 한다	경쟁을 무의미하게 만든다
기존 수요시장 공략	새 수요창출 및 장악
가치-비용 가운데 택일	가치-비용 동시에 추구
저비용이나 차별화 가운데 하나를 택해 기업 전체 활동 체계를 정렬	저비용과 차별화를 동시에 추구 하도록 기업 전체 활동 체계를 정렬

출처: Kim & Mauborgne

○ 블루오션전략의 성공 사례

• Southwest Airlines

미국의 Southwest Airlines는 블루오션전략을 성공으로 이끈 대표적인 기업이다.

이 항공사는 1972년 미국 텍사스주의 3개 도시 간을 운항하는 저가항공사(LCC)로 처음 사업을 개시했으며, 현재는 American, United, Delta와 같은 전통적인 대형항공사(FSC)들을 물리치고 미국 최대의 국내선 항공사로 성장한 기업이다.

〈그림 8-7〉은 이 항공사의 전략 캔버스(Strategy Canvas)에 의한 전략 곡선을 보여주고 있다. 전략 캔버스는 블루오션전략을 창출하기 위한 상황분석의 진단도구이자 실행 프레임워크이다. 전략 캔버스는 두 가지 용도로 이용되고 있는데 첫째, 기존 시장공간에서 경쟁기업들이 현재 상황을 일목요연하게 파악할 수 있도록 지원하고 있다. 둘째, 소비자들이 기존 시장에서 경쟁하고 있는 기업들이 제공하는 제품이나 서비스의 구매를 통해 얻는 것이 무엇인지 구체적으로 보여주고 있다.

Southwest Airlines의 전략적 프로파일을 관찰해보면 가치혁신을 통해 미국의 항공운송산업을 재창조하는 원동력이 된 세 가지의 특성을 발견할 수 있다. 사업 초기에 Southwest는 텍사스주의 세 도시 간에 당시 자동차로 여행을 하는 사람들을 비행기로 유인하려고 했다. Southwest는 소비자들이 비행기 속도와 자동차의 경제성과 유연성을 맞교환하는 상충관계를 깨뜨리며 블루오션을 창출했다. 블루오션을 창출하기 위해 Southwest는 대다수 소비자들에게 매력적인 항공요금을 제공하는 한편 하루에노 너러 항공편으로 언제라도 출발이 가능한 고속 교통수단을 제공하면서 소비자들의 뜨거운 호응을 받게 되었다. 그리고 Southwest는 기존 항공운송산업에 존재하는 여러 경쟁요소를 제거하거나 줄이고 동시에 몇 가지 요소는 올리는 전략을 개발했다. 또한 대체하려고 하는 자동차운송 산업으로부터 몇몇 요소를 가지고 와서 새롭게 재창조하면서 항공승객들에게 전례가 없는 가치를 제공하는 저비용 사업모델로 극적인 가치 도약을 이룩했다.

블루오션전략에서 좋은 전략에는 집중(Focus), 차별화(Divergence), 그리고 슬로건(Slogan)과 같은 세 가지 특성이 나타나고 있다. Southwest의 경우에도 첫째, 〈그림 8-7〉에서 보는 바와 같이 친절한 항공 서비스, 속도, 소도시 간 빈번한 운항과 같은 세 가지 요인에 집중하고 있다는 사실을 알 수 있다. 이런 요소에 대한 집중을 통해 자동차 여행비용과 비슷한 가격대의 항공요금을 책정할 수 있었다. 이를 위해 기내식, 공항 라운지, 좌석선택권 등에 대한 추가적인 투자는 하지 않았

다. 이와 달리 다른 항공사들은 모든 경쟁요소에 많은 투자를 했기 때문에 Southwest
처럼 낮은 요금을 책정할 수 없었다. 둘째 차별성이다. 경쟁사들과 물고 물리는
경쟁을 하다 보면 자신만의 독창성을 잃게 되는 경우가 많다. 이는 대다수 항공사
들이 제공하는 기내식과 비즈니스 클래스 서비스가 많이 유사한 것을 보면 쉽게
알 수 있다. 즉 경쟁사들의 가치곡선은 유사하게 나타나고 있다. Southwest의
ERRC 분석을 통해 대형항공사들이 이용하는 대도시를 중심으로 운항하는 거점운
항방식(Hub-and-Spoke) 대신에 중소도시 간을 운항하는 직항방식(Point-to-Point)
의 노선을 개발했다. 셋째, 좋은 전략은 고객에게 전달하는 메시지가 명확하고 강
렬한 슬로건을 보유하고 있다. 당시 Southwest의 슬로건은 '언제라도 당신이 원할
때, 자동차 여행비용으로 비행기 속도 여행을 즐겨라'였다. 당시 경쟁사들이 비슷
한 슬로건을 만들기는 쉽지 않았다.

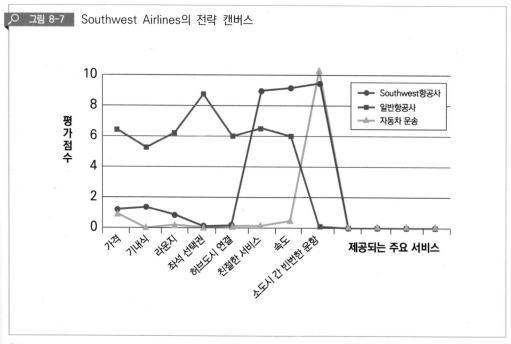

그림 8-7 Southwest Airlines의 전략 캔버스

출처: Kim & Mauborgne

● CitizenM Hotel

호텔산업은 많은 호텔체인들이 고객에게 유사한 서비스를 제공하면서 경쟁하고 있는 전형적인 레드오션 시장이다. Westin이 The Heavenly Bed를 출시하자 바로 이를 모방하면서 수년간 '침대전쟁'이 벌어졌듯이 호텔 체인들은 경쟁하면서 서로가 점점 닮아가고 있다.

2007년에 신생 호텔체인인 CitizenM은 여행을 많이 하는 여행객들을 위한 새로운 호텔브랜드를 개발하기 시작했다. CitizenM을 공동 설립한 창업자들은 4성급 호텔들은 5성급 호텔들이 제공하는 4/5를 제공하고 있으며, 3성급 호텔들은 4성급 호텔들의 3/4을 제공하고, 그리고 1성급 호텔들은 2성급 호텔들의 1/2을 제공하고 있다고 호텔산업의 현 상황을 묘사했다. 즉 현재 세계 호텔산업에서 모든 호텔들은 본질적으로 동일한 요인들을 놓고 경쟁하고 있다고 파악했다. CitizenM은 전 세계적으로 점점 증가하고 있는 여행객들 즉 이동하는 시민들(Mobile Citizens)을 주요 고객으로 삼고 새로운 가치/비용의 지평선을 여는 호텔사업을 개시하게 되었다. 이를 위해 CitizenM은 3성급 호텔과 최고급(Luxury) 호텔이란 두 전략적 세분시장에 중점을 두었으며, 시장조사를 통해 여행자에게 두 호텔 세분시장을 선택하는 이유에 대한 설문조사를 수행했다. 시장조사 결과 최고급 호텔을 선택하는 여행자들은 편리한 입지(Location), 고급스런 느낌을 주는 객실, 그리고 무료 Wi-Fi의 제공을 객실 선택 시에 우선적으로 선호한다고 응답했다. 그런데 3성급 호텔을 선택하는 여행자들은 낮은 가격과 캐주얼한 분위기를 더 선호하는 것으로 나타났다. 개발팀은 자주 여행하는 여행객들은 프런트데스크와 콘시어즈가 있는 종전과 같은 정형화된 로비를 별로 중요시하지 않는다는 사실을 파악하고 이들을 제거하고 대신에 셀프체크인 키오스크(Self Check-in Kiosk)와 공용 거실 공간(Communal Living Space)으로 교체할 수 있다는 사실을 깨닫게 되었다. 그리고 객실 크기보다는 고품질 침대시트와 욕실의 강한 수압 샤워기와 같은 세부적인 사항들이 더욱 중요하다는 사실도 깨달았다. 또한 룸서비스도 최우선 순위는 아니었기 때문에 영업비용이 많이 소요되는 고급 레스토랑 대신에 호텔 근처에 있는 연회 사업자와의 파트너 관계를 체결함으로써 손님들의 식사문제를 해결할 수 있게 되었다.

〈그림 8-8〉에서 보는 것과 같이 개발팀은 ERRC(제거-감소-증가-창조) 분석을 통해 여행자들의 선호도를 정확히 파악할 수 있었다. 즉 여행자들이 실제로 가치를 느끼지 못하는 것에 비해 비용이 많이 소요되는 요인들은 감소하거나 없애는 한편 반면에 여행객들이 선호하는 다른 요인들은 향상하거나 새로 창조한 결과 CitizenM은 비용구조를 크게 낮추는 동시에 소비자의 가치는 크게 향상시킴으로써 편리한 입지에 실용적 고급(Affordable Luxury)이란 새로운 시장공간을 창출했다. 또한 CitizenM은 고객과 마주하는 즉 서비스 접점(Service Encounter)에서 일하는 모든 직원들에게 대사(Ambassador)란 직위를 부여하는 한편 권한위임(Empowerment)을 통해 직원들에게 힘을 실어주는 것이 중요하다는 것을 깨달았다. 그리고 직원들을 채용할 때는 후보들의 태도와 가치관을 우선시했으며, 훈련에서는 역량 강화에 중점을 두었다. 이와 같은 준비과정을 거쳐 CitizenM은 결국 2008년 네덜란드 암스테르담의 스키폴 국제공항에 첫 호텔을 개관했다. 첫 호텔은 3성급 호텔로서 고객에게 부담스럽지 않은 가격대로 혁신적인 개념의 서비스를 제공했으며, 객실점유율이 90%에 달하는 공전의 히트를 기록했다. 그리고 CitizenM의 객실당 총영업비용은 4성급 호텔의 전체평균에 비해 약 40%나 낮았으며, 가장 많은 고정비용 항목인 인건비는 업계 평균에 비해 약 50% 정도 낮았다. 이에 더해 평방미터당 즉 면적당 수익성은 최고급 호텔의 2배에 달했다. 이와 같은 혁신적인 서비스로 여러 호텔 평가기관으로부터 최고의 고객등급을 받게 되었다. 현재 CitizenM은 가장 낮은 비용구조로서 호텔업계 최고 수준의 고객만족도를 기록하고 있는 브랜드의 하나가 되었다.[52] CitizenM은 호텔산업의 전통적인 사고였던 객실이 넓을수록 또 직원들이 많을수록 바람직한 서비스가 제공될 수 있다는 고정관념을 깨트리면서 호텔산업에서 블루오션을 창출하는 데 성공했다. 〈그림 8-9〉는 CitizenM의 가치곡선을 보여주고 있다. 이후 CitizenM은 런던, 파리, 뉴욕 등으로 진출했으며, 2017년 12월말 현재 유럽, 북미, 아시아 등지에서 13개소의 호텔을 운영하고 있다.

🔍 **그림 8-8** CitizenM의 ERRC 분석

제거	증가
• 프런트데스크와 콘시어즈 • 도어맨과 벨보이 • 레스토랑과 룸서비스 • 로비	• 수면환경: 대형 침대, 고급 시트 및 린넨, 　정숙한 실내 분위기, 높은 샤워 수압 • 편리한 입지 • 미디어 경험(무료 영화, 무료 초고속 　인터넷, 저렴한 인터넷 전화 등)
감소	**창조**
• 객실 크기 • 다양한 객실유형 • Luxury 호텔에 비해 낮은 요금	• 1~3분 걸리는 셀프서비스 Check-in • 하루 24시간 일주일 내내 제공되는 바 　및 공용 거실 공간(식품저장, 맥 컴퓨터) • 사교 경험 • 다중 역할을 하는 직원(Ambassador)

출처: Kim & Mauborgne

🔍 **그림 8-9** 2008년 설립 당시 CitizenM의 전략 캔버스

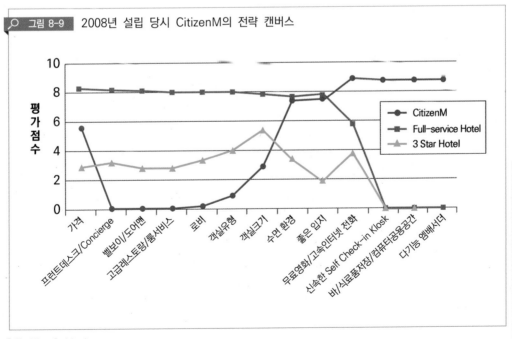

출처: Kim & Mauborgne

CitizenM은 호텔을 이용하는 고객들을 모바일시민이라고 부르고 있으며, 이들은 탐험가, 여행가, 전문가, 그리고 쇼핑객으로 주로 이동하는 사람들이다. CitizenM은 모바일시민들은 독립적이며, 다른 문화를 존중하며, 그리고 주로 젊은이들로 파악하고 있다. CitizenM은 모바일시민들은 세련된 디자인, 훌륭한 가치, 최고의 엔터테인먼트, 사교적인 분위기, 편안한 침대 및 푹신한 수건, 좋은 위치 등이 포함되는 호텔을 선호하는 것으로 보고 있다. 이런 서비스가 제공되는 합리적인 가격의 독특한 숙박시설이 바로 CitizenM 호텔이다.

CitizenM 호텔들은 네 가지의 중요한 특성을 가지고 있다(〈그림 8-10〉).[53] 첫째, 저가호텔(Budget Hotel)에 맞춘 객실 크기이다. 높은 수준의 객실 품질을 유지하면서 전통적인 고급호텔 객실의 면적을 절반만 사용했다. 이것은 CitizenM의 성공에 매우 중요한 요소이다. 왜냐하면 기존의 고급호텔에 비해 면적을 줄이면서 두 배의 객실을 만들 수 있기 때문이다.

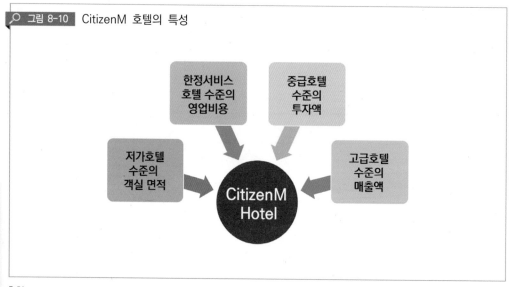

🔍 그림 8-10   CitizenM 호텔의 특성

출처: www.citizenm.com

둘째, 매출은 고급호텔(Upscale Hotel)에 맞추었다. CitizenM은 강력하고 독특한 라이프스타일(Lifestyle) 브랜드를 만들었다. 웹(Web)만을 이용하는 객실 판매경로 전략을 통해 개인여행객에게 최적의 요금으로 객실을 제공하고 있다. 그리고 단체나 기업에 할인된 요금으로 객실을 대량 판매하는 대신 모든 모바일시민에게 투명한 가격정책 모형을 적용해서 고객만족도를 극대화하고 있다.

셋째, 한정서비스 호텔(Limited-service Hotel) 수준의 영업비용이다. 한정서비스 호텔의 수준에 맞춰 영업비용을 대폭 낮추었다. 예약, 영업, 브랜딩 및 회계와 같은 관리역량은 모두 본사의 지원 부서에서 제공하도록 하고 있다. 따라서 각 지역 호텔의 직원은 적게 유지하고 고객만족에 집중하도록 하고 있다. 그리고 독창적인 채용전략과 다중 역할을 하는 대사들은 낮은 인건비를 유지하는 데 도움을 주고 있다.

넷째, 투자액은 중급호텔(Midscale Hotel) 수준으로 책정했다. CitizenM은 대다수 호텔들을 소유하고 있으므로 비용, 위험, 그리고 수익의 균형을 유지하는 방법을 잘 이해하고 있다. 많은 경험과 설계 및 건설 팀의 참여로 CitizenM 호텔을 개발할 때 비용을 최소화하며 효율적으로 공정시간을 관리해서 위험을 줄일 수 있다. 가능한 많은 표준화된 요소를 이용하고 있으며 가장 중요한 곳에서는 맞춤형 디자인을 개발해서 독창적인 호텔을 개발하고 있다.

그리고 CitizenM은 주로, 대도시 및 주요 국제공항의 주요 지역에 위치하는 호텔들로 구성되는 글로벌 포트폴리오를 개발하는 것을 목표로 하고 있다. 또한 〈그림 8-14〉에서 보듯이 CitizenM은 혁신적인 디자인과 독창적인 모듈방식의 건축법으로 호텔들을 건설하고 있다.

🔍 그림 8-11   CitizenM 호텔들

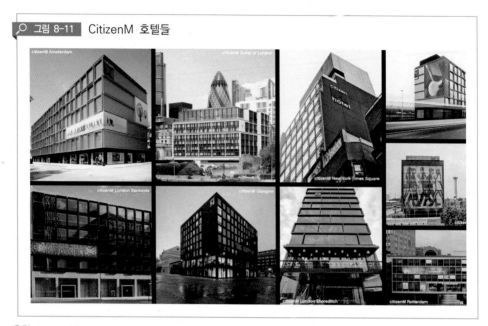

출처: www.citizenm.com

🔍 그림 8-12   CitizenM 호텔의 공용 거실 공간

출처: www.citizenm.com

🔍 그림 8-13　CitizenM의 객실

출처: www.citizenm.com

🔍 그림 8-14　CitizenM의 혁신적인 모듈방식 건축법

출처: www.citizenm.com

　　중국의 손무는 일찍이 손자병법에서 '백번 싸워 백번 이기는 것보다, 싸우지 않고 상대를 굴복시키는 것이 최선이다'(不戰而屈人之兵)라고 하면서 위대한 전략의 본질을 간파했다. 블루오션전략의 원리도 같다. 블루오션전략의 핵심은 저비용과 차별화를 동시에 추구하게 되는 경우 그 기업은 경쟁할 필요가 없게 된다. 왜냐하

면 다른 경쟁업체들은 모두 Porter가 말한 저비용우위 또는 차별화우위를 차지하기 위한 기존 레드오션에서의 경쟁에만 전념하고 있기 때문에 두 가지를 동시에 추구하는 블루오션 기업에게 경쟁은 오히려 불필요한 것이 되고 있다. 따라서 경쟁이 없는 즉 경쟁이 무력하게 되는 블루오션을 창출하는 것이 경쟁우위의 창출을 위한 새로운 원천이 되고 있다. 어쩔 수 없이 경쟁해야 하는 현재 비즈니스 세계에서 경쟁을 좋아하는 기업은 아무도 없다. 레드오션에서의 경쟁을 피하면서 경쟁우위를 창출하고 싶다면 블루오션을 창출하는 것이 상책이다. 따라서 블루오션의 창출을 위해 경쟁해야 하는 상대방은 경쟁기업이 아니라 바로 기업 자신이다.

참 / 고 / 문 / 헌

30. 장세진(2016). 경영전략(제9판). 박영사: 서울.

31. Porter, M. E. (1980). *Competitive Strategy: Techniques for Analyzing Industries and Companies*. Free Press: New York.; Caves, R. E. & Williamson, P. (1985). What is production differentiation, really? *Journal of Industrial Economics, 34*, 113-132.; Barney, J. B. & Hesterly, W. S. (2006). *Strategic Management and Competitive Advantage: Concepts and Cases*. Pearson Education: Prentice Hall. 신형덕 역(2007), 전략경영과 경쟁우위, 시그마프레스: 서울.

32. Lieberman, M. B. & Montgomery, D. B. (1988). First-mover Advantages. *Strategic Management Journal, 9*, 41-58.

33. Carroll, P. (1993). *Big Blues: The unmaking of IBM*. Crown Publishers: NY.

34. 김경환(2017). 호텔산업과 호텔경영. 백산출판사: 파주.

35. Klein, B. & Leffler, K. (1981). The Role of Market Forces in Assuring Contractual Performance. *Journal of Political Economy. 89*, 615-641.

36. Barney, J. B. & Hesterly, W. S. (2006). *Strategic Management and Competitive Advantage: Concepts and Cases*. Pearson Education: Prentice Hall. 신형덕 역(2007), 전략경영과 경쟁우위, 시그마프레스: 서울.

37. Moon, Y. (2010). Different. Harverd Business School Press: Cambridge. 박세연 역(2011). 디퍼런트. 살림Biz.

38. Porter, M. E. (1996). What is Strategy? *Harvard Business Review, 74(6)*, 61-78.38.

39. Magretta, J. (2012). *Understanding Michael Porter: The Essential Guide to Competition and Strategy.* Harvard Business Review Press: Boston, MA.

40. Moon, Y. (2010). Different. Harverd Business School Press: Cambridge. 박세연 역 (2011). 디퍼런트. 살림Biz.

41. Hill, C. W. L. (1988). Differentiation versus Low Cost or Differentiation and Low Cost: A Contingency Framework. *Academy of Management Review. 13(3):* 401-412.

42. Gibson, R. (1995). Food: At McDonald's, new recipes for buns. Wall Street Journal. June 13. B1.

43. Barney, J. B. & Hesterly, W. S. (2006). *Strategic Management and Competitive Advantage: Concepts and Cases.* Pearson Education: Prentice Hall. 신형덕 역(2007), 전략경영과 경쟁우위, 시그마프레스: 서울.

44. Porter, M. E. (1985). *Competitive Advantage: Creating and Sustaining Superior Performance.* The Free Press: NY.

45. Magretta, J. (2012). *Understanding Michael Porter: The Essential Guide to Competition and Strategy.* Harvard Business Review Press: Boston, MA.

46. Porter, M. E. (1996). What is Strategy? *Harvard Business Review, 74(6),* 61-78.38.

47. Heracleous, L. & Wirtz, J. (2010). Singapore Airlines' Balancing Act. *Harvard Business Review. July-August,* 145-149.

48. Kim, W. C. & Mauborgne, R. (2005). Blue Ocean Strategy: How to Create Uncontested Market Space and Make the Competition Irrelevant. Harvard Business School Press: MA. 강혜구 역(2010). 블루오션전략, 교보문고.

49. *Ibid.*

50. *Ibid.*

51. *Ibid.*

52. Kim, W. C. & Mauborgne, R. (2017). *Blue Ocean Shift: Beyond Competing.* Hachette Books: NY. 안세민 역(2017). 블루오션 시프트, 비즈니스북스.

53. www.citizenm.com

기업전략 I :
수평적 통합과 수직적 통합

Ⅰ. 단일사업 집중

Ⅱ. 수평적 통합

Ⅲ. 수직적 통합

Chapter · 9

기업전략 I: 수평적 통합과 수직적 통합

학습 포인트

❶ 기업이 단일사업에 집중하는 전략의 장단점을 잘 이해한다.
❷ 수평적 통합의 장단점을 숙지한다.
❸ 거래비용이론에 입각하여 수직적 통합을 잘 이해한다.
❹ 국내 대기업들이 수직계열화하는 목적을 잘 파악한다.
❺ 수직적 통합의 이점과 문제점에 대해 숙지한다.

　　기업전략은 여러 사업 분야로 다각화된 기업을 관리하기 위한 구체적인 방법을 다루고 있다. 기업전략의 주된 관심사는 수익성을 극대화하기 위해 기업이 진출해야 하는 사업 분야를 식별하는 것이다. 기업은 진출하고자 하는 산업이나 사업 분야를 결정할 때 몇 가지 선택권이 있다. 첫째, 기업은 단일 산업에만 집중(Concentration)해서 산업에서의 경쟁력을 개선할 수 있는 사업전략의 개발에 집중할 수 있다. 둘째, 기업은 수직적 통합(Vertical Integration) 전략의 채택을 통해 산업가치사슬의 인접 단계에 있는 새로운 산업으로 진출할 수 있다. 즉 기업은 원재료를 자체적으로 생산하거나 자사가 생산한 제품을 타사의 유통망을 거치지 않고 자체적으로 판매할 수 있다. 셋째, 기업은 다각화(Diversification) 전략을 통해 기존 산업과 관련이 있거나 없는 새로운 산업에 진출할 수 있다. 마지막으로, 기업은 수익성을 향상하기 위해 부진한 산업에서 철수(Exit)하거나 구조조정(Restructuring)이나 다운사이징(Downsizing)을 통해 기업의 사업영역을 축소할 수 있다.

　　본 장에서는 기업전략에 대한 다양한 대안을 모색하는 한편 수익성 향상 차원에서 각 대안의 장단점에 대해 살펴보기로 하겠다. 기업전략이 수익성을 높이기 위해서는 기업과 각 사업부가 가치를 창출하기 위해 저비용을 실현하거나 차별화를 증진해야 한다. 따라서 성공적인 기업전략은 기업의 독특한 역량을 강화하는 한편 경쟁기업을 능가하는 경쟁우위를 창출해야 한다. 따라서 기업전략과 각 사업부에서 경쟁우위를 창출하는 것은 매우 중요한 연관성이 있다.

I ►► 단일사업 집중(Concentration)

많은 기업들이 단일사업 또는 단일산업에 집중하고 있다. 단일사업에 집중하는 기업은 특정 제품이나 서비스 시장에서의 경쟁에 자원과 역량을 결집하고 있다. 예를 들면, 호스피탈리티산업에서 Southwest Airlines는 항공운송산업에만 집중하고 있으며, McDonald's는 패스트푸드 세분시장에 집중하고, 그리고 Starbucks는 프리미엄 커피전문점 시장에서 경쟁하기 위해 자원과 역량을 결집하고 있다. 단일제품이나 서비스에 집중하는 기업에는 여러 이점이 존재하고 있다.

단일산업에 집중해서 얻게 되는 가장 큰 이점은 단일 업종에서 경쟁우위를 강화하기 위한 전략의 개발에 기업의 모든 유·무형 자원과 역량을 집중할 수 있다는 점이다. 집중전략은 특히 자원과 역량의 집중이 많이 요구되는 성장산업에서 더욱 중요하다. 만약에 어떤 기업이 속해 있는 산업이 여전히 빠르게 성장하고 있는데 이 산업에서 효과적인 경쟁전략의 개발에 기업이 보유한 모든 자원과 역량을 집중하기보다는 오히려 경험이 없는 다른 산업으로 진출하려는 시도는 합리적 판단이라고 볼 수 없다. 현재 주력하고 있는 산업에 집중하기보다 다른 산업으로 진출하기 위해 자원을 분산해 버리는 기업은 성장하고 있는 주력산업에서 빠르게 성장하기 위해 반드시 요구되는 필수적인 자원이 부족하게 되는 위험에 빠질 수 있으며, 그 결과 주력산업에서 경쟁우위가 사라지고 최악의 경우 사업실패로 이어질 수 있다.[1]

그렇다고 해서 단일산업에 자원과 역량을 집중하는 기업이 빠르게 성장하는 것이 보장되지 않는 경우도 많다. 그러나 시간이 흐르면서 너무 많은 분야로 사업을 확장했던 많은 기업들을 보면 결국 성과가 저하되는 것을 자주 볼 수 있다. 예를 들면, 1927년 레스토랑으로 사업을 개시해서 크게 성공한 Marriott Corporation은 1937년에는 기내식사업, 그리고 1957년에는 호텔사업에 진출하면서 역시 큰 성공을 거두게 된다. 그러나 Marriott는 1971년에 Marriott World Travel로 여행사 사업에 진출하고, 1972년에는 Sun Line으로 크루즈산업에, 그리고 비슷한 시기에 테마파크산업과 가정 경비시스템사업에 각각 진출하는 등 사업다각화에 많은 노력을 기울였다. 진출하기 이전에는 이 사업들이 Marriott의 강점에 적합하고 기존 사업들과 함께 자연스럽게 성장하는 것처럼 보이기도 했지만 결국 1980년이 되기도 전에 사업들을 모두 매각하게 되었다. 이런 사업들이 실패하게 된 이유는 입지(Location)를 중요시했던 기존 사업과는 사업의 본질적인 면에서 많이 달랐을 뿐만 아니라 새로운 사업 분야에 대한 지식과 경험이 너무 부족했기 때문이었다.[2]

단일사업에 집중하는 기업은 가장 잘 알고 있는 사업에만 전념할 수 있으며 반면에 적은 가치의 창출만이 가능한 잘 알지 못하는 새로운 사업으로 진출하는 실수를 피할 수 있다. 이를 통해 기업은 관리자들이 잘 알지 못하는 사업에 대한 잘못된 진출과 정보가 부족해서 잘못된 의사결정으로 인해 막대한 손실을 입게 되는 실수를 피할 수 있다.

그러나 단일사업에만 집중하는 전략에도 단점은 존재하고 있다. 지속적으로 단일산업에 집중하는 경우 시간이 경과함에 따라 불리한 국면이 도래하는 경우도 생길 수 있다. 주력산업 내에서 기업의 경쟁우위를 유지하고 강화하려면 일정 수준의 수직적 통합(Vertical Integration)이 필수적인 경우가 많이 있다. 또한 단일산업에 집중하는 기업은 보유하고 있는 자원과 역량을 활용해서 다른 산업에서도 제품이나 서비스를 제조 및 판매해서 더 많은 가치를 창출하고 수익성을 높일 수 있는 기회를 가질 수 있는데, 집중도가 너무 지나치면 이런 기회를 놓칠 수도 있다.

Ⅱ ▸▸ 수평적 통합(Horizontal Integration)

많은 기업에서 수익성이 높은 성장은 종종 단일산업 내에서 성공적으로 경쟁에 집중한 결과이다. 기업이 단일산업에서 효과적으로 경쟁하기 위해 기업차원에서 널리 사용되는 도구 중의 하나가 수평적 통합이다. 수평적 통합은 크기나 규모 면에서 경쟁우위를 달성하기 위해 같은 산업에서 경쟁하고 있는 경쟁업체들을 합병하거나 인수하는 프로세스이다. 인수(Acquisition)는 한 기업이 보유하고 있는 재무자원을 이용해서 다른 기업을 구매하는 것이며, 합병(Merger)은 두 기업 간에 합의를 통해 결합된 사업체로 재탄생하는 것이다. 예를 들면, 2016년에 Marriott International은 강력한 경쟁업체였던 Starwood Hotels & Resorts와의 합병을 통해 세계 최대의 호텔체인으로 등극하게 되었다. 두 기업 간의 합병으로 절감되는 영업비용만 해도 연간 $2억 5천만에 달하는 것으로 알려지고 있다.[3] Starwood의 인수를 통해 Marriott International은 125만실에 달하는 객실을 보유하게 되면서 규모의 경제를 달성하는 한편 전 세계 127개 국가에서 Ritz-Carlton, Marriott, Courtyard, Sheraton, Westin, W 등과 같은 30개의 유명 브랜드로 대다수 세분시장들을 장악하면서 범위의 경제도 극대화하게 되었다. Marriott International은 수평적 통합을 통해 경쟁우위를 극대화한 대표적인 기업이다. 다른 예로, 항공기산업에서 Boeing과 McDonald Douglass는 합병을 통해 규모의 경제를 극대화하면서 유럽의 Airbus와 세계 상용항공기 시장을 양분하게 되었다.

세계적인 인수합병 트렌드의 결과로서 많은 산업에서 산업집중도(Industry Concentration)가 높아지게 되었다. 산업집중도가 높은 산업에서는 경쟁사의 수가 점점 감소하게 된다. 대표적인 수평적 통합의 사례로 인수합병을 통해 무한경쟁의 대표적인 산업이었던 미국의 항공운송산업에서도 지형변화가 생기게 되었다. 2001년에 American Airlines는 TWA를 인수하고, 2005년에 US Airways는 America West Airlines와, 2008년에 Delta Air Lines은 Northwest와, 2010년에 United Airlines는 Continental Airlines와, 같은 2010년에 Southwest Airlines는 AirTran Airways와,

그리고 2013년 American Airlines는 US Airways와 각각 합병했다. 이로써 산업집중도가 높아지면서 주요 4대 항공사가 미국시장의 80% 이상을 지배하게 되었다.[4] 이는 경영진이 수평적 통합을 통해 단일산업에서 경쟁세력들을 관리하는 데 기업의 역량을 집중한 결과 경쟁우위와 수익성을 크게 향상할 수 있었기 때문에 발생한 것이었다.

○ 수평적 통합의 장점 및 단점

수평적 통합을 추구하는 기업이 수익성을 향상하기 위해 가장 좋은 방법은 자본을 투자해서 경쟁업체를 인수 또는 합병하는 것이다. 수평적 통합을 통해 네 가지 주요 이점이 창출되는 경우 기업의 수익성은 향상된다. 네 가지 이점이란 영업비용을 낮추고, 제품차별화를 강화하며, 업계 내의 경쟁강도를 줄이고, 그리고 공급업체와 구매자에 대한 기업의 협상력을 강화하는 것이다.[5]

첫째, 수평적 통합은 영업비용(Operating Costs)을 절감할 수 있다는 장점이 있다. 수평적 통합을 통해 기업이 규모의 경제를 달성하게 되는 경우 영업비용을 낮출 수 있다. 여러 업체가 경쟁하는 산업에서 어떤 기업이 경쟁기업을 인수하게 되면 통합을 통해 영업비용을 절감할 수 있다. 규모의 경제를 달성하는 것은 특히 고정비(Fixed Costs)가 높은 산업에서는 매우 중요한 전략적 과제인데, 대규모 생산이 이루어지게 되는 경우 기업은 고정비용을 보다 많은 제품단위로 분산함으로써 평균 영업비용을 낮출 수 있기 때문이다. 예를 들면, 이동통신업계에서는 최신 인터넷 네트워크 구축에 소요되는 고정비용이 엄청 나서 이런 투자에 대한 효과를 극대화하기 위해서는 되도록 많은 수의 고객이 요구되고 있다. 따라서 SK텔레콤, KT, LG U플러스와 같은 기업들은 신세기통신, 하나로통신, 한솔PCS, 데이콤과 같은 경쟁기업들과의 인수 및 합병을 통해 고객을 확보해서 자사의 네트워크로 전환시켰다. 이를 통해 이동통신 기업들은 네트워크의 활용도를 높이는 한편 네트워크 내에서 각 고객에게 제공하는 비용을 절감할 수 있게 되었다. 이와 유사한 사례를 살펴보면 미국 호텔산업에서 Marriott와 Hilton 같은 거대한 호텔체인들은 인수합병을 통해 규모의 경제를 극대화하면서 본사의 비용절감은 물론이거니와 소속된 각 호텔브랜드의 가맹점들도 객실예약, 광고 그리고 구매 등의 분야에서 다른 경쟁업체 비해 낮은 영업비용을 유지할 수 있도록 지원하고 있다. 그러나 유감스럽게도 국내 호텔산업에서는 규모의 경제 효과를 창출할 수 있을 정도의 큰 규모로 성장한 호텔체인이 여태껏 나타나지 못하고 있는 형편이다.

기업은 수평적 통합 즉 경쟁사를 인수하는 경우 두 개의 본사 사무실, 두 팀의 영업부서 인력 등이 필요하지 않으므로 운영비를 절감할 수 있어 합병된 기업은 영업비용을 크게 줄일 수 있다. 이에 대한 좋은 예로 2016년에 Marriott International은 경쟁업체였던 Starwood Hotels & Resorts와의 합병을 통해 영업비용을 연간 $2억 5천만을 절감할 수 있었다. 위에 소개했던 미국의 항공사들의 인수합병도 비슷한 사유에서 발생한 것이었다.

둘째, 수평적 통합을 통해 산업의 경쟁강도가 크게 감소하게 되었다. 수평적 통합은 두 가지 면에서 산업의 경쟁강도를 줄이면서 수익성 향상에 도움을 줄 수 있다. 먼저 경쟁업체를 인수합병하면 때때로 가격전쟁을 유발하는 산업의 초과공급(Excess Capacity)을 제거하는 데 도움이 된다. 수평적 통합으로 인해 산업에서 초과공급이 제거되면서 가격은 비교적 안정되거나 때로는 증가되면서 보다 안정된 산업 환경이 조성될 수 있다. 또한 수평적 통합으로 인해 산업에서 경쟁업체의 수가 감소하면서 경쟁업체 간에 가격에 대한 암묵적인 조정이 이루어질 수 있다. 또한 수평적 통합으로 인해 산업집중도가 증가되면서 과점경쟁(Oligopoly)이 만들어지기 때문에 경쟁업체 간에 소모적인 경쟁을 피할 수 있도록 서로 간에 행동조율이 쉬워질 수 있다.

전형적인 파편화된(Fragmented) 산업으로 평가받던 세계 호텔산업도 많은 인수합병 활동으로 인해 서서히 지형변화가 일어나고 있다. Marriott, Hilton, IHG, Accor, Wyndham과 같은 메가 호텔체인들은 많은 인수합병을 통해 기업 규모가 커지고 지속적으로 경쟁우위가 향상되면서 세계 호텔산업에서 시장지배력이 점점 강화되고 있다. 이와 같은 추세가 지속된다면 세계 호텔산업도 몇몇 메가 호텔체인들이 대다수 시장을 거의 지배하게 되는 과점경쟁 산업으로 전환될 수 있다.

셋째, 수평적 통합으로 기업의 협상력을 증진할 수 있다. 기업들이 수평적 통합을 이용하는 또 다른 이유는 공급업자 또는 구매사에 대한 협상력을 강화해서 이들에게 비용부담을 지게 함으로써 경쟁우위를 강화하고 수익성을 향상할 수 있다. 산업통합을 위한 수평적 통합을 통해 기업은 공급업체의 제품을 훨씬 더 많이 구매하게 되는데, 이처럼 강화된 구매력을 지렛대로 사용해서 공급업체로부터 구매하려는 원재료나 제품을 전에 비해 낮은 가격으로 구입할 수 있다. 마찬가지로 경쟁업체를 인수해서 시장점유율이 높아지면 산업에서 특정 제품에 대한 시장지배력이 강화되면 이를 구입하려는 구매자들은 이 기업에 대한 의존도가 높아지게 된다. 다른 조건들이 같다면, 이제 이 기업은 가격과 수익을 올릴 수 있는 더 많은 힘을 가지게 되는데, 왜냐하면 구매자의 입장에서는 필요한 제품을 생산할 공급자의 수가 적어졌기 때문에 선택권이 줄어들게 되기 때문이다. 기업이 구매자에게 가격을 인상하거나 원재료의 가격을 낮출 수 있는 힘을 가지게 되는 경우 시장지배력이 커지면서 경쟁우위는 한층 더 강화될 수 있다. 다시 Marriott와 Starwood 합병 사례를 보면 Marriott는 두 기업의 결합을 통해 만들어진 규모의 경제를 기반으로 구매자이자 판매대행업체인 Expedia.com이나 Booking.com과 같은 OTA (Online Travel Agencies)와의 거래에서 협상력을 크게 강화할 수 있게 되었다. 즉 Marriott는 이들에게 지불하는 객실판매 수수료를 낮출 수 있게 되었다. 유명 호텔 체인들은 OTA나 Airbnb와 같은 새로운 형태의 경쟁업체들과 효과적으로 경쟁하기 위해서 수평적 통합을 통해 규모의 경제를 한층 강화하고 있다.

넷째, 수평적 통합을 통해 제품·서비스의 차별화를 강화할 수 있다. 수평적 통합은 어떤 기업이 합병한 기업의 제품을 결합해서 묶음으로 판매하게 됨으로써 보다 광범위한 제품들을 고객에게 제공하는 제품차별화를 통해 수익성을 향상할 수 있다. 묶음제품으로 고객은 단일 가격으로 필요한 여러 유형의 제품들을 동시에 구매할 수 있는 기회를 갖게 된다. 또한 여러 제품들을 세트로 구입함으로써 할인혜택을 받을 수 있으며, 한 기업만 상대하는 데 익숙해짐으로써 고객이 기업의 제품들을 바라볼 때 가치가 증가될 수 있다. 따라서 기업은 제품차별화가 증가

되면서 경쟁우위를 강화할 수 있다. 호텔기업의 예를 보면 Marriott International은 Residence Inn과 Ritz-Carlton을 인수하면서, 그리고 Hilton Hotel은 Doubletree, Embassy Suites, Hampton Inn 브랜드를 보유하고 있던 Promus Hotel을 인수하면서 체인이 보유하고 있는 브랜드 포트폴리오를 강화하여 한층 더 시장세분화(Segmentation) 전략을 가속하게 되었다.[6] 이를 통해 이 호텔체인들은 한 시장에서 다양한 가격대의 여러 호텔브랜드들을 소개하면서 고객에게 선택권을 제공하는 동시에 고객들의 멤버십 가치가 향상되면서 서비스 차별화에 크게 성공하게 되었다.

수평적 통합은 다방면에서 기업의 경쟁우위를 강화할 수 있지만 동시에 몇 가지 문제점과 한계도 존재하고 있다. 인수합병으로 예상되는 이점들이 여러 가지 이유로 인해 실현되지 않는 경우가 많이 있다. 이런 문제점에는 인수기업과 피인수기업 간에 매우 다른 문화적 차이점으로 인한 문제점의 대두, 적대적 인수(Hostile Takeover)인 경우 인수 직후에 발생하는 피인수기업 최고 경영진의 이직, 그리고 인수합병으로 나타나는 이점에 대한 과대평가와 인수합병에서 두 기업 운영시스템의 통합과정에서 발생할 수 있는 문제점에 대해 과소평가하는 관리자들의 경향 등이 있다. 그리고 특정 산업에서 시장점유율이 매우 높은 기업이 또다시 경쟁업체를 인수해서 지배적인 위치를 더욱 강화하려는 경우에 독점금지법에 따라 더 이상의 인수합병은 중앙정부에 의해 제약을 받게 된다. 이런 기업이 나타나게 되면 시장에서 경쟁이 완화되면서 지배기업은 마음먹은 대로 가격을 책정하게 될 뿐만 아니라 신규 경쟁사의 진입을 방해하므로 중앙정부는 이를 규제하기 위해 산업집중도를 크게 높이는 인수합병의 경우에는 이를 허락하지 않고 있다. 2013년 유럽연합 집행위원회(European Commission)는 EU 합병 규정에 근거하여 저가항공사인 Ryanair가 제안했던 아일랜드의 국적항공사인 Aer Lingus의 인수를 금지했다. EC는 두 개의 주요 항공사가 합병되면 46개의 노선에서 독점권 또는 지배적 지위가 만들어지면서 소비자들의 이익이 해쳐질 수 있다는 결론을 내렸다. 인수가 허가되면 소비자들의 선택폭이 제한될 뿐만 아니라 항공요금이 인상될 가능성이 높은 것으로 밝혀졌다.[7]

Ⅲ ▶▶ 수직적 통합(Vertical Integration)

    사업 초기에 기업들은 대부분 단일 세분시장 또는 산업에서 제품이나 서비스를 생산해서 소비자에게 제공한다. 이후 기업이 성장해서 일정 시점이 되면 주력사업 이외의 영역으로 사업을 확장하게 된다. 사업 확장으로 기업은 고객 범위, 생산 제품의 수, 그리고 이용하는 기술 등에서 보다 다양해지게 된다. 이런 패턴을 기업 의 영업범위가 확대되는 것이라고 말한다. 영업범위는 기업이 수행하는 활동, 생산하는 제품과 이를 판매하는 시장 등의 영역에 대한 수준이나 정도를 의미하고 있다.[8] 기업전략은 기업의 핵심역량을 확대할 수 있는 제품, 시장, 그리고 산업을 선택하는 것과 관련되어 있다.

    기업이 다른 사업 분야로 확장하는 경우에 새로운 사업으로 인해 기업의 핵심 역량이 강화된다면 성공한 것으로 간주된다.[9] 기업전략의 관점에서 기업의 핵심역량을 새로운 활동, 제품 또는 시장에 성공적으로 적용해서 확장이 가능해지는 경우 여러 사업 분야에서 경쟁우위를 누릴 수 있다. 기업이 영업범위를 확대하는 가장 일반적인 방법은 산업가치사슬(Value Chain)에서 인접하고 있는 단계로 확장하거나 새로운 사업 분야나 산업으로 진출하는 것이다. 전자를 수직적 통합(Vertical Integration)이라고 하며, 후자를 사업다각화(Diversification)라고 한다. 먼저 수직적 통합에 대해 살펴보기로 한다.

    지금까지 학습한 단일산업 집중전략과 수평적 통합 전략은 동일산업의 가치사슬에서 특정 가치사슬의 활동만을 전략적 고려의 대상으로 삼았다. 그러나 수직적 통합은 그동안 수행하던 단일산업의 가치사슬을 벗어나 동일한 산업에서 다른 가치사슬 활동을 추가하는 것인데, 그 결과 기업의 사업영역은 확대된다.

    만약에 지금까지 주로 다뤘던 단일산업 기업이 〈그림 9-1〉에 있는 제조업체라고 한다면 이 기업이 지금까지와는 달리 후방에 있는 공급업체의 분야로 진출해서 직접 원재료를 생산해서 자체적으로 공급하거나 이 기업의 전방에 있는 물류업체나 유통업체 분야로 사업을 확장해서 직접 자체적으로 생산한 완성품을 운송하거나 판매할 수 있다. 즉 기업이 속하고 있는 산업의 후방 또는 전방 단계로의 사업 확장을 수직적 통합이라고 한다. 앞에서 살펴본 것처럼 수직적 통합에는 방향에 따라 공급업체 쪽으로 확장하는 후빙통합(Backward Integration)과 물류업체나 유통업체 쪽으로 확장하는 전방통합(Forward Integration)으로 나눌 수 있다. 후방통합의 좋은 예는 Starbucks가 커피농장을 인수해서 직접 관리하면서 품질을 유지하게 되었으며, 전방통합의 예는 과거 미국의 자동차기업인 GM과 Ford는 렌트카업체인 Hertz와 Avis를 각각 전방통합했다. 또한 수직적 통합은 수준(Degree)에 따라 산업의 가치사슬 전 분야로 사업을 확대하는 완전통합(Full Integration)과 일부 가치사슬로만 사업영역을 확대하는 부분통합(Partial Integration)으로 구분되고 있다.

수직적 통합은 다른 용어로 수직계열화라고 하는데 이 용어는 국내 기업들이 주로 사용하고 있다. 〈그림 9-1〉에 있는 제조업체를 기반으로 수직적 통합에 대해 보다 자세하게 살펴보겠다. 수직적 통합 또는 수직계열화는 크게 제품의 제조과정에서 요구되는 원재료를 생산하고 완제품을 제조해서 이를 판매하는 것에 이르기까지 모든 일련의 과정을 한 기업이 모두 담당하는 경우, 기초 원재료에서 시작해서 중간 원재료를 생산하고 이를 가지고 완제품을 생산하는 과정을 한 기업이 담당하는 경우, 그리고 한 기업이 원재료나 부품들을 공급받아서 제품을 자체적으로 생산해서 완세품을 유통경로를 통해 최종 소비자에게 공급하는 경우 등으로 나눌 수 있다.

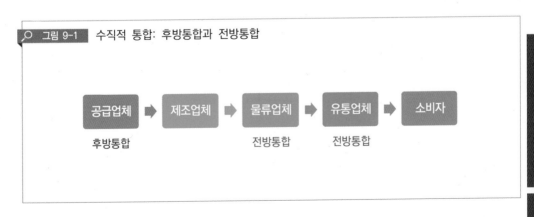

🔍 그림 9-1 수직적 통합: 후방통합과 전방통합

기초 원재료나 중간재만을 생산해서 완제품을 생산하는 제조업체로 넘기는 기업에 비해 전방단계에서 소비자를 상대로 하는 완제품의 생산과 유통까지 하는 기업의 경우에는 소비자의 욕구 변화를 직접 파악해서 이를 다시 제품의 기획, 설계, 그리고 생산에 신속하게 반영할 수 있기 때문에 시장 변화에 대한 대응력이 강화될 수 있다. 그리고 후방단계에 있는 공급업체가 원재료에 대한 높은 가격 협상력을 보유하게 되는 경우 제조업체의 입장에서는 원재료 가격이 인상되면서 수익성에 악영향을 미치게 되고 또 영업실적의 변동성이 커지는 위험에 노출될 수 있는 데 비해 수직적 통합으로 그런 위험을 피할 수 있다. 공급업체를 통합하면 원재료의 독점으로 경쟁기업들을 따돌리며 원가경쟁력이 강화되면서 비용우위가 향상된다.

수직적 통합을 구축하면 원재료부터 완제품까지의 기술적인 일관성에 의해 기술력을 배양하기가 유리해지고 자체적으로 쌓은 기술과 노하우를 보호하면서 다른 업체들의 모방을 방지할 수 있다. 또한 전체 과정에서 자금을 조달하고 생산계획을 유연하게 조정하는 것이 비교적 쉬워지며 원재료 공급원과 유통망을 모두 보유하게 되면서 시장지배력이 크게 강화된다. 한편 수직적 통합은 한 기업 내에서 이루어지기도 하지만 계열사나 협력회사를 통해서도 가능하다. 특히 국내 대기업들은 계열사들로 구성되는 강력한 수직계열화를 통해 세계시장에 도전하고 있다.[10] 따라서 수직적 통합을 통해 기업은 전체 가치사슬 활동들의 효율성을 향상하고, 가치사슬 상에서 일련의 관련된 상이한 활동들을 결합하고, 결합된 활동들은 내부화되어 단일 기업의 통제를 받게 된다.

○ 거래비용이론(Transaction Cost Theory)

기업이 수직적 통합을 행하기 이전을 생각해 보자. 〈그림 9-1〉에서 제조업체는 사업을 온전하게 수행하기 위해서 공급업체, 물류업체, 그리고 유통업체와 시장을 통해서 거래하고 있다. 기업의 내부적인 생산성이 높다고 해서 비용 효율성이 극대화되는 것은 아니다. 비용 효율성은 시장에서 거래하고 있는 다른 기업과도 관련이 있다. 시장은 불완전하기 때문에 다른 업체들과의 거래가 최대한 효율적이지 않을 경우도 많다. 그렇다면 기업은 반드시 외부시장을 통해 다른 업체와 거래해야만 하는가 아니면 다른 방법이 존재하고 있는가. 이런 상황에서의 대안에는 다른 업체들이 수행하는 가치사슬 활동을 보다 적은 비용으로 기업이 대신 수행해서 내부화하는 방법이 있다. 이를 수직적 통합이라고 한다. 대신에 수직적 통합이 시장거래에 비해 보다 합리적인 대안이 되기 위해서는 여러 조건이 맞아야 하는데, 기업이 수직적 통합 여부를 결정하는데 좋은 판단기준을 제공하는 것이 바로 거래비용이론이다. 거래비용이론에 의하면 〈그림 9-1〉에 있는 제조업체, 공급업체, 물류업체, 유통업체 등과 여러 기업들이 시장을 통해서 거래관계를 맺은 것보다 제조업체가 산업가치사슬의 모든 활동들을 수행함으로써 시장거래에서 소요되는 거래비용을 절감할 수 있다. 결론적으로 거래비용이론에서는 거래비용을 최소화하는 것이 기업이 수직적 통합을 하는 궁극적인 목적으로 밝히고 있다.

거래비용이론을 처음 소개한 Coase에 의하면 기업은 제조활동에 필요한 자원을 시장에서 조달할 수도 있고 기업 내부로 통합할 수도 있다고 했다. 이런 의사결정의 기준이 되는 근거가 바로 거래비용이다. 거래비용이란 시장을 통해 거래하는 경우 불확실성이 높은 시장에서 거래 상대방을 찾는데 소요되는 탐색비용, 계약체결비용, 감시비용을 말하며 이는 생산비용 및 관리비용과 구분이 된다. 우리가 부동산을 구매하거나 주식을 매입할 때 반드시 수수료를 지불해야 하듯이 기업 간의 거래에도 비용이 수반된다. 거래비용이론의 주된 관점은 거래를 경제적 분석의 기본 단위로 삼고 시장을 통해서 거래하는 경우 거래비용이 많이 발생하기 때문에 이런 비용을 절약하기 위해서 시장거래를 피하고 오히려 시장기능의 일부를 기업 내부로 끌어들여 거래하는 것이 더 유리하기 때문에 수직적 통합을 통해 내부화하는 것이다. 즉 불완전한 시장에서의 거래에는 거래비용이 많이 발생하기 때문에 이로 인해 기업이라는 조직구조의 형태가 등장해서 거래비용을 절감하기 위해 발전하는 것을 필연적인 현상으로 보고 있다. 즉 Coase는 기업이란 형태의 조직이 시장으로부터 나와서 만들어지는 주된 이유는 시장을 통해서 이루어지는 거래에 비해 기업조직의 경계 내에서의 내부적인 거래를 이용하는 것이 상대적으로 적은 비용이 소요되면서 효율성이 향상되는 경우도 많이 발생하기 때문이라고 강조했다. 그런데 모든 시장기능을 내부화할 수 없기 때문에 기업은 시장과의 관계를 설정하고 효율적인 구조를 구축하기 위해 어떤 가치사슬 활동은 내부화하고(Make) 이떤 가치사슬 활동은 시장을 통한 외부거래를(or Buy) 할 것인가를 결정해야 하며, 이에 따라서 시장과 기업의 경계가 결정될 수 있다. 수직적 통합을 통한 내부화를 할 것인가 아니면 시장거래를 할 것인가를 결정함에 있어 거래비용 외에 생산비용과 관리비용도 함께 고려해야 하는데, 수직적 통합으로 관리비용 및 생산비용이 종전에 비해 더욱 증가하게 되는 경우에는 이를 피해야 한다. 따라서 수직적 통합으로 거래비용과 더불어 다른 비용들도 절감할 수 있다면 수직적 통합을 통한 내부화는 정당화될 수 있다.[11]

　　Williamson은 Coase의 이론을 더욱 발전시키면서 기회주의(Opportunism)와 거래특성(Transaction Characteristics)이란 개념들을 도입했다. 먼저 기회주의는 시장에서 거래당사자 간에 상대방의 약점을 이용하고자 하는 현상을 설명하기 위해 도입된 것으로 이에는 무리한 요구와 도덕적 해이 등이 있다. 시장거래에서 상대방이 상호호혜적이지 않고 자기 이익만을 극대화하기 위해 기회주의적인 행동을 하는 경우 이런 거래과정에서는 부당한 거래비용이 발생하게 된다. 이처럼 시장거래에서 기회주의적 풍토가 팽배하다면 즉 거래 상대방이 기회주의적인 행태가 높게 나타나는 경우 기업은 보다 나은 거래조건을 구현하기 위해 결국 수직적 통합을 통해 내부화하게 된다. 다음으로 거래특성에는 자산 특수성과 환경 불확실성이 있다. 자산 특수성(Asset Specificity)은 기업 간의 거래에서 특정한 거래만을 위해서 투자되는 자산의 특성으로서 특수성이 높은 자산이 많을수록 거래 상대방을 변경하기가 어렵기 때문에 상대방은 기회주의적인 행동을 하게 될 가능성이 높아지게 된다. 자산 특수성의 정도에 따라 효율적인 거래구조가 달라질 수 있는데, 자산 특수성의 정도가 낮으면 시장거래가 유리하나 자산 특수성이 높은 경우에는 수직적 통합을 통한 내부화를 선택하는 것이 보다 효율적이다. 예를 들면, 현대차에만 이용할 수 있는 특정 부품 하나만을 납품하는 하청기업은 현대차만을 위해서 투자해야 한다. 그러나 만약에 현대차가 해당 부품의 주문을 취소하거나 가격을 인하할 것을 요구하는 경우 현대차만을 믿고 투자했던 이 기업은 위기에 빠질 수 있기 때문에, 하청기업은 특정고객만을 위한 투자는 되도록 피하려고 할 것이다. 따라서 이런 기업과의 시장거래는 실패할 가능성이 높기 때문에 이런 경우에 대비해서 수직적 통합을 택하게 될 확률이 높아진다. 즉 기업이 거래하는 자산의 특수성이 높을수록 이를 극복하기 위해 수직적 통합을 하게 될 가능성은 높아진다. 또한 거래하는 경영환경에 대한 불확실성(Uncertainty)이 높아져서 거래에 대한 진행상황과 성과에 대한 정확한 정보 파악과 통제가 어려워지게 되는 경우에도 거래상대방은 기회주의적인 행동을 하게 될 가능성이 높아지며 이를 감독하는 것도 어려워진다. 경영환경이 불확실하게 변하는 경우 시장에서 거래를 위한 계약에서 거래 상대방이 요구하는 명기조건과 시행조건이 복잡해지며, 또 급변하는 경영환경에서 때때로 재협상을 강요하면서 협상이 지연될 수 있다. 따라서 이런 상황 하에서 체결하는 거래는 불완전하기 때문에 시장거래에 대한 매력은 감소하게 된다. 따라서 거래하는 경영환경의 불확실성이 높아질수록 이를 극복하기 위해 기업은 수직적 통합을 할 동기가 높아지게 된다. 요약하면 시장에서 거래하는 거래당사자의 기회주의적인 행동은 거래하는 자산의 특수성이 높을수록 또 거래하는 경영환경의 불확실성이 높아질수록 그 가능성은 높아진다. 따라서 기업은 수행하고 있는 가치사슬 활동의 특성상 자산 특수성과 환경 불확실성이 높을수록 수직적 통합을 통한 내부화 구조를 선택함으로써 거래 상대방의 기회주의로 인해 발생하는 거래비용의 절감을 통해 수익성을 향상할 수 있다.[12] 결국 시장실패가 있는 경우 기업은 수직적 통합을 이용할 수 있으며 이를 통해 경쟁우위를 향상하려면 시장실패를 내부 구조에서 개선할 수 있어야 한다.

○ 국내 대기업의 수직계열화

삼성전자, 현대자동차, LG전자 등과 같이 글로벌 무한경쟁 하에서 국내경제를 이끌고 있는 대표기업들은 계열사들을 동원하는 효율적인 수직적 통합을 통해 세계시장에서 경쟁우위를 강화해 나가고 있는데 수직적 통합은 이 기업들에는 핵심 역량이 되고 있다.[13] 이에 대한 사례로 현대차 그룹을 살펴보자. 〈그림 9-2〉에서 볼 수 있는 것처럼 현대차 그룹은 자동차 원자재인 강판으로부터 자동차 핵심부품, 자동차 제조 및 판매, 해외 운송과 할부금융, 그리고 판매 대리점까지 계열사들을 동원해서 선 과정을 수직계열화한 대표적인 기업이다.[14] 이와 같은 현대차의 높은 수직적 통합 수준은 거의 완전통합에 가까우며, 이에 비해 경쟁업체인 미국의 GM 이나 Ford는 비교적 부분통합에 가깝다고 할 수 있다. 수직계열화를 통해 현대차는 일사불란한 의사결정체제, 비용 절감, 부품 수급, 원가경쟁력 등의 측면에서 우위를 점하면서 세계 5위의 자동차 전문업체로 비약적인 성장을 이룩하게 되었다.

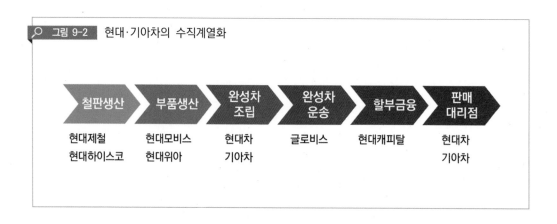

그림 9-2   현대·기아차의 수직계열화

국내경제의 간판스타 삼성전자도 강력한 수직계열화를 통해 계열사 간의 시너지를 극대화하는 데 성공했다. 삼성전자는 반도체를 시발로 해서 LCD(삼성디스플레이), 배터리(삼성SDI), 카메라모듈(삼성전기), 그리고 OLED까지 수직계열화하면서 파죽지세로 성장하면서 세계 최고 수준의 기업으로 성장했다. 이런 부품들의 일류화는 세트 일류화로, 세트점유율의 확대는 결국 부품의 대량생산으로 이어졌다.[15] 이에 반해 스마트폰 경쟁사인 Apple은 주요 부품들을 아웃소싱하고 있는데 최근에는 수직계열화 전략을 강화하고 있다.

국내 대기업들이 모두 수직계열화를 통해 성공을 거둔 것은 아니다. STX그룹의 성공 및 실패는 수직계열화의 위험성을 잘 보여주는 좋은 사례이다. STX그룹은 2000년 IMF 외환위기 여파로 시장에 매물로 나온 쌍용그룹을 당시 쌍용그룹의 사원이었던 창업주 강덕수 회장이 사재를 털어서 인수한 후 2001년 사명을 STX로 변경하면서 시작되었다. 부채 레버리지를 활용해서 기업을 인수해서 사업을 성장시킨 후 수익을 내서 부채를 되갚는 방식으로 STX그룹은 급성장을 했다. 2001년에 법정관리 중이던 대동조선을 인수한 후 STX조선해양으로 개명하는 것을 시발로 해서 2003년에는 산단에너지, 2004년 범양상선을 인수한 후 각각 STX에너지와 STX팬오션으로 사명을 변경했다. 이를 바탕으로 '샐러리맨의 신화'라고 추앙받던 강덕수 회장은 '해운·조선 수직계열화'를 그룹의 핵심역량으로 육성했다. STX그룹의 주력기업인 STX조선해양이 쾌속성장을 이룩할 수 있었던 것은 수직계열화의 선순환 구조에 의한 것이었다. STX의 수직계열화는 '조선 기자재 → 엔진 제조 → 선박·플랜트 건조 → 자원 개발 → 해상 운송'으로 구성되었다. 이를 통해 그룹의 해운계열사인 STX팬오션이 선박을 발주하면 STX조선해양은 선박을 건조하고, 그리고 STX엔진과 STX중공업은 STX조선해양에 조선 기자재를 납품한다. 이처럼 STX조선해양을 주축으로 하는 수직계열화 사업구조는 당시 세계 해운업과 조선업의 활황에 힘입어 그야말로 쾌속성장을 이룩했다. 2007년 드디어 STX그룹은 국내 재벌순위 12위로 등극하면서 세간의 큰 관심을 받았다.

그러나 기함 STX조선해양은 2010년을 기점으로 급속하게 몰락하기 시작했다. 이는 2008년 세계 금융위기의 여파로 인한 유럽의 재정위기로 발발한 세계 해운업과 조선업의 동시 침체로 인한 것이었다. 많은 선주사가 포진해 있는 유럽에서 여러 국가들이 재정위기를 겪게 되면서 선박금융이 급격하게 경색됐다. 이런 여파로 선주들이 선박 주문을 중지하면서 STX조선해양은 그야말로 직격탄을 맞게 된다. 선박 발주량이 감소하면서 STX팬오션이 타격을 입었고, STX조선해양 역시 선박 주문량이 갑자기 줄면서 매출액이 급감했다. 따라서 STX엔진과 STX중공업 같은 계열사들도 수익이 크게 하락했다. 공교롭게도 조선업과 해운업은 경기순환주기가 같아서 위험을 회피할 수 없었다.

해운과 조선이 주축이던 STX그룹은 주력기업이던 STX조선해양과 STX팬오션이 무너지자 동반해서 침몰하기 시작했으며, 재무상황도 급격하게 악화되었다. 당시 그룹 전체의 차입금 규모는 13조 원에 달했다. 세계 조선업과 해운업이 계속해서 회복하지 못하게 되자 결국 2013년 STX그룹은 채권단 공동관리로 자율협약 체제를 맞게 되었으며, 2014년에는 공정거래위원회가 상호출자제한 기업집단 지정을 제외하면서 성공신화를 이룩했던 STX그룹은 결국 해체되고 말았다.[16]

○ 호스피탈리티 · 관광산업의 수직적 통합

〈그림 9-3〉에서 보듯이 호스피탈리티 · 관광산업 가치사슬에서도 수직적 통합을 통해 규모를 확대하는 기업들이 많이 존재하고 있다. 이런 사례는 외국과 국내에 공히 많이 존재하고 있다. 호스피탈리티 · 관광산업에서 수직적 통합이 가장 먼저 발생한 곳은 미국의 항공운송산업이었다. 1946년에 당시 세계 최대 항공사이자 20세기에 가장 유명하고 성공적인 항공사인 Pan American World Airways(Pan Am)는 InterContinental Hotels Corporation을 Pan Am의 자회사로 창립했다. 창립 목적은 브랜드명에서 보듯이 국내보다는 해외에 호텔을 건설하기 위한 것이었다. 이후 InterContinental은 모기업인 Pan Am의 취항지인 남미, 아시아 · 태평양, 유럽, 아프리카, 중동 등지에 진출하면서 주로 미국인 여행객과 승무원에게 미국에서와 같은 고급 객실을 제공했으며, 개관하는 지역마다 최초의 국제 호텔체인으로 명성을 쌓게 된다. 그러나 당시 Pan Am과 치열한 경쟁을 벌이고 있던 항공사인 TWA는 1967년에 Hilton Hotels Corporation의 국제사업부인 Hilton International을 인수하면서 호텔과 항공사가 결합해서 운영되는 트렌드가 개발되기 시작했다. 이에 뒤질세라 United Airline도 1970년에 Westin Hotel을 합병했으며 또 American Airlines는 자회사로 Americana Hotel을 설립하면서 역시 경쟁에 가담하게 되었다. 1976년에는 아일랜드의 국적항공사인 Air Lingus가 미국 호텔체인 Dunfey Hotel을 인수했으며 이런 트렌드는 1980년대에도 계속해서 이어졌다. 결국 이런 트렌드는 세계 전 지역으로 퍼져나가게 되었는데 프랑스의 Air France는 Le Meridien, 독일의

🔍 그림 9-3 ┃ 호스피탈리티·관광산업 가치사슬(Tourism Value Chain)

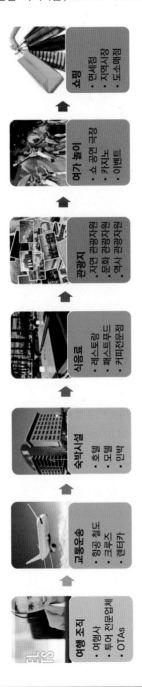

Lufthansa는 Kempinski Hotel, KLM은 Golden Tulip Hotel, Swissair는 Swissotel, 일본의 JAL은 Nikko Hotel, 역시 일본의 ANA는 ANA Crowne Plaza, 그리고 한국의 대한항공은 KAL호텔을 각각 설립하거나 인수하게 되었다.[17] 그러나 항공사와 호텔이 결합하면서 기대했던 시너지는 그리 크지 않았다. 예를 들면, TWA의 인수 동기는 항공사와 호텔체인 간의 시너지 효과를 노린 것이었는데, 그러나 시너지는 크지 않거나 없었다. TWA의 항공기에 탑승한 승객들은 대부분 가격에 민감한 사람들이어서 Hilton과 같은 고급호텔에 눈길을 두지 않았으며 또 TWA의 취항도시와 Hilton호텔들이 위치한 도시나 지역들은 부분적으로 보완적이었다.[18] 결국 항공사와 호텔사업은 필요한 핵심역량이 각기 다른 것으로 판명되었다. 이후 항공사와 호텔의 결합은 거의 해체되었으며, 현재는 일부에서만 결합체가 유지되고 있다.

수직적 통합은 외식기업의 경우에도 경쟁우위를 유지하기 위해 중요하게 고려되고 있다. 세계 최대의 외식기업인 McDonald's는 창립 이래 1990년대 이전까지 수십 년 동안에 걸쳐 급속한 성장을 했지만 결국 미국 패스트푸드 시장이 포화되면서 성장에 대한 문제가 심화되기 시작했다. 따라서 성장을 지속하기 위해 McDonald's가 선택한 전략은 대대적인 해외시장 진출 전략이었다. 그 결과 신규 매장 오픈에서 해외시장 비중이 1980년에는 20%에 불과했지만 2000년에는 70%에 달하게 되었다. McDonald's의 성공적인 글로벌 성장전략의 핵심 요소 중의 하나는 McDonald's가 영업하는 많은 국가에서 성장을 촉진하는 가치창출 기술을 재현하는 것이었다. 미국에서 McDonald's의 성공은 공급업체와의 긴밀한 관계, 전국적인 마케팅 파워, 그리고 수많은 매장들의 영업절차에 대한 엄격한 통제를 기반으로 만들어진 것이었다.

글로벌 확장전략에서 McDonald's가 당면했던 가장 큰 문제점은 미국의 McDonald's와 똑같은 공급사슬(Supply Chain)을 다른 나라에서 재현하는 것이었다. 미국에 있는 식재료 공급업체들은 그들의 운명이 McDonald's의 성과와 밀접하게 연계되어 있기 때문에 매우 충성도가 높았다. McDonald's는 이용되는 모든 식재료에 대해 매우 엄격한 기준을 유지했는데, 이는 일관성 유지와 품질관리를 위한 핵심적인 사항이었다. 그러나 McDonald's는 미국 이외의 지역에 존재하는 식재료 공급업체들은 McDonald's가 원하는 특정 요건을 충족하는데 요구되는 투자를 꺼려한다는 사실을 발견하게 되었다. 예를 들어, 영국에서 McDonald's는 햄버거 빵을 만들기 위해 현지 제조업체를 이용하는 데 문제가 있었다. 2개소의 현지 빵 제조업체의 품질 문제를 경험한 후에 McDonald's는 후방통합을 결정한 후 영국의 McDonald's 레스토랑들에게 빵을 공급하기 위해 자체적으로 빵 제조공장을 건설했다. 더 극단적인 경우를 보면 McDonald's가 러시아에 진출하기로 결정했을 때 현지 공급업체들은 원하는 수준의 식재료를 생산할 수 있는 능력이 없다는 것을 파악하게 되었다. 따라서 McDonald's는 현지의 식품산업을 이용해서 대규모 수직적 통합을 결정하게 되는데, 감자 종자와 황소 정액을 수입해서 간접적으로 낙농업 농장, 소목장, 채소밭 등을 관리하게 되었으며, 또한 막대한 비용을 들여서 세계 최대의 식품가공 공장도 건설했다. 그리고 남아메리카에서도 McDonald's는 아르헨티나에서 자체적으로 가축을 기르기 위해서 거대한 목장을 구입했다. 전략적인 수직적 통합에 노력을 기울인 결과 McDonald's는 제품 품질을 유지하는 한편 글로벌 차원에서 비용을 절감하게 되었다.[19]

호스피탈리티·관광산업 가치사슬에서 가장 극적인 수직적 통합의 예는 아마도 미국의 Allegis Corporation일 것이다. 원래 United Airlines는 1970년에 Westin을 인수하면서 호텔사업을 수직 통합하게 되었다. 또한 1979년에 CEO로 취임한 Richard Ferris는 수직 통합화 전략을 더욱 가속화했다. 즉 1985년에 선두 렌터카업체인 Hertz를 인수하고, 1986년에는 Pan Am으로부터 태평양 항공노선을 인수했다. 그런데 1987년 2월 CEO Ferris는 United Airline의 사명을 Allegis Corporation으로 전격적으로 변경했다. 직후인 1987년 5월에는 높은 프리미엄을 지불하면서까지 TWA로부터 Hilton International을 인수하게 되었다. Ferris의 성장전략은 자사 소유의 여행사 터미널과 중앙예약시스템인 Apollo와 항공운송사업, 호텔사업, 그리고 렌터카사업을 모두 함께 묶는 '여행백화점'을 개발하는 것이었다. 그러나 과도한 부채를 이용한 인수합병과 다른 기업과의 가격경쟁이 격화되었으며, 그리고 기대했던 시너지 효과도 그리 크지 않았다. 예를 들면, 렌터카업체인 Hertz와 항공사가 결합해서 창출되는 고객은 단지 18%에 불과했으며 대다수 매출은 공항에서 발생하고 있었다. 사업이 크게 부진해지고 과도한 부채 부담이 커지면서 불만이 매우 높았던 주주, 조종사노조, 그리고 투자기관 등은 결국 1987년 6월 긴급 이사회를 개최해서 CEO를 해임해 버린다. 이 소식에 주식가격은 크게 올랐으며 이후 인수했던 기업들을 다시 매각하는 계획이 발표되었다.[19] Allegis를 능가하는 수직적 통합을 이룩한 기업도 있다. 현재 유럽의 최대 여행기업인 독일의 TUI Group은 여행사-호텔-항공사-크루즈 사업들을 망라하는 대대적인 수직적 통합 구조를 기반으로 운영되고 있는 대표적인 기업이다. 이 외에도 과거 호텔체인인 Hilton과 Sheraton은 카지노기업인 Bally Entertainment와 Caesars Place를 인수해서 수직적 통합을 구축하기도 했었다.

국내의 호스피탈리티 · 관광산업 가치사슬에서도 유사한 경우가 많이 발생하고 있다. 먼저 호텔롯데와 호텔신라는 같은 조직 내에 면세점 사업부를 설립해서 사업을 크게 확장하고 있다. 그러나 이 두 기업의 매출과 영업이익의 대다수는 모두 면세점에서 유래되고 있어서 구조적 및 기형적인 문제가 심화되고 있다. 그리고 국적항공사인 대한항공은 4개소의 호텔을 보유하고 있는 칼호텔네트워크를 계열사로 두고 있다. 한편 국내 1위와 2위 여행사인 하나투어와 모두투어도 호스피탈리티 · 관광산업 가치사슬 내의 수직적 통합을 통해 사세를 확장하고 있다. 먼저 하나투어는 센터마크호텔, 티마크호텔, 티마크그랜드호텔 등으로 호텔사업에, 또 SM면세점을 통해 면세점에 각각 진출하고 있다. 하나투어는 이외에도 식음료사업과 문화공연 등 여러 분야로 진출하고 있다. 특히 호텔사업과 면세점사업은 일본에도 진출하면서 수직적 통합을 국제화하고 있다. 한편 모두투어도 먼저 부동산투자회사(REITs)인 모두투어리츠를 설립하고 로베로호텔을 인수해서 본격적인 호텔사업으로 진출하면서 자체적인 호텔브랜드인 STAZ HOTEL을 개발하고 현재 4개소의 호텔을 운영하고 있다.

○ 수직적 통합의 장점 및 단점

　수직적 통합에도 장점과 단점이 있다. 먼저 수직적 통합의 장점은 다음과 같다. 첫째, 기업을 중심으로 해서 후방의 원재료와 전방의 소비자에 직접 접근할 수 있다. 이로 인해 전 과정의 비용에 대한 정보를 확보하게 되면서 이를 효율성 향상에 이용할 수 있으며, 생산 노하우에 대한 영업 비밀을 잘 지킬 수 있다. 이는 새로운 기업이 해당 산업으로 진입하는 것을 막는 진입장벽의 역할을 하게 된다. 둘째, 핵심적인 제품이나 서비스와 직접적으로 연관된 중요한 부가가치 활동에 대한 기업의 통제를 확대해서 품질을 향상할 수 있다. 셋째, 외부의 공급자 또는 구매자에 의존함으로써 생기는 불확실성을 감소할 수 있다. 넷째, 자체적인 운영 및 핵심 프로세스에서 보다 안정적이고 효율적인 부가가치 활동의 흐름이 보장되면서 자체적으로 매우 전문화된 특별한 자산이 개발될 수 있는데, 이는 고유한 경쟁우위의 원천이 될 수 있다. 다섯째, 후방 및 전방 통합으로 종전에는 없던 새로운 수익 창출의 기회를 확보할 수 있다. 여섯째, 수직적 통합으로 인한 누적된 잠재적 수익은 적어도 단기적으로 기업이 직면하고 있는 불확실성과 거래비용을 줄여준다. 일곱째, 특히 여러 국가에서 가치사슬 활동들을 수행하고 있는 다국적기업들은 수익성이 높은 제품의 경우에 부품이나 중간재에 대한 이전가격(Transfer Price)을 이용해서 세율이 낮은 국가의 생산단계에서 수익이 많이 창출될 수 있도록 조정해서 절세효과를 볼 수 있다.

　수직적 통합에는 큰 단점도 있다. 첫째, 수직적 통합으로 인해 기술, 생산프로세스, 또는 다른 활동에 대해 귀중한 자원을 과도하게 투입하게 됨으로써 결국 기업은 진부해지게 된다. 둘째, 과도한 수직적 통합에 따른 매우 높은 고정비용으로 산업이 침체에 빠지는 경우 빠르게 취약해지게 된다. 셋째, 수직적 통합은 서로 다른 역량과 기술의 결합을 요하는 경우 효율성에서 심각한 문제를 야기할 수 있다. 넷째, 수직적 통합으로 인해 환경변화에 따른 유연성(Flexibility)이 떨어지게 되는데 이는 만약에 해당 산업이 불경기에 빠지게 되면 외주생산은 원재료 물량을 비교적 쉽게 조정할 수 있지만 자체 생산하는 경우에는 고정비로 인해 비용통제가 어렵게 된다. 즉 수직적 통합은 호황기에는 매우 적합하지만 불황기에는 독이 되는 전략이다. 다섯째, 내부화된 가치사슬 활동들은 철저한 관리활동이 따르지 않으면 경쟁으로 인한 기술혁신에 대한 동기부여가 사라지게 된다. 여섯째, 규제에 취약할 수 있다. 수직계열화된 기업은 공정거래법에 의한 일감 몰아주기 규제와 독점방지법에 의해 강력한 규제 대상이 될 수 있다.

종합적인 차원에서 강력한 수직계열화가 구축된 삼성전자나 현대자동차 같은 기업들은 경기가 좋을 때는 전방산업인 자동차와 전자제품의 호황으로 매출이 크게 늘어나 원자재와 부품을 생산하는 계열사들의 실적도 같이 호전되면서 선순환이 이루어지지만, 반대로 전방산업이 불황으로 크게 흔들리는 경우에는 전 계열사가 모두 몰락하게 되는 기막힌 일이 생길 수도 있다. 이를 방지하기 위해서는 수직적 통합의 장점인 통제력과 단점인 유연성에 대한 균형을 잘 조화해서 장점은 극대화하고 단점은 최소화하는 지혜가 필요하다. 또한 완전통합과 부분통합의 장점과 단점을 잘 이용해서 환경변화와 경기순환에 잘 대처할 수 있는 유연한 조직구조를 구축해야 한다.[20]

○ 아웃소싱(Outsourcing)

1970년대와 1980년대에 일본의 Toyota가 세계 자동차산업을 석권하게 되면서 많은 구미 기업들은 Toyota의 경쟁우위의 원천을 연구하게 되었다. 조사 결과 Toyota의 여러 핵심역량 중의 하나가 수직적 통합의 형태도 아니고 완전한 시장거래도 아닌 준수직적 통합체제로서 시장거래와 계열화된 수직적 통합의 장점을 절묘하게 조화한 결과였다는 사실이 밝혀지게 되었다. 즉 Toyota는 내부화뿐만 아니라 부품업체 및 제조업체들과 긴밀한 협력관계를 맺고 상호호혜적인 차원에서 협력하면서 부품의 품질을 향상하고 있었다. 이를 파악한 구미 기업들은 Toyota를 모방하기 위해 종전의 수직적 통합체제를 완화하는 한편 상당수의 부품들을 시장에서 다른 기업과의 거래를 통해 아웃소싱하기 시작했다. 이후 많은 세계의 산업

분야에서 아웃소싱은 메가트렌드로 자리매김하게 되었다.

이제 많은 기업들은 경쟁력을 향상하기 위한 방편의 하나로 가치사슬의 일부 활동이나 기능을 시장의 외부기업에게 맡기는 아웃소싱을 적극 활용하고 있다. 수직적 통합에 비해 아웃소싱이 거래비용이 적게 들고 유연하다면 아웃소싱이 유리할 수 있다. 아웃소싱은 기업이 수행하고 있는 여러 가지 가치사슬 활동 중에서 핵심역량이나 전략적 중요도가 높은 분야를 제외하고 나머지 활동이나 기능들을 외부의 해당 분야 전문기업과 계약을 체결해서 이를 대행하게 하는 것이다. 또한 일부 제품이나 서비스의 생산도 아웃소싱하고 있기도 하다. 이를 통해 기업은 보유한 자원을 핵심역량에 집중해서 이를 더욱 강화할 수 있다.

글로벌 경영이 일반화된 현재와 같은 경영환경에서 아웃소싱의 전략적 중요성은 더욱더 증가하고 있다. 다국적기업들은 효과적 및 효율적으로 제품을 생산하기 위해서 글로벌 아웃소싱을 크게 확대하고 있다. 따라서 글로벌 아웃소싱의 확대는 이제 전략적 차원에서 중요한 트렌드의 하나가 되었다. 특히 다국적기업들은 국내 시장에서의 경쟁우위 향상뿐만 아니라 치열한 글로벌 경쟁에 보다 효과적으로 대처하기 위해 아웃소싱에 더욱 높은 관심을 두고 있다. 예를 들면, 세계 최고의 기업의 하나로 현재 시장가치가 가장 높은 기업인 Apple은 iPhone에서 소프트웨어와 디자인과 같은 핵심적인 가치사슬 활동은 미국 본사에서 수행하는 한편 여러 중요한 부품들은 삼성전자와 같은 전 세계 전자기업들과의 아웃소싱을 통해 생산하고 있다. 또한 삼성전자도 LCD패널과 같은 일부 부품들을 외부업체에 아웃소싱해서 생산하고 있다. 또한 많은 기업들이 정보기술 기능을 외부업체에 아웃소싱하는 경우가 많이 늘고 있다.

아웃소싱을 하려는 기업은 먼저 경쟁우위의 기반이 되는 가치사슬 활동들을 식별해야 한다. 즉 기업은 핵심역량을 구성하는 중요한 가치사슬 활동들은 내부적으로 수행하고 양성해서 보호한다. 그리고 나머지 비핵심적인 가치사슬 활동들은 국내외의 전문기업이 보다 효율적 및 효과적으로 수행할 수 있는지에 대해 검토한다. 항공사들은 정보시스템, 항공기 정비, 기내식, 그리고 지상직 등의 활동들을 아웃소싱하고 있으며, 호텔들은 하우스키핑, 외부청소, 주차관리, 셔틀버스, 직원

식당 등을 아웃소싱하고 있다.

아웃소싱에도 장점과 단점이 존재하고 있다. 아웃소싱의 장점에 대해 살펴보면 다음과 같다. 첫째, 기업은 고비용·저효율의 특성을 보이고 있는 저조한 가치사슬 활동을 아웃소싱 전문기업에게 맡김으로써 효율성의 향상과 함께 비용을 절감할 수 있다. 둘째, 만약에 아웃소싱 전문기업이 특정 가치사슬 활동이나 부품생산에서 특출한 기술이나 역량을 보유하고 있는 경우 원청기업은 전문기업의 지원을 통해 자사 제품·서비스의 차별화를 강화할 수 있다. 셋째, 아웃소싱을 잘 활용해서 기업은 귀중한 자원을 핵심역량의 강화에 집중적으로 투자할 수 있다. 넷째, 기업의 일부 활동들을 아웃소싱함으로써 조직이 슬림화될 뿐만 아니라 외부환경 변화에 신속하게 대응할 수 있는 유연성을 강화할 수 있다.

아웃소싱의 한계도 있다. 첫째, 아웃소싱 전문기업과 장기간에 걸쳐 계약을 체결한 결과 이 업체에 대한 의존도가 높아지게 되면 협상력이 강해진 전문기업은 가격 인상을 요구할 수 있으며 이로써 원청기업의 통제력이 약화되면서 성과는 떨어지게 된다. 이에 더해 생산경험을 쌓은 아웃소싱 전문기업이 같은 제품을 놓고 원청기업과 경쟁하게 되는 경우도 발생하고 있다. Apple과 삼성전자 간에 이와 같은 경우가 발생하고 있다. 둘째, 기업이 일부 가치사슬 활동들을 아웃소싱하게 되는 경우 기업은 이 활동에 대한 학습 기회를 상실하게 된다. 그런데 시간이 흐르고 상황이 바뀌어서 아웃소싱한 활동이 원청기업의 내부 가치사슬에서 매우 중요한 역할을 담당하게 되는 경우에는 이에 대처하기가 쉽지 않을 수 있다. 셋째, 너무 많은 가치사슬 활동 또는 제품들에 대한 아웃소싱은 기업이 미래에 새로운 핵심역량이나 제품의 개발 기회를 잃을 수 있다. 과거 IBM은 PC의 운영체제와 CPU를 각각 Microsoft와 Intel에 아웃소싱한 이후 PC 시장의 주도권을 이들에게 빼앗기고 마는 실수를 범했다.[21]

참 / 고 / 문 / 헌 ▒▒

1. Hill, C. W. L. & Jones, G. R. (2010). *Strategic Management Theory: An Integrated*

Approach. (9th ed.). South-Western Cengage Learning: Mason, OH.

2. Marriott Jr. J. W. & Brown, K. A. *The Spirit to Serve.* HarperCollins: NY. 구본성 역 (1999), 메리어트의 서비스정신. 세종서적.

3. Cooper, R. (2016). *How much Marriott has spent on Starwood, when the hotel cycle will peak and more nuggets from Marriott's earnings.* Washington Business Journal. November 14, 2016.

4. Lim, Y. Sharma, V. & Wang, D. (2017). *U.S. Airline Industry.* Working Paper.

5. Hill, C. W. L. & Jones, G. R. (2010). *Strategic Management Theory: An Integrated Approach. (9th ed.).* South-Western Cengage Learning: Mason, OH.

6. Petersen, M. (1999). *Hilton to Buy Promus Chain, Creating One of Biggest Hotel Groups.* The New York Times. September 8, 1999.

7. European Commission(2013). *Mergers: Commission prohibits Ryanair's proposed takeover of Aer Lingus.* Press Release. 27 February 2013.

8. Chandler, A. D. (1962). *Strategy and Structure: Chapters in the History of the American Industrial Enterprise.* MIT Press: Cambridge, Massachusetts.

9. Prahalad, C. K. & Hamel, G. (1990). The Core Competencies fo the Corporation. *Harvard Business Review, 68,* 79-91.

10. 이건희(2011). 수직계열화의 빛과 그림자. 머니투데이. 2011.06.14.

11. Coase, R. H. (1937). The nature of the Firm. Economica, 4(16), 386-405.

12. Williamson, O. H. (1985). *The Economic Institutions of Capitalism.* Simon & Schuster: NY.; Williamson, O. E. (1979). Transaction-Cost Economics: The Governance of Contractual Relations. *Journal of Law and Economics*, 233-261.; Williamson, O. H. (1975). *Markets and Hierarchies.* NY. 26-30.

13. 최승재(2013). 수직계열화된 계열회사 간의 거래는 금지되어야 할 행위인가. KERI Brief. 2013년 5월 14일.

14. 김승규(2017). 수직계열화 시대 종결. 전자신문. 2017. 08. 07.

15. 장지영(2016). 애플발 삼성 수직계열화의 균열. 전자신문, 2016. 01. 28.

16. 이건희(2011). 수직계열화의 빛과 그림자. 머니투데이. 2011.06.14.; 김승규(2017). 수직계열화 시대 종결. 전자신문. 2017. 08. 07.; 장지영(2016). 애플발 삼성 수직계열화의 균열. 전자신문, 2016. 01. 28.

17. Lafferty, G. & van Fossen, A.(2001). Integrating the touism industry: problems and strategies. *Tourism Management. 22,* 11-19.; Lane, H. E. (1986). Marriages of Necessity:

Airline-Hotel Liaisons. *The Cornell HRA Quarterly*, May.

18. 김경환(2014). 글로벌 호텔경영. 백산출판사.

19. www.mcdonalds.com; Klein, J. (1988). The Lack of Allegiance to Allegis. *Business and Society Review*. 65.; Allegis: Is a Name Change Enough for UAL? Business Week. March 2, 1987.; The Unveiling of An Idea. Business Week. June 22, 1987.

20. 김승규(2017). 수직계열화 시대 종결. 진자신문. 2017. 08. 07.

21. 최승재(2013). 수직계열화된 계열회사 간의 거래는 금지되어야 할 행위인가. KERI Brief. 2013년 5월 14일.

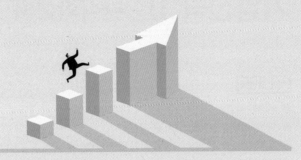

기업전략 Ⅱ : 다각화전략

I. 다각화전략

Chapter · 10

기업전략 Ⅱ: 다각화전략

학습 포인트

❶ 기업이 사업을 다각화하는 동기에 대해 이해한다.

❷ 사업다각화의 장점에 대해 숙지한다.

❸ 관련다각화와 비관련다각화의 차이점을 이해한다.

❹ 다각화된 기업들이 겪는 문제점을 숙지한다.

❺ 사업다각화의 성공요인에 대해 깊이 이해한다.

I ▸▸ 다각화전략(Diversification Strategy)

단일산업에서 성공한 기업이 성장하는 과정에서 일정 시점이 되면 주력사업 이외의 영역으로 사업 확장을 고려하게 된다. 성장을 위한 사업 확장전략의 유형에는 크게 두 가지 유형이 있는데 앞장에서 살펴본 수직적 통합과 이와 달리 새로운 사업 분야나 산업으로 진출하는 다각화전략(Diversification Strategies)이다. 먼저 주력사업에서 성공을 이룬 후 지속적인 성장을 위해 기업은 기업전략의 일환으로 수직적 통합과 다각화 중에서 선택해야 한다. 익히 알고 있는 산업가치사슬에 속한 사업에 진출하는 수직적 통합과 달리 사업다각화는 일부만 알거나 전혀 모르는 새로운 사업 분야로 진출하는 것이다. 따라서 어떤 기업이 창업 후 계속해서 성장하게 된다면 사업다각화는 피할 수 없게 되는 경우가 많다. 그러나 기존 주력사업의 성장 잠재력에 한계가 있다는 것을 인지하게 되는 경우에도 사업다각화를 고려하게 된다. 따라서 기업이 당면하게 되는 가장 어려운 순간의 하나가 사업다각화 여부를 결정하는 것이다.

사업다각화는 기업의 주력 또는 기존의 산업과 구별되거나 하나 이상의 다른 산업으로 진출하는 것이며, 여러 사업을 동시에 수행하는 다각화된 사업구조를 가진 기업은 다수의 개별적인 사업부를 통합관리해서 발생할 수 있는 시너지를 통해 더욱 강한 경쟁력과 더욱 많은 가치창출이 가능하게 된다.[22] 또한 사업다각화란 기업의 주력산업과는 다른 한 개 이상의 산업으로 진출해서 해당 산업들의 고객에게 높은 가치의 제품을 제공하기 위해 보유하고 있는 특유한 역량을 활용할 수 있는 방법을 찾는 과정이다. 그리고 다각화된 기업은 장기적으로 수익성을 높일 수 있는 방법을 찾기 위해 두 개 이상의 다른 산업에서 영업을 수행하는 기업이다. 따라서 다각화된 기업의 기업전략과 각 사업부의 사업전략은 비용우위나 차별화우위 또는 블루오션을 채택해서 수익성을 향상하게 된다.[23]

사업다각화는 아주 오래된 전략이다. 우리나라의 대표적인 재벌기업인 삼성, 현대차, LG, SK 등은 모두 사업다각화를 통해 거대한 기업집단을 이룩했다. 서구 선진국에서는 1950년에서 1980년 사이에 수많은 기업들이 주력산업과 많이 다른 산업으로 진출하게 되면서 다각화전략은 대다수 선진국에서 기업 성장의 주요 수단이 되었다.[24] 특히 1970년대에는 ITT와 Textron 등과 같은 복합기업(Conglomerate)이라는 새로운 대규모 기업 형태가 등장하면서 다각화전략은 설정을 맞이하게 되었다. 특히 주력산업이 통신산업이던 ITT는 당시 유명 호텔체인인 Sheraton Corporation을 포함한 수백여 개의 기업을 인수하면서 폭넓게 다각화한 것으로 유명했다. 이들처럼 고도로 다각화된 기업은 주력산업과는 관련이 없는 산업에 속한 여러 기업들을 인수하면서 만들어진 것이었다. 이와 같은 복합기업의 존재는 이제 더 이상 고위경영진에게는 각 산업에 진출할 때마다 그에 맞는 구체적인 경험을 갖춰야 할 필요가 없게 되었다는 견해가 반영된 것이었으며, 기업경영에서 필요한 것은 단순히 재무 및 경영전략에 대한 새로운 기법을 도입하는 것이었다.[25]

그러나 비관련다각화(Unrelated Diversification)로 상징되는 1960년대와 1970년대의 사업다각화는 GE와 같은 일부 기업을 제외하고는 대부분 가치창출에 실패한 것으로 후일 밝혀지게 되었다. 1980년대 이후에 다각화 트렌드는 급격히 바뀌었다. 1970년대에 다각화했던 많은 기업에서 수익성이 없는 비핵심 사업들은 거의 매각되었으며 이에 더해 다각화된 많은 기업들이 인수 후 즉각적인 구조조정을 감행하는 기업에 도리어 인수당하는 운명을 맞이하게 되었다.[26] 1980년대에도 많은 기업들이 인수합병을 시도했지만 전과 달리 주로 관련다각화(Related Diversification)를 위한 시도였다.[27] 그리고 1990년대부터 기업들은 다시 핵심 또는 주력산업에만 주력하는 전문기업화(Specialization)로 방향을 전환하게 되었다. 전문화로 전환하게 된 원인은 주주들의 가치 극대화에 대한 요구가 빗발치기 시작했으며 또한 역동적인 환경에서는 다각화된 기업보다는 보다 작은 기업이 더 민첩하게 변화에 대처할 수 있기 때문이었다. 그리고 기업의 내부적인 자본시장보다는 외부적인 자본시장이 더 효율적이라는 것이 밝혀지게 되면서였다.[28]

○ 다각화의 동기

많은 기업들이 다각화를 행하는 이유에 대해서는 많은 관점들이 있다. Montgomery에 의하면 기업들이 다각화를 선택하는 이유에는 시장지배력 관점, 자원기반관점, 그리고 대리인 관점과 같은 크게 세 가지 관점이 있다. 이들 중에서 시장지배력 관점과 자원기반관점은 이윤 극대화와 일치하지만, 자원의 효율적인 사용은 자원기반관점과만 일치하고 있다. 대리인 관점은 본질적으로는 경영적인 관점이며 이윤 극대화와 효율성 모두에 부합되지 않는다.[29]

• 시장지배력 관점(The Market-Power View)

시장지배력 관점은 기업의 사업다각화는 시장지배력을 강화하기 위해 추구되며 다각화된 기업은 효율성이 아니라 복합적인 시장지배력을 기반으로 하는 우월적인 지위 때문에 성장할 수 있다는 관점이다. 시장지배력 관점에서 기업의 다각화는 상호보완(Cross-Subsidization)과 상호자제(Mutual Forbearance), 그리고 호혜구매(Reciprocal Buying) 등의 복합적인 시장지배력을 통해 다각화된 기업의 경쟁력은 강화된다. 다각화된 기업의 시장지배력이 높아지면 시장에서 경쟁이 완화되면서 기업집중도는 높아진다.

첫째, 다각화된 기업은 상호보완을 이용해서 한 시장에서 구축한 시장지배력을 다른 시장에서도 이용할 수 있다. 특정 시장에서 경쟁업체를 압박하거나 신규기업의 시장진입을 효과적으로 막기 위해서 다른 시장이나 산업에서 얻은 수익을 이용한 약탈적 가격(Predatory Pricing)으로 경쟁업체와 신규진입을 막아내면서 독점적인 지위를 구축할 수 있다. 이와 같은 역량은 특정 사업부의 경쟁을 지원하기 위해서 다각화된 대규모 기업은 전체적인 자금과 힘을 동원할 수 있다는 점에서 기인하고 있다.[30]

둘째, 다각화된 기업들은 많은 산업이나 시장에서 역시 다각화된 경쟁업체를 만나게 될 가능성이 높아진다. 이처럼 상호 접촉하게 되는 경우가 많아지게 되면 한 산업이나 시장에서 촉발된 경쟁이 다른 산업이나 시장으로 번지게 되면서 결국 전면전이 발생하게 될 가능성이 존재하기 때문에 상호 간에 경쟁을 자제하게 되는 가능성이 높아지게 되는데, 이를 상호자제라고 한다.

셋째, 다각화된 기업들은 다양한 산업에서 활동하고 있기 때문에 서로 간에 상대방의 제품이나 서비스를 구매하는 조건으로 자사의 제품이나 서비스도 상대방에게 판매하는 것을 호혜구매라고 한다.

요약하면 기업은 현재 보유하고 있는 시장지배력을 다른 산업에서의 경쟁우위를 달성하는 데 이용하기 위해 다각화를 행한다는 것이다.

● 자원기반관점(The Resource-based View)

자원기반관점에서는 기업은 보유하고 있는 자원을 효율적으로 이용하기 위해 다각화를 수행한다. 즉 기업이 현재 사용하지 않고 있는 유휴자원이 있는 경우 이를 활용하기 위해서 다른 산업이나 시장으로 진출한다는 것이다.

자원기반관점에서 다각화는 기업이 보유하고 있는 자원의 상호보완성으로 설명하고 있다. 상호보완성은 기업은 다양한 자원을 특정 용도에만 이용하기보다는 되도록 다용도로 이용하려고 한다. 만약에 어떤 기업에 활용하고 있지 않은 잉여 또는 유휴자원이 있다면 기업은 이를 자체적인 용도로 이용할 수도 있으며 또한 시장을 통해 매각할 수도 있다. 이에 대한 판단기준이 되는 것이 거래비용이다. 그런데 유휴자원이 자산 특수성(Asset Specificity)과 비분할성(Indivisibility) 특성을 가지고 있는 경우에 거래비용은 매우 높아지는데, 자산 특수성이 높은 자원의 예로는 특별한 용도에만 쓰이는 기계 및 설비장치가 있으며 또 비분할성이 높은 자원에는 경영자의 경영역량, 기업의 평판, 그리고 브랜드 이미지 등이 있다. 따라서 자산 특수성과 비분할성이 높은 유휴자원을 보유한 기업은 거래비용이 높은 시장거래보다 기업 내에서 활용할 방법을 모색하게 되는데 결국 이런 경우에는 다른 산업으로 진출하는 다각화를 선택하게 된다.[31]

그리고 다각화를 통해 기업은 범위의 경제(Economies of Scope) 효과를 누리게 되면서 비용을 절감할 수 있다. 범위의 경제는 여러 제품을 동시에 생산할 때 소요되는 비용이 두 개의 개별기업이 각각 한 제품을 생산할 때 소요되는 비용보다 적게 든다는 것인데, 범위의 경제는 기업이 보유하고 있는 자원을 새로 진출하는 산업에서 활용하게 되는 경우에 발생한다. 기업의 명성, 신뢰도가 높은 브랜드, 높은 기술력, 유통망 등을 다른 산업에서도 활용할 수 있다면 이때 범위의 경제는 경쟁우위를 창출하는 원동력이 될 수 있다.[32] Apple, Canon, 그리고 삼성전자와 같은 기업들의 높은 기술력과 혁신역량은 여러 전자 및 IT산업에서 활용될 수 있다.

또한 다각화된 기업은 자본이나 인력을 쉽게 조달하거나 활용할 수 있다. 다각화된 기업의 내부자본시장이 외부자본시장에 비해 더욱 효율적인 경우 보다 효율적으로 자금을 조달할 수 있다. 따라서 다각화된 기업은 효율적인 내부자본시장을 통해 외부자본시장에 비해 낮은 자본비용 효과를 누릴 수 있으며 비교적 손쉽게 안정적으로 자금을 조달할 수 있으므로 이를 토대로 다른 산업으로 진출하는 다각화를 행할 수 있다.

● 대리인 관점(The Agency View)

대리인 관점은 현대 기업의 특징인 소유와 경영이 분리되면서 기업운영에 대한 의사결정권을 위임받은 전문경영인의 재량권 행사에 대해 소유자인 주주들의 감시와 견제가 힘들게 된 상태에서 전문경영인의 사적인 이익 추구를 위한 도덕적 해이로 인해 불필요한 다각화가 많이 발생하고 있다고 보는 관점이다.

대리인 관점에서 다각화가 발생하는 원인은 다음과 같다. 첫째, 정보의 비대칭성(Information Asymmetry)으로 인해 주주가 경영자를 통제하고 감시하기 어려운 상황에서 경영자는 주주들의 이익보다는 자신의 사적인 이익을 추구하기 위해 주어진 막대한 권한을 이용하는 것이 보다 합리적인 선택이 되는 것이나. 둘째, 경영자의 보수는 기업 규모와 밀접한 관련이 있으며 다각화는 규모를 확장하는데 비교적 손쉬운 방법이기 때문에 경영자는 이를 선호하게 된다. 그리고 경영자가 누리게 되는 비금전적인 특권도 경영자가 통제하는 자원의 총량에 비례하기 때문에 또한 이를 선호하게 된다. 셋째, 경영자란 인적자원은 특성상 분산투자를 통한 위험을 회피할 수가 없다. 따라서 경영자는 자신이 처한 인적자원의 위험을 줄이기 위한 방편으로 다각화를 추구하게 된다. 결국 다각화를 통해 경영자는 스스로의 지위와 영향력을 확대하고 자신이 보유한 인적자원에 대한 수요를 증가시켜 고용 안전성을 강화하게 되면서 사적 이익을 극대화할 수 있다. 그러나 이는 주주들의 비용을 초래하게 되면서 이익을 해치는 것뿐만 아니라 기업의 가치 극대화에 반하는 행동이다. 결국 대리인 이론은 주주와 대리인인 경영자 간의 이해상충으로 인해 과잉다각화는 우발적으로 나타나는 것이 아니라 체계적으로 나타날 수 있다는 중요한 점을 지적하고 있다. 특히 경영자에 대한 견제 및 규율 기능과 기업 지배구조가 허약할수록 또한 주력산업이 성숙기에 처한 기업일수록 과잉다각화는 보다 빈번하게 발생할 수 있다.[33]

Montgomery는 많은 연구결과를 종합해 보면 복합기업의 시장지배력이 사업다각화에서 중심적인 역할을 한 것은 아니라고 밝혔다. 반면에 자원기반관점과 대리인 관점은 다각화의 주요 동기였다고 밝혔다. 대리인 관점을 보면 왜 기업들이 효율적인 수준을 넘는 과잉 다각화를 하게 됐는지에 대한 이유를 설명해주고 있다. 그러나 효율적인 수준의 사업다각화 결정에 대해 대리인 관점은 효과적으로 설명하지 못하고 있다. 자원기반관점은 사업다각화의 방향을 설명하는 데 도움을 제공하고 있다. 즉 독점금지법과 같은 제약이 없다면 기업들은 관련된 산업으로 다각화를 추구하고 있다는 사실에 대한 충분한 증거를 보여주고 있다. 그러나 대리인 관점과 마찬가지로 자원기반관점에서도 효율적인 사업다각화 수준을 확인하는 것에는 뚜렷한 증거를 제시하지 못하고 있다.[34] 사업다각화의 유형에 대해서는 뒤이어 살펴보기로 하겠다.

사업다각화에는 이 외에도 다른 동기 또는 목적이 존재하고 있다. Grant에 의하면 1960년대부터 1980년대까지 발생했던 수많은 기업들에 의해 행해졌던 사업다각화의 주요 목적은 성장(Growth)과 위험감소(Risk Reduction)였다. 하지만 두 가지 목적 모두 다 주주의 가치창출과는 거리가 먼 것이었다. 첫째 성장목적이다. 다각화라는 수단이 없다면 기업들은 해당 산업에 갇혀있게 된다. 특히 정체되거나 쇠퇴하는 산업에 있는 기업의 최고경영진은 어려운 상황에 처하게 된다. 이런 상황에서 현재 주력산업을 능가하는 성장을 달성하려는 충동은 경영진에게는 매우 매력적으로 다가올 수 있다. 담배나 정유와 같이 성장은 지체되고 있지만 현금흐름이 풍부한 산업에 속한 기업은 특히 다각화의 유혹에 쉽게 빠질 수 있다. 1980년대에 미국의 Exxon과 RJR Nabisco는 관련이 없는 다른 산업으로 뛰어드는 대담한 다각화를 통해 성장을 꾀했지만 결국 결과는 주주 가치의 파괴뿐이었다. 둘째, 위험감소 목적이다. 만약에 어떤 기업이 분야가 다른 여러 사업부로 구성되어 있는 경우에 각 사업부마다 현금흐름이 창출되는 패턴은 서로 다를 수 있다. 투자에서의 포트폴리오 이론처럼 각 사업부의 현금흐름이 서로 불완전하게 연계되어 있다면, 이것을 한 곳에서 소유해서 공동으로 관리하면 현금흐름 창출에 대한 위험을 분산할 수 있는데, 이런 연유로 기업은 다각화에 뛰어들 수 있다. 그러나 이런 위험감소는 주주보다는 경영진에게 더 매력적이다. 그러나 주주들은 분산된 포트폴리오의 주식들을 보유함으로써 스스로 쉽게 위험을 분산시킬 수 있다. 즉 포트폴리오를 다각화하려는 주주들의 거래비용이 인수합병을 통해 다각화하려는 기업의

거래비용보다 훨씬 적게 소요된다.[35]

○ 다각화의 장점

기업이 다각화를 통해서 수익성을 향상할 수 있는 방법에는 크게 네 가지 방식이 존재하고 있다. 기업은 각각 다른 산업에 속한 사업부 간에 서로 역량을 교환해서 이전할 수 있는 경우, 보유하고 있는 역량을 가지고 새로운 산업으로의 진출을 지원하는 것이 가능한 경우, 여러 사업부 간에 자원을 공유해서 범위의 경제를 실현할 수 있는 경우, 그리고 기업을 구성하는 모든 사업부들의 성과를 향상하기 위해서 일반조직역량(General Organizational Competencies)을 활용할 수 있는 경우에 다각화는 기업의 수익성을 향상할 수 있다.[36]

첫째, 역량을 이전(Transfer)하는 것은 특정 산업에 속한 사업부에서 개발된 핵심역량을 다른 산업에 속하는 사업부로 이전하는 것이다. 후자에 속한 사업부는 보통 기업이 인수한 다른 기업일 경우가 많다. 역량 이전을 기반으로 해서 다각화를 행하는 기업은 제조, 마케팅, 자재관리 그리고 연구개발 등과 같은 가치사슬 활동의 핵심역량 중에서 하나 이상을 이용해서 인수한 사업부의 사업모델 또는 경쟁력을 크게 강화할 수 있다(〈그림 10-1〉). 역량 이전을 목적으로 다각화를 행하는 기업은 하나 이상의 가치사슬 활동 간에 존재할 수 있는 공통성 때문에 되도록 기존 산업과 관련이 있는 새로운 사업을 인수하는 경향이 있다. 공통성은 두 개이상의 사업부 간에 공유하거나 같이 이용하게 되는 경우보다 효과적 및 효율적 운영이 가능해지고 또 고객을 위해 더 많은 가치를 창출할 수 있도록 하는 일종의 기량 또는 속성이다. 일반적으로 역량 이전이 비용우위나 차별화우위의 창출에 도움이 되는 경우 수익성은 향상될 수 있다. 역량 이전을 통해 수익성을 높이려면 이전된 역량이 특정 사업부의 미래 경쟁우위의 중요한 원천이 될 수 있는 가치사슬 활동들이 포함되어야 한다. 즉 이전되는 핵심역량은 실질적인 전략적 가치를 보유해야 한다. 그러나 많은 경우에 다각화하는 기업들은 가치사슬 간의 어떠한 공통성도 가치창출을 위해 충분할 것이라는 가정을 한다. 그러나 다각화하는 기업들이 역량을 이전하려고 시도할 때가 되면 서로 다른 사업부 간에는 공통적으로 중요한 특성이 공유되고 있지 않기 때문에 예상했던 이점이 나타나지 않는다는 사실을 뒤늦게 깨닫게 된다.

둘째, 역량 활용(Leverage)은 한 산업의 사업부에서 개발한 핵심역량을 활용해서 다른 산업에서 새로운 사업부를 설립하는 데 이용한다. 예를 들면, Canon은 정밀기계, 정밀광학, 그리고 전자이미지 분야에 걸친 핵심역량을 지렛대로 활용해서 새로운 사업인 레이저 프린터를 생산했다. 레이저 프린터의 경쟁력은 저비용으로 고품질의 프린터를 생산할 수 있는 역량에 기반하고 있다. 유사한 예로 삼성전자는 반도체산업에서 개발한 저비용 핵심역량을 활용해서 이동통신 사업부를 설립하고 핸드폰을 제조하기 시작했다. 여기서 역량 활용과 역량 이전의 차이점을 알아보면 역량 활용의 경우 완전히 새로운 사업부를 만드는 반면에 역량 이전은 두 개의 기존 사업부 간에 역량을 공유하는 것이다. 이와 같은 차이점은 각기 다른 다각화전략을 기반으로 하고 있기 때문에 중요하다. 역량 활용으로 새로운 사업부를 만드는 것은 보통 연구개발 역량을 이용해서 다양한 산업에 존재하는 기회를 확보하려는 IT기업에서 많이 볼 수 있다. 반면에 역량 이전은 특정 산업에서 선도적인 위치에 있는 기업이 다른 산업에 있는 기존 기업을 인수하면서 새로운 산업으로 진입하는 경우이다. 인수 후에는 경쟁력과 수익성을 향상하기 위해서 그들의 강점을 피인수기업에게 이전한다.

그림 10-1 다각화에서의 역량 이전

셋째, 서로 다른 산업에서 영업하는 두 개 이상의 사업부가 다각화된 기업의 수익성을 향상할 수 있는 방법은 그들이 자원과 역량을 공유하는 방식으로 범위의 경제(Economies of Scope)를 실현하는 것이다.[37] 범위의 경제는 다가화된 기업에서 하나 이상의 사업부들이 숙련된 인력, 장비, 생산시설, 유통망, 광고 캠페인, 그리고 기술연구소 등과 같은 고가의 자원이나 기능을 보다 효율적으로 결합, 공유, 그리고 활용함으로써 창출되는 비용절감 또는 차별화우위를 말하고 있다. 서로 다른 산업에 속하는 사업부들이 공통된 자원이나 기능을 공유할 수 있다면 기업 전체적인 차원에서 비용을 절감할 수 있다.[38]

넷째, 일반조직역량은 개별 기능 또는 사업부를 초월하며 다각화된 기업의 최상위 수준에서 발견할 수 있다. 보통 일반적인 역량은 기업의 최고경영진이나 전문가의 기량이다. 이러한 일반적인 역량이 존재하는 경우와 존재하지 않는 경우가 있는데, 존재하는 경우에는 기업 내의 각 사업부가 분리되거나 독립적인 기업으로 운영되는 경우에 비해 높은 수준의 성과를 거둘 수 있는데, 이런 경우 전체 기업의 수익성은 눈에 띄게 향상될 수 있다.[39] 예를 들어, 삼성그룹을 보면 회장을 보좌하는 구조조정본부가 삼성전자를 비롯한 그룹 내의 모든 기업들을 전체적인 차원에서 관리하면서 국내는 물론이거니와 세계 최고 수준의 사업집단으로 부상한 것을 잘 목격할 수 있다

O 다각화의 유형

다각화는 크게 관련다각화(Related Diversification)와 비관련다각화(Unrelated Diversification) 두 유형으로 구분할 수 있다.

● 관련다각화(Related Diversification)

관련다각화는 다각화 유형에서 많이 이용하는 전략이며 기업이 기존 산업 또는 사업과 관련이 있는 분야로 사업영역을 확대하는 것이다. 즉 관련다각화를 통해

기업은 새로운 산업에서 제품이나 서비스를 추가하게 된다. 그리고 기업은 관련다각화를 통해서 기존 제품·서비스와 보완적인 관계에 있는 제품이나 서비스를 생산함으로써 기존 제품·서비스의 판매를 촉진할 수 있다. 넓은 의미에서 앞장에서 학습한 수직적 통합도 관련다각화의 한 유형으로 볼 수 있다. 관련다각화를 통해 얻게 되는 이점은 첫째, 자원을 공유할 수 있는 기회를 가질 수 있다. 여러 사업부 간에 자원을 공유하거나 모방할 수 있으며 유명 브랜드를 함께 이용할 수 있다. 둘째, 전략적 통합을 할 수 있는 기회를 창출할 수 있다. 예를 들면, 관련다각화를 통해 두 기업의 마케팅 기능을 통합하면 비용절감과 같은 이점이 창출되면서 경쟁 우위는 강화될 수 있다. 관련다각화는 다음에 소개할 비관련다각화에 비해 덜 위험한 것으로 간주되고 있는데, 이는 많은 경우들을 보면 관련다각화는 투자금액이 비교적 적을 뿐만 아니라 진출하는 산업에 대해 상당부분 알고 있으므로 비교적 안정적인 것으로 인정되고 있다. 그러나 관련다각화를 통해 기대했던 효과가 나타나지 않게 되면서 예상했던 수익성 향상을 거두지 못하게 되는 경우가 종종 발생하고 있다. 이에 대한 가장 큰 이유는 다각화에서 나타날 수 있는 문제점을 과소평가한 것과 더불어 기업 간의 결합으로 인한 변화관리, 문화적 차이, 그리고 인사관리 등에 대한 지식이나 기량이 부족했기 때문인 것으로 나타났다. 또한 기대했던 효과를 보지 못한 것은 사전분석에서 다각화를 통해 얻는 시너지로 인한 이점과 수익성 향상에 대해 과대평가를 했던 것으로 볼 수 있다.

　관련다각화를 통해 기업들이 추구하는 경제적인 혜택이 바로 범위의 경제이다. 관련다각화로 이루어진 기업은 여러 사업부 간에 자원이나 자산의 공유에 의해 창출되는 비용절감 효과를 다각화를 통해서 얻을 수 있는 가장 근본적이고 중요한 효과로 인식하고 있다. 즉 기업이 보유하고 있는 인적 및 물리적 자원이 최대한 활용되지 못하고 있는 경우 이와 같은 유휴자원을 다른 사업이나 제품·서비스의 생산을 위해 이용했을 때 쉽게 비용절감을 할 수 있다. 범위의 경제를 창출하기 위해 기업은 계층적인 지배를 기반으로 하는 관련다각화 기업을 구축한다. 전에 살펴본 거래비용이론에 의하면 유휴자원이 전문화된 물적 자원이든지 또는 인적 자원에 체화된 경영노하우든지 유휴자원을 시장에 내다 파는 거래비용이 기업 내부의 계층구조에 의한 거래 시에 발생하는 관료제 비용(Bureaucratic Cost)에 비해 높게 된다. 따라서 계층적 지배구조에 기반하고 있는 다각화기업이 범위의 경제를 더 잘 발휘할 수 있다.

관련다각화를 통해 범위의 경제 효과 즉 시너지를 극대화하려면 되도록 각 사업부 간에 상호의존도가 높고 연관성이 높은 산업이나 사업으로 축소되어야 하며 협력적인 관계가 잘 구축되어야 할 필요가 있다. 그리고 독립적인 사업부 간에 자원을 공유하고 지식 및 기술을 효과적으로 이전하기 위해서는 전략 및 운영 차원에서 본부나 기획조정실의 효율적인 통제가 필요하다. 기업의 여러 사업부 간에 협력적인 시스템을 구축했더라도 문제가 사라지는 것은 아닌데, 이런 경우 각 사업부의 경영성과가 모호해지는 경향이 있다. 보다 자세히 살펴보면 특정 사업부의 경영성과가 나쁘게 나타나는 경우 주원인이 그 사업부의 성과가 좋지 않은 경우일 수도 있지만 오히려 관련된 타 사업부의 경영성과가 나빠서 해당 사업부로 전이되는 경우도 나타날 수 있다는 점이다.

관련다각화(Related Diversification)를 통해 큰 성장을 이룩한 대표적인 기업의 하나가 바로 미국의 유명기업인 Walt Disney이다. 위기에 빠져있던 Disney를 구하기 위해 1984년에 새로운 CEO로 임명된 Michael Eisner는 회사를 구하고 성장시키기 위한 전략으로 사업다각화를 채택했다. 이후 Disney는 애니메이션 장편영화에 서부터 테마파크의 해외시장 진출, 아동도서, 케이블 TV, 그리고 소매점으로 사업을 확장했다. 이 사업들은 각각 브랜드와 건전한 가족오락을 위한 명성을 확장하기 위해서 Disney의 캐릭터 애니메이션을 활용했으며 결과는 성공적이었다. Disney의 핵심역량은 어린이를 위한 애니메이션 캐릭터와 창의성 관리이다. Disney의 관련다각화를 통한 성장은 주주가치를 향상하는 데 크게 공헌했다. 그러나 이후 Disney는 하키리그 프랜차이즈인 Mighty Ducks를 추가하고 Hollywood BASIC과 같은 엔터테인먼트 사업으로도 확장하고, 특히 1996년에는 방송사인 ABC/ESPN을 인수하면서 다각화를 통한 성장전략에 경고음도 들리기 시작했다. 그러나 이후 2006년에는 Steve Jobs의 Pixar를 그리고 2009년에는 Marvel을 각각 인수했다. 또한 Disney는 2017년 12월 21세기 Fox사의 영화 및 TV 사업부 등을 $524억(56조 원)에 인수한다고 전격 발표했다. 이번 인수가 확정될 경우 Disney는 Marvel의 X맨 등의 강력한 콘텐츠뿐 아니라 스트리밍업체인 Hulu의 지분을 대부분 인수해서 신흥강자인 Netflix의 위협에 맞대응할 수 있게 되었다. 이렇게 많은 다각화를 통한 성장전략이 궁극적으로 Disney의 기업 가치를 증대시킬 수 있을지 여부는 결국 최고 경영진의 역량에 달려있다. Disney를 위한 적정 수준의 사업다각화는 어느 정도일까? 이것을 결정하는 것이 모든 기업 정보를 알고 있는 최고 경영진의 궁극적인 역할이다.

〈그림 10-2〉에서 보듯이 Disney는 크게 4개의 사업부로 구성된 다각화된 기업이다. Disney의 2017년도 경영성과를 보면 2016년에 비해 전체 매출액과 영업이익이 전년도에 비해 모두 감소했다. 특히 비중이 가장 높은 Media Network 사업부는 전년도에 비해 매출액은 1% 그리고 영업이익은 11% 감소하면서 극히 부진했다. 반면에 Parks and Resorts 사업부는 전년도에 비해 매출액은 8% 그리고 영업이익은 14% 성장하면서 4개의 사업부에서 유일하게 마이너스 성장을 기록하지 않은 사업부가 됐다(〈표 10-1〉). Disney의 사업 포트폴리오에서 ABC·ESPN은 인수할 당시부터 반대가 많았으며 최근에도 Disney 주식이 기대만큼 오르지 않을 때는 비난의 주요 대상이 되고 있다.

| 표 10-1 | The Walt Disney Company의 2017년도 경영성과(단위: 백만 달러)

	2017	Percent(%)
사업부별 매출액		
Media Networks	23,510	42.6
Parks and Resorts	18,415	33.4
Studio Entertainment	8,379	15.2
Consumer Products & Interactive Media	4,833	8.8
합계	55,137	
사업부별 영업이익		
Media Networks	6,902	46.7
Parks and Resorts	3,774	25.5
Studio Entertainment	2,355	15.9
Consumer Products & Interactive Media	1,744	11.8
합계	14,775	

출처: Walt Disney, 2017 Annual Report

🔍 그림 10-2 The Walt Disney Company의 4개 사업부(2017년 연말 기준)

Media Networks
- Disney Channel, Freeform
- ABC, ESPN

Parks, Experiences and Consumer Products
- Disneyland, Walt Disney World, Disneyland Paris, Tokyo, Shanghai, Hong Kong
- Disney Cruise Line, Disney Vacation Club, Disney Store, Adventure

Studio Entertainment
- Walt Disney Studios, Walt Disney Animation Studios, PIXAR, MARVEL
- Disney Music Group, Disney Theatrical Group, Lucas Film, DisneyToon

Direct-To-Consumer and International
- Disney Digital Network
- BAMTECH Media

출처: thewaltdisneycompany.com

• 비관련다각화(Unrelated Diversification)

비관련다각화는 기업이 기존 산업 또는 사업과 관련이 전혀 없는 분야로 사업 영역을 확대하는 것이다. 예를 들면, 호스피탈리티·관광 기업이 중화학산업이나 금융산업으로 진출하게 되는 경우에는 기존 사업과는 전혀 연관관계가 없기 때문에 비관련다각화라고 한다. 비관련다각화는 다른 산업에 속한 기업을 유리한 재무적인 조건으로 인수할 수 있거나 주력사업과는 다른 사업이 높은 수익을 낼 수 있는 경우 적합한 것으로 보고 있다. 이는 기본적으로 재무적인 접근인데, 기업이 기존 산업이나 주력사업과는 무관한 비관련다각화를 수행하는 것이 유사한 제품이나 서비스 시장이나 보완적인 산업으로 진출하는 관련다각화에 비해 현저히 높은 수익을 가져다줄 수 있다고 판단되는 경우에 실행하게 된다. 예를 들면, 비교적 최근에 한국경제에서도 볼 수 있듯이 건설산업에 대한 가능성을 보고 이와는 전혀 관련이 없는 기업들이 수익 가능성을 보고 이곳으로 진출했다. 그러나 전문지식과 경험이 부족하고 시장 지식이 결여되면서 결국 심각한 위기에 빠지게 되는 경우가 많이 발생하고 있는데, 대표적인 예로 윤석금 회장이 이끌고 있는 웅진그룹은 소비재산업의 한계를 극복하기 위해 극동건설을 인수했다가 오히려 주력기업인 웅진코웨이까지 매각하는 등 심각한 위기를 경험했었다. 또한 어떤 기업이 특정한 가치사슬 활동 이를테면 마케팅에 대해 강력한 핵심역량을 갖고 있거나 경영진이 보유하고 있는 전문경영지식 및 경험이 풍부한 경우 이런 강점을 관련이 없는 다른 산업에서도 활용할 수 있다고 판단하는 경우에 비관련다각화를 수행하게 된다. 비관련다각화는 다음과 같은 방식으로 수행된다. 첫째, 기업이 이미 보유하고 있는 기존 산업에서의 기본적인 역량을 활용해서 새로운 산업이나 사업으로 사업영역을 확대한다. 둘째, 완전히 다른 새로운 사업으로 진입한다. 예를 들면, 자동차 딜러 사업에서 육성된 역량을 기반으로 해서 파악된 새로운 기회인 자동차 리스금융과 같은 금융서비스 사업으로 진입한다. 셋째, 새로운 산업이나 사업에 적합한 새로운 역량을 개발한다. 비관련다각화에서도 다각화 수준이 가장 심화된 기업을 복합기업(Conglomerate)이라고 하는데, 다수의 산업이나 사업으로 거대한 대규모 기업을 일컫고 있다. 1960년대에 미국에서 발생했던 사업다각화 트렌드를 통해 많은 복합기업이 등장했으나 결국 대다수가 구조조정(Restructuring)을 통해 해체되었으며 현재는 Warren Buffett의 Berkshire Hathaway나 GE와 같은 소수만이 남아있다.

비관련다각화를 통해 추구하는 경제적 이점은 지배구조의 경제(Economies of Governance)이다. 이는 외부자본시장에 비해 계층적 지배구조를 기반으로 하는 다각화기업의 내부자본시장이 더 효율적인 자원배분 및 통제가 가능하므로 보다 나은 경제적 가치를 창출할 수 있다. 보다 자세히 살펴보면 외부자본시장은 근본적으로 정보의 비대칭성(Information Asymmetry)으로 인해 기업의 최고경영진에 비해 사업가치 및 경영현황을 투명하게 평가할 수 없으며 이에 따라 비효율적인 투자가 발생할 가능성이 높아진다. 반면에 비관련다각화된 지배구조하에 운영되는 기업의 경우에는 최고경영진이 내부감사 및 보고체계에 의해 비교적 정확한 정보에 근거해서 사업부에 대한 효율적인 자원배분을 통해 투자 가치를 향상할 수 있다.

삼성, 현대차, LG, SK, 롯데 등과 같은 우리나라의 재벌들은 대부분 비관련다각화를 통해 큰 성장을 이룩했다. 이들은 IMF 위기 이전에는 무차별적인 비관련다각화 확장전략과 문어발식 경영으로 수익보다는 외형확장에 주력했었다. 그러나 이들은 IMF 위기를 겪으면서 대대적인 구조조정을 통해 사업 포트폴리오를 축소하고 핵심역량을 기반으로 하는 사업합리화에 성공하며 전에 비해 더욱 비약적인 발전을 이룩하게 되었다.

자타가 공인하는 국내 최고이자 세계적인 기업집단인 삼성그룹은 비관련다각화의 정수를 보여주고 있다. 삼성은 뛰어난 조직문화를 기반으로 회장 및 구조조정본부에서 전체 기업들을 효율적 및 혁신적으로 관리하면서 시너지를 창출하는 차별화된 역량을 갖추고 있다. 〈그림 10-3〉에서 보듯이 2017년 기준으로 삼성그룹은 크게 전자, 중공업, 금융, 그리고 기타 부문 등 네 가지 사업집단으로 구분할

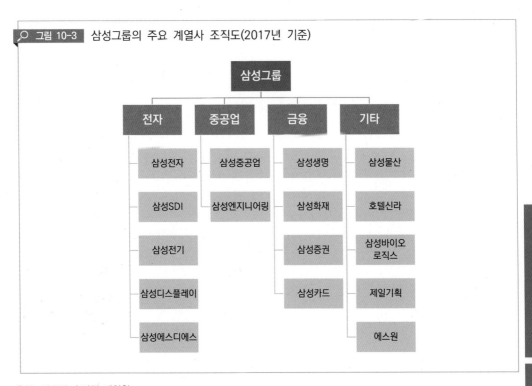

🔍 그림 10-3 삼성그룹의 주요 계열사 조직도(2017년 기준)

출처: 김승범·송미정·배영찬

수 있다. 2017년을 기준으로 했을 때 삼성그룹은 비금융 부문에 50개 기업과 금융 부문에 20개 기업 등 총 70개의 기업으로 구성된 대규모 기업집단이다. 2016년 기준 총매출액은 327조 원에 달하며 총영업이익은 약 32조 원이다.[40] 삼성그룹의 경영성과는 삼성전자의 대활약으로 해마다 기록이 갱신되고 있다. 그러나 삼성전자의 성과에 지나치게 편중된 그룹구조는 문제점으로 지적되고 있다.

○ 다각화의 문제점

다각화가 실패하게 되는 이유에는 잘못된 동기로 추진된 다각화, 과도한 다각화로 인한 관료제 비용의 증가, 그리고 시간이 흐르면서 나타나는 산업이나 기업 내부의 변화와 같이 크게 세 가지 문제점에 기인하고 있다.[41]

첫째, 잘못된 동기로 추구된 다각화인 경우이다. 경영자가 다각화를 추구하기로 결정할 때는 새로운 산업에 대한 진출로 인해 고객에게 더 많은 가치를 제공하고 또 기업의 수익성을 높일 수 있는 새로운 제품·서비스를 개발할 수 있는 방법에 대해 분명한 비전이 있어야 한다. 그러나 이런 이유로 추진된 다각화전략이 시간이 흐르면서 수익성이 기대보다 낮게 나타나는 경우도 존재하지만 경영자는 전략이 실패했다는 사실을 인정하지 않으려고 한다. 이런 경우 경영자는 수익성이 낮은 사업부는 매각해야 한다는 사실을 잘 알고 있음에도 불구하고 계속해서 다각화를 추진해야 하는 명분을 대며 넘어가려고 한다.

과거에 미국에서 경영자들이 다각화를 통한 확장전략을 정당화하기 위해 제시한 논리가 위험감소란 잘못된 이유였다. 위험감소 논리의 배경은 사업주기가 각기 다른 여러 산업의 기업들을 인수해서 포트폴리오로 관리하는 경우 주가가 낮아지게 되는 주요 원인인 매출액 및 이익이 급격하게 오르내리게 되는 변동성에 대한 위험을 줄일 수 있다는 것이었다. 예를 들면, 식품산업은 불경기에도 비교적 안정적인 수익을 거둘 수 있으며 반면에 고급제품 사업은 호황기에는 좋지만 불경기에는 수요가 급격하게 떨어진다. 따라서 사업주기가 서로 다른 두 사업을 동시에 보유하게 되는 경우 변동성 즉 위험을 줄일 수 있다. 이런 논리로 해서 종전에 미국의 US Steel은 경기침체로 인한 위험을 상쇄하기 위해 석유 및 가스 기업들을 인수하는 다각화를 추진했다. 그러나 이 논리는 두 가지 사실을 간과하고 있다. 먼저 기업의 주주들은 스스로 다양한 수명주기를 가진 기업들로 구성된 주식 포트폴리오를 구성해서 스스로 위험을 분산할 수 있다. 따라서 다각화는 기업의 귀중한 자원을 낭비할 수 있으므로 기업은 이익을 주주들에게 배당금을 지급하는 것이 기업가치의 향상에 더욱 효과적이다. 그리고 연구결과에 의하면 서로 다른 산업들의 사업주기를 예측하는 것은 매우 어렵기 때문에 다각화는 위험을 줄이기 위한 효과적인 방법이 아니다. 따라서 만일 예상과 달리 경기침체가 모든 산업에 악영향을 미치게 되는 경우 다각화된 기업의 수익성도 같이 떨어지게 된다.[42] 문제는 단일산업에 집중하는 기업보다 부정적인 영향이 더 커질 수 있다는 점이다.

그리고 또 하나의 잘못된 다각화를 정당하기 위한 논리는 어떤 기업의 주력사업이 크게 부진해지는 경우 다각화는 기업을 구하고 장기적인 성장과 수익성 향상의 도모에 도움이 된다는 것이다. 예를 들면, 1980년대에 Kodak은 저비용을 앞세운 일본의 Fuji Film과 같은 경쟁사가 등장해서 경쟁이 격화되고 또 때마침 불어닥치기 시작한 디지털혁명의 영향으로 매출과 수익이 크게 감소하게 되었다. 이런 초유의 위기를 극복하고 한편으로 성장을 지속하기 위해 Kodak이 채택한 전략은 사업다각화였다. 따라서 Kodak은 주력산업과는 관련이 없는 여러 산업으로 진출하게 되었다. 그러나 Kodak이 진출하는 산업마다 3M, Canon, Xerox와 같은 전통적인 강자가 버티고 있었으며 더 큰 문제는 Kodak은 이들과 효과적으로 경쟁할 수 있는 역량이 크게 부족한 것으로 드러났다. 결국 성장을 위한 Kodak의 다각화전략은 주주들의 가치를 창출하지 못했다. 따라서 Kodak의 교훈은 성장은 다각화전략의 주목적이 되어서는 안 되며 단지 부산물로 나타나야 하는 것이다. 그러나 위기에 빠진 기업은 전략적 이점보다는 성장만을 고려해서 다각화를 추진하는 경향이 높다.[43] 실제로 많은 학술적인 연구결과에 의하면 과도한 다각화는 기업의 수익성을 향상하기보다는 오히려 감소시키고 있다.[44] 또한 다른 연구결과들에서도 많은 기업들이 추구하는 다각화전략은 가치를 창출하는 것이 아니라 오히려 파괴

하고 있다는 사실을 밝히고 있다.[45]

둘째, 과도한 다각화 추구로 관료제 비용(Bureaucratic Costs)이 증가하게 된다. 다각화가 수익성을 높이지 못하는 주된 이유 중의 하나는 다각화로 인한 관료제 비용이 다각화전략에 의해 창출되는 이익 즉 보다 다양한 차별화된 제품을 생산하고 판매할 때 발생하는 이익의 증가 및 비용절감 효과보다 더 많이 소요되는 경우이다. 관료제 비용은 기업의 자원 및 역량의 이전, 공유 및 활용의 이점을 창출하기 위해 기업에 속한 여러 사업부 간에 또 여러 사업부들과 본사 간에 발생할 수 있는 거래의 어려움을 해결하는데 드는 비용이다. 또한 관료제 비용은 관리 및 기능에서의 비효율성을 해결하기 위한 일반조직역량(General Organizational Competencies)의 이용과 관련된 비용도 포함한다. 다각화된 기업의 관료제 비용 수준은 기업 포트폴리오에 포함된 사업부의 수와 다각화의 이점을 실현하기 위해 서로 다른 사업부 간에 요구되는 조정의 정도(Degree of Coordination)에 의해 결정된다.

먼저 기업 포트폴리오에서 사업부의 수가 많을수록 경영자는 각 사업부의 복잡성에 대한 정보를 확보하는 것이 어렵게 된다. 즉 경영자가 각 사업부의 사업모델을 평가할 시간이 충분하지 않다. 시간이 지남에 따라 다각화된 사업모델에 대한 통제력을 유지하기 위해 과도하게 다각화된 기업의 무능력한 경영자는 단지 각 사업부의 경쟁 포지션에 대한 가장 피상적인 분석을 기반으로 해서 중요한 자원배분에 대한 의사결정을 내리게 된다. 극단적인 경우에는 기업에서 유망한 사업부는 투자 자금이 부족한 반면에 다른 사업부는 벌어서 재투자할 수 있는 금액보다 훨씬 많은 현금 지원을 받게 될 수도 있다. 또한 각 사업부를 책임지고 있는 관리자는 성과 저하에 대한 정보를 최고경영자에게조차 투명하게 밝히려고 하지 않는다.

또한 자원 및 역량을 이전, 공유 그리고 활용하는 것을 기반으로 하는 다각화전략에서 가치를 창출하기 위해 요구되는 조정에 대한 요구가 많을수록 관료제 비용은 더욱 증가하게 된다. 관료제구조에서 조정과 감독을 위해 운영되는 교차사업팀과 경영위원회는 관료제 비용의 주요 원천이다. 그리고 서로 간에 자원이나 역량을 이전하거나 공유하는 여러 사업부들의 개별적인 성과와 이익 공헌도를 측정하는 위해 소요되는 경영자의 막대한 시간과 노력으로 인해 막대한 관료제 비용이 소요된다.

셋째, 시간이 흐르면서 나타나는 산업 또는 기업 내부의 변화이다. 다각화를 추구하기 위해 최고경영진은 새로운 산업에 진출해서 수익을 창출할 기회를 인지할 수 있고 또 다각화전략을 실행할 수 있는 역량을 갖추고 있어야 한다. 만약에 어떤 기업의 유능한 최고경영자가 다각화 성장전략을 통해 기업 규모를 확대하고 또 수익성도 대폭 향상했다. 그러나 기업에서는 여러 가지 이유로 최고경영자가 그만두거나 바뀌는 경우도 있다. 그동안 다각화를 잘 추진해왔던 최고경영자가 떠나고 난 후 새로 임명된 최고경영자는 다각화에 대해 다른 생각을 갖거나 아니면 다각화에 대한 역량이 부족하게 나타나는 경우가 생길 수 있다. 이런 경우 다각화된 기업에서 비용은 증가하고 또 다각화를 통해 누려왔던 이점은 점차 사라지게 된다.

그리고 경영환경은 종종 시간이 지남에 따라 빠르고 예기치 않게 변하게 된다. 신기술이 등장하면서 산업 간의 경계가 모호해지는 경우 기업의 기존 경쟁우위가 파괴될 수도 있다. 예를 들면, 2009년이 되자 Apple의 iPhone 등장으로 사람들이 작은 스마트폰으로 게임을 할 수 있게 되면서 오락산업의 강자 Nintendo 및 Sony 와 직접적인 경쟁을 벌이게 되었다. 기업의 주력사업에서 이와 같은 중요한 기술 변화가 발생하는 경우 이전의 핵심역량을 이전하거나 활용함으로써 얻었던 다각화기업의 강점이 사라지거나 희석될 수 있다. 왜냐하면 이 기업은 새롭게 등장한 신기술을 기반으로 하지 않았기 때문에 대다수 사업 분야에서 성과는 점차 떨어지게 된다. Sony가 이에 해당되고 있다. 이처럼 다각화전략의 주요 문제점은 미래의 성공을 예측하기가 쉽지 않다는 점이다. 다각화로 수익을 창출하려면 기업은 시간이 지나면서 다른 사업을 인수하는 것처럼 부진하거나 전망이 없는 사업부는 매각하는 것이 바람직하다고 할 수 있다. 그러나 보통 경영자들은 이를 따르지 않는 편이다.

국내에서도 많은 기업들이 비관련다각화(Unrelated Diversification)를 통해 사세를 확장하다가 결국 몰락하는 운명을 맞이하게 되었다. 과도하고 무모한 사업다각화의 대표적인 사례가 진로그룹, 쌍방울그룹, 우성그룹 등이다. 1924년 창업한 후 온 국민의 사랑을 받으며 성장한 국민소주 두꺼비의 진로는 1988년에 창업자의 아들인 장진호 회장이 취임하면서 주류전문기업이란 이미지를 벗고 사세를 확장 시켜 나갔다. 장진호 회장은 주류전문이었던 진로를 종합그룹으로 육성하고자 했다. 그 일환으로 1980년대 후반에 종합광고업에 진출한 후 연합전선, 진로위스키, 진로종합유통, 진로백화점, 진로제약, 진로건설 등을 새로 설립하거나 인수했으며, 1990년대 초반에는 진로쿠어스맥주, 진로베스토아, 진로종합식품, 진로인더스트리 즈, 여성전문 케이블TV, 진로하이리빙, 진로지리산샘물 등으로 계열사를 확장해 나갔으며 결국 재계순위 19위까지 성장하게 되었다. 또한 실패했지만 심지어는 조 선공사의 인수를 시도하기도 했다. 그러나 창립 70주년인 1994년이 되자 그룹은 위기에 빠지게 되었다. 이 무렵부터 주력기업인 ㈜진로를 제외하고는 대다수 계열 사들의 재무구조는 악화일로를 걷게 되었다. 사업다각화 중에서도 진로그룹에 치 명타를 가한 것은 장치산업으로 막대한 초기자본 투자가 요구되는 종합유통업과 맥주산업에 진출한 것이었다. 이를 위해 막대한 부채를 지게 되었으며, 1997년 초 기부터 진로그룹의 자금사정은 급속도로 악화되기 시작했으며 여기에 더해 IMF 외환위기의 출몰은 치명타를 가하게 된다. 무모한 다각화의 결과로 인해 캐시카우 인 ㈜진로가 계열사들을 지원할 수 있는 한도를 초과하게 되었다. 1998년 말 기준 으로 ㈜진로가 계열사들에 지급보증을 선 총금액은 총 2조 1950억 원에 달했다. 결국 화의 신청 후 계열사들은 청산절차를 밟거나 매각되었으며, 결국 모기업인 ㈜진로도 하이트그룹에 인수되었다. 1988년 장진호 회장이 취임한 지 정확히 10년 이 되는 시점이었다. 드디어 2004년 4월 진로에 대해 법원의 법정관리가 결정되면 서 장진호 회장 및 일가가 보유했던 주식 지분 12.44%는 휴지조각으로 변하면서 진로그룹은 완전히 공중분해되었다.[46]

쌍방울그룹은 1963년에 창업한 메리야스제조 전문기업이었다. 착실한 성장을 이룩해오던 쌍방울은 1979년 장남이 경영권을 인수하면서 외형을 확장하기 시작 했다. 이의철 회장은 취임 후 1980년대 중후반까지 비교적 합리적인 관련다각화를 하면서 성장을 지속했다. 1984년 쌍방울은 기업공개를 했으며 당시 총매출액은

921억 원이었다. 그러나 1988년 이후부터 쌍방울은 비관련다각화로 방향을 급선회한다. 즉 프로야구단, 컴퓨터 소프트웨어, 그리고 신사기성복 시장으로 진출했다. 섬유산업의 경쟁력 약화를 감지한 쌍방울은 1988년을 기점으로 장기전략을 세우고 섬유 중심의 사업구조에서 섬유-전자-레저의 3대 축으로 성장하는 계획을 수립하였다. 특히 쌍방울이 심혈을 기울인 다각화전략은 대규모 위락시설인 무주리조트 건설이었는데, 이것이 큰 무리수가 되었다. 쌍방울은 1993년에 확정 발표된 1997년 동계 유니버시아드 대회의 한국 개최를 준비하기 위해 이후부터 투자한 금액이 총 3,800억 원에 달했다. 그러나 이 중에서 제2금융권에서 차입한 자금이 2,870억 원이었다. 창립 30주년을 맞는 1993년에 쌍방울그룹은 전자-무역-종합레저스포츠-프로야구단 등을 기반으로 하는 22개 계열기업에 총매출액은 5,000억 원에 달했다. 드디어 10년의 준비 끝에 1990년에 무주리조트가 문을 열었다. 그러나 레저 수요는 기대에 훨씬 못 미쳤으며 엎친 데 덮친 격으로 IMF 외환위기가 닥치면서 쌍방울그룹은 극심한 자금난에 빠지게 되면서 결국 1997년 10월에 부도가 나고, 1998년 9월 회사정리절차 개시결정이 내려졌다. 그리고 1999년 8월에는 법정관리에 들어가면서 계열사들은 모두 매각되고 결국 모기업인 쌍방울도 2002년 11월 에드에셋에 매각되는 운명을 맞이하게 되었다. 부도 당시 쌍방울이 무주리조트를 운영하는 쌍방울개발에 지급보증한 금액은 4,644억 원이었다. 2001년 당시 법정관리 중이던 쌍방울개발은 대한전선 컨소시엄에 불과 1,691억 원에 매각되었다. 결국 무모하고 과도한 비관련다각화로 인해 한때 모범적인 기업이었던 쌍방울은 해체되는 비운을 맞는다.[47]

지금까지 알려진 다각화의 성과에 대한 연구조사의 결과를 보면 비관련다각화에 비해 관련다각화의 성과가 높다는 것에 대부분 동의하고 있다. 그러나 서구 선진국에서는 비관련다각화가 거의 사라지고 단일사업에 집중하는 전문기업화 경향이 높은 반면에 인도, 태국, 인도네시아, 말레이시아 등과 같은 신흥국에서는 오히려 우리나라의 재벌들처럼 비관련다각화를 통해 복합기업으로 크게 성장하는 기업들이 많이 존재하고 있다.

〈그림 10-4〉에서 보듯이 기업이 성장함에 따라 단계적으로 사업영역이 확대되는 것은 기업세계에서는 자연적이고 보편적인 현상이다. 따라서 단일사업에 집중한다고 반드시 성공이 보장되는 것이 아니고 또한 비관련다각화를 행한다고 꼭 실패하는 것은 아니다. 그러나 기업이 성장하면서 새로운 기회를 찾기 위해 사업영역을 확대하는 경우 기업 내부적으로는 규모로 인해 더욱 복잡해지고 외부적으로는 경쟁이 심화되면서 수익성 유지는 더 어려워지게 된다. 다만 성장단계에 따라 경영환경이 달라지며 따라서 고도화된 다른 역량이 요구될 뿐이다.

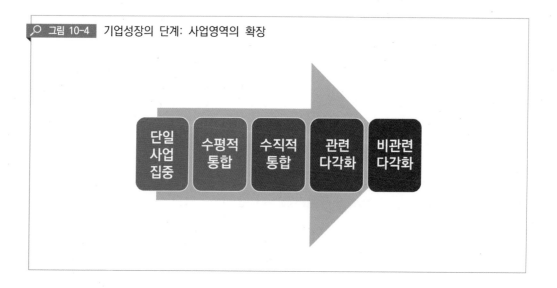

🔍 그림 10-4 기업성장의 단계: 사업영역의 확장

⊙ 성공적인 다각화를 위한 기업전략

Porter는 다각화전략이 수익성을 향상하기 위해서는 새로운 가치를 창출할 수 있어야 한다고 했다. 따라서 주주 가치를 창출하는 다각화에 성공하려면 다음과 같은 3가지 테스트를 통과해야 한다고 강조했다. 첫째, 산업매력도 테스트(The Attractiveness Test)이다. 기업이 다각화를 위해 선택된 산업은 현재의 구조적인 면에서 또는 향후 전망에서 모두 매력적인 산업이어야 한다. 둘째, 진입비용 테스트이다(The Cost-of-Entry Test)이다. 진입비용이 미래에 얻게 될 모든 이익이나 혜택을 초과해서는 안 된다. 첫 번째 테스트를 통과하더라도 여기서 통과하지 못하면 결국 다각화 계획은 중지해야 한다. 셋째, 개선도 테스트(The Better-off Test)이다. 다각화로 인해 만들어지는 새 사업부와 본사 또는 여러 사업부 간의 연계를 통해 서로의 경쟁우위가 개선되어야 한다. 3가지 테스트 중에서 정상적인 상황에서는 보통 개선도 테스트가 가장 중요하게 고려되고 있다. 이에 대한 첫째 이유는 산업매력도가 다각화로 인한 가치창출의 원천이 되는 경우는 거의 없기 때문인데, 대다수의 경우 사업매력도 테스트와 진입비용 테스트는 서로 상쇄되기 때문이다. 제3장에서 살펴보았듯이 수익성이 높아서 매력적인 산업은 대체적으로 기존 기업들이 강력한 시장지배력을 보유하고 있을 뿐만 아니라 진입장벽도 상당히 높기 때문에 여기에 새로 진입해서 얻을 수 있는 수익은 제한적이기 때문이다. 개선도 테스트가 보다 중요한 두 번째 이유는 예상되는 혜택이 충분하고 동시에 개선도 테스트도 충족된다면 기업이 매력이 없는 산업에 진입하는 것은 타당하기 때문이다. 이렇게 성공적인 다각화를 위한 3가지 테스트는 기업전략이 충족해야 하는 기준을 설정하고 있지만, 이를 충족하는 것은 매우 어려워서 대다수 다각화가 실패하고 있는 이유이다. 또한 Porter는 성공적인 다각화를 이룩하기 위한 기업전략에는 포트폴리오 관리, 구조조정, 지식 및 기술 이전, 그리고 가치활동의 공유와 같은 〈표 10-2〉에서 소개된 4가지 개념으로 구성된다고 강조했으며 소개한 순서의 반대로 보다 많은 가치가 창출된다고 강조했다. 즉 다각화에서 가장 많은 가치를 창출하는 방법은 여러 사업부 간에 공유되는 가치사슬활동에서 찾을 수 있다. Porter에 의하면 4가지 개념이 항상 상호배타적인 것은 아니지만, 각 개념은 기업이 주주 가치 창출을 위해 서로 다른 메커니즘에 의존하고 있으며 또한 각 개념은 다각화된 기업이 각각 다른 방식으로 스스로를 관리 및 조직화할 것을 요구하고 있다. 그리고 처음 두 가지 개념은 각 사업부와 기업 간의 관계를 통해 가치를 창출하는 것인데 반해 나중에 소개된 두 개념은 여러 사업부 간의 상호작용을 활용해서 가치를 창출하는 것이다. Porter는 특히 나중에 두 개념은 제4장에서 살펴보았던 가치사슬(Value Chain)과 관련해서 이해했으며 이를 통해서만이 여러 사업부 간에

시너지가 창출되는 것으로 보았다.[48]

| 표 10-2 | Porter의 4가지 기업전략[48]

	포트폴리오관리	구조조정	지식·기술 이전	가치활동 공유
전략적 전제조건	• 저평가된 기업을 찾을 수 있는 통찰력 • 부진한 사업은 신속히 팔 수 있는 의지와 성과가 좋은 사업부를 많은 프리미엄을 주고 인수하려는 기업이 있을 경우 이를 기회주의적으로 매각할 수 있는 능력 • 최고경영진이 검토를 효과적으로 수행할 수 있도록 포트폴리오 사업부의 유형에 대한 광범위한 지침과 제약 • 비상장기업 또는 덜 발전된 자본시장 • 자본시장이 효율적으로 변하거나 기업이 다루기 힘들어지면서 포트폴리오 관리에서 벗어날 수 있는 역량	• 구조조정 기회를 파악할 수 있는 통찰력 • 인수한 기업을 변화시키기 위한 개입 의지 및 역량 • 포트폴리오에 속한 사업부 간의 광범위한 유사성 • 구조조정이 불가능한 경우 사업부를 매각해서 손실을 줄일 수 있는 의지 • 구조조정이 완결되고 결과가 좋아서 시장도 우호적인 경우 해당 사업부를 매각할 수 있는 의지	• 목표 산업에서 경쟁우위 확보에 중요한 독점적 지식 및 기술 • 지속적으로 사업부들에게 지식 및 기술의 이전을 가능하게 하는 역량 확보 • 새로운 산업을 기반으로 하는 거점 확보	• 경생우위 창출을 위해 새로운 사업부와 공유할 수 있는 기존 사업부의 가치활동 • 가치활동 공유를 통한 이익이 비용을 초월 • 진입수단으로 내부기업 설립 또는 인수 • 사업부 간의 협업에 대한 조직적 저항을 극복할 수 있는 역량
조직적 전제조건	• 자율적인 사업부 • 작고 저비용으로 운영되는 본사 • 각 사업부별로 성과에 따른 인센티브 지급	• 자율적인 사업부 • 인수한 기업을 회생 및 전략적 리포지셔닝이 가능하도록 지원할 수 있는 역량 및 자원을 갖춘 본사 • 인수된 사업부의 성과와 연계된 인센티브	• 대부분 자율적이지만 협력적인 사업부 • 주로 통합자 역할을 수행하는 본부 경영진 • 교차사업부 위원회, 태스크 포스, 기타 포럼을 통해 지식 확보 및 기술 이전을 위한 중심점으로 활용 • 지식 및 기술 이전을 포함하는 현장 관리자의 목표 • 일정 부분 기업 전체의 성과와 연계된 인센티브	• 가치활동을 공유하도록 촉진하는 전략적 사업부 • 사업부, 산업, 기업 차원에서 전략기획의 능동적 역할 • 주로 통합자 역할을 수행하는 본부 경영진 • 사업부 및 기업 성과에 크게 의존하는 인센티브

	포트폴리오관리	구조조정	지식·기술 이전	가치활동 공유
일반적인 취약점	• 자본시장이 효율적이거나 전문 인력이 많은 선진국에서는 적합하지 않음 • 산업구조가 매력적이지 않다는 사실을 무시함	• 급속한 성장이나 호황산업을 구조조정을 위한 좋은 기회로 여기는 실책 • 어려운 상황이나 경영에 개입할 수 있는 해결책 또는 역량의 결여 • 산업구조가 매력적이지 않다는 사실을 무시함 • 구조조정을 하는 척하지만 실제로는 수동적인 포트폴리오관리를 수행	• 다각화를 위한 충분한 근거로서 새로운 사업과의 유사성 또는 용이성을 택하는 실책 • 지식 및 기술 이전을 위한 실질적인 방법을 제공하지 않음 • 산업구조가 매력적이지 않다는 사실을 무시함	• 경쟁우위를 창출할 수 있기 때문에 각 사업부만을 위한 활동 공유가 될 수 있음 • 최고경영진이 적극적으로 개입하지 않아도 활동 공유가 자연스럽게 이루어질 것이라고 가정하는 실책 • 산업구조가 매력적이지 않다는 사실을 무시함

출처: Porter

지식 및 기술 이전과 가치활동의 공유로 성공한 다각화의 사례로 Marriott의 경우가 있다. Marriott Corporation은 1927년에 워싱턴 DC에서 작은 생맥주 가게 오픈을 시발점으로 외식사업을 개시했다. 이후 비행기를 타기 전에 Marriott가 운영하는 Hot Shoppe에서 음식을 포장주문하는 것을 목격하고 항공기 기내식사업에 진출하면서 최초로 사업다각화를 시작했다. 여기에 만족하지 않고 기업이나 공공조직에 식사를 제공하는 급식서비스사업(Institutional Catering Business)으로 발전하게 되었다. 이후 1957년에는 역사적인 호텔업계에 진출했으며, 이어서 공항터미널에서 레스토랑, 스낵바, 상품매점 등을 운영하기 시작했으며 미식가를 위한 레스토랑에도 진출했다. 여기에서 그치지 않고 이후 Marriott의 호텔사업부는 크루즈선, 테마파크, 도매여행사, 가정 경비시스템, 저가 모텔, 은퇴자 요양센터 등으로 사업영역을 광범위하게 확장했다.

Marriott의 다각화는 식음료 서비스 및 호스피탈리티 사업을 통해 잘 발달된 기술을 활용한 결과였다. Marriott의 수많은 주방에서는 6,000개 이상의 표준조리법 카드에 따라 음식을 준비하고 있으며, 호텔서비스의 절차 역시 표준화되어 있으며 많은 공을 들여 완성한 정교한 매뉴얼에 따라 수행되고 있다. Marriott의 여러 중요한 활동들은 사업단위 전반에 걸쳐 공유되고 있다. 음식을 위해 공유되는 조달 및 유통 시스템은 9개의 지역조달센터를 통해 모든 Marriott의 사업단위 즉 레스토랑에 제공되고 있다. 그 결과 Marriott는 식음료 서비스에서 다른 어떤 호텔체인 보다도 50% 이상 높은 마진을 창출하고 있다. 또한 Marriott는 완전하게 통합된 부동산 사업부를 보유하고 있어서 좋은 입지(Location)의 확보에 전사적인 힘을 동원할 수 있었을 뿐만 아니라 Marriott가 위치하는 모든 지역의 호텔이나 레스토랑 등의 영업장 설계 및 건축을 지원할 수 있었다. Marriott의 다각화전략은 인수와 내부 창업을 공히 이용했다. 창업이나 소규모 인수는 공유 기회의 밀접성에 따라 초기 진입에 이용되었다. 그리고 지리적인 확장을 위해서 Marriott는 기업들을 인수한 후 적합하지 않은 부분은 떼어내서 따로 매각했다.

그러나 이와 같은 성공과 달리 Marriott는 인수하거나 및 내부 창업한 기업들의 36%를 매각했다는 점에 특히 주목해야 한다. Marriott 다각화전략의 성과는 다른 사례들에 비하면 평균 이상의 기록이지만 Marriott의 실수도 아주 분명하게 나타나고 있다. 전에 밝힌 것처럼 Marriott는 미식가 레스토랑, 테마파크, 크루즈선, 도매 여행사, 가정 경비시스템 등의 다각화에서 광범위하게 실패했다. 처음 세 가지 사업에서 Marriott는 유사성에도 불구하고 기술을 이전할 수 없다는 사실을 깨닫게 되었다. 미식가 레스토랑에서는 표준화된 메뉴가 적합하지 않았다. 크루즈와 테마파크 사업에서는 세심하게 훈련된 호텔 및 중급 레스토랑 서비스보다는 오락과 활기가 있는 서비스에 더욱 중점을 뒀어야 했다. 도매여행사는 처음부터 잘못된 선택이었는데 Marriott는 호텔의 중요한 고객인 다른 여행사들과 경쟁해야 했으며 또한 독점적인 기술이나 부가가치를 공유할 기회가 없었기 때문이었다.[48]

여기서 다각화했던 사업부의 실패 원인에 대해 보다 자세히 살펴보기로 한다. 먼저 도매여행사인 Marriott World Travel이 실패한 이유는 이 사업에 대한 사전 지식이 너무 부족했다. 왜냐하면 Marriott가 도매여행 사업에 진출하자 기존에 호텔사업부의 주요 고객이었던 주요 여행사들은 Marriott와 관련된 곳이면 어느 곳이든지 손님들을 보내지 않았다. 이런 잠재적 갈등 요인을 전혀 인지하지 못한 것은 열정만 높았지 실행에는 실패한 것이었다. 결국 이 사업은 1979년에 매각했다. 둘째, 1972년에 진출한 Sun Line이란 크루즈산업이다. 이 사업에 진출하면서 최고경영진은 결국 크루즈사업도 근본적으로는 바다에 떠다니는 호텔에 불과하지 않을까라는 안이한 생각을 했다. 그러나 예상보다 훨씬 복잡한 사업이었다. 이에 더해 크루즈사업은 동업관계로 출발하면서 Marriott의 강점인 시스템경영을 통한 통제력을 전혀 발휘하지 못했다. 그리고 키프로스 전쟁의 발발로 최고 성수기에 크루즈선들의 발이 묶이는 등 고전을 면치 못하다가 결국 사업 개시 15년 후에 매각하게 되었다. 다음으로 크루즈사업 진출과 비슷한 시기에 테마파크사업에도 진출했다. 그러나 테마파크 건설은 호텔의 건설과는 전혀 다르고 복잡했으며 비용이 너무 많이 소요되는 사업이었다. 또한 롤러코스터 같은 놀이기구의 건설에는 독창성과 탁월한 창조력이 요구된다는 사실을 깨닫게 되었다. Disney처럼 말이다. 결국 이 사업도 매각하는 것으로 사업을 정리하게 되었다. Marriott의 최고경영진은 지식이나 기술의 이전 또는 가치활동의 공유를 통해 사업다각화를 이루려고 했지만 기대했던 효과는 나타나지 않았다. Marriott 최고경영진은 다각화를 통해 여러 사업에 뛰어든 후에야 극복할 수 없는 어려움을 발견하게 되었다. 해당 사업들에 대해 충분히 알고 있었다면 실책들을 충분히 바로 잡을 수 있었다. 그렇지만 그렇게 하지 못했다. 초반 다각화의 성공에 고무된 최고경영진은 진출하기 전에 충분한 연구나 조사도 없이 즉 사전 지식도 없이 진출한 후에 비로소 잘못을 깨달은 것이다. 그리고 최고경영진은 사업들을 개별적인 기준에서 바라보는 실수를 범했다. 그리고 입지를 중요시하는 호텔 및 식음료 사업은 초기 Marriott 성공의 견인차 역할을 수행했지만 다각화를 통해 진출한 새롭고 익숙하지 않은 사업들에는 적합하지 않았다.[49]

● 포트폴리오 관리(Portfolio Management)

기업전략의 일종인 포트폴리오 관리는 Boston Consulting Group의 성장률-점유율 매트릭스(Growth-Share Matrix)를 이용하면 보다 용이하게 효과적으로 수행할 수 있다. 이 매트릭스에서 시장점유율은 기업의 경쟁력 즉 경쟁우위의 수준을 의미하며 시장성장률은 사업 또는 시장의 매력도를 의미하고 있다. 따라서 높은 시장점유율과 높은 성장률은 가장 매력적인 사업부를 의미하고 있다. 그러나 BCG 매트릭스에서는 높은 성장률을 달성하기 위해서는 생산능력을 확장하거나 새로운 브랜드를 개발하는 등 막대한 투자가 요구된다는 경고도 하고 있다. BCG 매트릭스에는 4가지 유형의 사업을 정의히고 있다.

첫째, 시장점유율이 높고 성장 속도가 느린 사업부가 캐시카우이다. 즉 성숙한 시장에서 높은 점유율을 유지하고 있다. 따라서 성장률이 낮기 때문에 투자에 필요한 금액이 그리 많지 않은 반면에 높은 점유율로 사업부는 높은 수익을 달성하고 있다. 따라서 캐시카우는 시장점유율을 유지하기 위해 소요되는 재투자 금액보다 더 많은 현금을 창출하고 있다. 초과분의 현금은 같은 사업부에 재투자하는 것보다는 현금공급원으로서 물음표(Question Mark)에 현금을 지원하는 것이 보다 합리적이다.

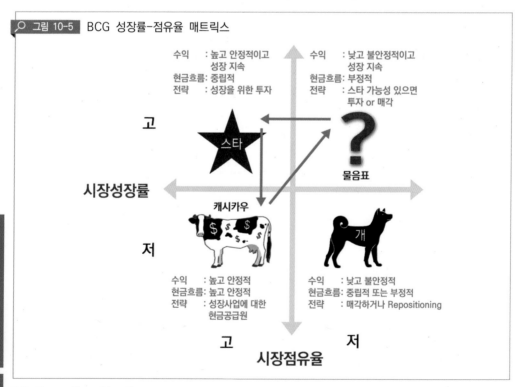

그림 10-5 BCG 성장률-점유율 매트릭스

출처: Boston Consulting Group

둘째, 시장점유율이 낮고 시장의 성장 속도가 느린 사업부는 개이다. 즉 정체하거나 쇠퇴하는 시장에서 낮은 점유율을 유지하고 있으며, 네 가지 사업부에서 가장 저조한 성과를 보이는 사업부이다. 이 사업부는 수익을 조금 창출할 수는 있지만 점유율의 유지를 위해 재투자되는 정도에 불과하기 때문에 여유분의 현금은 창출할 수 없다. 이 사업부는 청산을 제외하고는 본질적인 가치가 없기 때문에 매각하거나 정리해야 한다. 한편 궁극적으로 모든 사업부는 캐시카우나 개가 된다. 따라서 각 사업부의 가치는 시장의 성장률이 정체되기 전에 높은 점유율을 달성하는 것에 전적으로 달려있다.

셋째, 낮은 시장점유율과 고성장이 조합된 사업부는 물음표이다. 이 사업부는 항상 자체적으로 창출하는 현금보다 더 많은 현금을 필요로 하고 있다. 만일 현금이 공급되지 않으면 이 사업부는 실패하게 된다. 그리고 현금이 공급되더라도 시장점유율이 현재 수준으로 유지되면 성장은 중단되고 여전히 개로 남게 된다. 물음표가 시장점유율을 개선해서 스타가 되기 위해서는 추가로 많은 현금의 투자가 요구되고 있다. 낮은 시장점유율과 고성장은 선두가 되지 않는 한 부채가 되고 있다. 물음표는 자체적으로 창출할 수 없는 대량의 현금 투입이 필요하다. 동시에 여러 물음표를 개발하기 어렵기 때문에 하나씩 차례로 행하는 것이 합리적인 선택이다. 그리고 물음표를 스타로 전환하는 것은 현재의 스타 사업부가 결국은 캐시카우로 또한 캐시카우 역시 개로 변하기 때문에 전략적으로 매우 중요하다.

넷째, 높은 시장점유율과 높은 성장률을 자랑하는 사업부가 스타이다. 이 사업부는 항상 수익을 창출하고 있지만 투자에 필요한 모든 현금이 창출되기도 하지만 창출되지 않는 경우도 있다. 그러나 만일 이 사업부가 선두를 유지하게 된다면 시장성장률이 느려지는 경우에 커다란 현금공급원으로 전환되며 재투자 요건은 줄어들게 된다. 스타는 궁극적으로 다른 곳에 재투자가 가능한 높은 마진에 많은 현금을 안정적으로 공급할 수 있는 캐시카우로 전환된다.

〈그림 10-5〉에서 볼 수 있는 화살표는 성공적으로 사업 포트폴리오를 관리할 수 있는 현금 투자의 차례 순서로서 가장 균형된 면모의 사업 포트폴리오를 보여주고 있다. 따라서 개는 균형된 포트폴리오에서는 요구되지 않는 사업부를 대변하

고 있다. 그리고 BCG 매트릭스에서는 시장점유율을 높은 수익성을 보장하는 원동력으로 간주하고 있다. BCG 매트릭스에는 몇 가지 장점이 있다. 첫째, 매트릭스는 다각화된 기업은 더 높은 성장 잠재력을 가진 사업부로 현금을 적절하게 재배치해야 하는 논리를 많은 기업들에게 제공했다. 현금 재배치는 주로 사업부들이 자신이 창출한 현금을 비축하고 재투자하는 경우에 발생했는데 이렇게 함으로써 기업 전체차원에서는 지속적으로 투자수익을 감소시키는 결과가 만들어졌다. 적절한 현금 배분은 기업에 경쟁우위를 제공하게 되었다. 둘째, 매트릭스는 기업들에게 성숙한 사업부의 활용과 미래 성장을 위한 새로운 사업의 탐색 사이에서 올바른 균형을 유지함으로써 사업 포트폴리오의 경쟁력, 가치 및 지속가능성을 극대화할 수 있는 간단하지만 강력한 도구를 제공했다. 셋째, 사업 포트폴리오 내의 모든 다양한 사업부의 요구 및 잠재력을 시각화할 수 있는 좋은 방법을 제시하고 있다. 그리고 기업 본부에 스타도 결국 약화될 운명이라는 것을 상기시켜 주고 있다. 마지막으로 각 사업부의 관리자에게 유익한 규율을 제공하고 있는데 기업본부가 궁극적으로 그들이 창출하는 잉여자원을 소유하며 또 이를 기업 전체를 위해서 가장 적합한 곳에 배분한다는 사실을 밝히고 있다.

그러나 BCG 매트릭스에도 분명한 문제점과 한계가 존재하고 있다. 첫째, 정의상의 모호함이다. 특정 상황에서 높고 낮은 성장률과 점유율을 결정하기는 쉽지 않은 일이다. 그리고 종종 관리자들은 시장을 자의적인 기준에 의해 설정하고 있다. 예를 들면, 해외시장은 무시한 채 국내시장만을 기준으로 높은 점유율로 정의하기를 원하고 있다. 둘째, BCG 매트릭스는 복잡한 사업 포트폴리오 관리의 특성을 너무 단순화해서 시장성장률과 점유율로만 측정하려고 했기 때문에 단순하게 사업부들의 현재 상황만을 고려한 나머지 미래의 성장 잠재성은 무시하고 있다. 그리고 매트릭스에서는 시장점유율을 경쟁우위의 원천으로 파악하고 있는데 이미 시장점유율과 지속적 경쟁우위 간에는 인과관계가 적게 나타나고 있는 것으로 판명되고 있어서 효험이 많이 떨어지고 있다. 즉 시장점유율과 현금창출 능력은 전에 비해 관계가 덜한 것으로 알려지고 있다. 또한 시장점유율은 규모의 경제가 중요시되는 산업에서는 비용우위를 결정하는 중요한 변수이지만 그렇지 않은 산업에서는 중요성이 떨어지고 있다. 따라서 시장점유율로 기업의 핵심역량이나 경쟁력을 판단하는 것은 큰 실책이 될 수 있다. 셋째, 매트릭스에서 캐시카우와 개는 정당한 대우를 받지 못하고 있다. 먼저 개는 단순히 매각되거나 정리해야 한다는 개념은 개 사업부가 포트폴리오의 다른 사업부와 전혀 관계가 없다는 가정 하에 설정된 것으로 보인다. 그러나 만약에 개 사업부가 다른 사업부들의 성과 향상과 연관관계가 있다면 다시 한번 생각해 볼 문제이다. 보다 중요한 사실은 제8장에서 소개한 태양의 서커스단이 쇠퇴하던 서커스산업을 회생시켰듯이 개 사업부도 전략적 기회 측면에서 중요하게 고려되어야 한다. 창의적인 경영자를 투입하는 등 매각보다는 더욱 창의적인 전략을 통해서 남들이 보지 못하는 사업기회를 창출할 수 있다. 그리고 캐시카우는 단순히 현금공급원 역할만을 수행하고 또 개는 매각하거나 정리하고 있다. 그러나 이와 같은 처방은 동기부여에 대한 문제를 야기할 수 있다. 왜냐하면 이 사업부들의 관리자들도 사업부를 구하기 위해 최선을 다하고 있기 때문이다. 또한 BCG 매트릭스는 자기충족적 예언(Self-fulfilling Prophecy)의 위험에 빠질 수 있다. 즉 캐시카우는 단순히 현금을 공급하는 역할에만 충실한 나머지 스스로를 위한 투자를 게을리하게 되는 경우 예상보다 훨씬 빨리 개가 될 수 있다.[50]

● 본부우위(Parenting Advantage)

본부우위는 다각화를 통해 새로운 산업이나 사업으로 진출하려는 모기업, 지주회사 또는 기획조정실과 같은 기업본부가 보유하고 있는 자원 및 일반관리 기술에서 유래되고 있다. 즉 기업본부와 휘하의 여러 사업부 또는 계열사 간에 적합성(Fit)이 높다면 이것이 경쟁우위의 원천이 된다. 대표적인 예로 삼성그룹은 과거부터 그룹회장 직속의 비서실, 구조조정본부, 미래전략실에서 광범위한 삼성의 사업 포트폴리오를 관장하며 성장해왔다. 삼성은 제일주의로 무장된 조직문화의 첨병인 비서실 또는 구조조정본부와 이를 이끄는 이병철 및 이건희 회장의 카리스마적인 리더십이 새로 진출하려는 사업에서 가치를 창출할 수 있는 판단이 서면 신중하고도 과감하게 새로운 사업에 진출했다. 회장과 구조조정본부는 새로 진출하는 사업부마다 최고의 인재를 선발해서 최고경영자로 임명해서 책임경영을 유도했다. 이후에도 구조조정본부는 각 사업부의 사업계획을 평가해서 자원을 배분하는 한편 신상필벌로 경영진을 고무했다. 만약에 다각화를 통한 가치창출이 각 계열사마다의 대대적인 투자에서 유래되었다면 구조조정본부는 이러한 투자를 조성하는 데 중요한 역할을 수행했다. 따라서 삼성그룹의 성공적인 다각화의 원천은 구조조정본부에서 비롯되는 본부우위가 있어서 가능한 것이었으며 이는 모방이 불가능한 주요 핵심역량이며 또한 본부 임원들의 활동은 내부거래비용을 낮추는 데 크게 공헌했다. 즉 삼성의 구조조정본부는 많은 계열사 간의 이해관계를 잘 조정해서 성공적으로 시너지를 창출해냈다. 기업본부는 각 사업부에 전략적 의도나 비전을 제시함으로써 사업부에 지침을 제공하는 한편 공동 목표에 대한 몰입으로 기업 전체의 성과 향상을 달성하기 위한 동기부여를 제공한다. 기업본부는 사업부들이 기술 및 자신감을 향상할 수 있도록 지도를 통해 각 사업부의 관리자들이 전략적 역량을 배양할 수 있도록 도움을 제공하고 있다. 또한 기업본부는 각 사업부에 자금 지원과 같은 중앙 자원과 재무, 세무, 인적자원관리 등과 같은 중앙 서비스를 제공한다. 그리고 각 사업부가 적정 수준의 성과를 거둘 수 있도록 하기 위해 개입하고 있다. 그러나 기업본부가 제 역할을 못하는 경우 본부 임직원의 활동 및 유지에 막대한 비용이 소요된다. 또한 복잡한 위계질서가 심화되면 여러 사업부들의 활동을 조정하는 것이 어려워진다. 그리고 성과 평가가 여러 사업부에 걸쳐있는 경우 저조한 사업부를 파악하는 것이 모호해질 수 있다.[51]

○ 구조조정(Restructuring)

1960년대 이후 전 세계를 통해 유행처럼 수많은 기업들이 성장과 수익 향상 등 여러 동기 및 목적으로 사업다각화를 추구하면서 새로운 산업이나 사업으로 진출했다. 그러나 다각화를 통해 대규모 기업으로 성장한 많은 기업들이 너무 비대해지고 효율성이 떨어지면서 가치창출 역량이 현저히 저하되기 시작했으며 특히 일부 기업들을 심각한 위기로 내몰리게 되었다. 이런 상황을 극복하기 위해 다각화된 기업들은 수익성을 높이기 위해 다시 보유하고 있는 여러 사업부를 분사하거나 매각해야만 했다. 구조조정은 기업이 사업부나 기존 산업을 재조직 또는 매각하는 한편 다시 핵심사업에 집중하고 핵심역량을 재구축하는 과정이다.[52] 미국의 대표적인 복합기업(Conglomerate)인 GE는 2004년에 GE Capital, 2007년에 GE Plastic, 2011년에 NBCUniversal, 그리고 2016년에는 100년간 유지했던 가전사업부를 중국의 Haier에 매각하는 등 수시로 사업 포트폴리오를 구조조정하고 있다. 그리고 국내의 대표적인 복합기업 즉 재벌인 삼성그룹은 2014년에 오랫동안 유지하던 삼성종합화학, 삼성토탈, 삼성테크윈, 그리고 삼성탈레스 등과 같은 방위산업과 일부 화학산업 계열사들을 한데 묶어서 한화그룹에 매각했으며, 이에 더해 2015년에는 나머지 화학산업 계열사인 삼성SDI 케미칼사업부, 삼성정밀화학, 그리고 삼성BP화학을 묶어서 롯데그룹에 전부 매각했다. 이를 통해 삼성은 약 5조 원의 현금을 확보하게 되었다. 이런 선제적인 구조조정은 전자, 금융·서비스, 그리고 건설·중공업으로 그룹을 3대 부문으로 재편하기 위한 노력의 일환으로 보고 있다. 이렇듯이 고도로 다각화된 기업들은 수시로 위기마다 사업 포트폴리오를 구조조정하며 재편하고 있다. 그렇다면 여기에서 수많은 다각화기업들이 구조조정에 돌입하는 구체적인 이유에 대해 살펴보기로 하겠다.

다각화된 기업들이 구조조정을 하는 큰 이유 중의 하나는 주식시장이 다각화 할인(Diversification Discount)을 통해 다각화된 기업의 주식 가치를 저평가했기 때문이다. 다각화 할인은 과도하게 다각화된 기업의 주식을 덜 다각화된 기업의 주식에 비해 수익 대비 상대적으로 낮게 평가하는 것이다.[53] 투자자들이 과도하게 다각화된 기업을 덜 매력적인 투자로 보는 이유에는 크게 네 가지가 존재하고 있다.[54] 첫째, 투자자들은 이제 더 이상 다각화된 기업들이 여러 산업에 진출하는 것을 정당화할 수 있는 효과적인 다중사업모델을 갖고 있지 않다고 믿고 있다. 둘째, 과도하게 다각화된 기업의 재무제표는 매우 복잡해서 개별사업부의 성과를 파악할 수 없다. 그래서 투자자들은 다각화된 기업의 성공 여부를 잘 이해할 수 없게 되었다. 그 결과 투자자들은 경쟁우위와 재무제표를 보다 쉽게 이해할 수 있는 단일산업에서 활동하는 기업보다 다각화된 기업이 더 위험하다고 인식하게 되었다. 이런 상황을 고려한다면 구조조정은 다각화된 기업을 여러 분리된 독립기업으로 분할해서 주주의 이익을 증대하려는 노력의 일환으로 볼 수 있다. 다각화 할인의 셋째 이유는 많은 투자자들은 이제 경험을 통해 경영자들이 때때로 너무 많은 다각화를 추구하거나 잘못된 이유 즉 수익 향상보다는 오히려 수익을 줄이는 다각화 시도를 하는 경향이 있다는 사실을 인지하게 되었다.[55] 예를 들면, 일부 경영자들은 자신만을 위해서 성장을 추구하는데, 그들은 제국의 건설자로서 다각화전략이 창출하는 이익보다 관료제 비용이 급격하게 증가할 때까지 사업영역을 확대하는 데 골몰했다. 따라서 구조조정은 과도한 다각화에 따른 저조한 재무성과에 대한 대응이다. 다각화된 기업을 구조조정으로 이끄는 마지막 이유는 경영혁신으로 인해 수직적 통합과 다각화의 이점이 크게 감소되었다는 점이다. 예를 들면, 수십 년 전만 해도 기업과 공급업자 간의 장기적인 협력관계나 전략적 제휴가 수직적 통합에 대한 실질적인 대안이 될 수 있다는 사실을 기업들은 거의 이해하지 못했다. 과거에 대다수 기업들은 공급망을 관리하기 위해서는 오직 수직적 통합이나 경쟁 입찰과 같은 두 가지 대안에만 골몰했다. 그러나 현재 많은 기업들이 발달된 정보기술을 기반으로 하는 SCM(Supply Chain Management)을 구축해서 공급자와 우호적이고 장기적인 협력관계를 맺으면서 관료제 비용이 초래되는 수직적 통합에 비해 훨씬 많은 가치를 창출하고 있다. 그리고 이와 같은 경영혁신이 세계화를 통해 전 세계로 전파되면서 수직적 통합의 상대적인 이점은 점차 사라지고 있다.

참 / 고 / 문 / 헌

22. Thompson, A., Strickland, A. & Gamble, J. (2007). Corporate Culture and Leadership. *Crafting and Executing Strategy: Concepts and Cases*(15th Ed.). McGraw Hill.

23. Hill, C. W. L. & Jones, G. R. (2010). *Strategic Management Theory: An Integrated Approach. (9th ed.).* South-Western Cengage Learning: Mason, OH.

24. Chandler, A. D. (1962). *Strategy and Structure: Chapters in the History of the American*

Industrial Enterprise. MIT Press: Cambridge, MA.; Rumelt, R. P. (1974). *Strategy, Structure and Economic Performance*. Harvard University Press: Cambridge, MA.

25. Goold, M. & Luchs, K. (1993). Why Diversify? For Decades of Management Thinking. *Academy of Management Executive, 7(3)*, 7-25.

26. Hoskisson, R. E. & Hitt, M. A. (1994). *Downscoping: How to Tame the Diversified Firm*. Oxford University Press: NY.

27. Shleifer, R. W. & Vishny, R. W. (1990). The Takeover Wave of the 1980s. *Science. 248*, July-September, 747-749.

28. Franko, L. G. (2004). The Dearth of Diversification: The Focusing of the World's Industrial Firms, 1980-2000. *Business Horizons. July-August*, 41-50.

29. Montgomery, C. A. (1994). Corporate Diversification. *Journal of Economic Perspectives. 8(3)*, 163-178.

30. Chevalier, J. (2000). What Do We Know about Cross-Subsidization? Evidence from the Investment Policies of Merging Firms. Working Paper, Yale University School of Management.

31. Jensen, M. & Ruback, R. (1983). The Market for Corporate Control: The Scientific Evidence. *Journal of Financial Economics. 11*, 5-50.

32. Teece, D. (1980). Economies of Scope and the Scope of the Enterprise. *Journal of Economic Behavior and Organization. 1*, 223-247.

33. Morck, R., Shleifer, A. & Vishny, R. (1990). Do managerial Objectives Drive Bas Acquisitions? *Journal of Finance. 45*, 96-118.

34. Montgomery, C. A. (1994). Corporate Diversification. *Journal of Economic Perspectives. 8(3)*, 163-178.

35. Grant, R. M. (2010). *Contemporary Strategy Analysis. (7th ed.)*. John Wiley & Sons.: West Sussex, UK.

36. Hill, C. W. L. & Jones, G. R. (2010). *Strategic Management Theory: An Integrated Approach. (9th ed.)*. South-Western Cengage Learning: Mason, OH.

37. Teece, D. (1980). Economies of Scope and the Scope of the Enterprise. *Journal of Economic Behavior and Organization. 1*, 223-247.

38. St. John, C. H. & Harrison, J. S. (1999). Manufacturing based Relatedness, Synergy and Coordination. *Strategic Management Journal. 20*, 129-145.

39. Jones, G. R. & Hill, C. W. L. (1988). A Transaction Cost Analysis of Strategy Structure

Choice. *Strategic Management Journal*. 159-172.

40. 김승범 · 송미정 · 배영찬(2017). 삼성그룹 분석보고서: 삼성전자의 압도적 존재감에 가려진 건설/중공업의 틈. Group Analysis Report. 2017. 08. 23. 한국기업평가.

41. Hill, C. W. L. & Jones, G. R. (2010). *Strategic Management Theory: An Integrated Approach. (9th ed.)*. South-Western Cengage Learning: Mason, OH.

42. Hill, C. W. L. (1983). Conglomerate Performance over the Economic Cycle. *Journal of Industrial Economics, 32*, 197-212.; Mueller, D. T. C. (1977). The Effects of Conglomerate Mergers. *Journal of Banking and Finance*. *1*, 315-347.

43. Ramanujam, V. & Varadarajan, P. (1989). Research on Corporate Diversification: A Synthesis. *Strategic Management Journal*. *10*, 523-551.; Dess, G., Hennart, J. F., Hill, C. W. L. & Research Issues in Strategic Management. *Journal of Management*. *21*, 357-392.; Hyland, D. C. & Diltz, J. D. (2002). Why Companies Diversify: An Empirical Examination. *Financial Management, 31*, 51-81.

44. Porter, M. E. (1987). From Competitive Advantage to Corporate Strategy. *Harvard Business Review*. May-June, 43-59.

45. Ramanujam, V. & Varadarajan, P. (1989). Research on Corporate Diversification: A Synthesis. *Strategic Management Journal*. *10*, 523-551.; Dess, G., Hennart, J. F., Hill, C. W. L. & Research Issues in Strategic Management. *Journal of Management*. *21*, 357-392.

46. 공병호(2011). 공병호의 대한민국 기업흥망사. 해냄출판사.

47. *Ibid*.

48. Porter, M. E. (1987). From Competitive Advantage to Corporate Strategy. *Harvard Business Review*. May-June, 43-59.

49. Marriott Jr. J. W. & Brown, K. A. *The Spirit to Serve*. HarperCollins: NY. 구본성 역 (1999), 메리어트의 서비스정신. 세종서적.

50. Reeves, M., Moose, S. & Venema, T. (2014). *The Growth Share Matrix*. BCG Classics Revisited. The Boston Consulting Group.

51. Goold, M., Campbell, A. & Alexander, M. (1994). *Corporate-level Strategy: Creating Value in the Multi-Business Company*. John Willy & Sons: NY.

52. Hatfield, D. E., Liebskind, J. P. & Opler, T. C. (1996). The Effects of Corporate Restructuring on Aggregate Industry Specialization. *Strategic Management Journal*. *17*, 55-72.

53. Lamont, A. & Polk, C. (2001). The Diversification Discount: Cash Flows versus Returns. *Journal of Finance*. *56*, October, 1693-1721.; Raju, R., Servaes, H. & Zingales, I. (2000). The Cost of Diversity: The Diversification Discount and Inefficient Investment. *Journal of Finance*. *55*, February, 35-80.

54. Hill, C. W. L. & Jones, G. R. (2010). *Strategic Management Theory: An Integrated Approach. (9th Ed.)*. South-Western Cengage Learning: Mason, OH.

55. Morck, R., Shleifer, A. & Vishny, R. (1990). Do managerial Objectives Drive Bas Acquisitions? *Journal of Finance*. *15*, 96-118.

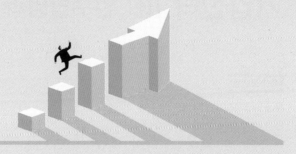

기업전략 Ⅲ:
인수합병과 전략적 제휴

Ⅰ. 인수합병전략

Ⅱ. 전략적 제휴

Chapter · 11

기업전략 Ⅲ: 인수합병과 전략적 제휴

학습 포인트

❶ 인수합병의 동기와 목적에 대해 이해한다.

❷ 인수합병의 성과에 대해 파악한다.

❸ 인수합병의 성공 및 실패 요인에 대해 깊이 이해한다.

❹ 전략적 제휴의 목적과 동기를 숙지한다.

❺ 전략적 제휴의 성공 및 실패 요인에 대해 이해한다.

Ⅰ ▸▸ 인수합병전략(M&A Strategy)

기업전략의 유형으로 가장 널리 이용되고 있는 것이 바로 인수합병(M&A: Mergers and Acquisitions)이다. 왜냐하면 앞장에서 지금까지 살펴본 기업전략의 여러 유형 즉 수평적 통합, 수직적 통합, 관련 및 비관련 다각화 등을 통한 확장을 추구하기 위해 가장 많이 채택하는 수단이 바로 인수합병이다. 물론 기업은 같은 목적을 위해 신규설립(Greenfield Investment), 합작투자(Joint Venture), 아웃소싱(Outsourcing), 전략적 제휴(Strategic Alliances) 등을 대안으로 이용할 수도 있다.

기업 인수합병(M&A)은 인수와 합병으로 구분된다. 먼저 인수(Acquisition)는 인수기업(Acquirer)이 피인수기업(Target)의 주식 지분을 매입하거나 유상증자를 통해 신주발행에 참여해서 경영권을 취득하는 행위를 말한다. 두 기업은 인수절차 가 종료된 후에도 법적으로는 서로 독립된 기업으로 존재하게 되지만 실질적인 경영통제 및 지배권은 인수기업에 귀속된다. 인수기업이 피인수기업을 인수하는 방법에는 피인수기업의 주식을 매입하여 인수활동을 수행하는 주식인수(Stock

Acquisition)와 피인수기업과의 협상을 통해 주요 자산의 대다수 또는 일부만을 취득하는 자산인수(Asset Acquisition)가 있다. 그리고 인수는 인수기업과 피인수기업이 인수절차가 종료된 후에도 독립된 두 기업으로 존재하는 경우도 많기 때문에 피인수기업의 기존 전략이나 구성원에 대한 교체가 불필요한 경우가 많다.

한편 합병(Merger)이란 두 개의 기업이 통합을 통해 법적 및 실질적으로 하나의 기업으로 재편되는 것을 의미한다. 합병에도 기존 두 기업 중에서 하나의 기업은 존속되고 나머지 기업은 이에 흡수되는 흡수합병(Statutory Merger)과 합병 후 법적으로 기존 기업들은 모두 소멸되고 새로운 기업이 설립되는 신설합병(Consolidation)이 있다. 그리고 합병을 통해 새로운 기업이 탄생하는 것이기 때문에 비전 및 가치, 전략, 그리고 구성원 등에 대한 변화는 필수적인 경우가 많다.

작금의 경영환경에서 인수합병은 대다수 기업에 성장을 위한 중요한 전략적 도구가 되고 있다. 인수합병은 기업이 여러 목적을 달성하기 위한 기업전략으로 이용되고 있다. 예를 들면, 기업들은 인수합병을 새로운 산업·사업 또는 새로운 지역으로 신출하기 위해서 또는 기술 및 경영 노하우를 획득하기 위해서 이용하고 있다. 무엇보다도 궁극적으로 기업들은 생존 및 성장을 위해 인수합병을 전략적으로 활용하고 있다. 〈표 11-1〉은 성장을 위한 전략적 대안으로서 신규설립과 인수합병의 장난섬을 비교하고 있다.

| 표 11-1 | 신규설립과 인수합병의 장단점

구분	신규설립(Greenfield)	인수합병(M&A)
장점	• 초기 사업입지 선정 및 계획의 융통성 • 투자금액 결정의 융통성 • 기업 통제권 확보가 용이 • 기존 기업의 문제점 제거가 용이	• 사업 착수기간의 단축 • 시너지 효과 • 제품/서비스, 유통망, 브랜드의 확보 • 진입장벽 회피 및 조세 효과 • 인재 및 기술 취득
단점	• 영업기반 및 브랜드 구축에 장시간 소요 • 투자위험의 존재 • 기존 경쟁기업과의 경쟁 및 갈등 강화	• 실패에 대한 위험도가 높음 • 프리미엄으로 막대한 인수자금 소요 • 인수 후 통합에 대한 어려움 • 복잡한 절차

○ 인수합병의 유형

인수합병에는 여러 다양한 형태가 있기 때문에 복잡한 편이다. 인수합병의 유형에 대해 보다 용이하게 이해하려면 〈표 11-2〉에서와 같이 인수대상에 의한 분류, 합병형식에 의한 분류, 결합형식에 의한 분류, 그리고 결제수단에 의한 분류 등으로 구분할 수 있다. 이 외에도 거래의사에 따라 우호적(Friendly) 거래와 적대적(Hostile) 거래가 있다.

| 표 11-2 | 인수합병의 유형

인수합병 유형	명칭	개요
인수대상에 의한 분류	주식인수	지배주주(들) 또는 불특정 다수의 주주들로부터 주식을 취득하거나 제3자 배정 방식의 신주 인수
	자산인수	자산인수 또는 영업양수 방식
합병형식에 의한 분류	흡수합병	합병하는 두 기업 중에서 한 기업은 존속하고 다른 기업은 소멸하게 되는 형식의 합병
	신설합병	합병하는 '가' 및 '나' 두 기업이 합병해서 새로운 기업인 '다' 기업이 탄생하고, 따라서 '가'와 '나'는 소멸되는 형식의 합병
결합형식에 의한 분류	수평적 통합	같은 산업에 경쟁하는 경쟁기업(들)을 인수하는 방식
	수직적 통합	산업 가치사슬의 전방 또는 후방에 있는 다른 기업을 인수하는 방식
	다각화	사업다각화를 위해 기존 산업과는 다른 산업에 속한 기업을 인수하는 방식
결제수단에 의한 분류	현금지급방식	인수합병의 대가로서 계약 상대방에게 현금을 지급하는 결제방식
	주식교환방식	인수합병의 대가로서 계약 상대방에게 인수자가 자사의 주식을 발행해서 지급하는 결제방식
	차입매수(LBO)방식	인수자가 피인수기업의 자산이나 현금흐름을 담보로 해서 차입한 자금으로 계약 상대방에게 인수대금을 지급하는 결제방식
	복합방식	현금, 주식, 차입인수 등을 혼합해서 결제하는 방식

○ 인수합병의 역사 [56]

인수합병의 본질을 정확하게 파악하기 위해서는 인수합병에 대한 과거 역사 및 트렌드와 인수합병과 기업전략과의 연관관계에 대해 잘 이해힐 수 있어야 한다. 19세기 말부터 최근까지 미국을 중심으로 총 7차례의 인수합병 광풍(M&A Waves) 이 있었다. 인수합병 광풍은 평균 수준의 인수합병이 발생하는 기간에 비해 인수합병의 발생 건수아 거래금액 총액이 수년산에 걸쳐 급격하게 증가했던 기간을 말한다. 이 기간을 통해 수많은 기업이 인수합병 광풍에 빠져들면서 많은 산업의 경쟁양상이 변화되었다.

• 1차 인수합병 광풍(1897~1904)

1차 인수합병 광풍(The First M&A Wave)은 1883년에 발생했던 경제공황(Depression) 이 끝나고 이후 경기확장이 이루어지면서 발생했으며, 1898년에 절성에 이르렀으며 1904년에 종결되었다. 1차 M&A 광풍은 대부분 수평적 통합(Horizontal Integration) 을 목적으로 발생한 것이었으며 이로 인해 주로 유명 대기업들(Industrial Corporations) 의 주가가 크게 오르게 되었으며 독점(Monopoly)기업들이 등장하게 되었다. 오늘날 잘 알려진 US Steel, Du Pont, Standard Oil(현 Exxon-Mobil), GE(General Electric), Eastman Kodak, American Tobacco 등과 유명 기업들이 이 시기에 설립되었다. 이 시기에 발생한 인수합병은 대부분 우호적(Friendly)으로 진행되었으며 인수대금의 결제수단은 주로 현금(Cash)이었다. 1차 인수합병 광풍은 새로운 독점금지법인 Sherman Antitrust Law가 엄격하게 집행되고 또 1905년 경기침체로 주식시장이 붕괴되면서 종말을 고했다.

• 2차 인수합병 광풍(1916~1929)

1차 광풍이 독점을 위한 인수합병이었다면 2차 인수합병 광풍은 과점(Oligopoly) 을 위한 인수합병이었다. 2차 광풍은 1차에 비해 보다 적은 규모로 진행되었으며,

2차 광풍의 절정은 1925년부터 시작해서 1929년에 발발한 역사적인 경제대공황에 의해 끝을 맺었다. 이 당시 인수합병은 주로 수평적 통합이나 수직적 통합을 위한 목적으로 실행되었다. 또 당시 시중에는 경기호황에 따라 자본이 풍부했으며 요구되는 수익의 수준도 그다지 높지 않았다. 그러나 1차 광풍 때와 달리 독점금지법이 강력하게 집행되면서 독점기업의 탄생은 몇몇 기업에 불과했으며 대신에 더 많은 과점기업들과 수직적 통합이 발생했다. 2차 M&A 광풍 시기에 발생한 인수합병도 대부분 우호적으로 진행되었으며 인수대금의 주요 결제수단은 현금에서 주식(Equity)으로 변경되었다.

● 3차 인수합병 광풍(1965~1969)

경제대공황과 제2차 세계대전으로 중단되었던 기업들의 인수합병 활동은 1950년대가 되면서 다시 시작되었는데 원인은 미국 경제가 역사상 가장 장시간에 걸쳐 지속적인 성장을 하게 되면서 대다수 기업들의 주가수익률(P/E Ratio)은 기록적인 수준까지 오르게 되었다. 그런데 당시 연방정부는 독점금지법을 더욱 강화하면서 각 산업에서 기업 간의 경쟁을 완화시키려는 목적으로 행하는 인수합병 거래에 대해서는 엄격하게 적용했다. 이러한 동기로 해서 새로운 형태의 기업조직이 역사의 전면에 등장하게 되었다. 즉 1차 및 2차 광풍 시기에는 주로 수평적 통합 및 수직적 통합이 주를 이루었던 것과 달리 3차 인수합병 광풍 시기에는 다각화(Diversification)가 인수합병의 주된 목적이 됐다. 당시 많은 기업들은 사업다각화를 통해 기존의 주력산업과는 별로 관련이 없는 다른 산업에 속하는 기업들을 인수하고 자사의 사업부로 편입해서 여러 사업부를 거느리는 거대한 기업조직인 복합기업(Conglomerate)으로 변모하게 되었다. 특히 주가수익률이 높은 많은 기업들이 주로 주가수익률이 낮은 기업들을 인수하면 통합된 기업의 주당순이익(EPS: Earnings Pre Share)이 높아지게 되는데 이로 인해 주식가격은 더욱 높아졌다. 이 시기를 복합기업의 시대(The Conglomerate Era)라고 부르고 있다. 이 시기에 복합기업들은 BCG 성장률-점유율 매트릭스 등과 포트폴리오 관리를 기반으로 한 전략기획(Strategic Planning)으로 대제국 건설(Empire Builder)에 골몰했던 시기이다. 당연히 3차 M&A 광풍 시기에 발생한 인수합병의 주요 결제수단은 주로 주식(Equity)이었다. 당시 주요 복합기업인 ITT, Textron, Litton 등은 그들이 탁월하다고 믿었던 일반경영기술(General Management Skills)을 이용해서 경기순환주기가 각각 다른 산업에 속한 여러 기업들로 구성된 사업 포트폴리오를 구성해서 위험을 분산하려고 했다. 예를 들면, 통신산업의 대기업이었던 ITT는 렌터카, 보험사, 목재회사, 그리고 제빵제조회사 등을 차례로 인수했으며, 1968년에는 당시 160여 개소의 호텔로 구성된 주요 호텔체인이었던 Sheraton Corporation도 인수했다.

인수 후 초기에 복합기업들의 성과는 좋았다. 그러나 1960년대 후반부터 복합기업들은 주식 가치가 산업평균에 비해 현저히 떨어지면서 심각한 위기에 빠지기 시작했다. 58분기 동안 연속해서 영업이익의 증가를 기록했던 ITT조차도 1974년이 되자 기록이 멈췄으며, GE도 1965년부터 1970년 사이에 매출액은 40% 증가했지만 이윤은 오히려 더 떨어지게 되면서 '이윤없는 성장'을 기록했다. 결국 다각화를 통한 복합기업의 시대는 1995년에 대표적 기업인 ITT가 독립적인 세 개의 기업으로 분사(Spin-off)되면서 종말을 고하게 되었다.

한편 당시의 인수합병 광풍은 호스피탈리티·관광산업에도 불어 닥쳤다. 1954년에 Hilton Chain이 전설적인 호텔체인인 Statler Chain을 인수한 후 한동안 잠잠했던 인수합병은 1967년에 대표적인 항공사인 TWA가 호텔기업인 Hilton Corporation의 국제사업부인 Hilton International을 인수하면서 인수합병 광풍이 불기 시작했다. 이에 뒤질세라 United Airline도 1970년에 Westin Chain을 합병했다. 이처럼 항공사가 호텔체인을 인수해서 함께 운영하는 성장전략은 결국 전 세계로 퍼지게 되면서 유럽과 아시아에서도 많은 항공사들이 호텔을 결합해서 운영하는 주요 트렌드가 개발되었다. 또한 Marriott는 1967년에 576개소의 레스토랑을 보유한 Big Boy를 인수하면서 미국 최대의 식음기업으로 발돋움하게 되었다.

• 4차 인수합병 광풍(1981~1989)

1980년대가 되자 다시 인수합병 광풍이 불기 시작했다. 1980년대 인수합병 거래는 총 $1.3조에 달했으며, 초대형 거래(Mega Deals)가 예전보다 부쩍 많이 발생했다. 당시 인수합병 붐(Boom)이 다시 일어나게 된 동기에는 첫째, 대출기관 및 투자자들의 설대적인 지원을 등에 업은 기업사냥꾼(Corporate Raiders)이 등장하면서 많은 초대형 거래가 발생하게 되었다. 둘째, 1980년대부터 가속화됐던 세계화의 영향으로 외국인 투자자들이 미국기업에 대한 대대적인 투자를 감행했다. 셋째, 정크본드(Junk Bond) 등의 등장으로 시중에 많은 유동성이 공급되면서 인수합병을 위한 자금이 충분하게 공급되고 있었다. 넷째, 당시 독점금지법이 다소 느슨하게 적용되고 있었다. 다섯째, 투자은행(Investment Bankers), M&A전문 변호사, 세무 전문가, 실사(Due Diligence) 전문가, 가치평가 전문가 등 인수합병에 필요한 기반구조(Infrastructure)가 잘 발달 및 구비되어 있었다.

1980년대가 되자 3차 인수합병 광풍으로 인해 탄생된 과도하게 다각화된 기업들의 가치창출 능력에 대해 대다수가 의문을 품게 되었다. 이들은 생존하기 위해 비용을 절감하고 직원들을 대량으로 해고했으나 이것만으로는 기업 및 주주들의 가치를 창출하기 위해서는 턱없이 부족했다. 따라서 당시 많은 복합기업들은 결국 대대적인 구조조정(Restructuring)에 나서야만 했는데, 이들은 생존하기 위해 필사적인 구조조정 전략에 매달려야만 했다. 즉 이들은 눈물을 머금고 1960년대 및 1970년대에 인수했던 많은 비생산적인 자산과 사업부들을 매각했다. 1980년대 인수합병 광풍의 시대를 구조조정의 시대(The Restructuring Era)라고 한다. 이로써 3차 M&A 광풍 시기에 많은 미국기업들의 추구했던 사업다각화전략은 가치창출에 실패한 것으로 증명되었다. 즉 경기순환주기가 다른 여러 기업들로 구성하는 포트폴리오 전략은 주식이나 채권 투자에는 가능하지만 기업전략으로는 적합하지 않은 것으로 드러났다. 1960년대에 등장했던 복합기업들은 1980년대에 대부분 파괴되었다.

1980년대 구조조정 시대에 인수합병의 총아는 기업사냥꾼(Corporate Raiders)

들이었다. 당시 많은 기업사냥꾼들이 등장해서 복합기업들을 해체하고 인수합병을 추진하기 위해 적대적 인수(Hostile Takeover)와 차입매수(LBO: Leveraged Buyout)를 주요 전략으로 삼았다. 당시 횡행했던 차입매수와 많은 부채를 동반했던 인수합병 거래들은 대부분 대상기업을 인수하기 위해 주로 부채를 동원해서 인수자금으로 활용했다. 따라서 4차 M&A 광풍 시기에 발생한 인수합병의 주요 결제수단은 주로 현금이었다. 차입매수는 자금력이 충분하지 않은 인수기업이 피인수기업의 자산이나 미래 현금흐름을 담보로 해서 대출기관으로부터 인수자금을 차입한 후 보통 상장기업이었던 피인수기업을 유한회사(Private Company)로 전환한다. 인수가 끝난 후에는 유능한 경영진의 투입 등으로 수익성을 향상해서 만든 자금으로 차입금을 상환하게 된다. 당시 차입매수 광풍은 호텔산업에도 예외 없이 불어닥쳤다. 당시 사모펀드기업인 KKR(Kolberg, Kravis, Roberts and Company)은 유명 저가모텔체인 Motel 6를 $8.81억에 인수해서 상장을 폐지하고 유한회사로 전환했다. 인수자금에서 약 86%는 부채로 조달된 자금이었다. 그런데 1990년이 되자 프랑스의 유명 호텔체인인 Accor가 Motel 6를 다시 $13억에 모두 현금으로 인수하게 되면서 높은 수익률을 달성했다.

한편 당시 많은 외국기업들이 위기에 빠진 미국기업들을 인수하기 위해 주로 이용한 방식이 바로 차입매수와 기업인수(Takeover)였다. 당시 최초로 유럽, 캐나다, 아시아 등 외국기업들이 미국기업들을 인수한 거래 건수와 거래금액 모두에서 미국기업들이 해외기업을 인수한 것을 능가하는 새로운 인수합병 트렌드가 만들어졌다. 이처럼 많은 외국기업들이 미국기업들을 인수하게 된 동기는 첫째, 미국이란 거대한 소비시장에 대한 매력, 둘째, 기업인수에 대한 제약이 별로 없었으며, 셋째, 미국기업의 고도화된 기술혁신력, 넷째, 당시 주요국의 화폐에 대한 미국 달러화의 약세 등이었다. 그러나 외국기업들은 고평가된 자국 화폐를 이용하게 됨으로써 실질적인 자본비용(Cost of Capital)이 낮아지게 되었는데, 이로 인해 이들은 미국기업들을 인수하면서 상당히 높은 프리미엄(Premium)을 물게 되면서 인수가격이 높아졌다. 또한 영업권(Goodwill)에 대한 회계처리 방식이 엄격한 미국기업과는 달리 외국기업에게는 해당연도에 모두 처리하는 것을 허용해 주면서 인수합병에 대한 우호적인 환경이 조성되었다. 1980년대 외국기업들이 미국기업을 인수하는 트렌드는 호텔산업도 예외가 아니었다. 당시 유럽, 일본, 홍콩의 기업들이 미국의 주요 호텔체인들을 매수하기 위한 목적으로 인수합병이 성행했다. 1981년 Pan Am은 소유했던 InterContinental Chain을 영국의 Grand Metropolitan에 매각했으며, 이후 일본의 세이부그룹이 InterContinental Chain을 다시 인수했다. 그리고 종전에 TWA로부터 Hilton International을 인수했던 United Airlines는 이를 다시 1987년 영국의 Ladbroke에 매각했다. 같은 해 일본의 아오키그룹은 역시 United Airlines로부터 Westin Chain을 인수했다. 또한 영국의 Forte는 저가브랜드인 Travelodge를 인수하기도 했다.

1980년대의 이런 환경에서 당시 많은 최고경영자들의 목표는 종전과 같은 제국건설이 아니라 주주들의 가치를 창출하는 것으로 전환되었다. 이를 위해 많은 경영자들이 채택한 전략은 다시 주력사업(Core Business)에만 전념하는 것이었다. 당시에 각 산업에서 경쟁우위를 누리는 기업들은 대부분 다각화된 기업이 아니라 자신들이 익히 알고 있는 사업 분야에 전념하는 특화(Specialization)된 기업들이었다.

1980년대 말이 되면서 미국 경제가 침체되기 시작하고 널리 알려졌던 차입매수 기업들이 부도가 나자 인수합병 활동은 급격히 줄어들었으며, 또한 투자은행인 Drexel Burnham이 부도가 나면서 1980년대에 주요 자금원이었던 정크본드 시장이 붕괴되자 인수합병 광풍은 서서히 자취를 감추었다.

● 5차 인수합병 광풍(1992~2000)

1990년대 초의 경기침체로 감소했던 인수합병은 1992년이 되면서 거래 건수와 거래금액이 다시 증가하기 시작했다. 당시 정보기술 혁명, 미국 정부의 지속적인 탈규제정책, 세계화의 가속으로 인한 무역장벽의 붕괴, 그리고 세계적인 민영화 트렌드 등의 영향으로 미국 역사상 가장 장기간에 걸쳐 경기가 확장되었으며 주식시장도 함께 활황을 이어갔다. 이런 우호적인 환경에 편승해서 1990년대의 인수합병은 특히 대규모 인수합병(Mega Merger 또는 Big Deal)이 많이 발생하면서 해마다 거래건수 및 거래금액에서 옛 기록을 갱신했다. 또한 1990년대의 인수합병 거래들은 주로 인수기업과 피인수기업 간에 전략적 적합성(Strategic Fit)을 확보하기 위해 세심하게 설계된 것이 특징이었다. 따라서 이 시기를 전략적 대형 합병의 시대(The Ages of the Strategic Mega-Merger)라고 한다.

1990년대의 대다수 인수합병은 동일산업에서 경쟁기업을 인수함으로써 기업을 확장해서 시장지배력을 강화하기 위한 산업통합(Industry Consolidation)이 동기였다. 5차 M&A 광풍 시기에 발생한 인수합병의 주요 결제수단은 주로 당시 인수기업의 높은 주식가격을 이용했다. 산업통합을 위해서 경쟁기업들을 인수한 기업들은 비용을 절감하고 규모의 경제를 달성할 수 있었다. 당시 기업 경영자들은 주력사업에서 시장점유율 확대, 효율성 향상, 그리고 가격 지배력을 높이는데 주력했다.

1990년대에 호텔산업에도 많은 인수합병이 발생했다. 그런데 1980년대와 달리 이번에는 미국 유명 호텔체인들이 활발한 인수활동을 벌였는데, 이는 1990년대 중반 이후 호텔체인들이 높은 주식가격을 십분 활용한 결과였다. HFS(현재의 Wyndham)는 가장 활발한 인수활동을 전개했는데, 1990년에 Howard Johnson과 Ramada, 1991년에 Days Inn, 1993년에 Super 8 Motel과 Park Inn, 1994년에 Villager, 1995년에 Knights Inn과 Travelodge를 각각 인수했다. 또한 HFS는 콘도미니엄업체인 RCI, 부동산업체인 Century 21과 Coldwell Banker, 렌트카 업체인 Avis 등을 인수함으로써 세계 최대의 호텔체인으로 등극하게 됐다. 그러나 인수합병을 통한 과도한 사업다각화전략은 결국 화를 불렀다. 1998년에 HFS는 CUC International이라는 기업과 합병을 통해 Cendant란 새 명칭의 기업으로 재탄생했다. 그러나 합병이 끝난 몇 달 후 CUC 경영진이 과거 몇 년간 매출을 허위로 과대하게 처리한 대형 분식회계 사건이 터지게 되면서 Cendant는 큰 위기에 빠졌으며 주가는 대폭 하락했다. 결국 2006년 Cendant는 4개의 독립된 기업으로 분사하면서 해체되었다. 한편 Marriott International은 먼저 1995년에 Ritz-Carlton의 지분 49%를 인수하면서 산업통합에 박차를 가했으며 이후에는 홍콩의 New World Development로부터 Renaissance

419

를 인수하며 세계화전략을 확대했다. 그리고 Hilton은 Bally Entertainment를 인수하면서 카지노사업에서 규모의 경제를 극대화하는 한편 이어서 경쟁사인 Promus를 전격 인수함으로써 Hampton Inn과 Embassy Suite와 같은 보완적인 브랜드들을 포트폴리오에 추가하면서 시장세분화를 통한 산업통합에 나서게 되면서 한동안 정체되었던 호텔산업에서의 부진을 만회했다. 한편 당시 Hilton의 최고경영자였던 Steve Bollenbach는 1998년에 거함 ITT Sheraton을 상대로 호텔산업 역사상 가장 유명했던 적대적 인수(Hostile Takeover)를 시도했다. 또한 당시 Starwood Lodging Trust와 Patriot American Hospitality는 이중구조 리츠(Paired-share REITs)란 우월한 조직형태를 십분 발휘하면서 호텔산업의 총아로 등장했다. 특히 Starwood Lodging Trust는 일본의 아오키그룹으로부터 Westin을 인수하면서 화려하게 데뷔한 후 1998년 당시 Hilton의 적대적 인수 시도로 궁지에 몰리고 있던 ITT Sheraton의 백기사로 등장하면서 결국 거함을 어부지리로 인수했으며 그 결과 Starwood Hotels & Resorts란 강력한 호텔체인이 탄생하게 되었다. 한편 유럽의 두 강호 영국의 Six Continents(현 IHG)와 프랑스의 Accor도 각각 InterContinental과 Motel 6, Red Roof Inn 등을 인수하면서 절대강자로서의 입지를 굳히게 되었다.

1990년대 5차 인수합병 광풍도 2001년에 불어 닥친 경기침체, 세계 경제의 성장 저하, 그리고 때마침 터진 인터넷 닷컴버블 등의 영향으로 자취를 감추게 되었다.

• 6차 인수합병 광풍(2003~2007)

2001년 경기침체 이후 경기가 다시 살아나는 한편 연방준비은행이 기준금리를 낮게 유지하면서 시장에 자금이 넘쳐나게 되었다. 낮은 금리는 인수합병을 위한 자금 확보가 용이하게 되는 동기가 되면서 사모펀드의 활동이 눈에 띄게 활발해졌다. 이에 더해 주식시장이 활황을 보이면서 인수합병을 위한 매우 우호적인 환경이 조성되었다. 특히 2005년부터 2007년까지 미국 금융시장에서는 사모펀드들에 의한 차입매수가 많이 발생했으며, 헤지펀드도 함께 가담했다. 또한 투자은행 등이 보유한 대출채권이나 회사채들을 함께 결합해서 유동화한 부채담보부증권

(CDO, Collateralized Debt Obligation) 등과 같은 복잡한 구조의 신형 파생상품들이 횡행했으며 이를 주택저당증권(MBS) 등과 함께 합성한 형태의 부채들이 시중에 많이 유통되면서 풍부한 유동성으로 인해 인수합병을 위한 자금이 더욱 공급되었다. 이로 인해 인수합병 시 많은 인수자들이 적정한 인수금액보다 더 많은 금액을 지급하는데 기여하게 되었다.

은행들은 높은 금리의 서브프라임 대출(Subprime Mortgage Loan)을 기초로 하는 주택지딩증권을 개발했으며, 이에 더해 이 증권들을 이용해서 부채담보부증권 등을 발행해서 시중에 유통했다. 그러나 이렇게 시중에 대량 자금이 유통된 상황에서 2007년부터 대출금리가 상승하고, 주택가격이 급락하고, 또 은행 간의 과당경쟁으로 인해 기초자산인 서브프라임 대출의 부실화가 발생했다. 이로 인해 결국 미국 전역에서 대다수 주택소유자들이 상환불능상태에 빠지게 되었으며 때문에 주택담보대출과 관련된 증권에 대한 원리금을 갚지 못하는 지경에 이르렀다. 이처럼 기초자산인 서브프라임 대출이 부실화되자 결국 파급효과는 관련된 파생상품들로 급속하게 확장되어 이들 역시 부실화되었으며, 이에 더해 2007년부터 원유가격이 급격히 인상되면서 대규모 금융위기가 발생하게 되었다. 이어진 세계 경기 침체로 인수합병 거래는 감소하게 되었으며 특히 부채를 많이 이용하는 차입매수 등은 급격하게 거래가 줄어들었다.

한편 2000년대에 세계 호텔산업에서 가장 활발한 인수합병 거래를 시도한 깃은 사모펀드 기업이었다. 미국의 유명 사모펀드 기업인 Blackstone Group은 1998년 영국의 Forte의 인수를 시발로 해서, 2000년에 들어서는 Extended Stay America, Wyndham, La Quinta Inns, MeriStar 등을 차례로 인수했으며 결국 2007년에는 Hilton을 호텔산업 역사상 최대의 액수인 $260억에 인수했다. Blackstone은 쉬지 않고 2012년 프랑스의 Accor로부터 Motel 6를 인수하면서 브랜드를 미국으로 되찾아 왔다. 또한 Blackstone은 가격이 좋아지면 Forte나 Wyndham 같은 체인들은 다시 매각했다. 사모펀드들의 활발한 인수합병 활동으로 호텔산업에 투자 자금이 몰리면서 호텔체인들의 가치가 향상되었다. 그리고 2000년대에 호텔산업에서 가장 관심이 집중됐었던 인수합병 사례는 2006년에 미국의 Hilton Hotels Corporation이

영국의 Hilton International을 인수하면서 40년 만에 Hilton이라는 브랜드를 국내
용과 국외용으로 분리해서 사용했던 두 호텔체인은 다시 Hilton Worldwide로 통합
되었다. 그러나 다음 해 Hilton은 Blackstone Group에 매각되었으며 결국 전설적
인 Hilton 가문의 호텔산업에 대한 명맥은 끝을 맺게 되었다. 그리고 세계 최고의
부호 Bill Gates의 Cascade와 중동의 거부 Alwaleed의 Kingdom Holdings는 공동으
로 2006년에 Four Seasons 호텔체인을 $34억에 인수했다.

● 7차 인수합병 광풍(2013~현재)

2007년 서브프라임 모기지 사태로 촉발된 세계금융위기가 어느 정도 완화되면
서 2013년부터 인수합병 활동이 다시 증가하기 시작했다. 일상적인 변화가 사실상
새로운 표준이 된 역동적인 경영환경에서 유기적인 내부성장과 비용절감만으로는
지속적으로 향상된 재무성과를 달성하는 것이 매우 어렵다는 사실을 기업 경영자
들은 인식하게 되었다. 따라서 이들은 내부적인 성장보다는 다른 기업의 인수를
통한 성장이 보다 용이하다는 사실을 알고 성장 기회를 창출하기 위해 다시 인수
합병이란 도구를 활용하게 되었다. 7차 인수합병 광풍은 2015년에 전 세계에서 발
생했던 인수합병 거래들의 총합계가 $4.7조를 돌파하게 되었는데 이는 역사상 최
고 기록이었던 2007년의 $4.4조를 능가하는 것이었다.

7차 M&A 광풍의 특징 중의 하나가 $50억을 초과하는 대규모 거래가 많은 것이
었다. 이는 경영자들의 사업에 대해 강한 확신과 자신감이 표출된 것이었다. 또한
인수합병은 경영자들이 현재 활동하고 있는 주력산업에서 경쟁력을 강화하고 지
속적인 성장을 이루기 위한 수단으로 이용되고 있는데 경쟁기업을 인수하는 수평
적 통합이 많이 이루어지고 있다. 이를 통해 비용을 절감하고 시장점유율을 강화
했다. 특히 성장이 정체된 산업(Mature Industry)에 속한 기업들이 수평적 통합을
통해 성장을 도모하는 경향이 높게 나타나고 있다. 또 다른 동기는 인수합병을 하
는 기업들의 재무상태표(대차대조표)를 보면 많은 현금을 축적하고 있다는 사실이
다. 기업들의 현금보유량이 역사적으로 높은 수준에 달하고 있어서 이를 이용해서

쉽게 다른 기업을 인수하게 되었다. 또한 자사의 제품이나 서비스에 대한 소비자 수요가 정체되는 경우 다른 기회를 찾기 위해 경영자들은 유기적인 성장보다는 인수합병을 통한 성장에 보다 많은 관심을 갖게 된다. 그리고 이자율이 낮아서 유동성이 풍부한 환경을 십분 활용해서 많은 사모펀드 기업들이 차입매수를 이용해서 인수합병 대열의 선두에 나서고 있는데, 차입매수는 최근 들어 인수합병을 위해 자주 이용되는 자금조달 수단이 되었다. 한편 2016년 중국 기업들도 미국과 유럽의 여러 기업을 인수하기 위해 투자한 금액이 $2,270억을 기록하면서 M&A 광풍에서 큰 역할을 남당하게 되었다.[57]

　7차 인수합병 광풍은 호텔산업에도 세차게 불어닥치며 수많은 거래가 성사되었다. 호텔산업의 인수합병은 대부분 산업통합(Consolidation)을 목표로 하는 수평적 통합의 형태로 이루어졌다. 먼저 2015년에 Marriott International은 경쟁기업인 Starwood Hotels & Resorts Worldwide를 $130억에 인수하면서 세계 최대의 호텔체인으로 등극했다. 그리고 같은 해 유럽 최대의 호텔체인인 프랑스의 AccorHotels Group도 Fairmont, Raffles, 그리고 Swissotel 등의 브랜드를 보유하고 있는 FRHI Hotels & Resorts를 $29억에 인수하면서 고급호텔에 대한 브랜드 포트폴리오를 강화했다. 또한 Marriott의 Starwood 인수 이전에 세계 최대의 호텔체인이었던 IHG는 부티크호텔 사업을 강화하기 위해 2014년에 미국의 Kimpton Hotels & Resorts를 $4억 3천만에 인수했다.

　한편 2011년대에 들어서면시 중국의 기업이나 호텔체인들이 서구 선진국의 호텔체인들을 연이어 인수하는 트렌드가 만들어졌다. 먼저 2014년에 중국의 Shanghai Jin Jiang International Hotels Group은 프랑스의 유명 호텔체인인 Louvre Hotel Group을 $13억 5천만에 인수했다. 그리고 중국의 안방보험은 2014년에 미국 뉴욕의 대표적인 호텔인 Waldorf Astoria Hotel을 $20억에 인수했으며 2015년에는 Stawood를 인수하기 위해 Marriott International과 인수경쟁을 벌이면서 세계 호텔산업을 놀라게 했다. 이어서 2016년에는 미국의 Strategic Hotels & Resorts를 $65억에 인수했다. 또한 HNA Group은 2016년에 미국의 Carlson Hospitality Group을 인수하고 이어서 같은 해 세계 호텔산업의 강자인 Hilton Worldwide의 지분 25%

를 $65억에 인수했다.

지금까지 7차례의 인수합병 광풍 사례들을 살펴보았다. 각 시기마다 인수합병 활동의 형태와 수익성은 다르게 나타나고 있지만, 일부 공통적인 요소도 발견할 수 있다. 즉 경기확장이 오랫동안 지속되는 경우, 이자율이 낮은 시기, 그리고 주식시장이 호황일 경우에 더욱 많은 인수합병 거래가 발생하고 있다는 사실이다. 그리고 각 시기마다 인수합병을 통한 가치창출 기회를 먼저 파악한 기업들이 이들을 따라서 모방하는 기업들에 비해 인수금액도 비교적 적게 지급했으며 동시에 주식 가치도 오르면서 보다 높은 성공률을 보였다.[58]

○ 인수합병의 동기

인수합병은 다양한 동기에서 발생하는 매우 복잡한 경영현상이라서 일반화하기가 쉽지 않다. 기업들이 경쟁사 또는 다른 기업을 인수하거나 합병하는 이유에 대해서는 여러 주장들이 존재하고 있다. 인수합병의 동기에는 일곱 가지 이론이 존재하고 있다.[59]

첫째, 효율성이론(Efficiency Theory)이다. 이 이론에 의하면 인수합병은 시너지(Synergy)를 창출하기 위해 수행하는 것이다. 시너지 창출은 인수합병을 하는 가장 널리 알려진 동기이다. 시너지에는 세 가지 유형이 있다. 첫째, 재무시너지(Financial Synergy)는 인수기업의 체계적인 위험을 줄이면서 낮은 자본비용을 달성하는 것이다. 둘째, 운영시너지(Operational Synergy)는 두 기업의 운영시스템이 통합되면서 창출되는 탁월한 운영효율성을 달성하는 것인데, 주로 규모 및 범위의 경제 효과에 기인하고 있다. 셋째, 관리시너지(Managerial Synergy)는 인수기업 경영진의 전문적인 경영지식을 이용해서 피인수기업의 경쟁력을 향상할 수 있다는 것이다. 이 중에서 특히 재무시너지는 체계적인 위험을 낮추거나 내부자본시장의 우위를 증명할 수 있는 어떤 근거도 존재하지 않는다는 점에서 많은 공격의 대상이 되고 있다. 수많은 기업이 시너지를 찾기 위해 인수합병을 실행하고 있지만 시너지는 신기루였다는 사실이 속속 밝혀지고 있다. 따라서 시너지 창출을 목적으로 하는 효율성이론은 인수합병을 위한 우호적인 동기로는 인정되지 않고 있다.

둘째, 독점이론(Monopoly Theory)이다. 이 이론에 의하면 기업은 시장지배력을 강화하기 위해 인수합병을 실행하는 것이다. 이 동기에 따르면 복합기업(Conglomerate)은 인수합병을 통해서 제품들을 상호보완적으로 이용하고, 경쟁을 완화하고, 그리고 시장에 잠재적인 경쟁사가 진입하는 것을 억제한다. 그렇지만 이런 동기에 의한 인수합병은 인수 후 성과가 부정적인 것으로 밝혀지고 있다. 따라서 독점이론은 효율성이론에 비해 인수합병의 동기로서 더욱 적절하지 않은 것으로 취급되고 있다.

셋째, 가치이론(Valuation Theory)이다. 이 이론은 아직 실현되지 않은 피인수기업의 잠재적인 가치에 대해 주식시장보다 월등한 정보를 가지고 있는 인수기업의 경영진이 이를 실현하기 위해 추구하는 것이다. 이 이론은 인수기업은 저평가된 피인수기업의 구매 또는 인수기업과 피인수기업의 사업을 통합함으로써 창출되는 혜택을 통해 결합되는 두 기업의 가치를 향상할 수 있는 가치있고 고유한 정보를 인수기업이 보유하고 있다는 것을 가정하고 있다. 차입매수(LBO: Leveraged Buyout)가 이에 해당한다. 가치이론의 가장 큰 비판은 사전에 인수성과에 대한 정확하고 구체적인 정보를 획득하는 것은 불가능한 것이며, 또한 합병의 기반으로서 사적인 정보의 이용은 자본시장의 효율성에 문제가 되므로 더욱 신중하게 추가적인 고려를 할 것을 주문하고 있다.

넷째, 제국건설이론(Empire-building Theory)이다. 이 이론에 의하면 경영자들은 인수합병을 통해 주주들의 부를 극대화하기보다는 자신의 사적인 이익이나 목적의 극대화를 추구한다는 것이다. 이 이론은 기업의 소유권과 기업 지배구조 간의 관계에 관한 것이다. 제국건설이론은 인수합병의 가장 흔한 동기로 인정되고 있다.

다섯째, 과정이론(Process Theory)이다. 이 접근법은 전략적 결정이 완전한 합리적인 선택이 아니라 제한된 합리성이론, 조직 루틴(Routine)의 중심 역할, 그리고 의사결정 과정에서의 정치권력에 의해 지배되는 과정의 결과로서 설명되고 있다. 즉 인수합병 의사결정 과정에서 정보처리의 한계성에 대한 것이다. 그리고 인수합병 과정에서 나타나는 경영자들의 과도한 낙관주의적인 행태를 지적하고 있다. 두 기업의 문화적 차이가 인수 및 인수 후 통합과정에서 큰 영향을 미치고 있으며 또 정치 및 조직구조가 인수 과정 및 인수 후 성과에 중요하게 고려되고 있다. 과정이론은 인수합병의 일반적인 동기로 인정되고 있다.

여섯째, 기업사냥꾼이론(Corporate Raider Theory)이다. 피인수기업의 경영진이 인수자 또는 인수기업에 우호적으로 행동함으로써 인수절차가 용이하게 끝나서 경영권이 변경되면 즉시 막대한 보상금(Golden Parachute: 황금낙하산)을 취득하게 되는 것을 말하고 있다. 이 이론의 주요 문제점은 부의 이전에 대한 그릇된 비논리적인 가설이다. 그리고 이런 동기에 바탕을 둔 인수합병은 많은 경우에서 인수 후 성과가 좋지 않았다.

일곱째, 경제혼란이론(Economic Disturbance Theory)이다. 이 이론에 의하면 인수합병의 동기는 경제적 혼란 때문에 발생하는 것이다. 우리가 겪었던 IMF 위기나 2008년 세계 금융위기와 같은 큰 경제적 혼란이 발생하면 경영자들의 기대가 변하고 불확실성은 높아진다. 따라서 경영자는 종전에 비해 기대가 달라지면서 기회를 찾아 인수합병을 고려하게 된다.

이 외에도 경쟁기업이 인수합병을 하면 따라서 실행하는 것도 인수합병의 동기가 되고 있다. 인수합병에 대한 각 동기는 상호배타적이기보다는 복합되어 나타나는 경우도 많다.

○ 인수합병의 목적

생존과 성장을 위한 수단으로 인수합병에 대한 기업들의 관심은 날로 증가하고 있다. 기업들이 인수합병에 뛰어드는 목적은 처하고 있는 경영환경에 따라 다르게 나타날 수 있다. 그리고 위에서 살펴본 동기 중에서 단일 동기 또는 여러 동기가 복합될 수도 있다. 인수합병의 목적에 대한 많은 연구결과들을 종합해 보면 〈표 11-3〉에서 보는 것처럼 20가지의 다양한 경영 목적으로 요약할 수 있다. 20가지 인수합병의 목적은 〈표 11-3〉의 Cluster 1~5에서 볼 수 있듯이 인수합병은 경영자가 규모 및 범위의 경제를 이룩하고, 다른 기업과의 상호 밀접한 관계를 이용해서 시너지를 창출하기 위해서, 현재의 제품라인 및 시장을 확대하기 위해서, 새로운 사업에 진출하기 위해서, 그리고 보유한 재무역량을 활용하고 극대화하기 위한 방편으로 이용하는 등과 같이 크게 5가지 목적으로 압축될 수 있다.[60]

| 표 11-3 | 인수합병의 경영 목적

인수합병 목적	Cluster #	Cluster 개요(목적)
1. 피인수기업의 마케팅, 생산 또는 기타 영역에서 인수기업의 전문성을 활용 2. 상호 간에 관련된 역량을 확대해서 규모의 경제 창출 3. 피인수기업의 인력, 기량, 기술 등을 인수기업의 다른 운영 분야에 활용	1	인수합병은 경영자가 규모 및 범위의 경제를 이룩하기 위한 방편으로 이용
4. 경영노하우 등 인수기업의 경영진이 강점을 보이는 특정 산업에서 성장을 가속하고 위험 및 비용을 줄임 5. 인수기업과 피인수기업 상호 간의 시너지 효과를 활용 6. 인수기업이 특정 제품 및 서비스를 공급할 때 효율성을 향상하고 위험을 줄임	2	인수합병은 경영자가 다른 기업과의 상호 밀접한 관계를 이용해서 시너지를 창출하기 위한 방편으로 이용
7. 높은 시장점유율 또는 중요한 시장지위를 유지하기 위한 경쟁력 확보 8. 산업 내 고객에게 제공되는 제품 및 서비스의 다각화에 따른 위험 및 비용 감소 9. 피인수기업의 시장 역량을 이용해서 새로운 시장으로 진출 10. 피인수기업의 유통망을 이용해서 확장된 생산능력을 흡수함으로써 규모의 경제 효과 향상 11. 인수기업의 기존 상품 및 서비스에 대한 고객기반의 확장 12. 직접 새로운 설비, 장비 및 물리적 자산을 구매하는 것에 비해 보다 적은 비용으로 생산능력을 확장	3	인수합병은 경영자가 현재의 제품라인 및 시장을 확대하기 위한 방편으로 이용
13. 인수기업의 현금흐름이나 재무적 강점을 이용해서 가치가 있거나 가치창출 잠재력이 높은 자산을 획득 14. 새로운 산업에 진출하는 위험 및 비용을 줄임 15. 인수기업 최고경영자의 개인적인 목표나 비전의 달성	4	인수합병은 경영자가 새로운 사업에 진출하기 위한 방편으로 이용

인수합병 목적	Cluster #	Cluster 개요(목적)
16. 투자자, 은행, 그리고 정부와의 관계를 향상하고 후일 이익 도모 17. 피인수기업이 보유한 외국인 세액공제, 차입능력 등과 같은 재무적 강점을 활용 18. 수익에서 경기순환주기가 다른 기업을 인수해서 보완적인 재무역량의 구축 19. 포트폴리오 관리 차원으로 저평가된 피인수기업에서 실적이 저조한 사업을 매각 20. 피인수기업 경영진에게 실적 향상을 압박해서 수익을 창출하도록 한 후 높은 가격으로 주식을 재판매할 수 있는 기회 모색	5	인수합병은 경영자가 재무역량을 활용하고 극대화하기 위한 방편으로 이용

출처: Walter & Barney

○ 인수합병의 성과

인수합병의 성과에 대한 연구결과를 보면 다양한 결론이 도출되고 있다. 따라서 어떤 방식 또는 형태의 인수합병이 성공과 실패를 결정한다고 단정할 수 없다. 그러나 한 가지 확실한 사실은 인수합병은 많은 기업들의 기대와는 달리 실패율이 매우 높게 나타나고 있으며, 이에 대한 학계의 결론은 실패율이 낮게는 50% 높게는 80%에 달한다는 사실이다.

〈표 11-4〉에는 역사상 가장 높은 가격에 성사된 인수합병 사례들을 보여주고 있다. 특히 $1,640억이란 미국기업 역사상 가장 많은 금액의 인수합병 사례였던 AOL과 Time Warner의 합병은 재앙이었다. 두 기업은 서로 문화적 차이가 너무 컸으며 AOL의 잠재력은 과대평가되었다. 2002년 합병된 기업의 성과가 세계 기업 역사상 최악인 $990억의 손실액을 기록하면서 세계를 놀라게 했으며, AOL의 주식 총가치는 $2,260억에서 $200억으로 급전직하했다. 결국 두 기업은 2009년에 다시 분리되었다. 두 기업의 사례는 세계 인수합병 역사상 최악의 거래로 자주 언급되고 있다.

| 표 11-4 | 세계 Top 15 초대형 M&A 사례(단위: 십억 달러)

발생연도	인수기업	피인수기업	거래가격
1999	Vodafone Group PLC(UK)	Mannesmann(Germany)	180.95
2000	AOL	Time Warner	164
2013	Verizon Communications	Verizon Wireless	130
2016	Anheuser Busch Inbev(Belgium)	SABMiller	103
1999	Pfizer	Warner-Lambert	90
2006	AT&T	Bell South	86
1998	Exxon(현 Exxon Mobil)	Mobil	81
2000	Glaxo Wellcome(현 GlaxoSmithKline)	SmithKline Beecham	75.7
2004	Royal Dutch(현 Royal Dutch Shell)	Shell Transport & Trading	74.5
2001	Comcast	AT&T Broadband	72
1998	Citicorp(현 Citigroup)	Travelers Group	70
2009	Pfizer	Wyeth	68
2015	Dell	EMC	67
1998	Bell Atlantic(현 Verizon Comm.)	GTE	64.7
1998	SBC Communications	Ameritech	62

출처: Yahoo! Finance

인수합병의 성과에 대한 가장 일반적인 사실을 보면 인수합병을 발표한 날을 기준으로 했을 때 평균적으로 주주들의 가치가 창출되고 있는 것으로 밝혀지고 있다. 그러나 자세히 살펴보면 주주 가치가 향상된 쪽은 인수기업(Acquirer)이 아니라 오히려 피인수기업(Target)의 주주들이다. 이런 결과는 보통 인수기업은 보통 적정가격보다 30% 이상에 달하는 프리미엄(Premium)을 추가한 금액을 인수금액으로 지불하고 있기 때문이다. 그리고 인수합병 거래가 종료된 후 3~5년 경과한 이후에 인수기업의 주식가격을 보면 보통 산업평균 이하이거나 주주 가치가 파괴되는 것으로 나타나고 있다.[61]

Mercer Management Consulting에 의하면 1980년대 중반 이후에 행해진 수많은 인수합병 중에서 거래금액이 $5억을 초과하는 인수합병 거래들의 약 57%는 인수

3년 후의 주식 가치를 산업평균지수와 비교했을 때 오히려 뒤지는 것으로 나타나면서 결국 가치창출에 실패한 것으로 밝혀졌다. 그리고 인수기업의 주력사업과 밀접한 관련이 있는 거래들이 많았던 1990년대의 인수합병들도 성공률은 겨우 50%에 지나지 않았다.[62]

Bain & Company는 인수합병 대열에 적극 참여하는 기업군과 참여하지 않는 기업군의 성과를 측정하기 위해 2000년부터 2010년까지의 총주주수익률(TSR: Total Shareholder Return)을 비교한 결과 인수합병에 적극적으로 나서는 기업군이 연평균 4.8%로 3.3%인 참가하지 않는 기업군에 비해 나은 성과를 보인다는 사실을 밝혔다. 그리고 인수합병을 많이 수행하고 동시에 대규모 거래를 하는 기업들이 평균보다 높은 총주주수익률을 달성했다. 결론적으로 성장을 추구하기 위해 대형 인수합병 거래를 자주 수행한 기업들이 경험을 통해 축적된 인수합병에 대한 전문성을 기반으로 해서 인수합병 거래에서 성공률을 높이고 있는 것으로 알려졌다.[63]

그러나 위와 같은 Bain & Company의 연구결과는 평균적인 결과이지 모든 기업에 해당되는 사실은 결코 아니라는 것을 명심해야 한다. 미국의 대표적인 복합기업인 GE는 특성상 종전부터 다른 어떤 기업보다도 많은 인수합병 경험을 보유하고 있다. 그러나 20세기의 영웅적인 경영자였던 Jack Welch의 후임으로 2001년에 최고경영자로 임명된 Jeffrey Immelt는 2017년까지 재임하는 동안에 수많은 인수합병을 통해 많은 기업들을 인수하거나 보유 자산을 매각(Divestiture)했다. 구체적으로 살펴보면 GE는 Immelt의 임기 동안에 총 380건에 달하는 인수합병을 수행했으며, 이에 든 총거래금액은 $1,750억에 달했다. 이와 동시에 GE는 같은 기간에 총 $4,000억에 달하는 자산들을 매각하기도 했다. 이를 종합해 보면 GE는 Immelt의 임기 중에 해마다 평균 46건의 인수 및 매각 작업을 수행했으며 전체 거래금액의 가치는 $350억에 달했다. 이는 현재 기업가치의 9%에 달하는 금액을 해마다 거래했다는 의미이며 일종의 과당매매로 볼 수 있다. 또한 이와 같은 수많은 인수 및 매각 거래들을 성사시키기 위해 지원활동을 수행하는 투자은행이나 법률회사에 수수료로 지불한 액수도 $17억에 달하는 막대한 금액이었다. 한편 Immelt의 재임기간에 배당금을 포함하면 GE의 주식가치는 약 27% 정도가 향상되었으나, 같은 기간에 Dow Jones 산업평균지수는 무려 183%나 상승했다. 바꾸어 말하면, 주식의 연평균 수익률이 Dow Jones 지수는 7.6%인데 반해 GE는 1.5%를 조금 상회하는 수준에 불과했다. 또한 경쟁업체들인 Emerson Electric, Honeywell, Siemens, 그리고 ABB와 비교하면 GE의 성과는 훨씬 뒤진 것이었다. 배당금을 제외하면 GE 주가는 Immelt의 재임 기간에 약 20% 정도 하락한 것으로 추정되고 있다.[64] GE의 사례는 위에서 Bain & Company가 발표한 것과 정확하게 배치되는 결과이다. 이 사례에서 보듯이 인수합병을 통해 성장하고 동시에 주주 가치를 향상하는 것은 결코 녹록지 않은 과업이다.

호스피탈리티산업의 경우에도 인수합병을 통한 성공 또는 실패 사례가 많이 존재하고 있다. 성공사례의 대표적인 기업은 Marriott International이다. 1970년대 사업다각화를 위한 인수합병에서 큰 실패를 경험했던 Marriott는 이후 주력산업인 호텔산업에만 전력을 집중했다. 즉 Marriott는 수평적 통합을 통한 규모의 경제를 구축하고 시장지배력을 강화하기 위해 많은 경쟁기업들을 인수했다. Marriott는 인수합병을 전략적 도구로 이용해서 Residence Inn, Ritz-Carlton, Renaissance, Starwood 등과 같은 유명 체인들을 차례로 매수하면서 미국시장뿐만 아니라 세계 호텔산업에서도 시장점유율을 강화해서 결국 세계 최대의 호텔체인으로 성장하게 되었다. 이와 달리 한때 세계 최대의 호텔체인이었던 Cendant는 수많은 인수합병을 통한 사업다각화전략으로 최고의 경쟁력을 보유한 대제국을 건설했다. 그러나 CUC International이라는 잘못된 파트너와의 잘못된 합병 한 건으로 Cendant는 붕괴되는 비운을 맞이하게 되었다.

〈표 11-5〉는 1987년부터 2016년까지 세계 호텔산업에서 발생했던 주요 인수합병 사례들을 보여주고 있다. 호텔산업의 주요 인수자는 유명 호텔체인들이다. 이들은 경쟁기업을 인수하는 수평적 통합을 통해 규모의 경제를 극대화하고 시장점유율을 강화하고 있다. 이들이 몸집을 키우면서 대표적으로 파편화된(Fragmented) 산업이었던 호텔산업에도 Marriott, Hilton, IHG, Accor, Wyndham과 같은 메가 체인들이 시장지배력을 강화하면서 산업통합(Industry Consolidation)을 향해 점차

나아가고 있다.

산업집중도가 높은 산업통합 트렌드는 미국 항공운송산업에서 잘 볼 수 있다. 〈표 11-6〉은 세계 항공운송산업에서 주요 항공사들의 인수합병 사례들을 보여주고 있다. 1978년 미국 정부가 탈규제정책으로 신규 항공사들의 시장진입을 전격적으로 허용하면서 미국 항공운송산업은 대표적인 완전경쟁시장으로 변모하면서 항공사 간의 경쟁이 치열하게 벌어지게 되었다. 경쟁을 극복하기 위해 항공사들이 선택한 전략은 결국 인수합병이었다. 미국의 전통적인 대형항공사인 American Airlines, United Airlines, Delta Air Lines 등은 과거 경쟁사였던 TWA, Continental Airlines, Northwest Airlines, US Airways 등을 인수하거나 합병을 통해서 규모의 경제를 극대화해서 비용을 절감하고 동시에 시장점유율을 높이면서 시장지배력을 강화하고 있다. American Airlines, United Airlines, Delta Air Lines, 그리고 저가항공사인 Southwest Airlines와 같은 미국 4대 항공사는 2017년 말 현재 미국 국내 항공운송시장의 80% 이상을 점유하고 있다.

| 표 11-5 | 세계 호텔산업의 주요 M&A 사례: 1987~2016년(단위: 백만 달러)

발생연도	인수기업	피인수기업	거래가격
1987	Ladbroke PLC	Hilton International	1,070
1987	Aoki Group	Westin Hotels & Resorts	540
1988	Seibu Saison	InterContinental Hotels	2,270
1989	New World Development	Ramada	540
1989	Bass PLC	Holiday Inn	2,225
1990	Accor	Motel 6	1,300
1991	HFS	Days Inn	250
1992	Four Seasons	Regent(25% 지분)	122
1993	HFS	Super 8	125
1993	Morgan Stanley Real estate	Red Roof Inns	637
1993	New World Development	Stouffer Hotels	1,000
1994	ITT Sheraton	Ciga	530
1994	Forte	Le Meridian	445
1995	HFS	Travelodge & Knights Inn	185
1995	Marriott International	Ritz-Carlton(49% 지분)	200
1996	Hilton Hotels Corporation	Bally Entertainment	3,000

발생연도	인수기업	피인수기업	거래가격
1996	Granada	Forte	5,900
1996	Doubletree	Red Lion	1,174
1997	Marriott International	Renaissance	1,000
1997	Promus Hotel Group	Doubletree Corporation	4,700
1998	Starwood Lodging Trust	Westin Hotels & Resorts	1,800
1998	Starwood Lodging Trust	ITT Sheraton Corporation	14,300
1998	Patriot American Hospitality	Wyndham Hotel Corporation	1,100
1998	Blackstone Group	Forte(Granada)	879
1998	FelCor Suite Hotels	Bristol Hotel Company	1,900
1998	Patriot American Hospitality	Interstate Hotels Corporation	2,100
1998	The Meditrust Company	La Quinta Inns	2,650
1998	Six Continents PLC	InterContinental Hotels	2,900
1999	Millennium & Copthorne	Regal Hotels International	640
1999	Millennium & Copthorne	Richfield Hospitality Services	640
1999	Millennium & Copthorne	CDL Hotels International	899
1999	Accor	Red Roof Inns	1,100
1999	Ladbroke PLC	Stakis	1,819
1999	Hilton Hotels Corporation	Stakis	1,875
1999	Hilton Hotels Corporation	Promus Hotels Group	4,000
2000	Whitbread	Swallow	937
2004	Blackstone Group	Extended Stay America	2,066
2005	Blackstone Group	Wyndham International	3,200
2005	Blackstone Group	La Quinta Inns	2,344
2006	Blackstone Group	MeriStar Hospitality	1,846
2006	Kingdom & Cascade & Triple	Four Seasons Hotels	3,400
2006	Nova Scotia LTD	Fairmont Hotels & Resorts	3,640
2006	Hilton Hotels Corporation	Hilton International	5,710
2007	Blackstone Group	Hilton Hotels Corporation	26,000
2008	Morgan Stanley Real Estate	Crescent Real estate Equities	6,434
2010	Jin Jiang Hotels & Thayer Lodging G.	Interstate Hotels & Resorts	307
2012	Blackstone Group	Motel 6(Accor)	1,900
2014	IHG	Kimpton Hotels & Restaurants	430
2014	Shanghai Jin Jiang Hotels Group	Rouvre Hotel Group	1,350
2014	Anbang Insurane	Waldorf Astoria Hotel in NY	2,000
2015	Marriott International	Starwood Hotels & Resorts	13,000
2015	AccorHotels	FRHI(Fairmont, Raffles, Swissotel)	2,900
2016	Anbang Insurance	Strategic Hotels & Resorts	6,500

발생연도	인수기업	피인수기업	거래가격
2016	HNA Group	Carlson Hospitality Group	–
2016	HNA Group	25% of Hilton Worldwide	6,500

출처: 저자 정리

| 표 11-6 | 세계 항공운송산업의 주요 M&A 사례

인수기업	피인수기업
Air Canada	2000년에 Canadian Airlines를 인수
Air France	2004년에 KLM Royal Dutch Airlines와 합병하면서 명칭을 Air France KLM으로 변경. 그러나 두 항공사는 아직도 분리되어 운영 중임.
Alaska Airlines	1986년에 Jet America Airlines를 인수 1986년에 Horizon Air를 인수(현재 분리되어 운영 중임) 2016년에 Virgin America를 인수
American Airlines	1971년에 Trans Caribbean Airways를 인수 1987년에 Air California를 인수 1991년에 Eastern Airline의 많은 항공노선을 인수 2001년에 TWA를 인수 2015년에 US Airways와 합병
Delta Air Lines	1972년에 Northeast Airlines를 인수 1987년에 Western Airlines와 합병 1991년에 Pan Am의 유럽노선을 인수 & Pan Am의 Shuttle 인수 2010년에 Northwest와 합병
Southwest Airlines	1985년에 Muse Air를 인수 1993년에 Morris Air를 인수 2010년에 AirTran을 인수
United Airlines	1931년에 National Air Transport, Pacific Air Transport, Varney Air Lines를 인수 1961년에 Capital Airlines와 합병 1985년에 Pan Am의 태평양노선을 인수 1990년에 Pan Am의 런던노선을 인수 1991년에 Pan Am의 남미노선을 인수 2012년에 Continental Airlines와 합병
Lufthansa	2007년에 Swiss International Airlines를 인수 2008년에 Austrian Airlines를 인수 2008년에 Brussels Airlines의 지분 45%를 인수 2009년에 Germanwings를 인수 2016년에 Brussels Airlines의 나머지 지분 55%를 인수
British Airways and Iberia	2010년에 합병하면서 International Airlines Group을 새로 설립 그러나 두 항공사는 각각 과거의 브랜드를 이용해서 영업 중임

출처: 저자 정리

국내 기업 중에서도 인수합병을 통해 성장을 구가하는 기업들이 여럿 존재하고 있다. 대표적인 기업이 인수합병을 통해 국내 재계 서열 3위까지 오른 SK그룹이다. 원래 국내의 대표적인 섬유산업 기업이었던 SK그룹이 최초로 시도했던 인수합병은 아이러니하게도 워커힐호텔이었다. 1972년에 SK그룹의 전신인 선경그룹은 국제관광공사로부터 워커힐호텔을 23억 원에 성공적으로 인수했다. 이후 선경그룹은 1980년에 대한석유공사(유공, 현 SK이노베이션)를 인수하면서 국내 5대 재벌 기업으로 도약하게 되었다. 그리고 1994년에는 한국이동통신을, 1999년에는 신세기통신을 인수해서 국내 이동통신시장의 선두인 SK텔레콤으로 성장시켰다. 명칭을 변경한 이후인 2011년부터 2015년까지 SK그룹은 인수합병에 총 4조 5천억 원을 쏟아부었다. 이 중에서 가장 많은 3조 3747억 원에 인수한 기업이 바로 '신의 한수'인 SK하이닉스였다. 반도체업체인 SK하이닉스는 현재 SK그룹에서 가장 많은 현금흐름을 창출하는 기업으로 그룹을 대표할 정도로 성장했다. SK그룹도 인수합병에서 많은 실패를 기록했다. 그러나 굵직굵직한 인수합병 거래에서 성공을 거두면서 한국을 대표하는 기업집단으로 성장했다.

SK그룹과 달리 대규모 인수합병 두 번으로 그룹 전체의 위기를 초래했던 기업이 있는데 바로 금호아시아나그룹이다. 금호아시아나그룹은 2006년에 당시 종합시공능력 1위였던 대우건설의 지분 72%를 높은 프리미엄을 주고 6조 4255억 원에 인수했는데 이는 국내 일반기업 사상 최대 규모의 인수였다. 이에 멈추지 않고 2008년에는 대한통운을 4조 1000억 원에 인수하며 재계 9위에 등극했다. 그러나 대우건설 인수 후에 건설산업의 경기가 빠르게 침체되기 시작했으며 2008년에는 세계금융위기가 발발하게 되면서 그룹은 심각한 위기에 빠지게 되었다. 이른바 '승자의 저주'가 시작되었다. 당시 금호아시아나는 대부분의 인수자금을 금융회사로부터 차입하거나 재무투자자(FI)로부터 조성한 금액이었다. 사실상 거의 부채로 인수자금을 조달한 것이었다. 세계금융위기로 유동성 위기에 몰리게 된 그룹은 결국 2년 만에 대우건설을, 3년 만에 대한통운을 각각 재매각하며 빚잔치를 벌였다. 결국 무리한 인수합병으로 그룹 전체가 위기에 빠지게 되면서 알짜배기 계열사였던 금호렌터카와 금호타이어를 잃게 되었으며 현재까지도 유동성 위기를 겪고 있다. 설상가상으로 형제간의 분쟁으로 금호아시아나화학은 계열분리되었다. 유동성 위기를 겪고 있는 금호아시아나그룹은 최근 위기를 극복하기 위해 광화문에 있는 그룹사옥도 매물로 내놓게 되었다. 무리한 부채와 때마침 불어 닥친 급격한 환경변화로 가치를 창출할 수 있는 충분한 시간적 여유조차 없었다.

⭕ 인수합병의 성공 및 실패 요인

Bain & Company는 인수합병 거래가 실패하는 확률이 70%에 달하고 있다고 밝히고 있다. 그리고 McKinsey & Company는 기업들이 투자수익률의 향상을 원한다면 다른 기업을 매수하는 것보다는 오히려 인수자금을 은행에 맡기는 것이 더욱 나은 방법이라고까지 했다. 또한 많은 전문가들이 인수합병을 통해 가장 많은 혜택을 받는 것은 바로 인수합병이 발표되는 날에 주식을 매각하는 피인수기업의 주주들과 투자은행, 법률회사, 회계사 등과 같이 거래를 주선하고, 조언하고, 실행하는 브로커(Brokers)라는데 동의하고 있다. 이처럼 높은 실패율에도 불구하고 인수합병 광풍은 불규칙적이지만 주기적으로 발생하고 있다.

의욕적으로 추진되었던 인수합병이 실패하는 가장 큰 이유는 부실한 통합, 높은 복잡성, 문화적 차이 등과 같이 인수 후 통합과정과 관계가 깊다. 이에 못지않게 가장 자주 언급되는 실패 원인은 낮은 시너지 효과인데 이는 인수전에 인수기업이 시너지 효과에 대해 과대평가했기 때문이다. 이로 인해 지급하는 높은 프리미엄으로 인해 적정가격보다 훨씬 많은 금액을 지불하고 있다. 또한 인수합병 거래와 사업전략 간에 밀접한 관계가 형성되지 않는 것도 실패하는 중요한 이유이다. 이 외에도 인수합병이 실패하는 다양한 이유가 〈표 11-7〉에 정리되어 있다.

| 표 11-7 | 인수합병 거래가 실패하는 주요 원인[65]

인수합병의 실패 원인
두 기업 간의 조직문화 차이(Cultural Fit: 문화 충돌)
전략적 방향성을 무시하고 단기간의 재무적 성과에 집중
잘못된 인수합병 거래에 대한 전략적 논리
시너지 효과에 대한 정확하지 않은 평가
인수 후 통합과정에서 두 기업 간의 소통 및 지휘체계의 결여
인수 후 통합과정에 대한 부실한 계획 및 실행
느린 인수 후 통합과정
적절한 위험관리 전략의 결여
인수합병에 대한 비현실적인 기대 또는 예상
지나친 자신감 및 확신
투자은행과 법률회사와 같은 브로커에 대한 지나친 의지
경영진과는 확연하게 다른 직원들의 불신(인수 후 직무 이동 및 안정성 또는 구조조정)
과도하게 높은 인수가격은 인수 후에 예상되는 높은 수익의 달성을 어렵게 함
높은 인수가격에 포함되어 있는 과도하게 처리된 영업권(Goodwill)은 종종 수익을 감소시킴
전체 인수합병 과정에서의 비효율과 관리상의 문제는 인수합병의 이점을 앗아가 버림
최고경영자의 사적 동기로 인수합병 추진(자존감 강화, 기업 규모 확대를 통한 보수 증가)
잘못 선정된 피인수기업(경영진의 역량 결여)
인수합병 전 과정에서 이해관계자 간의 소통 부족
인수합병 추진팀의 전문성 결여와 경험 및 훈련 부족
인수 후 피인수기업 핵심인력의 이직
인수합병과정에서 나타나는 사내 정치권력 간의 갈등
잘못된 인수합병 계획수립
피인수기업의 문화, 가치, 직원에 대한 무시
인수합병과정에서 나타나는 책임 전가

출처: Koi-Akrofi

인수합병이 실패하는 많은 이유를 자세히 분석하면 크게 4가지 요인으로 구분할 수 있다. 첫째, 가치평가(Valuation)요인이다. 이 요인은 주로 인수합병 거래의 가치평가에서의 문제점이다. 여기에는 피인수기업에 대한 잘못된 가치평가, 잘못 적용된 가치평가 방식, 그리고 시너지에 대한 과대평가 등이 있다. 둘째, 관리(Management)요인이다. 이 요인은 가장 광범위한 요인이다. 여기에는 인수합병

관리역량의 결여, 잘못된 인수합병 의도, 그리고 예상되는 시너지를 달성하기 위해 소요되는 비용 및 시간에 대한 과소평가 등이다. 또한 갑자기 나타나는 예상하지 못했던 경영환경의 변화도 중요한 실패 이유 중의 하나다. 셋째, 인수 후 통합(Integration)요인이다. 인수 후 두 기업을 통합하는 과정은 매우 복잡하며 많은 문제가 발생할 수 있다. 여기에는 여러 시스템의 결합과 같은 과업통합에서의 문제점과 느리고 부실한 통합프로세스 등이 있다. 넷째, 인적(Human Resources)요인이다. 여기에는 심각한 문화적 차이(Cultural Fit), 피인수기업 직원들의 저항 및 이직, 피인수기업 직원들의 상실감 및 불만족 등이 존재하고 있다.

지금까지는 인수합병이 실패하는 원인에 대해 살펴보았다. 그렇다면 지금부터는 인수합병을 성공적으로 이끌 수 있는 요인들에 대해 살펴보기로 하겠다. 인수합병의 성공요인 중에서 가장 널리 인정되고 있는 것이 바로 사업연관성(Related Business)과 전략적 적합성(Strategic Fit)이다. McKinsey & Company는 완전히 새로운 활동이 요구되는 사업으로 진출하기 위해서 인수합병을 추진하는 기업보다는 기존 주력사업과 연관성이 높은 사업으로 확장하기 위해서 인수합병을 이용하는 기업의 성공률이 훨씬 높다는 사실을 밝혔다. 그리고 다른 조건이 같다면 합병하는 것보다는 인수하는 것이 더 나은 성과를 보였다. 또한 성장산업 또는 파편화된 산업에서의 인수합병이 성숙된 산업 또는 통합된 산업에서보다 보다 나은 인수 후 성과를 보였다. 그러나 인수 규모와 인수기업의 인수빈도는 성과에 별다른 영향을 미치지 못했다.[66] 한편 인수합병은 인수기업의 전략적 비전과 잘 조화되었을 때 그 효과가 극대화될 수 있다.

인수합병의 성공은 전략적 적합성(Strategic Fit)을 달성할 수 있는 능력에 달려 있다고 해도 결코 과언이 아니다. 전략적 적합성은 서로 다른 두 기업이 통합함으로써 두 기업이 분리되었을 경우보다 더 많은 가치를 창출하게 되는 경우를 말하고 있다. 두 기업이 합치게 되면서 얻게 되는 전략적 적합성 즉 시너지는 경영합리화를 통한 공급과잉의 해소, 전국적인 시장 또는 해외시장 등과 같은 지리적인 시장의 확대, 다양한 제품라인으로 확장, 서로 다른 연구개발 역량의 공유, 그리고

새롭게 등장하는 시장에서 효과적인 위치의 선점 등이 있다.[67]

또한 인수합병이 성공하는 데 필요한 다른 조건에는 먼저 규모가 큰 기업이 작은 기업을 인수하는 것이 반대인 경우보다 성공률이 높다. 그리고 동급 기업끼리 인수합병을 추진하는 경우에는 다툼이 많이 발생하기 때문에 우월한 힘을 가진 기업이 지휘하는 경우가 낫다. 그리고 인수합병에 대한 전반적인 프로세스를 잘 관리할 수 있는 탁월한 역량은 성공 확률을 높이고 있다. 철저하고 정확한 실사(Due Diligence)는 성공을 위해 반드시 요구되고 있다. 또한 인수대상 기업을 잘 신성하는 것은 물론이고 인수합병을 통해 창출하려는 가치에 대한 구체적인 방법이 사전에 준비되어 있어야 한다. 이를 위해서 기업 내에 전문성을 갖춘 인수합병팀을 구성해서 거래과정에서 빈틈없이 대처해야 하며 외부의 브로커들과도 밀접한 협력관계를 구축해야 한다. 〈표 11-8〉은 인수합병의 성공 및 실패요인에 대한 학계의 연구결과를 종합한 것이다.[68]

| 표 11-8 | 인수합병의 성공 및 실패를 결정하는 요인

성공요인	실패요인	설명
전략적 동기에 의한 거래	기회주의적인 거래	기회주의적인 거래는 거의 전략적 적합성(Strategic Fit)이 없으며 거래 후 통합을 위한 준비가 부족했다.
관련있는 사업분야의 인수	관련없는 사업분야의 인수	인수기업들은 관련없는 사업분야에 대한 충분하고도 깊은 이해가 없다.
유한기업의 인수	상장기업의 인수	인수기업이 상장기업인 경우 보통 당시 주식가격에 비해 30~40%가 넘는 프리미엄을 지불하고 있다. 따라서 이것이 거래가 재무적 성과를 달성하는 것을 가로막고 있다.
대규모 관련된 거래	대규모 변화가 요구되는 거래	대규모 전환이 요구되는 거래는 눈길은 끌게 되지만 여러 면에서 매우 복잡하다.
인수기업이 통제력 확보	동급 기업 간의 합병	동급 기업 간의 합병은 내분이 발생할 확률을 높이고 인수 후의 의사결정이 늦어지는 경향이 있다.
M&A 거래가 뜸한 시기에 기업인수	M&A 거래가 많은 시기에 기업인수	거래가 뜸한 시기에는 인수가격이 낮은 편이며 매력적인 기업이 매물로 나온다. 그러나 거래가 많은 시기에는 인수가격은 높아지고 매력적인 기업 매물을 찾기가 어렵다.

성공요인	실패요인	설명
시너지가 비용 및 자본적 지출(CAPEX)과 관련됨	시너지가 수익(Revenue)과 관련됨	수익 시너지는 실현하기가 어렵다. 인수기업은 비용 및 자본적 지출의 시너지 실현에 대한 통제력이 높다.
경험이 많은 인수기업	경험이 없는 인수기업	경험이 많은 인수기업은 과거 거래에서 학습할 수 있으며 내부적으로 M&A 역량을 개발할 수 있다.
협상방식의 거래	경매방식의 거래	협상방식에 비해 경매방식은 가격은 높아지며 실사를 충분하게 수행할 수 없다.

출처: Holterman & van de Pol

위에서 살펴본 것처럼 전략적 적합성(Strategic Fit) 또는 조직적 적합성(Organizational Fit)과 같은 합리적 선택은 인수합병의 중요한 성공요인이다. 그러나 보완적인 차원에서 인수과정(Acquisition Process) 자체도 성공 여부를 결정하는 중요한 요인이다. 효과적인 전체 인수과정은 인수 활동과 성과를 결정짓는 매우 중요한 요인이기 때문이다.[69] 따라서 인수합병을 통해 전략적 목표를 달성하려는 기업들은 인수합병의 전체 과정을 사전 인수관리(Pre-Acquisition Management)와 사후 통합관리(Post-Acquisition Integration Phase)로 나누어서 철저히 관리해야 하며, 이 과정에서 〈표 11-9〉에 있는 핵심성공요인들(Critical Success Factors)에 대해 각별히 유념해야 한다.[70]

| 표 11-9 | 사전 인수관리 및 사후 통합관리에서의 핵심성공요인

사전 인수관리에서의 핵심성공요인	사후 통합관리에서의 핵심성공요인
인수대상기업(Target)의 영업활동 현금흐름의 추세 파악	인수대상기업에서 핵심인력 및 관리자의 유지
운영효율 향상과 같은 잠재적 운영 시너지의 파악	두 기업 경영진에 의한 공식적인 통합계획의 개발
인수대상기업의 시장과 제품·서비스의 파악	인수대상기업의 직원들과 효과적으로 정보공유가 될 수 있도록 하는 소통전략의 수립
정확하고 철저한 실사(Due Diligence)	인수기업의 의도와 운영전략의 일치(Alignment)
인수대상기업의 전반적 성과에 대한 추세 파악	효과적인 인수 후 통합을 위한 충분한 자원 공급
인수대상기업의 자본적 지출에 대한 요구 파악	사전 계획대로 신속하게 진행
브랜드 및 평판의 잠재적인 향상도 파악	두 기업 간 정보시스템 인프라의 통합

사전 인수관리에서의 핵심성공요인	사후 통합관리에서의 핵심성공요인
인수대금 결제수단(현금, 주식, 혼합 등)	두 기업 경영자 간 경영행태의 차이
인수기업과 피인수기업 간의 전략적 연관성 파악	합병된 두 기업의 경쟁력을 향상하기 위한 새로운 기회의 파악
예상되는 시너지의 현재가치가 지불하는 프리미엄보다 더 많다는 사실의 확인	인수기업의 문화를 피인수기업에게 전이
인수 프리미엄(Premium)의 액수	인수 후 즉시 인수대상기업에 새로운 경영진의 투입
인수합병의 형식(합병, 인수, 적대적 인수 등)	경쟁기업 분석을 위한 새로운 절차의 확립
낮은 자본비용과 낮은 법인세율과 같은 잠재적 재무 시너지의 파악	인수대상기업의 직원들을 대상으로 하는 중앙집권 및 자율성의 수준 결정
인수대상기업이 해당 산업에서의 경쟁력을 기반으로 해서 결정하는 인수금액	

출처: 저자

　인수합병은 기업들이 성장하기 위해 이용하는 가장 흔한 전략적 도구이다. 많은 경영자들이 때로는 신규설립과 같은 내부적인 성장수단을 도외시하고 다른 기업을 인수해서 규모를 키우고 성장을 모색하고 있다. 특히 기업이 탄생하고 성장하면서 규모가 커지게 되면 더 이상 주력사업에만 집중하면서 성장 기회를 도모하는 것이 그다지 매력적인 것이 아닐 수도 있다. 따라서 단일사업에서만 성장 기회를 찾기보다는 다른 사업이나 산업에 뛰어드는 것이 보다 쉽게 성장할 수 있는 방법의 하나인 것만은 틀림없는 사실이다. 기업의 운명을 책임지고 있는 경영진에게 공적인 목적이든지 사적인 동기이든지 지속적인 성장은 기필코 달성해야 하는 목표이다. 그리고 성장을 통해 벌어들이는 수익이 다른 대안에 비해 훨씬 우월하다는 것이 입증되고 있다. 즉 성장을 통해 벌어들이는 $1는 원가절감으로 얻는 $1에 비해 약 30~50% 더 높은 가치가 있으며,[71] 또한 영업비용을 $1 절감하는 것보다는 매출액을 $1 늘리는 것이 이윤창출에 대한 공헌도는 5배나 더 높다.[72]

　기업이 성장하기 위해 채택하는 인수합병 전략이 성공하기 위해서는 시너지 창출 등과 같이 인수기업이 의도한 목표가 현실화되어 달성되어야 한다. 이를 위해 사전 및 사후 인수과정을 효과적으로 관리하는 것은 필수적이다. 제2장에서 살펴본 Mintzberg의 의도된 전략과 등장하는 전략과는 달리 기업 인수합병이 성공하기 위해서는 반드시 인수기업의 의도대로 인수결과도 실현되어야 한다. 즉 거래절차가 모두 종료된 후에 인수기업의 의도된 전략이 실행된 전략이 되고 결국 실현된 전략으로 전환될 수 있도록 사전 계획대로 추진되고 통제되어야 한다. 실현된 전략은 거래가 종료되기 전에 인수기업이 파악했던 인수합병을 통해 얻게 되는 잠재적 효과 및 이점을 의미한다. 만약에 인수 후 통합과정에서 등장하는 전략이 나타나거나 사전에 결정됐던 인수합병 계획이 어긋나게 되면 그것은 인수합병의 목표 달성을 가로막는 새로이 등장하는 문제점이거나 또는 예상치 못했던 장애물일 뿐이다. 인수합병에서 인수기업의 핵심역량은 특히 통합과정에서 등장하는 문제점을 최소화하거나 의도된 인수합병 목표를 극대화할 수 있는 능력에 의해 결정된다. 즉 인수기업은 반드시 인수합병 의도와 인수 후 통합을 일치시킬 수 있어야 한다. 이러한 관계는 〈그림 11-1〉에서 잘 보여주고 있으며, 이를 위해서는 효과적으로 인수합병 전체 과정을 계획하고 실행할 수 있어야 한다.[73]

인수합병에서 성공하는 것은 다른 기업과의 경쟁에서 승리하는 것이 아니라 기업 자신과의 경쟁에서 승리하는 것이다. 높은 프리미엄을 지불해서 인수합병 거래가 종료된 후에 기업에게 남는 것은 단지 계획뿐이다. 계획이 자동적으로 기대했던 현금흐름이 되지는 않는다. 의도했던 대로 인수합병의 재무목표를 달성하려면 반드시 사전에 치밀한 준비가 되어 있지 않으면 안 된다. 따라서 처음 인수합병을 추진하는 시점에서 거래를 통해 얻을 수 있는 효과나 혜택에 대해 철저히 계산하고 이를 현실화할 수 있는 개선전략을 검토해서 강한 확신이 서는 경우에만 비로소 거래를 진행하는 것이 바람직하다. 한편 〈그림 11-2〉는 인수합병에 대한 일반적인 절차를 보여주고 있다. Marriott International은 수평적 통합을 통한 성장을 추구하기 위해 중요한 시기마다 많은 인수합병 거래를 수행하면서 규모 및 범위의 경제와 같은 시너지 효과를 극대화하면서 세계 최고의 호텔체인으로 등극하게 되었다. 그리고 Walt Disney는 광범위하게 오락산업(Entertainment Industry)을 정의하고 관련된 여러 기업을 차례로 인수하면서 보완적인 여러 캐릭터에 대한 콘텐츠를 확보하면서 세계 최강의 오락 및 레저기업으로 성장하게 되었다. 효과적으로 인수합병을 추진하고 관리하는 것은 두 기업을 성공할 수 있게 한 핵심역량이었다.

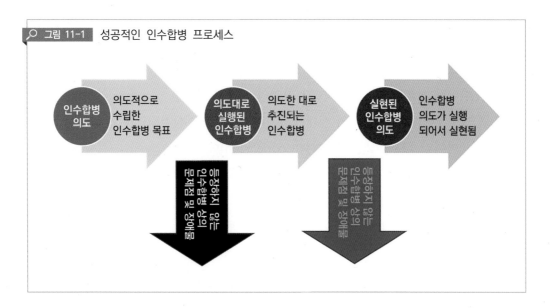

🔍 그림 11-1 성공적인 인수합병 프로세스

🔍 그림 11-2 인수합병의 일반적 절차

수립
- 사업전략 및 목표 수립
- 명료한 성장전략 수립
- M&A 기준 설정
- M&A 팀 구성 및 전략 실행

선정
- 목표 시장 및 기업 파악
- 피인수기업의 결정
- M&A 의향서 송부
- M&A 계획 수립

조사
- 실사(Due Diligence): 재무성과, 인적자원/문화, 법률적, 환경적, 운영/영업, 자본
- 발견한 중요 사항을 요약
- 시전 통합계획 수립
- 주요 협상 포인트 선정

협상
- 거래 조건 결정: 법률적, 구조적, 재무적
- 핵심인력 및 통합팀에 대한 보안
- 거래 종결

통합
- 통합계획의 실행 및 수정: 조직적, 프로세스, 인적자원, 시스템

Ⅱ ▸▸ 전략적 제휴(Strategic Alliances)

전략적 제휴는 쉽게 말하면 각 기업의 전략적 목표를 달성하기 위해 함께 힘을 모으는 것이다. 무한경쟁의 시대에서 이제 기업은 경쟁업체와의 경쟁에만 몰두할 것이 아니라 다른 기업과의 협력(Cooperation)에도 같은 노력을 집중하고 있다. 즉 많은 경우에 '적과의 동침'이 때로는 경쟁보다 전략적으로 더욱 중요시되고 있다. 전략적 제휴는 1980년대 중반 이후부터 전 세계를 통해 많은 기업에 의해 광범위하게 채택되고 있으며, 21세기에도 활용 빈도가 더 많아지고 있다.

무한경쟁과 같이 경영환경이 어려워지면 질수록 기업 간의 과열경쟁은 소모전을 초래하게 되면서 서로에게 큰 상처만 남기고 있다. 기업이 생존하고 성장하기 위해서는 냉엄한 경쟁질서와 함께 때로는 힘을 합쳐 공생하는 지혜를 발휘하는 것이 이제는 필수적인 전략적 선택이 되었다.

전략적 제휴는 두 개 이상의 기업이 서로 보유하고 있는 R&D, 생산, 마케팅 등의 기능적 노하우와 자원을 상대에게 제공해서 상호이익을 추구하는 기업 간의 일시적인 협력관계이다. 여기서 두 개 이상의 기업은 서로 경쟁사일 경우도 많다. 전략적 제휴의 본질은 상호성(Reciprocity)이다. 즉 제휴 파트너 간에 상호이익을 위해 서로가 원하는 자원을 공유-교환-통합을 통해 Win-Win을 도모하는 것이다. 전략적 제휴는 파트너와 함께 목표를 달성해야 하므로 보다 고도화된 전략의 유형이다.

전략적 제휴를 통해 파트너기업들은 합의된 공동 목표를 달성하기 위해 비교적 장기적이지만 일시적인 협력관계를 유지한다. 그리고 제휴 파트너들은 독립된 대등한 기업으로 계속 존재하게 된다. 제휴 파트너들은 각자에게 배분된 임무에 대해 공동으로 관리하고 제휴에서 만들어지는 이익을 기여도에 따라 분배한다. 전략적 제휴는 경쟁과 협력이란 두 가지 측면을 동시에 보유하고 있다. 한편 〈그림 11-3〉에서 보듯이 전략적인 차원에서 인수합병보다는 위험이나 수익성이 상대적으로 낮은 편이지만 라이선스(Licensing)보다는 높은 편이다.

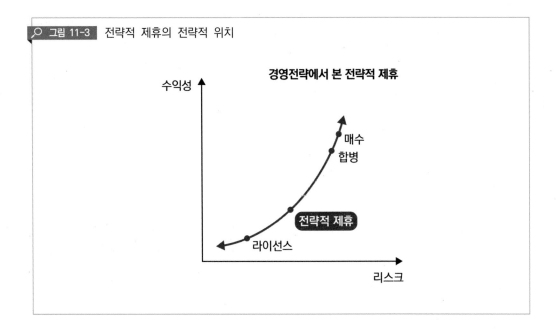

그림 11-3   전략적 제휴의 전략적 위치

◯ 전략적 제휴의 배경 및 목적

전략적 제휴가 광범위하게 이용되는 배경에는 먼저 세계화로 사업범위가 크게 확대되고 복잡해지면서 기업 자신만의 역량만으로는 경쟁이 더욱 어려워지게 되었다. 이제 어떠한 기업도 혼자서는 글로벌 경쟁시장에서 효과적으로 경쟁하기 위해 요구되는 규모 및 범위의 경제와 속도의 경제를 동시에 확보할 수 없게 되었으며 따라서 경쟁우위를 위해 요구되는 특정 자원이 없거나 필요한 기업이 이를 보유하고 있는 다른 기업과 협력하는 것은 이제 불가피한 선택이다.

둘째, 신제품을 개발하기 위한 기술개발비용은 시간이 갈수록 증가하고 있다. 그러나 이에 반해 제품의 수명은 짧아져서 그만큼 개발기간의 단축이 필요한데 이를 위해서는 보완적인 기술을 보유한 다른 기업과 협력했을 때 문제를 보다 용이하게 해결할 수 있다. 또한 스마트폰과 전기차 등에서 볼 수 있듯이 기술융합 트렌드가 강화되고 있어서 업종이 다른 기업 간의 제휴를 통한 최첨단기술의 융합이 필요하게 되었다.

셋째, 규모의 경제가 요구되는 산업에서는 생산설비에 막대한 투자가 불가피하게 발생하고 있다. 그런데 전 세계를 통해 많은 산업에서 공급과잉이 발생하게 되면서 생산 분담과 구조조정을 위해 협력해야만 생존할 수 있게 되었다.

그러나 전략적 제휴의 본질적인 목적은 협력이 아니라 경쟁에 있다는 것에 명심해야 한다. 다른 기업 또는 경쟁업체와 전략적 제휴를 수행하는 것은 협력관계를 구축하는 것이 본연의 목적이 아니라 근본적으로 제휴 파트너 이외의 기업들과의 경쟁에서 우위를 차지하기 위해서 일시적으로 협력하는 것에 불과하다.[74] 보다 구체적인 전략적 제휴의 목적을 살펴보면 기업들은 경영환경 및 시장 변화에 대응하기 위해 요구되는 가치사슬(Value Chain) 상의 부족한 활동 역량을 보완 및 육성하기 위해 전략적 제휴를 시행하고 있다. 가치사슬 활동의 보완을 위한 전략적 제휴의 목적에는 다섯 가지가 있다. 첫째, 연구 및 개발(R&D) 목적이다. 제휴 파트너 상호 간의 기술 교환을 통해 기술력 확보를 위한 시간 단축과 비용 절감을 이룩할 수 있다. 연구 및 개발에 있어서 상호협력은 파트너 간의 기술력을 단기간에 증진할 수 있으며, 이를 통해 시장지배력을 강화할 수 있다. 둘째, 생산관리 목적이다. 전략적 제휴는 보다 효율적으로 생산공정을 관리할 수 있게 해준다. 생산공장의 공유, 선진 경영기법의 도입 등으로 제휴를 통해 생산성을 향상하고 규모의 경제를 이룩해서 비용을 절감할 수 있다. 셋째, 구매 및 조달 목적이다. 가치사슬 상의 후방업체와의 제휴를 통해 제품의 생산·개발을 위한 안정적인 원재료의 확보·조달을 실현할 수 있다. 이는 비용절감 및 비효율적 업무의 제거를 통해 양사는 핵심역량에 집중할 수 있다. 넷째, 판매 및 마케팅 목적이다. 전략적 제휴는 다른 산업 간의 기술융합을 가능하게 하며 융합된 신기술을 통한 새로운 시장의 개발을 가능하게 한다. 그리고 공동마케팅을 통해 시장을 선점함으로써 지위를 강화할 수 있다. 다섯째, 재무 및 위험 관리 목적이다. 전략적 제휴를 통해 투자에 필요한 자본을 보다 쉽게 조달할 수 있다. 외부 투자재원의 확보는 자사의 투자위험을 줄일 수 있으며, 그리고 안정적인 재원 확보는 대외신용도를 제고할 수 있다. 이 외에도 자원과 위험의 공유, 신제품 개발과 시장진입 속도의 단축, 산업표준의 실현, 그리고 유연성을 확보할 수 있다.

○ 전략적 제휴의 유형

전략적 제휴의 유형에는 〈그림 11-4〉에서 보는 것과 같이 크게 기능별 제휴와 합작투자가 있다.[75] 먼저 기능별 제휴(Functional Agreement)는 지분의 참여 없이 제휴 파트너가 수행하는 여러 기능 분야의 일부에서 협력관계를 유지하는 것이다. 이런 제휴관계는 R&D, 마케팅, 기술, 생산, 구매 등과 같은 각 기능에서 공동으로 프로젝트를 수행하는 것이다. 따라서 새로운 조직이 개발되지 않고 제휴 영역은 제한적이다. 연구개발 컨소시엄(Consortium)은 첨단기술을 개발하기 위해서 독자적으로 연구개발을 수행하기에는 비용이 많이 소요되어 유사한 산업에 속한 기업끼리 자원을 공유하는 것이다. 주로 첨단산업 분야에서 종종 볼 수 있으며 정부가 주도하거나 지원하는 경우도 있다. 예를 들면, 우리나라 정부도 4차 산업혁명에서 우리 기업들이 생존하는 데 필요한 첨단기술의 개발에 직간접적인 지원을 아끼지 않고 있다. 기술제휴(기술 Licensing)는 보통 특정 기업이 다른 기업에 생산기술을 제공하거나 자사의 기술을 기반으로 해서 신제품을 개발할 수 있는 권리를 공유한다. 기술제휴는 보통 일회성인 일정액을 로열티(Royalty)로 지불하고 또 매출액의 일정분을 지속적으로 로열티로 지급한다. 주로 신제품 개발과 생산의 위험 및 비용을 절감하는 것이 목표이다. 라이선스(Licensing)는 권리를 가지고 있는 기업이 다른 시장이나 지역에 있는 기업에 사용할 수 있는 권리를 양도하는 것을 말한다. 생산라이선스는 규모의 경제 및 유휴 생산시설을 이용하기 위해 제휴 파트너들이 공동으로 생산할 수 있는 라이선스를 보유하거나 자체 수요를 위해 직접 특허기술에 대해 라이선스를 받아 생산하는 방식이다. 제품스왑(Product Swap)은 판매제휴를 말하고 있다. 이는 다른 기업의 제품에 자사의 브랜드 사용을 허용해서 마치 자사의 제품인 것처럼 판매하는 방식이다. 이에는 과거 삼성전자나 LG전자가 여러 가전제품을 수출하면서 이용했던 OEM(주문자상표부착 생산방식)이 있다.

전략적 제휴가 해당 기업의 입장에서 전략적으로 중요한 역할을 수행하게 되고 제휴를 통해 보다 높은 수준의 범위의 경제성과 시너지를 창출할 필요성을 느끼는 경우에 기업들은 비로소 합작투자(Joint Venture) 방식을 고려하게 된다. 합작투자는 두 개 이상의 기업에 의해 형성되는 협력적인 사업관계로, 별도의 조직을 설립해서 소유권, 운영 책임, 재무 위험 및 수익 등을 관련된 기업 사이에 분배하며 관련된 기업들의 독립성은 유지되는 것이다. 합자투자는 관련된 기업들의 상호보완적인 강점을 통합해서 이용할 수 있는 기회를 가질 수 있다. 그러나 합작투자는 통제권 상실, 불화 가능성, 기술의 유출 가능성 등과 같은 약점이 있다. 합작투자는 연구개발, 생산, 마케팅뿐만 아니라 기업의 핵심사업 분야를 합작투자하기도 한다.[76]

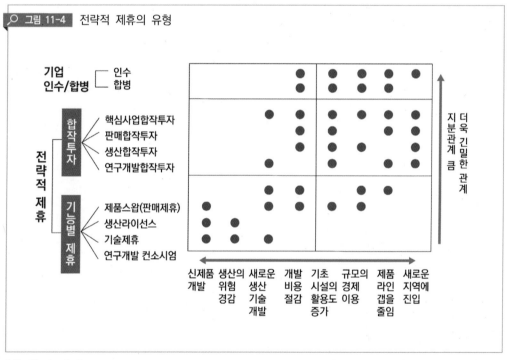

○ 그림 11-4 전략적 제휴의 유형

출처: Bleeke & Ernst

○ 전략적 제휴의 성공 및 실패 요인

전략적 제휴는 이제 무한경쟁 시대의 중요한 전략적 대안으로 각광 받고 있지만 이를 이용했던 많은 기업들이 실패를 경험하고 있다. 전략적 제휴도 인수합병에 못지않은 실패율을 보이고 있다. 전략적 제휴가 실패하는 이유는 다음과 같다. 첫째, 제휴 파트너 간의 문화적 차이이다. 제휴기업 간의 문화가 조화되지 못하면 인간관계 갈등과 상호 불신이 초래되고 서로 간에 핵심역량의 전수에도 불리하게 작용된다. 특히 관료제적인 기업과 혁신적인 기업이 조우하게 되는 경우에 문제가 많이 발생한다. 둘째, 상호불신과 기만이다. 파트너기업의 기회주의적인 행동을 너무 우려하거나 자사의 이익에만 집중하게 되는 경우 불신과 기만이 만들어지기 쉽다. 이런 상황은 여건이 좋은 경우에는 발생할 확률이 낮지만 제휴사업의 성과가 좋지 않은 경우에 자주 발생할 수 있다. 셋째, 자체적으로 핵심역량을 보유하지 못하는 경우이다. 제휴사업에서 이익과 경쟁력의 원천이 되는 지적재산권 등과 같은 핵심역량이 없는 경우 제휴사업을 주도할 수 없으며 관계도 장기간 지속할 수 없다. 넷째, 과대포장과 과도한 기대이다. 제휴 파트너들이 각각 자사의 능력을 과대포장하거나 또는 파트너의 능력에 대해 과도하게 높은 기대를 하는 경우 실제 진행과정에서 갈등과 불신이 야기되는 원인이 될 수 있다. 다섯째, 제휴 파트너가 상대방의 핵심역량을 전수받지 못하는 경우이다. 전략적 제휴의 성공에는 상대방의 핵심역량을 전수받는 것이 중요한데 이것이 잘 이루어지지 않는 경우 한쪽만 이익을 보거나 아니면 양자 모두 손해를 볼 수 있다. 여섯째, 전략적 제휴에 대한 목표가 불분명하고 측정이 힘든 경우이다. 서로 간에 분명한 목표의 설정 및 공유가 없이 협력관계를 맺게 되는 경우 제휴 자체가 어려워지며 제휴가 성사되더라도 상대방과의 견해 차이로 인해 갈등이 증폭된다. 이 외에도 최고경영진의 지속적인 관심과 지원의 결여, 비전의 차이, 추구하는 가치의 차이, 정보보안 등이 제휴 성공을 가로막는 요인들이다.

위에 설명한 장애요인들을 극복하고 전략적 제휴가 성공하기 위해서는 다음과 같은 요인들에 각별한 관심을 두어야 한다. 첫째, 제휴의 목표 달성에 적합한 파트너를 선정하는 것은 너무나 중요하다. 상대방 기업의 과거 명성 및 성과에 현혹되기보다는 철저히 제휴의 목표 달성에 적절한 역량을 보유한 파트너를 선정해야 한다. 둘째, 측정 가능하고 명확한 제휴 목표를 설정하는 것이다. 전략적 제휴에 있어서 모호해서 측정이 어렵거나 명확하게 설정된 목표가 없다면 의도했던 목표의 달성이 어려워질 수 있으며 또 파트너와 갈등이 생길 수 있다. 셋째, 전략적 제휴의 목적에 대해 직원들과 공유하는 것이다. 제휴가 기술의 유출로 끝나느냐 아니면 자사에 활력을 불어넣느냐는 직원들이 제휴의 목적을 얼마나 이해하느냐에 달려있다. 제휴는 경쟁사를 가까이에서 관찰할 수 있는 기회를 제공하며 이러한 기회는 경영진이 아닌 직원들에게 주어지는 것이다. 직원들에게 명확한 목표의식을 부여하고 성과에 따른 보상의 제공을 통해 제휴의 실효성을 제고하는 것이 바람직하다. 넷째, 자사 핵심역량의 유출을 방지해야 한다. 기업 경쟁우위의 원천인 핵심역량이 유출될 시 제휴 파트너가 경쟁자로 돌변할 수 있으므로 제휴의 한계를 명확히 하고 파트너의 전략적 변화를 자세하게 모니터링해야 한다. 과거 일본기업들과 제휴했던 미국기업들은 단기적인 이익에 집착한 결과 무분별하게 노하우를 전수해 버리면서 결국 이후 일본기업들과의 경쟁에서 힘들어지게 되었다. 다섯째, 제휴 파트너의 문화를 존중하고 적응하는 노력을 해야 한다. 제휴 파트너의 문화에 대한 이해가 부족할 경우 상호불신이 초래되고 핵심역량의 전수에도 불리하게 작용할 수 있으므로 파트너의 입장을 포용하는 배려의 자세가 요구된다. 여섯째, 최고경영진이 지속적으로 제휴 일정에 대해 숙지하고 결과를 직접 확인해야 한다. 전략적 제휴에서 최고경영진의 역할은 협상 체결에 끝나지 않고 지속적인 관심과 중간 점검을 통해 제휴를 성공으로 이끌어야 한다. 마지막으로 전략적 제휴의 궁극적인 목표는 반드시 제휴 파트너와의 Win-Win 게임이 되는 것이다. 참여한 모든 기업이 제휴 목표의 달성을 통해 경쟁우위가 강화될 수 있도록 협력해야 한다. 전략적 제휴는 한 번으로 끝나는 것이 아니기 때문에 차후 다른 기업과의 제휴를 위해서도 Win-Win 상황의 연출은 매우 중요하다.

○ 전략적 제휴의 성공 사례

성공적인 전략적 제휴의 사례는 많이 존재하고 있다. 먼저 우리나라의 철강기업인 POSCO와 일본 신일본제철이 전략적 제휴를 통해 공동구매를 하고 비용을 절감할 수 있었다. 당시 세계 1위의 제철업체인 POSCO와 세계 2위의 제철업체인 신일본제철은 유럽과 중국 업체들과의 경쟁 속에서 원가경쟁력을 유지하기 위해 호주와 캐나다 등지에서의 탄광 및 광산 조업의 통합과 신규개발 및 확장을 위한 공동출자를 시행했다. 또한 원료수입 결재문서 공동전자시스템을 도입하는 등 원료 구매와 관련된 다방면의 공동 작업들이 진행됐다. 이를 통해 안정적인 원료구매처의 확보와 동시에 원료 구매비용을 절감하는 등 제철산업의 주요 경쟁우위인 가격경쟁력 제고를 이룩했다. 둘째, 세계 최고의 자동차기업들인 일본의 Toyota와 미국의 GM은 생산성 향상을 제고하기 위해 생산공장을 분담하고 역할 공유를 했다. 생산공장 제공과 경영기법 도입에 대한 명확한 역할 분담을 통해 생산성을 획기적으로 향상한 대표적인 전략적 제휴의 사례가 바로 Toyota와 GM의 NUMMI(New United Motor Manufacturing Incorporated) 합작투자(Joint Venture)이다. 1983년 Toyota와 GM은 50:50 비율로 합작투자회사를 설립한 후 GM의 공장 중에서 가장 생산성이 낮았던 Fremont시에 Toyota의 JIT를 기반으로 하는 자동차 생산기법을 도입했다. 이로 인해 근로자의 결근율은 20%에서 2%로 대폭 감소했으며 재고회전율은 20일에서 2일로 향상되면서 공장의 생산성은 50% 이상 극적으로 향상되었다. 제휴 당시 GM은 세계 1위의 자동차 제조업체였지만 지속적으로 국내시장 점유율이 하락하면서 Toyota의 탁월한 생산기법을 전수받고자 했다. 당시 Toyota 역시 시장진출 확대를 위해 미국 내에 생산공장이 더 필요했다. 결국 NUMMI 제휴를 통해 Toyota는 성공적으로 미국시장에 진출할 수 있었으며, GM은 생산기법을 전수받은 후에 Saturn이란 대히트 자동차를 개발할 수 있었다. 셋째, McDonald's와 소셜 게임 개발업체인 Zynga는 공동마케팅을 통해 영업성과를 제고할 수 있었다. McDonald's는 세계 최대의 소셜 게임 개발업체인 Zynga와의 전략적 제휴를 통해 Zynga의 대표적인 게임인 FarmVille 내에 McDonald's 마을을 구성했다. FarmVille은 가상공간에 자신만의 농장을 만들고 다른 사용자와 소통을 구현하는 게임으로 월평균 1억 명 이상의 인구가 이용하는 온라인게임이다. McDonald's는 제휴를 통해 FarmVille이 보유한 전 세계 소비자들을 대상으로 자사의 브랜드와 제품에 대한 광고 효과를 기대하고 있으며, Zynga 역시 McDonald's의 고정고객들의 이용에 따른 트래픽 증대와 함께 추가적인 수익창출을 노리고 있다.

● 글로벌 항공사들의 전략적 제휴

세계 항공운송산업은 오래전부터 생존과 성장을 위해 전략적 제휴를 자주 이용하고 있다. 항공사들이 전략적 제휴를 많이 이용하게 된 이유는 세계 항공운송산업의 고유한 특성에 기인하는 것이다. 전 세계 국가 간에 존재하는 항공자유화 협정에 의하면 특정국의 항공사는 타국의 영토 내에서 두 지점 간의 운항 즉 타국에서 항공기가 출발 및 종료할 수 있는 것을 금지하는 국내운송금지(Cabotage)를 시행하고 있다. 또한 소유권 규정에 의해서 타국적 항공사 간의 인수합병을 금지하고 있다. 국가별 항공사의 소유 및 실효적 지배 규정에 의하면 우리나라는 외국인 자본이 국적항공사의 지분을 49.9% 이상의 소유를 금지하고 있으며, 또 미국의 경우에는 의결권이 있는 항공사 주식의 75% 이상을 반드시 미국인이 소유해야 한다. 따라서 대다수 국가에서 타국적 항공사가 외국 국적의 항공사를 인수나 합병하는 것은 사실상 불가능하다. 즉, 각 국가는 소유권 제한과 국내운송금지를 통해 항공주권을 보호하고 있다. 이런 상황에서 세계 항공사들의 성장에는 엄연한 한계가 존재하게 되었다. 이와 같은 성장 한계를 극복하기 위해 각국의 항공사들은 궁여지책으로 동맹체(Alliance), 공동운항(Code Sharing), 합작투자(Joint Venture) 등을 구축하는 등 다른 항공사들과의 제휴를 활성화하고 있다. 이런 제휴관계를 통해 항공사들은 해외 항공노선네트워크 확장, 수익 증대, 편리한 스케줄 확보 등 각 항공사들이 독자적으로는 행할 수 없는 혜택을 만들고 있다.[7]

먼저 글로벌 항공동맹체(Global Airline Alliances)이다. 대체로 1997년까지는 항공사 양자 간의 제휴형태였으나 미국 정부가 양국가 간 항공자유화 협정을 효과적으로 추진하기 위해서 독점규제 면제(Anti-Trust Immunity) 정책을 도입한 이후 다자간 제휴로 확산하게 되었다. 독점규제 면제를 허용하는 것은 소유권 규제로 인해 사실상 인수합병이 불가능한 세계 항공운송산업에서 전략적 제휴가 활성화되는 동기가 되었다. 이로 인해 미국과 항공자유화 협정을 맺은 국가의 항공사들과 미국의 대형항공사를 중심으로 하는 글로벌 항공동맹체가 결성되었다. 전략적 제휴가 활성화되는 보다 직접적인 동기는 미국 정부의 항공규제 완화, 항공노선의 대도시터미널 집중방식 채택, 유럽의 경제통합 등으로 1990년대 항공운송산업은 규모 및 범위의 경제 가치가 크게 강화되었다. 따라서 항공운송노선을 여러 국가로 확대할 수 있는 대형항공사만 수익을 창출할 수 있는 구조로 산업이 변하게 되었다. 이에 따라 항공사들은 경쟁력을 강화하고 독자적인 항공노선 역량의 한계를 극복하고자 전략적 제휴를 활용하게 되었다. 현재 세계 항공운송산업에는 〈그림 11-5〉에서 보는 바와 같은 One World, Star Alliance, SkyTeam과 같은 3대 글로벌 항공동맹체가 있다. 3개의 항공동맹체는 2016년을 기준으로 했을 때 모두 세계 각국의 62개 항공사가 참여하고 있고, 세계 항공기좌석의 50% 이상을 공급하고 있으며, 총 $3,800억의 매출액을 달성하고 있다. 각 항공사들은 항공동맹체를 통해 규모 및 범위의 경제를 실현하고 시장점유율을 확대하고 있다. 항공동맹체들은 제휴 파트너 간에 고객기반을 통합하고 또 공동마케팅을 통해 부가적인 매출을 달성하고 있으며 고객당 공항 부대시설비 및 조달비용 등을 절감했다. 한편 항공동맹체를 이용하는 여행객들은 마일리지프로그램을 보다 확대해서 이용할 수 있게 되었으며, 보다 편리한 항공스케줄과 보다 많은 연결항공편을 이용하고 더 많은 공항의 항공사 라운지를 이용할 수 있게 되었다. 한편 2016년에는 세계적인 저가항공사들의 항공동맹체인 Value Alliance가 탄생했으며, 참여 항공사에는 Cebu Pacific, Cebgo, 제주항공, Nok Air, NokScoot, Scoot Airlines, Tigerair, Tigerair Australia, 그리고 Vanilla Air 등이 있다.

둘째, 인터라인 협정(Interline Agreement)이다. 이는 여러 항공사의 여러 항공편을 이용해서 여행하는 승객을 지원하기 위해 관련 항공사들이 맺는 자발적인 제휴계약이다. 즉 특정 항공사가 다른 항공사가 운항하는 노선을 자신의 노선과 연계 및 연결해서 묶어서 판매하는 제휴관계를 말한다. 이에 대한 사례로는 미국의 대형항공사인 American Airlines와 저가항공사인 JetBlue가 서로 12개 노선에 대한 인터라인 협정을 통해 상호 연결되었다. 그리고 2017년에는 한국의 진에어가 아시아태평양지역의 저가항공사인 JetStar와 인터라인 협정을 체결했다.

셋째, 공동운항(Code Sharing)이다. 이는 항공편명 공유협정으로 상대방 항공사가 운항하는 특정 항공편 좌석의 일정 부분을 자사의 항공편명으로 판매함으로써 항공노선을 확장하는 도모할 수 있는 제휴방식이다. 제휴 항공사를 통해 연계운항 항공편을 자체 항공편으로 간주해서 좌석을 판매할 수 있다. 공동운항 협정 시에 항공권 판매에 대한 수수료의 지급, 적정 수의 공유좌석과 가격조건에 대한 협의가 이루어지고 있다. 대다수 항공사들은 글로벌 항공동맹체라는 네트워크 내에서의 공동운항 제휴를 시도하고 있다. 예를 들면, SkyTeam 회원사인 Delta Air Lines와 Air France는 공동운항 협정을 체결해서 미국-프랑스 파리-프랑스 니스까지 연결하는 상품을 판매할 수 있게 되었다. 이는 Delta의 거점공항(Hub)인 애틀랜타에서 파리까지의 노선과 Air France의 파리-니스 구간을 결합함으로써 가능해진다. 이로써 Delta의 승객은 Air France의 파리-니스 노선을 이용함에도 불구하고 항공권은 Delta로 즉 Delta의 항공편 및 코드명으로 해당 여행구간을 모두 일괄적으로 예약할 수 있게 되었다.

넷째, 합작투자사(Joint Venture)의 설립이다. 2009년 Delta와 Air France가 대서양 노선에서 합작투자를 출범했으며, 2010년에는 American Airlines와 JAL 간에 또 United Airlines와 ANA 간에 태평양 노선에 대한 합작투자 계약을 성사시키면서 세계 항공운송산업의 새로운 트렌드로 떠오르고 있다. 원래 합작투자는 2인 이상의 기업이 공유하는 특정한 목적을 달성하기 위해 함께 진행하는 공동사업체를 말한다. 항공사의 경우에는 전체 사업에 대한 공동투자가 아니라 특정 항공노선에 대한 합작투자를 말하고 있다. 항공운송산업의 제휴형태 중에서 합작투자 협정은 독점금지 면제권이 부여되고 있어 인수합병에 가장 근접한 대안으로 활용할 수 있어서 현재까지 항공운송산업에서 시행가능한 가장 광범위하고 높은 수준의 제휴방식이다. 기존의 공동운항 방식을 뛰어넘는 제휴방식인 합작투자사 설립을 통해 참여 항공사들은 하나의 기업인 것처럼 함께 항공운항 스케줄을 최적화하고 공동마케팅 및 영업활동을 수행하며 이에 따른 재무적 성과도 공유하게 된다. 합작투자사는 일종의 수익 공유 및 공동가격결정 협정으로 특정 노선의 공략 및 운

🔍 그림 11-5 글로벌 항공동맹체

ONEWORLD MEMBERS*	SKYTEAM MEMBERS	STAR MEMBERS
CARRIER	**CARRIER**	**CARRIER**
American Airlines	Aeroflot Russian Airlines	Adria Airways
British Airways	Aeromexico	Aegean Airlines
Cathay Pacific	Air Europa	Air Canada
Finnair	Air France	Air China
Iberia	Alitalia	Air New Zealand
Japan Airlines	China Southern Airlines	ANA
LAN	CSA Czech Airlines	Asiana Airlines
Malev Hungarian Airlines	Delta Air Lines	Austrian Airlines
Qantas	Kenya Airways	Bluel
Royal Jordanian	KLM	bmi
S7 Airlines	Korean Air	Brussels Airlines
INVITED TO JOIN	TAROM	Croatia Airlines
Air Berlin	Vietnam Airlines	Egyptair
Kingfisher Airlines	**INVITED TO JOIN**	LOT Polish Airlines
*Mexicana omitted	Garuda Indonesia	Lufthansa
	Middle East Airlines	SAS Scandinavian Airlines
	Saudi Arabian Airlines	Singapore Airlines
	Aerolineas Argentinas	South African Airways
	China Airlines	Spanair
	China Eastern Airlines	Swiss International Air Lines
	Shanghai Airlines	TAM Linhas Aereas
		TAP Air
		Thai Airways
		Turkish Airlines
		United
		US Airways
		INVITED TO JOIN
		Air India
		Acianca-TACA
		Ethiopian Airlines
		Copa

출처: CAPA

항권이 없는 지역과 운항할 수 없는 먼 지역으로 운항 네트워크를 확장할 수 있으며, 매출과 수익을 공유함으로써 새로운 항공노선을 개발하는데 발생하는 투자위험을 감소할 수 있다. 항공사 합작투자는 합작법인체를 설립하는 경우도 있고 (Airasia ANA) 그렇지 않은 경우도(American-JAL, United-ANA) 있다. 최근 대한항공과 Delta가 체결한 합작투자의 제휴 내용을 살펴보면 첫째, 상호 항공노선 네트워크에 대해 전면적인 공동운항의 시행으로 한국, 미국 및 아시아 고객에게 최고의 여행 경험을 제공하기 위해 긴밀히 협력하며 둘째, 공동 판매 및 마케팅의 시행 셋째, 양사의 고객이 스카이패스 및 스카이마일스 프로그램을 통해 더 많은 마일을 적립할 수 있는 기회 제공을 포함하는 향상된 상용고객 프로그램 혜택의 제공, 넷째, 여객기 화물 탑재 공간을 이용한 태평양 노선 항공화물의 수송 등이다. 그러나 이로 인해 태평양 노선에서 경쟁이 감소하고 두 항공사의 시장지배력이 강화되면 장기적으로 항공요금이 인상될 것이라는 부정적인 우려도 존재하고 있다. 지금까지 살펴본 것처럼 세계 항공운송산업의 경쟁구도가 항공사 간과 동맹체 간을 거치면서 이제 항공노선에 합작투자로 점차 확장되면서 변화하고 있다.

참 / 고 / 문 / 헌

56. DePamphilis, D. M. (2012). *Mergers, Acquisitions, and Other Restructuring Activities. (6th Ed.)*. Academic Press: CA.; Kim, K. H. (1998).; Gaughan, P. A. (1996). Mergers, Acqusitions, and Corporate Restructuring. John Wiley & Sons: NY.; Kim, K. H. (1998). *Determinants of Successful Acquisition Management: A Process Perspective in the Lodging Industry*. Ph.D. Dissertation in the Department of Hospitality & Tourism Management. Virginia Polytechnic Institute and State University.

57. Lam, B. (2016). 2015: A Merger Bonanza. The Atlantic. JAN. 9.; Webber, H. (2017). Mergers and Acquisitions: A Game of Snakes and Ladders. *marketMogul*. March. 13.

58. DePamphilis, D. M. (2012). *Mergers, Acquisitions, and Other Restructuring Activities. (6th Ed.)*. Academic Press: CA.

59. Trautwein, F. (1990). Merger Motives and Merger Prescriptions. *Strategic Management*

Journal. 11, 283-295.

60. Walter, G. A. & Barney, J. B. (1990). Management Objectives in Mergers and Acquisitions. *Strategic Management Journal. 11*, 79-86.

61. Loughran, T. Vijh, A. M. (1997). Do Long-Term Shareholders Benefit from Corporate Acquisitions? *Journal of Finance. LII* (5), 1765-1790.

62. Smith, K. W. & Hershman, S. E. (1997). How M&A Fits into a Real Growth Strategy. *Mergers & Acquisitions. September/October*, 38-42.

63. Harding, D., Jackson, R., Leung, P., Meyer, M. & Harris, K. (2014). *The Renaissance in Mergers and Acquisitions*. Bain & Company.

64. Gara, A. (2017). For GE's Jeff Immelt, Hundreds of Deal and $575 Billion Didn't Yield A Higher Stock Price. *Forbes*. JUN. 15.

65. Koi-Akrofi, G. Y. (2016). Meregrs and Acquisitions Failure Rates and Perspectives on Why They Fail. *International Journal of Innovation and Applied Studies*. 17(1), 150-158.

66. Deals That Create Value. Bieshaar, H., Knight, J. & van Wassenaer, A. (2001). *The McKinsey Quarterly*. 1, 64-73.

67. Bower, J. L. (2001). Not All M&As are like-and that matters. *Harvard Business Review*. 79(3), 92-101.

68. Holterman, W. & van de Pol, M. (2016). *Mergers and Acquisitions*. June. PWC.

69. Jemison, D. B. & Sitkin, S. B. (1986). Acquisitions: The Process can be a Problem. *Harvard Business Review. March-April*, 107-116.

70. Kim, K. H. & Olsen, M. D. (1999). Managing The Corporate Acquisition Process for Success. *The Journal of Hospitality Financial Management. 7(1)*, 19-34.

71. Smith, K. W. & Hershman, S. E. (1997). How M&A Fits into a Real Growth Strategy. *Mergers & Acquisitions. September/October*, 38-42.71.

72. Marks, M. L. & Mirvis, P. H. (1998). *Joining Forces: Making One Plus One Equal Three in Mergers, Acquisitions, and Alliances*. Jossey-Bass: San Francisco.

73. Kim, K. H. (1998). *Determinants of Successful Acquisition Management: A Process Perspective in the Lodging Industry*. Ph.D. Dissertation in the Department of Hospitality & Tourism Management. Virginia Polytechnic Institute and State University.

74. de la Sierra, M. C. (1995). *Managing Global Alliance: Key Steps for Successful Collaboration*. Addison Wesley.

75. Bleeke, J. & Ernst, D. (1993). *Collaborating to Compete*. John Wiley & Sons.

76. 장세진(2016). 경영전략(제9판). 박영사: 서울.

77. 한국교통연구원(2015). 2015년 항공교통정보분석사업: 항공사간 전략적 제휴 확대와 국내 정책 방향. September.

기업전략 Ⅳ:
글로벌전략

Ⅰ. 글로벌전략

Chapter · 12

기업전략 Ⅳ: 글로벌전략

학습 포인트

❶ 먼저 세계화 현상과 다국적기업에 대해 이해한다.

❷ 다국적기업의 해외시장 진출 동기를 숙지한다.

❸ 다국적기업의 글로벌 통합 및 현지적응 필요성을 깊이 이해한다.

❹ 표준화전략과 현지화전략의 차이점에 대해 이해한다.

❺ 다국적기업이 이용하는 4가지 유형의 글로벌전략을 숙지한다.

❻ 다국적기업의 해외시장 진출방식에 대해 이해한다.

○ 세계화와 다국적기업

세계화는 정치 · 경제 · 사회 · 문화 등의 분야에서 시간 및 공간에 대한 제한이 급속도로 소멸되면서 국가 간 교류가 증가하여 세계가 하나의 단위로 통합되어 가는 과정 또는 현상이다. WTO에 의하면 작금의 세계화는 지속적인 기술혁명, 광범위한 정치적 변화, 개방적인 경제정책 등에 의해 촉진되고 있다. 세계화 현상을 분석해보면 다음과 같은 사실이 드러나고 있다. 첫째, 세계화의 촉진은 인류발전의 원동력인 경제적 욕구의 문제이다. 인류 역사의 진화가 경제적 이해관계에 대한 갈등과 대립을 해소하는 과정을 통해서 이루어진다고 봤을 때 세계화는 경제적 이익을 매개로 하는 국제교류의 확대과정이다. 둘째, 세계화는 새로운 국제질서가 확립되어가는 과정이다. 세계화는 다양한 요소의 상호작용 속에서 발생하는 일시적인 것이 아닌 지속적으로 제자리를 잡아가는 새로운 국제질서의 형성과정이다. 셋째, 국민국가(Nation-State)의 존재 의미이다. 세계화는 국가를 부정하는 것에서 출발하는 것이 아니라 국가의 존재를 전제로 하며 과거와 다른 국가의 의

미나 역할을 이해하는 것이다. 넷째, 기술혁명과 그것의 한계이다. 국제교류의 확대는 결국 기술의 발전 내에서 가능한 것이므로 궁극적으로 기술혁명은 세계화의 토대인 동시에 한계임을 의미한다.[78]

국내시장에서 성장의 한계를 절감한 기업들은 필연적으로 해외국가로의 진출을 통해 새로운 성장 기회를 찾고 있다. 세계화의 확산에 가장 중추적인 역할을 하고 있으며 또 세계화의 근본적인 원동력이 바로 다국적기업(MNC: Multi National Corporation)이다. 다국적기업의 활동은 전 인류의 일상생활에 큰 영향력을 미치고 있다. 다국적기업의 활동은 제2차 세계대전 이후인 1950년대부터 시작되어 1980년대 이후에 급속히 증가했다. 다국적기업의 활동은 세계 각국의 교역 및 투자의 성장에 지대한 영향을 미치고 있으며 또 세계 경제의 질서를 결정함에 있어 중요한 역할을 담당하고 있다.

다국적기업은 첫째, 다수의 국가에서 사업을 수행하는 기업 둘째, 해외자회사에 연구·개발, 제품의 생산, 판매 및 서비스 등의 기능을 보유하는 기업 셋째, 현지 지식에 정통하며 현지 기업에 대한 운영능력이 있는 본국인을 고용하는 기업 넷째, 본사의 인력구성이 일개국의 국민이 아니라 다수국의 국민에 의해 구성된 기업 다섯째, 주주가 다수 국가의 국민에 의해 구성된 기업으로 정의할 수 있다.[79] 지금부터 다국적기업이 채택하고 있는 글로벌전략에 대해 살펴보기로 한다.

I ▶▶ 글로벌전략(Global Strategy)

일반적으로 다국적기업이 해외시장에 진출하는 동기에는 첫째, 새로운 시장의 접근과 외국시장의 판매 잠재력이다(Market-seeking). 둘째, 천연자원이나 외국기업의 특정 부품처럼 관련 자원에 대한 접근 및 확보하기 위해서다(Resource-seeking). 셋째, 다국적기업은 전반적인 비용효율성을 향상하기 위해 해외진출을 감행하고 있다(Efficiency-seeking). 넷째, 다국적기업은 현지국의 지식, 역량, 기술적 자원,

혁신 등에 접근하기 위해서 해외진출을 고려하고 있다(Strategic Asset-seeking). 다섯째, 과점적 산업에서 경쟁하는 기업은 다른 기업의 움직임에 매우 민감하게 반응한다. 따라서 선도기업이 해외국가로 진출하면 경쟁기업은 바로 따라서 해외로 진출하게 된다(Follow-the-Leader) 등이 있다.[80] 그러나 시간이 흐르면서 새로운 동기가 나타나게 되었다. 규모의 경제에 대한 중요성이 커지고, 연구개발 비용이 크게 증가하며, 그리고 제품·서비스의 수명주기가 대폭 짧아지면서 더욱 많은 기업들이 세계시장에 진출하게 되었다.

○ 글로벌 산업환경

세계화된 환경에서 더 이상 특정 산업을 개별 국가 단위의 입장에서 파악하는 것은 시대에 뒤떨어진 사고이다. 따라서 산업을 글로벌화된 시각으로 바라보는 것이 중요하게 되었다. 산업의 글로벌화와 관련해서 Yip은 〈그림 12-1〉에서 나타난 것처럼 네 가지 요인을 산업의 글로벌화되는 원동력으로 파악했다. 그는 정보통신 혁명, 금융시장 세계화, 항공여행의 편의 향상 및 글로벌 국제호텔체인의 등장으로 인한 비즈니스여행의 확대 등을 추가적인 요인으로 파악했다.[81]

글로벌화된 산업에서 영업활동을 수행하는 다국적기업은 서로 배치되는 두 가지 경영목표에 직면하게 된다. 한편으로는 각기 다른 현지국가의 고유한 환경에 잘 적응해야 하는 현지적응 필요성(Local Responsiveness)이며, 다른 한편으로는 글로벌 효율성을 창출하기 위해 표준화를 통해 세계시장의 통합을 도모하는 글로벌 통합 필요성(Global Integration)이다(〈그림 12-2〉). 이를 통합-적응모형(Integration-Responsiveness Framework)이라고 한다.

그림 12-1 산업 글로벌화의 촉진 요인

시장요인
- 선진국 간에 고소득의 수렴현상
- 생활양식과 기호의 동질화(모스크바의 맥도날드)
- 여행의 증가로 인한 글로벌 소비자의 등장
- 기업들이 글로벌 고객처럼 행동하기 시작함
- 세계적 및 지역적 유통의 성장
- 글로벌 브랜드, 광고, 미디어의 성장

비용요인
- 지속적인 규모의 경제 추구
- 기술혁명의 가속화
- 교통수단의 발전
- 생산능력과 저임금으로 무장한 개발도상국의 등장
- 수명에 비해 가속되는 제품개발 비용의 상승

정부요인
- 관세 및 비관세 장벽의 완화
- 경제블록의 형성(EU, NAFTA)
- 국제통상기구의 권력 강화(WTO)
- 생산자 및 소비자로서의 정부의 역할 감소
- 국영기업의 민영화
- 과거 사회주의 국가들이 시장경제로의 전환(러시아, 동유럽국가)

경쟁요인
- 세계 통상 수준의 지속적 증가
- 세계 시장에서 새로운 경쟁자의 등장(일본, 한국, 대만, 중국, 인도)
- 외국기업의 소유권 증가
- 인터넷을 기반으로 하는 태생적 글로벌기업의 등장
- 국가 간에 상호의존도를 높이는 글로벌 네트워크의 성장(전자산업)
- 글로벌 지향적 기업 및 글로벌 전략적 제휴의 증가

산업 글로벌화 잠재력

출처: Yip

그림 12-2 다국적기업의 글로벌통합 필요성과 현지적응 필요성

글로벌통합 필요성
- 세계 소비자 수요의 동질화
- 무역장벽의 붕괴
- R&D 및 생산에 대한 규모의 경제 구축
- 세계적 기술/산업 표준의 등장
- 인터넷 정보혁명

현지적응 필요성
- 문화적 차이
- 정치적 위험
- 환율변동 위험
- 보호무역
- 유통경로 차이

첫째, 다국적기업이 세계시장에 진출할 때 소비자, 정부정책, 시장특성, 문화 등에서 모국과 상이한 현지국가의 환경에 잘 적응하기 위해서 다국적 유연성(Multinational Flexibility)이 요구된다. 다국적기업은 세계 각국마다 서로 다른 이질적인 지역적 · 문화적 특색에 입각하여 현지화된 상품을 생산해야 하는 필요성을 인지하게 된다. 그리고 생산기지를 특정 지역에 편중하면 환율 등의 변화에 대해 취약하게 되므로 생산거점을 여러 지역으로 분산하여 건설함으로써 환율변동에 효과적으로 대응하는 한편 각국의 보호무역 장벽에 대응하는 전략을 모색하게 된다.

둘째, 세계 도처에 존재하는 다국적기업의 여러 활동 간의 상호연계를 통한 시너지 효과를 창출하기 위해 글로벌 효율성(Global-scale Efficiency)을 극대화한다. 다국적기업은 비용우위를 창출하기 위해 단일 지역에 생산시설을 집중하고 규모의 경제를 이룩해서 대량생산을 통한 가격경쟁력을 갖춘 제품을 세계시장에 판매하는 전략의 필요성을 인지하게 된다. 이런 목표를 달성하기 위해서 세계에서 가장 낮은 비용으로 생산할 수 있는 입지를 확보하고, 또 규모의 경제를 십분 활용하기 위해서 세계 소비자의 욕구가 동질적이라는 가정 하에 표준화된 제품의 생산 및 판매에 전력을 집중한다. 그러므로 글로벌 효율성의 극대화를 목표로 하는 다국적기업은 표준화전략(Standardization Strategy)을 채택하게 될 것이며, 반면에 각 개별국가의 현지시장 환경에 잘 맞춰서 다국적 유연성을 극대화하려는 다국적기업은 현지화전략(Localization Strategy)을 선택하게 된다. 하지만 동시에 다국적 유연성과 글로벌 효율성을 모두 취하려는 다국적기업은 두 가지 특성을 잘 결합한 전략을 선택하게 된다.

● 다국적기업의 표준화전략

표준화전략은 기본적으로 인간의 욕구와 기대는 국가적 · 지리적 · 문화적 경계를 초월하여 동일하다는 입장이다. 세계시장의 동질화에 근거한 이 전략은 각국의 소비자들은 근본적으로 정신적 · 육체적 차이가 인정된다고 하더라도 기술혁신에 의해 전 세계가 사고방식·문화·생활수준 등이 비슷해짐으로써 그 격차가 해소되고 있다고 본다. 세계시장의 동질화 트렌드는 교통 및 통신의 지속적인 혁신 및 발전, 자유무역 지역과 관세동맹의 결성, 국가 간 생활수준의 수렴성 증대, 국제적 경쟁의 심화, 보다 많은 다국적 소비자의 출현, 국제여행의 확대, 글로벌전략을 추구하는 기업의 증가 등에 의해 더욱 가속화되고 있다.

표준화전략은 다수의 해외시장에서 각 시장이나 국가 간의 환경 차이를 고려하지 않고 동일한 제품을 생산·판매하는 것을 말한다. Levitt은 '시장의 국제화'란 논문을 통해 오늘날 기술혁신으로 인해 전 세계 소비자들의 기호나 욕구 등이 국가적·지리적·문화적인 경계를 초월하여 동질화되고 있기 때문에 표준화전략을 이용하는 것이 가능하다는 것을 강조했다. 그는 '세계를 하나의 시장으로 동질화시켜나가는 강력한 힘이 존재하는데 그것은 바로 기술이며, 이로 인해 통신과 교통수단이 발달하고 해외여행이 증가함으로써 세계시장이 점점 동질화되어가는 현상을 보이고 있기 때문에 해외시장 소비자들의 다양한 욕구를 충족시키기 위해 현지화전략을 선택하는 다국적기업의 시대는 쇠퇴할 것이고 전 세계적으로 표준화전략을 수행하는 글로벌기업은 성공할 것이다'라고 주장했다.[82] 표준화전략은 규모의 경제 효과를 가져오고 소비자에게 전 세계적으로 동일한 이미지를 창출하는 등 마케팅 및 생산 측면에서 큰 공헌을 했다.

표준화전략을 통해 얻게 되는 비용상의 이득은 다음과 같다. 첫째, 생산에서 규모의 경제를 통한 비용절감 효과이다. 세계 수요가 대량생산을 만족시킬 수 있을 정도로 크다면 생산량의 증가에 따라 총생산비는 증가하더라도 단위당 원가는 감소하게 된다. 둘째, 제품의 연구개발에 대한 경제성을 달성할 수 있다. 표준화된 제품을 전 세계에 출시함으로써 제품의 단위당 연구개발비가 낮아지게 된다. 따라서 보다 많은 연구개발비를 신제품개발에 투자할 수 있으며 신제품개발 노력이 보다 효과적으로 이루어진다. 셋째, 제품의 표준화를 통해 효율적인 재고관리가 가능하며 안전재고 수준의 감소를 도모할 수 있어 저장비용이 감축된다. 또한 제품이 동일하기 때문에 운송비를 절감할 수 있고 제품 및 부품공급의 안정성을 유지할 수 있다.

그리고 제품을 표준화함으로써 얻을 수 있는 수익 증가의 이점은 다음과 같다. 첫째, 표준화된 제품으로 인해 전 세계 시장에 일관성 있고 통일된 제품으로 기업 명성이 향상되고 더 나아가 세계 고객들의 브랜드 충성도가 향상된다. 이는 판매 증대의 좋은 계기가 된다. 둘째, 제품의 표준화는 마케팅의 표준화를 가능하게 한다. 제품이나 브랜드가 표준화되어 있을 경우에 광고 등 판매촉진 활동의 표준화 가능성은 훨씬 증대될 수 있으며 그 브랜드가 세계적인 명성을 보유하고 있다면 동일한 광고전략을 통해 효과적으로 판매촉진이 강화될 수 있다. 셋째, 제품 표준화는 새로운 시장에서 판매가능성에 대한 예측을 용이하게 한다. 표준화된 제품은 시장경험을 전제로 하고 있기 때문에 새롭게 진출하는 시장이 기존의 시장과 유사할 경우에는 제품의 수용가능성에 대한 예측을 보다 효과적으로 할 수 있다.

한편 표준화전략의 단점도 있다. 첫째, 특정 제품시장에서는 세계시장의 동질화 현상과 유사한 형태의 관심과 반응을 보이고 있는 것이 사실이지만 그렇다고 이런 현상이 전 세계적인 트렌드는 아니다. 더군다나 국가 간뿐만 아니라 동일 국가 내에서도 이질적인 시장이 존재하고 있는 것을 목격할 수 있다. 둘째, 가격에 민감한, 즉 저가격 제품에 대한 세계적인 선호경향이 존재하고 있지만 이것이 세계적으로 일반화된 현상이라고 단정할 수 없다. 예를 들면, 은행 및 보험, 시계, 가전제품 등의 분야에서는 오히려 다양한 제품특성이나 제품의 품질 및 서비스에 대한 관심이 고조되고 있는 것이 사실이다.

● 다국적기업의 현지화전략

현지화전략은 다국적기업이 진출하는 현지국가의 시장 여건이 본국과 다르기 때문에 제품 및 유통망 등을 현지시장에 알맞게 적응(Adaptation)시켜 나가는 전략을 말한다. 표준화전략의 효용성은 1980년대로 접어들면서 의문이 제기되기 시작했다. 즉 표준화전략은 각 국가의 경제 및 문화, 생활양식과 무관하게 동일한 방식으로 전 세계 시장을 공략한다는 것인데, 이에 대한 문제점이 명확하게 드러나게 되었다. 실제로 글로벌 브랜드의 성공은 Coca-Cola나 Marlboro와 같은 일부 브랜드로 한정되어 있었다. 따라서 이와 같은 문제를 해결하기 위해 현지화전략이 대안으로 대두되었다.

현지화전략은 동일성을 추구하는 표준화전략과 달리 서로 다른 각 국가·지역마다 상이한 특성이나 취향을 고려하여 유연성 있게 제품 출시전략을 구축하는 것이 골자이다. 바꾸어 말하면, 제품에 대한 소비자의 경험이나 인지가 국가마다 다르고 또 그 제품이 각 시장마다 추구하는 위치가 상이할 수 있기 때문에 이를 위해 현지화전략을 추구해야 한다는 것이다. 그러나 현지화전략을 채택한 다국적기업은 서로 다른 현지시장에서 소비자의 요구를 충족시킬 수 있지만 반면에 기업 전체적인 차원에서 일관성을 저해할 수 있고 비용부담이 커질 수 있다.

현지화전략은 각 나라마다 정치와 법률제도, 경제발전의 정도와 문화, 시장의 발전 정도, 소비자들의 가치관과 생활양식 등의 차이는 극복이 불가능하기 때문에 현지시장의 조건에 맞게 적절하게 적응하는 것을 중요하게 여기고 있다. 기본적으로 표준화전략은 인간의 욕구와 필요의 세계적인 보편성을 기반으로 하고 있으며 반면에 현지화전략은 각 나라마다 소비자들의 욕구가 서로 상이하기 때문에 제품·서비스 전략을 소비자의 특성에 맞도록 적절하게 변경해야 한다.

현지시장에 잘 적응하기 위해서 잘 고려해야 하는 것 중에 하나가 현지국가의 문화이다. 많은 다국적기업들이 본국과 다른 상이한 문화권에서 실패를 거듭하고 있는데 이는 시장의 세계화와 문화의 동질성이 가속화되고 있다는 잘못된 관념에 의한 표준화전략의 수용에 있다. 세계시장에서 문화적 동질성을 전제로 하는 표준화전략은 적절하지 못하다. 이질적 문화권에서 다국적기업의 성공 여부는 현지문화와 잘 결합된 조직과 전략을 개발하는데 달려있다.[83]

제품이 무엇이며 그 제품이 제공하는 만족이 무엇인가를 결정하는 것이 바로 해당 국가의 문화이다. 따라서 제품이 특정 문화가 지닌 욕구와 일치될 수 있도록 제품의 여러 요소를 변경시킬 필요가 있다. 제품의 현지화 정도는 본국과 현지시장 간에 존재하는 제품상 또는 제품지각 측면에서 문화적 차이가 얼마나 다른가에 달려있다. 두 시장 간에 이러한 문화적 차이가 클수록 제품현지화의 필요성도 더 커진다. 그러나 현지화를 위한 제품의 변경에는 비용이 추가되며 또한 위험이 수

반된다. 따라서 특정 제품이 현지국가 시장에 잘 적응하기 위해서는 제품의 어떤 속성이나 측면을 시장조건에 적절하게 현지화시켜야 하며, 어느 정도, 그리고 어떤 방법으로 변경해야 할 것인가를 결정하는 것이 효과적인 제품현지화를 위한 중요한 전략적 도전과제라고 할 수 있다.

| 표 12-1 | 표준화전략과 현지화전략의 장단점

	표준화전략	현지화 전략
장점	• 관리비용의 절감 • 조직 통제가 용이 • 공통된 브랜드 이미지 구축 가능 • 좋은 아이디어를 널리 활용 가능	• 세분화된 시장 접근이 가능 • 특정시장에서의 실패가 다른 시장으로 전이되지 않음
단점	• 특정시장의 변화를 반영 못함	• 범세계적 브랜드 구축이 불가능 • 비용절감 효과가 없음

○ 다국적기업의 글로벌전략

기업이 무한경쟁 하에서 지속적인 성장을 달성하기 위해서는 지속가능한 경쟁우위를 창출하고 유지할 수 있어야 한다. 다국적기업이 세계시장에서 무수한 경쟁사를 물리치기 위해서는 반드시 글로벌 효율성(Global-scale Efficiency), 다국적 유연성(Multinational Flexibility), 글로벌 혁신 및 학습역량(Global Innovation & Learning Competence) 등의 전략적 목표를 성취할 수 있어야 한다. 바꾸어 말하면 세계적인 경쟁력을 갖춘 다국적기업이 되기 위해서는 첫째, 기존 관리활동에서 글로벌 규모의 효율성을 극대화하고, 둘째, 각 국가의 특성에 기인하는 다양한 기회 및 위험을 극복하기 위한 다국적 유연성을 강화하고, 셋째, 전 세계를 무대로 하는 혁신 및 학습역량의 개발에 집중해야 한다.

이와 같은 세 가지 전략적 목표를 각각 또는 동시에 달성하기 위해 다국적기업은 서로 다른 접근방식을 활용해야 한다. 첫째, 글로벌 효율성에 대한 목표를 달성하기 위해서는 세계 도처에 존재하는 활동들을 통합해서 규모의 경제를 극대화해야 하고, 둘째, 활동하고 있는 각 국가마다 존재하는 여러 차이점을 잘 활용해야 하며, 셋째, 생산이나 영업 등의 다양한 활동 분야에서 범위의 경제 실현을 통해 시너지를 창출해야 한다. 요약하면 글로벌 효율성, 다국적 유연성, 글로벌 혁신 및 학습역량 등과 같은 전략적 목표들을 달성하기 위해 다국적기업은 반드시 규모의 경제, 국가별 차이, 범위의 경제와 같은 글로벌 경쟁우위의 원천을 개발할 수 있어야 한다.[84] 〈표 12-2〉는 다국적기업이 글로벌 경쟁우위를 창출 및 유지하기 위해서 요구되는 서로 다른 전략적 목표와 접근법과의 관계를 잘 보여주고 있다.

| 표 12-2 | 글로벌전략: 목표와 접근법

전략적 목표	글로벌 경쟁우위의 원천		
	국가별 차이	규모의 경제	범위의 경제
현재 운영활동에 대한 글로벌 효율성 향상	임금이나 자본비용 등과 같은 요소비용의 차이에서 비롯되는 혜택	각 활동에서 잠재적 규모의 경제를 확대하고 개발	여러 제품, 시장 및 사업에 대한 투자 및 비용의 공유
다국적 유연성을 통한 위험관리	비교우위가 서로 다른 국가의 시장 또는 정책에서 유래되는 다양한 위험의 관리	규모와 전략적·운영적 유연성 간의 균형	포트폴리오 다각화를 통합 위험분산과 옵션 및 부차적 기회의 창출
글로벌 혁신 및 학습역량	조직과 관리프로세스·시스템에 대한 사회적 차이를 학습	비용절감 및 혁신 등과 같이 경험에서 유래되는 혜택	서로 다른 제품, 시장 및 사업에서 조직 구성요소들에 대한 학습기회의 공유

출처: Ghoshal

위에서 현지적응 필요성과 글로벌통합 필요성 간의 긴장관계를 통합-적응모형(Integration-Responsiveness Framework)이라고 했다. 통합-적응모형에 근거해서 〈그림 12-3〉과 같이 다국적기업의 글로벌전략을 네 가지 유형으로 단순화할 수 있다.[85]

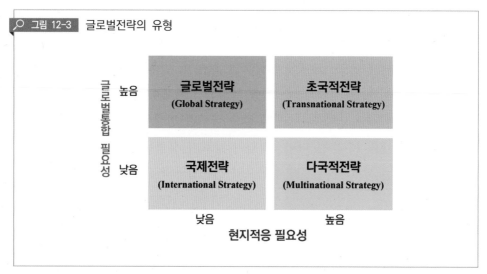

출처: Bartlett & Beamish

● 국제전략

지금부터는 네 가지 글로벌전략의 유형에 대해 자세히 살펴보기로 한다.[86] 첫째, 국제전략(International Strategy)이다. 국제전략은 전 세계를 무대로 각기 다른 접근방법을 통해 혁신을 개발하는데 집중한다. 일반적으로 보다 진보된 기술을 보유하고 있는 거대 국가에 본부를 두고 있는 기업은 국제전략을 채택하고 있다. 국제전략을 채택하는 기업은 해외에서 경쟁력을 강화하기 위해 모국에서의 혁신개발에 주안점을 두는데, 모국에서 개발된 새로운 제품, 프로세스, 전략을 비교적 경제적으로 덜 발전된 국가로 이전한다.

미국의 거대한 다국적기업들이 국제전략을 주로 이용했다. 많은 미국의 기업들은 혁신 창출에 현저한 강점을 가지고 있다. 그러나 국제전략을 채택한 기업들은 효율성과 유연성에서 약점을 보였다. 즉 국제전략을 채택한 기업들은 거대하고 중앙집중적인 규모의 경제 우위를 보이는 글로벌전략이나 또는 자율적·자족적이며 기업가정신을 기반으로 현지 영업활동을 통해 현지국가 시장의 사정에 높은 적응능력을 보이는 다국적전략에 비해 유연성에서 뒤떨어지는 것으로 나타났다.

● 다국적전략

둘째, 다국적전략(Multinational Strategy)이다. 다국적전략은 전략적 목표를 달성하기 위해 주로 국가별 차이에 집중하는 접근방법을 취하고 있다. 다국적전략을 채택하는 기업은 매출향상에 집중하는데, 이를 달성하기 위해 소비자 선호도, 산업 특성, 정부 규제 등과 같은 국가별 차이에 대응해서 각 국가마다 차별화된 제품·서비스를 개발하는 데 집중한다. 그리고 이 접근방법을 이용하는 기업들은 각 지역별로 특화된 혁신에 의존하는데, 현지자회사는 현지시장의 욕구를 파악할 뿐만 아니라 그런 욕구에 대응하기 위해 보유하고 있는 현지 자원을 효율적으로 활용한다.

유럽의 다국적기업들이 주로 다국적전략을 이용했다. 이 전략을 사용하는 기업의 자원과 자산은 전 지역으로 널리 퍼져 있어서 개발, 생산, 판매 및 서비스 등의 활동을 현지자회사들 스스로 행할 수 있다. 이런 강한 자족성은 현지자회사에 상당한 자율권을 부여함으로써 가능하다. 이런 국가단위별 조직은 지역시장의 변화에 유연하게 잘 적응한다. 하지만 이 접근방법은 비효율성에 대한 문제점과 다른 국가의 경험에서 유래되는 지식과 역량을 개발할 수 없다는 취약점에 노출되어 있다.

● 글로벌전략

셋째, 글로벌전략(Global Strategy)이다. 글로벌전략을 채택하는 기업은 전적으로 글로벌 규모에 의한 효율성의 극대화에 집중한다. 글로벌전략을 이용하는 기업은 저비용 및 고품질의 제품을 생산하기 위해 이용 가능한 모든 방법을 활용한다.

글로벌전략은 일본 다국적기업들의 전유물처럼 이용되었다. 그러나 글로벌전략을 통해 달성된 효율성은 일부 유연성과 학습기회의 상실이란 절충적인 방법을 통해서만 가능했다. 예를 들면, 단일체제의 글로벌 생산거점을 구축을 위해서는 제품 및 부품을 이동하기 위해 많은 국가 간 제품선적이 요구되는데, 이는 각 국가의 규제정책이란 위험에 노출되는 결과를 만들어냈다. 또 이 전략을 이용하는 기업은 효율성 제고를 위해 중앙집중적인 연구개발체제를 구축했다. 그러나 이런 체제는 현지국가에서 유래되는 새로운 기회를 포착하는 능력이나 여러 해외자회사에서 창출되는 혁신을 개발하는 능력에는 제한적이다. 또한 높은 수준의 글로벌 규모를 달성하기 위해 연구개발이나 생산과 같은 활동에 매우 집중하는 이 접근방법은 구매활동에서 환율 노출과 같은 위험에 직면하게 된다.

● 초국적전략

마지막으로, 초국적전략(Transnational Strategy)이다. 초국적전략은 효율성(Efficiency), 유연성(Flexibility), 학습(Learning)과 같은 모든 전략적 목표를 동시에 성취하는 것을 목적으로 추진된다. 초국적전략은 판매와 비용을 동시에 관리하고 있다. 이를 위해 효율성과 혁신이 공히 중요시되며, 혁신은 기업이 위치하고 있는 세계 도처에서 나타날 수 있다. 이와 같은 특별한 목적을 달성하기 위해서 초국적전략을 채택하는 기업은 위의 세 가지 유형의 전략과는 매우 다른 자원의 배치(Configuration of Resources)를 시도해야 한다.

글로벌전략은 각 관리활동에서 규모의 경제를 실현하기 위해 모국 또는 해외 생산거점에 기업의 모든 자원을 집중시키고 있는 반면 다국적전략은 현지 욕구에 부응하기 위해 위치하고 있는 각 지역마다 생산거점으로 자원을 분산하고 있다. 국제전략은 혁신개발을 위해 중요한 자원은 집중화하고 다른 지역에서 변형되는 혁신은 분권화하고 있다. 그러나 초국적전략은 세 유형의 전략에 비해 보다 합리적이고 차별화된 자원의 배치를 추진해야 한다. 이를 위해 초국적전략은 먼저 규모의 경제를 실현할 뿐만 아니라 핵심역량의 보호 및 관리활동의 감독을 위해 연구개발 활동을 모국 내에 집중(Centralization)하는 자원의 유형을 결정해야 한다. 다음으로 특정 자원의 경우에는 분권화(Decentralization)를 선택하기보다는 굳이 모국만을 고집하지 않으면서 적절한 국가로 배치의 집중을 도모한다(Excentralization). 예를 들면, 노동집약적인 제품을 생산하기 위한 세계적 규모의 생산거점은 저임금 노동력의 활용이 가능한 중국이나 멕시코 등에 건설하고, 혁신적인 특정 기술을 이용해야 하는 제품의 개발을 위해 연구개발에 소요되는 자원 및 활동은 독일, 일본, 미국 등지에 집중하는 것이다. 이런 유연한 특화전략은 규모의 경제와 유연성의 혜택을 상호 보완적으로 이용하는 것이다.

　마지막으로 규모의 경제에 대한 잠재력이 적게 예상되거나 단일 생산거점에 과도하게 집중돼서 유연성을 해칠 수 있는 다른 일부 자원은 권역(Regional) 또는 현지(Local)에 분산하여 배치하는 것이 최선이다. 현지 또는 권역에 위치하는 생산거점은 환율변동, 노동 분규, 자연재해 등의 위험에 대처할 수 있을 뿐만 아니라 물류 및 조정 비용을 절감할 수 있으며, 또한 독립적인 운영체제로 인해 동기유발을 촉진하거나 고유한 자체 역량을 개발할 수 있다. 〈표 12-3〉은 글로벌전략의 유형별로 서로 다른 전략적 성향과 그것을 지원하는 자산 및 역량의 배치에 대한 차이점을 요약하고 있다.

| 표 12-3 | 글로벌전략별 전략적 성향과 자산·역량의 배치

	국제전략	다국적전략	글로벌전략	초국적전략
전략적 성향	글로벌 확장과 적응을 통한 모기업의 지식 및 역량을 활용	강하고, 지략적이며, 기업가정신으로 무장한 현지 활동을 통해 국가별 차이에 대응하기 위한 유연성의 구축	중앙집중화된 글로벌 규모의 활동을 통해 비용 우위를 구축	글로벌 효율성, 유연성, 학습역량을 동시에 개발
자산 및 역량의 배치	핵심역량의 원천은 중앙집중화하고, 나머지는 분권화	각 국가별 분권화와 자기완결형	글로벌 규모를 위해 본부에 중앙집중	분산되고, 특화되어 있으며 상호의존적

출처: Bartlett & Beamish

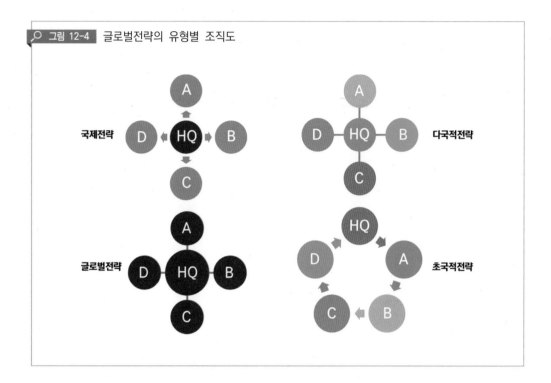

그림 12-4 글로벌전략의 유형별 조직도

○ 다국적기업의 해외시장 진출전략

　다국적기업이 해외시장 진출방식은 〈그림 12-5〉에서 보는 것처럼 크게 수출방식, 계약방식, 그리고 직접투자가 있다.[87] 수출방식이나 계약방식에 비해 직접투자는 투자되는 금액이 많기 때문에 위험도 높아진다. 수출에 의한 해외시장 진출은 단기적이고 위험이 적은 가장 단순한 방식이다. 계약방식은 현지국가 기업과 계약에 의해 해외시장에 진출하는 방식이다. 계약방식에서 프랜차이즈(Franchising)와 경영계약(Management Contract)은 호스피탈리티 다국적기업이 해외시장에 진출하기 위해 주로 이용하는 방식이다. 직접투자는 본부 입장에서 가장 많은 자금과 인력이 투입되기 때문에 가장 위험도가 높아서 높은 수준의 통제활동을 수행해야 한다.

● 수출에 의한 진출방식

수출에 의한 진출은 해외국가에 처음으로 진출하는 기업에 의해 주로 이용되는 방식이다. 직간접적인 유통경로를 통해 비교적 적은 비용과 낮은 위험을 부담하고 해외지역에 진출할 수 있다. 수출에는 간접 및 직접 수출이 있다. 간접수출은 종합무역상사나 수출대행업체를 통해 수출이 이루어지는 것으로 해당 기업이 직접 수출과 관련된 활동을 수행하지 않고 자금 투입량도 적기 때문에 비교적 쉽게 해외시장을 개척할 수 있다. 그러나 간접수출방식은 대행업체에 적지 않은 수수료를 지급해야 하며, 직접 수출 관련 업무를 수행하지 않기 때문에 경험도 쌓지 못하고, 그리고 관련 정보도 많이 확보할 수 없다. 특히 제품의 유통경로를 자세히 알 수 없으며, 자사 브랜드를 알릴 기회를 상실하게 된다. 과거 한국의 대기업들은 소유하는 종합상사를 통해 그룹의 많은 수출물량을 소화했다.

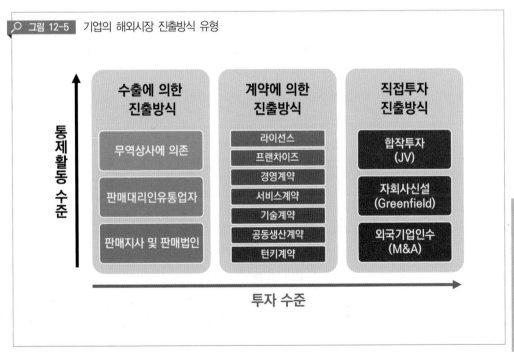

그림 12-5 기업의 해외시장 진출방식 유형

출처: Root

직접수출방식은 해당 기업이 직접 무역부와 같은 수출전담부서나 현지 판매법인을 만들어서 해외시장의 개척과 현지 판매업체의 관리와 같은 수출 관련 업무를 직접 수행하므로 제품에 대한 통제활동을 강화할 수 있다. 그리고 해외지사와 판매법인을 통해 상표를 보호하고 해외시장에 대한 정보도 축적하는 등 해외시장에 대한 직접적인 경험을 축적할 수 있다. 이를 위해 관련한 업무에 능통한 직원을 채용해야 하며 현지 딜러 등과 신뢰관계도 구축해야 한다.

● 계약에 의한 진출방식

계약에 의한 방식은 특정 기업이 보유하고 있는 가치가 있는 경영자산인 특허권, 기술적 노하우, 상표 및 브랜드, 지적재산권, 독점기술 등을 일정기간 동안에 해외에 소재하고 있는 다른 기업이 이용할 수 있도록 허용하는 한편 대가로서 로열티(Royalty)를 보상으로 지급받는 계약방식이다. 계약방식의 하나인 라이선스(Licensing)는 해외진출국가에 수출과 직접투자와 관련된 무역장벽이 존재하는 경우에 좋은 대안이 되고 있다. 저개발국가 등 일부 국가에서는 수출이나 100% 직접투자를 금지하고 라이선스나 합작투자만을 허용하는 경우가 있다. 기술을 이전하기 위해 라이선스를 많이 이용하고 있으며, 수출에 따른 제품 이동에 비용이 많이 소요되는 경우 현지국가의 기업에게 생산에 대한 라이선스를 허용해서 제품을 생산하고 있다. 그리고 현지국가가 정치적 위험도가 높다면 투자위험이 높은 직접투자를 피하고 라이선스를 이용하고 있다. 한편 라이선스는 기술 보호가 힘들어서 기술유출로 인해 새로운 경쟁사를 만들 수도 있다. 한국 Starbucks는 라이선스 계약에 의해 운영되고 있다. 프랜차이즈(Franchising)는 라이선스와 유사한 방식이지만 보다 강한 통제를 할 수 있다. 라이선스가 기술이나 상표를 특정 기업에 일정기간 동안에 공여만 하는 것에 비해 프랜차이즈는 관리방식, 품질관리, 운영 및 마케팅지원 등과 같은 활동을 통해 일정 분야에 대해 통제할 수 있다. 호텔이나 레스토랑을 포함하는 호스피탈리티산업에서 프랜차이즈는 활용도가 가장 높은 해외시장 진출방식이다. 프랜차이즈의 가장 큰 장점은 적은 자본으로 신속하게 성장할 수 있다는 점이다. 그러나 프랜차이즈는 가맹점주가 점포운영을 맡고 있으므로 품질관리 등 여러 분야에서 프랜차이즈 본사와 가맹업체 간에 갈등이 생길 여지가 많다. 즉 본사 입장에서는 철저히 통제할 수 없는 단점이 있다. 보다 강한 통제를 할 수 있는 방식이 바로 경영계약(Management Contract)이다. 호텔산업에서 많이 이용되고 있는 경영계약은 특히 고급브랜드를 소유하고 있는 유명 호텔체인들은 경영계약을 체결한 호텔에 직접 관리자를 파견해서 소유자를 대리해서 경영권을 행사함으로써 품질관리에 만전을 기할 수 있다. 경영계약도 호텔체인 본사 입장에서는 직접투자 없이도 신속하게 성장할 수 있기 때문에 해외시장 진출에 많이 이용하고 있다. 국내 호텔산업에서 Marriott, Hilton, Hyatt와 같은 유명 호텔브랜드는 대부분 프랜차이즈나 경영계약에 의해 운영되고 있다. 그리고 국내를 취항하는 외국 항공사들은 승객에게 기내식을 제공하기 위해서 국내 기내식업체와 서비스계약을 체결해서 기내식을 제공받고 있다.

이 외에도 계약생산방식인 하청업체의 이용은 Nike가 과거에는 한국에, 현재는 중국과 베트남의 현지기업에게 일정한 품질과 가격의 운동화를 생산해서 납품하도록 하는 계약을 맺고 있다. 그리고 유사한 방식으로 주문자상표부착생산(OEM)은 과거 삼성전자나 LG전자 브랜드가 세계시장에 잘 알려지지 않아서 이들은 주문자인 외국 전자업체의 브랜드로 판매되는 전자제품을 대신 생산해서 납품했다. 주문자는 때때로 생산기술이나 품질관리 노하우를 제공하기도 한다. 하청업체(Subcontractor)를 이용하는 이 방식은 다국적기업에게 여러 가지 이점을 제공하고 있다. 첫째, 다국적기업은 단기계약 조건을 유지하고 또 공장 운영을 위한 많은 자본 투자가 불필요했기 때문에 만일 더 좋은 조건이 제공되는 대안을 찾게 되면 신속히 철수해서 다른 나라로 생산계약을 이전할 수 있다. 둘째, 외국에 진출한 다국적기업은 적절한 공정임금 및 환경기준 제도의 준수에 드는 노력을 하청업체에게 떠넘김으로써 이에 대한 책임을 회피할 수 있다. 단점으로는 장래의 경쟁사를 만들 수 있다는 것이다.

● 직접투자에 의한 진출방식

직접투자를 잘 이해하기 위해서는 다국적기업들이 수행하는 해외직접투자를 먼저 알아야 한다. 세계화가 심화되고 시장 개방이 가속화되면서 무역뿐만 아니라 해외직접투자(FDI: Foreign Direct Investment)의 규모도 크게 증가하고 있다. 해외직접투자는 투자기업이 외국의 현지기업에 대한 직·간접적인 경영통제권의 행사를 통한 이득을 얻기 위해 투자를 행하는 것을 말하며, 투자의 결과로 자본, 경영노하우, 상품, 기술, 특허 등과 같은 자원의 이동이 동시에 이루어진다. 이를 통해 현지 영업활동에 대한 강한 통제권을 행사한다. 해외직접투자의 주요 유형에는 외국에 현지법인 설립, 기존의 현지기업에 대한 자본 참여, 지점의 설치, 부동산 취득 등이 있다. 보통 해외직접투자는 해외법인체의 주식 지분을 20% 이상 소유하는 것을 직접투자라고 하며, 20% 미만 소유는 유가증권 투자와 같은 포트폴리오 투자로 간주되고 있다. 지분 20% 이상이 투자되는 이유는 직접투자는 단순히 소유지분에 대한 투자뿐만 아니라 현지 법인체의 경영에 직접 참가하기 때문이다.

한편 해외직접투자는 투자를 유치한 국가에게 투자자본의 확충, 국내투자의 촉진, 고용창출, 선진기술의 이전 등을 통해 경제성장을 지원하고 있다. 따라서 현재 세계의 많은 국가들은 특히 개발도상국들은 경제발전을 촉진하는 데 필요한 자본을 확보하기 위해 다국적기업의 해외직접투자를 적극적으로 유치하고 있다. 〈그림 12-6〉은 다국적기업들이 세계 각국에 투자한 해외직접투자 총금액을 보여주고 있다. 전 세계 차원에서 보면 세계금융위기 직전이었던 2007년에 정점에 이르렀다가 이후 감소되기 시작했으나 2015년에 다시 정점을 갱신했다. 2017년의 경우 해외직접투자 총금액은 $1.52조이며 개발도상국들이 가장 많은 53%를 유치했으나 전년도에 비해 27% 대폭 감소했다. 그러나 선진국들은 2% 상승했다.

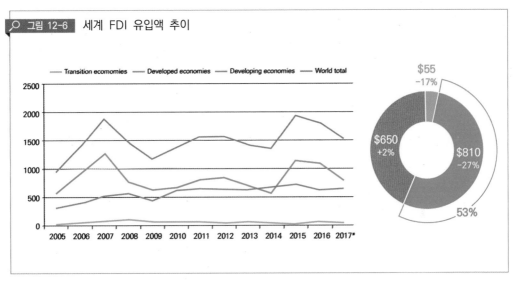

그림 12-6 세계 FDI 유입액 추이

출처: UNCTAD Global Investment Trend Monitor

다국적기업의 해외직접투자에 대한 동기를 이해하기 위해서는 다음과 같은 질문을 잘 이해해야 한다. 첫째, 현지국가 기업에 유리한 경제·사회·법률제도, 사회적 관습, 소비자의 기호, 교통 및 통신의 비용, 현지국가 국민 또는 공공기관으로부터 받는 차별대우, 현지국가 사정에 대한 지식 결여 등과 같은 외국비용(Cost of Foreignness)의 존재에도 불구하고 기업의 해외진출을 유인하는 요인은 무엇인가? 둘째, 기업이 해외기업에 수출이나 라이선스 등과 같은 진출방식을 피하고 굳이 직접투자를 통해 해외로 진출하는 이유는 무엇인가?

Hymer는 기업의 외국비용이란 타국에서의 활동이 갖는 불이익에도 불구하고 해외로 진출할 수 있는 것은 이런 비용을 상쇄하고도 남을 수 있는 기업 특유의 우위(Firm-specific Advantage)를 갖고 있기 때문이라고 주장했다. 그는 기업 특유의 우위요소로서 특수한 생산요소에 대한 접근가능성, 기술적 노하우, 브랜드 가치, 경영기술, 규모의 경제, 특허, 저렴한 자본조달비용 등을 강조했다. 그리고 기업 특유의 우위는 특정 기업에 한정되어 있어야 하며, 기업 내부적으로는 국경을 넘어 쉽게 이동할 수 있어야 한다. 또한 독점적 우위인 지식은 공공재적인 특성이 있기 때문에 다국적기업은 이를 사유화한다고 파악했다. Hymer의 이론을 독점적

우위이론(Monopolistic Advantage Theory)이라고도 한다.[88]

다국적기업이 해외직접투자를 수행하는 동기는 거래비용이론을 발전·승화시 킨 내부화이론(Theory of Internalization)에 의해 설명되고 있다. Coase는 기업은 생산활동에 필요한 자원을 시장에서 조달할 수도 있고 기업 내부로 통합힐 수도 있다고 했다. 이런 의사결정의 기준이 되는 근거가 바로 거래비용이다. 거래비용이 란 시장을 통해 거래를 하는 경우 불확실성이 높은 시장에서 거래 상대방을 찾는데 소요되는 탐색비용, 계약체결비용, 감시비용을 말하며 이는 생산비용과 구분이 된 다. 거래비용이론의 주된 관점은 거래를 경제적 분석의 기본 단위로 삼고 시장을 통해서 거래를 하는 경우 거래비용이 발생하기 때문에 거래에 따르는 비용을 절약 하기 위해서 비용이 많이 드는 시장을 이용하기보다는 기업 내부에서 거래하는 것 이 더 유리하기 때문에 이런 기업이 나타나고 점차 성장하게 된다는 것이다.[89]

내부화이론은 해외직접투자를 시장이란 기구를 통하여 수행되는 여러 가지 외 부시장 기능을 다국적기업 체계 내로 내부화하려는 것과 관련시켜 설명하려는 이 론이다. 외부시장이 불완전하게 되면 내부화에 대한 유인이 존재하게 된다. 국제 시장은 국내시장보다 시장불완전성의 요소가 더욱 많기 때문에 그만큼 내부화의 유인이 강하다. 따라서 특유의 독점우위를 보유하고 기업은 이를 외부시장을 통하 여 판매하지 않고 해외직접투자를 통해 내부화하여 이용한다. 즉 해외직접투자를 통해서 외부시장에서 수행하던 여러 가지 기능을 다국적기업 내부로 수렴하려는 것이다. 해외직접투자를 통해 자회사의 활동을 통제함으로써 원재료의 이동, 연구 개발, 경영기술, 금융기능 등을 내부화하는 것이다. 이와 같은 시장기능들은 외부 시장을 통해서도 가능하나 이보다는 내부시장 거래를 이용하는 방식이 보다 효율 적인 통제가 가능하다고 보는 것이다. 이는 요소시장, 기술시장, 금융시장 등에는 불완전성이 존재하기 때문이다. 다국적기업은 이와 같은 외부시장의 불완전성을 이용하여 내부시장화함으로써 수익을 극대화할 수 있다고 보는 것이다. 그러므로 해외직접투자는 어떤 시장거래를 수행함에 있어 시장이 불완전성으로 인한 국제 적 시장실패 때문에 생겨나는 거래비용을 회피하거나 절감하기 위해서 기업체계 내에서 그 거래를 수행하고 내부화하는 과정의 산물로 보고 있다. 그리고 다국적

기업이 해외진출을 시도할 때 합작투자나 라이선스 등과 같은 방식을 이용하지 않고 직접투자를 통하여 자회사를 설립하는 것은 자산 특수성과 기회주의적 행동으로 인한 위험으로 높은 거래비용이 소요되기 때문에 시장을 통한 계약보다는 직접투자가 선호되며, 이와는 다르게 다국적기업이 소유한 암묵적 지식이나 노하우 등의 공공재적 지식자산의 경우 독점가능성 등으로 인해 직접투자가 수행된다.[90]

Dunning은 독점적 우위이론과 내부화이론을 통합한 절충이론(Eclectic Theory)을 개발했다. 그는 종전의 두 가지 이론으로는 다국적기업의 해외직접투자 현상을 설명하기에는 다소 부족하다는 판단 아래 해외직접투자를 위한 셋째 요건으로 입지상의 우위요소(Location Advantage)를 추가했다. 입지우위요소는 시장잠재성과 시장위험과 같이 현지국가의 고유 요인과 관련이 있는데, 이를 구성하는 요소로 시장수요, 잠재수요, 시장구조의 유사성, 정치와 무역정책, 경제와 법률, 문화적 차이, 저렴한 생산비의 효용성 등이 있다. 절충이론을 이해하면 다국적기업들이 수출활동에서 각종 관세 및 비관세 무역장벽을 피하기 위한 수단으로 또한 환율변동에 따른 위험을 헤지하기 위해 해외직접투자를 수행하고 있다는 사실을 이해할 수 있다.[91]

직접투자의 구체적인 수행방식에는 신설투자(Greenfield), 인수합병(M&A), 합작투자(Joint Venture) 등이 있다. 먼저 합작투자는 투자기업이 자금투자에 따른 위험을 분담하는 한편 합작파트너로부터 현지국가 경영환경에 대한 정보를 신속하게 파악할 수 있으며 현지시장 네트워크 형성에 유리하다. 그리고 현지파트너와 함께 함으로써 지역사회에 공헌한다는 효과와 함께 정치적인 위험도 피할 수 있다. 그렇지만 합작파트너와의 갈등이 유발될 가능성이 높으며 기술이전으로 장차 파트너가 경쟁사로 돌변하는 경우도 있다. 미국 Starbucks와 한국 신세계는 50:50 합작법인을 설립해서 한국에서 천 개가 넘는 Starbucks 매장을 운영하고 있다.

단독투자는 해외법인의 100% 지분을 소유하는 것인데 완전한 통제권을 확보할 수 있다는 장점이 있으며 파트너가 필요없다. 그러나 독자적으로 현지시장 정보와 현지 네트워크를 구축하는 것이 쉬운 일은 아니다. 단독투자에는 신설투자와 인수합병이라는 두 가지 방식이 있다. 신설투자는 현지시장 수요에 맞는 적절한 규모의 생산 및 판매시설을 건설할 수 있으며 본사의 기술을 손쉽게 이전할 수 있다. 그러나 투자를 결정하고 시설을 건설하고 조업을 개시할 때까지 시간이 많이 소요된다. 한편 인수합병은 신설투사에 비해 신속하게 해외시장 진입이 가능하다는 장점이 있지만 높은 가격을 지불해야 하며 실패할 위험이 높은 편이다.[92]

다국적기업들이 해외시장에 진출하는 행태를 살펴보면 일정한 패턴이 나타나고 있다. 먼저 수출에서 판매법인으로 발전해서 이어서 생산법인을 설립하는 순차적인 과정을 거치고 있다.[93] 그리고 다국적기업이 여러 국가에 진출하는 경우에 동시에 여러 국가에 진출하기보다는 경제·문화·언어 등 환경이 유사한 국가로부터 시작해서 이질적인 국가의 순서로 순차적으로 진출하고 있다.[94] 또한 여러 사업부로 구성되는 다각화된 다국적기업의 경우에는 진출하려는 현지기업에 비해 경쟁우위가 높은 사업부부터 투자가 이루어진 후 점차 경쟁력이 약한 사업부로 순차적으로 진출하고 있다.[95]

○ 다국적기업의 중국 진출 사례

KFC(Kentucky Fried Chicken)는 중국에서 가장 성공한 외국기업이 되었으며, 중국인들의 가장 많은 사랑을 받게 되었다. KFC의 놀라운 성공은 중국인들이 서구문화를 완전하게 포용한 몇 안 되는 사례이다. 지금부터 KFC의 성공 스토리에 대해 자세히 살펴보겠다.

• KFC(肯德基)

2017년 12월 말일을 기준으로 했을 때 중국에는 5,488개소의 KFC 매장이 있으며, KFC는 중국 최대의 외식기업이다. KFC의 모기업인 Yum! Brands는 KFC, Pizza Hut, Taco Bell 등을 운영하는 세계 최대 외식기업 중의 하나이다. Yum! Brands는 성장을 위해 세계시장으로 확장하는 전략을 채택했으며 특히 중국은 성장을 달성하기 위해 전략적으로 가장 중요한 시장이었다.

KFC는 중국 본토에 진출하기 전인 1973년에 홍콩에 진출했으며 다음 해까지 11개의 매장으로 빠르게 성장했다. 그러나 현지시장의 상황을 잘못 판단한 결과 1975년이 되자 모든 매장의 문을 닫아야 했다. 10년 후에 KFC는 복귀했으며 현지 투자업체와 공동투자로 설립한 법인체가 프랜차이즈 방식으로 매장들을 운영하게 되었다. 이런 KFC의 쓰라린 경험은 중국시장 진출을 위한 귀중한 교훈으로 작용했다.

KFC가 중국시장에 효과적으로 진입해서 대대적인 성공을 이룬 원인은 바로 철저한 현지화전략이었다. KFC는 중국시장에서 현지 욕구를 철저하게 충족시키기 위해 기존 사업모델을 재설계했다. 중국KFC의 사업모델은 제한된 메뉴와 저렴한 가격, 소비자들이 음식과 음료를 소비하는 것에 중점을 두는 기존 미국 및 다른 선진국의 프랜차이즈 매장의 전통적인 모델과는 판이하게 달랐다.

1987년에 북경의 천안문광장 주변에 첫 번째 KFC가 문을 열었다. 경쟁사인 McDonald's는 1990년에 처음 진입했다. 그러나 KFC 경영진이 효과적인 성장전략을 수립하기까지는 수년이 걸렸다. 시행착오를 통한 학습과정을 거쳐 경영진은 경쟁우위의 창출하는 효과적인 전략을 수립할 수 있었다. 첫째, KFC는 제품을 현지화하고 메뉴를 재창조해서 여러 메뉴를 추가해서 고객의 선택권을 확대했으며 음식 취향이 서로 다른 중국 내 지역별로 메뉴를 차별화했다. 둘째, KFC는 중국에서 규모의 경제를 신속하게 구축했다. 16개의 거점도시를 기반으로 해서 빠르게 확장시켜 나갔다. 셋째, KFC는 점차 확장되는 점포네트워크에 따른 공급품을 조달하기 위해 자체 유통시스템을 구축했다. 넷째, KFC는 식사 준비부터 고객서비스 및 물류에 이르기까지 모든 것을 망라하는 광범위한 직원 및 관리 교육에 중점을 두었다. 다섯째, KFC는 다른 지역에서 보편적으로 이용하고 있는 프랜차이즈 대신에 중국에서는 모든 매장을 직영방식으로 운영했다. 이를 통해 중국 각 지역과 지역별 고객의 욕구에 대한 중요한 정보원이 되는 매장들을 보다 효율적으로 관리할 수 있었다.

중국KFC의 현지화전략은 성공의 열쇠였다. 첫째, 중국KFC는 브랜드를 지역사회의 일원으로 자리매김했다. KFC의 각 매장은 큰 주방과 고객들이 식사를 하고 오랫동안 휴식을 취할 수 있는 공간을 제공하기 위해 미국 매장에 비해 크기를 두 배로 확장했다. KFC는 대가족 및 단체 고객을 환대하기 위해 특별한 노력을 기울였다. 그리고 서양문화를 쉽게 흡수하는 청소년층을 목표시장으로 삼고 이들의 특성에 맞는 메뉴를 제공했다. 어린이들을 위한 공간을 마련해서 부모들의 일손을 도왔다. 그리고 지역 인재를 채용해서 중국사회에 공헌하는 이미지를 심으려 했다.

둘째, 중국KFC에서 제공하는 메뉴품목의 수가 보통 50개 이상으로 미국의 30 개에 비해 훨씬 많았다. 지속적인 제품혁신이 활발하게 이루어지면서 일부 일시적인 특별메뉴를 포함해서 매년 50여 종의 신제품이 추가됐다. 이는 해마다 불과 몇 가지 신제품을 소개하는데 그치는 미국시장과는 확연하게 달랐다. 향신료는 중국 내 지역별 차이에 맞게 다양하게 사용했다. 사업 초기에 상하이KFC의 고객은 요리가 너무 매워서 불평했으나, 사천지역의 고객은 너무 싱겁다고 해서 즉시 조리법을 맞게 변경했다. 그리고 중국KFC에서 조식으로 가장 잘 팔리는 품목은 죽(Congee)이다. 죽은 아마도 중국KFC의 성장신화에서 현지화전략에 대한 최고의 모범사례로 꼽히는데, 이는 돼지고기, 피클, 버섯 및 계란으로 만든 쌀죽이다.

🔍 그림 12-7 KFC중국

셋째, 중국KFC는 중국인들의 입맛을 사로잡기 위해 북경의 춘권과 러우쥐안 등을 재료로서 이용했으며, 중국산 식재료를 이용해서 중국인들에게 쉽게 다가가면서 비용을 절감하는 이중효과를 거두었다.

넷째, 중국KFC는 마케팅에서도 중국인들이 중시하는 '꽌시'를 위해 홍보부서를 통해 공공사업에 적극 나서면서 관계 형성을 위해 힘썼다. 그리고 KFC 브랜드가 가지는 서양 이미지를 배제하기 위해 패스트푸드의 비만문제 등이 제기되면 영양균형과 웰빙의 이미지를 부각하는데 노력했다.

이와 같은 철저한 현지화전략의 결과 중국KFC 매장은 기존의 전형적인 패스트푸드 매장보다 훨씬 크고 복잡하게 되었다. 평균적으로 각 매장에는 고객을 맞이하고 어린아이들을 위해 오락을 계획하는 여직원을 포함해서 약 60명의 직원이 근무하고 있다.

KFC가 급성장하자 바로 중국의 4대 도시에서 McDonald's와의 치열한 경쟁에 직면하게 됐다. 그러나 KFC는 4대 도시에서 시장점유율을 놓고 충돌하기보다는 대신에 다른 소규모 도시들로 진출해서 중국 전역을 지배하는 진정한 전국적 사업 네트워크를 구축하기로 결정했다. 이는 16개의 도시를 전진기지로 이용함으로써 매장개점프로그램을 가속화할 수 있는 좋은 기반이 되었다. 그리고 처음 매장의 입지선정에서 개장까지 걸리는 시간도 평균 4~6개월이 소요됐는데, 이는 9~12개월이 소요되는 미국의 경우에 비해 훨씬 빠른 것이었다.

중국KFC는 빠르게 성장하는 점포네트워크를 지원하기 위해 1997년에 물류창고를 건설하고 많은 트럭을 운영하는 자체 유통사업을 설립했는데, 일부 이유는 KFC가 활용할 수 있는 기존의 물류 네트워크가 부족했기 때문이었다. 그러나 이는 KFC가 복잡한 메뉴를 제공하고 신제품을 신속하게 도입하기 위해서는 필수적인 인프라였다.

또 다른 중국KFC 성공의 비밀은 주로 대만인으로 구성된 대만갱(Taiwan Gang)으로 알려진 창립 리더십 팀이었다. 이들은 중국KFC에 합류하기 전에 다른 지역에서 최소 15~20년에 걸친 패스트푸드산업의 경험을 보유한 자들이었다. 이들은 주로 서양교육을 받았지만 중국인이었기 때문에 본질적으로 중국을 잘 이해했다. 그

중에서 여러 사람은 McDonald's 근무경험을 가진 사람이었다. 이들의 존재는 시장 동향에 대한 직관적인 지식으로 이어졌으며 이는 중국KFC의 성공에 큰 공헌을 했다. 직감은 결국 제품현지화를 유도했으며 이는 성공의 중요한 부분이 됐다.

또한 중국KFC가 치킨을 핵심제품으로 제공한다는 사실은 대다수 중국인들이 돼지고기를 선호하고 이어서 닭고기가 뒤따르며 쇠고기와 양고기는 훨씬 뒤떨어지는데, 이런 면에서 KFC는 McDonald's에 비해 자연발생적인 제품의 이점을 누리게 되었다.[96]

이와 같은 KFC의 놀라운 성공은 첫째, 중국이라는 시장 환경에 대해 철저하게 이해하고, 둘째, 중국시장에 맞는 철저한 현지화전략을 채택했으며, 셋째, 현지화전략을 효과적으로 실행하기 위해서 직영매장 영업구조를 채택하는 한편 중국인들의 문화와 잘 조화되는 메뉴개발 등 영업방식을 재창조(Reinvent)한 결과였다.

참 / 고 / 문 / 헌

78. Waters, M. (1995). *Globalization*. Routledge: NY.

79. Jones, G. (2005). *Multinationals and Global Capitalism: from the nineteenth to the twenty-first century*. Oxford University Press: New York.

80. Dunning, J. H. (1980). Toward an eclectic theory of international production: some empirical tests. *Journal of International Business Studies*. 11(1).; Dunning, J. H. & Lundan S. M. (2008). *Multinational Enterprises and The Global Economy. 2nd Ed*. Edward Elgar: Northhampton.

81. Yip, G. S. (1995). *Total Global Strategy*. Prentice Hall: NJ.

82. Levitt, T. (1983). The Globalization of Markets. *Harvard Business Review, 61*(3).

83. Kim, W. C. & Maubourgne, R. A. (1987). Cross-Cultural Strategies. *Journal of Business Strategy*. 8.

84. Ghoshal, S. (1987). Global Strategy: An Organizing Framework. Strategic Management Journal. 8, 425-440.

85. Bartlett, C. L. & Beamish, P. W. (2011). *Transnational Management: Text, Cases, and Readings in Cross-Border Management, 6th Ed*. McGraw-Hill: NY.

86. *Ibid.*

87. Root, F. (1994). *Entry Strategies for International Markets.* Lexington.

88. Hymer, S. H. (1979). *The Multinational Corporation: A Radical Approach.* Cambridge University Press: NY.

89. Coase, R. H. (1939). The nature of the firm. *Economica, 4*(4).; Coase, R. H. (1960). The problem of social cost. *Journal of Law and Economics.* 3, October.

90. Cohen, S. D. (2007). *Multinational Corporations and Foreign Direct Investment: Avoiding Simplicity, Embracing Complexity.* Oxford University Press: NY.

91. Dunning, J. H. (1980). Toward an eclectic theory of international production: some empirical tests. *Journal of International Business Studies. 11*(1).

92. 장세진(2016). 경영전략(제9판). 박영사: 서울.

93. Johanson, J. & Vahine, J. (1977). The Internalization Process of the Firm. *Journal of International Business Studies.*

94. Davidson, W. The Location of Foreign Direct Investment Activity. *Journal of International Business Studies.*

95. Chang, S. J. (1995). International Expansion Strategy of Japanese Firms. *Academy Management of Journal.*

96. Riley, J. (2013). Why Localisation Is Important for Success in China-Yum! Brands and the Rapid Growth of KFC. September, 22. *tutor2u.*; Cho, K. (2009). KFC China's recipe for success. March, 20, *INSEAD.*

찾아보기

[1]

1차 인수합병 광풍 ················· 413

[2]

20/20 ····················· 205, 206
2차 인수합병 광풍 ················· 413

[3]

3M ······································· 387
3성급 호텔 ···············331, 332
3차 인수합병 광풍 ············· 414

[4]

4차 산업혁명 ·························· 447
4차 인수합병 광풍 ················· 416

[5]

5가지 경쟁세력
      ······· 117, 131, 132, 133
5세력모형 ·· 36, 37, 38, 39, 116,
      122, 124, 130, 131, 132, 133,
      134, 135, 136, 269
5차 인수합병 광풍 ········ 418, 420

5 Forces Framework ··· 37, 116

[6]

6세력모형 ······················· 136
6차 인수합병 광풍 ················· 420

[7]

7-Eleven ························· 311
7차 인수합병 광풍 ········ 422, 423

[9]

9·11테러 ···························· 88

[A]

A Resource-based View
      of the Firm ················· 39
ABB ································· 237
Abnormal Return ··············· 265
Accor · 286, 417, 420, 421, 431
AccorHotels Group ············ 423
Acquirer ···················· 410, 429
Acquisition ················ 345, 410
Acquisition Process ··········· 440
Activities ························· 56

Activities System ·············· 153
Adapting ···························· 96
ADR ································ 291
Affordable Luxury ·············· 332
AI ································· 103
Air France ··············· 358, 454
Airbnb ······ 88, 102, 103, 114,
      130, 133, 311, 348
Alfred Chandler ············ 25, 44
Alignment ···· 41, 56, 140, 171,
      241, 249, 264, 281
Allegis Corporation ············ 361
Alliance ··························· 452
Alwaleed ·························· 422
Amazon ············· 179, 180, 308
Amazon Go ······················ 179
Ambassador ······················ 332
American Airlines ·65, 69, 190,
      313, 345, 346, 358, 432,
      453, 454
Americana Hotel ················ 358
ANA ······················· 360, 454
ANA Crowne Plaza ············ 360
Andy Grove ························ 66
Anti-Trust Immunity ········· 452
AOL ································ 428
Apollo ···························· 361
Apple ·· 60, 76, 160, 168, 170,
      171, 180, 219, 245, 274,
      275, 304, 305, 314, 356,
      365, 366, 374, 389
Application Software ········· 246

Arne Sorenson ·············· 227
Art Circus ···················· 321
Art of The General ·········· 16
Arthur Anderson ······· 251, 252
Arthur Goldberg ············· 215
ASK ··························· 319
ASMs ························· 270
Asset Acquisition ·············· 411
Asset Specificity ······· 354, 374
Asset Utilization ·············· 153
Assets ······················· 168
Atlantic City ················· 215
Attractiveness ··············· 116
Audi ························· 313
Availability of Credit ········· 104
Available Seat-Miles ········· 270

[B]

Baby Boomer ················ 100
Backward Integration · 125, 351
Bain ························· 115
Bain & Company · 430, 431, 436
Balance Scorecard ············ 247
Bally Entertainment ··· 215, 420
Barney ·················· 40, 160
Barron Hilton ··········· 212, 217
Barry Sternlicht ········· 79, 217
Basil Liddle Hart ·············· 21
Bass PLC ···················· 213
BCG ······· 29, 30, 31, 33, 274,
287, 289
BCG 매트릭스 ······· 32, 60, 398,
400, 401
BCG 성장률-점유율 매트릭스 · 414
Bed War ····················· 80
Benchmarking ··············· 176
Berkshire Hathaway ········· 384
Best Practices ··············· 178
Bill Gates ···················· 422
Bill Marriott ················· 148

Bill Marriott 2세 ·············· 227
Bjorn Hanson ················ 213
Blackstone Group ······ 421, 422
BMW ························· 307
Board of Directors ··········· 225
Boeing 737 ·················· 317
Bollenbach ······· 213, 214, 215,
216, 217, 218, 219
Booking.com ················· 348
Boston Consulting Group ··· 29,
287, 397
Brand Loyalty ················ 128
Brexit ······················· 105
British Airways ··· 72, 170, 250
Brokers ····················· 436
BSC ························· 247
Budget Hotel ················ 334
Budgeting ···················· 23
Build-to-Order ··············· 294
Bureaucratic Cost ······ 381, 388
Burger King ················· 156
Business Definition ··· 193, 224,
227, 231, 232, 236, 238,
269, 277, 284, 287, 290,
292, 293, 295
Business Domain ············· 115
Business Ecosystem ··········· 70
Business Model ··············· 102
Business Policy ··············· 25
Business Strategy 23, 58, 236
Business System ············· 151
Business Units ··············· 173

[C]

C. K. Prahalad ··············· 167
Cabotage ···················· 452
Caesar Palace ················ 217
Canon · 72, 189, 374, 378, 387
Capabilities ·················· 140
Capability ··················· 149

Carlson Hospitality Group ·· 423
Cascade ····················· 422
Case Study ··················· 25
CASM ······················· 153
Catering and Facilities
Management ··············· 169
Causal Ambiguity ······· 163, 278
CDO ························· 421
Cebgo ······················· 453
Cebu Pacific ················· 453
Cendant ················ 419, 431
Centralization ··············· 472
CEO ················· 165, 212, 224
CFO ························· 213
Chandler ···················· 239
Changing Forces ·············· 69
Chipotle ····················· 156
Christensen ·················· 135
Cirque du Soleil ·············· 321
CitizenM ············ 331, 332, 334
CitizenM 호텔 ················ 334
CNN ························· 321
Coase ·············· 353, 354, 480
Coca-Cola · 168, 217, 276, 466
Code Sharing ··········· 452, 454
Collaboration ················ 136
Commodity ·············· 119, 282
Communal Living Space ···· 331
Compaq ····················· 321
Competence ················· 149
Competitive Advantage
··········· 34, 92, 142, 265
Competitive Convergence · 312
Competitive Forces ·········· 116
Competitive Moves ··········· 118
Competitive Parity ··········· 161
Competitive Positioning ····· 116
Competitive Strategy
················· 37, 60, 279
Complementer ················ 136
Complexity ·············· 95, 307
Concentration ··········· 342, 343

Configuration of Resources 472
Congee ·················· 484
Conglomerate ·· 371, 384, 403,
　　414, 425
Conrad ···················· 219
Conrad Hilton ············· 73, 188
Consolidated Industry ········ 118
Consolidation ············· 411, 423
Consortium ···················· 447
Continental Airlines
　　·············· 69, 345, 432
Convergence ···················· 134
Cooperation ············· 136, 444
Cooperative Strategy ········ 136
Coordination ···················· 231
Core Business ·············· 418
Core Competencies ············· 40
Core Product ···················· 173
Corporate Customers ········ 124
Corporate Governance ······· 253
Corporate Raiders ············· 416
Corporate Raider Theory ··· 426
Corporate Social Responsibility
　　···························· 252
Corporate Strategy
　　················ 27, 58, 236
Cost Advantage ················· 128
Cost Efficiency ················ 298
Cost-leadership Strategy ····· 60
Cost of Capital ················· 417
Cost of Foreignness ·········· 479
Cost Per Available Seat Mile
　　···························· 153
Costs per Available Seat
　　Kilometer ·················· 319
Courtyard by Marriott
　　················ 65, 66, 217
Creative Destruction · 135, 274
Critical Success Factor
　　···················· 168, 440
Cross-Subsidization ············ 372
Crowne Plaza ···················· 80

CSF ···························· 168
CSR ···························· 252
CUC International ······ 419, 431
Cultural Fit ···················· 438
Customer Perspective ······· 247
Customer Responsiveness 268
Cyclical Industry ··············· 291

[D]

David Norton ···················· 247
Days Inn ···················· 419
DEC ···························· 94
Decentralization ················· 472
Degree of Coordination ····· 388
Deliberate Strategy ······· 45, 62
Dell Computer ···················· 294
Delta ···························· 456
Delta Air Lines ········ 190, 313,
　　345, 432, 454
Denny's Restaurant ··········· 101
Deregulation ············· 108, 129
Different ···················· 81
Differentiation ···················· 121
Differentiation Strategy ········ 60
Digital Equipment Corporation
　　···························· 94
Diseconomies of Scale ····· 286
Disney ············· 214, 217, 309,
　　381, 382
Disruptive Innovation ········· 135
Distribution Channels ········ 129
Diversification ··· 342, 350, 414
Diversification Discount ····· 403
Diversification Strategies ··· 370
Diversified Company ·········· 173
Divestiture ···················· 430
Divisional Structure ············· 232
Dog ···························· 30
Donald Trump ··· 105, 213, 215
Doubletree ···················· 218

Dow Jones 산업평균지수 ····· 431
Downsizing ···················· 342
Drexel Burnham ················· 418
Drucker ···················· 194
Du Pont ···················· 26, 413
Dual Strategy ···················· 319
Due Diligence ···················· 439
Dunkin Donuts ··················· 309
Dunning ···················· 481
Dynamic Capabilities ··········· 40
Dynamism ···················· 95
D'Aveni ···················· 41

[E]

Eastern Airlines ···················· 65
Eastman Kodak ················· 413
EasyJet ···························· 297
Eclectic Theory ················· 481
Economic Disturbance Theory
　　···························· 426
Economies of Governance
　　···························· 384
Economies of Scale ·········· 126
Economies of Scope
　　·············· 286, 374, 379
Efficiency ···················· 268, 472
Efficiency-seeking ············· 461
Efficiency Theory ·············· 424
Elastic ···························· 292
Embassy Suite ··········· 218, 420
Emergent Strategy · 45, 63, 73
Empire-building Theory ····· 425
Empowerment ···················· 332
Enron ············· 250, 251, 252
Enron Gate ···················· 252
Entertainment Industry ······ 442
Entrepreneur ···················· 76
Entry Barrier ············· 118, 126
Environment ············· 36, 88, 89
Environmental Change ········ 98

Environmental Complexity ··· 95
Environmental Dynamism ···· 95
Environmental Forces ········· 95
Environmental Uncertainty
················· 90, 95
EPS ································ 414
ERRC 분석 ······· 325, 330, 332
Evaluating ························ 96
Events ······················ 88, 99
Excentralization ··············· 472
Excess Capacity ··············· 347
Exit Barrier ······················ 121
Expedia.com ················ 88, 348
Experience ······················ 100
Experience Curve ··············· 29
Extendability ······················ 170
Extended Stay America ····· 421
External Environment ········· 88

[F]

Face Book ························ 308
Fact of Life ························ 93
Fad ································ 93
Fairmont ························ 423
FarmVille ························ 451
Fast Casual ························ 156
FDI ························ 105, 478
Features ························ 307
Feedback ························ 192
Financial Perspective ········· 247
Financial Planning ··············· 23
Financial Synergy ··············· 424
Firm-specific Advantage ···· 479
First Mover ······················ 307
First Mover's Advantage
················· 279, 307
Fit ··················· 29, 41, 57, 71
Fixed Costs ············· 120, 346
Flexibility ········· 239, 363, 472
Focus Strategy ··················· 61

Follow-the-Leader ············· 462
Forecasting ························ 96
Foreign Direct Investment
································ 478
Foreign Exchange Rates ··· 104
Foreign Trade Balances ····· 104
Forte ························ 418, 421
Fortune ················· 250, 251
Forward Integration ··· 123, 351
Four Seasons ··················· 422
Four Seasons 호텔 ····· 216, 308
Fragmented Industry · 118, 286
Framework ························ 90
Franchising ············· 474, 476
FRHI Hotels & Resorts ····· 423
Fruit ································ 168
FSC ·· 155, 190, 300, 319, 329
Fuji Film ························ 387
Full Integration ··················· 351
Full Service Carrier
················· 155, 190, 300
Fun 문화 ························ 242
Fun Flight ························ 244
Functional Agreement ········ 447
Functional Analysis ··········· 149
Functional Strategy ············· 58
Functional Structure ··········· 26

[G]

Galaxy ························ 274
Game Theory ··················· 136
Gary Hamel ······················ 167
GDP ································ 104
GDS ································ 310
GE · 31, 35, 219, 236, 371, 384,
403, 413, 415, 430, 431
GE/McKinsey 매트릭스
················· 31, 32, 60
General Management Skills
································ 415

General Organizational
Competencies ·· 377, 388
Ghemawat ························ 272
Global Airline Alliances ······ 452
Global Innovation & Learning
Competence ··············· 468
Global Integration ··············· 462
Globalization ··················· 102
Global-scale Efficiency
················· 464, 468
Global Strategy ··············· 471
GM ····················· 26, 233, 451
Golden Parachute ··············· 426
Goodwill ························ 417
Google ················· 103, 180
Government Regulations ··· 129
Grand Bed ························ 80
Grand Metropolitan ··········· 418
Grant ································ 376
Greenfield ························ 481
Greenfield Investment ········· 410
Growth ························ 376
Growth-Share Matrix ·· 30, 397

[H]

Hamel ··········· 40, 69, 74, 168,
169, 173
Hampton Inn ··················· 420
Hampton Inns ··················· 218
Happy Meal Menu ············· 310
Headquarters ··················· 225
Heavenly Bed ·· 78, 79, 80, 81,
313
Henry Ford ························ 294
Henry Jomini ··················· 20
Henry Mintzberg ··············· 35
Herb Kelleher ············· 148, 244
Herbert Kelleher ··············· 244
Hertz ································ 361
HFS ························ 217, 419

Hilton · 80, 187, 188, 214, 215, 216, 217, 218, 249, 286, 287, 420, 421, 431, 477
Hilton Corporation ·············· 415
Hilton Garden Inn ·············· 217
Hilton Hotels Corporation ······· 212, 249, 358, 421
Hilton International ·· 218, 219, 358, 361, 415, 418, 422
Hilton Worldwide ···· 422, 423
HMR: Home Meal Replacement ································· 130
HNA Group ······················· 423
Holiday Corporation ·········· 213
Holiday Inn ··· 73, 80, 213, 295
Honda ······················ 170, 274
Horizontal Integration ········ 413
Hospitality ························· 187
Hospitality Industry ··········· 119
Host Marriott ····················· 213
Hostile Takeover ······ 217, 349, 417, 420
Hot Shoppe ················· 64, 395
Howard Johnson ··············· 419
Howard Schultz ········ 148, 219, 223, 245, 256
HQ ······················ 26, 225, 233
Hub-and-Spoke ·················· 330
Hulu ································· 382
Human Resources ···· 143, 438
Hyatt ························ 80, 477
Hymer ····························· 479
Hypercompetition ········· 41, 277
Hyper-segmentation ·········· 312

[I]

IATA ························ 298, 319
IBM ························· 219, 366
Igor Ansoff ······················ 27
IHG ········· 286, 420, 423, 431

IMF 외환위기 ··················· 391
IMF 위기 ············· 88, 254, 385
Imitability ················· 160, 162
Indivisibility ·············· 285, 374
Industrial Organizations(IO) Economics ·················· 115
Industry Attractiveness ········ 34
Industry Concentration ························· 286, 345
Industry Consolidation ····················· 4, 419, 431
Industry Environment ········ 114
Inelastic ························· 292
Inertia ···························· 192
Infection Point ···················· 93
Inflation Rates ·················· 104
In-flight Airline Catering ····· 65
Information Asymmetry 375, 384
In-N-Out Burger ·············· 155
Innovation ·················· 93, 268
INSEAD 경영대학원 ············· 321
Institutional Catering Business 395
Institutional Investor ··········· 60
Intangible Differentiation ··· 305
Intangible Resources ········· 143
Integration ······················· 438
Integration-Responsiveness Framework ······· 462, 469
Intel ······················ 66, 179
Intended Strategy ········· 45, 62
InterContinental ········ 358, 420
InterContinental Chain ········ 418
Interest Rates ·················· 104
Interline Agreement ·········· 453
Intermediaries ·················· 129
Internal Business Process Perspective ·············· 247
Internal Environment ·· 89, 140
International Air Transport Association ················ 319
International Strategy ········· 470

iPad ························· 171, 305
iPhone ······· 60, 171, 274, 305, 365, 389
iPod ························· 171, 304
Isolating Mechanisms ········ 277
ITT ··········· 215, 217, 371, 415
ITT Sheraton ····················· 420
iTune ······························· 171

[J]

Jack Welch ········· 35, 219, 430
JAL ························· 360, 454
Jeffrey Immelt ················· 430
JetBlue ····················· 297, 453
JetStar ····························· 454
JIT ························· 294, 451
John von Neumann ············· 23
Joint Venture ·· 410, 447, 451, 452, 454, 481
Joseph Schumpeter ·· 135, 274
Junk Bond ························· 416
Just in Time ···················· 294

[K]

KAL호텔 ·························· 360
Karl von Clausewitz ············· 19
Kemmons Wilson ················ 73
Kempinski Hotel ················ 360
Ken Olson ························ 94
Kenneth Andrews ················ 28
Kentucky Fried Chicken ····· 482
Key Forces Driving Change 92
Key Performance Index ····· 206
Key Performance Indicator ···················· 247, 249
Key Success Factors · 269, 272
KFC ·················· 123, 482, 483
Kimpton Hotels & Resorts · 423

Kingdom Holdings ·············· 422
KKR ······························· 417
Kmart ····························· 278
Knights Inn ····················· 419
Kodak ······················ 195, 387
KPI ·························· 247, 249

[L]

La Quinta Inns ·················· 421
Ladbroke ···················· 219, 418
Ladbroke PLC ·················· 218
Las Vegas ························ 215
LBO ·························· 417, 425
LCC ········· 109, 142, 155, 241,
    297, 319
Le Meridien ····················· 358
Leadership ······················· 220
Learning ·························· 472
Learning and Growth
    Perspective ·············· 247
Learning Curve ·················· 287
Levitt ····························· 465
LG ····················· 58, 371, 385
LG전자 ··············· 274, 355, 477
Licensing ········· 444, 447, 476
Limited Service ················· 216
Limited-service Hotel
    ·························· 293, 335
Linear Thinking ··················· 41
Litton ····························· 415
Load Factor ················ 270, 290
Local Environment ············· 115
Local Responsiveness ········ 462
Localization Strategy ·········· 464
Location ···· 144, 308, 344, 396
Location Advantage ··········· 481
Long-range Planning ··········· 24
Louis Gerstner ·················· 219
Louvre Hotel Group ·········· 423
Low Cost Carrier ··············· 297

Loyalty Program ········ 127, 129
Lufthansa ························· 358

[M]

M&A ··· 59, 88, 119, 135, 410,
    423, 481
M&A Waves ····················· 413
Machiavellian ····················· 22
Management ··············· 220, 437
Management Consulting ····· 29
Management Contract 474, 477
Managerial Synergy ··········· 424
Mandarin Oriental Hotel ···· 193
Margin ···························· 152
Market-seeking ················· 461
Market Segmentation ········ 312
Marlboro ·························· 466
Marriott ····· 80, 213, 214, 216,
    217, 218, 227, 286, 287,
    396, 397, 415, 431, 477
Marriott Corporation ··· 33, 205,
    213, 344, 395
Marriott International ···· 64, 65,
    66, 88, 89, 142, 145, 148,
    168, 198, 202, 212, 213,
    218, 226, 266, 345, 349,
    419, 423, 431, 442
Marriott World Travel
    ·························· 344, 396
Mason ····························· 115
MBS ······························· 421
McDonald's ····· 57, 59, 73, 74,
    145, 148, 156, 158, 266,
    276, 294, 309, 310, 314,
    315, 360, 451, 483, 485,
    486
McKinsey ···················· 33, 151
McKinsey & Company
    ···················· 31, 436, 438
Mega Deals ······················ 416

Mercer Management Consulting
    ·································· 429
Merger ···················· 345, 411
Mergers and Acquisitions ·· 410
MeriStar ··························· 421
MES ······························· 284
M-form가설 ······················ 233
Michael E. Porter ·············· 116
Michael Eisner ········ 165, 214,
    219, 381
Michael Porter ············· 37, 56
Microsoft ························· 272
Midscale Hotel ·················· 335
Military Strategy ················· 17
Millennial ·························· 100
Miniaturization ·················· 168
Minimum Efficient Scale ··· 284
Mintzberg · 44, 47, 48, 55, 62,
    66, 68, 441
Mission ······················ 193, 196
MNC ······························· 461
Monitoring ························· 96
Monopolistic Advantage Theory
    ·································· 480
Monopoly ···················· 118, 413
Monopoly Theory ··············· 425
Montgomery ················ 372, 375
Motel 6 ···· 295, 417, 420, 421
Motor Hotel ······················· 65
Motorola ······················ 94, 97
MS-DOS ·························· 308
Multi-divisional Structure ····· 26
Multi National Corporation · 461
Multinational Flexibility
    ·························· 464, 468
Multinational Strategy ········ 471
Mutual Forbearance ··········· 372

[N]

Nation-State ····················· 460

Necessary Competencies ·· 169
Netflix ································ 382
Network Structure ············ 238
New World Development ·· 419
New York Hilton ·············· 218
Nike ························ 252, 477
Nikko Hotel ····················· 360
Nintendo ·························· 389
Nissan ···························· 289
Nok Air ·························· 453
Nokia ················· 94, 97, 179
NokScoot ························ 453
Non-competitive Strategy · 326
Non-substitution ·············· 166
Nordstorm ······················· 80
Northwest ······················ 345
Northwest Airlines ············ 432
Novelty ·························· 75
NUMMI ·························· 451

[O]

Objective ························ 204
OEM ···················· 447, 477
Office of Corporate Planning
································ 233
Ohmae ···························· 269
Oligopoly ··············· 347, 413
Oligopoly Market ·············· 118
Oliver Williamson ············· 233
One World ······················ 453
Operating Costs ··············· 346
Operating Income per Available
Seat-Miles ················· 270
Operating Software ··········· 245
Operational Effectiveness ·· 316
Operational Synergy ········· 424
Opportunism ···················· 354
Opportunity ··········· 28, 92, 99
Organization ···················· 160
Organizational Fit ············· 440

Organizational Structure ····· 229
Oskar Morgenstern ············· 23
OTA ······························ 348
OTAs ····················· 125, 133
Outback Steakhouse ········· 293
Outsourcing ····· 176, 238, 296,
410

[P]

P/E Ratio ························ 414
Paired-share REITs ··········· 420
Pan Am ··········· 358, 361, 418
PARC ····························· 165
PARC 연구소 ···················· 165
Parenting Advantage ········· 401
Park Inn ·························· 419
Park Place Entertainment
Company ···················· 216
Partial Integration ············· 351
Path Dependence ·············· 163
Patriot American Hospitality
································ 420
Pattern ····················· 44, 45
PC ································· 94
PC산업 ···························· 179
Penrose ···························· 39
Pepsi Cola ······················ 123
Perspective ·········· 44, 45, 247
Pizza Hut ················ 123, 482
Plan ······························ 44
Planning ·························· 24
Platform ·················· 89, 102
Plaza 호텔 ························ 213
Ploy ······························ 44
Pocketability ···················· 168
Point-to-Point ·················· 330
Point-to-Point 운항방식 ····· 298
Porter ··· 38, 60, 76, 130, 131,
132, 134, 135, 151, 152,
266, 267, 279, 280, 281,

296, 312, 315, 316, 320,
327, 338, 392, 393
Portfolio Analysis ·············· 30
Portfolio of Businesses ····· 167
Portfolio of Core Competencies
································ 167
POSCO ··························· 451
Position ················ 38, 44, 45
Post-Acquisition Integration
Phase ······················ 440
Prahalad 40, 74, 168, 169, 173
Pre-Acquisition Management
································ 440
Predatory Pricing ·············· 373
Premium ················ 417, 429
Price Elasticity ················· 292
Price Premium ·· 267, 279, 304
Price War ······················· 119
Priceline.com ···················· 88
Primary Activities ·············· 152
Private Company ·············· 417
Privatization ···················· 108
Process Analysis ·············· 157
Process Theory ················ 425
Product Differentiation ······· 127
Product Swap ·················· 447
Products ·························· 173
Profitability ····················· 265
Promus ··························· 420
Promus Hotel Corporation · 218
Promus Hotels Chain ········ 213
Putting People First ·········· 203

[Q]

QC ································· 294
QSC & V ·························· 294
Quality ···························· 268
Quality Courts ·················· 65
Question Mark ·················· 398
Quintillion ······················· 158

494

[R]

R&D ·································· 446
Radisson ···························· 80
Raffles ···························· 423
Ramada ···························· 419
Rarity ························ 160, 161
Ray Kroc ············· 73, 148, 294
RBV ·························· 36, 158
Realized Strategy ·········· 45, 63
Reciprocal Buying ············· 372
Reciprocity ······················ 444
Red Ocean ······················ 321
Red Roof Inn ···················· 420
Regulation ······················ 108
Reinvent ········· 69, 70, 74, 76,
    180, 219, 227, 486
REITs ······················ 217, 362
Related Business ··············· 438
Related Diversification 372, 379
Relevance ························· 75
Renaissance ····················· 419
Renee Mauborgne ············· 321
Reputation ······················ 309
Resource-based View of the
    Firm ·················· 36, 158
Resource Heterogeneity ···· 159
Resource Immobility ········· 159
Resource-seeking ············· 461
Resources ························ 140
Resources Durability ········· 275
Resources Mobility ············ 275
Resources Replicability ····· 276
Restructuring ···· 342, 384, 416
Return On Invested Capital
    ································· 265
Revenue Management System
    ································· 290
Revenue Passenger Miles · 270
Revive Collection ··············· 80
RevPAR ·········· 290, 291, 292
Richard Ferris ·················· 361

Richard Rumelt ··················· 38
Ringling Brothers ··············· 321
Risk Reduction ·················· 376
Ritz-Carlton ····················· 419
Rivalry ···························· 117
Rivalry Intensity ················ 117
RMS ······························ 290
Robert Kaplan ·················· 247
ROIC ························ 265, 267
Ron Petty ························ 101
Root ······························ 168
Root System ···················· 173
Routine ··························· 425
Royalty ······················ 447, 476
RPMs ····························· 270
Rule Breakers ···················· 69
Rule Makers ······················ 69
Rule Takers ······················ 69
Rumelt ··························· 278
Ryanair ······················ 297, 349

[S]

Saturn ···························· 451
SBU ······························ 236
SBUs ·························· 31, 32
Scanning ·························· 96
SCM ······························ 404
Scoot Airlines ·················· 453
SCP 패러다임(SCP Paradigm)
    ··························· 37, 115
Sears ························ 26, 278
Segment ·························· 130
Segmentation ···················· 349
Self Check-in Kiosk ·········· 331
Sense of Destiny ················ 72
Sense of Direction ·············· 72
Sense of Discovery ············· 72
Serenity Bed ····················· 80
Service Encounter ············· 332
Services ·························· 173

Shanghai Jin Jiang International
    Hotels Group ············ 423
Share Price ······················ 265
Sheraton ························· 217
Sheraton Corporation 371, 415
Sherman Antitrust Law ······ 413
SIA ······························· 319
Simmons ··························· 79
Singapore Airlines ············· 319
Six Continents ·················· 420
SK ···················· 58, 371, 385
SkyTeam ···················· 453, 454
SK그룹 ···························· 435
SK네트웍스 ························ 233
SK이노베이션 ······················ 435
SK텔레콤 ·························· 435
SK하이닉스 ··················· 60, 435
Sleep Advantage ················ 80
Sleep Number Bed ············· 80
Social Complexity ·············· 163
Sony ·········· 168, 170, 179, 389
Southwest ········· 242, 316, 330
Southwest Airlines ······ 57, 69,
    142, 145, 148, 153, 190,
    201, 241, 242, 244, 245,
    266, 275, 276, 293, 297,
    309, 316, 321, 328, 329,
    345, 432
Southwest Way ················· 201
Specialization ···· 286, 372, 418
Spin-off ······················ 213, 415
Stakeholder ······· 60, 187, 191,
    206, 225, 253
Standard Oil ················ 26, 413
Standardization Strategy ···· 464
Star Alliance ···················· 453
Starbucks · 145, 148, 196, 203,
    219, 223, 245, 256, 266,
    278, 308, 309, 310, 314,
    321, 481
Starbucks Experience ······· 308
Starwood ····· 79, 88, 198, 227

Starwood Hotels & Resorts ········ 97, 218, 345, 420
Starwood Hotels & Resorts Worldwide ········ 78, 423
Starwood Lodging Trust ········ 218, 420
Starwood 체인 ········ 89
Statler ········ 308
Status Quo ········ 192
Statutory Merger ········ 411
Stawood ········ 423
STEEP Environmental Analysis ········ 99
STEEP 환경분석 ········ 99
Stephen Bollenbach ·· 212, 219
Steve Bollenbach ········ 420
Steve Jobs · 76, 94, 165, 219, 245, 381
Stock Acquisition ········ 410
Strategic Alliances ····· 410, 444
Strategic Asset-seeking ···· 462
Strategic Business Unit ········ 31, 236
Strategic Fit ······ 29, 316, 419, 438, 440
Strategic Hotels & Resorts 423
Strategic Intent ····· 72, 91, 187
Strategic Leadership ········ 212
Strategic Management ·· 27, 36
Strategic Management Journal ········ 36
Strategic Planning ········ 24, 31, 34, 36, 62, 64, 68
Strategic Planning Department ········ 33
Strategic Thinking ········ 35, 67
Strategos ········ 16
Strategy ········ 16
Strategy and Structure ········ 26
Strategy Canvas ········ 329
Strategy Content ········ 36
Strategy Process ········ 36

Stratos ········ 16
Strength ········ 28, 140
Structure-Conduct-Performance Paradigm ········ 37, 115
Stuck in the Middle ········ 61, 281, 315
STX ········ 357
STX그룹 ········ 356, 358
STX엔진 ········ 357
STX조선해양 ········ 357
STX중공업 ········ 357
STX팬오션 ········ 357
Subcontractor ········ 477
Subprime Mortgage Loan ·· 421
Sun Line ········ 344, 397
Super 8 Motel ········ 419
Supply Chain ········ 360
Supply Chain Management ········ 404
Support Activities ········ 152
Sustainable Competitive Advantage ········ 40, 266
Swissair ········ 360
Swissotel ········ 360, 423
Switching Costs ········ 128
SWOT Analysis ········ 28
SWOT 분석 ······ 28, 29, 41, 42
Synergy ········ 424
Systems Thinking ········ 70

[T]

Taco Bell ········ 123, 296, 482
Taiwan Gang ········ 485
Takeover ········ 417
Tangible Differentiation ········ 305
Tangible Resources ········ 143
Target ········ 410, 429
Task Environment ········ 113
Tax Reform ········ 216

Textron ········ 415
The Ages of the Strategic Mega-Merger ········ 419
The Art of War ········ 17, 20
The Attractiveness Test ·· 392
The Better-off Test ········ 393
The Co-alignment Principle ········ 229
The Conglomerate Era ······ 414
The Core Competencies of the Corporation ········ 167
The Cost-of-Entry Test ···· 393
The Heavenly Bed ········ 307
The Luxury Collection ········ 217
The Prince ········ 22
The Restructuring Era ······ 416
The Rise and Fall of Strategic Planning ········ 35
Theory of Internalization ·· 480
Think Different ········ 76
Threat ········ 92
Threats ········ 28, 99
Tigerair ········ 453
Tigerair Australia ········ 453
Time-based Competition ·· 274
Time Warner ········ 428
T-Model ········ 294
TMT ········ 224
Top Management Team ·· 224
Total Operating Expenses · 270
Toyota ····· 160, 168, 268, 274, 289, 294, 320, 364, 451
Toyota 생산시스템 ········ 168
Toyota Production System ········ 168, 294, 320
TPS ········ 168, 294, 320
Trade-off ······ 57, 281, 315
Transaction Characteristics ········ 354
Transactional Leadership ·· 222
Transfer Price ········ 363
Transformational Leadership

·· 223
Transnational Strategy ······· 472
Travelodge ················ 418, 419
Trend ···················· 88, 93, 99
Triple Crown ···················· 241
Trump ····························· 213
Trump Casino ···················· 213
TSR ······························· 430
TUI Group ······················· 362
Turnaround Time ··············· 153
TWA · 69, 218, 345, 358, 361,
　　　415, 418, 432
Twin Bridges Motor Hotel ··· 65

[U]

Uncertainty ······················ 355
Unique Historical Conditions
·· 162
Unit Cost ·················· 270, 284
Unit of Analysis ·········· 42, 134
United Airline ············ 358, 415
United Airlines · 69, 190, 345,
　　　361, 418, 432, 454
Unrealized Strategy ············· 63
Unrelated Diversification
······················· 371, 379, 389
US Airways ········· 69, 345, 432
US Steel ························· 413

[V]

Valuation ························ 437
Valuation Theory ··············· 425
Value ······················ 160, 201
Value Alliance ·················· 453
Value Chain ······· 350, 393, 446
Value Chain Analysis ········· 151
Value Creation ·················· 265
Value Drivers ············ 215, 249

Value Innovation ··············· 322
ValuJet ·························· 297
Vanilla Air ······················ 453
Vertical Integration
·········· 26, 342, 344, 350
Videoconferencing ·············· 134
Villager ························· 419
Vision ······················ 46, 198
Vision Statement ··············· 198
Vivendi ························· 252
Volkswagen ···················· 295
Volvo ······················ 180, 313
Vom Kriege ······················ 19
VRIN 모형 ······················· 166
VRIO 모형 · 160, 162, 164, 166
VRIO Framework ··············· 160

[W]

Wal-mart ········· 168, 179, 252,
　　　273, 278, 293
Waldorf-Astoria ········· 217, 218
Waldorf Astoria Hotel ········ 423
Walt Disney ···· 165, 166, 213,
　　　219, 381, 442
Washington Post ··············· 252
Waste ···························· 294
Weakness ······················· 140
Weaknesses ······················ 28
Wendy's ·························· 59
Wernerfelt ······················· 39
Westin ··· 78, 79, 80, 81, 361,
　　　420
Westin Chain ··················· 418
Westin호텔(Westin Hotel)
·························· 307, 313, 358
Wi-Chan Kim ··················· 321
Wikipedia ························ 195
Williamson ······················ 354
Windows ························· 308
Win-Win ··················· 444, 450

WorldCom ························ 252
WTO ····························· 460
Wyndham ········· 286, 421, 431

[X]

Xerox ········· 66, 164, 189, 387
X-inefficiency ···················· 296

[Y]

Yield ·················· 270, 288, 290
Yip ······························· 462
Yum! Brands ··················· 482

[Z]

Zynga ···························· 451

[ㄱ]

가격 ····························· 121
가격경쟁 ························· 119
가격경쟁력 ······················ 464
가격담합 ························· 120
가격전쟁 ············· 119, 278, 296
가격탄력성 ······················ 292
가격프리미엄 ·············· 267, 279
가동률 ·························· 291
가맹업체 ························· 477
가맹점주 ························· 477
가정식 대체식품 ················ 130
가치 ········· 56, 59, 61, 77, 131,
　　　151, 160, 162, 164, 167,
　　　169, 170, 187, 188, 189,
　　　201, 202, 203, 266, 314,
　　　315, 322, 327
가치곡선 ························· 332

가치사슬 …… 56, 151, 152, 155,
　　156, 176, 316, 350, 358,
　　363, 365, 366, 377, 384,
　　393, 446
가치사슬 분석 ····· 151, 153, 154,
　　157
가치사슬 활동 ·············· 57, 178
가치사슬 활동시스템 ······ 57, 316
가치이론 ··························· 425
가치창출 ···· 142, 157, 265, 402,
　　424
가치창출시스템 ····················· 70
가치창출요인 ············· 215, 249
가치체계 ··························· 202
가치평가요인 ······················· 437
가치혁신 ····················· 322, 323
가치활동 ··························· 152
간접수출 ··························· 475
감시비용 ····················· 353, 480
강점 ········ 20, 28, 29, 41, 140,
　　141, 143, 157, 160, 166,
　　178, 181, 264
개 ······························ 30, 399
개념틀 ····························· 90
개발도상국 ························· 478
개별사업부 ························· 236
개 사업부 ··························· 401
개선도 테스트 ······················· 393
개인용 복사기 ······················· 189
개인용 컴퓨터 ······················· 94
객실당 총영업비용 ················· 332
객실서비스 · 78, 79, 81, 170, 176
객실예약 유통경로 ··················· 88
객실예약 중개업체 ··················· 89
거래 ······························ 480
거래비용 ··· 233, 353, 363, 365,
　　374, 376, 377, 380, 480,
　　481
거래비용의 내부화 ················· 255
거래비용이론 ················· 353, 480
거래적 리더십 ······················· 222
거래조건 ··························· 124

거래특성 ··························· 354
거시환경 ··· 90, 91, 92, 99, 111,
　　113, 191
거시환경 분석 ······················· 99
거점공항 ··························· 454
거점운항방식 ······················· 330
게릴라 작전 ··························· 22
게임이론 ··············· 23, 40, 136
경기순환산업 ······················· 291
경기순환주기 ········· 357, 415, 416
경기침체기 ························· 290
경기확장 ··························· 424
경로의존성 ························· 163
경마 ······························ 130
경영계약 ····················· 474, 477
경영관리 ··························· 149
경영권 승계 ························· 226
경영기술 ····························· 30
경영목표 ··························· 462
경영성과 ··············· 24, 26, 37
경영자원 ······················· 32, 61
경영전략 ····· 25, 26, 27, 29, 34,
　　36, 42, 43, 44, 49, 54, 55,
　　56, 57, 115
경영전략 프로세스 ···· 49, 67, 77,
　　192, 206, 219, 227, 229
경영정책 ····························· 25
경영진 ····························· 207
경영 컨설턴트 ······················· 29
경영컨설팅 ························· 29
경영통제권 ························· 478
경영통제시스템 ··········· 164, 165
경영프로세스 ························· 35
경영혁신 ··························· 404
경영환경 ····· 24, 34, 35, 40, 49,
　　68, 77, 88, 90, 93, 96, 97,
　　98, 101, 102, 103, 141,
　　389, 392
경쟁 ···· 23, 34, 38, 40, 43, 44,
　　55, 61, 67, 92, 93, 109,
　　114, 117, 136, 141, 188,
　　277, 322, 326, 337, 392,

　　432, 444, 446, 456
경쟁강도 ····· 38, 117, 118, 119,
　　120, 121, 126, 347
경쟁구조 ····················· 38, 132
경쟁기업 ····························· 56
경쟁등위 ············· 161, 165, 176
경쟁력 ······· 26, 28, 39, 55, 67,
　　371, 401
경쟁방식 ····························· 77
경쟁사 ··············· 91, 113, 207
경쟁상황 ····························· 41
경쟁세력 ····· 38, 116, 122, 124,
　　133, 135
경쟁양상 ··························· 134
경쟁열위 ············· 157, 162, 165, 176
경쟁우위 ····· 28, 34, 38, 39, 40,
　　41, 54, 56, 57, 60, 67, 68,
　　70, 75, 77, 92, 98, 107,
　　113, 116, 140, 142, 144,
　　148, 149, 151, 154, 155,
　　157, 158, 159, 160, 161,
　　162, 163, 164, 165, 168,
　　169, 171, 175, 176, 179,
　　180, 181, 188, 201, 219,
　　229, 241, 242, 246, 264,
　　265, 266, 268, 273, 275,
　　277, 280, 296, 310, 320,
　　322, 343, 344, 349, 356,
　　360, 363, 364, 365, 377,
　　397, 400, 403, 445, 450,
　　483
경쟁 위치 ··························· 116
경쟁적 동화 ························· 312
경쟁적 수렴 ························· 312
경쟁적 행동 ························· 118
경쟁전략 ······· 60, 279, 322, 326
경쟁 포지션 ························· 388
경쟁행위 ············· 61, 115, 136
경쟁행태 ····························· 40
경쟁환경 ··· 67, 91, 92, 113, 115
경정 ······························ 130
경제공황 ··························· 413

경제대공황 ····················· 23, 414
경제력 집중 ······················· 255
경제성장률 ························· 104
경제양극화 ························· 255
경제적 목표 ························· 266
경제적 이윤 ························· 115
경제학 ······························· 23
경제혼란이론 ······················ 426
경제환경 ······················ 104, 105
경험 ································· 100
경험곡선 ·· 29, 30, 33, 287, 289
경험곡선 효과 ··············· 288, 289
계약방식 ··························· 474
계약체결비용 ················· 353, 480
계열분리 ··························· 436
계층적 지배구조 ··················· 381
계획 ································· 44
고객 ····· 40, 56, 57, 77, 91, 93,
     113, 142, 167, 194, 207,
     307
고객가치 ···························· 57
고객가치 창출 ····················· 267
고객관점 ······················ 247, 250
고객 대응력 ························· 268
고객만족 ··························· 267
고객만족도 ·························· 80
고객만족 제2주의 ·················· 243
고객안전관점 ······················ 250
고객중심 문화 ····················· 245
고객충성도 ····················· 248, 249
고급호텔 ······· 65, 121, 124, 334
고대 중국 ··························· 16
고속철도산업 ······················ 130
고유한 역사적 조건 ················· 162
고정비 ··················· 290, 291, 346
고정비용 ················· 120, 290, 363
골리앗 ······························ 17
공격 ································· 20
공급과잉 ··························· 446
공급사슬 ··························· 360
공급업체 ······················ 122, 123
공급자 · 91, 113, 122, 125, 207

공급자의 교섭력 ··············· 122, 123
공급초과 ···························· 33
공동구매 ··························· 451
공동마케팅 ············· 446, 451, 453
공동운항 ······················ 452, 454
공동운항 협정 ····················· 454
공성전 ······························ 18
공용 거실 공간 ····················· 331
공유 ································· 189
공정개선 ··························· 287
과거 ································· 74
과당매매 ··························· 430
과대평가 ················· 380, 428, 437
과소평가 ··························· 380
과업 ································· 91
과업환경 ·············· 90, 91, 113, 114
과업환경 분석 ····················· 113
과잉다각화 ························· 375
과점 ···························· 161, 413
과점경쟁 ··························· 347
과점시장 ··························· 118
과정이론 ··························· 425
관광산업 ······················ 108, 111
관련다각화 ··········· 372, 379, 380,
     381, 383, 391
관련성 ······························ 75
관료제 ····························· 286
관료제구조 ························· 388
관료제 비용 ·········· 381, 388, 404
관리 ···························· 220, 221
관리비용 ··············· 286, 353, 354
관리시너지 ························· 424
관리요인 ··························· 437
관리자 ····························· 207
관세동맹 ··························· 465
관점 ···················· 45, 247, 249
관찰 ································· 96
교섭력 ····························· 122
구매 교섭력 ························· 293
구매기업 ··························· 122
구매업체 ··························· 123
구매자 ················· 122, 125, 327

구매자의 교섭력 ···················· 124
구매자의 협상력 ···················· 126
구매행위 ··························· 115
구약성서 ···························· 17
구조 ················· 26, 91, 140, 192
구조-행위-성과 패러다임 ········· 37,
     115, 116, 134
구조적인 타성 ······················ 192
구조조정 ········· 108, 342, 372, 384,
     393, 403, 404, 416, 446
구조조정본부 ········· 379, 401, 402
구조조정의 시대 ···················· 416
국가 ································· 43
국가별 차이 ····················· 469, 471
국내시장 ··························· 461
국내운송금지 ······················ 452
국내총생산 ························· 104
국민국가 ··························· 460
국적항공사 ····················· 109, 452
국제교류 ··························· 460
국제사업부 ························· 236
국제여행 ··························· 465
국제전략 ······················ 470, 472
국제호텔체인 ······················ 462
군대 ······················· 16, 18, 20
군사사상 ···························· 17
군사작전 ···························· 17
군사전략 ····· 17, 21, 22, 42, 43,
     45, 55
군주 ···························· 17, 22
군주론 ····························· 22
권한 ································· 26
권한위임 ··························· 332
규모의 경제 ·········· 68, 126, 284,
     285, 286, 288, 345, 347,
     400, 419, 431, 432, 446,
     447, 462, 468, 469, 470,
     472, 473, 483
규모의 비경제 ······················ 286
규제 ···························· 108, 109
규제 완화 ··························· 69
규칙제정자 ·························· 69

규칙추종자 ················· 69
규칙파괴자 ················· 69
균형성과표 ········ 227, 247, 249
극동건설 ················· 384
글로벌 경쟁 ················· 34
글로벌 경쟁우위 ················· 469
글로벌기업 ················· 465
글로벌 브랜드 ················· 466
글로벌 생산거점 ················· 471
글로벌 아웃소싱 ················· 365
글로벌전략 ········ 461, 465, 469,
　　470, 471, 472, 473
글로벌통합 필요성 ········ 462, 469
글로벌 항공동맹체 · 452, 453, 454
글로벌 혁신 및 학습역량
　　················· 468, 469
글로벌 효율성 ····· 464, 468, 469
금융시장 ················· 480
금융위기 ················· 421
금호렌터카 ················· 435
금호아시아나그룹 ················· 435
금호아시아나화학 ················· 436
금호타이어 ················· 435
급식서비스사업 ················· 395
기관투자자 ················· 60
기내식 ················· 65
기내식 사업 ················· 65
기능별 구조 ··········· 26, 231
기능별 제휴 ················· 447
기능별 조직구조 ················· 232
기능분석 ················· 149
기능전략 ········· 58, 61, 205
기능환경 ················· 140
기동전략 ················· 21
기만술 ················· 18
기발한 전략 ················· 22
기술경쟁력 ················· 33
기술 Licensing ················· 447
기술변화 ··········· 103, 134
기술시장 ················· 480
기술융합 ··········· 445, 446
기술의 입력 및 출력 관계 ····· 285

기술제휴 ················· 447
기술혁명 ···· 69, 88, 89, 98, 461
기술혁신 ······· 34, 102, 110, 464
기술환경 ···· 102, 103, 110, 114
기업 ···· 42, 43, 48, 55, 56, 58,
　　67, 68, 88, 89, 90, 96,
　　107, 111, 113, 114, 118,
　　134, 140, 175, 190, 196,
　　253, 254, 306, 327, 353
기업가치 ················· 430
기업고객 ················· 124
기업문화 ···· 163, 164, 165, 201,
　　227, 240, 242, 244, 245,
　　246
기업본부 ··········· 26, 233
기업사냥꾼 ················· 416
기업사냥꾼이론 ················· 426
기업성공 ················· 77
기업시민 ················· 107
기업실패 ················· 93
기업 역사 ················· 191
기업요인 ················· 38
기업이기주의 ················· 107
기업 이미지 ··········· 107, 309
기업인수 ················· 417
기업전략 ····· 25, 28, 58, 59, 60,
　　192, 205, 236, 342, 350,
　　371, 393, 410
기업 지배구조 ····· 254, 375, 425
기업 특유의 요인 ················· 38
기업 특유의 우위 ················· 479
기업 포트폴리오 ················· 388
기회 ···· 28, 29, 73, 74, 76, 88,
　　89, 91, 92, 96, 97, 98, 99,
　　100, 103, 104, 107, 109,
　　111, 116, 118, 140, 160,
　　161, 165, 188, 195, 196,
　　226, 264
기회요인 ················· 117
기회주의 ··········· 73, 354
기회주의적 행동 ················· 481
기획 ················· 24

기획조정실 ····· 35, 58, 233, 234,
　　236, 381, 401
김위찬 ················· 321
꽌시 ················· 485

[ㄴ]

나폴레옹 ············· 19, 20
나폴레옹전쟁 ················· 19
낭비 ··········· 287, 290, 294
내부 이해당사자 ················· 207
내부성장 ················· 422
내부속성 ················· 29
내부시장화 ················· 480
내부역량 ················· 264
내부자본시장 ··········· 374, 384
내부정치 ················· 192
내부프로세스관점 ········· 247, 250
내부화 ··········· 353, 354, 480
내부화이론 ··········· 480, 481
내부환경 ····· 40, 41, 89, 90, 91,
　　116, 140
내부환경 분석 · 49, 77, 140, 141
네트워크 조직 ················· 238
네트워크 조직구조 ········· 238, 239
네트워크 효과 ················· 103
노동조합 ················· 207
노르망디 상륙작전 ················· 22
높은 가격 ················· 304
누적생산량 ············· 30, 287, 288

[ㄷ]

다각화 ········ 58, 232, 342, 372,
　　374, 375, 377, 379, 386,
　　387, 388, 389, 391, 393,
　　397, 400, 401, 402, 404,
　　410, 414
다각화기업 ················· 381
다각화된 기업 ················· 173

다각화된 사업구조 ·················· 371
다각화전략 ········· 370, 371, 386,
　　387, 388, 392, 396, 404
다각화 할인 ··············· 403, 404
다국적기업 ··· 95, 104, 106, 108,
　　363, 461, 464, 465, 466,
　　467, 468, 469, 470, 471,
　　474, 477, 478, 479, 480,
　　481, 482
다국적 소비자 ···················· 465
다국적 유연성 ······ 464, 468, 469
다국적전략 ············ 470, 471, 472
다르게 사고하라 ····················· 76
다문화 공생모델 ··················· 101
다운사이징 ·························· 342
다윗 ································· 17
다품종 소량생산 ··················· 168
단독투자 ··························· 481
단위당 비용 ········ 270, 284, 289
단위당 생산비용 ··················· 127
단위당 평균비용 ··················· 288
단일사업 ·········· 343, 344, 392
단일산업 ·········· 343, 370, 387
닭고기 ····························· 486
대규모 거래 ························ 422
대량구매자 ························· 124
대량생산 ···················· 464, 465
대리인 관점 ········ 372, 375, 376
대리인 이론 ························ 375
대만갱 ····························· 485
대사 ··························· 332, 335
대우건설 ··························· 435
대우그룹 ···························· 97
대응전략 ···························· 93
대차대조표 ························· 168
대체관계 ··························· 130
대체불가능성 ······················ 166
대체상품 ····················· 88, 130
대체재 ······················ 130, 133
대체품 ····························· 122
대출기관 ··························· 207
대한석유공사 ······················ 435

대한통운 ··························· 435
대한항공 ···· 155, 279, 300, 360,
　　456
대형항공사 · 190, 201, 298, 300,
　　310, 319, 329, 330, 432,
　　453
대형호텔 ··························· 120
도덕적 해이 ························ 375
도약 ······························ 188
독립호텔 ······················ 88, 123
독일군 ······························ 21
독점 ················· 122, 161, 413
독점규제 면제 ······················ 452
독점금지법 ········· 349, 376, 413,
　　414, 416
독점기술 ··························· 476
독점기업 ··························· 118
독점이론 ··························· 425
독점적 우위 ························ 479
독점적 우위이론 ·········· 480, 481
동기부여 ··························· 189
동맹체 ····························· 452
동일성 ····························· 467
동태적 역량 ························· 40
돼지고기 ··························· 486
등장하는 전략 ···· 45, 62, 63, 64,
　　65, 66, 67, 73, 441
디스플레이기술 ····················· 173
디지털 세대 ························ 100
디지털카메라 ······················ 195
따이공(代工) ························ 66

[ㄹ]

라이선스 ···· 189, 444, 447, 476,
　　479, 481
러우쥐안 ··························· 485
레드오션 ······· 321, 326, 327, 338
레드오션전략 ······················ 322
로열티 ······················· 447, 476
롯데 ······························ 385

롯데그룹 ··························· 403
롯데리아 ··························· 203
리더십 ········· 91, 140, 148, 198,
　　220, 221, 222
리델 하트 ··························· 21
링링 브라더스 ······················ 321

[ㅁ]

마이크로프로세서 ············ 66, 180
마일리지프로그램 ··················· 453
마지노선 ···························· 21
마진 ······························ 152
마케팅 ······················· 61, 149
마키아벨리 ····················· 22, 23
매각 ·························· 30, 430
매개역할 ···························· 55
매력도 ····························· 116
매장개점프로그램 ··················· 485
매출관리시스템 ····················· 290
매출극대화 ························· 249
매출액 ····························· 441
매트릭스 조직구조 ·················· 237
맥아더 장군 ························· 22
맥컴퓨터 ··························· 171
메가 체인 ·························· 431
메가트렌드 ···················· 111, 113
메뉴품목 ··························· 484
면세점 ····························· 108
면세점사업 ························· 129
면세점 사업부 ················ 66, 362
명성 ······························ 145
모두투어 ····················· 206, 362
모듈방식 ··························· 335
모르겐슈테른 ························ 23
모바일시민 ···················· 334, 335
모바일 혁명 ························ 100
모방 ··········· 40, 169, 278, 314
모방가능성 ············ 160, 162, 164
모범사례 ··························· 178
목적 ······························ 195

목표 ····· 55, 58, 189, 192, 204, 205
목표 설정 ································ 62
몰락 ·· 193
무력 ·· 19
무료 Wi-Fi ····························· 314
무역수지 ··························· 104, 105
무역장벽 ································ 476
무한경쟁 ··· 41, 77, 81, 96, 221, 239, 245, 255, 277, 312, 444, 448, 468
무형자산 ································ 247
무형자원 ····· 143, 144, 145, 241
무형적인 차별화 ····················· 305
문어발식 경영 ························· 167
문화 ········ 91, 140, 192, 467
문화의 동질성 ························· 467
문화적 차이 ······· 426, 428, 436, 438, 449, 467
물가인상률 ····················· 33, 104
물류관리 ································· 179
물류정보시스템 ······················ 273
물음표 ·················· 30, 398, 399
물적자원 ································· 143
미국 ··· 105
미래 ··· 74
미래예측 ························· 95, 97
미래전략실 ······························ 401
미키마우스 ······························ 165
민영화 ··································· 108
민첩성 ··································· 68
밀레니얼 세대 ················ 100, 115

[ㅂ]

반도체 ······································ 44
반도체기술 ······························ 173
반독점 규제 ···························· 34
발견 ··· 72
방향성 ·························· 72, 189
배분 ··· 59

백기사 ···································· 218
백설공주 ································· 165
범위의 경제 ······· 286, 287, 374, 377, 379, 380, 381, 469
법규 ···························· 91, 113
법률 및 규제환경 ····················· 109
베이비부머 ····················· 100, 115
벤치마킹 ····················· 176, 178
변곡점 ···································· 93
변수 ··· 111
변화 ····· 41, 56, 67, 92, 93, 97, 113, 193, 221
변화의 동력 ···························· 69
변화의 주도 요인 ······ 91, 92, 96, 97, 111, 113, 229
별 ··· 30
병참 ··· 20
보따리상인 ······························· 66
보상금 ···································· 426
보상시스템 ······························ 226
보상의 교환관계 ······················ 222
보상정책 ································· 165
보완재 ···································· 136
보호무역 장벽 ························· 464
복잡성 ························· 95, 307
복제 ··· 169
복합기업 ···· 176, 217, 236, 371, 375, 384, 403, 414, 415, 416, 425
복합기업의 시대 ······················ 414
본국 ··· 466
본국인 ···································· 461
본부 ··· 35
본부우위 ····················· 401, 402
본부임원 ································· 24
본사 ··· 225
본원적인 사업전략 ··················· 280
부동산투자회사 ······················ 362
부분통합 ····················· 351, 364
부채담보부증권 ············· 420, 421
부티크호텔 ······························· 94
분권화 ························· 26, 472

분사 ········· 213, 216, 415, 419
분석단위 ························· 42, 134
분석도구 ································· 60
분석에 의한 마비 ···················· 35
분식회계 ································· 419
불균형 ···································· 41
불균형한 상황 ························· 314
불연속성 ································· 24
불확실성 ···· 98, 104, 105, 109, 163, 222, 353, 355, 363
불확실한 환경 ························· 96
브랜드관리 ······························ 249
브랜드 가치 ···························· 145
브랜드 충성도 ··············· 128, 466
브랜드 파워 ···························· 276
브렉시트 ································· 105
브로드웨이 쇼 ························· 324
브로커 ························· 436, 439
브리태니커 백과사전 ················ 195
블루오션 ···· 321, 322, 323, 325, 326, 327, 338, 371
블루오션 가치혁신 ··················· 327
블루오션 시장공간 ··················· 323
블루오션전략 · 61, 321, 322, 326, 327, 328, 337
비경쟁 시장공간 ······················ 322
비경쟁전략 ······························ 326
비관련다각화 ······· 371, 379, 380, 383, 384, 385, 389, 391, 392
비디오화상회의 ······················ 134
비분할성 ····················· 285, 374
비서실 ···································· 401
비용 ··· 327
비용구조 ····················· 288, 297
비용열위 ································· 127
비용우위 ···· 127, 128, 151, 152, 170, 267, 268, 279, 281, 283, 284, 287, 289, 294, 296, 315, 320, 323, 325, 371, 377, 400, 464
비용우위의 근원 ····················· 283

비용우위전략 · 45, 60, 132, 280,
　　281, 282, 283, 296, 314,
　　315, 322
비용절감 ···· 119, 290, 323, 446,
　　465
비용편익 ····························· 170
비용효율성 ················ 298, 461
비전 ··· 46, 187, 188, 189, 198,
　　199, 201, 249
비전/목표 ························· 140
비전선언문 ······················· 198
비즈니스모델 ··············· 69, 102
비즈니스 생태계 ······· 70, 71, 255
비즈니스여행 ····················· 462
비탄력적 ··························· 292
비핵심역량 ······················· 170
비효율 ························ 287, 290
비효율성 ··························· 296
뿌리 ························· 168, 173

[ㅅ]

사건 ····· 88, 99, 103, 111, 113
사고방식 ····················· 68, 240
사드 배치 ················· 108, 114
사례연구 ··························· 25
사명 · 187, 188, 189, 193, 194,
　　195, 196, 201
사명문 ····························· 193
사모펀드 ············· 420, 421, 423
사물인터넷 ······················· 102
사양 ······························· 307
사업 ························· 194, 195
사업계획 ··························· 402
사업다각화 ····· 24, 33, 255, 350,
　　370, 371, 376, 382, 402
사업목적 ··························· 194
사업범위 ··················· 195, 445
사업부 · 24, 30, 33, 35, 58, 59,
　　60, 61, 173, 233, 236, 371,
　　376, 378, 379, 381, 388,

393, 398, 401, 402, 403
사업부 경쟁력 ····················· 32
사업부제 ··························· 26
사업부제 구조 ··············· 26, 233
사업부제 조직 ······················ 26
사업부제 조직구조 ········ 232, 237
사업성과 ··························· 34
사업연관성 ······················· 438
사업영역 ······ 92, 108, 115, 171,
　　379, 384, 392, 404
사업의 포트폴리오 ··············· 167
사업전략 ····· 23, 34, 55, 58, 60,
　　61, 192, 205, 229, 236,
　　272, 279, 280, 322, 371,
　　436
사업정의 ···· 193, 194, 224, 227,
　　231, 232, 236, 238, 269,
　　277, 284, 287, 290, 292,
　　293, 295
사업주기 ····················· 386, 387
사업 포트폴리오 · 32, 58, 59, 60,
　　399, 400, 403
사업합리화 ······················· 385
사외이사 ··························· 256
사적 이익 ························· 375
사전 인수관리 ··················· 440
사회·문화 환경 ··················· 100
사회·문화적 가치 ················· 100
사회·문화적인 트렌드 ············· 100
사회적 복잡성 ··················· 163
사회적 책임 ········ 227, 252, 253,
　　254, 256
사회환경 ··························· 110
사후 통합관리 ··················· 440
산업 ························· 42, 114
산업가치사슬 ················ 350, 370
산업구조 ········ 37, 38, 41, 114,
　　115, 117, 131, 132, 134,
　　135, 281
산업구조분석 ····· 36, 37, 39, 41,
　　116, 132, 264
산업구조 요인 ····················· 38

산업매력도 ········· 32, 34, 37, 41,
　　116, 142, 264, 393
산업매력도 테스트 ················· 392
산업요인 ··························· 38
산업의 경계 ····················· 134
산업의 글로벌화 ··················· 462
산업의 비용구조 ················· 120
산업적 특성 ····················· 118
산업조직경제학 ····· 37, 115, 134,
　　158
산업집중도 ·· 119, 286, 345, 432
산업통합 ····· 214, 419, 423, 431
산업평균지수 ····················· 430
산업혁명 ··························· 102
산업환경 ········· 90, 91, 113, 114
살육전 ······························· 21
삼성 ············ 58, 314, 371, 385
삼성그룹 ···· 379, 385, 386, 401,
　　402, 403
삼성디스플레이 ··················· 356
삼성SDI ··························· 356
삼성전기 ··························· 356
삼성전자 · 44, 58, 60, 173, 175,
　　176, 274, 278, 320, 355,
　　356, 364, 366, 374, 386,
　　477
상수 ······························· 326
상업화 ····························· 165
상용고객 프로그램 ················· 456
상충 ························ 281, 315
상충관계 ··························· 323
상충효과 ··························· 57
상하이KFC ······················· 484
상호보완 ····················· 372, 373
상호보완성 ······················· 373
상호불신 ····················· 449, 450
상호성 ····························· 444
상호의존성 ························· 70
상호이익 ··························· 444
상호일치의 원칙 ··················· 229
상호자제 ····················· 372, 373
상호작용성 ························· 40

상호출자 …………………………… 255
상호출자관계 ……………………… 255
생산공정 …………………………… 289
생산관리 ……………… 61, 149, 446
생산기지 …………………………… 464
생산량 ……………………………… 288
생산법인 …………………………… 482
생산비용 …… 287, 353, 354, 480
생산성 향상 ……………………… 290
생산프로세스 …………………… 294
생존 ……………………… 55, 108
생태적 균형 ……………………… 106
생태환경 …………………… 110, 113
서브프라임 대출 ………………… 421
서비스 ……… 114, 173, 306, 307
서비스 접점 ……………………… 332
서커스 ……………………………… 323
석유파동 …………………… 33, 34, 88
선견지명 …………………………… 18
선경그룹 …………………………… 435
선구자 ……………………………… 45
선도기업 …… 162, 165, 307, 308,
　　　462
선두기업 …………………………… 277
선형적 사고 ……………………… 41
설인(雪印)유업 ………………… 252
성공 ……………………… 54, 55
성공요인 …… 41, 48, 49, 55, 134
성과 ………………………………… 108
성과지표 …………………………… 267
성과 평가 ………………… 49, 77
성장 ……………………………… 376
성장률-점유율 매트릭스
　　　………………… 30, 31, 397
성장전략 …………………… 27, 59
세계금융위기 88, 422, 435, 478
세계시장 …………… 462, 464, 468
세계시장의 동질화 ……………… 464
세계시장의 동질화 트렌드 …… 465
세계 호텔산업 ……… 88, 89, 431
세계 호텔·숙박산업 …………… 102
세계화 …… 41, 69, 88, 89, 102,

105, 416, 418, 445, 460,
　　　461, 462, 478
세계화 시대 ……………… 108, 109
세계화 트렌드 …………………… 111
세계화 현상 …………… 106, 460
세분시장 …… 30, 114, 130, 133,
　　　135, 216, 267, 280, 331
세분화 ……………………………… 312
세이부그룹 ……………………… 418
세제개혁 …………………………… 216
세후이익 …………………………… 265
셀프체크인 키오스크 …………… 331
소비자 ……………………… 43, 306
소비자 가치 ……………………… 323
소비자단체 ……………………… 207
소유권 제한 ……………………… 452
소통 ……………………………… 189
소형화기술 ……………………… 168
속도경쟁 …………………………… 274
속임수 ………………… 19, 22, 23
손무(孫武) …………… 17, 18, 337
손자병법(孫子兵法) …… 17, 18, 19,
　　　21, 29, 140, 178, 326, 337
쇠고기 …………………………… 486
수단과 목적에 대한 혼란 ……… 35
수렴 ……………………… 114, 134
수립 ……………………………… 91
수명주기 …………………………… 462
수수료 …………………………… 430
수율 ……………………………… 288
수익 ……………… 265, 270, 290
수익성 ·· 38, 41, 116, 124, 131,
　　　132, 133, 135, 265, 271,
　　　300
수익창출 ………………………… 38
수직계열체제 ……………………… 255
수직계열화 ……… 351, 352, 356,
　　　357, 364
수직적 통합 … 26, 59, 238, 342,
　　　344, 350, 351, 352, 353,
　　　354, 355, 356, 358, 360,
　　　362, 363, 370, 380, 404,

410, 414
수출 ………………………… 479, 482
수출방식 …………………………… 474
수평적 통합 …… 345, 346, 347,
　　　348, 410, 413, 414, 422,
　　　431, 442
슈퍼 301조 ……………………… 105
스마트폰 …………………… 102, 179
스티 ……………………… 30, 399
스타벅스 …………………………… 54
스타벅스 경험 …………………… 308
스피드경영 ……………………… 175
승리 ……………… 20, 21, 22, 43
승자의 저주 ……………………… 435
시간기반의 경쟁우위 …………… 274
시계(始計) ……………………… 17
시너지 ……… 60, 315, 360, 361,
　　　371, 381, 385, 424, 425,
　　　437
시너지 창출 ……………………… 441
시너지 효과 ……… 436, 442, 464
시르크 뒤 솔레이유 …………… 321
시스템 ………………… 77, 192, 199
시스템 사고 ……………………… 70
시장 ……………………… 27, 194
시장공간 …………………………… 332
시장다변화 ……………………… 215
시장매력도 ……………………… 121
시장불완전성 …………………… 480
시장성장률 ……………… 397, 399
시장세분화 ……………… 312, 349
시장실패 ……………… 355, 480
시장위험 …………………………… 481
시장의 세계화 …………………… 467
시장잠재성 ……………………… 481
시장점유율 …… 30, 80, 117, 120,
　　　136, 180, 289, 397, 398,
　　　399, 400, 401, 419, 422,
　　　453, 485
시장지배력 · 118, 119, 255, 352,
　　　372, 373, 375, 425, 431,
　　　446, 456

시장지배력 관점 ·················· 372
시장진입 ····· 108, 109, 129, 432
시저 ································· 21
신규설립 ············· 410, 411, 441
신규 진입자 ······················ 126
신기루 ···························· 425
신설투자 ·················· 481, 482
신설합병 ························· 411
신세계 ···························· 481
신세기통신 ························ 435
신일본제철 ························ 451
실사 ······························· 439
실업률 ···························· 104
실용적 고급 ······················ 332
실패 ························· 54, 55
실행 ······························· 91
실행된 전략 ··········· 45, 62, 442
실행 프레임워크 ··················· 329
실현된 이익 ······················ 267
실현된 전략 ····· 45, 62, 63, 442
실현 안된 전략 ·············· 62, 63
쌍방울 ···························· 391
쌍방울그룹 ························ 390

[ㅇ]

아시아나항공 ················ 279, 300
아오키그룹 ··············· 418, 420
아웃소싱 ····· 75, 176, 238, 296,
　　　　311, 365, 366, 410
아트 서커스 ······················ 321
안돈시스템 ························ 294
안방보험 ························· 423
안정적인 환경 ····················· 95
알렉산더대왕 ······················ 21
암묵적 지식 ······················ 481
앙리 조미니 ······················· 20
애플 ······························· 94
애플컴퓨터 ························ 94
애플 II ··························· 94
앤소프 ···························· 27

약점 ······· 20, 28, 29, 140, 141,
　　　143, 157, 160, 161, 166
약탈적 가격 ······················ 373
양고기 ···························· 486
양자택일 ··························· 57
에어부산 ························· 300
에어서울 ························· 300
여행백화점 ······················ 361
여행사 ···························· 124
역동성 ······················ 95, 98
역동적인 환경 ····················· 95
역량 ······· 36, 39, 40, 140, 141,
　　　143, 149, 158, 159, 160,
　　　161, 162, 163, 164, 175,
　　　188, 273, 278, 289
역량 이전 ························· 377
역량 활용 ························· 378
연결항공편 ························ 453
연구개발 ············· 61, 149, 189
연구개발비 ························ 465
연구 및 개발 ····················· 446
연방준비은행 ····················· 420
연방파산법 ························ 251
연속성 ···························· 57
연회·식당 및 시설관리 ·········· 169
열매 ······························· 168
영국 ····························· 105
영속기업 ························· 221
영업권 ···························· 417
영업레버리지 ····················· 290
영업비용 ····· 89, 267, 295, 332,
　　　346, 347, 441
영업이익률 ························ 300
영토 ······························· 43
영향 ····························· 103
예산편성 ··························· 23
예외에 의한 관리 ················· 222
예측 ······························· 96
오락산업 ························· 442
오사칠계(五事七計) ····· 17, 18, 29
온라인여행사 ··············· 125, 133
완전경쟁시장 ··············· 118, 432

완전통합 ·················· 351, 364
외국비용 ························· 479
외국인직접투자 ··················· 105
외부거래 ························· 354
외부시장 ························· 353
외부 이해당사자 ·················· 207
외부자본시장 ·············· 374, 384
외부환경 ····· 24, 28, 29, 33, 34,
　　　36, 39, 41, 45, 48, 88, 89,
　　　90, 99, 116, 178
외부환경 분석 ··· 49, 77, 92, 96,
　　　100, 140
외식산업 ························· 130
요소시장 ························· 480
용간(用間) ························ 17
운명 ······························· 72
운영소프트웨어 ··················· 245
운영시너지 ························ 424
운영효과성 ························ 249
운영효율 ························· 124
운영효율성 ························ 316
운항 네트워크 ····················· 456
웅진그룹 ························· 384
웅진코웨이 ························ 384
워커힐호텔 ························ 435
원가절감 ·················· 33, 441
원가행태 ························· 152
원청기업 ························· 366
위계질서 ····················· 57, 77
위기 ····················· 104, 107, 108
위치 ························· 38, 45
위치 선정 ························· 45
위험감소 ·················· 376, 386
위험신호 ························· 104
위협 ····· 20, 28, 29, 74, 88, 91,
　　　92, 96, 97, 98, 99, 100,
　　　103, 104, 109, 111, 116,
　　　118, 119, 122, 124, 160,
　　　161, 196, 226
위협요소 ························· 105
위협요인 ·················· 117, 120
유가증권 투자 ····················· 478

유동성 ···················· 104, 423
유동성 위기 ·················· 435
유상고객마일 ················· 270
유연성 ·· 19, 68, 178, 239, 273,
    290, 363, 364, 366, 467,
    470, 471, 472, 473
유한회사 ····················· 417
유행 ························· 93
유형자산 ····················· 247
유형자원 ········ 143, 144, 145
유형적인 차별화 ·············· 305
유휴설비의 가동률 ············ 290
유휴자원 ················ 374, 380
응용소프트웨어 ················ 246
의도된 전략 ······· 45, 62, 63, 64,
    65, 67, 229, 441
의도한 목표 ·················· 441
의사결정 ····················· 196
의사결정과정 ··················· 98
이간질 ······················· 18
이도저도 아닌 잘못된 전략
    ······················· 281, 315
이도저도 아닌 전략 ········ 61, 321
이동통신업계 ················· 346
이사회 ······· 60, 207, 225, 255
이순신 ······················· 21
이스타항공 ···················· 300
이윤 ························· 118
이윤극대화 ··················· 119
이윤창출 ····················· 441
이자율 ·············· 104, 423, 424
이전가격 ····················· 363
이중구조 리츠 ················· 420
이중전략 ····················· 319
이질적인 자원 ················· 159
이해관계자 ···················· 190
이해당사자 ····· 60, 75, 187, 189,
    191, 195, 206, 207, 208,
    225, 253
인공지능 ·············· 102, 103
인과관계 ·98, 111, 163, 247, 289
인과관계의 모호성 ·············· 278

인과적 모호성 ················· 163
인구고령화 ···················· 110
인사관리 ················· 61, 149
인수 ·· 89, 219, 345, 410, 422,
    432, 438, 441, 452
인수과정 ····················· 440
인수금액 ····················· 429
인수기업 ···· 349, 410, 411, 425,
    426, 429, 430, 438, 441
인수자금 ················ 435, 436
인수합병 ·· 43, 59, 88, 89, 119,
    135, 345, 349, 376, 410,
    411, 412, 414, 416, 417,
    418, 419, 420, 421, 422,
    423, 424, 425, 426, 427,
    428, 429, 430, 431, 432,
    435, 436, 437, 438, 439,
    441, 444, 452, 454, 481
인수합병 광풍 ··········· 413, 436
인수합병의 성과 ·············· 428
인수합병 전략 ················· 441
인수 후 통합과정 ········ 436, 442
인수 후 통합요인 ·············· 438
인어공주 ····················· 165
인적요인 ····················· 438
인적자원 ················ 143, 148
인종차별 ····················· 101
인천상륙작전 ··················· 22
인터넷 ·············· 100, 102, 114
인터넷 닷컴버블 ·············· 420
인터라인 협정 ··········· 453, 454
일관성 ····················· 467
일반경영기술 ················· 415
일반조직역량 ······· 377, 379, 388
일본관광객 ···················· 108
일상 ························· 93
일상용품 ····················· 282
일시적인 경쟁우위 ·· 80, 81, 180
일용품 ·················· 119, 121
일치 ······ 29, 41, 56, 140, 171,
    241, 249, 264, 281
입지 ········· 144, 308, 344, 396

입지상의 우위요소 ············· 481
입지선정 프로세스 ············· 158
입지우위요소 ················· 481

[ㅈ]

자금배분 ······················ 23
자긍심 ······················ 196
자기자본 ····················· 265
자본비용 ····················· 417
자본소요량 ···················· 127
자본시장 ····················· 372
자본조달비용 ················· 479
자부심 ······················ 198
자산 ························· 168
자산인수 ····················· 411
자산 특수성 ········ 354, 374, 481
자산활용률 ···················· 153
자원 ···· 26, 30, 36, 39, 40, 59,
    140, 141, 143, 144, 148,
    149, 158, 159, 160, 161,
    162, 163, 164, 165, 171,
    175, 188, 205, 272, 273,
    278, 289
자원과 역량 ·················· 140
자원기반관점 ··· 36, 39, 41, 158,
    159, 160, 372, 373, 376
자원배분 ····················· 196
자원·역량 ······················ 91
자원의 배치 ·················· 472
자원의 복제가능성 ············· 276
자원의 이동성 ················· 275
자원의 지속성 ················· 275
자유무역 ····················· 465
자족성 ······················ 471
잠재 이윤 ···················· 132
잠재적인 경쟁사 ·············· 126
장군 ························· 17
장군의 예술 ···················· 16
장기기획 ······················ 24
장기적인 목표 ················· 188

장치산업 ············ 120, 290, 291
재고관리 ······················· 465
재고관리 혁명 ················· 294
재량권 ··························· 224
재무관리 ··················· 61, 149
재무관점 ······················· 250
재무기획 ····················· 23, 24
재무상태표 ·············· 143, 422
재무성과 ······················· 248
재무시너지 ···················· 424
재무위험 ··················· 34, 35
재무자원 ······················· 143
재무적 관점 ··················· 247
재무제표 ················· 251, 403
재무지표 ······················· 246
재무투자자 ···················· 435
재벌 ················· 167, 254, 403
재벌그룹 ················· 255, 256
재벌그룹 지배구조 ··········· 255
재창조 ··· 69, 74, 76, 180, 219,
    227, 486
재탄생 ·························· 70
저가항공사 ·· 69, 109, 142, 155,
    190, 201, 241, 271, 279,
    297, 300, 310, 319, 453,
    454
저가호텔 ······················· 334
저비용 ······· 280, 320, 321, 322,
    326, 337, 343
저비용우위 ···················· 338
저비용전략 ···················· 315
저전력 ·························· 179
적과의 동침 ··················· 444
적대적 인수 · 217, 349, 417, 420
적응 ···························· 96
적응력 ·························· 35
적정가격 ······················· 436
적합성 ······················ 41, 57
전국적 사업네트워크 ·········· 485
전략 ···· 16, 17, 18, 19, 20, 21,
    23, 25, 26, 29, 35, 36, 44,
    45, 47, 48, 55, 56, 57, 58,

63, 67, 91, 143, 193, 239,
    249, 264
전략가 ········ 18, 19, 21, 72, 75
전략기획 ····· 24, 25, 31, 33, 34,
    35, 36, 41, 62, 64, 68, 69
전략기획부서 ············ 33, 35, 65
전략사업단위제 ··············· 236
전략수립 ····· 46, 62, 100, 133
전략 실행 ······················· 62
전략의 과정 ···················· 36
전략의 내용 ···················· 36
전략의 유형 ···················· 62
전략적 대안 ··················· 448
전략적 대형 합병의 시대 ······· 419
전략적 도구 ···················· 29
전략적 리더 ······· 219, 224, 246
전략적 리더십 ····· 212, 219, 221,
    227
전략적 목표 ········ 468, 469, 471
전략적 변화 ··················· 221
전략적 사고 · 28, 35, 56, 67, 68,
    69, 70, 71, 72, 73, 74, 75,
    76, 77, 222, 256
전략적 사업부 ··············· 31, 32
전략적 선택 ······ 49, 77, 88, 194
전략적 성향 ··················· 473
전략적 시사점 ··················· 30
전략적 의도 · 48, 49, 72, 74, 77,
    91, 187, 188, 189, 190,
    191, 192, 195, 201, 202,
    204, 205, 206, 208, 227,
    228
전략적 의사결정 ······· 56, 68, 135
전략적 이슈 ···················· 77
전략적 적합성 ········ 29, 57, 316,
    317, 419, 438, 440
전략적 제휴 ······· 75, 404, 410,
    444, 445, 446, 449, 450,
    451, 452, 453
전략적 포지셔닝 ··············· 316
전략적 프로파일 ··············· 329
전략 캔버스 ···················· 329

전략 패러다임 ··················· 63
전문기업화 ·············· 372, 391
전문화 ·························· 286
전방산업 ······················· 364
전방통합 ················· 123, 351
전술 ························ 20, 58
전자상거래 ···················· 179
전쟁 ········· 16, 19, 20, 22, 43
전쟁경험 ························ 17
전쟁론 ·························· 19
전쟁술 ·························· 20
전쟁원칙 ························ 20
전쟁의 기술 ····················· 17
전진기지 ······················· 485
전체시장 ······················· 280
전통적인 전략 ··················· 22
전투 ························ 22, 43
전환비용 ················· 123, 128
절충이론 ······················· 481
점포네트워크 ············ 483, 485
정보기술 ················· 111, 114
정보우위 ················· 123, 125
정보의 비대칭성 ········· 375, 384
정보통신기술 ·················· 102
정보화 ·························· 41
정부 ···························· 108
정부규제 ······················· 129
정의 ························ 44, 47
정치·법률 환경 ················· 109
정치환경 ······················· 108
정크본드 ················· 416, 418
제거-감소-증가-창조 ········· 332
제국건설이론 ·················· 425
제로섬 경쟁 ··················· 313
제일주의 ······················· 175
제조공정 프로세스 역량 ········· 170
제조프로세스 ·················· 170
제주항공 ····· 155, 279, 300, 453
제철산업 ······················· 290
제품 ···· 27, 114, 173, 306, 307
제품-시장 매트릭스 ············ 27
제품별 사업부제 ··············· 233

제품스왑 ····················· 447
제품 유통경로 ··············· 129
제품의 재설계 ··············· 287
제품차별화 ············ 121, 127
제품 출시전략 ··············· 467
제품 포트폴리오 ············· 189
제품현지화 ············ 467, 468
제휴관계 ·········· 79, 447, 452
제휴방식 ····················· 454
제휴사업 ····················· 449
제휴 파트너 ······· 444, 446, 447,
     449, 450
제휴 항공사 ·················· 454
조작 ···························· 23
조정 ·························· 231
조정의 정도 ·················· 388
조직 ·························· 160
조직구조 ······ 77, 227, 229, 230,
     233, 239, 240, 245, 426
조직 루틴 ···················· 425
조직문화 ····· 145, 175, 276, 385
조직없는 조직 ··············· 238
조직적 적합성 ··············· 440
조화 ···························· 71
종업원만족 제1주의 ·········· 243
종합상사 ····················· 475
죄수의 딜레마 ··············· 136
주가수익률 ·················· 414
주당순이익 ·················· 414
주력사업 ···· 370, 383, 387, 389,
     418, 430, 438, 441
주력산업 ····················· 422
주문자상표부착생산 ·········· 477
주문자상표부착 생산방식 ····· 447
주식 가치 ···················· 430
주식의 가치 ·················· 265
주식인수 ····················· 410
주식 포트폴리오 ············· 387
주주 ····················· 60, 207
주주 가치 ···················· 429
주택담보대출 ··············· 421
주택저당증권 ··············· 421

주활동 ······················· 152
죽 ···························· 484
중개업체 ····················· 129
중견기업 ······················ 58
중국 ········· 105, 482, 483, 486
중국사회 ····················· 484
중국인 ··········· 482, 485, 486
중국KFC ···· 483, 484, 485, 486
중급호텔 ····················· 335
중저가호텔 ·············· 65, 124
즉흥적 전략 ··················· 66
지각 ······················ 97, 98
지구온난화 ·················· 110
지구환경 ····················· 106
지배구조 ········· 226, 253, 255
지배구조의 경제 ············· 384
지속가능한 경쟁우위 ···· 162, 168,
     179, 468
지속적인 경쟁우위 ········· 80, 145,
     158, 245, 266, 320
지식자산 ····················· 481
지역공동체 ·················· 207
지역별 사업부제 ············· 233
지역사회 ····················· 101
지역환경 ····················· 115
지원활동 ····················· 152
지적재산권 ············· 449, 476
직영매장 ·············· 310, 486
직영방식 ·············· 310, 483
직원 ·························· 207
직원관점 ····················· 250
직원 우선주의 ··············· 203
직접 수출 ···················· 475
직접수출방식 ··············· 476
직접투자 ····· 474, 476, 478, 481
직항방식 ····················· 330
진단 ··························· 96
진로 ·························· 390
진로그룹 ····················· 390
진에어 ······················· 300
진입비용 ····················· 393
진입비용 테스트 ············· 393

진입위험 ····················· 126
진입위협 ····················· 133
진입장벽 ···· 118, 126, 129, 266,
     363
집중전략 ·········· 61, 280, 322

[ㅊ]

차별성 ······················· 169
차별화 ·· 56, 76, 119, 121, 124,
     151, 169, 267, 280, 306,
     307, 308, 309, 310, 312,
     313, 314, 315, 320, 321,
     322, 323, 325, 326, 337,
     343, 348
차별화된 가치 ··············· 306
차별화우위 ········ 268, 279, 281,
     308, 311, 338, 371, 377
차별화전략 ········ 45, 60, 76, 80,
     119, 132, 280, 281, 304,
     305, 306, 307, 312, 314,
     315, 322
차입매수 ···· 417, 418, 420, 421,
     423, 425
참신성 ························ 75
창업가 ···················· 43, 76
창업자 ······················· 58
창의력 ························ 75
창의성 ························ 75
창의적 사고 ········· 75, 247, 256
창의적인 전략 ················ 22
창조적 파괴 ············ 135, 274
채무보증 ····················· 255
책략 ····················· 22, 44
챈들러 ··················· 25, 26
천상의 침대 ·················· 78
천연자원 ·············· 106, 461
첨단산업 ····················· 447
첨단전자기술 ·········· 173, 175
청산 ·························· 399
초과공급 ····················· 347

초국적전략 ···································· 472
초대형 거래 ································· 416
초세분화 ······································ 312
초점 ··· 189
총가치 ·· 152
총비용 ········· 118, 152, 287, 291
총수입 ·· 118
총영업비용 ································· 270
총원가 ···································· 30, 287
총주주수익률 ······························ 430
총투자금 ······································ 267
최고경영자 ········ 33, 59, 65, 66,
　　165, 201, 212, 219, 224,
　　232, 233, 236, 244, 389,
　　430
최고경영진 ·· 45, 58, 59, 73, 76,
　　191, 198, 202, 205, 224,
　　225, 226, 450
최고경영층 ·································· 148
최고급 호텔 ································· 331
최고재무책임자 ························· 213
최소효율규모 ······· 284, 286, 288
최악의 거래 ································· 428
최적생산량 ·································· 284
최초진입자의 우위 ········ 279, 307
추격을 따돌리는 방법 ··········· 277
추격자 ·· 45
춘권 ·· 485
충성도프로그램 ············· 127, 129
침구세트 ··· 78
침대 ··················· 78, 79, 80, 313
침대전쟁 ··· 80
칭기즈칸 ··· 21

[ㅋ]

카를 폰 클라우제비츠 ············· 19
카지노 ······························ 108, 217
카지노산업 ······················ 129, 130
카카오톡 ······································ 308
카페베네 ··· 54

칸반시스템 ·································· 294
캐시카우 ······························ 30, 398
컨소시엄 ······································ 447
크루즈 ·· 120
클라우제비츠 ························ 20, 21

[ㅌ]

타성 ·· 193
타인자본 ······································ 265
타자기 ·· 195
탁월한 성과 ··································· 48
탄력적 ·· 292
탈규제 ······························ 108, 129
탈규제정책 ···· 34, 109, 418, 432
탐색비용 ······················· 353, 480
탑승률 ···················· 270, 271, 290
태양의 서커스단 · 321, 323, 324,
　　325, 326, 401
테마파크 ······································ 120
통제권 ·· 478
통제력 ······························ 364, 366
통제활동 ······································ 474
통찰력 ···················· 188, 195, 221
통합 ·· 68
통합과정 ······································ 426
통합-적응모형 ················ 462, 469
퇴출장벽 ······································ 121
투입요소 ······································ 292
투자수익 ······································ 216
투자수익률 ·································· 436
투하자본수익률 ············· 265, 267
트렌드 ······ 88, 93, 94, 99, 103,
　　111, 113
트로이 목마 ··································· 17
특유의 독점우위 ······················ 480
특화 ·· 418
특화전략 ······································ 473
티웨이항공 ·································· 300

[ㅍ]

파괴적 혁신 ································· 135
파급효과 ······································ 103
파산 ······································ 43, 252
파산신청 ······································ 251
파생상품 ······································ 421
파트너 ···················· 223, 309, 444
파트너기업 ······················ 444, 449
파편화된 산업 ················ 118, 286
판매가능 객실당 매출액 ········· 290
판매가능 유효좌석마일 ··········· 270
판매가능 유효좌석마일당 영업이익
　　·· 270
판매가능 유효좌석킬로미터당 ·· 319
판매가능 좌석당 1마일 운항비용
　　·· 153
판매법인 ······················· 476, 482
판매 잠재력 ································· 461
판매제휴 ······································ 447
패스트푸드 ·································· 485
패스트푸드산업 ························· 485
패턴 ··· 45
평가 ··· 96
평균객실요금 ····························· 291
평균수익성 ······················ 265, 266
평균 이상의 수익 ······················ 265
평준화 ·· 313
평판 ······································ 101, 309
포지션 ·· 45
포트폴리오 ············ 376, 386, 420
포트폴리오 관리 ············· 397, 414
포트폴리오 분석 ···· 30, 33, 34
포트폴리오 투자 ······················ 478
폰노이만 ··· 23
표준화 ······························ 462, 466
표준화전략 ·· 464, 465, 466, 467
품질 ·· 268
품질관리 ······································ 294
프랜차이즈 ···· 73, 74, 218, 310,
　　474, 476, 477, 483
프랜차이즈사업 ························· 218

프랜차이즈호텔 ····················· 217
프로세스 ········ 62, 77, 157, 158,
　　192, 199, 293
프로세스 기술 ······················· 294
프로세스 분석 ······················· 157
프리미엄 ····· 417, 429, 436, 442
플랫폼 혁명 ··················· 102, 103
플랫폼기업 ····················· 89, 103
피드백 ································· 192
피인수기업 ·········· 349, 410, 411,
　　425, 426, 429, 436
필요역량 ····························· 169

[ㅎ]

하나투어 ····························· 362
하드웨어 ····························· 245
하버드 경영대학 ········· 25, 28, 37
하부조직 ······························· 63
하부환경 ···················· 99, 110, 111
하청기업 ····························· 255
하청업체 ····························· 477
학습 ································· 472
학습곡선 ····························· 287
학습기회 ····························· 471
학습 및 성장 ························· 249
학습 및 성장 관점 ················· 247
한계산업 ····························· 108
한국 Starbucks ····················· 476
한국이동통신 ······················· 435
한니발 ································· 21
한성항공 ····························· 300
한정서비스 ··························· 216
한정서비스 호텔 ·········· 293, 335
한화그룹 ····························· 403
합병 ··· 89, 345, 411, 428, 432,
　　438, 452
합작투자 ····· 75, 410, 447, 448,
　　451, 452, 476, 481
합작투자사 ··························· 454
합작파트너 ··························· 481

항공규제 완화 ······················· 453
항공노선 ············ 453, 454, 456
항공노선네트워크 ··················· 452
항공사 ····················· 144, 452
항공스케줄 ··························· 453
항공요금 ····························· 456
항공운송 ····························· 120
항공운송노선 ······················· 453
항공운송산업 ········· 69, 109, 111,
　　119, 129, 130, 142, 190,
　　241, 270, 290, 291, 297,
　　300, 319, 345, 358, 432,
　　452, 453
항공자유화정책 ····················· 300
항공자유화 협정 ·········· 452, 453
항공주권 ····························· 452
해외시장 ············ 461, 465, 482
해외시장 진출방식 ················· 474
해외여행 ····························· 465
해외자회사 ··············· 461, 472
해외지사 ····························· 476
해외직접투자 478, 479, 480, 481
핵심가치 ················· 202, 203
핵심개념 ····························· 29
핵심기술 ····························· 222
핵심사업 ··············· 403, 448
핵심성공요인 ······ 168, 269, 270,
　　272, 440
핵심성과지표 ········ 206, 247, 249,
　　250
핵심역량 ······ 40, 142, 144, 168,
　　169, 170, 171, 173, 175,
　　176, 178, 179, 180, 181,
　　227, 272, 281, 350, 356,
　　365, 377, 378, 381, 384,
　　389, 401, 402, 403, 442,
　　449, 450, 472
핵심역량의 포트폴리오 ··········· 167
핵심요인 ··················· 28, 92
핵심제품 ················· 173, 486
핵심 행동 ····························· 227
햄버거 ································· 155

행동계획 ····················· 20, 44
행동방침 ····························· 62
행동양식 ····························· 240
행동원리 ····························· 22
행동지침 ····························· 190
허점 ································· 21
헌신 ································· 201
혁신 ········ 68, 80, 93, 118, 135,
　　136, 268, 275, 322, 472
혁신기술 ····························· 102
혁신역량 ····················· 70, 374
혁신적 리더 ························· 223
혁신적 리더십 ······················· 223
혁신적인 제품설계 ················· 295
현금공급원 ··············· 398, 399
현금보유량 ··························· 422
현금젖소 ····························· 30
현금흐름 ····························· 376
현대 ································· 58
현대·기아차 ························· 119
현대자동차 ·········· 282, 355, 364
현대전 ································· 20
현대차 ················ 354, 371, 385
현대차 그룹 ························· 356
현상유지 ·············· 178, 192, 193
현재 ································· 74
현지 지식 ··························· 461
현지국가 ····· 462, 464, 466, 468,
　　470, 472, 474, 479, 481
현지기업 ··················· 478, 482
현지법인 ····························· 478
현지시장 ····· 466, 467, 471, 483
현지 욕구 ··························· 483
현지자회사 ··························· 471
현지적응 필요성 ·········· 462, 469
현지파트너 ··························· 481
현지화 ································· 467
현지화전략 ··········· 464, 465, 466,
　　467, 483, 484, 485, 486
협력 ·········· 55, 136, 444, 446
협력관계 ····························· 444
협력전략 ····························· 136

협상력 ····················· 122, 348
협업 ····························· 136
호스피탈리티 ··················· 187
호스피탈리티·관광기업 ········ 108
호스피탈리티·관광산업 ····· 88, 98,
　　123, 124, 125, 127, 129,
　　130, 358, 415
호스피탈리티·관광산업 가지사슬
　　························· 361
호스피탈리티기업 ········· 102, 213
호스피탈리티 다국적기업 ······· 474
호스피탈리티산업 ·· 64, 115, 119,
　　120, 129, 168, 431, 476
호텔 ···························· 65
호텔·관광산업 ·················· 144
호텔롯데 ··················· 66, 362
호텔브랜드 ······················ 89
호텔사업부 ····················· 216
호텔산업 ··· 33, 79, 80, 94, 115,
　　123, 130, 133, 216, 287,
　　290, 291, 295, 312, 417,
　　418, 419, 420, 421, 423,
　　477

호텔산업도 ···················· 286
호텔산업 유통경로 ·············· 114
호텔숙박산업 ·················· 115
호텔신라 ··················· 66, 362
호텔체인 ····· 73, 78, 80, 88, 89,
　　123, 125, 310, 312, 313,
　　418, 420, 423, 431, 442,
　　477
호혜구매 ················· 372, 373
홍콩 ·························· 483
화학산업 ······················ 290
확상성 ··················· 169, 170
환경 ·············· 48, 55, 89, 95
환경경영 ······················ 113
환경변화 ····· 39, 74, 91, 92, 95,
　　98, 99, 111, 158, 178, 221,
　　239
환경보호 ················· 107, 113
환경 복잡성 ················ 95, 98
환경분석 ·········· 62, 90, 91, 97
환경 불확실성 ················· 90, 95
환경세력 ······················ 95
환경 역동성 ··················· 95

환경진단 ······················ 111
환율 ····················· 104, 464
환율변동 ·········· 464, 473, 481
활동 ·························· 56
활동시스템 ········· 153, 276, 317
황금낙하산 ···················· 426
회계부정 ······················ 251
회계부정 사건 ················· 250
회송시간 ······················ 153
회항시간 ······················ 316
효과 ·························· 61
효율 ·························· 61
효율성 · 26, 268, 372, 470, 472
효율성이론 ···················· 424
후발기업 ······················ 278
후방업체 ······················ 446
후방통합 ·········· 125, 351, 361
후지필름 ······················ 66
휴대용컴퓨터 ·················· 102
휴대편의성 ···················· 168
흡수합병 ······················ 411
희소성 ········ 160, 161, 162, 164
힐튼 ·························· 186

저자소개

김경환(金京煥)

미국 Florida International University(FIU) 호텔경영학 학사
미국 Florida International University(FIU) 호텔경영학 석사
미국 Virginia Tech 호텔관광경영학 박사

1999~현재 경기대학교 관광대학 호텔경영학과 교수
Email: kykim3@naver.com

호텔관광 경영전략

2018년 6월 25일 초판 1쇄 발행
2021년 8월 20일 초판 2쇄 발행

지은이 김경환
펴낸이 진욱상
펴낸곳 (주)백산출판사
교 정 편집부
본문디자인 편집부
표지디자인 오정은

저자와의
합의하에
인지첩부
생략

등 록 2017년 5월 29일 제406-2017-000058호
주 소 경기도 파주시 회동길 370(백산빌딩 3층)
전 화 02-914-1621(代)
팩 스 031-955-9911
이메일 edit@ibaeksan.kr
홈페이지 www.ibaeksan.kr

ISBN 979-11-88892-52-5   93320
값 35,000원

이 도서는 2015학년도 경기대학교 연구년 수혜로 연구되었음.